The Gorbachev Factor

ゴルバチョフ ファクター

Archie Brown

アーチー・ブラウン

訳＝小泉直美・角田安正

解説＝木村汎

藤原書店

The Gorbachev Factor was originally published in English in 1996.
This translation is published by arrangement with Oxford University Press.

ゴルバチョフと国内問題

ゴルバチョフと保守派

ゴルバチョフ本人と、ゴルバチョフが引き継いだ高齢指導部。1985 年 4 月 22 日、クレムリン大会宮殿でのレーニン生誕 115 周年祝賀会で撮影。前列左から、シチェルビツキー・ウクライナ党第 1 書記、グロムイコ外相、ゴルバチョフ。ゴルバチョフの左後方はチェブリコフＫＧＢ議長、右後方は党中央委員会国際部のベテラン部長、ポノマリョフ。

若き日のライサ・チトレンコとミハイル・ゴルバチョフ

ふたりは 1951 年、モスクワ大学在学中に知り合い、1953 年に結婚した。

石油産業に従事する労働者との対話

ゴルバチョフは最高指導者になってからの 2 年間、全国津々浦々を視察旅行した。これは、1985 年、シベリア・チュメニ州の石油ガス産業の労働者と対面している場面。

ゴルバチョフ時代の最も重要な３人の政治家

アレクサンドル・ヤコヴレフ

1987年初めに撮影。ヤコヴレフはゴルバチョフの後押しで急速に昇進し、改革派の重鎮となった。

ニコライ・ルイシコフ

1985-1990年、閣僚会議議長（首相）であると同時にソビエト経済の最高責任者であった。

エゴール・リガチョフ

ゴルバチョフの在任期間の初期、精力的な盟友であった。ただし、ゴルバチョフにたいする支持は無条件ではなく、急進化する改革にたいして、歯に衣を着せることなく反対するようになった。この写真は、1988年の第19回党協議会で演説しているところ。

ボリシェヴィキ革命記念日パレードでのゴルバチョフ

ソ連の伝統的な光景。1985年11月7日のボリシェヴィキ革命記念日で初めて敬礼を受けるゴルバチョフ。

第19回党協議会の開幕

1988年6月28日。前列左からリガチョフ、ゴルバチョフ、グロムイコ。第19回党協議会は、ソ連史における最重要の出来事のひとつ。同協議会は、ゴルバチョフが政治体制の大胆な改革を推進して閉幕した。

記者団の質問に答えるゴルバチョフ

ソ連の歴代の指導者と異なって、ゴルバチョフは記者団の取材に応じた。この写真は、1990 年 11 月のソ連人民代議員大会の休憩時間に記者の質問に答えているところ。

ソ連初の連邦レベルの競争的選挙で投票するゴルバチョフ

1989 年 3 月 26 日にソ連で初めて実施された連邦レベルの競争選挙の投票に際して。選挙は、新設の立法機関であるソ連人民代議員大会を選ぶためにおこなわれた。

アンドレイ・サハロフの葬儀で記帳するゴルバチョフ

1989 年 12 月 18 日、科学アカデミー幹部会で。かつてサハロフはソ連の傑出した物理学者で、有力な反体制派の活動家であった。亡くなる前の 1 年間は、人民代議員大会の代議員として勇名を馳せたが、同時に、ソビエト体制における人権とラジカルな変化を擁護する活発な活動家でもあった。

反ゴルバチョフ・クーデターの首謀者たち

反ゴルバチョフ・クーデターの指導者たちが1991年8月19日、モスクワで記者会見をしているところ。この写真に収まっている5人は、左から、アレクサンドル・チジャコフ（国防産業の重鎮）。スタロドプツェフ（国営農場と集団農場を代表する守旧的なスポークスマン）。プーゴ内相（クーデターが失敗に終わったとき自殺）。ヤナーエフ・ソ連副大統領（クーデターが続いていた間、大統領代行を自称するも、緊張の色を隠せず）。バクラノフ（ソ連の軍産複合体に君臨。ゴルバチョフから権力を奪取する計略の中心人物のひとり）。

しのぎを削るふたりの議長、ルキヤノフとエリツィン

ルキヤノフ（左）とエリツィン。ルキヤノフ・ソ連最高会議議長とエリツィン・ロシア最高会議議長は、決して友好的な関係にはなかった。1990年12月18日撮影。

クーデターが頓挫した後、モスクワに到着したゴルバチョフ

クリミア海岸のフォロスでの軟禁を解かれたゴルバチョフ大統領。8月21日から22日にかけての夜、モスクワに戻ったところ。左は、シラーエフ・ロシア首相。背後の、縦縞のシャツを着ている口髭の人物は、ルツコイ・ロシア副大統領。

自信にあふれるゴルバチョフ
ソ連大統領に当選した直後。

ゴルバチョフと
ナザルバーエフ・カザフスタン大統領
1991 年、クレムリンでゴルバチョフとともに写真に納まるナザルバーエフ•カザフスタン大統領（1989 年以来、カザフスタン共産党第 1 書記）。ナザルバーエフ大統領は、ゴルバチョフが各共和国の指導者との間で自発的な新連邦条約の交渉を進めソ連解体を食い止めようとしていたとき、連邦の維持と刷新の両方を支持する方向で影響力のある発言をおこなった。

心労にさいなまれ、物思いに沈むゴルバチョフ
かつてのソ連流の弾圧に代わり説得によって維持しようとしたソ連が崩壊したのを振り返って。

くつろぐゴルバチョフ
ソ連大統領専用機の機内で。

国際舞台でのゴルバチョフ

ヤルゼルスキ将軍の歓迎を受けてポーランド入り

1986年6月28日ワルシャワで、ポーランドの指導者、ヤルゼルスキ・ポーランド統一労働者党第1書記に迎えられるゴルバチョフ。ゴルバチョフと東ヨーロッパ諸国の共産党指導者との関係は円滑ではなかったが、ヤルゼルスキとの関係は相互の尊敬に立脚していた。

パリでミッテラン仏大統領とともに

ソ連共産党書記長としてのゴルバチョフが最初に外遊した国はフランス。

ＩＮＦ条約に調印するゴルバチョフ書記長とレーガン米大統領

1987年12月8日、ワシントンで中距離および短距離離核ミサイルの全廃に関するＩＮＦ条約に調印するところ。

ゴルバチョフ夫妻とサッチャー英首相

当初、ゴルバチョフとサッチャー英首相との間で国際的な友好関係が育つとは、あまり予想されていなかった。しかし、1984年12月の初めての会談で相互の信頼を築いたあと、両者は良好な関係を保った。いくつかの点で政策ははっきりと違っていたけれども。写真は、1989年4月にゴルバチョフがイギリスを2日間訪問したときに在ロンドン・ソ連大使館で撮影されたもの。左からゴルバチョフ夫人ライサ、サッチャー英首相、ゴルバチョフ。うしろの眼鏡の人物は通訳。

**二人の補佐官、
チェルニャーエフとシャフナザロフとともに**

政治的にもっとも重要かつ有力なふたりの補佐官。右はアナトーリー・チェルニャーエフ。彼は、外交問題を担当する筆頭格の補佐官で、党中央委員会国際部で次長を務めた経験の持ち主。中央はゲオルギー・シャフナザロフ。政治体制の改革に関し、また党中央委員会社会主義諸国部の元次長として東ヨーロッパに関し、重要なアドバイザーを務めた。

ゴルバチョフとゴンサレス・スペイン首相

ゴルバチョフは、接触のあった海外の指導者のうち、スペインのフェリペ・ゴンサレスと特に親しかった（左）。両者の会話は、ゴルバチョフの物の考え方を社会民主主義の方向へ進化させるのに重要な役割を果たした。

シェワルナゼ・ソ連外相（1985–90 在任）

ゴルバチョフの盟友、エドアルト・シェワルナゼ。1985 年、ゴルバチョフの予想外の人事で外相に抜擢されると、たちまちソ連内外で人気を博した。のちにソ連の保守強硬派の厳しい圧力にさらされ、外相ポストを辞任。その際、人民代議員大会での劇的な演説において、独裁の危険が迫っているとの警告を発した（1990 年 12 月 20 日）。

ブッシュ（父）米大統領および
スコウクロフト米安全保障担当補佐官とともに

ジョージ・ブッシュ（父）米大統領およびスコウクロフト国家安全保障担当補佐官（一番右の人物）とともにくつろぐゴルバチョフ。ゴルバチョフの左は、通訳を務めるパーヴェル・パラシチェンコ。

ゴルバチョフとコール独首相

1990 年 11 月、独ソ友好協力条約の調印を終えて万年筆を交換するゴルバチョフとコール独首相。ゴルバチョフとコール首相の関係は、当初こそ不安定であったが、ひとたび良好な個人的、政治的関係が確立すると、それは、平穏にドイツ統一を進めるための準備をする際、重要な役割を果たした。

日本語版序文

ミハイル・ゴルバチョフがソ連邦を率いていたのは、ソ連史最後の七年足らずのことである。具体的に言うと、一九八五年三月から一九九一年末までである。(1) この時期を対象とする新資料で、本書を執筆したあとに公開されたものが若干ある。(1) 日本語版の序文を執筆するこの機会を利用して、公文書館の資料から得られた情報を引用したい。もっとも、それらの公文書を利用したからといって、本書における解釈は本質的に変わらない。そのことは強調しておくに値する。それらの文書はまた、本書で示した事実と矛盾していない。それどころか、随所で事実を補足説明してくれるものとなっている。いずれにせよ、日本の読者の皆様に読んでいただけることになった本書は、もう十分に大部な書物である！

本書の英語版が出版されてからすでに十年あまりになるが、その間に利用可能になったいかなる情報に照らしても、本書に盛り込まれている調査結果と立論は何ら有効性を失っていない。本書が日本の読者に読んでいただける運びになったことを心から嬉しく思う第一の理由はこの点にある。しかしながら、本書の刊行が依然として時宜を失っていない理由はほかにもある。本書では、実際の進路とは別の道があった可能性を指摘し、俗論に抗すべきであることを示した。そのような俗論によれば、ロシアは変わることのない国だとか、権威主義的であることを歴史によって運命づけられている国とか見なされがちである。ペレストロイカは、ソ連およびロシアの過去とどれほど鋭く一線を画していたであろうか。それを理解する必要がある。ペレストロイカ後に起こったことに照らしたとき、その必要性はなおさら重要になる。近年、国際関係およびロシア内政の両方の領域で発生している事態を見ると、失望を禁じえない。ソビエト政治体制と対外政策の双方においてゴルバチョフが導入した劇的な変化は、絶好の足がかりを提供したというのに、それはこれまで活用されていない。一九九一年の一二月にゴルバチョフが退陣して以来起こったことは、新しい土台の上にソビエト体制と国際体制を一から作り変えようと努めてきた人々が描いていた平穏で平等な世界からはほど遠い。

ボリス・エリツィンは、民主主義的な制度を構築することにはあまり関心を示さなかった。エリツィンの功績としては、大統領在任中、マスメディアが比較的自由な発言を続けることができたという点を挙げられるが、その一方で、汚職と極度の不公平が昂進した。しかも、いわゆるオリガルヒ（ロシアの天然資源の所有権を、市場価格の数パーセントの価格で入手した実業家たち）の権力濫用が見られた。それらのことがわざわいして、民主主義という概念の信用が損なわれた。一九九〇年代のロシアの政治体制は、現実には、民主主義の特徴と権威主義の特徴を併せ持つ混合体制であった。G8各国の指導者がそれをはっきりと民主制として断定したこともあって、ロシアでは民主主義熱が冷めた。一九九〇年代のロシアにおける典型的な反応は次のようなものである。「もしこれが民主主義だというのであれば、私たちにとってそのようなものは必要ない」。ウラジーミル・プーチンの政治は多くの点で、エリツィン時代にたいする反動である。西暦二千年以来、ロシア経済がエネルギー価格の急上昇によって大いに支えられて成長を遂げている。そこには、目を見張るものがある。しかしそれとは対照的に、多元的民主主義を支えるのに必要な制度の土台が意図的に侵食された。侵食されたのは、たとえば、大衆が支持を寄せる健全な政党、行政府に説明責任を負わせる能力のある議会、独立した裁判官がつかさどる「法の支配」、自由で活発なマスメディアなどである。

ロシアの外交政策は今世紀の初頭から、手ごわい「現実主義」に立ち戻り、理想主義から遠ざかった。かつてゴルバチョフは理想主義に支えられ、冷戦に終止符を打とうと努力し成功したのであったが。国家間の緊張を高める代わりに協力を推進し、武力に代えて議論の力に訴えることが、ゴルバチョフの大胆な目標であった。ゴルバチョフが求めたのは、大国がたとえばアフガニスタンや中東など地域の危機を利用するのをやめ、その代わりに、緊張の原因となる問題の解決を目指して国際的に一体となって努力することであった。これらの野心的な目標は、ほとんど放棄されている。国際関係においては、退行したのはロシアばかりではない。ロシアは近年、頑《かたく》なな言動を繰り返しているが、その多くは実のところ、ロシアの政治エリートの対米認識に端を発している。それらエリートの認識はこうである。ジョージ・W・ブッシュが大統領に就任して以来、アメリカ合衆国は国際法をものともせず、積極的に膨張を図る外交を追求している――。この序文を書いているまさに今日《きょう》のことだが、ゴルバチョフはブッシュ現大統領にたいし、父親である初代ブッシュ大統領とくらべてかなり低い評価を下していた。ゴルバチョフに言わせれば、父ブッシュは外交政策においてもっと自制的であり、慎重だった。また、冷戦を平穏のうちに終わらせるにあたって独自の役割を果たした。[2]

著名なイギリスの歴史家マイケル・ハワード卿は、「冷戦の終結があれほどの善意とともに達成された」ことは驚異的であると述べつつ、次のように言葉を継いでいる。「やや高等な、そしてはるかに分別のある力が人類の営みを手中に収めたかのように見えた期間は、あまりにも短かった。見込み違いは、残念ながら、すぐに判明した」[3]。理想主義と長期的な現実主義を併せて信奉するゴルバチョフは、莫大な軍事費を非合理的なものと見なした。ゴルバチョフが強調していた（そして今もゴルバチョフ財団およびグリーン・クロス・インターナショナルの総裁として強調している）のは、以下のことである。現代世界は相互依存的である。政治指導者はそのような事実を認識する必要がある。また、さもないと核戦争にせよ、環境破壊にせよ、人類は共通の脅威と闘うことができない――。

ゴルバチョフにとって日本との間で新たに協力関係を構築することは、目指す外交政策全体の一環として当然のことであった。ゴルバチョフの対日観およびペレストロイカ時代の日ソ関係の発展を、政権内部の立場から描いたものとしては、アナトーリー・チェルニャーエフの論文がある。チェルニャーエフは、ゴルバチョフの筆頭格の外交顧問であり、側近中の側近であった。(4) ペレストロイカの最初の数年、ソ連がアメリカを含むほかの主要国との関係を好転させたのとくらべると、日ソ関係の改善は進まなかった。未解決の北方領土問題が両国関係にとって依然として宿痾《しゅくあ》となったままであった。

ゴルバチョフの当初の見解はこうだった。北方領土は間違いなく解決済みである。国境は戦争終結の際に定まった。条約として採択されることのなかった一九五六年の日ソ共同宣言は、その時代に固有の産物であり、ふたたび検討の対象となるようなものではない。ゴルバチョフはしかし、自分の知っている日本の文化と発展を大いに尊敬していた。また、モスクワを訪れる日本の政府当局者や政治家のうち多くの人々がそなえている質の高さに、強い印象を受けた。ゴルバチョフが高く評価していた日本人としては、本人がチェルニャーエフに語ったところによると、以下の人々がいる。土井たか子日本社会党党首、枝村純郎駐ソ連大使、小沢一郎自由民主党幹事長。特に枝村大使のことをゴルバチョフは、「言葉の真の意味における外交官にして人格者」と評していた。ゴルバチョフはまた、海部俊樹首相とも一九九一年に東京とロンドンで友好的で建設的な会談をおこなっている。

ゴルバチョフは会談した相手から、日ソ関係の改善は何よりもまず北方領土問題の解決にかかっているという見解を聞かされ、その重要性に気づいた。ゴルバチョフはやがて、当初にくらべて濃淡のある柔軟な立場をとるようになった。しかし、ゴルバチョフが固く確信していたのは、まず先に日ソ両国の関係の質を改善すべきだということであった。それができて初めて、島の問題に建設的に取り組むことが可能になる、というわけである。ゴルバチョフはしばしばドイツの事例を引き合いに出した。ゴルバチョフにはその妥当性は明らかであるように思えた。ことに、一九九〇年のドイツ統一後は。ドイツ人にとってドイツ再統一は、何と言っても、日本にとってクリール諸島が戻ってくることよりも大きな、いや、段違いに大きな成果であった。独ソ関係がウィリー・ブラント首相の登場する以前のように敵対的なままであったら、ソ連がドイツ再統一を受け入れることはとても考えられなかったであろう。独ソ関係は、ブラント首相のもとで好転し始めた。そして、ゴルバチョフがソ連の指導者になったとき、さらに質的に改善された。

一九九一年にゴルバチョフが訪日するときまでに、ゴルバチョフの国内における政治的立場は弱くなっていた。ゴルバチョフの立場は、共産党内の強硬派もさることながら、その時期になるとむしろエリツィンとその一派によって掘り崩された。エリツィン派は、権力闘争の武器として、ロシアの法律がソ連の法律より優位に立ったと主張した。ゴルバチョフは自分の眼鏡にかなった強力な一団を連れて来日した。しかし、公式使節団の一員ではなかったにもかかわらず、コズィレフ・ロシア共和国外相とルキン・ロシア共和国最高会議国際委員会議長が、当時日本に滞在中だった。チェルニャーエフは、ルキンが次のように発言したと述べている。「ゴルバチョフが島のことにかかわるのは、余計なお世話だ。島の帰属先はロシアだ!」[5]。ゴルバチョフにたいする制約は厳しくなる一方であった。それは、ソ連国内において勢いを増す遠心力のせいであった。また、何よりもまず、エリツィン率いるロシア当局とゴルバチョフ自身が率いるソ連当局との関係が緊張したためであった。

このように、ゴルバチョフが日本滞在中、北方領土問題に関してその場で臨機応変に譲歩したいと望んでいたとしても、そのようなことをすれば、政治的に危険な目に遭っていたであろう。譲歩するどころかゴルバチョフは、以前に表明した見解をもっと強い口調で改めて強調した。必要なことは、ロシア人と日本人が生身の人間のレベルでお互いをよく知り、相互の信頼関係を築くことである——ゴルバチョフはそう述べた。外交政策を担当する顧問の中でだれよりもゴルバチョフと緊密な関係にあったチェルニャーエフは、ペレストロイカ時代の日ソ関係に関する考察を締めくくるにあたって、次のように述べている。「以前にもまして確信していることだが、もしゴルバチョフが退陣を余儀なくされていなかったら、そしてソ連が崩壊していなかったら、両国間の経済関係はもっと発展していたであろう。ちょうど、ドイツ再統一後の独ソ経済関係と同じように。また、島の問題は解決され、日露両国民および国際社会全体の利益の向上に役立っていたであろう[6]」。

日本にたいするゴルバチョフの関係は、両国間の政治的交渉に限定されない。哲学的なレベルでは、仏教徒である池田大作氏と長時間にわたる議論をしたことがある。それは、一冊の興味深い書物にまとめられた。同書の中でゴルバチョフは、アメリカの政治学者サミュエル・ハンチントンの、現代世界における文明の衝突に関する見解を「機械論的」と称して斥けている。ゴルバチョフはそれとは対照的に、国境というものが侵食されてきたと論じ、次のように言葉を継いでいる。

「文化と文化の相互浸透が活発におこなわれている。文化および文明の鮮明な輪郭はもはや存在しない。たとえばロシアの文化は東西文化の混合物である。トルストイは西洋の哲人であると同時に東洋の哲人でもある。ハンチントンの理論は、イスラム原理主義と現代アメリカ文化の衝突という個別的な事象を絶対化している。ロシアの文明が中国や日本の文明と衝突する事態は起こっていない[7]」。

一九八八年以来、ゴルバチョフにとってペレストロイカの最も基本的な側面は、ソビエト政治体制を徐々に民主化することであった。その年、ゴルバチョフは民主化の道に沿って最重要の一歩を踏み出した。すなわち、実権をもった新立法府を選ぶための競争選挙を導入したのである。ゴルバチョフが支持してきた漸進《ぜんしん》主義は、一九九〇〜九一年までに、次々に生起する出来事の圧力にさらされて影をひそめ、代わりに場当たり的な対応がおこなわれるようになった。それらの出来事にたいしてゴルバチョフは、部分的に影響を与えることができたが、もはや統制することはできなかった。そのときまでにゴルバチョフは、さまざまな方面から批判を浴びるようになった。共産党の最高政策決定機関である政治局のメンバーも批判の出所《でどころ》となった。しかしながら、大統領ポストが創設され、ゴルバチョフが人民代議員大会（立法府）によって大統領に選ばれると、政治局はもはやソ連の最高権力の座ではなくなった。これは、政治局のメンバーにとって大いに不満の種になった。

一九九〇年一二月一六日の政治局会議は、特に激しい論争の場となった。ゴルバチョフはロシア連邦共産党の第一書記に選ばれて間もないイワン・ポロスコフから、次のような言葉を突きつけられた。「あなたの罪は、党の頭越しに行動しているという事実にある」[8]。審議の冒頭のほうでゴルバチョフは、自分の狙いは「民主的連立」を組むことにあると述べた[9]。それにたいして、当時ウクライナ共産党の第一書記だったスタニスラフ・グレンコは次のように応じた。ソ連共産党は依然として支配政党である。連立を組むのは、ひとつの政党だけでは多数派を形成できない場合である。共産党が多数を占めている以上、「過激な連中に恩着せがましいこと」を言われる義理はない[10]。アルメニア党第一書記のウラジーミル・モヴィシャンは、ゴルバチョフが赤の広場で十月革命記念日に演説をした際、共産党について何も触れなかったと苦言を呈した。「それは聞き方が悪かったのだ。私は、ペレストロイカは共産党のイニシアチブによって発展を遂げたと述べたではないか」と、ゴルバチョフは反撃した[11]。モヴィシャンを始めとする政治局のメンバーが革命記念日の演説で聞きたかったのは、そのような文言ではなかった。彼らの関心はペレストロイカの結果からわが身を救うことであり、ペレストロイカを推進した責任を集団で担うことではなかった。実際、ペレストロイカに着手したのは、党指導部の中の少数派であった。しかしその少数派には、党内の最高の地位にある者すなわちソ連共産党書記長が一九八五年三月から加わったのである。

ゴルバチョフは、自分の基本原則は「自国民を恐れるな」であると述べている。池田大作との懇談でゴルバチョフは、達成したことと達成できなかったことに関して自分の気持ちを次のように要約している。

「満足しているかとおっしゃるのですか？ 答えにくい問題ですね。操舵していた船を平穏な水路に導けなかったことについては、いまだに忸怩《じくじ》たるものがあります。ソ連を改革するというプロセスを完了させることはできませんでした。しかし、視野を広げて見るなら、私は二〇世紀の最重要の革命の先頭に立つ運命にあったのです。その意味で、幸運な人間だと言えるでしょう。私は歴史の扉をノックしました。扉は、私を含めすべての人々に向かって開かれました。核戦争による全世界の破局という脅威が私たちの頭上にのしかかってくることは、もはやなくなったのです(12)」。

ゴルバチョフ・ファクター／目次

日本語版序文　001
まえがき　016

第1章　序　論　029
過小評価されるゴルバチョフ　030
党書記長ポスト――歴史的変遷　031
ゴルバチョフ評価の変遷　036
不可能なことをやってのける技術　040
反体制運動とペレストロイカとの関係　041
学習、権力、圧力　051
「共産主義体制の改革はできない」　055
変化を妨げる障害物――過去からの遺産　058
民主化の前提条件　060

第2章　改革派党書記長が誕生するまで　069
改革推進の潜在力を秘める党書記ポスト　070
家　系　072
モスクワ大学　079
スターヴロポリでの歳月　093
ゴルバチョフを支持する人々　115

第3章　権力の入り口で　125
モスクワの政治的環境　126
アンドロポフのもとでの昇進　142

権力への足固め　156
党書記長ポストの継承　180
第4章　理念の力、人事の力　191
ゴルバチョフ党書記長、体制の改革に乗り出す　192
影響力のバランスの変化　208
権力バランスの変化　220
ゴルバチョフはだれから学んだのか　235
原理原則の見直し　247
概念の革命　255
第5章　ゴルバチョフと経済改革　271
指令経済の改善と市場経済の導入は両立しない　272
改革をうながす新たな刺激　279
市場および混合経済について　285
経済面の政策決定　289
改革の急進化　303
五〇〇日計画――一進一退　309
第6章　ゴルバチョフと政治体制の転換　315
四重の変革の必要性　320
政治の変革の各段階　325
第7章　ゴルバチョフと外交政策　413
鍵となる人事　415
新思考　428

新しい行動と、それを促した要因　437
米ソ関係　446
ゴルバチョフとヨーロッパ　468

第8章　民族問題、クーデター、そしてソ連崩壊　485

両立しがたいソ連邦の維持と民主化　486
国境と民主化　490
ソ連の特殊事情を背景とする民族問題　492
民族紛争と、錯綜する政治圧力　500
ゴルバチョフの「右傾化」　518
ノヴォオガリョヴォ・プロセス　547
クーデターからソ連崩壊まで　562

第9章　結　論　585

ゴルバチョフは政治家として成功したのか、それとも失敗したのか？　586
共産主義体制の解体　592
歴史におけるゴルバチョフの位置　604

原　注　720
解　説「ゴルバチョフの歴史的貢献——意図、方法、限界」木村汎　721
訳者あとがき　739
ゴルバチョフ関連略年表　743
索　引　762

ゴルバチョフ・ファクター

母メアリー・イェーツ・ブラウンと
亡き父アレグザンダー・ダグラス・ブラウン（一九〇〇～一九七九年）
にささげる

凡例

一　本訳書の底本は、Archie Brown, *The Gorbachev Factor*（Oxford University Press, 1997）である。

二　括弧

（　）…（イ）訳文の丸括弧は、原文においても丸括弧が用いられていることを示す。ただし、丸括弧をあえて省いた箇所もある。（ロ）原文において用いられていないにもかかわらず訳者が用いた丸括弧もある。それは、挿入句的な表現などを訳出した場合である。（ハ）ごく一部、簡単な訳註も丸括弧の中に収めた。

「　」…（イ）原文の引用符は鉤括弧で示した。（ロ）間接話法などを直接話法に置き換えた場合も、鉤括弧を用いた。（ハ）当該の語句が専門用語や固有名詞であることを示すために用いた鉤括弧もある。

『　』…（イ）原文の二重引用符は、二重鉤括弧で表した。（ロ）書名などのタイトルに二重鉤括弧を用いた場合もある。

三　傍点…原文がイタリック体であることを示す。また、ごく一部、連続するひらがなの切れ目を明らかにするなどの目的で訳者が用いた傍点もある。なお、ラテン語やロシア語を示すイタリック体を含め、傍点に置き換えても無意味と判断したものについては、そのような置き換えはほどこさなかった。

四　固有名詞は各国語の原音に近い表記を採用したが、慣例を優先した場合もある。

五　小見出しと段落は、訳者の判断により、原著よりかなり多めに設定した。

六　写真のキャプションは原文をベースにしたが、多少手直しをほどこした。

まえがき

本書は、ゴルバチョフ時代を対象とした歴史書というわけではない。かといって、ミハイル・ゴルバチョフの伝記でもない。確かに、西側の（ついでに言えばロシアの）読者にとってお馴染みのゴルバチョフの半生と経歴に関して、網羅的ではないにせよ多大な情報を含んでいるが。本書ではまた、ソビエト体制の最後の七年間に起こった主要な出来事のうち、多くの事柄も論じている。しかし本書の主たる関心は、ソ連の劇的な変化にたいしてゴルバチョフが果たした貢献を理解し、解釈することにある。そのような変化は一九八〇年代の後半から一九九〇年代の初めにかけて、ソ連国内でも起こったし、外部世界との関係においても起こった。この時期、東西関係は変容し、東ヨーロッパでは共産主義政権が終焉を迎えた。本書ではまた、旧ソ連において何らかの連邦を維持しようとするゴルバチョフの努力についても論ずる。もっともゴルバチョフは、民族主義の自己主張のうねりに直面し、連邦を維持することはできなかったが。

しかし、本書の最重要課題として検討しなければならないのは、ゴルバチョフの重要性である。すなわち、ソ連が正統的な共産主義から別の種類の政治体制へと移行する際、ゴルバチョフがそれを先導ないし促進するという意味でどれほど重要だったのかということである。本書の最重要課題に含まれるのは、個々の政策領域における貢献という視点ばかりではなく、政治的なパワー、物の見方、スタイルなどの視点からゴルバチョフという要因《ファクター》を論ずることである。それにともなって、特定の時点ごとにゴルバチョフにたいする抵抗がどれほど強力だったのか、またゴルバチョフの政治行動がどのように制約されていたのかを考察しなければならない。そして、ゴルバチョフの思考様式がいかなるものであったのか、しかも時間の経過とともにゴルバチョフの意見がどのように進化したのかについても、判断を下さなければならない。

これらの事柄は解決のたやすい問題ではないが、私には少なくとも多少は強みがあるように思われる。これまで長期間にわたって、すなわち、ソ連または西側においてゴルバチョフが注目を浴びるかなり前から、ゴルバチョフに注意を払ってきたからである。私は一九八〇年一〇月二二日、エール大学でヘンリー・L・スチムソン記念講演の講師を務めたことがある。その際、次のように述べたところ、聴衆の中にはいぶかしそうな表情を浮かべる人々が見受けられた。「昨日モスクワで、潜在的にきわめて重要な出来事が起こった。ミハイル・セルゲーヴィッチ・ゴルバチョフが政治局員に昇格したのである」。私がそのように言った理由は二つあった。第一に、私は、いかなる未来の党書記長もゴルバチョフに先立つ三人の党書記長と同様に、私の言う格上の党書記(すなわち政治局員と党書記を兼ねる一握りのグループ)の中から選ばれるとの結論に達していた。ゴルバチョフはそのカテゴリーに入ったわけである。しかも、その小集団の中でそれまで一番年下だったメンバーより、ゴルバチョフのほうがおよそ二十歳若かったのである。

第二に、私は、ゴルバチョフが本格的な改革者になるということを確信していた。私がそのような見方をするようになったのは、それが流行するだいぶ前のことである。また、少なくともロシアにおいてそれが流行遅れになったあとも、私はその見方を堅持し続けた。私がゴルバチョフに関心を抱くようになったのは、ゴルバチョフが一九七八年にソ連共産党中央委員会書記になったときからである。ゴルバチョフの若さで党の最高指導部に入るのは、ブレジネフ時代では異例のことであった。ゴルバチョフにたいする私の関心は、一九七九年六月にオックスフォードでズデネク・ムリナーシと長時間にわたって懇談したときに、さらに高まった(私が初めてムリナーシに会ったのは一九六五年、プラハにおいてであった)。ムリナーシは一九五〇年から一九五五年までの間、モスクワ大学法学部でゴルバチョフの同級生であり、親友でもあった。ムリナーシはのちに、一九六八年の「プラハの春」の際に党内改革派の鍵を握る人物となった。さらにのちには、「憲章77」の発起人となった。「憲章77」はチェコの野党運動で、一九八九年の民主化を可能にした要因のひとつである。ゴルバチョフの学生時代を知ろうとするなら、ムリナーシほど信頼の置ける、そして事情に明るい情報源はない。

ゴルバチョフに関する情報を入手したときは、その情報をふるいにかけ、鑑定する能力を発揮しなければならない。なにしろ、そのような情報のうち一部のものはひどく信憑性に欠けているからである。ソ連には、読者に誤解を植えつける官製の伝記もあるが、ゴルバチョフの場合、それはさほど頭の痛い問題ではない（ゴルバチョフ以前の各指導者の場合は大問題であったが）。しかし厄介なのは、ソ連から出国した人で、人生のどこかでゴルバチョフと重なりがあった一握りの人々である。さらに言うと、たとえば、ゴルバチョフがモスクワ大学に入学する数カ月前に同大学を卒業していて、重なりすらない人物である。自分の知っている情報を提供しただけでは、ゴルバチョフのことを知りたいという西側の欲求を満たせない場合、彼らは「内幕の」話を綴ってみたいという誘惑に抵抗できなかった。もっと一般的に言うと、ソ連およびロシアの政治を研究する学徒にとって比較的新しい問題が生じているということである。それは、旧ソ連自体の提供する資料が恐ろしく広い範囲に及び、多岐にわたっているという事実である。ゴルバチョフに関して新たに出てきた豊富な情報源に注意を払うことは、その情報の客観性と主観性がまちまちであるだけに、今や大きな難題となっている。

私はソ連最後の四半世紀に何回かソ連を訪問した（訪ソの頻度はゴルバチョフ時代にぐんと高まった）。また、ソ連崩壊以来、ロシアを訪問した回数も六回ほどになる。それに加えて、ソ連時代の末からソ連崩壊直後の時期にかけて新たに出版された大量の資料を追いかけ続けてきた。それは、ほかの西側の研究者と同様である。それらの出版物は率直に書かれていることが多い。また、そこに盛り込まれている意見は、すこぶる多岐にわたっている。幸いなことに、それらの出版物の中には今や、政治にかかわる回想録が多数含まれている（過去、政治的な自伝は、きわめて稀なソビエト研究の資料であった）。モスクワではいつも多様な意見があった。ロシアのほかの地域や、ロシア以外の共和国については言うまでもない。後者の場合、意見の多様性は特に顕著であった。しかし、一九八〇年代の前半になってもまだ、ソ連の出版物の行間を読み、それを、個人的な会話で補う必要があった。

ソ連時代最後の数年になると、まったく新しい情報源が加わった。それは、競争選挙の勝敗や、政治的に微妙な問題に関する世論調査である。後者の中に含まれている情報を利用すれば、ソ連の政治家や組織が時の経過とともに立場を変えていく有様が明らかになる。ソ連およびロシアの世論調査のデータは、できるだけ慎重にふるいにかけてからでないと利用できない。なぜならば、新聞社のおこなう世論調査は、標本の抽出の仕方がゆがんでいるからである。私がこれまでもっぱら使ってきたのは、全ソ世論調査センター（現在は、全露世論調査センター）のデータである。同センターは世論調査にたずさわっている研究所である。世論調査の専門的な技術に関して同センターの右に出る研究所はない。創設は一九八八年で、アカデミー会員のタチヤナ・ザスラフスカヤが初代の所長、ボリス・グルシンが副所長、ユーリー・レヴァダが主任研究員のひとりという布陣であった（レヴァダは一九九二年、ザスラフスカヤの後任の所長となる）。ロシア人は今日、現在の考えにもとづいて過去の意識を組み立てるが、優れた世論調査のデータは、それを是正するという点で貴重である。それらのデータは、世論を補正するのに欠かせない。なにしろ世論と言っても、ジャーナリストは自分の印象にもとづいて世論を想定しているのだから。しかも、ペレストロイカ時代のジャーナリストは、やはり、取材相手の政治活動家や知識人の思想に光を当てることが多かった。ところが、西側のジャーナリストもロシアのジャーナリストも、当時の人々が考えていたことを実地に検証することをしない。そして、往々にして現時点での世論を過去に投影する。たとえばこの数年、次のような主張がしばしば繰り返されている。「ゴルバチョフ人気は純然たる西側の現象であって、ロシアにおけるゴルバチョフはひどく不人気であった」。このような主張は、真実からほど遠い。実際、真剣な精査には耐えられない。ゴルバチョフは、ソ連の最高指導者だった時期の大半を通じて、ソ連においてもっとも人気のある政治家であった。しかし、オレーグ・ゴルジエフスキーによるソ連の世論にたいするコメントは、最近あれこれ書かれていることを代表していると同時に、誤解を招くものでもある。元ＫＧＢ将校でイギリスの工作員になったゴルジエフスキーは、次のように述べている。「西側で（ゴルバチョフは）ヒーローとなった。ゴルバチョフは、共産主義は死んだと宣言する勇気のある最初の指導者であった。しかしソ連では、ゴルバチョフは甚だしく不人気であった。『ゴルバチョフは典型的な田舎の党当局者《アパラチキ》であって、田舎の頭脳と田舎の学歴の持ち主である』という見方は相変わらずそのままだった（以下略）」[1]。大部分のロシア人はモスクワ市民ではないし、首都の『頭脳』のほうが優っているということを必ずしも受け入れないであろう。しかも、ゴルバチョフの国内における不人気ぶりは、ソ連における世論調査の証拠と食い違う。このことは、以後の各章の中で一層明らかになるはずである。

ほかの国と同じくロシアでも、政治過程に参加する者は、発言が公表されることを前提とする場合よりも、発言の責任を問われないときのほうが、饒舌《じょうぜつ》になることが多かった。しかし、一九九〇年から一九九一年にかけて、執行権力の側にいる政治活動家を含めてソ連の政治家が微妙なテーマに関して、むしろ西側の政治家以上に腹蔵なく語るのを見かけることが日常茶飯事になった。それは言うまでもなく、率直に語る風潮が強まったことを反映するものであった。それればかりではない。そこには、当時おこなわれていた激しい政治的闘争も反映されていた。その闘争は、政府と野党との間ばかりではなく、共産党そのものを筆頭とする党=国家機関の主要な組織の内部でおこなわれていた。ソ連崩壊後、ペレストロイカ時代の政治家にたいする制約はますます少なくなった。そう言っても過言ではない。その政治過程に参加した枢要な人物の回想は、出版されたものにせよ、口頭のものにせよ、非常に重要なものとなった。

情報源となる人々は、時を経るに従って、ゴルバチョフにたいするきわめて批判的な評価を受け入れるようになった。ゴルバチョフにたいして批判的な評価を下していたのは、一方では保守派党員および民族主義者であり、他方では、民主化と市場化のスピードアップと徹底を図れと主張する勢力であった。ゴルバチョフを肯定的に見る人々も、その政治的な経歴はすこぶるまちまちであった。たとえば、研究所に勤務する改革志向の専門家で、体制の内部から急進的改革のために尽力していた人々の中には、一九九一年の八月クーデターまで、そしてそれ以降も、かなりの数のゴルバチョフ支持者がいた。しかし、過去に辛酸をなめた人々の中にも、ゴルバチョフにたいする肯定的な評価が見受けられる。一七年間を刑務所と強制労働収容所で過ごしたロシアのユダヤ系作家レフ・ラズゴンは、一九九〇年一月、オックスフォードでの内輪の会合で、「ゴルバチョフのために毎日祈りをささげている」と発言している。しかしながら、ゴルバチョフ人気の急落が、流産に終わるクーデターに先立つ約二年間に起こったということは疑いようのないことである。

私たちがゴルバチョフに関して知っていることと、ゴルバチョフ時代のソ連に関して知っていることの間には依然として多少溝が残っている。その一方で、ロシア語を読む研究者にとっての最大の問題は、今日入手可能になった興味深い、そして潜在的に核心に触れている莫大な資料を処理することにある。つまり、意図的に曖昧にされた、あるいは歪曲された情報の言外の意味《サブテキスト》を解読することは、問題ではなくなったのである。かつてソ連市民とソ連研究者は、そのような作業を日常的におこなったものだが。右の資料には現在、ペレストロイカ時代の公文書のうち公開されたものが含まれる。公文書の出所は、一方ではロシア国家当局であり、他方ではゴルバチョフ財団である。

資料として役立つインタビューとしては、すでにズデネク・ムリナーシのことに言及した。私はムリナーシとの間で、興味深い対談を何度もおこなってきた。対談の時期は、ムリナーシの人生のさまざまな節目に当たっている。ミハイル・ゴルバチョフ自身にも、モスクワとオックスフォードの両方でインタビューしたことがある。いずれも、ゴルバチョフが公職を退いてからのことである。ゴルバチョフの側近だった人々にも、再三にわたってインタビューに応じてもらった。インタビューの焦点は、ゴルバチョフの半生、すなわちゴルバチョフがソ連大統領を辞任し、ソ連自体が終焉を迎える時点までの時期に当てた。本書においては、その時点（一九九一年一二月二五日）以降のゴルバチョフの活動には関心を払わなかった。もっとも、ゴルバチョフ退陣以降の三年余りの間に世に出たゴルバチョフ時代に関する重要な新情報は、ふんだんに利用したが。

政治がらみで、また仕事がらみでゴルバチョフと接点のあったロシア在住の人々と数々の対談を繰り返してきた。それに加え、ゴルバチョフの交渉相手であった西側の多数の政治家や大物外交官とも議論をかわしてきた。ロシア側では、これらのインタビュー相手に四人の大統領補佐官が含まれている。すなわち、チェルニャーエフ、シャフナザロフ、ペトラコフ、オジェレーリエフである。チェルニャーエフは一九八六年からゴルバチョフの専従の補佐官を務め、一九九一年のゴルバチョフ退陣までその任に当たった。シャフナザロフも一九八八年二月から一九九一年一二月まで、同様の立場にあった。両人は今でもゴルバチョフ財団でゴルバチョフとともに仕事をしており、特に、チェルニャーエフの協力ぶりは緊密である。ペトラコフは一九九〇年、経済問題を担当する大統領補佐官になったが、同年末に、一旦辞任している。そして、一九九一年の八月クーデターの直後に大統領政治諮問会議のメンバーとしてゴルバチョフ・チームに復帰した。ただしそれは、ゴルバチョフ時代（およびソ連時代）が終わりを告げるまでの間であったが。オジェレーリエフは経済専門家で、ペトラコフが一九九〇年に辞任したのを受けて大統領補佐官に就任した。また、アレクサンドル・ヤコヴレフとの対談も有益だった。ヤコヴレフはペレストロイカ時代、党中央委員会書記を兼ねる政治局員であり、当時のソ連指導部におけるゴルバチョフの有力な盟友であった（ヤコヴレフはのちにゴルバチョフ財団の副総裁を務め、その後は、一九九五年三月に辞任するまでモスクワのオスタンキノ・テレビ局の理事長を務めた）。ワジム・メドヴェージェフはヤコヴレフと同様に政治局員兼党書記であり、ゴルバチョフにたいする協力は、ゴルバチョフが党書記長に就任する数年前から始まっている。アンドレイ・グラチョフからも、きわめて有益な話を聞くことができた。グラチョフは一九八九年、党中央委員会国際部の第一次長になり、のちには、ゴルバチョフの大統領報道官になった人物である。一九九二年以来、グラチョフは世界経済国際関係研究所（略してＩＭＥＭＯ）に所属している。また、週刊新聞のモスクワ・ニュースと週刊誌『新時代』の政治解説員を務めている。パーヴェル・パラシチェンコおよびアレクサンドル・リホターリとのインタビューも貴重だった。パラシチェンコは、ゴルバチョフがアメリカ大統領との間で首脳会談をおこなうときに通訳を務めていた人物である。リホターリは、ゴルバチョフの顧問で、ゴルバチョフ財団で報道官を務めている。

ソ連およびロシアの政治家と学者のうち、何回もお目にかかってすこぶる有益な議論の相手をして下さった方々をアルファベット順で紹介すると以下のとおりである。

Ye・アンバルツーモフ、F・ブルラツキー、S・チュグロフ、G・ジリゲンスキー、L・ゴルドン、故P・グラツィアンスキー、V・グリーエフ、A・カラペチヤンツ、G・カラーシン、B・クラシヴィリ、A・レーベデフ、A・メルヴィル、A・ニキーチン、A・オボロンスキー、M・ピスコーチン、O・ルミャンツェフ、N・シメリョフ、N・シモニヤ、R・シモニャン、V・スミルノフ、L・スミルニャーギン、R・エフスチグネーエフ。

このほか、非常に有益なインタビューまたは内輪の懇談に応じて下さった方々は、（まだほかにもおられるが、とりあえず）以下のとおりである。

A・アダミシン、Yu・アファナシエフ、A・アガンベギャン、A・アルセーネフ、V・バカーチン、故G・バラバーシェフ、V・バラノフスキー、L・バトキン、Yu・バトゥーリン、N・ベリャーエワ、N・ビリュコフ、V・ブィコフ、A・ダニリツキー、N・デーエフ、V・エンチン、P・イワンツォフ、O・カルーギン将軍、K・カラゲジャン、Ye・ヘシン、I・クリャムキン、Ye・コロネフスカヤ、I・ラプテフ、O・ラツィス、Yu・レヴァダ、V・ルキン、A・ミグラニャン、G・ミルスキー、故A・ミシン、V・ネルセシャンツ、A・ニコノフ、A・ヌグマノフ、B・パンキン、V・ペチャトノフ、S・ペレグードフ、V・ポポフ、V・ラッソーヒン、L・ラズゴン、A・ルィバコフ、R・サグデーエフ、故A・サハロフ、V・セルゲーエフ、A・シェストパール、Ye・シェストパール、L・シェフツォワ、V・シェイニス、V・ショスタコフスキー、A・シュービン、V・スラヴィンスキー、S・スタンケーヴィッチ、G・スタロヴォイトワ、故ウラジーミル・チーホノフ、T・トルスターヤ、B・トポルニン、A・ツィプコ、A・ワクスベルク、V・ワルコフ、A・ヴェーベル、故D・ヴォルコゴーノフ将軍、L・ヴォルコフ、アレクサンドル・M・ヤコヴレフ、Ye・ヤコヴレフ、T・ザスラフスカヤ、I・ゼヴェレフ。

右に挙げた（ひとつの職業に収まりきらないケースもある）研究者や作家、政治家は、言うまでもなく、私の達したいずれの結論にたいしても何ら責任はない。彼らも相互に、政治的見解とゴルバチョフにたいする見方を甚だしく異にしている。私は、自分でおこなったインタビューに加えて、この分野において活躍している優秀なプロのジャーナリストがおこなったインタビューをも利用した。それとの関連で私は、テレビ・ドキュメンタリー『第二のロシア革命』の製作者であるブリアン・ラッピングとノーマ・パーシーに感謝の意を表したい。というのも、『第二のロシア革命』のインタビューのテープをセント・アントニーズ・カレッジのロシア・センター図書館に寄託して下さったからである。また、『第二のロシア革命』のインタビューの筆記録を閲覧させていただいたことについて、お二人に重ねて感謝すると同時に、ロンドン・スクール・オブ・エコノミクス（LSE）付属イギリス政治経済学図書館にも謝意を表したい。筆記録は現在、LSEの特別文庫に保管されている。テレビ番組の中で使われた、長大なインタビューからの抜粋は、資料の宝庫のごく一部にすぎない（本文でこの資料にもとづいて記述をしたとき、その出所は巻末の註で、「*The Second Russian Revolution* の筆記録」のように示した）。

西側のソ連、ロシア研究者との意見交換も有益であった。それら研究者の筆頭に上がるのは、私の研究の本拠地であるオックスフォード大学セント・アントニーズ・カレッジの同僚たちである。ロシア東欧センターの同僚や大学院生からも刺激を得た。カレッジの学長であるラルフ・ダーレンドーフからも、一般的とはいえ非常に重要な形で刺激を得た。ロシア・センターの秘書兼司書であるジャッキー・ウィルコックスには、平素から非常に効率的な支援をしていただき、感謝の念に堪えない。数々の重要な出版物（特に、ロシアで出版されている新聞の記事）が出ていると注意を喚起してくれた人々もいる。さもなければ、それらの出版物を見落としていたかもしれない。その中でも特に、マーティン・デューハースト（グラスゴー大学）、イツハク・ブルードニー（エール大学）、リタ・ヘイノとアレックス・プラウダ（ともにセント・アントニー・カレッジ）、そしてオックスフォード大学で指導している優秀な大学院生諸君にお世話になった。私のために資料を見つけ出し、引用文をチェックしてくれたそれら大学院生には、以下の諸君がいる。ウォレン・ハッチ、ラファエラ・クルージ、ニール・メルヴィン、マーサ・メリット、クリスチアン・シュミット。また、労をいとわず本書の特定の章を読んでコメントして下さった友人や研究仲間に、特段の感謝を申し上げたい。IMEMOのアンドレイ・グラチョフは草稿の段階で本書全部に目を通してくださった。また、モスクワ大学のアルテーミー・カラペチヤンツは最初の四章を、モスクワの世界史研究所のアレクサンドル・シュービンは第二章と三章を、エール大学のロバート・レインは第四章を、オックスフォード大学ウォルフソン・カレッジのウロジーメシュ・ブルースは第五章を、セント・アントニーズ・カレッジのアレックス・プラウダは第六章と七章を、セント・アントニーズ・カレッジのもうひとりの同僚であるティモシー・ガートン＝アッシュは第七章をそれぞれ読んでくださった。本書に何らかの判断ミスや事実誤認が残っているとすれば、それはこの方々の責任ではない。しかし、これらの皆様が労をいとわず助言して下さったおかげで、本書が改善されたことは疑いのないところである。

私は、一九八五年にコロンビア大学（ニューヨーク）、一九九〇〜九一年度はテキサス大学オースティン校、そして、一九九一年夏は、仏フォンテンブローの経営大学院（INSEAD）で客員教授を務め、それによって知的環境の変化を満喫した。コロンビア大学では一九八五年の秋学期、学部と大学院の刺激的な学生グループと意見交換する機会を得た。それは、ゴルバチョフがソ連の最高指導者となった年にあたる。

これらの機関はいずれも、政治学的な調査に協力する環境を整えてくれた。本書の最初のほうの章の執筆作業はかなりの部分、テキサスとフランスでおこなった。このようなわけで、これらのきわめて快適な知的な本拠地を提供してくださることを提案してくださった以下の方々に深謝したい。コロンビア大学のアルフレッド・ステパン、ロバート・レグヴォルド、マーシャル・シュルマン、セヴェリン・ビアラー。テキサス大学のジェームズ・フィシキン、ロバート・キング、マイケル・カーツ。INSEADのジョナサン・ストーリー。

本書を完成させるためには、ゴルバチョフという要因《ファクター》について一〇年以上の歳月をかけて調査し熟考しなければならなかった。しかし、書籍の形をとっているものの、本書はもともとアレグザンダー・ダリンから勧められた講演に端を発する。ダリンは、スタンフォード大学のロシア東欧研究所で恒例となっている年次講演シリーズのうちの第二回シリーズを担当しないかと誘ってくれたのである。私は演題として、「ソビエト政治におけるゴルバチョフ・ファクター」を選んだ。一九八八年四月の連続講演の際スタンフォード大学で配布した資料は、事実上、本書のいくつかの章の一次草稿となった。カリフォルニアの温暖な気候は、私がA・ダリン、ゲイル・ラピウドゥス、デーヴィッド・ホロウェイほかの人々から受けた歓待と軌を一にするものであった。私はこれらの人々にたいする深い感謝の気持ちを忘れていない。そして、講演を書籍の形にするまでの間、かくも長い間待たせてしまったことを申し訳なく思っている。その後、(ソ連そのものの崩壊を頂点として)ソ連でさまざまなことが起こり、また変化が文字どおり異常な速さで進んだ。本書は多くの点でもともとの草稿とはまったく違うものとなった。それは自明のことである。

お待たせしたことにたいするお詫びは、右に挙げた人々以上に、本書の版元であるオックスフォード大学出版会のほうにしなければならない。同出版会のヘンリー・ハーディーが本書の出版企画にたいして示してくれた熱意と忍耐強さには、感謝してもしきれない。原稿の出来上がりが、私の予想とハーディーの期待よりはるかに遅くなっただけになおさらである。ハーディーの後任者であるティム・バートンもハーディーと同様に、私に励ましと手助けを与えてくれ、辛抱強く接してくれた。バートンは能率を優先する姿勢と友好的な態度を両立させた。そして、尽きることのない新情報の流れをひとつ残らず盛り込むまで原稿を手放す気になれずにいた私の手元から、最終的に原稿を奪うようにして持っていったのは、功績（と私は信じる）と評するに値する。実際のところ、すでに十二分に多くのことが分かっているのであり、そのような知識を使えば、二〇世紀後半の歴史においてゴルバチョフが果たした役割を綿密に分析し解釈することは可能である。

英国学士院《アカデミー》と、その、きわめて有能かつ頼りがいのあるスタッフ（特に、ジェイン・ライドン）に、また、英国経済社会調査会（ESRC）に、この場を借りて感謝申し上げる。両方の組織が共同で手当てして下さった資金のおかげで、ゴルバチョフ時代にソ連出張を繰り返した際、大部分の費用をまかなうことができた。特に英国学士院は、私がモスクワの「国家と法研究所」を再三にわたって訪問した際、労をいとわずご支援くださった。本書の第五章と六章は、ESRCの研究奨励金（R〇〇〇二三一〇〇六）のおかげもこうむっている。これは、「ソ連における経済改革、そして経済改革と政治的変化の関係」について研究するために、私を含む複数の研究者に与えられた奨励金である。ESRCに加えて、オックスフォード大学のヘイター基金とセント・アントニーズ・カレッジ付属ロシア・センターのエリオット基金も、モスクワの世界経済国際関係研究所（IMEMO）を訪問する際、ご支援くださった。政治情勢と政治制度の両方があまりにも目まぐるしく変化するので、それなりの頻度で直接現地に出向くことは非常に重要である。

最後にひと言。本書に限らず、私が謝辞を述べる際は家族のことに触れないわけにはいかない。家族にはいつも力を貸してもらい、しかも大目に見てもらっている（ゴルバチョフのことにかかりきりになっていて、家族のことをおろそかにしていた時期ですら、そうであった）。特に、妻のパットと息子のダグラスに感謝したい。パットは本書の索引を作成してくれた。ダグラスは、私のパソコンに不具合が生じたようなときにはすぐに飛んできて助けてくれた。

セント・アントニーズ・カレッジ
アーチー・ブラウン

第1章 序論

過小評価されるゴルバチョフ

改革以前のソビエト体制の姿はどのようなものだったろうか。また、ミハイル・ゴルバチョフが一九八五年三月にソ連の最高指導者としてコンスタンチン・チェルネンコのあとを襲ったとき、重大な革新がおこなわれるという期待感はどれほど控えめだったろうか。これらのことは、ともすれば忘れられがちである。それというのも、旧ソ連邦における変化があまりにも大きかったからである。ソ連の市民たちも外国の専門家たちも、当時ソ連が、消滅に向かって変容の第一歩を踏み出そうとしているとは夢にも思わなかった。それ以後に起こる出来事の全貌を予測する者もいなかった。また、そのようなことは人智の及ぶところではなかった。変化の見込みを大いに疑っていた人々は、実際の出来事に追い越されていった。最近では、ゴルバチョフの「中途半端な措置」を論難する一方で、ゴルバチョフが推進ないし認可した変化にたいして素知らぬふりをしていたほうが得策と判断している者がいる。何しろそのような変化はあまりにも巨大であり、彼らの最も大胆な予想ですら影が薄くなったからである。まして、「ゴルバチョフにはソビエト体制における重要な事がらに修正を加えるだけの意志も力もありはしない」との予測などは、およそ見当外れなものとなった。

次いで、一九八〇年代末には、熱狂的なゴルバチョフ支持に反発することが流行になった。当初ゴルバチョフの意志を読み間違ったのと同一の専門家たちが、今度は先頭に立って、「ゴルバチョフが果たした役割に余計な注意を払うことは愚にもつかないことだ」と酷評した。それでいて彼らは、主たる政策の失敗をすべてゴルバチョフの個人的責任に帰するのである。これは、論理的に矛盾している。もとより、ゴルバチョフ時代に失敗があったことは否めない。それはとくに、経済政策や、連邦構成共和国と連邦中央との関係に当てはまる。

ゴルバチョフ時代のソ連の変化の規模を冷静に考察するならば、そうした変化が平穏になされたことに注目せざるをえない。仮に、本気で改革をおこなおうとする者が国内最高の政治ポストに上り詰めていなかったとしよう。そして、それ以外の何らかの方法を通じて同様の大規模な変化が起こっていたとしよう。その場合、果たしてあれほどわずかな暴力をともなうだけで事が済んでいただろうか。疑問である（とくにロシアの場合）。次の一事を考えればなおさらである。一九八〇年代の末以前の時期にソ連の内部からソビエト体制に対して公然と攻撃を仕かけた人々はいずれも、政策上の帰結に良い意味でのインパクトを何ら与えられなかったのである。

改革者がソ連共産党書記長になることが原則として可能だという考えを、端《はな》から除外していた西側の専門家は少なくない。アレクサンドル・ソルジェニーツィンやアレクサンドル・ジノヴィエフなどソ連から海外へ亡命した著名な作家たちですら、同様であった。しかし、共産党指導部、そして個人としての共産党書記長はその手中に巨大な権力を握っている。したがって、改革志向の人物が党書記長のポストに就くことは、事の成否を決するのに決定的な重要性をもったのである。もし心底から改革を志向しかつ高度な手腕を備えた政治家が一九八五年にソ連共産党書記長に昇格していなかったとしたら、ソ連の根本的な変化は間違いなく先送りされていたであろう。流血の惨事を招くようなことすら十分にありえただろう。またその変化は、ゴルバチョフがソ連の指導者だった期間に政治が比較的急速に展開したのとは対照的に、きわめて歩みの遅いものとなっていたことだろう。

党書記長ポスト——歴史的変遷

改革前のソビエト体制は、内部において権力が上から下に向かって作用し、すべてのレベルの組織が党第一書記を最高権威として戴く体制であった。このことは、リトアニア、グルジアといった連邦を構成する共和国にも、スヴェルドロフスク州やスターヴロポリ地方《クライ》のような州レベルの単位にもひとしく当てはまる。市町村についても、同様である。ソビエト体制の最上層部（すなわち「全連邦」レベル）にあって最強の権力を握っているのは、疑いもなく共産党中央委員会書記長であった。このポストに就いた人物は、共産党公認の指導者であるばかりでなく、事実上、ソ連国内における最高の行政官なのであった。

ソ連共産党書記長は、党内と同じように国内においても最大の権威と権力をもっていた。そうでなかった時期は、ソ連時代のごく初期と末期だけである。ソ連邦の末期になると、こうした慣行はうやむやのうちに消失する。一方、ソ連邦のはじめの数年間、公認の指導者はウラジーミル・レーニンであった。レーニンは、革命運動の一翼を担うボリシェヴィキ派を一九〇三年から率いてきた。だがロシア革命後、そのレーニンが正式に名乗っていた肩書きは、「人民委員会議」（第二次世界大戦後に「閣僚会議」に改称）の議長であった。

レーニンの後継者となったのはヨシフ・スターリンである。スターリンは、一九二二年には党書記長に就任していた。だが、書記長の権限を縦横に発揮できるようになったのは、レーニンが肉体的な自由を失ってからの期間、とくに一九二四年にレーニンが没したあとのことである。スターリンは、党中央委員会書記局で役職者を任命する権限と政策実行の責任を与えられ、それを個人的な特権に変容させた。党書記長ポストには権限が集中した。ソ連全土を網羅する党書記たちのヒエラルキーの最高位に君臨するポストだからである。

歴代の党書記長すなわちソ連の支配者は、七四年間のソ連邦の歴史を通じてわずか六人しかいない。スターリンが獲得した権力（および権力行使の方法）は、スターリン以後の書記長のそれとは異質のものである。スターリンは、情け容赦のない粛清を好んでおこなった。粛清の対象となったのは、党内の潜在的な敵、広く一般社会の実際上あるいは仮想上の敵であった。そのあいだにソ連は、一九二〇年代の寡頭支配から暴虐な個人独裁へと移行した。スターリンは早くも寡頭支配の時代に、いわゆる「同等者の中の第一人者」以上の存在になった。その後の個人独裁は一九三〇年代初期にはじまり、一九五三年三月にスターリンが死ぬまでつづく。個人独裁がはじまったあとも、共産党は依然として重要な支配の道具であった。だが、さまざまな支配の道具のうちのひとつとして重要だったにすぎない。たとえば、政治警察や省庁のネットワークも、党と同じように重要な役割をになっていた。それに、党大会や党中央委員会総会をどのくらいの頻度で開催するかなどを定めてあった党規約は、あまりにも露骨な形でないがしろにされた。そのためにスターリンの死の直後、後継者の中には共産党の重要性を十分理解できなかった者さえいる。ところが現実には、共産党の組織は潜在的に依然として強力であった。またソビエト体制のもとでは、共産党を支配することは政治力の資源のなかで最重要事項であった。[1]

スターリンが死ぬと、後継者のあいだに権力闘争が起こり、ソ連は一時的に寡頭支配へと逆戻りした。西側でスターリンの後継者とみられたのは、首相の職務を引き継いだゲオルギー・マレンコフ。スターリンが晩年、党の指導者であると同時に首相（正式には閣僚会議議長）を兼任していたからである。しかし、それから二年もしないうちにニキータ・フルシチョフが、党中央委員会の第一書記（一九五三年から一九六六年まで書記長に代わって用いられた名称）として優勢を固めた。そのような優位は一九五七年、マレンコフやヴャチェスラフ・モロトフ、ラーザリ・カガノヴィッチをはじめとする一部の保守派がフルシチョフ打倒を図ったとき一時危殆《きたい》に瀕した。

だが、フルシチョフは中央委員会の平メンバーの支持を利用し、政治局にあって自分と敵対する「いわゆる算術上の多数派」を制圧した。このときから、そしてとくに一九六〇年代はじめから、フルシチョフは指導者としてそれまで以上に不遜な態度をとるようになる。一九五八年に首相を兼務すると、大胆な政策をいくつも推進しはじめた。それらの政策は政治エリート層を構成する各部門の大半で不興を買った。フルシチョフは、ゴルバチョフと異なり、ソビエト体制のラジカルな修正に着手したわけではない。自分自身は、ソビエト体制原理を無批判なまでに受け入れていた。とはいえ、フルシチョフには何か予測のつかないところがあった。党や国家の当局者は、けっして解任されないというこれまでの保障が脅かされはじめているのを感じた。結局のところ、そのような不安感だけでも、政治局員ほぼ全員を含む高官たちが団結するのに十分な動機となった。このようにして彼らは、一九六四年、フルシチョフを党第一書記の座から追放するにいたった。(2)

フルシチョフの後継者となったレオニード・ブレジネフは、自分の指導スタイルをできるだけフルシチョフのそれとは違うものとするように腐心した。そうすることによって一八年のあいだ、ソ連指導者の座を保つことができた。フルシチョフが性急な指導者だったのにくらべ、ブレジネフは慎重な人物であった。フルシチョフは、党や国家の官僚を叱責し降格することがよくあった。一九六二年の地方の党書記全員にたいする処遇におけるように、官僚の権力や権能を二分することもためらわなかった。それとは対照的に、ブレジネフは自分の事業を推進するにあたり、党機構にたいする配慮をけっして怠らなかった。また、「人事の安定化」という政策を誇りにした。フルシチョフが躊躇《ちゅうちょ》なく先頭に立って政策を推進したのにたいして、ブレジネフはどのような案件にかんしても自分が孤立するリスクを負わないように注意を凝らした。そして、ソ連指導部のなかでコンセンサスを求めるのが常であった。

だが、時を経るにしたがってブレジネフは、自分の功績をひどく誇張して世に広めるようになった（一般大衆は、それにたいする服従を強いられた。もっともそれは、スターリンの個人崇拝の熱狂ぶりや理不尽な行き過ぎの域には遠く及ばなかったが）。また、ブレジネフにたいして個人的に恩義を感じている人物を、指導部のポストに登用する傾向が目立つようになった。その結果、一九七〇年代になると、ブレジネフはフルシチョフの一九六〇年代とくらべて大きな権力をふるうようになった。もっとも、ブレジネフはいかなる時においても、ソビエト体制の基本的規範に挑戦したことはない。ブレジネフは、とりわけ党官僚・政府官僚・軍部・KGBの特別な権益に細心の注意を払った。自発的な政治活動や自立的な政治思想を抑圧しながら体制を擁護してゆくことが、彼らの共通の関心事であった。このようなアプローチはブレジネフの政治的な寿命を延ばすことに貢献し、ソ連エリート層の各部門から大いに歓迎された。しかし他方、ソ連の根本的な諸問題に取り組むという事業には何ら寄与しなかった。しかも、ある者にとっての「人事の安定化」は、別の人間にとっては昇進が封じられていることを意味する。ペレストロイカ時代がやって来ると、ブレジネフが率いたソ連を指して、「停滞の時代」という言葉が使われるようになった。[3]

ユーリー・アンドロポフは、ブレジネフのあとを襲ったとき、すでに六十八歳であった。しかも、それから間もなくさらに健康を損なうことになる。アンドロポフについては次の二つの章でもっと詳しく述べる。というのも、アンドロポフはゴルバチョフの出世に関連して重要な役割をはたしたからである。その一方、アンドロポフ自身が、一九八〇年代後半にゴルバチョフ政権下のソ連に起こったのと同種の広汎な政治的変化を唱道する見込みは、まったくなかった。アンドロポフは、KGB議長を一五年にわたって務めた人物である。そのあいだに、反体制とか政治的多元主義の傾向をもつ事がらには何であれ疑いの目を向ける習慣を身につけていた。

しかしブレジネフとくらべると、アンドロポフにははるかに独善性が少なかった。また、ゴルバチョフがすすんで実施しようとした改革の域には遠く及ばなかったとはいえ、超保守的なブレジネフが設定していたよりもはるかに緩やかな枠のなかで改革を考慮する用意があった。現実にアンドロポフは、その短い在任期間中に政治の基本方針を変えた。具体的にいうと、規律と汚職対策に重点をおき、経済改革を志向する若干の試験的な動きを後押しした。また、在任中に節酒キャンペーンを強化した。もっとも実際には、その方針に反する形で、何年かぶりに安価な銘柄のウオツカが売りに出されたが。そのウオツカは通称「アンドロポフカ」と呼ばれた。それは消費者による感謝の印であった。アンドロポフは、一九八二年一一月のブレジネフの死去から一九八四年二月の自分自身の死までのわずかな期間、共産党書記長を務めたにすぎない。とはいえ、アンドロポフの業績は、ある事実をしめすのに十分なものであった。その事実とは、スターリン亡きあと、とくにフルシチョフ解任後の時代になってから、党書記長にたいしてかなり明確に政治的制約が加えられたにもかかわらず、党書記長のポストが依然としてソ連における最重要のポストだったということである。

アンドロポフの後継者となったのは、コンスタンチン・チェルネンコである。チェルネンコの一三カ月の在職期間中、右に述べた制約のほうが権力よりも目立った。第三章で詳述するように、当時すでにゴルバチョフはチェルネンコに代わる候補として受け入れられていた。いや、それどころか、ゴルバチョフはアンドロポフ自身によって指名された後継者だったのである。ところが、書記長の主要選出母体である党政治局において多数派が慎重を期したため、とりあえず白羽の矢が立ったのは、ゴルバチョフではなく七十二歳のチェルネンコであった。そして、この決定は党中央委員会全体の承認を得た。なにしろチェルネンコなら、アンドロポフほど（汚職対策や大幅な人事異動を通じて）波風を立てる可能性がないことが明らかだったからである。だが、チェルネンコの健康は悪化した。一方、ゴルバチョフはすでに党中央委員会書記局に堅固な足がかりを構築していた。その結果、チェルネンコの書記長就任から一九八五年三月の死去まで、一三カ月にわたって指導部は手詰まり状態におちいった。なるほど、最高指導者としてのチェルネンコにたいしては口先だけの敬意が奉げられた。しかし、だれもが気づいていたように、チェルネンコ時代はたんなる空位期間にすぎなかった。肉体的に衰えているチェルネンコが表舞台から退場しないことには、真の問題に取り組むことは困難であった。

ゴルバチョフ評価の変遷

ミハイル・ゴルバチョフについてはこれまで随分たくさんのことが書かれてきた。流行の最先端を行くゴルバチョフ観は、ゴルバチョフ指導部とソ連そのものが終焉を迎えるまでに三つの段階を経た。

まず、第一段階。最初の約二年、すなわち一九八五年から少なくとも一九八六年の末まで、西側では通例として、次のような見方をしていた。「ゴルバチョフがもたらしたのはスタイルの変化である。ゴルバチョフは、よしんば改革者であるとしてもテクノクラート型の改革者である。ソ連の政治、経済体制や外交政策が根底から一変するなどということはまったく期待できない」[4]。この見方は、ソ連のリベラルな知識人層にもかなり広く流布していた。もっとも、一般大衆のあいだでは最初の二年間、ゴルバチョフの人気は非常に高かった（さらにいうなら、党書記長就任から五年経ったときでもゴルバチョフは、人気と敬意を尺度とするなら依然としてソ連随一の人物であった。これは、西側の多数の識者やロシアにおけるゴルバチョフの政敵が説いてきたことと食い違っている。この点についてはあとで詳述する）。ゴルバチョフは比較的若く、活力に満ちており、前任の三人の党書記長が病弱だったのといちじるしく対照的であった。党書記長に就任してからしばらくの時期、街頭や片田舎での一般市民との対話がテレビ中継されるなどしてゴルバチョフの人気は高まった。

次に、第二段階。比較的頭の柔軟な西側の識者のうち大半の人々は、一九八七年までに、ソ連共産党指導部の内部において重要な事態が起こっているのを見抜いた（頭の固い連中は少数派になっていたが、自分たちの意見を声高に主張していた）[5]。彼らの中には、政治改革を明瞭な形で議題に載せた共産党中央委員会一月総会を節目とみなす者もいた。また、本格的な経済改革の必要性を承認した同年六月の党中央委員会総会を転換点とみる向きもあった[6]。一九八七年から一九八九年のはじめまで、ソ連国内でゴルバチョフを偉大な改革者と見る者は現在より多かった。その傾向がとくに顕著だったのは、知識人層である。以前ゴルバチョフにたいして警戒的だった（そして、のちにふたたび警戒的な態度にもどる）ソ連の民主派は、次第にゴルバチョフを重視するようになった。外部世界の大部分では、ゴルバチョフの評価はもっと高かった。

一九八九年の一年を通じて、東ヨーロッパ諸国が次々に自主独立性を回復し、共産党支配に終止符を打っていった。それにつれて西側のゴルバチョフ人気は上昇した。このように「ソ連圏」が縮小するのを受け入れたということは、外交政策に関するゴルバチョフの「新思考」が本物であることを雄弁に証明した。西側の懐疑論者たちも、「新思考」

をたんなるプロパガンダにすぎぬとして以前のように一蹴するわけにはいかなくなった。だが、ソ連国内のゴルバチョフ人気がピークを迎えたのはそれ以前の時期である。すなわち、一九八九年春に第一回人民代議員大会というソ連の新たな代議機関の競争選挙がおこなわれ、同大会が召集されたときのことであった。しかし開会後、ゴルバチョフは人民代議員大会の議長を務めたために、過半数を占める保守派の不興を買うことになる。急進派（つまり人民代議員大会の少数派）の代議員たち、とくにアンドレイ・サハロフにたいして、議席比率に不相応な頻度で発言を許したのがわざわいしたのである。保守派は欲求不満をつのらせた。一方リベラル派の側でも、ゴルバチョフの議事進行が十分に円滑でないことを歯がゆく感じた。そうした不十分さが生じたのはなぜか。その一因は、ゴルバチョフが三つの矛盾する役割を同時に務めていた点にある。三つの役割とは、共産党の指導者、国内の最高行政官、未熟な議会の事実上の議長である。(7)

ソ連市民にしてみれば、国内の経済問題と民族問題が解消されるどころか逆に先鋭化したことも、東ヨーロッパの出来事以上に気がかりであった。だが東ヨーロッパ情勢は、ゴルバチョフにとって二つの副作用をもたらした。第一に、軍部のなかでゴルバチョフの政策にたいする不満がいちじるしく増大したこと。これは、一部の軍事評論家がいうように、第二次世界大戦の戦果を喪失させたことに起因する。また、多数のソ連将兵が通告を受けてからごく短期間のうちにソ連のひどくお粗末な収容施設へと帰還する羽目になったこともわざわいした。第二の副作用は、ソ連市民が東ヨーロッパの前例によって刺激を受けたことである。結果として、自分たちの不幸を共産党の支配と結びつける市民は、それまでとくらべて格段に多くなった。ゴルバチョフは党の最高指導者として、そのような悪評から全面的には逃れえない。

こうして、ソ連では一九八九年の夏および秋から、そして西側では一九九〇年はじめから雰囲気が変化し、ゴルバチョフ評価の第三段階がはじまった。西側でのゴルバチョフ評価はソ連でのそれとくらべると、落ち込みが少ない。

しかしそれでも、ソ連の変化をあやつる手綱さばきにかんして評点が下がった。ソ連の変化は、一九八五年におけるいかなる予想をも超えていた。一九九〇年の一年を通じて、「ゴルバチョフ自身が問題の一部——すなわちソビエト体制が首尾良く変容するのを邪魔する障害物——になっている」という見方が次第に強まっていった。[8] 退陣の二年前には、ゴルバチョフのソ連国内での人気は国外での人気を下回るようになった。また国内政治の分布図の両翼に位置する急進的民主派と保守派共産党勢力のそれぞれがゴルバチョフにたいする敵対的姿勢を徐々に強めていた。しかしそれにもかかわらず、一九九〇年四月の時点では、ゴルバチョフは依然として、尊敬できるソ連の政治家として第一位の座を保っていた。しかも、二位以下を大きく引き離して。人気度の点でゴルバチョフがエリツィンの逆転を許したのは、一九九〇年の五月、六月以降である。[9] たしかに、それまでの一年のあいだにゴルバチョフにたいする支持は下がっていた。しかし、ソ連全土での支持率の下げ幅は、西側記者の取材源となっていた人々のゴルバチョフ支持率ほど大きかったわけではない。ゴルバチョフの在任期間の最後の二年、なかんずく最後の一八カ月、ゴルバチョフの支持率の低下は顕著なものとなった。[10] とはいえ、就任から五年後の世論調査で次点のライバルよりもはるかに高い支持率を保っていたのである。西側の政治家——つまり、ゴルバチョフとは異なり自国を激しく動揺させたことがない政治家——のうち大半の者にとって、それは及第点である。

世論調査の専門家ユーリー・レヴァダは、ソ連の世論調査センターのなかでも最高の専門的分析能力を誇るセンター[11]の有力研究員であった。そして、ソ連崩壊後のロシアで同じセンターの所長となった。レヴァダが一九九〇年四月に述べたところによると、「一年前に」、ゴルバチョフを「ザ・マン・オブ・ザ・イヤー（今年の男性）」として挙げた人々は人口の五五パーセントにのぼっていた。ところがその数字は、一九九〇年の春には、四六パーセントへと低下した。もっとも、レヴァダは付言する。「ソ連社会にひどくすさんだ雰囲気と疎外感が生じたことを考慮にいれるなら、この支持率は高いといえる。そして、世論にかんする限りゴルバチョフには本格的なライバルが見当たらないのだから、なおさらである」。レヴァダが参考までに引き合いに出したところによると、ボリス・エリツィンの名前を挙げた者は全体のわずか一六パーセント。ゴルバチョフを選んだ人々の三分の一にも満たなかった。[12] 一九九〇年の夏までに、そのようなゴルバチョフ支持率はすでに変化していた。しかし、その変化は一般に評価されているよりもずっと遅く、ゴルバチョフ政権末期に発生したのである。[13] 要するにソ連では、ゴルバチョフは事実上の大統領として在職していた時期の大半を通じて、政治家として最大の尊敬を集めていたわけである。

不可能なことをやってのける技術

したがって、次のことも念頭においておいた方がよい。ロシアでも西側でも流行のゴルバチョフ観は、よきにつけあしきにつけ、ロシアまたはソ連の社会を必ずしも代表するものではないということである。前にふれたように、ゴルバチョフにたいする評価は三つの段階を経た。各段階で流行した見解は、西側とソ連のいずれにおいても、ソ連問題について論評する人たち全員にくまなく浸透するというところには遠く及ばなかった。それでもそれらの見解は、ゴルバチョフ時代の各局面で非常に広く流布していたのである。ただ、専門的見地の違いによって、そうした見解には異同が生じることもあった。だから西側政治家のゴルバチョフ株が、とくに大半のソ連経済専門家たちのそれとくらべて高かったのは偶然ではない。もっとも、ソ連経済が悪化しつつあることを看取するのに、なにも経済学者である必要はなかった。ミンスクからハバロフスクまでのどこにでも見受けられる一般住民も、質問されれば、「ソ連経済は悪化している」と答えたであろう。彼らは実際、往々にしてそのように発言した。それというのも、スターリン時代もブレジネフ時代も過去のものとなり、いまや比類のない自由が許されるソ連史の一時期となっていたからである。

しかし、西側の政治家は、必ずしも全面的にソ連経済の現実の姿に基礎をおいて判断をくだしたのではない。彼らは、政治上の言葉の変化、ソ連外交の新基軸、政治制度の変更などに相当の重きをおいて、判断をくだしたのである。西側の政治家は、「政治とは可能なことを実施する技術である」と理解していただけに、ゴルバチョフがほぼ不可能と思われていた離れ業をやってのけるのを見て度肝を抜かれっ放しだった。彼らは、ゴルバチョフが一連の要素によって活動を制約されたり、八月クーデター発生前にバランス操作を余儀なくされたりする様子を鋭く見抜いていた。彼らはその点で、多くの研究者やソ連に登場した新顔の急進的な（必然的に）比較的経験の浅い政治家よりも、はるかに上手《うわて》であった。

ゴルバチョフの言動は、ソ連国内であれ、欧米の指導者を対外的に相手にするときであれ、前任の党書記長たちのだれよりも西側の政治家のそれに似ていた。西側では、このことを高く評価した。また、ソ連に劇的な政治的変化が起こったことにかんしても、ゴルバチョフの功績は大であると見なした。これは、党派を問わず普遍的な受け止め方であった。経験豊かな政治家、すなわちフランソワ・ミッテラン、ヘルムート・コール、ロナルド・レーガン、ジョージ・ブッシュ（父）、マーガレット・サッチャー、デニス・ヒーリーらは、ゴルバチョフがソ連共産党機構の出身という制約を超えて行動する可能性があることを——遅い早いの違いこそあれ——鋭く見抜いた（サッチャーとヒーリーは、真っ先にこのことを看破した。コールは、それより遅かったが、後にはそういった見方を熱烈に受け入れるようになった[14]）。

反体制運動とペレストロイカとの関係

「ゴルバチョフは、共産党の教義と組織という足かせを放棄するのではないか」。すでに一九九一年以前の時期に、そのような見方が議論されるようになった。一九八九〜一九九〇年、東ヨーロッパで共産党支配に終止符が打たれ、期待感が高まった。だがその一方、ソ連経済や、連邦の中央と周辺との関係、民族などの諸問題がますます深刻なものとなった。それを見て、ゴルバチョフを評定する人は批判を強めていた。ソ連史の書き換えが最新の解釈に沿ってはじまった。早くも八月クーデターの前に指摘されていたように、ソ連において提起されつつあったこれらの考えの多くは、一九六〇年代末から七〇年代はじめにかけて弾圧された反体制派の人々の見解と酷似していた。ちなみに、ゴルバチョフ時代の改革を拒否する勢力も、急進的な支持勢力の一部も、別々の観点からとはいえ、このような類似性が存在すると述べている。党公文書館の資料を掲載するソ連の或る専門誌は、一九九〇年に、それまで反体制側の文献においてしか知られていなかった長文の書簡を載せた。それは、アンドレイ・サハロフ、ワレンチン・トゥルチン、ロイ・メドヴェージェフが一九七〇年に連名で書いた書簡で、変化を嘆願するものであった。宛名は、党書記長としてのブレジネフ、閣僚会議議長としてのアレクセイ・コスイギン、ソ連最高会議幹部会議長としてのニコライ・ポドゴルヌイとなっている[15]。当時、サハロフ、トゥルチン、メドヴェージェフの要求にたいするソ連共産党の側における反応はナシのつぶてであった。ところが一九八五年〜一九九〇年になると、彼らが何年も前に提起していたほぼすべての問題が、政治課題として取り上げられ影響力をもつにいたったのだ。

　一九七〇年の書簡そのものにとどまらず、その政治的言語までもが一五年後にふたたび使用されるようになった。経済改革や民主化、グラスノスチを実現せよとの要求も、かつて右の三人の執筆者たちが掲げた要求の焼き直しであった。また、自分たちが生きている時代を停滞《ザストイ》の時代と定義づけることも、そうした焼き直しの一例である。一九八〇年代なかばになると、きわめて具体的な提案すら政治の現実世界において実行に移された。たとえば、サハロフ、トゥルチン、メドヴェージェフが掲げた世論調査機関を設置すべしとの要求が、それである[16]。提案されていた事がらの中には、一九八〇年代後半の現実の政治の成り行きにくらべて控えめなものもあった（もとより、一九八〇年代後半までに、とくにサハロフの政治目標は以前より急進化していたが）。たとえば、サハロフ、トゥルチン、メドヴェージェフが一九七〇年にソ連指導部に対策をもとめた一四項目のうち、一二番目のものは、「間接選挙をふくめて、党および議会《ソヴィエト》の機関の選挙に複数候補者制を（中略）徐々に導入すること」を要求していた（強調はブラウン）[17]。政治の表舞台に複数政党制を導入せよという提案は、まったくなされていなかったわけである。

一九八〇年代の後半、ソ連のマスメディアでさまざまな考えが公然と論じられ、また多くの場合、公の政策となって生かされた。たしかにそのうち多くのものは、反体制派の仲間内を最初の発表の場としていた。しかしだからといって、それが単純な継続性の事例であるとか、ゴルバチョフ時代に起こった変化が反体制派の開始したプロセスの延長にすぎないとかいうことにはならない。一九六八年から一九八五年にかけて、ソ連の反体制派の要求にたいする前向きの反応は、政権側にはまったく見られなかった。また、もともと非常に多くの改革者は、右に述べた反体制派の見解と大差のない見解の持ち主だったのだが、慎重さこそが勇気の大半なのだと、自重していたのである。彼らは、ゴルバチョフの手でソ連が反対意見を述べても安全な国に変わってから、ようやく公然と当局に挑戦状を突きつけるようになった。そのような人々は、しばしば「体制内改革派」と称された。事実、彼らは長い時間をかけて、ソ連の政治的、社会的秩序を掘り崩していったのである。それを踏まえるなら、アレグザンダー・シュトロマスが一〇年以上も前に説得力をもって論じたように、彼らが象徴する現象は、公然たる反対派による「構造外の不服従」と区別して、「構造内の不服従」と呼んでもさしつかえないだろう。そのほうが、妥当な名称かもしれない[18]。「構造外の不服従」についていうと、ゴルバチョフの書記長就任の前にすでに一五年にわたって弾圧を受け、目に見えて力を失っていた。政治的な不服従の姿勢を鮮明かつ公にした人々を取り締まるための措置は、さまざまであった。国外追放処分もあれば、強制労働収容所ないし精神病院への送致もあった。時間的な前後関係を因果関係と混同した議論では、ゴルバチョフ以前の時代の公然たる反体制派を、一九八〇年代後半の変化を引き起こした主たる誘因とみなす。だが、それは次のことを無視している。すなわち、ブレジネフ時代末期の、そしてアンドロポフとチェルネンコの統治時代の反体制運動は、それまでの二〇年間で最低の活動水準に落ち込み、大部分はすでに粉砕されていたのである。[19]

ソ連の反体制派を研究している西側の有力専門家の一人に、ピーター・レダウェイ（現ジョージ・ワシントン大学教授）がいる。彼は一九八三年、「一九七九年以後の反体制活動の粛清」というテーマで論文を執筆、次のように指摘した。「反体制集団および運動は（中略）ロシアの心臓部においてほとんど、あるいはまったく民心をつかんでいない」[20]。そのような事情を見て、ソ連指導部は「一九七九年以後の反体制の粛清」を思う存分おこなうことができると感じた。というのも、「大規模な国内の反発を招くことはない」ということが分かっていたからである。[21] レダウェイは「なぜ一般のロシア人たちはこうも無気力なのだろうか」と自問し、次のように自答する。

第一に、一般大衆がやる気をなくし、自立という価値観が失われた状態が、続いている。このような状況は、アンドレイ・アマルリクやアレクサンドル・ジノヴィエフによって非常に鮮明な形で描き出されている。[22] 第二に、警察の統制が依然として圧倒的に強力である。第三に、体制側の絶え間ない宣伝が、一時的にせよ、一定の効果を上げている。それによって、反体制活動はすべて外国人の悪しき影響（または精神病）のせいとされている。[23]

ソルジェニーツィンやサハロフとの比較

ペレストロイカの前夜、有力な反体制活動家たちは獄中か亡命先、あるいは良くても、昼夜を問わず監視下にあった。彼らの作品はひとつとしてソ連国内で出版することはできなかった。そして一九八〇年代の前半までに、抗議の手紙と地下出版《サムイズダート》の刊行物は、ソ連からの出国者の数と同様、細々としたものになっていた。アレクサンドル・ソルジェニーツィンは早くも一九七四年に国外に追放された。アンドレイ・サハロフは一九八〇年、ゴーリキー市（現在は旧名に市戻りニージニー・ノヴゴロド市）へ国内流刑に処せられた。ゴルバチョフが党書記長に就任する直前の数年、ロイ・

メドヴェージェフですら、KGB係官の監視下におかれている。それら係官の役目は、アパートの外に待機して、メドヴェージェフが外国人と会見するのを妨げることにあった。メドヴェージェフは、有力な反体制派活動家ではあったが、どちらかといえば穏健派であった。ソビエト体制を拒絶する度合いにおいて、ソルジェニーツィンやサハロフの見解にくらべるべくもなかった。メドヴェージェフは、一九六九年に共産党から追放され、一九八九年にようやく復党を許された。その後のソ連の政治的転変はあまりにも激しい。一九九一年秋、エリツィン・ロシア大統領（元共産党政治局員候補）は八月クーデターのあと、共産党を禁止した。メドヴェージェフは、これに抗議するめぐり合わせになる。一九九〇年にはソ連共産党中央委員会のメンバーとなっていたからである。

一九九一年のクーデターが失敗に終わり、ソルジェニーツィンは長い年月を経てようやく国家反逆罪の容疑による起訴から解放された。彼はその後も帰国を促す声に従わなかった（ようやく帰国したのは一九九四年五月）。しかし、それでも一九九〇年九月、発行部数の多い二つのソ連紙に「いかにしてロシアを再建するか」（邦題『甦れ、わがロシア』）と題する自身の政治綱領を発表することができた。ソルジェニーツィンの主要著書も、まだゴルバチョフがソ連の指導者だったあいだにモスクワ版が出版された。それには、『収容所群島』のようなソビエト体制の基本的告発状ともいうべき作品もふくまれている。[24] 新たな寛容さがしめされるようになると、かつての反体制派は変化のプロセスをさらに推進する重要な役割を果たした。しかしそれは、一九八七年と八八年にゴルバチョフが事態を打開して以後のことである。反体制派の運動は、あとからふり返ってみれば多大の尊敬に値する。だが、それを一九八〇年代なかばにはじまるロシア、さらにソ連全体における変化の原動力とみなすのは、大きな間違いである。それはまた、多分に希望的観測の産物でもある[25]（もっとも、ゴルバチョフが権力を握ったときに反体制派が決定的に重要な政治上のアクターでなかったからといって、彼らが一般的に何の政治的意義ももっていなかったというわけではない。一部の知識人層の政治的意識を変えるという点で、彼らはそれなりの役割を果たしたからである）。

ソ連最後の二年間、ソ連市民はゴルバチョフ批判を過去の時期までさかのぼらせがちであった。その一方で、自由と民主主義をゴルバチョフ以上に徹底的に唱道している改革者——とくにサハロフ——に支持を与える傾向をしめした。サハロフは、一九八九年一二月に死去するころには、ソ連人民代議員大会の著名な代議員であるばかりか、ソ連の民主主義と自由の支持者として最大の尊敬を集める存在となっていた。[26] しかし、一年足らず前の『文学新聞』（インテリを読者層とする週刊新聞）の読者を対象とする世論調査（一九八九年はじめに実施）をみてみよう。そこでは、サハロフが一七パーセントの得票率で「今年のヒーロー」の第二位に選ばれているが、第一位のゴルバチョフには大差をつけられている。ゴルバチョフは、回答者の六八パーセントの支持を集めていた。同じころ、質問の組み合わせを変えずに、全国規模の無作為抽出の（つまり、『文学新聞』の調査と異なり回答者はインテリに偏っていない）世論調査がおこなわれた。結果はというと、サハロフをヒーローとする回答者はわずか一・五パーセントにとどまった。[27]

サハロフに寄せられた国民の尊敬は、サハロフ存命中の最後の一年に高まった。だがそれとても、死後のサハロフ・ブームには遠く及ばない。[28] サハロフが亡くなった一九八九年一二月、ある大規模な世論調査が行われた。その調査は、ソ連の回答者に「ザ・マン・オブ・ザ・イヤー（今年の男性）」を挙げるよう求めるものであった[29]（ユーリー・レヴァダが引用した前述の調査とは違って、この世論調査では、ソ連の有名人ばかりでなくどこの国の人物を挙げても可とされていた）。回答者が質問を受けた時期はまちまちで、サハロフの亡くなる直前だったケースもあるし、亡くなったあとだったケースもある。用意されたリストには外国の政治家の名前も並べてあったが、上位には優先的にロシア人の氏名が掲げられていた。サハロフの名を挙げた回答者は一〇・七パーセント。第一位のゴルバチョフ（三五・三パーセント）には及ばず第二位だったとはいえ、エリツィンよりは上位であった。エリツィンは、五・五パーセントで第三位であった（ちなみに、「今年の女性」という項目については「国際主義」が発揮された。マーガレット・サッチャーがほぼ一七パーセントの得票を得て、次点を大きく引き離した）。[30]

サハロフは存命中の最後の年になってようやく、ソ連の一般大衆にとってなじみのある人物となり重みをもった。しかしだからといって、初期の反体制派運動がそうした重みに匹敵するほどの影響を、かつてソ連市民に対して及ぼしていたというわけではない。一九九一年三月になっても、ソ連市民の半分以上は「反体制派」という言葉になじみがうすかった。そうでない場合も、反体制派の闘争目標が何かという問に答えることができなかった。いうまでもなくこのことは、KGBがペレストロイカ以前の時代に比較的、効率良く機能していたということをしめしている。当時KGBは、ソビエト体制への不服従者を首尾良く取り締まっていた。実は、KGBはそれ以前から、一般大衆が体制にたいする異議申し立ての影響に染まるのを防ぐために、反体制派をある程度まで隔離し、国内の非愛国的なよそ者として描き出すのに成功していたのである。

一九九一年三月に全ソ世論調査センターが実施した調査では、七一パーセントの市民は反体制派活動家の氏名をひとつも思い出すことができなかった（反体制派の名前を挙げることができた回答者たちのあいだでは、サハロフとソルジェニーツィンの知名度が最高であった）[31]。その世論調査がおこなわれた時点、つまりサハロフが亡くなってから一五カ月経った時点では、サハロフは「道徳的な権威」の点でゴルバチョフを上回った。ゴルバチョフは、ボリス・エリツィンにも後塵を拝した。「手本や道徳的権威をしめすことによって世論を目に見えて変化させた現代の人物を挙げて下さい」という項目では、サハロフ（一三パーセント）は、エリツィン（一四パーセント）に次いで二位に食い込んでいる。そしてゴルバチョフは三位（七パーセント）にとどまった[32]。

本書を「ゴルバチョフ・ファクター」と題する理由

しかし、そのわずか一四カ月前（すなわち一九八九年一二月）、同じ全ソ世論調査センターによって行われた調査の結果はどのようなものだったろうか。このときのアンケートには、「時代と国を問わず最も傑出した人物を一〇人挙げて下さい」という項目があった。ゴルバチョフはすでに人気の絶頂期を過ぎていたにもかかわらず、ソ連の存命の人物としては唯一、まとまった数のソ連市民から名指しを受けた。ゴルバチョフの名を挙げたのは、人口の二三・六パーセント。レーニン（六八パーセント）、マルクス（三六・二パーセント）、ピョートル大帝（三一・九パーセント）に次いで、第四位だった。[33] レーニンとマルクスが全候補者のなかで最も高い評価を得るというのは、ポーランドやハンガリー、チェコスロヴァキアでは考えられないことであろう。

右の数字から分かるのは、一口に「共産党が支配する国家」とか「共産党の支配を脱した国家」とかいっても、国ごとに政治文化の重要な違いがあるということである。しかし、ソ連という文脈のなかで考えると、世論調査のおこなわれた一九八九年の一二月に、ソ連市民の三分の一が「一〇〇人の傑出した人物」の中にレーニンをふくめなかったという事実は、興味深い。二年か三年前だったら、レーニンにたいする支持はまず間違いなくずっと高いものとなっていただろう。逆に二年か三年後だったら、レーニンの占める順位は一層落ち込んでいただろう。もっともそれは、旧東ヨーロッパ諸国の場合と異なり、無視できるほど低いものとはならなかっただろうが。[34] 一九九一年の八月クーデターとその余波を受けて、レーニンの責任を問うソ連市民は増加の一途をたどった。市民は、自分たちを「出口のない道」へ送り込み、七〇年以上ものあいだその道に沿って歩かせた責任の大半はほかならぬレーニンにあると、結論づけた。しかし一九八〇年代なかばにおいては、そうした見方を抱いている人はまだほんの一握りにすぎなかった。

ロシアをはじめ、そのほかの大部分の共和国における社会、政治の実態は、ソ連最後の六年ないし七年のあいだに比類のない猛スピードで変化を遂げた。同じ期間に政治的姿勢ないし意識が変化したことを証明する証拠はふんだんにある。したがって重要なのは、ペレストロイカ初期の数年間の出来事や、その時期のゴルバチョフの諸提案および政治的語彙を当時の文脈にすえて理解することである。今日のレンズを通して眺めるばかりでは意味がない。一九九〇年代はじめにロシアやその他のソ連の承継国において広く受け入れられることになる多くの事がらは、一九八〇年代なかばの時点では、強力な官僚機構のみならず世論からも抵抗を受けていたのである。官僚機構が抵抗する側に回ったのは当然であった。急進的な政治、経済改革を志向するあらゆる動きに脅《おびや》かされていたからである。

ゴルバチョフの党書記長就任（一九八五年）以降の変化は、さまざまな誘因によってもたらされた。一九六〇年代、七〇年代の反体制活動家の倫理的、知的遺産もそうした誘因のなかの一要素である。このことは、ペレストロイカ開始後の最初の一年ないし二年の時期に当てはまる。しかし、決定的に重要だったのは、ソ連共産党書記長としてのゴルバチョフの裁量であった。共産党指導部のナンバー2以下の者、すなわち党における（ばかりか当時は国家においても）最大の権力ポストを望み得る立場にあった人々が何を選択するかは、第二義的でしかなかった。そのことは第二章以下において、もっと完全な形で明らかになるはずである。本書ではゴルバチョフだけに視点を集中するのではなく、全体的な文脈の中にゴルバチョフをすえるつもりである。しかし、主たる力点は本書のタイトルからも分かるように、ゴルバチョフという要因《ファクター》におかれる。ゴルバチョフが変化のプロセスの中心に位置している以上、こうした焦点のしぼり方は十分正当化されると確信する。

ゴルバチョフについて論述する者は往々にして、民族問題とか社会経済発展などの主要な現象の重要性を無視している、あるいは過小評価しているとして、（妥当な、また時には的外れな）批判を浴びがちである。そうはいっても、リーダーシップ政治を対象とする研究を、ほかのあらゆることを対象とする研究と同時におこなうことはできない。私としては、ソ連内外の政治的変化にたいするゴルバチョフ特有の、本質的に重要な貢献に焦点を合わせる一方、そうした変化を取り巻く状況をけっしてないがしろにするつもりはない。実際のところ、約二〇年前、ソ連の「やがて根本的な政治的変化を生み出しかねない（中略）緊張の主たる発生源と潜在的な発生源」として、私は以下の問題を挙げたことがある。第一に民族問題（とくにロシア人のナショナリズムの高揚と、バルト三国、アルメニア、グルジア、西ウクライナにおけるナショナリズムの成長）。第二に、労働者や知識人層の潜在的な脅威。彼らは強力な集団意識ないし階級意識をもつ可能性があった。また、「政治的に相互作用を及ぼし、集団的要求を表明するという意味で」社会的階級として行動する可能性もあった。第三は、人口動態と世代の変化。人口動態にかんしていうと、ロシア人がソ連の総人口の過半数を維持できない趨勢にあった。また世代の変化にかんしては、大粛清のあとで政治的意識を身につける年齢に達した人々が、「政治改革に付き物のリスクに臆することなく」党指導部に入るということもありそうであった。[35]

したがって私としては、「ゴルバチョフ・ファクター以外に解明されるべき主要なテーマはない」と説くつもりは毛頭ない。また、「ミハイル・ゴルバチョフの役割を検証するのでなければ、ソ連の共産党支配の終焉にかんして本を書く必要はない」と主張するつもりも全然ない。それどころか、一九八五年以降のソ連、そしてロシアにおける変化の社会的、政治的前提条件にかんしては、解明すべき疑問点が非常に多いとさえ考えている。[36] たとえば、本書において後続の章（とくに第八章）で多少は取り扱うことになるソ連国内における民族集団相互の関係。これは、古典的なソビエト体制の崩壊とソ連国家の解体の最大の要因であるので、最近の既刊の研究に加えて、今後もっと密度の濃い研究の対象となることは必定である。[37] また、長期的なソ連経済の成長率の鈍化と、一九七〇年代の末から一九八〇年代はじめにかけての経済の停滞。これも、やはり第一級の重要性を帯びた要因である。この問題を理解しないかぎり、一九八〇年代末の政治的変化を理解することはできない。したがって、第三章と第五章でもう一度このテーマに立ち返る。ソ連崩壊後のロシアにおけるエリツィンの圧倒的な重要性はさておくとして、ソ連ではとくに一九八七年以降、政治を大きく左右した「エリツィン・ファクター」も作用していた。ゴルバチョフとエリツィンの関係にも本書のあとの章（とくに第六章と第八章で）で繰り返し触れるが、エリツィン自身の役割は、本書での検証にとどまらず、もっと掘り下げて詳細に研究するに値する。[38]

学習、権力、圧力

ゴルバチョフ時代を扱った一般書は多数ある。[39] また、一九八〇年代後半を対象とする詳細な政治史もいくつかある。[40] さらに、内容が充実していないものが大半とはいえ、ゴルバチョフにかんする一般向けの伝記も何冊かある。[41] しかし、政治的分析は依然としてとぼしい。そうした分析ができれば、ゴルバチョフの思考がどのように進化したのかを把握し、またゴルバチョフがソ連政治の理論と実践における変化に個人的にどのように貢献したのかを突き止め、見定めることができる。そのような分析をくわだてるさい、ゴルバチョフがいつ何を考えていたのかを推定することがネックとなる。また、いかなる時点においても、ゴルバチョフのすべての公式発言を額面どおりに受け止めるだけでは、その真意を判断することはできない。[42]

一九八七年から八月クーデターの前後を含む一九九一年までのあいだに、政治、経済の変化をもとめる提案が相次いで打ち出された。それらの提案でゴルバチョフの承認を得たものは、ゴルバチョフが書記長に就任してから最初の二年間に自ら提起したものよりはるかに野心的、徹底的になった。そうである以上、そのようになった原因を説明する必要がある。三つの主な解釈が浮上している。それらの解釈はそれぞれ学習、権力、圧力に要約できる。第一の説は、ゴルバチョフはソ連の指導者になったあと、目覚しい速度で党書記長という職務について学習し、世界観をまるごと変えた、というものである。第二の説は、ゴルバチョフは、もともと着手したかったにもかかわらず最初は制約にさまたげられて出来なかったことを、おのれの権力が拡大するにしたがって実行に移すことができるようになった、というものである。そして第三の説は、ゴルバチョフは自分でも知らないうちにパンドラの箱をあけてしまったと解釈する。そして、鬱積《うっせき》した不平不満や新たな要求がそこからあふれ出し、ゴルバチョフはその圧力にさらされて屈服を余儀なくされ、抗することのできない変化に絶えず順応していったのだという。

これらの解釈だけでは、ソ連の政治の基本方針が一九八〇年代後半に変化を遂げた原因を適切に説明することはできない。ところが、第一の解釈と第三の解釈、あるいはこの二つの解釈を抱き合わせにしたもので十分に説明がつくというのが、それらの解釈を提案する人々によくある見方なのである。西側のソ連研究者や政治評論家の中には、こうした説明をとくに好む人々がいる。彼らはゴルバチョフの党書記長就任後の二年間、「ゴルバチョフは表面的な、あるいはせいぜいテクノクラート的な変化しかもたらさないし、ソビエト体制の基本原理には手を触れないだろう」と世界に向かって広言していた。彼らにとっては、自分たちがすっかり間違っていたと白状するよりも、ゴルバチョフがすっかり変わってしまったのだと申し立てた方が楽だったのである。あるいは、それとは異なり、ゴルバチョフを正統的なレーニン主義者と見る向きもあった。それによると、ゴルバチョフは単なる戦術的な後退をしているのであって、時機が熟せば昔なじみの共産党支配の規範を復活させるつもりでいるのだという。これは第三の解釈の変種である。[43]

ゴルバチョフが党書記長に就任した当初、[44]いや、もっというならブレジネフの存命中にも[45]私は、ゴルバチョフが本格的な改革者になると論じたことがある。ゴルバチョフが権力を掌握するかなり以前の段階でこのような見解を述べた者は、管見によれば、私のほかに西側の研究者が一人いるだけである。[46]私見では、ゴルバチョフがソビエト体制に与えるインパクトは、スターリン以後のいかなるソ連の指導者のそれよりも大きなもの（ただし、はるかに洗練された性質のもの）になると思われた。ところが事態は、私やほかのいかなる人の予測をも超えて急速かつ劇的に進むことになった。だが、そのような事態の進展の仕方から判断すると、ソ連の政治方針のとめどのない急進化を前述のように説明する第一および第三の解釈を受け入れるわけにはいかない。

次の二つの章において、ゴルバチョフの改革志向が新たな現象ではなくて、党書記長就任以前から見られた現象であることを論ずる。しかしそのさい、私は、ゴルバチョフがソ連の指導者になったあと、奥深い学習のプロセスを経たという事実を否定するつもりはまったくない。それまでうかがい知ることのできなかった政治の世界にかんしてゴルバチョフの知識はぐんと増大し、その政治的な見解は在職中に大幅に変化した。そのこともまた、後続の各章のテーマのひとつとなる。(47) というのも、一九八五年から八九年にかけてゴルバチョフの権力が拡大したことがソ連の改革方針の急進化にとって重要だったということを強調する必要があるからである。ゴルバチョフの権力の増大が重大な意味をもつのは、ゴルバチョフがソ連共産党の官僚組織の階梯をたどってトップの座にたどり着いた政治家にしては、非常に柔軟な頭脳の持ち主だったからである。ゴルバチョフは伝統的なマルクス・レーニン主義の教条《ドグマ》よりも、自分の目で見た証拠の方をすすんで信じた。そうであればこそ、ゴルバチョフが一九九〇年までに自ら信奉するにいたった多くの政治的立場やイデオロギー上の教義は、本人が一九八五年に想定していた許容範囲をはるかに超えるものとなったのである。一九九一年八月のクーデター未遂事件を受けて共産党の存在を見限ったことも、その一例であった。

ソ連指導部と政治体制の内部における勢力バランスの変化は何よりもまず、事を可能にする要因として決定的に重要であった。一九八五年から一九八九年にかけてゴルバチョフはこうした変化を自分にとって有利に働かせることができた。そして、一九八五年に支持した提案以上に急進的な提案を、一九八九年には公に承認することができた。しかし一九八九年以降は、権力構造の変化は両刃の剣になる。たしかに連邦行政府の内部ではゴルバチョフの権限は拡大した。しかし、連邦行政府の各機関は、政治体制のほかの部分に新しく登場した、あるいは新たに勢いづいた諸組織のせいで欲求不満をつのらせた。ソ連政治の多元主義化によって、すでにゲームのルールが変更済みになっており、ゴルバチョフを対象とする圧力と影響力の新たな源泉が出現していたのである。政治の実態が大幅に変化をこうむったために、ソ連の最高指導者は一九九〇年までに公然たる攻撃や挑戦の的となった。また一九九一年までに、多くの政策分野において連邦中央が大がかりな発議をする場合、連邦構成共和国の選挙で選ばれた代表たちとのあいだでそのことについて事前に交渉しておかなければならなくなった。転換点は、一九八九年に競争選挙が導入されたことと、翌一九九〇年にそれがさらに発達を遂げてもっと自由度の高い選挙になったことにある。[48] というのも、このような突破口が開かれたことにともなって、ソ連共産党以外の（そして場合によって同党に激しく反発する）政治組織や政治運動を擁したソ連社会は、それまで知られていなかったような高度の自立の自由を獲得したからである。結果として、何よりもまずソ連の最高指導者の権力がまったく前例のない形で削《そ》がれることとなった。ゴルバチョフは、伝統的な制度上の権力を握ってソ連指導者の行動に制約を課してきた人々を大いに出し抜きはした。だが同時に、新たな対抗勢力をも生み出してしまったのだ。そのような対抗諸勢力は、いかなる旧来の権力者よりも広汎な基盤を備え、政治的多元主義の特徴の多くを体現していた。

連邦行政におけるゴルバチョフの権力拡大にすら限界があった。あとの章で論じるように、たしかに大統領ポストの創設にともない、共産党の中央委員会と政治局は、国務を遂行する直接の力と大統領の政策の選定を制約する力を削がれた。しかし、ゴルバチョフは小さな大統領府をもっていたにすぎない。したがって政策を実行に移すためには、既成の政府機構と、もっと低いレベルでは党官僚層に頼らざるをえなかった。ゴルバチョフが実施しようとしていたことのうち多くの事がらは、こうした機構の利益に反していたので、政策の表明と履行との食い違いが生じたとしても、さほど意外なことではなかった。一九九一年八月、保守派は、ゴルバチョフから権力を奪取する必要があると考え、高度に権威主義的な新体制を構築する序曲としてゴルバチョフを黒海沿岸の別荘に軟禁した。これらの連中は、もっと早い段階でも、もし機会に恵まれていたならば、ためらうことなくゴルバチョフの政策を骨抜きにしていたことだろう。

「共産主義体制の改革はできない」

ソ連の変化を議論する際にかならず出てくるひとつの「不合理な結論」を、今ここで始末しておく必要があろう。「不合理な結論」とは、次のようなものである。改革共産主義（リフォーム・コミュニズム）なるものは、あり得ない。すなわち、「共産党支配を改革することは不可能である」。よって、ゴルバチョフを改革者として真面目に取り合うことはできない――。たしかに、改革共産主義について語ることは無意味である。とはいえソ連は、時を経るにしたがって全面的な変革者になっていった共産党の改革者に指導されたのである。そのあいだに、共産主義体制が本質的に異質なものに変わったり、言葉の本来の意味において共産主義でなくなったりすることは、ありえないことではなかった。また、共産主義体制の内部にいる改革者たちは、体制転換につながるプロセスに着手することを許されていなかったわけではない。そもそも、じわじわ進む進化的変化は往々にして、長い目でみれば革命的な変動よりも影響力が大きい。しかもゴルバチョフ時代は、相対的にではあるが、驚くほど急速な底知れぬ政治的進化の時代だったのである。

一九八九年春から一九九一年夏まで、ソ連は体系的な変容を遂げようとして悪戦苦闘していた。ゴルバチョフは歴史的な変化の期間の最初から最後まで、ソ連の指導者の立場にあった。そして、新しいものと古いものが入り混じった言葉を用いた。だが、ゴルバチョフが用いた政治的な言葉のなかで古い概念と新しい概念の使用頻度をくらべると、一九八五年から九一年にかけて、年々新しい概念のほうが目立って多くなっていった。その期間、ゴルバチョフは自分自身を少なくとも人前では共産党員であると称した。そして、さらに強い信念をもって社会主義者であると自己規定した。これは、さほど意外なことではない。どちらか一方の立場を明示的に放棄していたならば、恐らく八月クーデターの日付を早めるという結果を招いていたであろう。いや、それどころか、ゴルバチョフが大統領になる一九九〇年三月までは、「憲法上の」（より正確にいうならば、憲法に抵触する）クーデターすら起こす必要はなかったのである。もしゴルバチョフが共産党支配か社会主義のいずれかを公然と批判していたら、ソ連共産党中央委員会は政治局の助言を受けて即座にゴルバチョフを解任することが手続的に可能だったし、また実際にそうしていたであろう。何しろゴルバチョフ権力は一九九〇年まで、ソ連共産党中央委員会書記長というポストに支えられていたからである。では、一九八九年に競争選挙が導入され、またゴルバチョフを議長とする新型の最高会議が成立してから以降についてはどうだろうか。この時期になってもやはり、ゴルバチョフが「社会主義」を再定義するのではなくそれに攻撃を加えていたら、自分自身の解任という結果を招くことは火を見るよりも明らかであった。もっとも、その場合の解任のプロセスは、一九六四年一〇月のニキータ・フルシチョフの解任とは異なってすんなりとは行かなかったであろうが。

実際のところ、ゴルバチョフがたどったコースは、乱暴で逆効果を招きかねない効率の悪い正面攻撃ではなく、もっと巧妙なものだったのである。ゴルバチョフが採用した見解と政策は、本来の意味での共産主義から遠ざかる一方であった。そして、あとの章で綿密に論じるが、社会主義が再定義された結果、それは次第にソ連型の社会主義よりも西ヨーロッパの社会民主主義に近づいていった。したがって、「時代遅れになった概念を放棄することを拒んだ」というよくあるゴルバチョフ批判は、言葉がそれなりに継続していることに気をとられるあまり、本質的な変化に注意を払わない見方である。また、ゴルバチョフを取り巻いていた政治的文脈を軽視するものでもある。

この点でもっと説得力のあるゴルバチョフ批判があるとすれば、それは次のようなものであろう。「八月クーデターを迎えるまでソ連経済が高度に中央集権化されたままであり、所有形態にかんしては国有が圧倒的であった。そのことを考えると、政治的多元主義に向けた重大な動きがあったとはいえ、ゴルバチョフが次第に信奉の度合いを深めていた社会民主主義型の社会主義は、多くの点でまだ実践的な水準に達しておらず、概念的な水準にとどまっていた」。

また、後知恵の利点に頼るまでもなく、次のように批判することも的外れではない。ゴルバチョフは、共産党のイデオロギーの多くを見捨てたにもかかわらず、制度としての共産党にあまりにも長いあいだ恋々としていた――。なるほど、共産党が支配的な立場にあることは、一九八〇年代末までは改革派ですら当然視していた。だが、八月クーデター発生の前の二年間に、共産党の信頼性は次第にそこなわれていった。ゴルバチョフがあのように長いあいだ書記長の職を手放さなかった理由は（あとの章で論ずるが）、伝統的な共産主義体制にたいする「未練」とはほとんど関係ない。あるいは、まったく関係ない。にもかかわらず、ゴルバチョフに批判的な人々のうち一部の者は、ゴルバチョフのそのような未練を徒《いたずら》にとがめた。

一個人としての心理的な動機と実利を優先しようとする政治的な思惑からゴルバチョフは、共産党支配の定義を限界点ぎりぎりまでゆるやかに解釈した。そして、社会主義の実態的意味の段階的見直しに取り組むことを良しとした。いずれにしてもそのプロセスは、ゴルバチョフが民主主義者に転向するような瞬間がなかったという意味においては漸進的なものであった。とはいえ、それはけっして緩慢なものではなかったのである。そのことは、一九八七年から一九九一年にかけてイデオロギー上の教義が変化した度合いを、それに先立つ七〇年間の（変化があったとはいえ）表面的な教義の変容と比較してみると、よく分かる。ゴルバチョフが一九九一年夏、ソ連共産党中央委員会に新しい党綱領の草案を提出したときまでに、ゴルバチョフの社会主義は、一九八五年に引き継いだ教義の集合体とは根本的に異なったものとなっていた。(49)

そのようなわけで本書の以下の各章は、ゴルバチョフという特定の指導者の研究であると同時に、もっと一般的に政治的過渡期におけるリーダーシップ政治を研究するものとなっている。政治上の民主主義と市場経済への移行を目指すソ連のくわだてとそのほかの国の試みとの比較研究は、正面切ってではなく間接的な形でおこなう。そのさい、さまざまな変化（と変化を妨げる障害）を、権威主義的支配からの移行を論ずる研究文献においてすでに紹介されている一連の知識や概念と関連づけて検討することとする。

変化を妨げる障害物――過去からの遺産

ソビエト体制をラジカルに変化させようと決意したあらゆる指導者の前途には、体制の変容をさまたげる巨大な障害物が立ちはだかる。議論を前に進めるにあたり、そのような障害物の一部を手短ながら指摘しておくことが肝要であろう。

ソ連の改革派のなかで、一九八〇年代末までに政治的多元主義を当然視するようになっていた者は、けっして少なくない。その改革派の人々ですらゴルバチョフ時代の初期には、ソ連に政治的多元主義が導入される見込みについてはきわめて悲観的であった。革命前のロシアでは、多くの場合は専制的な、そうでなければ寡頭支配的な権威主義的統治が数世紀にわたってつづいた。そしてそのあとに、ほぼ七〇年間のソ連支配がやって来た。スターリンの全体主義的独裁と、それ以後の高度に権威主義的でありながら、脱全体主義的なフルシチョフおよびブレジネフの体制とのあいだには、もちろん重要な違いがある。[50] とはいえ、一九八〇年代はじめ以前のいかなる時期においても、ソ連に「多元主義」のレッテルを貼ろうとするならば、多元主義の概念を相当無理して拡大解釈せねばならなかったであろう。[51]

政治的多元主義は、国家（ソ連の場合は党=国家）から独立した政治組織を必要とする。だが、レーニンからチェルネンコにいたるソ連の指導者は、これに頑として反対していた。「市民社会」という概念上のオブラートに包まれた社会的多元主義ですら、ゴルバチョフ時代以前のソ連に存在していたとは、とてもいえない。市民社会は、社会集団や社会組織が自立的に行動するための領域を必然的にともなう。そのような社会組織としては、非政府系の新聞・出版社・大学・労働組合・営利企業がある。[52] そして、教会やそのほかの任意団体をふくむあらゆる種類の結社には、加入を勧める権利と機会が与えられる。一九八〇年代後半以前のソ連では、いかなる組織も――つまり、たとえ公《おおやけ》の政治組織でなくても――国家の許可と監視なしには、その創設が許されなかった。宗教にたいする迫害、まだ閉鎖されていなかった教会にたいする厳しい監視は、レーニンにはじまり、ゴルバチョフがソ連の指導者になったときもまだつづいていた。ちなみに、フルシチョフ時代はどうだったであろうか。ようやく一九八〇年代末になってから実質的に名誉回復されたフルシチョフは、スターリンの犯罪にたいする沈黙を破ったことで、公式にも非公式にもそれ相当の尊敬を受けるようになった。しかし、そのフルシチョフですら在職中は、並々ならぬ酷薄ぶりを発揮して教会を閉鎖に追い込んだものだ。それは、ソ連の現実を自分のイデオロギー上のこだわりに合致させるためであった。[53]

一九八五年のロシア、そしてソ連は、言葉の実質的な意味での民主主義の経験ばかりか、政治的多元主義や市民社会の経験も欠如していた（ただし、一九一七年のロシア革命の直前の二〇年か三〇年のあいだに登場した非常に限定的な多元主義や萌芽的な市民社会は別である）[54]。だから、民主化の本質をはらんだ改革が急速に成長するのに適した豊かな土壌を備えているようには見えなかった。ティボール・サムエイの著書『ロシアの伝統』は、果てしない権威主義を論じている。同書はそれ以外の点でも読むべき内容を多く備えているが、多くの真実が盛り込まれているのは、やはりロシアにおける国家と社会の歴史的関係についての説明の部分であろう。[55] ロバート・コンクェストは、サムエイが論じたことを要約して、次のように述べる。

ロシアの過去七世紀にわたる状況は、ある秩序を生み出した。そこでは社会全体が全面的に国家に依存し、国家指導部のくだす主観的決定にしたがって動かされている。しかも、自立的な社会・市民現象がほぼ完全に欠如していたことから、国家の敵同士が相互に政治的な調整をおこなうとか、譲歩し合うといった考えは育たなかった。したがって、これらの主要なロシア史の特徴は、既成の旧体制のみならず、それに敵対する革命の伝統においても同様に、絶対主義すなわち命令による支配の実践と原則を生み出した[56]。

同様に、国家が七〇年にわたって市場と個人の経済的発意を弾圧してきたために、社会は市場経済を目指す改革を採用する用意がまったくできていなかった。また、それに適応する備えもできていなかった（レーニンが一九二一年に開始し、一九二八年にスターリンが終止符を打ったネップとして知られる新経済政策は、例外である）。両大戦のあいだ独立国だったバルト三国（ラトヴィア、リトアニア、エストニア）の市民を例外として、ソ連では市場経済どころか政府から独立した農場を実際に運営した経験すらほとんどなかった。このことは、あとの章で論じる制度上の障害とならんで、経済改革の実施をさまたげる恐るべき要因となっていた。また、ソ連およびその承継国と、第二次世界大戦後に東ヨーロッパとアジアに樹立された共産党政権（現在、その多くは脱共産党政権）との重要な違いでもあった。

民主化の前提条件

しかしながら、一九八五年のソ連社会は多くの点で、少なくともほぼ一世代前のスターリンの死の直後とくらべるならば、民主化の動きにたいする備えができていた。三〇年のあいだに、ソ連市民は以前にくらべ外部世界のことをたくさん知るようになっていた。情報の経路となっていたのは、外国のラジオ放送、海外旅行、ソ連自身のマスメディアなどである。マスメディアでは検閲がおこなわれていたが、それでもスターリン時代よりは多くの外国情報が伝えられるようになった[57]。海外旅行（とくに西側を旅行すること）はというと、まだ誰でも行けるものとはなっておらず、一握りの特権階級にしか許されていなかった。

スターリン死後の時代には、大きな社会的変化も生じた。都市化が進み、ソ連は農業国から工業国へと変貌を遂げた。工業労働力についていうと、無理やり都市部に連れてこられて右往左往していた農民に代わって、第二世代、第三世代の労働者が主力となった。彼らの占める比率は、増加の一途をたどった。教育水準が向上し、文盲はほぼ一掃された。高等教育を受けたソ連市民の数は増加し、一九五九年に八三〇万人だったのが、一九八四年には一八五〇万人になっている。[58]スターリン時代によく使われていた公共ラジオとか拡声器とは対照的に、ソ連のラジオの普及率は一九七九年までに、人口一〇〇〇人当たり五四四台となった。一方、テレビはもっと重要な媒体となった。一九六〇年にテレビを利用できたのは、人口のわずか五パーセント。だが、一九八六年には九三パーセントの家庭がテレビを所有するにいたった（推定）[59]。ソ連の新聞の総発行部数も増加し、一九四〇年に三八四〇万部だったのが、一九七九年に一億七三〇〇万部となる。[60]ゴルバチョフ時代のグラスノスチがはじまるまで、マスメディアの伝える情報は非常に貧弱であった。一方、ソ連の読者のうち少数ながら重要な人々は、行間を読むわざを身につけるにいたった。

非常に不十分ながらも以前よりは住民に情報がゆき渡るという「プラス」がみられたのと並行して、多くの社会的指標が悪化した。たとえば、恐るべき環境汚染、アルコール中毒と酒びたり、乳幼児の死亡率の上昇、成人男子の平均余命の低下などの「マイナス」がみられた。[61]これらのマイナスのほかに、長期にわたる経済成長率の鈍化という、一九八〇年代のソ連の指導者にとって気の滅入る指標もつけ加えなければならない。この問題については第三章と第五章でくわしく述べる。

しかし恐らく、一九五三年から一九八五年にかけて起こったあらゆる現象のなかでその後の事態を促進する要因として最も重要だったのは、プライバシーが拡大したことと、小規模で非公式な集団の内部で自由闊達な討論が発達したことである。台所のテーブルを囲んで一杯やりながら、ありとあらゆる政治的見解が語られるようになった。それらの見解は、スターリン時代だったら、いかなる人でも口外する勇気をもたなかったであろう。非公式なサークル内で表現の自由が拡大したのは、ゴルバチョフ時代に公式な場での表現の自由が達成される二〇年か三〇年前のことであった。[62] 私は一九七六年にモスクワで、ソ連の文学者で反体制派の故レオニード・ピンスキーと話をしたことがある。そのとき、ピンスキーは自己の見解として、最重要の社会的変化が起こったのは何百万人もの人々が「自宅の玄関口を閉じる」ことができるようになったときだ、と語った。ピンスキーが念頭においていたのは、フルシチョフ時代の大々的な住宅建設計画のことである。このプロジェクトのおかげで都市住民の多くは、台所とバス・トイレが共用になっているアパートから、一世帯ごとに完全に独立した住戸《フラット》へ引っ越すことができた。そしてそれにともなって、新たな自由のもとで話をする自信も得たのである。T・H・リグビーは、それ以降に行われるようになった「信頼のおける仲間内での」会話の意義を同様に強調して、次のように述べる。「たしかに、この非公式のグラスノスチから一九八〇年代後半の公式のグラスノスチまでは、とてつもなく遠く隔たっていた。しかし、スタートポイントとしての前者がなければ、後者にいたる飛躍は問題外だっただろう」[63]。これは、間違いなく至言である。

スターリン統治下ですら、政治的に重要な各種の結びつきやきずな（とくに、親分・子分関係）が見られた。脱スターリン時代においても引きつづき個人的な縁故が幅を利かせ、ソビエト体制の公式構造の作用に手心が加えられた。[64] しかし、フルシチョフとブレジネフの統治期間には、考え方を同じくする人々から成る「意見集団」が出現した。そういった集団の一例としては、一九六〇年代にアレクサンドル・トワルドフスキー編集長が率いていたノーヴィ・ミール誌の反スターリン主義的な読者群がある。また、それとはかなり毛色が違うが、雑誌オクチャーブリに引き寄せられた読者集団もあった。後者すなわちオクチャーブリは、ノーヴィ・ミールのライバル誌で、ネオ・スターリン主義的と称してもおかしくない物の見方をしていた。フルシチョフとブレジネフの時代にはまた、非公式な集団ないしネットワークが出現した。そこでは、個人的友情をささえとするのと同じ程度か、あるいはそれ以上に、政治観が広く一致していることを結びつきとして人間関係が保たれている。この種のネットワークは、一般社会と同様、ソ連のエリート層の中心部にも存在していた。
そのようなネットワークの重要な例としては、次のようなグループが挙げられる（ちなみに、「構成員」の所属先はひとつとは限らない）。一九六〇年代に共産党中央委員会社会主義諸国部においてユーリー・アンドロポフの専従コンサルタントとして勤務していた党知識人たち。フルシチョフ時代、ソ連の教典ともいうべき『マルクス・レーニン主義の基礎』の改訂に携わって政治局員のオットー・クーシネンに協力した人々。プラハで数年にわたって国際共産主義（実際にはソ連主導）の雑誌『世界マルクス主義評論』の発行に携わった人々。[65] これらのグループから出てきた刊行物、とくに世界マルクス主義評論は、どうひいき目に見てもおもしろみに欠けており、教条的であった。だが、各グループ内部には、出版可能な範囲を大きく越えて思想を飛躍させる者もいた。彼らの見解はペレストロイカの時期に急進化の度合いを深めた。そして、それらの見解の相互作用は、一九八〇年代後半に一層重要性を増した。ゴルバチョフが、彼らの提案に耳を傾けたからである。

党機構そのものの内部においてすら、何がしかは意見の多様性があった。したがってモスクワには、保守的な意見を信奉する一派と同様に、改革志向の意見に与《くみ》する一派も存在していた。党中央委員会の機構も例外ではない。党中央委員会国際部は、本質的に保守派党員であるボリス・ポノマリョフを一九八五年まで部長として戴いていた。しかしここにも、人目をはばかりながら生み出される新鮮な思考の意外な発生源があった。ポノマリョフは保守派ではあったが、国際部のなかでのさまざまな見解に対して寛容であった。当然といえば当然だが、国際部がその中に擁していたのは、西側の言葉に通じている人々である。そして、教養と専門的能力を備えた人材が国際部に占める率は、党中央委員会に約二〇あるほかのどの部よりも概して高かった。国際部は、ゴルバチョフ・チームの人材供給源となった。その時から、少なからぬ国際部の出身者が、かつてタブーだった見解を公表してのけるようになった。ゴルバチョフ登場以前であれば、指導部にそういった見解を伝えるためには、表現を弱め、ポノマリョフの署名のある文書に載せてもらわなければならなかった。

国際部がゴルバチョフ・チームの人材供給源になっていたことをしめす最重要の実例は、アナトーリー・チェルニャーエフである。チェルニャーエフはポノマリョフとは物の見方が違う。だがそれにもかかわらず、ポノマリョフが長きにわたって国際部長の任にあった期間の後半、チェルニャーエフは部次長の一人としてそのそばに仕えることを許された（ポノマリョフは、一九五五年から一九八五年にかけて、ゴルバチョフによって解任されるまで国際部長。チェルニャーエフは、一九七〇年から一九八六年はじめにかけて、ゴルバチョフの専従顧問となるまで国際部次長）。国際部の内部では、共産党のイデオローグと現実主義的な傾向の開明的官僚とのあいだで緊張関係があった。そのことは、間違いない。たとえそうだとしても、後者には、萌芽的な「新思考」にはずみをつけるに足る人材がそろっていた。チェルニャーエフと近い関係にあったアンドレイ・グラチョフはその好例である。ペレストロイカ時代、グラチョフは国際部の部次長に昇格することになる。そして、最初はゴルバチョフの非公式顧問となり、のちには、ゴルバチョフ在任中の最後の数カ月間、大統領報道官として公式の顧問となった。チェルニャーエフやグラチョフのような当局者が接触する相手のなかには、国際部管轄下の研究所に勤めながら非正統的な物の考え方をする研究者も少なからずいた。また、西ヨーロッパ各国の社会民主主義者もいた。チェルニャーエフらに影響を与えた人種は多岐にわたっている。公然たる反体制派の立場にある非党員の直接の影響もなかったわけではない(66)。要するに、改革志向のさまざまな「意見集団」が、党機構の外に位置する党知識人と党機構内部の少数の当局者の両方を取り込んだわけである。

ゴルバチョフの側近グループ

ブレジネフ時代の非公式グループは、そのうちのどれひとつとして、公式の活動集団に衣替えするための組織立った手段をあからさまな形で講じることができなかった。だがそれらのグループは、公然たる反体制派と同様に、政治的多元主義が真価を発揮するための地ならしには貢献した。政治的多元主義は、ソ連において一九九〇年～九一年までに実現する。ブレジネフ時代の非公式グループは多彩であった。真剣ながら失意の改革派もあれば、過去志向のロシア民族主義者もあった。前者は一連の研究所、とくに国際事情を専門とする研究所に偏在していた。自主独立の思考をする人々は（日和見《ひよりみ》主義者もそうだったが）、とくに次の三つの研究所に多く見られた。①世界社会主義体制経済研究所（一九九〇年に、国際経済学政治学研究所と改称）。所長は一九六九年から今日までオレーグ・ボゴモロフ。②アメリカ・カナダ研究所。一九六七年の創立時から一九九五年まで、所長はゲオルギー・アルバートフ。③世界経済国際関係研究所（ＩＭＥＭＯ）。同研究所の所長は、ブレジネフ時代はニコライ・イノゼムツェフ。イノゼムツェフ以後の歴代の所長は、アレクサンドル・ヤコヴレフ、エヴゲーニー・プリマコフ、そして、一九八九年からはウラドレン・マルティノフである。そのうちヤコヴレフとプリマコフは、ソ連、のちにはロシアの政治においてとくに重要な指導的役割をはたしつづけた。

　このほかに社会科学研究所も、フョードル・ブルラツキーやアレクサンドル・ガルキンをはじめとする政治改革志向の、少数ながら重要な学者を擁していた。同研究所は国際部の管轄下にあり、「社会主義志向国」に属す発展途上国から共産党員や学生を留学生として受け入れ教育することを主たる任務としていた。科学アカデミーのほとんどの研究所は、さまざまな政治的見解の持ち主を擁していた。比較的保守的との評判をとっていた「国家と法研究所」（モスクワ）のような研究所ですら、例外ではない。同研究所には、大胆な政治改革を支持する学者が若干名在籍していた。もっともそこでは、法学者としての職業を保ちつつ、ソ連国内で法的規範にもっと敬意が払われるよう願っている研究者のほうが多かったが。

　ボゴモロフの研究所はほかのどこよりも、そしてＩＭＥＭＯとアメリカ・カナダ研究所はそれに次いで、改革志向の思想の主要な拠点となっていた。一方、ロシア民族主義者も擬似的な組織基盤をもっていた。そのような基盤となっていたのは、ロシア共和国作家同盟の有力機関誌である『若き親衛隊』や『わが同時代人』の編集部、それに全ロシア歴史・文化遺跡保存協会などである。ブレジネフ時代、ロシア民族主義の傾向をもつ作家たちは、マルクス・レーニン主義からほど遠い価値観をはらんだ作品を、リベラル派のライバルよりも首尾よく出版するのに成功していた。じっさい、ブレジネフ時代に文芸創作活動の最重要の流派を形成していたのは、農村派の作家たちである。(67)

ロシアの知識人層は、西欧派とロシア派（古い呼称を使うなら、スラブ派）に割れている。十九世紀に端を発するこの分裂は、一九六〇年代と七〇年代に新たな重要性を帯びた。(68) 一九八〇年代末になると、それは従来にもまして、深刻な亀裂を引き起こしかねない問題となった。というのも、そのころまでにゴルバチョフは、自分の頭と心の両方が西欧派とともにあることを明らかにしていたからである。ただしゴルバチョフは、農村派に属すロシア派作家の一部を受け入れるだけの心の余裕は失っていなかったが。ゴルバチョフは西欧派とロシア派という二つの陣営の双方から有力な代表者を選び出そうとくわだて、両者が相互に寛容な態度をとるよう仕向けたが、それは明らかに不首尾に終わった。

最後に、すでに少なくとも遠まわしな形では触れた点を、ここであらためて強調しておこう。すなわち、ソ連共産党は、スターリン没後の時代、宣伝担当者が好んでそれらしく装ったのと異なり、けっして一枚岩的に統一された組織ではなかったということである（共産党を一枚岩と見る見解は、海外の反共宣伝家のなかでもとくに粗雑な連中によって止むことなく広められた。これは、興味深いイメージの収斂《しゅうれん》である）(69)。

ソ連共産党の党員数は一九八〇年代前半までにソ連の全人口の六パーセント強。成人一〇人につき約一人が党員だった勘定になる。党内で、高等教育の学歴を有する人々が占める割合は、社会一般でのそれよりもはるかに高かった。ソ連共産党の党員歴は、社会的な不名誉などではなかった。東ヨーロッパにおいて共産党員としての経歴が往々にして社会的な汚点として扱われたのとは、対照的である。一九一七年のボリシェヴィキ革命は悲惨な結果をもたらした。しかしそれは、少なくともその土地に固有の革命（あるいはクーデター）であった。それとは対照的に、大半の東ヨーロッパ諸国の場合に共産化が進められたのは、そのような体制が第二次世界大戦以後、ソ連の武力によって押し付けられたからにすぎない。(70)

人々の入党理由は、さまざまであった。だが最も一般的だったのは、入党すれば就職や昇進に有利になるという打算である。国際問題に関係する研究所で責任ある地位に就く場合、党員資格が事実上、官職とセットになっていた。したがって、「あの人は党員だよ」と告げられたところで、その人物の個人的な政治的信条について伝わってくる情報は、微々たるものでしかなかった。ソ連共産党は、競争政党制の政党とは似ても似つかない代物であった。ソ連共産党は実質的には国家機構の枢要な一部とみなされるべきである。じっさい、連邦中央においても、連邦構成共和国や州以下の単位においても、党機関は実質的に国家権力の最高の機関であった。ゴルバチョフ時代の到来まで、大半のソ連の憲法学者は、「党はそれ自体としては権力をふるっているわけではなく、間接的な影響力や説得に頼っているにすぎない」と論じていた。しかしながらソ連共産党は、影響力の行使や説得といった手法を辞さないとしても、同時に権力を——しかも説明責任を問われることなく——ふるっていたのである。これは、真剣にソ連研究に取り組んでいる者であれば、だれでも承知している事がらであった。ソ連共産党政治局はたんに党の最高執行委員会であるばかりか、国内最高の政策決定機関でもあった。ただし、その政策決定過程は覆い隠され、秘密にされていたが。

ソ連の法学者だったアナトーリー・ソプチャークは、一九八〇年代末から一九九〇年代はじめにかけて著名な政治家として活躍するようになる。彼は最初、ソ連最高会議の急進派代議員として活動したあと、一九九一年六月にレニングラード(現サンクトペテルブルグ)市長に選ばれた。そのソプチャークは、法学者には珍しく、ソ連共産党を正常な政党ではなく「国家機構」とみなしていた。したがってソプチャークは、「共産党そのものの改革に着手しない限り、ソ連の本格的な変化を起こすことは不可能だ」と結論をくだす人々に与《くみ》していた。(71) ソ連社会における共産党の位置がそのようなものだったので、党以外のところで大がかりな改革を推進するのは非常に難しかった。

革命が起こっていれば話は別だったが、改革前のソ連で共産党が用いていた統制の仕組みからして、そのようなことはまず無理であった。党は、軍や国家保安委員会（KGB）、内務省部隊などの物理的な強制的手段に浸透し、それらの組織を服従させていた。一九八〇年代なかばにソ連の政治的、経済的体制の変革をくわだてた人々は、それにたいして最も猛烈に反発した勢力と同様に、党員の占める比率が圧倒的に高い。だから、共産党内で唱えられていた見解の分布図を見定めることは、ゴルバチョフ時代の最初の四年間におけるソ連の政治過程を理解するための基礎となる。[72]もちろん、いったん政治的多元主義が実質的な程度にまで定着すると、根本的に異なる多数の見解を単一の党の指導のもとに封じ込めることは時代遅れの作業となった。そして、遅くとも一九九〇年には、次のことが次第に明らかになった。すなわち、ソ連共産党の隊伍の中には、さまざまな集団や派閥だけでなく、複数政党制の萌芽があったということである。それは、入党経験のない人々がその年に形成した小規模な諸政党とはまったく別物であった。

一九九一年までに、バルトやカフカスの諸共和国は言うに及ばずロシアにおいてさえも、共産党の支持を受けた候補者が重要な選挙に勝てないケースが続出した。だが、ロシアの三つの最重要選挙を制した無所属候補者は、一九九〇年に離党するまでは三人とも党員であった。ロシア共和国大統領に選出されたエリツィンは、一九六一年以来の党員であった。しかも一九六八年から一九八七年までは党の役職に就いていた。モスクワ市長に選ばれたガヴリール・ポポフは、一九五九年に入党している。ソプチャークだけはいくぶん異なる範疇に属しており、一九八八年になってから（第一九回党協議会のあと）ようやく入党した。それは、ゴルバチョフの主導する改革的傾向を後押しするためであった。[73]

このように本章で紹介した多数のテーマは、本書の以下の各章においてゴルバチョフの政治的指導を綿密に分析するおりにふたたび取りあげるつもりである。まず第二章と第三章では、ゴルバチョフが改革前の政治体制の内部で権力の頂上に到達するまでにどのような道をたどったのかを、検証する。また、ゴルバチョフがソ連の党=国家体制のなかで最大の権力を握るにいたったとき、どのような考えや意図を抱いていたのかを、見定めることとする。

第2章

改革派党書記長が誕生するまで

改革推進の潜在力を秘める党書記ポスト

ソ連国内で根本的な変化の導入をくわだてるに先立って、ゴルバチョフは、本質的な改革を施されていない体制の内部でトップの座に上り詰める必要があった。だが、改革志向の、あるいは新しい考え方を受け入れることのできる人物が、持ち前の世界観や個性を保ったまま共産党機構で出世することはできない。それは、ロシア内外の多くの人々にとって、火を見るよりも明らかだった。改革志向とか頭の柔軟性などの特異性は、出世していくうちに否応なく払拭されてしまう。そうでなければ当該の人物の方が、さほど出世しないうちに党機構から追い出されてしまうのが常であった。しかし、ソ連共産党指導部の握っていた政治的力や、公然たる反体制派の政治的な弱さを踏まえるなら、改革者が滑落しやすい階梯をよじ登って党指導部にたどり着くことは、ソ連に変化をもたらすための最も有望なシナリオだったわけである。もっともブレジネフ時代にあっては、そのようなことはまずありそうになかったが。ブレジネフ率いる共産党指導部は、ソ連の政治的現状維持をほんのわずかでも損なう危険のある脅威が生じると、それを芽のうちに摘み取る決意でいた。当時、オーストラリアの有力なソ連研究者T・H・リグビーは将来を見据え、事を予想するというよりもむしろ希望を込めて、次のように述べている。

ある種の決然たる措置を講じる必要がある。そうでなければ、一元的に組織された体制から脱却することはできない。また、レナード・シャピロの言う「法の支配、市民的自由、個人の尊厳、人間の精神の自由」によって特徴づけられる体制へ転換することも不可能である。だがそうした措置は、（中略）いつの日にか、正体を見破られることのない（！）ソ連指導者が、傑出した知性と勇気と想像力に満ちあふれた行動を起こすまで期待できないであろう[1]。

党書記長という官職は、スターリンの操作によって全能の個人的独裁権力と化したが、ゴルバチョフがその座に就くまでに、（第一章で述べたように）すでにそうではなくなっていた。しかし、その座にある者が、ソ連のほかのいかなる個人よりも大きな権力を握っていることに疑いの余地はなかった。国民全体にたいしては、あるいは何百万人もの共産党の平党員にたいしてすら、党書記長という権力者は、選挙なり何なりの制度化された政治的説明責任を負っていなかった。党書記長は議会あるいは党の代表の集まりにおいて、批判から身を守るためにやむなく自己の行為または不作為の弁護をするなどということはしなくて済んだ。無競争選挙は、共産党と社会一般の双方において普通のことであった。換言するなら、現実に行われていたことは、支配政党の現職の当局者が選挙の体裁だけを整えて、新たに議会《ソヴィエト》あるいは党機関の席に就く人を互選によって決めるということだったのである。しかも、書記長（そして機関としての共産党）をいささかなりとも批判することは禁忌だった。書記長が気にかけなければならない相手は、政治局（事実上の指導部）および中央委員会（政治局より幅の広い党エリート層）のメンバーであり、また軍やKGB、それに省庁のネットワークなど制度上の最重要勢力だった。

このソ連権力の頂点に上り詰める前にゴルバチョフが踏破しなければならなかった道のりは、遠くて長いものだった。そして、初期の頃には険しいものだった。本章と次の章で扱うのは、ゴルバチョフの人格形成に関わる経験や、党内での昇進、友情と同盟である。また、史上六番目の、そして最後のソ連共産党中央委員会書記長になる前の、物の見方の変遷も概観する。

ゴルバチョフ以前の指導者はいずれも一九一七年の革命より前に生まれている。そのうち三人（一九〇六年生まれのブレジネフ、一九一四年生まれのアンドロポフ、一九一一年生まれのチェルネンコ）は、革命が起こったときまだ子どもだったが、かれらの世代としての経験は、ゴルバチョフのそれとはかなり異なっている。特に、これら三人の指導者はすでにスターリン時代に本格的な政治家としての人生を歩み始めており、したがって一生涯、スターリン時代に経験した不安と、スターリン主義体制の導入に一役買った責任を拭い去ることはできなかった。ブレジネフの前任者であるフルシチョフ（一八九四年生まれ）は、三人より密接に、しかも格の高い地位にあってスターリン時代の弾圧に関与していた。フルシチョフは、一九三〇年代（および一九四九〜五三年）はモスクワ市党第一書記、一九四〇年代はウクライナ共和国党第一書記、そして一九三九年以降は政治局員だった。しかし、第二〇回ソ連共産党大会でスターリンの犯罪を少なくとも一部摘発するという大胆な手を打ったのは、フルシチョフであった。フルシチョフのスターリン批判はのちに、ゴルバチョフと同じ世代の党員に強い衝撃を与えることになる。

家系

前任のすべての党指導者と対照的に、ゴルバチョフはソビエト体制の申し子であった。ゴルバチョフは一九三一年三月二日、南ロシアはスターヴロポリ地方の農民の家庭に生まれた。生家は、プリヴォーリノエ村のはずれにあった。[2]子ども時代のゴルバチョフを襲った二つの不幸は、のちに党ヒエラルキーを登っていくのを妨げかねないものだった。最初の不幸は身元である。ゴルバチョフは、「人民の敵」の家庭の出であった。第二の問題は、スターヴロポリ地方が第二次世界大戦中、一時ドイツ軍によって占領されていたということである。そのことは潜在的に、物理的に身が危険であったのと同じように政治的に危険なことであった。

最初の問題はソ連の政治家にとっては非常にデリケートな事柄だったので、ゴルバチョフは一九九〇年まで口をつぐんでいた。そのころになってようやく、両方の祖父が一九三〇年代、スターリンが農民を弾圧した時期に、捏造《ねつぞう》された政治的容疑で逮捕されたことを明らかにした。父方の祖父アンドレイ・ゴルバチョフは一九三三年、家族の半分、つまり六人の子どものうち三人が「餓死した」とき、播種《はしゅ》計画を予定通りに遂行することができなかった。そして、シベリアのイルクーツク地方に追放され、そこで木の伐採をやらされた(3)。母方の祖父パンテリ・ゴパルコは一九三七年に逮捕、投獄され、一四カ月にわたって訊問された。その間に極度の強迫を受けて、してもいないことをしたと自白した(4)。この祖父に対する主たる容疑は、トロツキスト組織の地方拠点で活動していたというものだった(5)。この容疑はひどく荒唐無稽であったが、それと同時に危険でもあった。ゴルバチョフは注意深い政治家だったので、聴衆ごとに、経歴のうち明らかにする部分を――多くの場合は自分で選んで――変えた。たとえば一九八九年五月、党機関誌のインタビューを受けている。その機関誌は、党中央委員の動静に関するニュースおよび党文書館の資料を掲載する月刊誌であった。ゴルバチョフは、両親と双方の祖父母はともに農民であり、母方の祖父パンテリ・ゴパルコは「長年にわたって集団農場の議長を務めた」と述べた(6)。あとの点は、ゴルバチョフが共産党書記長になって以降、公式の伝記の中で言及されてきた。

一方、その同じ祖父が、スターリン政権がソ連市民を相手におこなった国家テロの犠牲者の一人だったということを、ゴルバチョフは一九九〇年一一月まで明らかにしなかった。ゴルバチョフが初めてそれを明かした相手は、知識人（作家、芸能人、映画製作者）から成る聴衆であった(7)。一族の中での第二の逮捕は、父方の祖父の場合と違って、追放ではなく投獄と拷問へとつながった。そのことは、特に衝撃的だったようである。ゴルバチョフはそのころにはもう物心がついていた。だから、「人民の敵」という「悪疫の流行している」家に住んでいたことを記憶している。この家をあえて訪ねて来る者はなかった。親戚や一家の友人ですらやって来なかった。それは、ゴルバチョフの父方の祖父と同じ運命に見舞われるのを避けたい一心からであった。[8] ゴルバチョフは一九九三年、当時を振り返って次のように書いている。「書類の空欄を埋めるたびに、私は、祖父が投獄された経験があると記入しなければならなかった。そうしなかったならば、疑いをかけられていただろう」[9]。

ドイツの占領下に置かれたスターヴロポリ

子ども時代の第二の苦難は、ゴルバチョフのそれ以後の経歴に悪い影響を及ぼしかねないものだった。もしそれがスターリン時代のことで、しかも仮にゴルバチョフがそれまでに政治家としての人生をスタートさせていたならば、その確率はもっと高かったろう。第二の苦難とは、スターヴロポリ地方が一九四二年八月から一九四三年一月まで、ドイツの占領下に置かれていたという事実である。[10] 同地方はそれ以上に長い間、戦線の間近にあった。外国のスパイにたいして疑心暗鬼の空気が強まっていた戦後のスターリン時代、占領地域に住んだ経験があるということは、ゴルバチョフの場合のようにその人物が当時まだ子どもであったとしても、疑う余地なく不利な材料だった。一九四〇年代末にゴルバチョフが父親やそのほかの二人の村人とともに農作業で殊勲を上げた（後述）のは、恐らく、政治的な過去を払拭しようとする意識的な努力の一環でもあったろう。もっともそれは、掛け値なしの熱意によるものでもあった。彼らは戦災からの復旧を目指し、終戦直後の時期にソ連の大半の地域を悩ませた極度の食糧不足と闘おうとしていたのである。ロシアでは、戦時中と終戦直後の歳月は純粋に愛国的な情熱に満ちあふれていた。

ゴルバチョフの子ども時代は、ソ連史の中でも最も過酷な時期、あるいはロシア史全体の最も悲劇的な時期の一つと重なっていた。一九三〇年代には、農業の強制的集団化が強行され、それに続いて飢饉とスターリンによる大粛清が猖獗《しょうけつ》をきわめ、何百万人もの農民の命が奪われた。スターヴロポリの農民も多数犠牲になった。その中には、すでに述べたように、ゴルバチョフ自身の祖父たちも含まれていた。プリヴォーリノエ村では、現在存命している地元住民の話によると、ゴルバチョフが生まれてから最初の二年ないし三年で村民の三分の一が死んだという。[11]

また、一九四一年のナチのソ連侵入は新たな惨事をもたらした。もっともそれは、愛国的な抵抗の精神をも生み出した。そのおかげでソ連社会は、それに先立つ一〇年間に自ら招いた痛手から少なくとも一時的に立ち直ることができた。ゴルバチョフの父親のセルゲイ・アンドレーヴィッチは出征し、複数の戦線で実戦に参加した。そして、一九四六年に除隊するまでに二度負傷した。二度目の負傷をしたのは、チェコスロヴァキアのコシチェ市攻防戦のときだった。[12]

セルゲイ・ゴルバチョフは一九七六年に亡くなった。[13] セルゲイの未亡人、すなわちゴルバチョフの母親であるマリヤ・パンテレーヴナが亡くなったのは、一九九五年春になってからだった。マリヤは（夫と違って）読み書きを習う機会に恵まれなかった。正教のクリスチャンで、孫のゴルバチョフに洗礼を受けさせたいと願っていたのである（スターヴロポリ地方党委員会において何回かゴルバチョフの下で勤務したことのある元記者がいる。この記者は、ゴルバチョフのスターヴロポリ時代を主題とする本を書いている。その中でゴルバチョフの発言を引用し、「ミハイル」という名前は司祭が名づけたのであって、両親がつけようと思っていた名前ではなかったということを明らかにしている）。[14] 母方に関しては、私は幾分ウクライナ系である――。一九九一年一二月、ウクライナのテレビ局のインタビューに答えたとき、ゴルバチョフはわざわざそう語った。当時ゴルバチョフは、旧来のソ連に取って代わる根本的に刷新された新連邦の中にウクライナをつなぎとめようと懸命になっていた。[15] ゴルバチョフの母親自身はロシア語をしゃべるとき、ウクライナ語の単語をたくさん混ぜて使っていた。[16]

ゴルバチョフが戦時中を振り返って思い出すのは、一般市民、特に戦場の近くに住んでいた人々にとって、それが多大の苦難の時代だったということである。[17] ドイツがソ連に侵入したとき、ゴルバチョフ自身は十歳だった。そして、ドイツ軍がスターヴロポリ地方に到達したときは十一歳だった。身体に問題のない成人男子は、ほぼ全員動員され兵役に就いた。村に残された女と子どもは、ゴルバチョフとその母親も含めて、作物の収穫の責任を負い、朝から晩まで重労働に従事した。

農作業で殊勲を上げる

戦後の最初の五年間、ゴルバチョフは学校に通ったが、それは、農作業に明け暮れる長い夏がやって来るたびに中断された。やがて十五歳のとき、機械トラクター・ステーションの助手になり、父親とともに働いた。[18] 南ロシアの農民の息子がモスクワ大学に入学する可能性はきわめて限られていたが、多数の要因がゴルバチョフにとって有利に働いた。模範的労働者として労働赤旗勲章を授与されたことは、入学資格を証明する個々の材料の中で最重要のものとなった。学業優秀だっただけに、それはなおさら霊験あらたかであった（この両方の要素については後述する）。大学入学を希望する学生にとって必要な――ただしそれだけでは不十分な――条件は、コムソモール（青年共産同盟）の地元支部が書いてくれる好意的な推薦状である。ゴルバチョフはそれを手に入れた。[19] 父親が、第二次世界大戦で兵役に就いていた間に共産党に入ったという事実も、恐らく多少助けになったであろうが、[20] それによってゴルバチョフの存在が他の同輩とくらべて目立つようになったということはあるまい。なにしろ一九五〇年代初頭、ソ連には約六〇〇万人の党員がいたのだから。

戦後になると、スターリン支配の初期と異なって、出身階級だけを根拠として農民や労働者の家庭の子女を優遇する措置は、すでにおこなわれなくなっていた。[21] この時代はむしろ、ヴェーラ・ダンハムの表現を借りるなら、スターリンとソ連版新興中産階級とのあいだの「大型取引」の時代だった。この階級は、「全面的なスターリン派であり、国の工業化と官僚体制化、国民の再教育を目指すスターリンの大攻勢の申し子であった。一九三〇年代にスターリンが断行した上からの革命を体現する人々だった。彼らは、スターリンの大粛清によって、また、レーニン主義を奉ずる活動家世代が一掃されたことによって生じた空隙を埋める用意があった」[22]。

ゴルバチョフの両親は、社会的にも地理的にも新興「中産階級」からほど遠いところにいた。だから、ゴルバチョフがモスクワ大学入学を果たすことができたのは、本人の能力と努力に負うところが非常に大きい。ソ連時代もこのころになると、当局は農民または労働者の若干の子弟を大学に受け入れることに関心はもっていたが、それら社会集団に属す個々の少年または少女が、モスクワ大学にたどり着く可能性はわずかであった。ゴルバチョフは地元の学校で、一科目を除く全科目において五段階評価で五の成績を取ったが、ドイツ語の評定だけは四。したがって卒業時に授与されたのは銀メダルだった。ちなみに、のちにゴルバチョフの妻となるライサは、ゴルバチョフと同じく非特権階級の出身ながら、全科目で最高の成績を収めて金メダルで卒業している[23]。

スターリン時代も戦後期になると、農民階級出身というだけでは、ソ連の有力大学に入学する資格を得るのにあまり有利な材料にならなかった。しかしながら、十代の少年時代に農作業で目覚しい成果を上げたことは、ゴルバチョフがモスクワ大学に出願するさい、大いに有利に働いた。まず模範的労働者としての業績があり、これに優秀な学業とコムソモールからの推薦状が加わっていたことが決定的要因となった。そのおかげでゴルバチョフは、ロシア随一の由緒と権威のある大学に入学し、ソ連の首都モスクワに初めて移り住むことができた[24]。

ゴルバチョフが秀でた労働者としてお墨付きを得たのは、一九四八年の夏のことだった。当時、ゴルバチョフは計四名から成る作業班で仕事をしていた。作業班のメンバーはゴルバチョフのほか、同じ村の友人で同年輩のアレクサンドル・ヤコヴェンコと、二人の少年のそれぞれの父親であるセルゲイ・ゴルバチョフとヤーコフ・ヤコヴェンコであった。彼らは平均収穫量の五～六倍という記録的な収穫を上げ、その功により各人とも国家章を授けられた。スターヴロポリ地方全体で最高の収穫を上げた功績により、二人の父親はレーニン勲章を、息子たち（ミハイルとアレクサンドル）は労働赤旗勲章を授けられた。[25] ヤコヴェンコが一九八九年に語ったところによると、彼らは「一日二〇時間から二二時間働き、草地が朝露に濡れるころになってようやく仕事の手を休めた」とのことである。[26] 一日の労働時間には、二人の少年が夜コンバインの掃除をする時間も含まれていた。

ゴルバチョフの受賞した労働赤旗勲章は、十代の少年にたいする褒章としてはきわめて異例であった（ゴルバチョフは受賞当時、十七歳）。ゴルバチョフは、ソ連時代に授与された褒章の中ではこの勲章を最も大切にしていた。[27] ゴルバチョフはモスクワ大学在学中、折々に労働赤旗勲章を佩用《はいよう》し、それは彼のトレードマークの一つとなっていた。一九七〇年代の末、ゴルバチョフがまだ有名になっていないころ、筆者はロシア人法学者パーヴェル・グラツィヤンスキーと話をしたことがある。一九五〇年代初めにモスクワ大学法学部の学生だったという彼に、「ゴルバチョフをおぼえているか」と尋ねたところ、間髪を入れず「もちろん！」と答えが返ってきた。グラツィヤンスキーは、ゴルバチョフをおぼえている主たる理由として労働赤旗勲章のことを挙げた。ほかの元同級生たちも、同様のことを記憶している。上級生のうち少なからぬ者は出征経験があり、勲章をもらっていた。だが、十九歳でモスクワにやって来た学生が労働赤旗勲章のような格の高い勲章を持っているというのは、非常にまれなケースであった。[28]

夏が来るたびにゴルバチョフは農作業に従事しなければならなかった。しかしゴルバチョフは、義務教育年限が過ぎても通学を続けた。プリヴォーリノエ村の小学校は七年制で、一番近い一〇年制の学校はクラスノグヴァルデイスク（当時の名称はモロトフスコエ）にあった。ゴルバチョフは両親に手配してもらい、学期中はそこに住むことになった。同じ村の出身の二人の少年と共同で一部屋借りたのである。このようにしてゴルバチョフは、一〇年制の学校を卒業することができた。[29]

モスクワ大学

一九五〇年から一九五五年までのモスクワ大学法学部における歳月は、ゴルバチョフの知性の発達にとって、きわめて重要なものとなった。スターリンの晩年、同学部とモスクワ大学にどのような不備があったにしても、ゴルバチョフの受けた教育は、ブレジネフ書記長率いるソ連共産党政治局の同僚たちのだれとくらべても遜色はなかった。ちなみに、ゴルバチョフが政治局入りしたのは、大学入学からちょうど三〇年後のことである。ブレジネフと同年輩のソ連の指導者たちは、大半の場合、限定的な職業訓練や党による教育を受けたにすぎない。彼らの卒業証明書は、地方の技術系の専門学校や党学校の卒業証明書であるか、あるいは通学せずに試験だけ受けて取得するタイプのものであった。約一世代後、ブレジネフが死去する直前の時点で見回してみると、政治局におけるゴルバチョフの同僚で、ロシアの有力大学でまる五年学業に専念した経験の持ち主はひとりもいなかった。

このように学歴面で優位に立っているということは、ゴルバチョフにとって有利な材料であった。その反面、ある意味では克服すべきハンディキャップにもなった。ゴルバチョフがソ連共産党書記長のポストに就く直前の数年間についていうと、同僚の大多数はゴルバチョフを、インテリとしての正体を隠している人物、あるいは少なくとも自由な政治的思想に傾倒しかねない人物と見て、漠たる疑念をいだいていたに違いない。それは、ゴルバチョフの学歴が同僚といちじるしく異なっていたという事実からして見当がつく。

ゴルバチョフの地元での学校教育は、戦争と戦後の混乱によって何回かさえぎられた。したがって、モスクワにやって来たときのゴルバチョフ自身の教育水準は、モスクワ在住の知的職業に就いている親のもとで育った同級生たちの多くとくらべると劣っていた。しかし、一年か二年のうちにゴルバチョフは、その差を縮めた(30)。ソ連で学士の資格を得るのに必要な通常の年限は五年である。一九五五年、ゴルバチョフは規定どおりに、しかも優等の成績で大学を卒業した。

ゴルバチョフのスターリン観

大学入学と卒業の間にゴルバチョフの身の上に起こった出来事のうち断然重要だったのは、一九五一年にライサ・マクシモヴナ・チトレンコと出会い、一九五三年に結婚したことである。(31) 一方、ゴルバチョフの政治家としての人生とソ連全土の政治における最も重大な事件は、一九五三年三月五日のスターリンの死であった。ゴルバチョフは、学友たちと同じく、スターリンをまだ何よりも戦勝と結びつけて考えていた。ずっとのちのこと、ゴルバチョフは次のように語っている。「私たちはそのころ、戦争に勝つためにどれほどの犠牲を払ったのか、またその前に何が起こっていたのか、知る由もなかった」(32)。ゴルバチョフも何千何万人もの人々に混じって、厳かに横たわる亡き指導者スターリンを見に出かけた。「私たちは、遅々として進まない長蛇の列に加わり、一昼夜のあいだ牛歩のような歩みを続けた。スターリンが安置されている大ホールにたどり着いたときは、明け方だった。スターリンを目の当たりにするのは、その時が初めてだった」(33)。

一九五三年三月までは、共産党員になるということはすなわちスターリンを信奉することであった。例外はまれであった。スターリンの晩年時代、言うまでもなくゴルバチョフも、自分の見知っているひどい不正とスターリンの非に結びつきがあるとは夢にも思わなかった。まして、体制全体の根本的な欠陥や、そのような体制を構築した張本人レーニンの責任には思い至らなかった。ゴルバチョフより年上で、ペレストロイカ時代に改革派の重鎮となるアレクサンドル・ヤコヴレフの表現を借りるなら、「私たちはみな、スターリンを心の底から信頼していた。また、自分たちが新しい社会を建設中なのだと信じていた」のである。(34) 同じくのちに改革派としてゴルバチョフ政権の一翼をになうことになるエドアルト・シェワルナゼは、当時の一般大衆の典型であった。つまり、人々が迫害されていることは知っており、またそれらの人々が無実であると信じていながら、しかしそれでも、「スターリンはそのことを知らないのだ」と自分に言い聞かせることによって、スターリン信仰を保っていたのである。[35]

とはいえシェワルナゼには普通の人と異なるところもあった。スターリンの存命中のこと、「人民の敵」の娘と結婚したのである。彼女の父親は一九三〇年代、銃殺刑に処せられていた。そのような人物の娘と結婚したら人生を台無しにすることになるぞという周囲の忠告を、シェワルナゼはものともしなかったわけである。奇妙なことに、のちにシェワルナゼを政治的に批判する立場に立つエゴール・リガチョフも、それと共通する人生経験を持っている。リガチョフは戦後間もない時期に結婚したが、新婦の父親は、一九三六年に無実の罪で逮捕され一九三七年に「イギリスおよび日独のスパイ」として銃殺された高級軍人であった。[36]

ゴルバチョフは一九九二年に、「いつごろから、内務人民委員部（NKVD）とその後継機関である国家保安委員会（KGB）の真の役割を理解するようになったのですか」と問われて、次のように答えている。「それは、ずっと以前から、つまり祖父が逮捕されて一四カ月拘留されたときから薄々感じていた。だが一九五六年以前は、よく分からないことが多かった。逮捕された経験のある祖父でさえ、『スターリンは知らされていないのだ。そうに違いない』と言っていた」。[37]

ゴルバチョフのモスクワ大学在学期間の前半は、スターリンの「反コスモポリタン・キャンペーン」と重なっている。スターリンとその支持者にしてみれば、これは巧妙に偽装された反ユダヤ主義であった。ゴルバチョフはスターリン死去以前に共産党員になり（一九五二年）、法学部のコムソモールで活動していた。そして、大学の最終学年に進級するとコムソモール書記となった。[38]だが、学生時代を知る人々の信頼度の高い話によれば、ゴルバチョフは魔女狩りをすることはなかったという。ただし、党の「総路線」から逸脱することはなかったようであるが。当時からゴルバチョフにたいして批判的だった少数の人々ですら、ゴルバチョフが反ユダヤ主義の言動を見せたという確かな証拠を挙げるに至っていない[39]。いずれにしても、彼らはゴルバチョフと親密でない以上、所詮信頼の置ける情報源とはならない。当時も以後も、ゴルバチョフには排外愛国主義（ショーヴィニズム）的な傾向は見られない。論より証拠、後年ソ連の指導者となったとき、ゴルバチョフは民族主義的感情の強さを過小評価し、純粋な連邦国家の枠内で政治、経済の自由を拡大すれば民族問題の解決につながると安易に決めてかかっていた。それはゴルバチョフの問題点の一つであった。

友人や恩師との出会い

法学部の同じクラスでゴルバチョフが親しくしていた友人の一人に、ズデネク・ムリナーシがいる[40]。ムリナーシは、ゴルバチョフにとってはじめて知り合いになった外国人である。若きチェコ共産党員としてモスクワにやって来たときは、高度な知性の持ち主でありながら世間知らずなところがあった。のちに、「プラハの春」では改革派の立役者となり、一九六八年春に公刊されたチェコスロヴァキア共産党の行動計画《アクション・プログラム》の起草では主役を演じた。さらにのちには、「憲章77」の共同起草者の一人となった。「憲章77」は、グスタフ・フサクが統治していた時代の最後の一二年間、チェコスロヴァキアにおける組織的な不服従運動を支える基本原理となった。フサクは一九六九年四月、ソ連指導部の支援を受けてアレクサンデル・ドプチェクを追い落とし、チェコスロヴァキア共産党の最高指導者となった人物である。一九七五年にはチェコスロヴァキアの大統領となっている。

ゴルバチョフの親しい友人たちから成るグループには、ウラジーミル・リーベルマンもいた。リーベルマンは、ユダヤ系の知識人家庭に育った上級生で、出征経験者である。複数のインタビューにおいてリーベルマンが語ったところによると、一九五三年初めころ党の会議でつるし上げられたとき、ゴルバチョフは大きなリスクを負って擁護してくれたという。それは、スターリンがいわゆる医師陰謀団事件を摘発した直後のことであった。この事件は、ユダヤ系の「殺人医師団」がソ連の指導者たちの健康に危害を及ぼそうとしてくわだてたとされる事件であるが、実はまったくの捏造《ねつぞう》である。[41] 一九五三年一月一三日の摘発は、ユダヤ人を最初の犠牲者として新たな大量粛清が始まる気配を漂わせていた。リーベルマンを大学での党の会合において攻撃したのは、バラシャンという学生であった。バラシャンは党員であった。リーベルマンがユダヤ系だということ以外に、攻撃の動機はなかったらしい。ゴルバチョフは憤慨してリーベルマンを擁護し、バラシャンを「この卑怯者！」となじった。その直後、リーベルマンの証言によると、「私についての議論はすべて収まった」。[42] それに関連して、ムリナーシの一九八五年四月のコメントは特筆するに値する。それによると、ゴルバチョフは学生時代、すでに「非公式の自然発生的な権威を獲得していた」。そして、本人も「その事実を知らなかったわけではなく」、そのようなところにまで至ったのは「自分自身の力と才能のおかげ」であって、コネによる引き立てや社会的な出自によるものではないということを意識していたという。[43]

大学でゴルバチョフの知力の向上を促したのは、入学前に高水準の学校教育を受けていた同級生との会話であり、また、少なくとも一部の教師、特に革命前に高等教育を受けていた教師のうちの何人かの指導であった。そうした教師の一人に、セラフィム・ウラジーミロヴィッチ・ユシコフがいる。ユシコフは、歴史の講義を通じてゴルバチョフに大いに充実感を与えた。ユシコフは、「根無し草のコスモポリタン」という批判を浴びせられた。それは乗り切ったものの、結局亡くなった。それは、一九五二年という不吉な年のことである。[44] ただし、横死ではなかった。ゴルバチョフやムリナーシを始め多数の優秀な学生に人気のあった教授としては、ステパン・フョードロヴィッチ・ケチェキャンがいる。ケチェキャンが講じていたのは、政治思想と法思想の歴史である。[45] ケチェキャンは純粋な学究肌の研究者で、温厚で思いやりがあった。そのことについては、筆者も個人的に証言することができる。[46]

ムリナーシはモスクワ大学一年のときにゴルバチョフと知り合いになった。ムリナーシはゴルバチョフにプラハから絵葉書を送ったことがある。それは一九五一年夏のことで、当時ゴルバチョフは故郷の村で農作業に従事していた[47]。その絵葉書は外国発だったことから、警察が「不審な品物」としてゴルバチョフの手元に届けた。ムリナーシが語っているところによると、学生時代、ソ連のプロパガンダと実生活の間の食い違いにたいして目を開かせてくれたのはゴルバチョフだったという。集団農場にかんする法律を勉強していたとき、ムリナーシはゴルバチョフから、それが農村の実態とどれほどかけ離れているか、また、農場において「日常茶飯事となっている暴力」が労働者の規律を保つためにどのような役割を果たしているのかを教わった[48]。ムリナーシは映画『クバン・コサック』を見たことがある。クバンは、スターヴロポリ地方と、それに隣接するクラスノダール地方を含む地域である。映画の中では、農民家庭の食卓が豊かな食べ物の重さでしなっているのが映っていた。このときも、ムリナーシはゴルバチョフから、実際の農民家庭の食卓がどのような具合であるかを教わった[49]。

もう一つムリナーシの記憶に残っているのは、ゴルバチョフが学生時代、ヘーゲルから借用した「現実は具体的である」という言葉を好んで使っていたということである。ゴルバチョフはそのフレーズをヘーゲル派学徒が用いるような哲学的な意味で使っていたのではない。「教師や学生が一般的原理の議論にうつつを抜かし、そうした原理には現実との共通点が少ないということを都合よく忘れているとき」に使ったのである[50]。

しかし、一九八五年にゴルバチョフがソ連共産党書記長に就任したばかりのころ、ムリナーシはゴルバチョフを評して、実利重視の行動をとることができるのと同じように理論的に物を考えることもできる人物と評している。しかもゴルバチョフは、マルクス主義理論を分析方法として真剣に受け止めていた。その点で、多くのソ連の学生とは異なっていた。普通の学生にとってマルクス主義理論は、オウム返しに暗記しなければならないある種の「規則」と化していたのである。ゴルバチョフはまた、スターヴロポリの党当局者だったとき、自分に都合の良い引用文を抜粋するのではなく本気でレーニンを研究し、少なからず周囲を驚かせたこともある[51]。

マルクスとレーニンにたいするこの関心は、ゴルバチョフがモスクワ大学卒業から約三〇年後にソ連共産党書記長に就任したときも、まだ薄らいでいなかった。ゴルバチョフは自分自身をマルクス主義者と見なしていた。もっと言うなら、レーニン主義者と見なしていた。しかし、ゴルバチョフのマルクス主義は柔軟性に富み、非教条的だった。理論と、自分の目で確かめた証拠とのあいだに矛盾が生じると、ゴルバチョフは好んで後者を信じた。ゴルバチョフはソ連の最高指導者になる三カ月前、重要な演説をおこない、その中でソ連の研究者に批判を浴びせた。ゴルバチョフによればそれら研究者は、「時代遅れになった概念およびステレオタイプ」と訣別することができず、万事を「先入観にもとづく図式」に当てはめようと頑張り、「空理空論」の枠内で頭を働かせているのだという[52]。ギリシア神話の登場人物プロクルステスは、捕えた旅人の足を寝台の長さに合わせて切ったり縮めたりした。プロクルステスさながらに、瀕死の概念の中に新しい現象を無理やり押し込もうとするくわだてを知ると、ゴルバチョフは不満を表明するのが常だった。実際、マルクス・レーニン主義を前面に掲げるソ連の理論業績のうち九九パーセントは、そのような烙印を押されて葬り去られてもおかしくなかった[53]。ゴルバチョフがソ連の最高指導者となって一カ月も経たないころ、ムリナーシは次のように述べている。「私たちが話題にしている人物は、書類上の命令よりも自分自身の実体験に重きを置く人物だ[54]」。

モスクワ大学在学中、ゴルバチョフは政治的に重要な出会いを重ねた。そのような出会いについて語ろうとするなら、アナトーリー・ルキヤノフを省くわけにはいかない。当時ゴルバチョフの知遇を得たルキヤノフは、ゴルバチョフがひとたび党書記長に就任すると、政界において重要な役割を果たすことになる。ルキヤノフは、法学部でゴルバチョフの二学年上に在籍していた。卒業は一九五三年である。しかし、二人の進路は重なることが多かった。というのもルキヤノフとゴルバチョフは、大学のコムソモールでしばらくの間、先輩後輩の関係にあったからである。ゴルバチョフとルキヤノフは、仲は良かったが、大学在学中も卒業後も、親友同士だったわけではない。ルキヤノフの娘が語るところによると、家族ぐるみの交際などしていなかったし、ゴルバチョフがルキヤノフ家にやって来ることもなかったという(55)。にもかかわらず、ゴルバチョフは自分がソ連の指導者だった間、昔なじみだったことからルキヤノフを政治的な盟友と見なしていた。実際、ルキヤノフはゴルバチョフ政権末期まで、ゴルバチョフの盟友であった。しかし八月クーデターの一年か二年前には、次第に信頼性に欠ける盟友となっていた。一九九一年八月、ルキヤノフはゴルバチョフ支持の姿勢をかたくなに拒み、よりによってその火急の時に、クーデターの共犯者かあるいはもっと積極的な首謀者と化したのである。その事実は、ゴルバチョフ大統領にとって強烈な一撃となった。というのもゴルバチョフにしてみれば、政権の座にあった間、政治指導部の要人の中でルキヤノフ以上に付き合いの長い人物は見当たらず、絶大な信頼を寄せていたからである。

ライサと知り合う

モスクワ大学在学中の出会いで特に重要だったのは、ライサ・マクシモヴナ・チトレンコとの出会いである。ゴルバチョフがライサと初めて出会ったのは、前述のとおり、一九五一年のことである。出会いの場は、学生クラブのダンス・パーティーであった。ダンスに誘ったのは、友人のウラジーミル・リーベルマンとユーリー・トピリンであった(56)。ライサは、ウクライナ人の父親とロシア人の母親との間に、一九三二年、南シベリアはアルタイ地方《クライ》のルプツォフスク市で生まれた。のちに弟が二人生まれた(57)。チトレンコ家もゴルバチョフ家と同じように、一九三〇年代にひどい辛酸をなめた。当時は、羽振りの良い農家は富農《クラーク》として扱われていた時代である。ライサの母親の一家は、革命前は土地を所有していなかったにもかかわらず、富農として分類され、家屋と土地を没収された。のちにライサの祖父はトロツキー主義の罪を問われ、逮捕された。祖父はあっけなく「跡形もなく姿を消した」。強制労働収容所で死んだのだと、家族は察した。ライサが一九九一年に思い出を語ったところによると、「祖母は『人民の敵』の妻という汚名を着せられ、悲しみと飢えのために亡くなり」、残された四人の子どもは「運命に翻弄されることになった」[58]。ゴルバチョフ夫妻は一九九三年になって、ようやくライサの祖父の運命を知ることができた。「彼は銃殺刑に処せられたのだった。ほかでもない、クラークであるという罪を着せられて」[59]。

ライサ・チトレンコは、未来の夫であるミハイルより一歳年下だったが、一年早く一九四九年にモスクワ大学に入学を果たした。当時、ライサは十七歳だった。入学した学部は哲学部。卒業したのは一九五四年のことである。ライサの父親は鉄道建設作業に従事していた。だから、ライサの子ども時代、一家は絶えず引越しを繰り返していた。住まいの代わりに、待避線に引き込んだ車両を使っていたこともある。ライサが中等教育を終えたとき、一家はバシキリアに住んでいた。それは、全科目で最高点を取った生徒に金メダルが授与されるようになって二年目のことである。ライサは頻繁に転校を繰り返していたにもかかわらず、金メダルを獲得した。そして、それによって大学入学の資格を得た。卒業証書には、「ソ連の高等教育機関に入学することを認める。入学試験は免除する」と書かれていた[60]。ライサはモスクワ大学を選んだ。そして、未来の夫と同じく、大学入学のために上京してきたとき、初めてソ連の首都とクレムリンを目の当たりにしたのであった。

一九八四年一二月、初めてイギリスを訪問したときのことである。ライサ・ゴルバチョワは、夫妻を空港に出迎えた当局者に向かって、「ホッブズとロックの国に来ることができてうれしい」と語りかけた。挨拶されたほうは、どぎまぎした[61]。ライサは外国訪問するたびに幅広く読書するなど、知的な事前準備を怠らなかった。

ワレーリー・ボルジンという人物がいる。のちに大統領の参謀役を務めるようになりながら、一九九一年八月にゴルバチョフを裏切った男である。ボルジンはずさんな本を書き、その中で、ゴルバチョフ夫妻の一挙手一投足を悪し様に描こうとしているのだが、それにもかかわらず、次のように述べている。外国訪問のスケジュールを聞かされると、「ライサは当該の国に関する本に没頭したものだ。また、その国の映画を鑑賞し、古典を読み、文化を研究し、美術館や展覧会について学ぶのが常だった」[62]。

ライサ・ゴルバチョワは、教えることも楽しく感じるタイプだった。一九六〇年代から七〇年代にかけてスターヴロポリ農業大学で教鞭を執っている[63]。過去の思い出や意見を語る声を録音テープなどで聞くと、ライサの話し方は教室で話をしているような雰囲気である。語り口は、噛んで含めるような感じになることが多い。しかし、ライサの学術的な業績は、斬新《ざんしん》な性格のものであった。かつてソ連では、社会学が学問領域としてほとんど認められていなかった。当時、大部分の社会学的研究は、哲学の看板を掲げておこなわれていた。ところがライサは、スターヴロポリの農民の生活様式を対象として実証的な社会学的調査をおこない、学位（西側のPh D.に相当）を授与されたのである。ゴルバチョフ夫妻はスターヴロポリに一九五五年から一九七八年にかけて住んでいた。ライサが研究をおこなったのは一九六〇年代のことである。それは、本当に文字通りのフィールドワークを含んでいた。ライサは、ソ連の農場の果てしなく広がるぬかるみを横断することがよくあった。そうしないことには、農家の戸口にたどり着くことも、そこの住人にインタビューすることもできなかったからである。ちなみに、徒歩で行くこともあったし、オートバイに乗って行くこともあった[64]。ライサは当時の研究を、「人間の顔をした社会学」と評している。ここで言う人間とは、非常に多岐にわたる問題に関してライサがインタビューした何百人もの田舎の人々のことである。ライサは、「私たちの数知れぬ苦難と、無批判に受け入れられている多数の所説と既成概念の本質的な疑わしさを理解するようになった」[65]。

ライサと夫との関係は、知と情の両面において密接だった。これほど密接な夫婦関係は滅多にない。だから、ライサが自分自身の専門の仕事を持って、マルクス・レーニン主義理論と現実との間のギャップに次第に気づくようになったことにより、ゴルバチョフの仕事は厚みを増した。また、理論と現実の落差にたいする意識も高まった。ライサが学位論文に取り組んでいたとき、ゴルバチョフ自身はスターヴロポリ市の党機関を昇進中であった。ところが一九七〇年、ゴルバチョフはスターヴロポリ地方《クライ》全体の第一書記となった。同地方は主として農業地域である。辺鄙《へんぴ》なスターヴロポリの社会状況と世論を対象とするライサの研究は、この時からゴルバチョフに直接関係するようになった。[66]

ライサ・ゴルバチョワは論文を単行本に仕立て、一九六九年、『集団農場の農民の生活様式――社会学的研究』と題して出版した。[67] 論文が完成したのは、出版の一年前。当時、ソ連指導部は「プラハの春」に極度の警戒感をもって臨み、異端狩りをおこなっていた。客観的な社会調査にとっては、都合の良い時期ではなかった。手稿が印刷所に回されたのは一九六八年一一月一八日。ソ連軍がチェコスロヴァキアに侵攻して約三カ月後のことであった。[68] その本には、モスクワに衝撃の波を走らせるようなところはなかった。だがそれは、単なる弁証論の寄せ集めではなく、堅実な社会的研究をまとめた本であった。ライサは革命前の文盲率と、現代の高い識字率との比較をおこなった。それは、常套的であった。にもかかわらずライサは、大事なことを発見し、しっかり記録に残した。調査した村の一つで、文盲の家庭が三・二パーセントに上ったのである。[69] ライサは、地方では基本的な生活施設が欠如していること、また都市と農村の間の格差が広がり続けていることに関して、言わずにはおれない批判がたくさんあった。[70] 時代の慣行に従って、ライサは、新たなソビエト型の伝統と習慣を確立することの重要性を強調したが、その一方で、宗教的祭日を祝う風習が現実にはかなり残っているということを指摘した。[71]

ライサの本の中で特に人目を惹くのは、男女間の不平等を論じた部分である。丸々一つの節が、「男女平等への道について」と題されている。[72] ライサはソ連の著名な社会学者ボリス・グルシンとその後輩格のワレンチン・チーキンを俎上に載せている。グルシンは、本書第一章で既述したように、現在はモスクワで自分の興した世論調査センターの所長となっている。チーキンは二〇年後、ソヴェツカヤ・ロシア紙の編集長として、守旧派の共産主義者の観点からゴルバチョフを手厳しく批判することになる。ライサがグルシンとチーキンを批判したのは、両人が一九六二年に出版した本の中で、ソ連では持参金の慣行が「稀になった」と論じていたからである。「そうではない！」と、ライサは前置きし、さらに次のように言葉を継いだ。「調査した二八九の若い家庭のうち、結婚に際して持参金が支払われたケースは二〇六に及ぶ」。ライサは同時に、持参金という現象の意味が変化をきたしており、結婚相手を選ぶ際に特段の役割を果たしていないとも指摘している。[73]

ライサは後年、一九八四年の訪英を始めとする外国訪問には必ず夫に随行した（訪英の際には、同行の許可はコンスタンチン・チェルネンコ党書記長に出してもらわなければならなかった）。国内旅行の場合も大抵はライサが同行した。要人が夫人同伴で旅行することは、ソ連の習慣に反していた。だからこれは、ロシア国内では大いに批判を招いた。しかし、国外では歓迎された。ゴルバチョフにしてみれば、「万事成り行きどおり」にしているだけだった。もっとも、後年本人が述べたように、「教育のあるエネルギッシュな妻」に同行してもらう党書記長が出てきたということは、ペレストロイカに加えて、「第二の革命」であった。鋭い反応を招いたという点でどちらに軍配が上がるのか、ゴルバチョフには分からなかった。[74] 夫婦同伴の旅行は、何を意味していたであろうか。一方では、ゴルバチョフ夫妻の関係が緊密だったことを示している。他方、ゴルバチョフの政治スタイルに見られる強烈な西欧志向の要素が、早い段階で現れたということでもあった。指導者が配偶者を連れて旅行することは、西側の尺度に照らすなら何の不思議もない。それが奇妙なことに感じられるのは、ソ連の尺度に照らしたときだけである。

ソ連の新聞・雑誌の編集者たちのインタビュー（一九九一年九月に『イズヴェスチヤ』紙に掲載）で、ゴルバチョフは、妻は自分の体験を分析する能力のある人だと評している。ゴルバチョフはまた、アメリカNBC放送のトム・ブローコーにインタビューされたこと（一九八七年末）を念頭に置いて、次のように述べている。何年か前、どのような事柄が夫婦の話題になるのかと尋ねられた折、「あらゆる事柄が」と答えて「大勢の人々を仰天させたことがある」。[75] 実際、ソ連のエリート層の驚きは大きかった。そのため、このインタビューがソ連国内で放映され、またプラウダ紙に掲載されたとき、ブローコーの質問とゴルバチョフの回答のうち、一部分は要注意と見なされ省略された。一言述べておくべきは、ソ連のテレビも新聞・雑誌も、事の本質は報道したということである。時代が変化する予兆は、すでにここに見えていた。たとえばブローコーが、ゴルバチョフの行き先には必ずライサが同行するという事実に言及し、公的活動についてはどのような問題を夫人と話し合うのかと尋ねたとき、ゴルバチョフの「あらゆる事柄を」という答えは、ソ連のテレビとラジオで放送され、プラウダ紙にも掲載された[76]。ただしブローコーは右のインタビューにおいて、重ねて尋ねている。「最高レベルのソ連の問題に関してもですか」と。それに対するゴルバチョフの答えは、こうだった。「ご質問全体にすでにお答えしたと思う。妻との間では、あらゆる問題が話題となるということです」。インタビューのこの部分は、ソ連国内の報道では省略された。もっとも、英語版『モスクワ・ワールド・サービス』誌はこの部分も伝えたが[77]。

スターリンの死

ゴルバチョフにとって、大学時代は重要だった。人との出合いと教育に恵まれたからである。なにしろ、出合った人々のうちのひとりは、終生のパートナーとなったほどである。だが、ゴルバチョフの大学時代が重要性を帯びた理由は、ほかにもある。それは、スターリンが死んだとき、ゴルバチョフの大学生活がちょうど折り返し点を過ぎた時期だったということである。政治的解放感がいくらか広がった。首都モスクワでは、そのような雰囲気がソ連のほかの地域に先駆けて学生の間に浸透し始めた。ズデネク・ムリナーシは一九八〇年に出版した本[78]の中で、スターリンが死んだ一九五三年三月以降一九五五年までの間に、モスクワ大学の雰囲気がどのように変化したかを記している（ただしムリナーシは、同書の中でゴルバチョフに言及していない）。ムリナーシは次のように悟ったという。「個人的に知り合いになった一般のソ連市民ですら、ソ連におけるスターリン体制の粛清の真相に関して予想外に多くのことを感じているし、また知っている。スターリンの存命中、私はソ連市民の言動から判断して、粛清に関する彼らの知識は少ないと推測していた。一九五四〜五五年になると、そのような事柄はしだいにあけすけに語られるようになった[79]」。一九五五年にプラハに戻ったときムリナーシは、「最近のモスクワよりプラハのほうが、人々の抱いている不安感が大きい」ということを知った。モスクワでは、人々は仲間内で自由に話すようになり始めていた。政治的雰囲気は、「緩慢ながら非常に実体的な、水面下の動きに影響されて」変化しつつあった[80]。

初期のポスト・スターリン時代は、文化的活動が息を吹き返し始めた時代でもあった。この時代は、一九五四年に出版されたイリヤ・エレンブルグの小説『雪どけ』にちなんで、雪どけの時代と呼ばれるようになった。ゴルバチョフは、演劇や詩の朗読会などモスクワの文化を初めて体験した。手ほどきしてくれたのは、多くの場合、妻であった。ライサのこの方面の知識は、ゴルバチョフのそれを上回っていた（もっともゴルバチョフも、小中学校時代はアマチュア演劇に熱中していたのであるが）。ほかでもない、ゴルバチョフが大学に通っていた時代に、若きエヴゲーニー・エフトゥシェンコやベーラ・アハマドゥーリナの作品が初めて出版され、特に若い読者から大喝采を浴びたのである。

ソ連の典型的な官僚の言動や政治スタイルに対して、ゴルバチョフは悲観的な見方をしていた。一九五三年のこと、ゴルバチョフは夏休みを丸々返上して、出身地であるスターヴロポリ地方・クラスノグヴァルデイスクの検察事務所で働いた。結婚する数カ月前にライサ・チトレンコに書き送った手紙の中で、ゴルバチョフは自分の環境を「うんざりする」と評している。それは特に、「地方のお偉方の生活態度」のことである。ゴルバチョフがことに嫌ったのは、「前例しか受け入れないという慣行、万事が事前に決まっていて服従を強いられること、役人が露骨に横柄な態度を示すこと、また尊大《ひ》であること」などであった。ゴルバチョフは次のように言葉を継いでいる。「地方のお偉方を見てごらん。目を惹くものなんて、何もありはしない。太鼓腹は別として[81]」。

スターヴロポリでの歳月

大学を卒業するとゴルバチョフは生まれ故郷に戻った。今度の行き先はスターヴロポリ市であった。実は一九五五年三月、法学部の卒業予定者一二名がモスクワのソ連検察庁（起訴をおこなったり、当局の行為に違法性がないかをチェックしたりする機関）の本部に勤務するために選抜されており、ゴルバチョフはその中に入っていた。それら卒業予定者に与えられた任務は、KGBそのほかの治安機関を監督することであった。しかし、同年五月の政府令により、若手の専門家をそのような部門の国家機関で働かせることは禁じられた。ゴルバチョフによれば、表向きは、「一九三〇年代の弾圧行為の実行役として若者に行き過ぎがあったから」という説明だったという[82]。

検察本部への配属が立ち消えになったことは、ゴルバチョフにとっても、またゴルバチョフのその後の知的、政治的成長にとっても、ほぼ間違いなく幸運なことだった。だが、法学部卒の肩書きと、夏休みに検察に実習に行った経験があったことから、ゴルバチョフの最初の仕事はやはり検察関係になった。具体的には、スターヴロポリ地方検察局に就職することになった。その仕事が好きになれないと判断するまでに、長い時間はかからなかった。在職わずか一〇日にして、ゴルバチョフは妻ライサ宛ての手紙の中で、「検察局勤務は私には向いていない」と書いている[83]。ちなみにライサは、このときまだモスクワにいて、スターヴロポリには少し遅れてやって来た。ゴルバチョフは、地元のコムソモールの知り合いのうち何人かと面会した。そして、大学入学前と入学後のいずれにおいてもコムソモールで働いた経験があることを買われ、スターヴロポリ地方コムソモールの宣伝・煽動部の次長のポストを打診された[84]。

鞍替えは、必ずしもスムーズにはいかなかった。同意を取り付けるためにゴルバチョフは、「スターヴロポリ地方検察官と長時間にわたる不愉快な話し合い」をした。ちなみに、ゴルバチョフはのちにその人物と親しい関係を築くことになる[85]。地方検察当局との間でさらに話し合いを進めたあと、ゴルバチョフは妻に手紙を書いた。「四の五の小言をもらったあと、ようやく検察の仕事を辞めて地方コムソモールに移ることで話がついた[86]」。

ゴルバチョフの政治家としての資質

こうして一九五五年、ゴルバチョフは専従の政治家として人生を歩み始めた。フルシチョフ時代、コムソモールは官僚政治の入門の場となっていた。そればかりではない。ゴルバチョフのようにイデオロギーと宣伝に専念する当局者にとっては、人前で演説をしたり、説得の技術を身に付けたりする場ともなっていた。それは、政治家としてのゴルバチョフの見習い期間であった。後年、ゴルバチョフが西側の一般大衆に与えた印象は、西側の政治家たちよりも鮮烈だった。西側の政治家は、生まれたときから政治的多元主義の経験を積むという利点にたっぷり恵まれているのであるが。コムソモールはフルシチョフ時代になってからも、政治養成所として大勢の鈍重なソ連官僚を生み出していた。だから、コムソモールにおける仕事の性質そのものよりも重要だったのは、ゴルバチョフが政治の世界に足を踏み入れたときに備えていた才能である。ついでに言うと、ゴルバチョフの才能は、モスクワ大学在学中に一段と鍛えられ、磨かれていた。

相対的に自由な政治体制において政治家として成功を収めようかと思えば、それなりの技術と資質が必要である。しかしそれは、高度に権威主義的な政治体制において必要とされるものとは異なっている。いずれの体制においても世論に対する敏感さは必要であるが、必要とされる敏感さの度合いは違っている。討論の技術と人前で演説をする能力一般は、民主主義国では明らかに重要である。しかしそれは、改革前のソビエト体制においては、さほど重きを置かれていなかった。もしそれが重視されていたら、ブレジネフやチェルネンコのような政治家は、トップの座に上り詰めることは決してなかったろう。ところがゴルバチョフは、そのような才能に恵まれていたのである。しかも、ふんだんに。だから、多元的な政治体制の国に生まれていたら、ゴルバチョフはその国で成功を収めたはずである。しかし人生の半ばをすぎるまで、ゴルバチョフは話術の才能を眠らせておくしかなかった。遺憾なくそれを発揮するようになったのは、ようやく一九八〇年代後半になってからである。とはいえ、権威主義的体制においても多元主義的体制においても、いくつかの属性は政治家にとって、同じように価値がある。たとえば、知性であるとか、物の見方や気性の違う人々と折り合いをつける能力、そして運の良さである。この三点をその順に見てみよう。

アンドレイ・サハロフの見方を紹介しよう。サハロフは、ソ連最大の科学者である。同時に、ソ連でもっとも著名な反体制活動家である。サハロフは、右に掲げた資質のうち最初のもの、すなわち知性をかなり厳格に判定する人物であった。そう推定しても差し支えあるまい。サハロフは一九八〇年一月、ゴーリキー市に流刑になった。一九八五年になっても、まだゴーリキーから出ることを許されず、病院に押し込められていた。そのころ、テレビに登場し始めたころのゴルバチョフを見かけ、サハロフは同じ病室に入院していた人々に向かって言った。「ソ連は、どうやら運が良いらしい。なにしろ、知的な指導者に恵まれたのだから」[87]。一九八八年、ゴルバチョフと差し向かいで話し合いをするために初めて会ったとき、サハロフは最初のゴルバチョフ評を変えなかった。ゴルバチョフに対する今度の評価はこうだった。「知的で冷静沈着、そして討論に際しては頭の回転が速い」[88]。

アメリカ・カナダ研究所の所長ゲオルギー・アルバートフは、一九七〇年代後半に初めてゴルバチョフと顔を合わせている。アルバートフはゴルバチョフを次のような人物と見た。「聡明で、気配りができる。新しい考え方に対して貪欲である」[89]。アルカージー・シェフチェンコのゴルバチョフ評はどうだったろうか。シェフチェンコはのちにアメリカに亡命する人物である。ちなみに、西側に亡命したソ連外交官の中では最も位が高い。シェフチェンコは亡命の一年前、キスロヴォツクで休暇を過ごしていたときゴルバチョフと出会っている。そして、ソ連共産党書記長に昇進する前のゴルバチョフを次のように評している。ゴルバチョフは「知的である」と同時に「偏見にとらわれない」

人物である。[90] ゴルバチョフがソ連の最高指導者に就任する前も後も、ゴルバチョフの対談相手で、似たような観察をしている人は数多い。ところが西側のソ連研究者の中には、ゴルバチョフを「ノーメンクラトゥーラ・システムの生み出した真ん中よりやや上の人物にすぎない」と好んで評する連中もいたのである。[91]

右に述べた第二の資質が意味するのは、人間関係を築く能力である。しかも相手は、さまざまな個性の持ち主や、政治的見解が大きく異なる人々であった。ゴルバチョフは政権の座にあった間、国際舞台でそのような能力を発揮した。当時、ゴルバチョフが見事な個人的関係を築いた相手には、ウィリー・ブラント、フランソワ・ミッテラン、フェリペ・ゴンサレスのような傑出した社会民主主義者がいた。そればかりではない。驚くなかれ、西側の指導的な保守的政治家、すなわちヘルムート・コール、マーガレット・サッチャー、さらにはロナルド・レーガンすらいたのである。国外においてもそうだったのだから、国内に関してはさして驚くに当たらない。ゴルバチョフは一九八五年以前、ソ連共産党内の政治分布図に広く分散しているさまざまな政治家から、支持と共感をかち得ていた。その中には、実力者ミハイル・スースロフに代表される党内の保守派もあれば、保守派にくらべて改革志向の強いユーリー・アンドロポフもいた。また、どちらかと言えば民主派に属するエドアルト・シェワルナゼやアレクサンドル・ヤコヴレフもいた。それらの政治家とゴルバチョフとの関係については後述する。最後に挙げたシェワルナゼとヤコヴレフについては、特に紙幅を割くことにする。というのもこの二人は、ゴルバチョフが党書記長に就任すると、鍵を握る盟友となるからである。

スターヴロポリの地の利

右に挙げた三番目の要素すなわち幸運は、主としてゴルバチョフの活動の場のことである。ゴルバチョフの生まれ故郷はスターヴロポリである。ライサによると、ゴルバチョフが一九五五年にモスクワからスターヴロポリへ戻ったのは、本人の意志によるものだという。そのスターヴロポリは、ロシア屈指の地味豊かな農業地帯である。一九七〇年代にスターヴロポリ地方党の第一書記だったゴルバチョフにとって、十分な収穫高を達成することは比較的たやすいことであった。ほかの地域であったら、そのような収穫は望めなかったであろう。

もっと重要なことがある。それはスターヴロポリが温泉地であって、共産党政治局員のメンバーが事あるごとに保養にやってきたということである。ゴルバチョフは、地方党の第一書記としてそれらの要人を出迎える義務があった。それはまた、要人たちに好印象を与える機会ともなった。

ブレジネフ期の大部分についても、ゴルバチョフにとってはスターヴロポリのほうがモスクワよりもメリットが大きかった。なぜなら、もしソ連の首都でコムソモールと党の官僚機構の出世の階段をはい上がっていたなら、個性の独立を保つことは難しかったに違いないからである。ソ連では、ものの考え方や公式の場での発言などは、公式路線に合わせなければならなかった。そして、その方向に向けた日常的な圧力は、スターヴロポリよりもモスクワのほうが大きかったはずである。したがってゴルバチョフは、もしモスクワにいたら実生活から切り離されていただろう。スターヴロポリでも多少は、そのような実生活からの遊離を甘受していたわけではあるが。

スターヴロポリ地方でのコムソモールおよび党におけるゴルバチョフの昇進は、当時の基準に照らすなら急速であった。ブレジネフ時代は、「人事の安定性」が良いこととされていた時代である。ブレジネフは現状維持を固め、厄介な決定を先延ばしするのが常であった。それは疑いなく、ソ連にとって望ましくないことだった。だが、老齢化する官僚層にとっては、これほど願わしいこともなかった。ブレジネフは高級官僚に対して、首を切らないと保障した。スターリンが圧制のもとで人命をおびやかし、フルシチョフが組織再編を強行し失業の不安をかもし出したあとだけに、ブレジネフは党および政府の官僚機構にとって、この上なく快適な最高指導者に感じられた。古参の官僚《アパラチキ》がブレジネフ時代に対して抱く郷愁の念は、ペレストロイカが始まると、年々強まっていった。

ゴルバチョフがフルシチョフとブレジネフのもとで果たした昇進は、一九三〇年代であったら、さほど速いとは見なされなかったであろう。そのころは粛清される人が多く、したがって埋めるべきポストも多かったのである。とはいえ、ゴルバチョフがヒエラルキーを上っていったスピードは、ポスト・スターリン時代としては、異例の速さであった。初めてコムソモール勤務に就いてから一年後の一九五六年、ゴルバチョフはスターヴロポリ市のコムソモール第一書記に任命された。当時ゴルバチョフは二十五歳であった。ゴルバチョフは二年間このポストにとどまった。そして一九五八年になると、スターヴロポリ地方の第二書記に、そしてすぐに第一書記へと昇進した。[92] 党機関におけるゴルバチョフの経歴は一九六二年に始まる。ゴルバチョフはスターヴロポリ地方全体のコムソモールの指導者だったので、同地方の党第一書記との連絡は頻繁かつ緊密であった。

当時このポストにあったのは、ゴルバチョフにとって幸運なことに、まだ上昇気流に乗っていたフョードル・クラコフである。クラコフは一九六〇年以来スターヴロポリ地方の党第一書記を務めていた。そして一九六四年までそのポストにとどまる。そして同年、フルシチョフが更迭されてその後釜にブレジネフが座ると、クラコフはモスクワの党中央委員会農業部の部長に昇進した。のちにクラコフは党中央委員会書記になり（一九六五年）、一九七一年には政治局員になった。それは、ゴルバチョフにとっては何よりも、初めて要路に友人ができたということを意味していた。

クラコフの引きで党機構入りしたことにより、ゴルバチョフの党活動歴が始まった。それは、一九九一年八月ゴルバチョフのソ連共産党書記長辞任をもって、ようやく正式に終わった。ゴルバチョフは党における最初の職務として、スターヴロポリ地方の集団農場《コルホーズ》と国営農場《ソフホーズ》の管理局の運営を任された。農場管理局は、フルシチョフの組織再編によって創設された機関である。そこを足場にしてゴルバチョフは、一九六三年、地方党委員会の党機関部の部長に異動した。それは、人事政策一般と配下の当局者の昇任人事を任されたということである。ゴルバチョフの次の昇進は、一九六六年であった。当時三十五歳にすぎなかったゴルバチョフは、スターヴロポリ市の第一書記になった。

ところで、前述したように、クラコフが上昇気流に乗った党高官だったことは、ゴルバチョフのその後の昇進にとって有利であった。それとちょうど同じように、クラコフの後任が落ち目の人物だったことも、（市党第一書記の地位に上ってくるころには）有利な材料となった。フルシチョフ時代の党政治局員候補に、レオニード・エフレモフという人物がいた。エフレモフは一九六四年、モスクワからスターヴロポリに送られてきた。それは明らかに、新たに発足したブレジネフ政権の中で支持を失っているということを示していた。もっともエフレモフは、スターヴロポリでは大いに尊敬されていたように見えるのであるが[93]。一九六八年、ゴルバチョフは市党委員会の指導部からスターヴロポリ地方党の第二書記に転出した。そのとき、ゴルバチョフがエフレモフのポストを引き継ぐための準備に入ったということは、明らかだったはずである[94]。この昇任人事は、予想どおりにおこなわれた。それは一九七〇年のことで、このときゴルバチョフは三十九歳であった。重要な地域の党第一書記には、党中央委員のポストが与えられていた。ゴルバチョフも、一九七一年に開催された第二四回党大会において党中央委員となった。このときゴルバチョフは四十歳と一カ月であった。

フルシチョフの非スターリン化

ゴルバチョフがスターヴロポリに戻ってから、同地方の最大の権力者になるまでの一五年間は、ソ連政治全体を見渡してみると、波乱に満ちた時期であった。決定的に重要だったのは、フルシチョフが着手した非スターリン化である。一九五六年初めの第二〇回共産党大会で、フルシチョフがいわゆる「秘密報告」をおこなった。それは当時、党の各種会合において読み上げられた。しかし、コピーがすぐさま出回る西側とは対照的に、ソ連で秘密報告が出版されたのは、ゴルバチョフ自身が党書記長になってからである。フルシチョフ秘密報告は、ゴルバチョフと同じ世代の党員に甚大な影響を与えた。ゴルバチョフはスターヴロポリ地方党委員会のメンバーだったので、平党員よりはフルシチョフ秘密報告を実際に読む機会に恵まれていた。以下、ゴルバチョフ自身の言葉を引用してみよう。

> フルシチョフのスターリン批判を内容とする文書は、短期間、党内で回覧され、そのあと回収された。しかし私は、それを入手した。私は衝撃を受けた。困惑し、茫然となった。それは分析ではなくて、事実そのものだった。しかも、身の毛のよだつような。多くの者は、そのような事柄が真実だとはとても信じられないと思った。私の場合、信じられないことはなかった。家族が一九三〇年代の弾圧の犠牲になっていたからである。(95)

フルシチョフのスターリン批判は、あまりにも由々しい事柄であった。年配の党員で、スターリン批判を受け入れられないと思った人は少なくない。しかし、それより教育水準が高くて若い世代の人々（一九五六年時点で、十代の終わりから二十代の初めだった人々）にとって、それは重大な転機となった。ソ連ではのちに、この政治的世代を評するのに「第二〇回党大会の子ども」というフレーズがよく使われるようになった。彼らの反スターリン主義的な物の見方は、一九五六年から一九六〇年代初めにかけて形成された。というのも一九六一年の第二二回党大会で、フルシチョフがふたたびスターリン批判をおこなったからである。しかも、このときは公開の場で。

「第二〇回党大会の子ども」と同じ意味で、「六〇年代人」という言い方をすることもある。(96) 一九五六年の第二〇回共産党大会は、六〇年代人が考え方を改める出発点となったのにたいし、一九六〇年代になると、彼らは体制を本格的に改革することを願った。しかしそのような希望は、打ち砕かれる運命にあった。

彼らを一九六〇年代の月刊『新世界《ノーヴィ・ミール》』誌の読者と同一視することも可能である。というのも一九六〇年代は、同誌が民主的で人道的な社会主義の孤塁《こるい》を守っていた時代だからである。当時そのほかの雑誌やマスメディアにおいては、守旧的な共産主義、さらにはネオ・スターリン主義の傾向を帯びた見解が幅を利かせていた。それに対して、反スターリン主義を奉じ共産主義体制の改革可能性を信じることは、六〇年代人に共通する価値観の一部となっていた。もっとも六〇年代人のうち少なからぬ人々が一九八〇年代の末までに、共産主義体制の改革が可能であるという確信を修正するかまたは全面的に放棄するに至った。一九六〇年代、同誌はアレクサンドル・トワルドフスキー編集長の絶妙の手腕によって導かれていた。読者と執筆者は一九六八年、チェコスロヴァキアで起こりつつあった変化によって大いに勇気づけられた。だが、同年八月にソ連が軍事介入すると、「プラハの春」に終止符が打たれた。それは、ノーヴィ・ミールの読者と編集者の意欲に対する手痛い一撃となった。一九六〇年代は六〇年代人にとって、惨めな終わりを迎えた。トワルドフスキーは編集局から解任され、ノーヴィ・ミールの編集局は解散の憂き目に遭った。

ゴルバチョフ夫妻は、一九六〇年代のモスクワとレニングラードにおける文化的興奮と奮闘から、地理的には遠く離れたところにいた。だが、知的な意味ではつながりをもっていた。一九六〇年代から七〇年代にかけて、スターヴロポリにおける夫妻の読書量はおびただしいものであった。読んでいた書籍の中には、トワルドフスキーのノーヴィ・ミールや、六〇年代人の書いた著書一般、それにアレクサンドル・ソルジェニーツィンの公刊本などもあった。[97] 一九九一年末、自分を六〇年代人の一員と感じるかと質問されたとき、ゴルバチョフはあっさり「その通り」と答えている。[98]

ゴルバチョフが代表として出席した最初の党大会は、第二二回党大会（一九六一年）である。このときフルシチョフは、一九五六年に初めておこなったスターリン批判をさらに詳しく展開した。同大会でフルシチョフは、新しい党綱領を提起した。それは控えめに言っても、楽観的すぎる代物だった。なにしろ、ソ連が数年のうちに西側諸国に経済的に追いつくことを想定し、次のように述べていた。（社会主義ではなく）「共産主義」は次の二〇年のうちに——つまり、一九八〇年ごろに——「おおむね」完成するだろう、と。当時三十歳の誕生日を迎える直前だったゴルバチョフは、大会に代表として出席していた。そして、これらの宣言を聞き、真に受けた。ゴルバチョフはのちに、新党綱領をユートピア的だと評した。コンスタンチン・チェルネンコの補佐官であるワジム・ペチェネフに向かって、ゴルバチョフは次のように述べた。「今や、万事が明らかになった。もう分かってしまっているのだから、私たちはいつだって堂々たるものだ。（中略）私自身はあの党綱領に一票を投じた。（中略）私たちはあのころ、それを信用していたのだから」[99]。

ゴルバチョフは一九六一年の党大会で生身のフルシチョフを目の当たりにして強い印象を受けたわけだが、それ以前にもそのような経験がなかったわけではない。以前、フルシチョフが演説するのを聞いたことがあった。それは、一九五八年にモスクワで開催された第一三回コムソモール大会でのことである。当時、妻に書き送った手紙の中で、ゴルバチョフは次のように述べている。私は「自分の苦悩、苦闘、緊張がことごとく正当なものだったことを立証してくれるもの」を一九五八年のコムソモール大会において見出した[100]。

フルシチョフは、スターリンの犯罪のうち少なくとも一部のものを暴露した。大きな衝撃が走ったのは、モスクワの知識人の間であった。農村での衝撃はさほどではなかった。ライサ・ゴルバチョワの勤務先（スターヴロポリ農業大学哲先学部）の同僚で、ゴルバチョフ夫妻と友だちづきあいをするようになったある人物は、次のように語っている。「スターリンについてミハイルと長々と話し込んだのが、私たちが親しくなったきっかけだった。第二〇回党大会のあとになってからも（中略）農村ではスターリンを非難する人は比較的少なかった。私は、その少数派の一人だった。なぜなら、スターリンの政治の帰結を直接目撃した経験があったから。私の母は一九三七年に逮捕された[101]」。

海外旅行の経験

ゴルバチョフのスターヴロポリ時代を彩るもう一つの特徴は、海外旅行である。その点に照らすと、ゴルバチョフにくらべて大方の同輩格の地域指導者の影は薄い。海外旅行はまた、ゴルバチョフの後々の政治意識に痕跡を残すものでもあった。海外旅行のうち、さほど驚くにはあたらないのは、ほかの共産主義国への旅行である。というのも、地域の党当局者を何人かソ連の代表団に加えることは、慣行となっていたからである。その種の代表派遣で、ゴルバチョフに自分の意見の自己検閲を強いた可能性のあるものとしては、プラハ訪問団がある。ゴルバチョフがそれに参加したのは、一九六九年の末であるが[102]、ゴルバチョフは、当時のソ連マスメディアの伝える、事件のゆがんだイメージを幾分受け入れていたように見える。一九九二年一二月のインタビューでゴルバチョフは、一九六九年の外遊について「心が痛む」と述べ、次のように言葉を継いでいる。「実際に起こっていることに関して、ごくわずかの情報しか与えられていなかった」[103]。のちにゴルバチョフは次のように書いている。プラハ訪問団は、ソ連の内政干渉にたいするチェコスロヴァキア国民の憤慨を実感した。「落ち着かないもの」を感じたというような表現をするなら、それは控えめに過ぎるであろう――[104]。

ちなみに当時、トムスク州党委員会の第一書記だったエゴール・リガチョフも、プラハ訪問団に加わっていた。ゴルバチョフとリガチョフの親交は、それをきっかけとして始まった[105]。

ズデネク・ムリナーシは、チェコスロヴァキアを初めて訪問したゴルバチョフと面会していない。というのもそのころすでに、ソ連の侵入のあおりを受けて、チェコスロヴァキア共産党から除名されていたからである。したがって、ソ連の公式訪問団のメンバーに面会する手立てがなかったのである。しかしプラハの春の前、ムリナーシはロシアを訪問し、その際、スターヴロポリのゴルバチョフ家で二日過ごしている。それは、一九六七年のことである。このときムリナーシは、ほかの話題もさることながら、特に、チェコスロヴァキア共産党の改革派が国内に近々導入したいと考えている変化を話題にした。ゴルバチョフはムリナーシの語る理念に共鳴した。ムリナーシが書き記しているところによると、二人はそれらの理念を「相互理解を以って」話し合ったという。ゴルバチョフが共感を示したのは、「ソ連の共和国や州にもっと自治と責任を与えることに賛成して」いたからである。また、それと同様に、「他国にそれぞれ独自の発展の道を進む機会を与える」ことを支持していたからである[106]。

ゴルバチョフはこのような異端の考えを押し殺し、プラハの春に反対するブレジネフ指導部の路線に表面上従うことを迫られた。さもなければ、党機構内部で生き残ることはできなかった。一九六九年のチェコスロヴァキア訪問までに、ゴルバチョフに対するそのような圧力は、一層強くなっていたであろう。というのも、一九六七年のムリナーシのスターヴロポリ訪問がその後、KGBの注意を惹いたからである。その結果一九六八年には、一九五〇年代にモスクワ大学法学部でゴルバチョフとムリナーシのクラスメートだった人々が多数、二人の間柄について訊問を受けるに至った。(107)

海外旅行が重要だったのは、外国を見る機会になっていただけではなく、人脈を築くチャンスにもなっていたからである。たとえばゴルバチョフとリガチョフは、プラハで一緒に経験を積んで以来、長年にわたって互いに友好と協力を深めた。ゴルバチョフのほうが先に党のヒエラルキーの高みに到達したことを念頭に置くなら、二人の結びつきはゴルバチョフよりもリガチョフにとって有利だったかもしれない。しかし、精力的なリガチョフの支持を得れば党の運営が円滑に進められるという意味で、ゴルバチョフにもはっきりとしたメリットがあった。アンドロポフが党書記長の座に就いて以降、リガチョフが最高指導チーム入りしてゴルバチョフと手を握るまでの間、このような縁故はどのように機能していたであろうか。以下、リガチョフによる有益な描写を引用しよう。

それ（つまり、チェコスロヴァキア訪問で偶然知り合いになって）以来、党中央委員会総会や党大会が開催されると、地域の党指導者が全員モスクワに集合する関係で、私たちは親しく話をかわし、意見を交換した。話題は、個人的なものもあれば一般的なものもあった。ゴルバチョフが党中央委員会書記になり、さらに政治局員になったとき、（中略）私はかれのもとを頻繁に訪れるようになった。ブレジネフ率いる最高指導部の習慣を踏まえるなら、当時、夜遅く執務室でつかまえられそうな政治局員は、ゴルバチョフのほかにはいなかった。(108)

モスクワから遠く離れた土地にいる党の野心家たちは、代表派遣の際の出会いを通じ、相互に接触する範囲を広げたものだ。ゴルバチョフ自身、ひとたび最高指導チーム入りすると、かつて海外派遣を通じて——あるいは、その準備の過程で——初めて知り合った人々を縁の下の力持ちとして利用した。特に党書記長になって以来、そのような傾向を強めた。

ゴルバチョフにとってありがたくない面もあったリガチョフを別として、そのような重要な例としては、一九八六年と一九八八年にそれぞれゴルバチョフの補佐官となった二人の人物がいる。それは、アナトーリー・チェルニャーエフとゲオルギー・シャフナザロフである。チェルニャーエフが初めてゴルバチョフに出会ったのは、一九七二年、二人がベルギー訪問（および短期間ではあったがオランダ訪問）に加わったときのことである。[109] 当時チェルニャーエフは党中央委員会国際部の次長であった。チェルニャーエフはこの職務に一九八六年までとどまった。ゴルバチョフはスターヴロポリ地方党委員会の第一書記になって間もないころで、チェルニャーエフによると、生まれ故郷であるスターヴロポリの経済と社会的施設を改善しようと、血気にはやっていたという。[110] 実際、ゴルバチョフはスターヴロポリにおいてなすべきことを説明するのに忙しく、見たところ、西側への最初の訪問をめぐる状況にはほとんど気が回らなかったようである。[111]

シャフナザロフは一九七二年から八六年にかけて、党中央委員会の社会主義諸国部の次長を務めた。一九八六年から八八年にかけては同部第一次長であった。そのシャフナザロフは、東ヨーロッパ訪問の際にゴルバチョフに同行するのが常であった。訪問に先立っておこなわれたブリーフィングにも出席していた。それは、ゴルバチョフが党書記長に就任する前もあとも変わらなかった。[112]

ゴルバチョフの政治的思考にたいする影響という点で特に重要だったのは、西ヨーロッパ外遊である（最初の西側訪問は、恐らく、意外な例外ということになろう）。地域の党書記には珍しいことだが、ゴルバチョフは一九七〇年代、公式ソ連代表団の一員としての外遊のほかに、観光旅行で二度西ヨーロッパを訪れている。ライサ・ゴルバチョワはその回想録の中で、夫に同行して「ソ連の観光旅行客の一団と一緒に」イタリアとフランスを旅行したと語っている。[113]のちにゴルバチョフ夫妻は『パリ・マッチ』のインタビューの中で、一九七八年のフランス旅行の際は、ほかに二組のカップルがいただけで、自動車でフランス中を走り回ったことを明らかにしている。[114]ゴルバチョフ自身、一九八七年のインタビューの中で、一九七〇年代のイタリア訪問について語っている。[115]ゴルバチョフは（妻ライサの回想の中で示された証拠によれば、ライサをともなって）党活動家の一団に加わったのだという。この一団は、休暇を使ってイタリア共産党指導部の招きに応じたのであった。ソ連の招待客は、シチリア、トリノ、フィレンツェを始めさまざまなところを訪れた。[116]ゴルバチョフは、のちに側近に明かしたところによると、ほかならぬそのような海外旅行の際に、資本主義諸国に関するソ連の宣伝と現実との間の食い違いを初めて痛切に感じたという。[117]

一九七〇年代のベルギー、オランダ、イタリア、フランスへの旅行のほかに、ゴルバチョフは一九七五年に初めて西ドイツを訪れている。そのときゴルバチョフは、シュツットガルトで開催されたドイツ共産党大会に出席している。ゴルバチョフはこの機会を利用して、それまで知らなかった西ドイツの一面を見たようである。というのも、その後機会があるたびに、西ドイツ訪問の際にフランクフルト近くのガソリンスタンドの店長とかわした会話に触れるのが常だったからである。[118]

スターヴロポリで得た盟友

一九六〇年代、ゴルバチョフはライサと同じく、最初の学士号以上のものを目指して勉強を続けた。しかし、ライサが学位（Ph.D.に相当）を取ったのにたいし、ゴルバチョフが取得したのは二つ目の学士号であった。それは、モスクワで取った法学の学士号とまったく関係のない分野のものだった。ゴルバチョフは農業に関する専門の知識の向上を目指し、スターヴロポリ農業大学の定時制課程で学士号を取ったのである。同大学は、ライサが教鞭を執っている大学であった。学士号を認定したのは、農学部ではなく経済学部であった。ゴルバチョフが書いた論文は、牛乳生産をテーマとするものであった。[119]

スターヴロポリ農業大学は一九六三年から一九七八年にかけて、非常に有能な学長のもとにあった。学長は、当時としては破天荒な考え方をする人物であった。名前はアレクサンドル・ニコノフ。ロシア人の父親とラトヴィア人の母親の一人息子であった。両世界大戦の間の独立国ラトヴィアで、ロシア語とラトヴィア語のバイリンガルとして育った。ニコノフはゴルバチョフの卒業論文の指導教授でもあった。[120] ニコノフが断言するところによると、ほかの党書記たちは論文を代筆してもらって学術的な資格を取得することが多かったが、それとは違ってゴルバチョフは、人の手を借りずに研究を進め、その過程で自分自身の課題をすべてこなし、その結果として二つ目の学士号を取ったのだという。[121]

ニコノフは党員であり、一九五一年から一九六一年までラトヴィア共和国で農業大臣を務めたが、フルシチョフの農業手法には批判的であった。そして、ラトヴィア党第一書記であるアルヴィード・ペリシェとも衝突した。ペリシェは古参ボリシェヴィキで、一九一八年にチェーカー（KGBの前身）に入り、一九五九年にはラトヴィア党機構を手中に収めた人物である。ニコノフの目には、ペリシェはモスクワの党路線に唯々諾々と追従する「スターリン主義者」に映った。ニコノフは、本人の語るところによると、過度に規模の大きい集団農場に反対したという。過剰反応したペリシェは、ニコノフが「反党グループ」の一員であると非難し、裁判所に提訴すると脅迫するほどだった。[122]

スターヴロポリ行きはニコノフにとって、逃避でもあり降格でもあった。しかしその反面、快適な政治的環境が確保できた。ニコノフがゴルバチョフに初めて出合ったのは、一九六三年のことである。その後両者はよく会った。[123] ニコノフは実践、理論両面の知識を備えていた。特に、一九二〇年代に活躍し一九三〇年代に粛清されたソ連の経済学者のうち、何人かの業績については造詣《ぞうけい》が深かった。そのようなニコノフの知識は、ゴルバチョフにとって価値があった。ゴルバチョフはスターヴロポリの地方党機関に勤務していた間、足しげくニコノフのもとを訪れ、助言を仰いだ。[124]

のちにニコノフは、ゴルバチョフが党書記長になってからモスクワで影響力をふるった。そして、そのときもそれ以前も、農民に独立性と耕作地に対する管理権をもっと与えるべきだとするゴルバチョフの見解を後押ししたように見受けられる。ニコノフの回想によれば、ゴルバチョフもフルシチョフの政策に反対していたという。フルシチョフは小規模の集団農場を統合し、農村に代えて農業都市を創設しようとの構想を抱いていた。そのようなことを実行に移せば、農民はますます自信を失い、自分たちの仕事に対する関心をなくすだろう。ゴルバチョフはそのように見ていた。[125]

ニコノフは一九八〇年代半ばころには、モスクワのレーニン記念全連邦農学アカデミーの総裁になっていた。そして、ゴルバチョフの支援を得て、ソ連の経済学者の名誉回復を図ろうと中心的な役割を果たした。名誉回復の対象となったのは、一九二〇年代に活躍した有能なソ連の経済学者たちである。アレクサンドル・チャヤーノフやニコライ・コンドラチエフなどがそれである。両者とも一九三〇年代に逮捕された。そして、一九三〇年代末に強制労働収容所で死んだ。ニコノフがチャヤーノフの名誉回復を初めて試みたのは一九八六年のことである。しかしそれは、検事総長によってすげなく拒否された。

そこでニコノフは、ある法学者の助けを借りて、チャヤーノフとその仲間の裁判に関する文書を丹念に調査し、彼らにたいする荒唐無稽な告発理由を洗い出し、事実と虚構を区別した。そして、ゴルバチョフに話を持ち込んだ。当時はまだ、政治と司法の権力分立という建前すらなかった時代である。ゴルバチョフの言葉は決定的な意味を持った。

チャヤーノフとコンドラチエフの名誉回復がおこなわれてこなかったのは理に合わないという言い分に、ゴルバチョフはすぐさま同意した。そして、審理を開始すべきだとの指示を出した。一九八七年七月一六日、ソ連最高裁判所の軍事問題参与会は、チャヤーノフらが起訴されるいわれはないと正式に断定し、名誉は完全に回復されたと宣言した。[126]

スターヴロポリ時代からの盟友で、ひとたびゴルバチョフが党の最高指導者となるや高名を馳せることになった人物が、もう一人いる。それはフセヴォロド・ムラホフスキーである。ムラホフスキーはウクライナ人で、一九四四年から一九五〇年にかけてソ連軍に勤務し、一九五四年から一九八五年までの間は、スターヴロポリ地方でコムソモールと党のポストを歴任した。ムラホフスキーは当初、コムソモール機構ではゴルバチョフの上司であった。次いで党機構では、ゴルバチョフの部下となった。一九七八年にゴルバチョフが党中央委員会書記に昇進すると、ムラホフスキーはスターヴロポリ地方党第一書記の職を引き継いだ。ゴルバチョフが党書記長になると、ムラホフスキーは新設の国家農工コンプレックス委員会の議長に任命された。同委員会はしかし、期待にこたえることはできなかった。

ゴルバチョフの農業政策

（スターヴロポリ地方ではなくて）市の党組織の第一書記だったころのゴルバチョフの世界観に関して、興味深い証言がある。証人はムリナーシである。ムリナーシは一九六七年にスターヴロポリのゴルバチョフ家で二日過ごしている。ムリナーシがゴルバチョフに会うのは、フルシチョフ失脚後初めてだった。ムリナーシは一九八五年、その二日間のことを書いている。[127]ゴルバチョフは、チェコスロヴァキア共産党内部の改革派の計画に共感を示した（このことについては、上述した）。

しかも、ムリナーシが書き記しているところによると、ゴルバチョフはフルシチョフの業績を擁護しなかったばかり、逆に不服を唱えたという。ゴルバチョフにとって特に承服できなかったのは、第一に、フルシチョフによる農業管理部門の組織再編であった。第二に、分散化を装いながら、その実、中央主導の政治的キャンペーンや中央からの恣意的な官僚主義的介入が依然として続いているという事実であった。(128)

四半世紀以上経ってから、ゴルバチョフはフルシチョフにたいする評価をくつがえし、次のように力説した。「フルシチョフを理想化するつもりはない。しかし、ニキータ・セルゲーヴィッチのことは高く評価する。自分の周囲にどんな人々がいるか知っていながら誰よりも先にスターリンに対する攻撃を開始する――そのようなことをするには勇気が必要だ(129)」。フルシチョフ生誕百周年に合わせてフルシチョフ評価を試みる会議が開催された。会場はゴルバチョフ財団で、司会はゴルバチョフが務めた。フルシチョフの遺族も出席したその席上、ゴルバチョフは次のように述べた。フルシチョフという人物のことは、当時の「歴史的文脈において」理解しなければならない。フルシチョフは「一般人のために生活水準の向上に向けて最初の一手」を打った。そして、「農民に公民権を返すプロセスを開始した」。何よりもまず、第二〇回共産党大会で劇的な演説をおこない、その中で「市民としての高邁《こうまい》な勇気を奮い起こし」、スターリン主義にたいして最初の一撃を加えた――(130)。

一九七〇年から一九七八年にかけてスターヴロポリ地方の党第一書記を務めていた間、ゴルバチョフは革新的であったが、あくまでも時代の保守的な趨勢の枠を超えない範囲で実利を目指した。ゴルバチョフは、農業におけるいわゆるズヴェノー制を支持した。それは、家族単位の作業班を含め特定のチームや作業集団に大きな自律性を与え、特定の土地を耕作させるという手法を取り込んでいた(131)。ブレジネフに近い人々の中には、これに疑いのまなざしを向ける者もあった。彼らの目には、それは国営農場や集団農場の力を減殺《げんさい》し、家族農業の方向を目指す動きに見えた。確かに、ある意味ではその通りであった。いずれにせよ一九七〇年代においては、そのような主張を活字で唱道することは比較的まれであった。ゴルバチョフ自身が農業担当の党中央委員会書記になってからは、事態が違ってきたが。[132]

ゴルバチョフはまた、スターヴロポリ地方において、新機軸を打ち出そうとする人々にたいして支援を与えた。進取の気性に富むヴィクトル・ポストニコフなどはその一例である（ちなみに、ポストニコフはゴルバチョフと同郷で、プリヴォーリノエの出身である）。ゴルバチョフはポストニコフに、大規模な養鶏場を開設し、しかもそれ専用の販売所をスターヴロポリに店開きする許可を取り付けてやった。ポストニコフは大規模養鶏場のアイデアをアメリカのグラビア雑誌『アメリカ』から得た。同誌はソ連市民向けに発行されていた雑誌で、ソ連国内で定期販売されていた。しかしながら、ゴルバチョフは地方党書記として、ポストニコフの養鶏場やそのほかの事業に自由に独立性を与えられるわけではなかった。それには限度があった。ポストニコフは、次のように語っている。その後、ゴルバチョフが農業担当の党中央委員会書記だった間、足しげく面会に行った。監督官庁の官僚的扱いから自由になり、養鶏場の「経営者兼所有者」になったと実感したのは、特に一九八三年以降のことである。というのもその年、党中央でのゴルバチョフの権力が、アンドロポフのもとで拡大したからだ――[133]。

ゴルバチョフはまた、休閑地の問題をめぐって農業省と対立した。ゴルバチョフは、すべての土地は毎年耕作の対象とすべきであるという当局の主張に反対した。そして、スターヴロポリ地方の土地の一部を毎年休ませるなら、生産性は高くなる、と論じた。[134]

しかしゴルバチョフは、首都の中央委員会ビルから発せられるシグナルにたいして、しかるべき注意を怠らなかった。モスクワでクラコフが着手した伝統的な収穫キャンペーンに、熱心に取り組んだ。クラコフは鳴り物入りの「実験」をおこなう場として、自分がかつて党第一書記を務めたスターヴロポリからイパトフスキー地区を選んだ。同地区は、クラコフの最高会議の選挙区の一部でもあった。クラコフは、ゴルバチョフならこの試みを首尾よくやってのけ、好結果を収めるだろう、したがって自分の株が（そして、ついでにゴルバチョフの株も）上がるだろうと確信していた。

そのことも、クラコフの実験地の選定に影響した。それは疑いない。
　ジョレス・メドヴェージェフは事の顛末を手際よく説明している。メドヴェージェフの述べるところによると、実験の眼目は、穀物が大量に失われるのを防ぐために、通常よりもはるかに迅速な収穫をおこなうということと、それを目指して、大規模に機械化された作業班を党の「政治運動家」数名とともに派遣するというものであった。[135]
　それは、ズヴェノー制とはかなり違ったアプローチである。ゴルバチョフは従来、ズヴェノー制を支持していた。そして、のちにその手法に回帰することになる。それはともかく、クラコフのくわだては成功した。当該地域の作柄は、一九七七年は良好で、一九七八年には記録破りのものとなった。[136] しかしながらイパトフスキー方式は、過去数年のソ連の経済「実験」の大半と同じく、応用の利く結果を生み出したわけではない。というのも、多数の有能な人材をこの企画に投入している以上、ほかのすべての農業地域を同様に優先することは不可能だからである。それは自明の理である。しかも、多くの農業地域は、穀物がいっせいに収穫期を迎えるような気候条件に恵まれていない。だからそれらの地域では、イパトフスキー方式を当てはめたところで効果は上がらなかったろう。しかしそれでも、イパトフスキー方式は限られた目的を達成した。つまり、スターヴロポリを足場とする少なからぬ農業労働者と党当局者に賞をもたらしたのである。ゴルバチョフは十月革命勲章を与えられた。そして、クラコフはそれより格上の社会主義労働英雄の称号を授与された。疑う余地のないことであるが、これぞまさに主たる目的のひとつであった。[137]
　しかしゴルバチョフは、ソ連農業とソ連経済の問題をもっと広く考察していた。ゴルバチョフは一九七八年五月、党中央委員会に宛てて長大な覚書を送っている。ただし、それが公刊されたのは、ようやく一九八七年になってからである。ゴルバチョフが党書記長に就任してから二年後のことであった。
　ゴルバチョフはこの覚書の中で基本的な問題をいくつか提起している。[138] ゴルバチョフの『著作・演説集』で二一ページ分に相当するこの文書は、ゴルバチョフを危険におとしいれる可能性もあった。それは暗に農業関係の閣僚を批判しており、その批判にもとづくなら、党指導部全体が怠慢だったという結論を容易に導くことができたからである。恐らくゴルバチョフは、二カ月前に農業の成果を上げて十月革命勲章を授与されたところでもあり、行動を起こすのに最高のタイミングだと判断したのであろう。ゴルバチョフの改善案は、部分的には詳細で技術的なものもあったが、全般的には、農業の置かれた状況が悪化していることを指摘するものであった。ところがブレジネフ流の常套的な宣伝文句によれば、農業の状況は、向上の一途をたどっているはずだった。ゴルバチョフは次の点に関して不満を表明した。農業生産物の生産者価格の伸びが低迷し、集団農場と国営農場の利潤率が低下している。それは、スターヴロポリ地方ですら、自前の資源ではもはや経済的需要を満たすことができないということを意味している。[139]

農業生産性を改善しようとするなら、行政的手法に頼るべきではない。むしろ、物質的刺激を生かすための、また物質的、技術的な手当てを講ずるための綿密なメカニズムを利用する必要がある。ゴルバチョフはそのように強調した。[140]ゴルバチョフは地方の自由裁量の拡大を要求した。そして、ある一節では、次のように述べた。「我々の見るところ、企業や農場にもっと独立性を与えて、生産や資金にかかわるさまざまな問題を自力で解決させることが必要である」。[141]それは、物事の感じ方や言葉づかいの点で、アンドロポフが四年半後（つまり、ソ連の指導者としてブレジネフの後を引き継いだ直後）、施政方針演説の中で力説した重要な一節と非常によく似ていた。ゴルバチョフが嘆いていることであるが、誰の目にも明らかなちょっとした問題を解決しようと思えば、官僚の障壁を乗り越えるに足る「論争の能力」を備えていなければならなかった。このことはさらに有害な結果をもたらした。つまり、中央の部局は、多数の瑣末《さまつ》な問題を取り扱うのに多忙をきわめ、長期的な重要性を持った問題を解決できずにいたのである。[142]

経済に関するペレストロイカの理念のうち、多くのものは事実上、ゴルバチョフの一九七八年の覚書の中で青写真が示されていた。著名な改革派社会学者タチヤナ・ザスラフスカヤは、一九八九年のインタビューにおいてそう述べている。ちなみにザスラフスカヤが初めて覚書を読んだのは、一九八七年の公刊後のことであった。[143]

ある文書において率直な発言をすれば、その代わり、ほかの場では正統とされる慣行にしたがわなければならない。たとえば、その同じ月、ゴルバチョフは全国各地の党書記とともに、ブレジネフがゴーストライターに書かせた最新刊の回想録『小さな土地《マーラヤ・ゼムリャー》』にたいしてたっぷりと賛辞を贈らなければならなかった。やはり同じ月のこと、スターヴロポリのイデオロギー会議での演説で、ゴルバチョフは、「イデオロギー的内容の深みと普遍性の点で、また著者の表明している見解の点で、『小さな土地』は公共生活における金字塔となった」と述べた。(144) 驚くには当たらないが、ゴルバチョフは九年後、この演説を自分の演説集の中に収めなかった。

ほかの地方や共和国の党第一書記たちは、ブレジネフの業績をもっと露骨に礼賛していた。それに比べれば、ゴルバチョフのブレジネフ賞賛は影が薄かった。当時は数年にわたって、ブレジネフのイメージ作りがモスクワを中心として推し進められていた時代で、ブレジネフは、政治的英知をあますところなく体現する人物だということになっていった（このようなイメージ作りは、スターリンの個人崇拝の、精彩のない焼き直しにすぎなかったが）。ソ連南部の連邦構成共和国の第一書記たちは、特にブレジネフ礼賛を惜しまなかった。それら第一書記の中には、アゼルバイジャン共和国の旧弊な党員ゲイダール・アリエフばかりでなく、ゴルバチョフの盟友で改革志向のエドアルト・シェワルナゼ（グルジア共和国）もいた。

ブレジネフ礼賛は、党の書記であればだれでも多少なりとも従わざるを得ない儀式であった。それを守らないと、党機構の中で生き残ることはできなかったのである。ゴルバチョフもシェワルナゼも、モスクワの党指導部に入る希望を持っていた。そのためには、ブレジネフが積極的に音頭をとらないにしても、承認してくれることが必要であった。

ゴルバチョフを支持する人々

ゴルバチョフは八年間（一九七〇〜一九七八年）、スターヴロポリ地方の党第一書記を務めた。モスクワの党指導部の要人で、その間にスターヴロポリと特に緊密な関係を持った人物は三人いる。一人は、言うまでもなくクラコフである。クラコフは農業担当の政治局員として、スターヴロポリには強い関心を持ち続けた。スターヴロポリ地方の党第一書記を一九六〇年から一九六四年にかけて務めた経緯があったからだ。クラコフは、ブレジネフが全幅の信頼を置いていた腹心コンスタンチン・チェルネンコとつながりがあり、そのおかげでブレジネフと良好な関係にあった。それはゴルバチョフにしてみれば、クラコフのもう一つのありがたみであった。クラコフは一九四五年から四七年にかけて、ペンザ州党委員会においてチェルネンコとともに仕事をした(145)。クラコフが一九七〇年代、指導部層の中でゴルバチョフのことを褒めたとしても、それは不思議ではない。しかし、ゴルバチョフが実際にモスクワに移って来たとき、クラコフは指導部にはいなかった。だから、ゴルバチョフの昇進を求めることはできなかった。すでに亡くなっていたからである。

ユーリー・アンドロポフとその人脈

ゴルバチョフのもう一人の後ろ盾は、ユーリー・アンドロポフであった。アンドロポフは一九六七年から一九八二年初めまでＫＧＢ議長を務め、一九七三年からは政治局員であった。生まれがスターヴロポリ地方だったので、この地に立ち寄ることはまれではなかった。アンドロポフは複雑な人物である。一般人の間では、驚くほど人気のあるソ連指導者であった。それは、一九八二年一一月から一九八四年二月に亡くなるまで、一五カ月間党書記長に在職していた間のことであった。アンドロポフはブレジネフ時代、政治的な異論を粉砕することを任務としていたが、一定の枠内で改革をおこないたいという気持ちは持ち続けていた。

こうしてブレジネフの後を襲ったとき、アンドロポフは人々の期待を集めた。期待を寄せたのは、のちにゴルバチョフ時代になってから急進改革派となった人々である。そのような人は少なくなかった。そのうちの一部はかつて、実際に専従の顧問としてアンドロポフの身近で協力した経験があった。それは、アンドロポフが一九五七年から一九六七年まで党中央委員会の社会主義諸国部の部長を務めていたときのことである。その顧問グループは、ゲオルギー・アルバートフの評によれば、「当時（つまり、顧問グループが結成された一九六一年以来、アンドロポフが党中央委員からKGBに転出した一九六七年まで）、創造的な思考を生み出す有数の『オアシス』であった」。[146]

これらの顧問のうち、過去四半世紀にわたってソ連国外での知名度が抜群だったのは、恐らく、アルバートフ自身であろう。アルバートフは一九六七年、アメリカ・カナダ研究所の初代所長となった。[147] そしてブレジネフ時代は、外国ではソ連の正統的な立場を擁護したが、国内では紛れもなくデタント志向の路線に与《くみ》していた。アルバートフは、アンドロポフとのつながりを保った。それは、アンドロポフが亡くなるまで続いた。もっともアンドロポフの党書記長在職中、一時期両者の間に対立が生じたこともあるが。[148] アルバートフはペレストロイカ初期の数年間、ゴルバチョフを強力に支持していた。しかし一九九〇年までに、ボリス・エリツィンの見解に次第に同調するようになった。エリツィンは、急進的な立場をおおやけにして憚《はばか》るところがなかった。

党中央委員会社会主義諸国部においてアンドロポフの顧問を務め、かつ研究所の所長となった人物がもう一人いる。オレーグ・ボゴモロフである。ボゴモロフは一九六九年、世界社会主義体制経済研究所の所長に任命された。世界社会主義経済などといった代物は、かつてはあったにせよ、もはや存在しない。そのことは、一九九〇年までに明らかになっていた。同研究所は、第一章で述べたように、国際経済政治研究所と改称された。しかしボゴモロフの研究所は、旧称の時代ですら、またブレジネフの統治下ですら、自由な思考をする研究者を多数受け入れていた。それらの研究者はゴルバチョフ時代になると、時代を動かすような変化を提案し、高名を馳せた。[149]

一九六一年、党中央委員会においてブルラツキーの最初の筆頭顧問となったのは、フョードル・ブルラツキーであった。ブルラツキーは「体制内での」改革を唱道した人物で、長年にわたって、物事の許容範囲を広げようと努力を重ねた。アンドロポフとの関係は一九六五年、ブルラツキーが党中央委員会から転出したあとに途絶えた（ブルラツキーはプラウダ紙に移ったが、一九六七年に解雇された）。しかし一九八二年前半、アンドロポフがＫＧＢから転出して党指導部入りすると、ブルラツキーはそれを歓迎した。そしてそのとき、ブルラツキー自身の影響力も、ブレジネフ時代末期にくらべてやや増大した。ブルラツキーの役割はゴルバチョフ時代になると、ますます目立つようになった。ブルラツキーは、まず政治面における制度改革のアイデアを生み出した。その間、一九九〇年三月から一九九一年八月まで週刊『文学新聞』の編集長を務めた。さらにソ連最高会議の議員を務め、活発に活動した。[150]

だが、党中央委員会の社会主義諸国部の元顧問で、ゴルバチョフ政権下で最大の影響力を揮うことになったのは、ゲオルギー・シャフナザロフである。シャフナザロフについては、あとでもっと詳しく説明する。なにしろシャフナザロフは、（上述したように）一九八八年にゴルバチョフの専従の補佐官に就任するばかりでなく、それ以前から非公式の顧問を務めていた。したがって、ゴルバチョフの思考に影響を与える機会は、非常に多かったのである。この点でシャフナザロフに太刀打ちできるような者は、四半世紀前にアンドロポフに協力した反スターリン主義的党員の人脈の中にはいなかった。

そのグループに属していて、のちに有名になったほかの人物を以下に掲げよう。まずアレクサンドル・ボーヴィン。ボーヴィンは長年にわたってイズヴェスチヤ紙の評論員を務めた。イスラエルと、当時まだ正式にはソ連だった国との間に外交関係が回復したのを受けて、一九九一年末からソ連（そして、のちにロシア）の駐イスラエル大使を務めている。次に、ゲンナージー・ゲラーシモフ。ゲラーシモフは一九八〇年代後半、外務省スポークスマンとして、また米ソ首脳会談の記者会見場に姿を現すソ連当局者として、世界的に有名になった。ゲラーシモフは英語をあやつった。そして、西側のメディアが引用したくなるようなキャッチフレーズをひねり出すという点では、アメリカ国務省のスポークスマンも顔負けであった。もう一人は、ニコライ・シシリン。シシリンはそつのない政治分析家であった。ゴルバチョフ時代、党中央委員会機構の要路にあって、民主派の中の民主派であった。さらにもう一人は、学究肌のレフ・デリューシン。デリューシンは長年にわたってモスクワの東洋学研究所に勤務する中国専門家であった[151]。

アンドロポフがKGB議長だった一五年間、アンドロポフと密接な関係にあったのは、改革志向の鈍い人々であった。彼らはその点で、アンドロポフのかつての党顧問たちとは対照的であった。もっともKGBは、ほかのソ連の組織と同じで、ソビエト体制内部の変化に対する姿勢という点では必ずしも足並みがそろっていたわけではない。KGB要員は、旅行経験が豊かで教育水準も高かった。そのうち一部の者は、ブレジネフのソ連が西側世界とくらべてどれほど後れを取っているか、ソ連の大半の市民よりもよく知っていた。KGB当局者は一九九一年の八月クーデターの際、露骨な形で忠誠心をためされた。そのとき、ウラジーミル・クリュチコフKGB長官を含むクーデター首謀者の命令に従わなかった者もいる。それは、少数派ながら鍵を握る連中であった。

一言付け加えておくべきことがある。クリュチコフ自身がアンドロポフとの間に保っていたきずなは、上述の党知識人グループとアンドロポフの結びつきよりも密接であり、しかも長年にわたっていた。クリュチコフは一九五〇年代半ば、ブダペストのソ連大使館でアンドロポフに仕えていた。したがって、一九五六年のハンガリー動乱の弾圧にも加担していた。クリュチコフはその後、党中央委員会の社会主義諸国部でもアンドロポフに仕え、そこからKGBへと、アンドロポフのあとを追ったのである。

アンドレイ・サハロフは、のちに明らかになった新事実によると、アンドロポフ率いるKGBを過度に信用していたようである。当時サハロフは、ＫＧＢが一九七〇年代から一九八〇年代前半にかけて反体制派を迫害したとして酷評したあと、次のようにコメントしている。「一方、ＫＧＢは、そのエリート的性格ゆえに汚職にむしばまれておらず、それゆえマフィアに対抗するほとんど唯一の組織となっている。ＫＧＢのそのような二面性は、ＫＧＢ長官であるユーリー・アンドロポフの身の上や立場に反映されている」[152]。アンドロポフの生活態度は確かに控えめであった。その点は、ブレジネフ政権のほかの面々と違っていた。そしてアンドロポフの汚職嫌いは、ゴルバチョフが示唆するように、恐らく本物であったろう[153]。アンドロポフはまた、一九八二年、政治的に充分な余力があったとき汚職取り締まりに着手した。それは事実である。しかし、アンドロポフがマフィアと結びつきのある政治家をことさらに標的としたのは、実質的に、政治的な都合を優先した結果であった。それに、『ソ連のマフィア』の著者であるアルカージー・ワクスベルクによれば、全体としてのＫＧＢは、犯罪組織と無縁と言うにはほど遠かったのである[154]。

しかし、サハロフが示唆しているように、アンドロポフの性格にはある種の二面性があった。アンドロポフはブレジネフ時代、ＫＧＢ長官として組織的な反体制的言論を情け容赦なく効果的に弾圧してのけた。だがその一方で、ソビエト体制の実績にたいする自己満足の度合いは低かった。その点ではブレジネフやその側近と違う。アンドロポフ自身が党および国家の指導者として君臨した短い期間において、経済改革が試行的に政治課題として取り上げられた。それは、アレクセイ・コスイギン首相が一九六五年に市場経済の特徴的要素をいくつか用心深く導入して以来、久しぶりのことだった。ちなみに、コスイギン改革は一九六八年、「プラハの春」でオタ・シクが追求した経済改革と共通性があったことから非難を招き、立ち消えになった。

アンドロポフは事あるごとに、スターヴロポリ地方にある温泉やサナトリウムで休暇を過ごしたり、病気の治療を兼ねて休養を取ったりした。ゴルバチョフが初めてアンドロポフに出会う機会を得たのは一九六九年四月、アンドロポフがいつものようにスターヴロポリにやって来たときのことであった。面談の段取りを整えたのは、エフレモフだった[155]。ゴルバチョフが翌年スターヴロポリ地方第一書記になると、アンドロポフがやって来るたびに面談することが恒例となった。ソ連式の儀礼に従うなら、地方党の第一書記が、モスクワからやって来る最高指導者を出迎えるのは当然のことであったが、アンドロポフがゴルバチョフの知性と個性に魅了されていたということも明らかである。アルバートフは、アンドロポフとの間で一九七七年に交わした会話を述懐している。それによると、そのときアンドロポフから「ゴルバチョフという名前は知っているか」と尋ねられたという。知らないと答えたところ、アンドロポフから次のような言葉が返ってきた。「ゴルバチョフは文字通り、まったく新しいタイプの人間だ。つまり、我々が未来にたいする希望を託すことができる人間だ[156]」。アンドロポフはゴルバチョフを「スターヴロポリに勤務する才気あふれる男」と評した[157]。それは、アルバートフとの右の会話か、一九七〇年代の別の会話においてである。

一九九一年末、ゴルバチョフは次のように語っている。

アンドロポフを理想化するつもりはない。また、「アンドロポフのイデオロギーや、反体制派の取り締まりへの関与も理想化するつもりはない。それらはいずれも一目瞭然の事柄だ」。だが、アンドロポフは「偉大な知性」の持ち主であった。私はアンドロポフとの間で、長年にわたってきずなを保った。「私たちの関係が非常に緊密だったと言うつもりはない。しかし、アンドロポフのことはよく知っていたし、事あるごとに顔を合わせていた」。ゴルバチョフはそう語っている[158]。

ミハイル・スースロフ

一九七〇年代、ゴルバチョフのことを高く買っていたモスクワの要人の中には、クラコフとアンドロポフのほかに、実力者ミハイル・スースロフもいた。スースロフは正統派党員で、想像力と知的好奇心に欠けていた。この点では、ゴルバチョフは言うに及ばずアンドロポフとも対照的であった。ただし、権力主義者ではあったが、ブレジネフやその取り巻きと違って役得に目がくらむタイプではなかった。全般的にはブレジネフ支持の姿勢を示していたが、ブレジネフ派からは若干距離を置いていた。ソ連の最高指導部の席は一九七〇年代、個人的にブレジネフに近い人々によって次第に埋められていった。スースロフは、そのような趨勢に歯止めをかけることに関心を持っていた。その点ではアンドロポフと共通性があった。

スースロフは一九四九年以来、党中央委員会書記であり、一九五五年からは政治局員を兼務していた。この二つのポストを兼任した上に、かくも長期間にわたって政治の頂点に君臨したことから、党最高指導部における影響力は大きなものとなった。アナトーリー・チェルニャーエフは次のように思い出を語っている。スースロフは受話器を上げると、ソ連外相に向かって言った。「グロムイコ同志、いついつまでにかくかくしかじかの資料を用意し給え」。そして、返事も待たずに受話器を置いた。[159]

スースロフはアンドロポフと同様、スターヴロポリに因縁があった。かつてスターヴロポリ地方党第一書記を務めたことがあり、ゴルバチョフの先輩格だったのである。在職していたのは、一九三九年から一九四四年までであった。スースロフは休暇を取ってスターヴロポリに戻ってくることがあった。ゴルバチョフ自身はスースロフとアンドロポフを、スターヴロポリ地方党の第一書記だったときに知り合った先輩として同列に論じている。[160] ゴルバチョフが初めてスースロフに出会ったのは、一九七〇年にスターヴロポリ地方党第一書記に任命されたのに関連してモスクワに行ったときだったらしい。[161] アンドロポフとスースロフの人間関係は円満なものではなかったが、ゴルバチョフにとって両方の人物と同時に良好な関係を保つことは造作《ぞうさ》のないことであった。それは不思議なことではない。なにしろゴルバチョフは、ロナルド・レーガンやマーガレット・サッチャーのような徹底的に右寄りの立場をとる西側の保守派政治家とも良好な個人的関係を築くことができたのだから。[162]

ゴルバチョフはスースロフとアンドロポフから学習すると同時に、両者にたいして自分の印象を植えつけることに関心を持っていた。そして、大先輩にたいして丁重な態度で接した。それは、上昇していく政治家の特徴であった。ふとしたことから、一九七九年の夏、ゴルバチョフ一家はスースロフの一家に同行して、かつてスターリンが使っていた別荘《ダーチャ》までの道程を共にしたことすらある。[163] 特筆に値することだが、スースロフが一九八二年一月に亡くなったとき、ゴルバチョフ以外の政治局員で、会葬の際わざわざ立ち止まってスースロフの遺族一人ひとりと話をした者はいなかった。また、一九八四年二月、アンドロポフの遺体が最後の別れのために安置されようとしていたとき、アンドロポフの遺族とともに腰掛けているところをテレビで放映された指導者は、ゴルバチョフのほかにはいなかった。[164]

ゴルバチョフ、農業担当の党中央委員会書記へ

ゴルバチョフの最初の重要な後ろ盾であったフョードル・クラコフが一九七八年、いささかあっけなく亡くなったため、農業担当の新しい党中央委員会書記を選ぶ必要が生じた。ゴルバチョフ夫妻は七月五日、クラコフ夫妻の結婚四〇周年を一緒に祝ったばかりであった。ところがクラコフは、発病後しばらくして手術を受け、七月一七日に亡くなったのである。[165] クラコフはすでに政治局員兼中央委員会書記であったが、依然として農業を指揮していた。クラコフの残した大きな空隙を埋める必要が生じた。ゴルバチョフは、クラコフ自身が党書記長になることに希望を寄せていた。というのも、ブレジネフの健康が悪化しつつあることと、クラコフ（当時、六十歳）が党中央委員会書記の中で最年少であることを踏まえると、クラコフがブレジネフの後継候補になっても不自然ではなかったからである。当時、アンドロポフはまだ党機構の外にいた（つまり、党中央委書記ではなかった）。アンドロポフがＫＧＢ長官から党中央委員会書記長の座に直接移ることは、容易なことではなさそうだった。

クラコフの死は、各方面に余波を及ぼした。ゴルバチョフが赤の広場の聴衆に向かって演説する機会を初めて得た

のも、クラコフの死の直接の結果であった。赤の広場でおこなわれた葬儀の際、何人かが弔辞を読んだ。ゴルバチョフはその一人だった。葬儀の中心となる弔辞を読んだのは、長老政治局員のアンドレイ・キリレンコであった。[166]ほぼ明らかなように思われるのは、だれを農業担当の新書記に据えるかについて、指導部内に意見の不一致があったということである。またブレジネフは、ゴルバチョフを新書記の候補の筆頭には据えていなかったようである。党書記長は、自分が指名する人物を推す権限を持っている。その点で党書記長をしのぐ者はいない。党書記長はまた、事実上、ほかの人々が推薦する候補者に対して拒否権を発動することも可能である。しかしだからといって、いつでも自分の推す候補を指導部のポストに押し込むことができるわけではない。この人事の場合、意見の不一致があったということは、新書記のポストが空席のままになった期間が長かったという事実に照らせば明らかである。クラコフが亡くなったのは、一九七八年の七月一七日であったが、一一月になってもまだゴルバチョフは、スターヴロポリで勤務していた。ゴルバチョフが正式に党中央委員会書記に選任されたのは、ようやく一九七八年一一月二七日になってからであった。正式の党中央委員会の決定は、当該の人物がそれに先立って新職務に就いていたという事実を隠すことが時々あったが、この場合はそうではなかった。

ゴルバチョフの抜擢は、ゴルバチョフの主たる後ろ盾であるスースロフとアンドロポフにしてみれば、交換条件の一部だったのであろう。というのも、ブレジネフの側近であるコンスタンチン・チェルネンコとニコライ・チーホノフが同じ党中央委員会総会において昇進しているからである。チェルネンコは政治局員に、チーホノフは政治局員候補にそれぞれ昇格した。[167]

その間ゴルバチョフは、ソ連指導部のトップクラスの要人によってじっくり品定めされていたのである。ジョレス・メドヴェージェフは次のように記している。スースロフ、アンドロポフ、コスイギンの三人はいずれも、一九七八年の八月と九月、スターヴロポリ地方のキスロヴォツクで何日間か休暇を過ごした。[168]九月一七日、これまたスターヴロポリ地方にあるミネラーリヌィ・ヴォーディの鉄道駅で、すこぶる興味深い会合がおこなわれた。ブレジネフとチェルネンコを乗せた特別列車がさらに南のバクーに向かう途中、ここで停車し、ゴルバチョフの出迎えを受けたのである。ゴルバチョフにはアンドロポフが付き添っていた。そして、二時間にわたる会談がおこなわれた。それは事実上、ゴルバチョフの採用を決めるための、決定的に重要な面接試験だったのである。

もっと驚くべきことがある。この会談に臨んだ人物（ブレジネフ、アンドロポフ、チェルネンコ、ゴルバチョフ）は、ソ連共産党中央委員会書記長のポストを順繰りに占めた最後の四人となったのである。[169]

第3章　権力の入り口で

モスクワの政治的環境

一九七八年一一月、ゴルバチョフは党中央委員会書記としてモスクワに移ってきた。ゴルバチョフは当時四十七歳。ソ連指導部では年配の政治家がほとんどだったので、最年少メンバーであった。そして、書記になったことにより、以後、書記局の会議ばかりでなく政治局の会議にも出席する資格ができた（ただし、政治局の会議で投票できるのは政治局員だけであるが）。ゴルバチョフはまた、中央委員会農業部と農業担当省庁の監督もおこなった。

ゴルバチョフの入手可能な情報は、以前よりも増え始めた。ゴルバチョフ本人が語っていることであるが、この時から、「外国の著者の書いた論文や書籍で発禁になっているものを閲覧できるようになった」。「それらの発禁図書は、配布先一覧表に掲載されている高官にたいしては、閲覧に供されていた」。もっとも、ゴルバチョフが「情報を入手する機会は増えた」が、それは「まだ限定的」であった。[1] たとえば、一九六八年のチェコスロヴァキアに関する党文書について、閲覧の申し入れが可能だっただろうと考えることなど、まったくの「論外」だった。[2] 同様に、いかなる分野にせよ既定の政策の基本方針にゴルバチョフが疑義を唱えることは、できようはずもなかった。そのようなことをすれば、党内での出世の道は一瞬にして閉ざされたであろう。農業のように、政治的な監督責任のある分野においてすら、ゴルバチョフは自分の活動を政策の周辺にとどめなければならなかった。ブレジネフの存命中は、そうするしか仕方がなかったのである。フルシチョフとブレジネフいずれの統治下においても、農業は特別扱いされていた。農業は、党書記長みずからが格別の関心を寄せ、権限を行使する場であった。ブレジネフは自力で何とかすることができない場合は、気心の知れた人間を要路に満遍なく配置した。それらブレジネフ派の連中は、現状維持策を擁護するためにブレジネフの名前と役職を笠に着ることも辞さなかった。政策を根本的に刷新することは、まず不可能であった。

ブレジネフはすでに数年前から健康を害していた。しかし、心身ともに健康の悪化が進む中、自分が重要人物であるという気持ちを募らせていた。ソ連の政治エリートの侍医を務める心臓専門医（のちのソ連保健相）エヴゲーニー・チャゾフは回想録を出版し、その中で、ブレジネフの自己批判の能力は動脈硬化のせいで損なわれたと述べている。[3]　そもそもブレジネフは、自分自身を批判的に見定めるなどという長所を備えていたのであろうか。そのようなことを示す証拠はあまりない。いやそれどころか、ブレジネフが自分自身にたいしておこなう叙勲は一九七〇年代末までに、滑稽の極致に達していた。満艦飾のメダルに飽き足らず、あれこれ説得されたわけでもないのに、一九七八年にソ連軍最高の勲章である戦勝勲章を、同じ年に「ソ連邦英雄」の名誉称号（三度目）を受ける気になった。ちなみに、ブレジネフは一九八一年、四度目のソ連邦英雄となっている。チャゾフによると、ブレジネフに戦勝勲章を授与するという提案の口火を切ったのはドミートリー・ウスチーノフ国防相で、三度目のソ連邦英雄の称号の授与を提案したのは腹心コンスタンチン・チェルネンコだったという。[4]　翌年、今度は、作家に与えられる最高の賞であるレーニン文学賞がブレジネフのものになった。賞の対象となったのは、ゴーストライターに執筆させた薄っぺらな著書である。

ブレジネフを支持していた連中の目論見は、おのれの立場を強化することにあった。そしてそれを図るために、ブレジネフを党指導部内のほかの同僚たちから切り離そうとした。ある程度、この狙いは成功した。一般大衆との関係においては、このような過度の褒賞はブレジネフにとって百害あって一利なしであった。そのことはチャゾフも認めている。だがそれは、ソ連のエリート層にとっては、ブレジネフの（肉体的な力はともかくとして）政治力は侮《あなど》るべきではないという証拠になった。

ブレジネフは、大抵の場合は無気力であった。しかし、君臨し続ければ安定を確保してくれそうな指導者であった。政治局の最上位にあるメンバーにとって、そのような指導者はおあつらえ向きであった。それら政治局員は、事実上の自立性を満喫し、自分の担当する指導分野を取り仕切っていた。ただし、一般的に認められたソ連の規範から逸脱することは許されなかったが。スースロフは、ブレジネフよりも党指導部入りした時期が早い。しかも年長であった。しかし一九七〇年代後半、ブレジネフとくらべて健康に恵まれ、いたって積極的に党第二書記としての権限を行使し続けた。スースロフのポストは表向き、そのような名称で呼ばれていたわけではない。にもかかわらずそのポストは、党中央委員会ビルの中では完全に認知されていた。そして、確立した慣行にしたがって機能していた。[5] 党の最高指導部におけるスースロフの実力や在職期間の長さについては、第二章において述べた。スースロフは実質的に、終身在職権を確保していた。スースロフはいわゆるブレジネフ派の一員ではない。ブレジネフ派に属するとされるあらゆる人々よりも格上であった。しかし、ブレジネフ型の自己満足的で守旧的な共産主義体制をおおむね支持していた。ブレジネフが党機構を率いている間、スースロフは自分自身の立場とソビエト体制の両方が安全だと感じることができた。

一九七三年に政治局入りし、国家機構を率いていた三人の高官、すなわちユーリー・アンドロポフ、アンドレイ・グロムイコ、ドミートリー・ウスチーノフも、波風を立てる気はなかった。アンドロポフは、ブレジネフの後継者になるという野心を抱いていた。しかし、スースロフが書記局を取り仕切っている間は、アンドロポフが書記として指名される可能性はなかった。[6] それに、KGB長官のポストから直接、党の最高指導者のポストへ鞍替えすることは難しかったであろう。アンドポフの待ちの姿勢は皮肉な結果に終わった。アンドロポフは、自分がブレジネフの最有力後継候補になるまではブレジネフのポストが空くことを望まなかった。だが、一九八二年にようやく事が思い通りに運んだときには、アンドロポフは不治の病に冒される寸前であった。そして、以後はその病気のために、ブレジネフの場合以上に急速に健康を損なったのである。一九七〇年代半ば、ブレジネフの健康状態の悪化が深刻だということを知らされたとき、アンドロポフが最も憂慮したのは、そのことが政治局における争点になりはしないかということであった。[7] チャゾフは、党書記長の病状は深刻であり、政治局はそれを知っておくべきだと助言した。それを受けてアンドロポフは、いやいやながらその問題をスースロフと話しあった。早くも一九七五年のことである。国内の政治的な現状維持を保つことは重要であり、ブレジネフの健康問題を知っている一握りの人間の範囲を拡大することは有害である。そのように述べたところ、スースロフの同意が得られ、アンドロポフは安堵した。ブレジネフ書記長の頭脳と肉体の無力ぶりが次第に悪化しているという事実が知れれば、野心的な同僚がそれを政治的な目的のために利用しかねない。アンドロポフとスースロフは、そう憂慮したのである。[8]

グロムイコ外相とウスチーノフ国防相は、アンドロポフ以上にその時点での自分の立場に満足していた。そう言っても過言ではない。二人はアンドロポフより年長で、党書記長になるという野心は抱いていなかったからである。二人は相互の間でも、ブレジネフとの間でも、円満な人間関係を保っていた。そして、持ち場としている省の内部や、両方の省にかかわる政策分野において絶大な権力を発揮した。ブレジネフが外交や国防など、政治的関心のある分野にときどき思い出したように注意を向けるだけになってからは、グロムイコとウスチーノフの実力はさらに増大した。

ブレジネフは一九六四年に党書記長の座にすわってから一九七〇年代半ばに至るまで、おのれの政治的パワーを伸ばし続けた。その間、党指導部の顔ぶれを自分の好みに合わせて徐々に変え、敵を排除していった。しかしのちになると、日々の政策決定活動は、無視できるほど低調になった。もっとも、表向きの権威は非常に高くなっていたので、ブレジネフの個人的なお墨付きのない提案は、いかなるものであれ、採用してもらうことが難しかった。これこそが「停滞」の要諦《ようてい》である。「停滞」とは、ブレジネフ時代の大部分を指し、一九八五年以降に使われるようになった用語である。ソ連のマスメディアでは、ブレジネフ礼賛の度合いを慎重に強めていった。また、ブレジネフにたいするミニ個人崇拝がおこなわれるようになった。それは、ブレジネフを支持する連中や、ブレジネフがいてくれることによって恩恵を得ようと待ち構えている連中が仕掛けた術策であった。狙いは、ブレジネフが肉体的、知的に虚弱な状態にあるという証拠を中和することにあった。

しかし、それは欺瞞的であった。というのも、ブレジネフの権威を政治局のほかのメンバーよりも高い位置にとどめようとする努力は、舞台裏でおこなわれている寡頭支配的な政治の実態に一致していなかったからである。政治局員と政治局員候補、それに中央委員会書記を合わせると、常時、二五名前後であった。この集団が、ソ連における最高指導チームを構成していた。この集団の中で政治局員は、ほかのメンバーよりも高い身分と大きな権力を享受していた。政治局員は一種の閥を構成していたが、政治局の内部には、入れ子のように、「指導者の中の指導者」から成る一握りの一団があった。それは、決して政治局員全員を網羅するものではなかった。ゴルバチョフは次のように語っている。「私はアンドロポフ時代、その中枢集団《インナーサークル》にかろうじて片方の肩をねじり込んだだけであった(9)」。一九八〇年一一月には、ゴルバチョフはすでに政治局員であり、しかも党中央委員会書記を兼任していたにもかかわらず……。それは、アンドロポフがブレジネフの死去を受けてソ連の最高指導者の座に就く二年前のことである。

一九七九年一二月からソ連軍をアフガニスタンに送り込んで戦闘に参加させるという決定は、公式には政治局全体の承認を得ていた。だが本質的には、ウスチーノフ、グロムイコ、アンドロポフがブレジネフと相談して決定を下したのである(10)。党中央委員会の国際部の部長であるボリス・ポノマリョフも軍事進攻について相談を受け、黙認していた。当時、同部の次長は、ポノマリョフとは政治的気質を異にするアナトーリー・チェルニャーエフであった。そのチェルニャーエフは、ゲオルギー・コルニエンコ第一外務次官から次のように聞かされている。「アフガニスタンにたいする軍事介入の音頭を取ったのは、グロムイコであった。グロムイコはウスチーノフから熱烈な支持を得ていた(11)」。シェワルナゼの語るところによると、シェワルナゼとゴルバチョフは一九七九年当時、政治局員候補だったというのに、マスメディアの報道に接するまで軍事介入を知らなかったという(12)。もっともシェワルナゼの言い分は、一九九二年末に一九七九年の政治局資料が部分的に公開された結果、疑問視されるに至った(13)。

仮にそうだとしても、話は一九七〇年代の末のことである。ゴルバチョフにとっても、その同好の士であるシェワルナゼにとっても、主要な政策に関して決定的な影響力を揮うことなど不可能だった。シェワルナゼの場合は特にそうだった。それは明らかである。コンスタンチン・チェルネンコの補佐官だったワジム・ペチェネフは次のように書いている。ブレジネフの晩年、政治局の中でも格上の六人がソ連における戦略的決定を下していた。その六人とは、スースロフ、ウスチーノフ、グロムイコ、アンドロポフ、チェルネンコ、そしてブレジネフだった（六人のうちのだれよりもブレジネフは、自分の役割を果たそうとする積極性を欠いていた。それは健康状態が悪かったからである）[14]。ペチェネフと同様、ゴルバチョフに反感を持っていた証人がもうひとりいる。リガチョフの補佐官だったワレーリー・レゴスターエフである。レゴスターエフは、ゴルバチョフは充分な経験を積んでおらず、一九八五年に党書記長になる資格はなかったと示唆している。いわく、「一九七九年、ゴルバチョフは政治局員候補となり、次いで政治局員になった。しかし、政治局内部の影響力のあるグループに入ったわけではない[15]」。アフガニスタン軍事介入に限らず外交、軍事問題一般など多くの案件について、政治局が公式に何らかの政策を承認したとしても、政治局の大部分のメンバーが本当の政策決定過程に関与することはなかったのである[16]。ブレジネフ時代の末期になると、政治局の会合は、きわめて短時間で形式的なものとなった。真剣な議論の場ではなくなり、まして、中枢集団内部の合意事項に異議を唱えることなど、望むべくもなかった。

ゴルバチョフにできることは二つにひとつだった。一つは、政治局の決定を既成事実として受け入れ、党書記長のポストに到達する可能性を残すという選択肢。党書記長には、ソビエト体制内部で最大の潜在力があった。もう一つは、政治局内部の中枢集団の判断にたて突いて、権力の座から転落するという選択肢。その場合、権力から転落するスピードは、出世のスピードよりはるかに急速であったろう。

ソ連は非難されても仕方のない決定を下している。たとえば一九七九年一二月には、アフガニスタン軍事介入を決め、一九八〇年一月にはアンドレイ・サハロフをゴーリキー市に国内流刑することを決めた。ゴルバチョフは、党書記長に就任したあとそれらの決定をくつがえす運命にあったが、当初の決定に際しては指導部の連帯の維持に一役買っていたのである。そうである以上、道徳的に純潔な立場にあったわけではない。その点では、ソ連の一握りの活動家から成る反体制派とは違う。反体制派は右の事件が起こったとき、そのような暴虐な行動を槍玉にあげて激しく抗議した。

とはいえ、体制内の改革派と公然たる反体制派の活動は——当初こそはなはだしく対立しているように見えたが——相互補完性があると感じられた。それは重要な感触であった。実際、一九八五年以後、体制内改革派が党最高指導部の階梯を上昇していくと、そのおかげもあって反体制派は、枝葉末節扱いされたり迫害されたりすることがなくなった。サハロフの国内流刑のような決定は、ソビエト体制の論理に沿うものであった。ソ連社会の一握りの少数派は一九六〇年代半ばから一九八〇年代半ばにかけて、ソビエト体制を公然と拒絶し攻撃したが、体制側は微動だにしなかった。そのことについては、すでに第一章において手短に述べた。短期的あるいは中期的には、ソビエト体制を変革するとか、あるいは打倒するといったことは、ほかならぬ体制内部からでなければ不可能であった。つまり、広く社会全般ではなく、共産党の最高指導部で活動している人々(特に、党書記長)がそれをしない限り無理だったのである。

このことは、あらゆる共産主義国家に当てはまるというわけではない。体制に対抗する社会勢力が強力な国もあった。しかし、ソ連はポーランドではなかった。一九八〇年代末以前のロシアでは、カトリック教会や自主労組「連帯」とかろうじてくらべられそうな組織があったとしても、いずれも、党＝国家から純粋に独立を保ったままで大衆基盤を統一することには成功していなかった。ゴルバチョフは当初、ソビエト体制を刷新し改革するという役割をみずから担った。それをやってのけるにはソビエト体制を一から十まで変容させなければならなかったが、それが分かったのは、改革に着手したあとのことである。だが、守旧派のソ連共産党員は当初から、理にかなったことを指摘していた。彼らは、ゴルバチョフは実際には自分の権力基盤を掘り崩している、と批判していたのである。旧秩序を擁護する人々は、ペレストロイカ時代が始まってから比較的早い時期に、その危険に気づくことになった。それは、ゴルバチョフに先手を取られて出し抜かれたときのことである。ソ連崩壊後になると、旧態依然とした共産主義者とロシア民族主義者から成る「赤茶連合」が、ゴルバチョフを母国に対する裏切りの罪により告訴する、などと声を張り上げた[17]。それとは対照的に、ソ連共産党内における「体制内部の改革派」は、次のようにゴルバチョフを弁護した。「土壇場になって改革の旗頭が登場した。彼は、実際に権力の座に就き、政治の刷新のための未曾有の空間を切り開いたのだ」。同様に、ゴルバチョフがブレジネフ時代に比較的自制的だったことを弁護する際、切り札として持ち出される議論は、次のようなものである。「ゴルバチョフは、変革を実現することのできる指導者として党書記長となり、体制の根本的変革をやってのけた。だが、政治権力の極致に達し、そのような変化を実現するためには、トップの座に就くまでソ連の競技のルールに従ってプレーするしかなかったのだ」。いずれにせよゴルバチョフは、ルールのうち多くのものを早くから身に付けていた。

専門家との交流

一九八五年以前のゴルバチョフの行動は、見方にもよるが、公然たる反体制派の活動や体制内改革派の言動にくらべると比較的自制的であった（その結果、後者すなわち体制内改革派ですら、権力の周縁部で活動するのが関の山であった）。また、ひとたび党書記長になってからの行動とくらべると、おとなしく見える。だが、一九八七年から一九八九年にかけて大胆な行動で喝采を受けたゴルバチョフと、党書記長のポストを射止めるまでかなり慎重な姿勢を崩さなかったゴルバチョフは、同一人物なのである。

しかも、である。ゴルバチョフは、失うべき力をほとんど、あるいはまったく持っていない人々とくらべるからおとなしく見えるのである。一九七八年から一九八四年にかけてソ連の最高指導チームにいたほかのメンバーと比較するなら、おとなしくないという点でゴルバチョフは群を抜いていた。モスクワにやって来てしばらくすると、ゴルバチョフはさまざまな専門家に意見を求め始めた。専門家の範囲は、当時のソ連指導部の慣行を超えており、その中には、党機構の外部にいる専門家も含まれていた。ゴルバチョフは当初からこのような接触をおこない、のちにその範囲を広げていく。特に、一九八二年初め以降、その傾向が強くなった。そのときまでにゴルバチョフは、政治局員になっていた。また、党中央委員会書記局では、その年の一月にスースロフが亡くなり、アンドロポフがその後釜に納まっていた。

指導部と接触のあった多くの人々が証言しているところによると、ゴルバチョフの読書の範囲は、党指導部の要路にある同僚たちよりも広かった。ゲオルギー・シャフナザロフは初めてゴルバチョフに出会ったとき、相手が自分のことをすでに知っていることに気づいて驚いた。ゴルバチョフは、シャフナザロフの著書を何冊か読んだことがあったのである。中央委員会書記がその種の本を読むことなど、まず考えられないことであった。[18]ゴルバチョフはまた、妻とともに首都の文化生活を遺憾なく満喫した。二人はモスクワで最も活気のある劇場に足しげく通った。特に気に入っていたのは、オレーグ・エフレモフ率いる現代人《ソヴレメンニク》劇場や、一九八三年までユーリー・リュビーモフが指導したタガンカ劇場などである。二人が劇場に足を運ぶ頻度は、最高指導部のほかのだれよりも多かった。

ゴルバチョフが党中央委員会の機構に入ってから最初の四年間、党書記長の座は、まだブレジネフが占めていた。ゴルバチョフはその期間においてすら、それまでとは違う仕事の仕方や、変化を求めようとする意欲を書記局に持ち込んだ。『文学新聞』の元法律顧問で、『ソ連のマフィア』の著者でもあるアルカージー・ワクスベルクは、自分の書いた記事をめぐる騒動を述懐している。それは、ゴルバチョフが農業担当の中央委員会書記としてクラコフの後を襲ったときのことであった。ワクスベルクは、自分の書いた記事がもとでトラブルに見舞われた。ワクスベルクが報道したのは、ウラジーミル州の家畜が大量に死んだ事件である。同州の当局者や農場支配人が自分たちのことにかまけて家畜の飼料を腐るに任せたのが、事の起こりであった。地元の党書記ばかりでなく、イデオロギー担当の党中央委員会書記であるミハイル・ジミャーニンまでが『文学新聞』に電話をかけてきて、ワクスベルクの「政治的過失」に抗議した。当時『文学新聞』の編集長は、事なかれ主義のアレクサンドル・チャコフスキーだった。チャコフスキーは、ワクスベルクに撤回記事を書くよう求めた。そして、当初の「結論全般と完全に訣別する」旨をその中に盛り込めと要求した。翌朝、ワクスベルクが慎重に言葉を選んで書いた記事の草稿を持っていくと、思いがけないことに上司のチャコフスキーは上機嫌であった。電話で賛辞をもらったところだったのである。電話をしてきたのは、新着任の党中央委員会書記ミハイル・ゴルバチョフであった。ゴルバチョフは、「勇気ある痛烈な記事」を掲載してくれた新聞社に感謝の念を伝えてきたのである。「これまで私の担当分野では、重大な失敗が繰り返されてきた。それを正さなければならない。その仕事は（記事のおかげで）やりやすくなる」。ゴルバチョフはそう言った。[19]

しかしゴルバチョフは、自分の力の限界を自覚していた。だから、指導部の現行の既定方針を超越する記事を新聞に掲載するよう発破をかけるのが常であった。ゴルバチョフは、指導部の方針によって集団的に拘束される有力者の立場にあったので、個人的に提案できることには限度があった。その限度を超えて直言する記事の掲載を奨励したのである。ゴルバチョフが願っていたのは、要するに、効率が悪いことで悪名高い慣行に終止符を打つことであった。一例を挙げると、ソ連の農場のトラクター運転手は、耕す面積にもとづいて給料を受け取っていた。そのようなやり方ではトラクター運転手たちは、畑を手早く、そして浅く耕そうという気持ちに駆られてしまい、自分たちの労働の最終的な産物には、あまり関心を持たなかった。[20]

第二章で述べたように、スターヴロポリ時代のゴルバチョフは、理論と実践の両方においていわゆるズヴェノー制を支持していた。ズヴェノー制のもとでは、作業チームは特定の土地区画の経営責任を負い、耕耘《こううん》から収穫まで、穀物栽培の全過程の面倒を見る。作業チームは一家族で構成されることもある。のちにゴルバチョフは、これを発展させて集団請負制というアイデアを編み出すことになる。集団請負制のもとでは、作業チームや生産隊《ブリガーダ》は主体性を与えられ、母体となる農場との間で長期契約を結ぶよう奨励された。そして、自分たち自身の仕事を取り仕切ったり、メンバーの間で収入の配分をおこなったりするなど、自主的な運営権を与えられた。特に重要だったのは、給与そのものが生産実績にもとづいて算定されるという点である（ただし、天候が不順だった場合には必要最小限の給与は保証された）。

だが、ゴルバチョフは長い間、集団請負制を広く追求すべき政策として公式に提起することができなかった。初めてそれを提案することができたのは、ベルゴロド市で演説したときである。[21] それは、アンドロポフが党書記長としてブレジネフの後を継いでから数カ月後のことであった。その演説は、共和国や州、地方《クライ》の党組織の当局者が一同に会する重要な会合でおこなわれた。会合には、共和国の農業相やそのほかの農業担当の高官も出席していた。しかし、ゴルバチョフは一九八三年よりもずっと早い段階で、この改革のための道筋をつけようとしていた。もっとも、そのような改革は地方官僚の抵抗に遭い、ゴルバチョフが望んでいたような規模で実施に移されることはなかったが。プラウダ紙は農業関係の論評に関してゴルバチョフの影響下にあり、一九七九年、農業関係の記事の連載を始めた。それらの記事は、ソ連の農民が農業にたいする誇りを欠いているという事実を読者に突きつけるものであった。また、ズヴェノー制や、労働者チームとその母体となる農場との間での契約関係の発達などを称揚するものであった。[22]

ゴルバチョフは農業担当の党中央委員会書記になってごく間もないうちから、進取の気性に富む社会科学系の研究者に助言を仰ぐようになった。そのうちの一人がウラジーミル・チーホノフである。ふたりが初めて出合ったのは、一九七八年のことであった。[23] チーホノフは農業経済学者で、のちに自立的協同組合や私企業を唱道する急先鋒となる。やがてチーホノフは、選ばれて協同組合経営者と企業家の運動を率いることになる。一九七八年、チーホノフはゴルバチョフに感銘を受けた。というのもゴルバチョフは、党中央委員会書記としては珍しいことに、硬い本を読んでいた。また、農業問題の分析に純粋な関心を持っていたし、農業部門において独立企業の存在を認めるという構想を積極的に支持していた。そして何よりも、人の話に進んで耳を傾けるタイプであった。ほかの党当局者とは違ってゴルバチョフは、相手が自分の言い分にたいして異を唱えているという理由だけで話をさえぎることはなかった。(24)

ゴルバチョフには、人の話に耳を傾ける度量があった。その点は、強調しておく必要がある。というのも数年後、しゃべり過ぎで十分に話を聞こうとしないと批判されるのが通例となったからである。確かに、党書記長になる前も後も、ゴルバチョフはソ連の伝統と訣別することはなかった。ソ連の伝統によれば、指導者の演説は（西側の基準に照らして）大いに長大であるべきだとされていた。ゴルバチョフはソ連の最高指導者としての最後の二年間、左右両翼からの圧力が高まる中、以前ほど辛抱強い聞き手ではなくなった。公式の場では特にそうであった。そのような場では、ゴルバチョフは優位に立つ必要性を感じるあまり、過度にしゃべることがよくあった。だが、ゴルバチョフは政治家として多くのことを正確に学び取った。それを過小評価することは、よくあることとはいえ根本的な間違いである。なぜならゴルバチョフは、幅広い専門的評価と政治的見解に耳を傾け、そして理解する心構えがあったからである。ゴルバチョフの物の見方は年月とともにいちじるしく発達を遂げた。それは、ゴルバチョフが学習能力を備えていたことの十分な証《あかし》である。ちなみに、聞くということも学習能力の一つである。時期はまちまちであるが、ゴルバチョフから助言を求められたことのある専門家は少なくない。それら専門家にインタビューしたところ、ゴルバチョフの備えていた「並外れた聞く能力」（モスクワの「国家と法研究所」の所長の表現）について、感想を述べない者はほとんどいなかった。(25) サンクトペテルブルグの市長、アナトーリー・ソプチャークは回想録の出版までに、すでに何度かゴルバチョフと衝突していた。にもかかわらず回想録の中で、次のようにつづっている。「ゴルバチョフは、聞き方をわきまえた人物である。（中略）ゴルバチョフの話を聞く者は、会話に釣り込まれる。そして時間が経つのも、ゴルバチョフの忙しさも忘れ始める。ゴルバチョフの催眠術的な魅力のとりこになると、話題にするつもりのなかった事柄までついつい切り出すことになる」[26]。

ゴルバチョフは党書記長になる前も後も、専門家グループを呼び出して拡大討論会を開催することを習いとした。そのような席では大抵、質問以上のことをしないように自制して数時間にわたる会議を過ごした。最初のころは特にそうであった。多数のさまざまな見解に耳を傾ける一方でゴルバチョフは、特定の時点での政治的な可能性の限界にたいしては神経を鋭くとがらせていた。また、助言をしてくれる専門家の議論については、その説得力ばかりでなく政治的な強さも重視した。したがって、ゴルバチョフを理詰めで納得させることができたと確信して辞去し、その問題に関するゴルバチョフの公的な発言を追ったところ、何と、助言と違うことを言っている――そう気付く羽目になる可能性もあった。なぜか。第一に、ソ連では、政治的な判断と理知的な判断との間に差異が生じることがあった。第二に、一人の専門家の見解がゴルバチョフの聞き入れる唯一の見解となる確率は、はなはだ低かった。いずれにせよ、ゴルバチョフが耳を傾け、政治的に学び取ったものは、幅が広く奥が深い。それを示す証拠は、これまでに驚くほど広範に見つかっている[27]。

ゴルバチョフは、現状維持政策に批判的な社会科学系の研究者と接触していた。それら研究者は、のちにペレストロイカ時代を迎えると、影響力を増す。このような接触のうち一部のものは、早くも一九八二年初めに始まっている。ゴルバチョフが農業に詳しい多数の学者と協議を繰り返したのは、まさにこの年である。それは、「食糧計画」として知られる重大な政策提言をおこなうための助走期間であった。協議相手には、経済学者もいれば社会学者もいた。アカデミー会員のタチヤナ・ザスラフスカヤもそのうちの一人である。ザスラフスカヤは経済学者から転じて社会学者になった女性で、ソ連科学アカデミーのシベリア支部に在籍していた。ザスラフスカヤにくらべて常勤に近い形で顧問となっていた人物に、アレクサンドル・ニコノフがいる。ニコノフは、元スターヴロポリ農業大学学長である。ニコノフとゴルバチョフの関係については、すでに第二章で触れた。ニコノフは当時、ゴルバチョフの勧めもあって、一九七八年にレーニン記念全連邦農学アカデミーに移籍していた。

ザスラフスカヤは大胆な改革支持者であった。翌一九七九年には、ノボシビルスクで党の譴責処分を受けている。ソ連社会を鋭く批判する分析報告をノボシビルスクでのセミナーに提出し、それが西側の新聞に漏れたのが問題になったのである。ザスラフスカヤの推測によれば、ゴルバチョフは、妻ライサかあるいはニコノフのどちらかを通じてザスラフスカヤの存在を知ったという。[28] ライサが媒介になっていたとすると、それは、一九六〇年代における社会学的研究が地方の社会を対象としていたからである。ザスラフスカヤは、ゴルバチョフの親密なアドバイザーだったと言われることがあるが、実際にはそれほどではなかった。一九八八年に執筆しながら一九九〇年まで出版されなかった本の中で、ザスラフスカヤはゴルバチョフと会った回数は「五回か六回」であり、しかも差しではなく、小規模なグループ討論の形で顔を合わせたと述べている（のちに、ゴルバチョフと面談した回数は「七回か八回」になった）。しかし、ゴルバチョフがザスラフスカヤの見解に注意を払い、その論文に目を通していたのは間違いない。[29] ゴルバチョフは一九八四年一二月に、重要な演説をおこなっている（それについては、この章で後述）。そこには、ゴルバチョフがザスラフスカヤの影響を受けた具体的な形跡が見られる。ザスラフスカヤはまた、一九八二年末、経済学者のアベル・アガンベギャンをゴルバチョフに紹介する労を取っている。アガンベギャンは、ザスラフスカヤが勤務していたノボシビルスクの研究所の所長であった。[30] アガンベギャンはのちに、アドバイザーとしてゴルバチョフとの関係を深めることになる。実際、ペレストロイカ時代の第一段階においてアガンベギャンほど強い影響力を発揮した経済学者は、ほかにはいない。

小規模の集団討議の席でゴルバチョフは、自分の行動の自由に課せられた限界について、歯に衣《きぬ》を着せずに発言した。ザスラフスカヤは初めての顔合わせのとき、当時の「慣習になじまない」態度で率直に胸の内を語り、農業計画の草案の臆病ぶりを批判した。ゴルバチョフの反応は肯定的だった。「実際のところ、ゴルバチョフは私（ザスラフスカヤ）に同意し、次のように言葉を継いだ。『私が頭の中で考えていることをすべてここに書き記すことができたら良かったのだが』[31]。ここに描写されているのは、社会学者であるザスラフスカヤが六人の経済学者とともに三時間にわたってゴルバチョフと対談した会合（一九八二年四月）である。その席上、それらの学者は「食糧計画」の草案に盛られた措置を、大胆さや意欲に欠けると批判した。しかし、ゴルバチョフは「立場上、それ以上に急進的なことは追求できない、と言明した」という[32]。ザスラフスカヤは、ゴルバチョフが次のように言ったのを覚えている。この草案といえども「原形を多少とどめたまま」関係省庁や国家計画委員（ゴスプラン）から送り返されてくるとすれば、私（ゴルバチョフ）は運が良かったということになろう。というのも私の確信するところでは、「食糧計画」は「さらに骨抜きにされるはず[33]」だからだ――。ちなみに、当然のことながらゴルバチョフの確信は現実のものとなった。討論のテーマには、農工コンプレックス担当の国家委員会（ゴスアグロプロム）の設置も含まれていた。ザスラフスカヤは、次のような見解を明らかにした。「それは、価値のある新機軸となるでしょうね。でもそのためには、同国家委員会は農業担当の既存の省庁に取って代わらなければならないでしょう。また、既存の行政機構を傘下に収める屋上屋のような組織になることも絶対に許されません」。ゴルバチョフは、同席していた党中央委員会農業部の当局者のほうを振り向いて言った。「草案にそんなことを書き込んだら、どうなるだろう。それでも私はまだこの席にいられるだろうか[34]」。ゴルバチョフは、自分の活動を縛っている政治的制約を示唆していたわけである。

一九七八年にモスクワにやって来てから一九八五年に党書記長になるまでの間、ゴルバチョフは、当時としては驚異的なスピードで昇進を遂げた。ブレジネフの党書記長就任（一九六四年）からゴルバチョフの同職就任（一九八五年）までの期間を考えてみよう。二年の間に平《ひら》の党中央委員から政治局員兼書記にまで昇進したのは、ほかにはコンスタンチン・チェルネンコがいるだけである。チェルネンコは一九七六年に党中央委員会書記、一九七七年に党政治局員候補、一九七八年に政治局員になった。ゴルバチョフも負けていない。一九七八年に党中央委員会書記、一九七九年に政治局員候補、一九八〇年に政治局員になった。政治局員になったということは取りも直さず、ゴルバチョフは原則として政治局の会議における投票権を持ったということである。だがブレジネフの最晩年の二年間、政治局の会議は時間が短くなり、形式的なものになっていた。採決がおこなわれることはまれであった。したがって、ゴルバチョフの昇進の最重要の側面は、党中央委員会機構におけるゴルバチョフの地位の向上であった。

異例の三年連続の躍進という点で、ゴルバチョフの昇任はチェルネンコのそれと互角だった。だがゴルバチョフは、一つの重要な点でチェルネンコをはるかに凌駕していた。ブレジネフが忠実な、だが精彩のない盟友チェルネンコを党書記に引き上げても大丈夫だと感じたときには、チェルネンコの年齢はすでに六十四になっていた。ちなみに、一九五〇年代初めにモルダヴィアで両者の進路が初めて重なって以来、ブレジネフはチェルネンコと協力関係にあった。それとは対照的にゴルバチョフは、党中央委員会書記になったとき、四十七歳であった。そして、一九八〇年一〇月に政治局員を兼任したとき、四十九歳であった。ゴルバチョフとチェルネンコ（そして、言うまでもなくブレジネフ書記長）を別とすれば、当時政治局員と書記を兼ねていたのは、ミハイル・スースロフとアンドレイ・キリレンコだけである。スースロフは一九〇二年、サラトフ州の生まれで、ゴルバチョフより二十九歳年上。一方、キリレンコはウクライナ出身で、長年にわたってブレジネフの盟友の立場にあった。キリレンコもゴルバチョフより二十五歳年上であった。しかも、当時クレムリンのごく内輪でしか知られていなかったことだが、キリレンコは急速に記憶力を失いつつあった。自分のごく身近な人々の名前も思い出すことができなかったし、「もっとも基本的な事柄すら忘れる」状態にあった。(35)

チェルネンコは政治局員兼書記の中で二番目に若かった。そして、そのチェルネンコですらゴルバチョフより丸々二十歳も年長であった。そのことを踏まえるなら、時はまぎれもなくゴルバチョフに味方していたように見えた。しかしソ連の政界では、一寸先は闇である。しかもブレジネフ時代には、野心的な年下の政治家が追い出されて年長の人物に道を譲るという事例が少なからず見られた[36]。言うまでもなくゴルバチョフは、最高のポストに向かって進むことを決して当然視するわけにはいかなかった。短期的に見ると、年齢差はせいぜいのところ、ゴルバチョフが政治局員兼書記の中でもっとも影響力が弱いということを意味していたにすぎない。だがそれは、一九八二年一月、静かに変化し始めた。その月、スースロフが亡くなり、その後釜にアンドロポフが座ったのである（アンドロポフの人事は、同年四月の党中央委員会総会で正式に承認された）。そして、一九八二年一一月、ブレジネフの死去を受けアンドロポフが党書記長に就任したとき、変化の始まりはもっと顕著なものとなった。

アンドロポフのもとでの昇進

アンドロポフが最高指導者のポストに就くと、チェルネンコが、党中央委員会書記局の毎週定例の会議を取り仕切るという仕事を引き継いだ。アンドロポフ自身は、党書記長として普通のことであるが、政治局の会議の議長を務めた（ただしそれは、健康状態が悪化する前のことである）。しかし、アンドロポフが健在だったときですら、ゴルバチョフは「書記局の会議で議長を務めることがあった[37]」（チェルネンコが党指導者としてアンドロポフの後釜にすわると、それは常態化した）。ゴルバチョフは、党機構内部の炯眼《けいがん》な人々に鮮やかな好印象を与え始めた。それらの人々は、ゴルバチョフがアンドロポフの後継者となることを熱烈に願った。チェルニャーエフもその一人である。チェルニャーエフは、ゴルバチョフが一九八三年にアメリカ・アイオワ州の銀行家で農場経営者のジョン・クリスタルを迎えて会談したとき、その場に同席していた。チェルニャーエフは上司であるポノマリョフに、ゴルバチョフの受け答えが「才気にあふれ、事情に通じており、非凡だった」と報告した。ポノマリョフは、党中央委員会国際部の部長で、当時七十八歳であった（ちなみに、入党は一九一九年にまでさかのぼる）。ポノマリョフはチェルニャーエフをたしなめた。「もっと冷静になったらどうか」と[38]。しかし、ゴルバチョフと何度も会う機会のあったクリスタルは、チェルニャーエフと同様の印象を受けた[39]。

アンドロポフがブレジネフの後を継いで党書記長に就任すると、ソ連の政治ヒエラルキーの頂上部において、ただちにスタイルと、政策における力点の置き所に変化が生じた。ゴルバチョフはすぐにそのような変化から利益を得ることになる。アンドロポフは前述したとおり、ゴルバチョフに大きな期待を寄せ、その手腕にたいして多大の敬意を払っていた。その代わりゴルバチョフのほうでは、アンドロポフをブレジネフの後継者として支持していた。クレムリンの医師団の最高責任者であるチャゾフの見解は、受け入れるに足る十分な根拠がある。チャゾフによれば、スースロフが一九八二年一月に亡くなって以来、事実上、指導部には二つの対立する集団があったという。一方の集団はアンドロポフが、もう一方はチェルネンコが率いていた[40]。その間、ゴルバチョフは明らかにアンドロポフの陣営にいた。チャゾフもその陣営の味方だった。チャゾフは、アンドロポフがブレジネフ死去の知らせをだれよりも早く知るよう注意深く取り計らった。チャゾフの確信するところ、アンドロポフの書記長就任の可能性を高めるためには、ブレジネフの死去と同時にアンドロポフがただちに行動を起こせるようにすることが重要であった。チャゾフの考えによれば、ブレジネフの別荘《ダーチャ》（ブレジネフの亡くなった場所）は盗聴されているはずであった。したがって、ブレジネフの死去についてうかつに電話で伝えていたら、ヴィターリー・フェドルチュークかニコライ・シチョロコフが数分以内にそれをかぎつけたであろう。

フェドルチュークは一九八二年五月、アンドロポフの後を継いでKGB長官になった人物である。だが、アンドロポフに推されてそのポストに就いたわけではない。それが一層明らかになったのは、アンドロポフが党書記長に就任して最初の人事に着手したときである。アンドロポフはフェドルチュークを更迭し、その後釜に、KGB本部にいたときの部下であるヴィクトル・チェブリコフを据えたのである。フェドルチュークは、民族籍に関して言うとウクライナ人である。ウクライナのＫＧＢ長官に就任した一九七〇年まで、軍の諜報機関に勤務していた。その間、一九四三年から一九四七年までスメルシュに務めた経歴がある。フェドルチュークがソ連のＫＧＢ長官になったのは、チェルネンコとブレジネフの要請があったからである。一方シチョロコフは、腐敗していることで有名な内務大臣で、ブレジネフ・グループの重要メンバーであった。チェルネンコとは長年にわたる結びつきがあった。もっとも、チェルネンコはシチョロコフのような生活様式とは無縁であり、リガチョフの言葉を借りるなら、「自分の名声を汚職によって汚すことのないよう努めていた(41)」。

チャゾフは、これらの人物を迂回し、後継者レースにおいてアンドロポフを真っ先にスタートさせることを狙っていた。そこで、アンドロポフにただちにブレジネフの別荘に来るようメッセージを伝えた。ブレジネフの死去を電話で伝えることは避けた(42)。

党書記長に就任するやいなや、アンドロポフは新たに力を入れて規律の引き締めや汚職の取り締まりに取り組んだ。それればかりではない。ソ連の経済実績に活を入れる方法も模索した。ソ連には、一部の国防産業や宇宙開発計画のように最高の人的、物的資源が投入されているえり抜きの分野が若干ある。それを別とするとソ連経済は、生産物の質という点で以前から西側経済の後塵を拝していた。ところが一九八〇年代の初め以降になると、今や量の点でも経済は不振だということが次第に明らかになっていた。経済成長は事実上、一九七〇年代の末から止まっていた。アンドロポフはブレジネフと違って、この不愉快な事実を直視する覚悟があった。大がかりな経済改革を妨げる組織上、イデオロギー上の重大な障害物は残っていたが、指導部の変化が一助となって、ソ連経済の実績が深刻な不振に陥っているという認識が深まった。そして今度はそのおかげで、改革を考えることを可とするような世論の風潮が、少なくとも党の内輪では生じた。

アンドロポフが党書記長だった間、公然たる反体制派は一息つく余裕など与えられなかった。その一方で、体制内批判と公然たる体制批判は、ブレジネフ時代とくらべてもっと截然《せつぜん》と区別されるようになった。共産党内部の改革志向の専門家にとっては、やってのけられることの限界が広がった。もっとも、すでにかなり弱体化していた反体制運動にとどめを刺すキャンペーンは、いったん下火になっていたのに、またぶり返したけれども。アンドロポフは一九八二年四月二二日のレーニン生誕記念演説で、ソビエト体制内部の意見の多様性にたいするこの微妙なアプローチを示した（他方、西側で理解されているような政治的多元主義は、擬似的なものを含めてことごとく却下した）。アンドロポフは、資本主義社会であろうと社会主義社会であろうと、観点の違いや利害の違いはまぬかれないと述べた。[43] その一方で、さらに言葉を継ぎ、伝統的なソ連の教義に照らしてまったく正統的な主張をおこなった。すなわち、資本主義のもとでの利害の違いは階級対立という形をとるのにたいし、社会主義社会では、生産手段の私有も搾取階級も存在しない、したがって、異なる社会集団相互の対立は敵対的な対立にはならない、というのである。[44] ソ連国民はソ連社会の構造に反対するいかなる議論にも賛成しないし、「あらゆる種類の背信行為」を撃退する。アンドロポフはそのように述べた。[45]

ルイシコフの登用

アンドロポフは、フルシチョフとブレジネフのいずれよりもマルクス主義理論に関心をもっていた。だが、ソ連経済をふたたび立ち行かせるという目標にたいしては、もっと強い関心を抱いていた。アンドロポフがおこなった重要な人事のうち初期のものとしては、ニコライ・ルイシコフの登用がある。ルイシコフは、一九八二年一一月に党中央委員会書記になるまで、党機構に勤務した経験はなかった。ルイシコフはエンジニアリングの世界で経歴を積んできた。スヴェルドロフスクで、熟練労働者から工場支配人へと着実に昇進を重ね、機械製作コンビナート「ウラルマシュ」を全体的に取り仕切る支配人となった。そして一九七五年、重機械・輸送機械製作省の第一次官としてモスクワに呼び寄せられた。アンドロポフの引きで党機構入りしたときは、国家計画委員会（ゴスプラン）の第一副議長を務めていた。

ゴルバチョフは政治的手腕を備えており、党機構のことをよく知っている。一方ルイシコフは、工業に関する経験を積み、ソビエト型の経済運営システムを知悉《ちしつ》している。両方合わせれば鬼に金棒である。アンドロポフはそのように信じていたようである。アンドロポフは一九八二年一二月、ゴルバチョフとルイシコフを同席させて会合を開いた。席上、アンドロポフはゴルバチョフにたいし、「君の守備範囲を農業から経済全般へと広げる予定だ」と述べ、「両人は互いに協力せよ」と命じた。[46] ゴルバチョフは自分の関心事を経済問題一般に広げたいという希望を以前から示していた。しかし、ルイシコフが回想録に書いているところによると、政治局の守旧派はそれを歓迎していなかったという。[47] 新任の党書記長がゴルバチョフに経済全般の監督責任を負わせた以上、ゴルバチョフの同僚たちはそれを甘受するしかなかった。チェルネンコではなくてアンドロポフがブレジネフの後継者になったというまさにその事実が意味していたのは、ブレジネフの息のかかった守旧派がそのころには守勢に回っていたということである。とはいえ、一九八三年の一年を通じて、アンドロポフの健康は急速に衰えつつあった。守旧派の残り少なくなった政治的余命は、そのおかげで少し延びた。

ゴルバチョフとルイシコフとの協力は当初、数年間はうまくいった。もっとも、一九八〇年代の末までに両者の見解にもっと大きな隔たりが生じ、個人的な関係も冷えていた。アンドロポフが党書記長の職にあった時期のことを振り返って、ルイシコフは、ゴルバチョフとの協力は「見事だった」と述べている。二人の知識は実際のところ、相互補完的であった。しかし、ルイシコフが付け加えて述べているところによると、ゴルバチョフは自分の知らないこと、理解できないことがあるということを認めようとはしなかったという。[48] ルイシコフは当時、ゴルバチョフが先輩格であるということをよく自覚していた。[49] ルイシコフは党中央委員会書記になったばかりであったのにたいし、ゴルバチョフは書記と政治局員を兼任していた。しかし、二人は協力して、変化を求める提案を検討した。それらの提案の中には、諮問に応じて提出されたものもあったし、起草者が自発的に提出したものもあった。二人は研究者と工場経営者の両方を招いて、何をなすべきかについて率直な分析をさせた。[50]また、研究所・省庁・個人から上がってきた「約一一〇件の覚え書」を検討した。

協議相手のうちの一部は、ひとたびゴルバチョフが党書記長に就任すると、経済改革の要となって登場した。ルイシコフによれば、その中に含まれていたのは、アガンベギャン、アルバートフ、ボゴモロフ、シャターリン、ウラジーミル・チーホノフ（ニコライ・チーホノフは別人。ニコライは当時閣僚会議議長で、はるかに保守的な立場にあった）、ザスラフスカヤである。これらの人々については全員、すでに本書で触れた。そのほかに、レオニード・アバルキンや、ニコライ・ペトラコフもいた。アバルキンは真摯な経済改革者で、一九八六年、科学アカデミーの経済学研究所の所長となる。ペトラコフは中央数理経済研究所の副所長で、以前から市場改革を支持していた。[51]

アンドロポフ、ゴルバチョフ、ルイシコフの三人は、何らかの方法でソ連経済を分散化し、工場支配人や企業合同の責任者にもっと自立性を与えるべきだという見方で一致した。こうして、「実験」がおこなわれた。実験対象に指定された産業においては、企業にたいし通常より大きな権限が与えられ、監督官庁の細かな指導がゆるめられた。分散化そのものは望ましいことであったが、ルイシコフも、（当時の）ゴルバチョフも、十分に意識していなかったことがある。それは、経済体制の基本的原理を変えないまま企業に与える自主権を拡大すると、その副作用として体制を立ち往生に追い込みかねないということである。そのような副作用は、のちにもっと目立つようになる。それは、国有企業法（一九八七年）がゴルバチョフとルイシコフによって導入されたあとのことである。同法は、工場や企業合同の独立性を高めることを企図する包括的な措置だったが、そのような狙いとはほど遠い結果をもたらした。

ソ連特有の条件のもとでは、経済「実験」はいくらか不自然になるのが常であった。というのも、実験にともなって、当局の側が特別な監視をおこなうばかりか、実験の対象となる企業が異例の厚遇を受けるからである。一九八四年八月、アンドロポフが亡くなりチェルネンコが後任の党書記長に就任してから半年後のこと、政治局は、アンドロポフが一九八三年七月に正式に着手した実験にたいし判定をくだした。実験のお膳立てをしたのは、ゴルバチョフとルイシコフであった[52]。実験の新たな指標や勤労意欲の刺激策が適用されるようになったのは、一九八四年一月一日のことにすぎない。それを踏まえると、これは、非現実的とも言うべき短い実験期間であった。政治局は実験を、「条件付きの成功」と宣言した。その事実は、できるだけ早く広範な改革に向けて歩を進めたいというゴルバチョフの願望を反映していた。アンドロポフは一九八三年七月一四日に企業合同や企業の権利を拡大する最高会議幹部会令を、同年七月二八日に「社会主義的労働規律の強化」に関する最高会議幹部会令を発出した。ルイシコフは引退後それらの措置を振り返り、そこに、経済の領域におけるペレストロイカの出発点があったとの見方を示しているほどである[53]。しかしながらルイシコフは次のように付け加えている。理にかなった措置を提唱するに際して、「全能のイデオロギーが」「我々（つまり、ゴルバチョフとルイシコフ）にたいして押し付けた」無意味な言葉を使わなければならなかった。ルイシコフは自問している。「どうして、規律は必ず社会主義的でなければならないのか[54]」。

アリエフおよびロマノフの人事

一九八二年一一月にルイシコフを党中央委員会書記として引っ張ってきた以外に、アンドロポフは多数の人事をおこなった。必ずしもすべての人事がゴルバチョフに有利に作用したわけではない。ゲイダール・アリエフの人事は、その一例である。アリエフは、生まれ故郷のアゼルバイジャン共和国のＮＫＶＤおよびＫＧＢに一貫して専従で勤務し、一九六九年に同共和国の党第一書記に転出。ルイシコフの昇進と同時に、ソ連共産党政治局員を兼ねる閣僚会議第一副議長としてモスクワに引っ張られた。アリエフは知性があり、適応力に恵まれていた（そのことは、ソ連崩壊後アゼルバイジャンの大統領に選ばれたことからも窺える)。アリエフはしかし、決して改革派ではなかった。

グリゴーリー・ロマノフもまた改革派ではなかった。ロマノフはレニングラードの党第一書記を務めていたところ、一九八三年六月アンドロポフによって、党中央委員会書記としてモスクワに連れてこられた(ロマノフはそれ以前から政治局員であった)。ロマノフは、ゴルバチョフにたいして好意をもっていなかった。その証拠はふんだんにある。ゴルバチョフのほうでもロマノフを快く思っていなかった。ゴルバチョフが党書記長に就任したあとロマノフを指導部から排除したスピードが、そのことを物語っている。

右の一連の人事やそのほかの人事の目的は何か。アンドロポフの狙いは、ブレジネフ系以外の人々を連れてくることによって、自分自身の政治的立場を強化することにあった。アンドロポフは党書記長就任に先立つ一五年を、党中央委員会書記局ではなくてKGB長官として過ごした。したがってアンドロポフは、党機構の内部に子分を持っていなかった。ところが今や、自分の息のかかった人々が必要になったというわけである。

リガチョフのモスクワ復帰

しかし、新規の人材登用で、のちにルイシコフの起用に匹敵するほどの重要性を帯びるのは、トムスク州の党第一書記エゴール・リガチョフのモスクワ復帰だけである。リガチョフの返り咲きに力を貸したのは、ゴルバチョフである。リガチョフは、政治的、個人的にゴルバチョフと袂を分かったあとですら、その事実を認めていた。リガチョフは一九六〇年代前半、党中央委員会の機関に勤務したが、一九六五年以来、モスクワから遠く離れたシベリアの生まれ故郷を本拠地としてきた。リガチョフのモスクワ復帰は、一九八三年四月のことであった。新着任のポストは要職で、党組織活動部の部長であった。党組織活動部は、全国の党官僚を監督する部局である。党書記長のポストを切望する者にとっては、盟友を据えるべき非常に重要な官職であった。この時期、最終的な決断はアンドロポフが下すのが常であった。しかし、リガチョフが自分の予想外の人事について回想しているところによると、最初にその一報を伝えてきたのはゴルバチョフであり、しかもそれは、当時アンドロポフに次いでナンバー2の立場にあったチェルネンコが休暇中の出来事だったという。リガチョフは、ゴルバチョフに会ったその日の午前中、アンドロポフと短時間会見し、終わり際に、「では君の人事は、一一時に政治局で確認する」と告げられたという。[55]

実際には、この決定はそれほど迅速に下されたわけではない。二カ月前に、ゴルバチョフは党組織活動部の部長の人事について、アンドロポフおよびグロムイコとの会談に出席した（後者については、意外な感じがするかもしれない。なにしろ、外相だったわけだから。だがグロムイコは、アンドロポフの盟友でもあったのである）。ゴルバチョフはその席で、リガチョフのような人物が必要だと述べた。グロムイコは喜んで賛成した。だがほかの連中は、さらに説得を要したかもしれない。ゴルバチョフは決定の遅れについて、リガチョフに向かって次のように語った。「事情はお分かりいただいていると思う。要するに、物事をはっきりさせるのに時間が必要だったとか、そのたぐいのことだ。なにしろ、候補者にたいするアンドロポフの調査は徹底しているから」[56]。アンドロポフがリガチョフに関するＫＧＢと党のファイルを調査したことは、疑いない。リガチョフは汚職とは無縁だった。その事実が有効な材料になったようである。後年、リガチョフは政敵の一部から汚職の汚名を着せられそうになったが、それは説得力がなかった。リガチョフの敵の中でも客観的な人々は、そのような誹謗を斥けた。

それどころではない。リガチョフは、やや禁欲主義的なところすらあった。リガチョフが願っていたのは、ソビエト体制の再活性化であって、改革とか、ましてや根本的な変化とかではなかった。リガチョフは、ゴルバチョフよりはるかに保守的な党員であった。そのことは、ペレストロイカのごく初期に明らかになった。しかし、リガチョフが一九八三年春に党本部に復帰してからの二年間、その旺盛なエネルギーと決断力はゴルバチョフにとり強みとなる。にもかかわらず、当時、リガチョフからゴルバチョフに向けられた信頼は、ゴルバチョフの昇進にとって必要不可欠というほどのものではなかった。それとくらべてもっと重要性が高かったのは、リガチョフの昇任の際の、ゴルバチョフからリガチョフへの信頼であった。この見方がよく当てはまるのは、一九八三年四月よりも同年一二月である。この月、リガチョフは正式に党中央委員会書記に選ばれた。この問題を検討することになっていた一二月の政治局の会議を前にして、ゴルバチョフはリガチョフに次のように請け合った。書記局入りについて「引き下がる気はない」し、この問題には格別の努力を注いでいる。[57] その頃までにアンドロポフは重篤な状態におちいっていた。病院のベッドぎわに呼び出されたリガチョフを、ほとんど識別できなかった。しかし、瀕死の党書記長はリガチョフの最高指導部入りを支持した。なぜか。リガチョフを個人的に認めていたからである。また、それがゴルバチョフの立場を強化するからでもあった。

政治局は会議で決断を下さなければならなかった（そのあとの中央委員会による「選出」は、形式的手続きにすぎなかった）。会議の議長を務めたチェルネンコは、リガチョフの適性に関するアンドロポフの見解に言及した。しかしチェルネンコ自身は、第二書記であったのに、会議に先立つ数日間リガチョフに話しかけることはなかった。また、リガチョフの昇進を受け止めるチェルネンコの態度は、素っ気なかった。[58] アンドロポフの望んでいた後継者は、チェルネンコではなくゴルバチョフであった。チェルネンコがそのことに気づいていなかったということは、ほとんどあり得ない。というのは、健康状態が悪化する前のアンドロポフは、チェルネンコを更迭する機会を得てゴルバチョフを「第二書記」の座にすえようと、ひたすら好機を窺っていたのであり、そのことは他人の目にはすでに明らかだったからである。[59] チャゾフによれば、外見上、アンドロポフとチェルネンコの関係は「ほとんど友好的」であった。しかし、チャゾフが評しているところによると両者は、「緊密な同志的関係を装う」ために多大な努力をしなければならなかったという。[60] 保守派の中には、チェルネンコの強力な盟友たちがいた。彼らの態度は断固としていた。彼らにしてみれば、チェルネンコを更迭してゴルバチョフに「第二書記」の座を明け渡すなどという事態は、あってはならないことだった。アンドロポフの意向はなにがしか尊重しなければならなかったが、ゴルバチョフに有利な形で指導部内の勢力バランスを変化させるなどということは、歓迎するわけにはいかなかった。

アンドロポフ書記長の入院とゴルバチョフをめぐる詭計

当時、ソビエト政治の重要な決定で、指導部の古参メンバーのうちだれが先に死ぬかという問題によって左右されたものは、少なからずあった。これは、指導チーム全体の老齢化がブレジネフ時代に進行したことの当然の帰結であった。一九八二年という年は、最初スースロフが、のちにブレジネフが亡くなった年である。この年の初め頃には、政治局員の平均年齢は七十歳を上回っていた。アンドロポフは、ソ連の最高指導者になったとき弱冠六十八歳だったが、早くも一九八三年二月には、腎機能不全のため人工透析を受け始めた。それはブレジネフ死去の四カ月後のことである[61]。ルイシコフによると、アンドロポフが党書記長としての務めを果たしたのは、在任していた一五カ月のうちわずか八カ月にすぎなかった。アンドロポフは、残りの月日のほとんどを入院したまま過ごした[62]。アンドロポフの健康状態が急激に悪化したのは、同じ不運がチェルネンコを襲う一年余り前のことであった。そのような運命のめぐり合わせは、決定的に作用した。そのため、ゴルバチョフはアンドロポフの直接の後継者になれなかった。アンドロポフはゴルバチョフを後継者に指名しようと最後の力をふりしぼったのだが、そのころにはすでに健康状態の悪化により政治的な力も衰えていた。ゴルバチョフが急進的改革をおこなうかもしれないとの疑いをもった保守派は、この段階ではごく少数であった。保守派の心配はこうだった。「ゴルバチョフは、アンドロポフがやりおおせなかった汚職や自己満足の一掃という事業を引き継ぎ、精力的に刷新の風を吹かすのではないか。そして、我々は全員排除されてしまうのではないか」。それゆえ、アンドロポフの最古参の同僚の中には、瀕死の指導者が抱いていた最後の願いをあえてないがしろにする者もあった。

党中央委員会は一九八三年一二月二六～二七日に総会を開いた。リガチョフの党中央委員会書記への昇進を含む一連の人事が承認されたのは、この総会においてである。(63) もちろんアンドロポフは病状が重くて出席はかなわなかったが、個人秘書の助けを借りて、力強い演説を用意していた。その演説の草稿は、中央委員会総会の出席者に配布された。しかし、アンガス・ロクスバーが事の顛末をすこぶる手際よく述べているところによると、アンドロポフは一二月二四日、補佐官のアルカージー・ヴォリスキーを呼び出し、演説に追加する六個の段落の原稿を手渡したという。(64) そのうちの最後の段落には次のように書かれていた。「私が近い将来、政治局と書記局の会議の議長をふたたび務められるようになることは、あるまい」。その続きはこうだ。「そこで、中央委員諸君に要請する。政治局と書記局の指導権をミハイル・セルゲーヴィッチ・ゴルバチョフに委任するという問題を検討されたい」。(65) これは、誤解の余地のない企てであった。要するに、ゴルバチョフをチェルネンコの上に引き上げ、ゴルバチョフこそがアンドロポフの意中の後継者であることを事実上、明白にしようとしたわけである。

ヴォリスキーはほかの補佐官に事情を打ち明けた。話を聞いた二人の補佐官は、ヴォリスキーと同様、アンドロポフの演説に追加されたセンセーショナルな一節に衝撃を受けた。二人の意見を仰いだヴォリスキーは、用心してコピーをとった上で原本を党中央委員会総務部のクラヴディ・ボゴリューボフ部長に手渡した（ボゴリューボフは平均以上に腐敗した古参のブレジネフ派で、チェルネンコとの関係は良好だった）。(66) しかし二日後、クレムリンで開催された総会の席上、党中央委員として公式のテキストを受け取ったとき、ヴォリスキーは最後の段落が欠落していることに気づいて衝撃を受けた。ヴォリスキーが補足説明しているところによれば、それを削除したのは第二書記のチェルネンコ、国防相のドミートリー・ウスチーノフ、閣僚会議議長（首相）のニコライ・チーホノフであった。ヴォリスキーの見解によれば、当時ソ連を動かしていたのはこの三人であった。ヴォリスキーは、三人に近づいてアンドロポフの最後の段落は一体どうなったのか尋ねようとしたところ、余計なことに口出しするなと、にべなくはねつけられた。のちにヴォリスキーは、自責の念にかられた。ただちにアンドロポフに電話して事態を伝えるべきだった。また、(何か手違いがあったという噂をすでに耳にしていた)ルイシコフに、何ら異常はないと告げたことも悔やまれた。ヴォリスキーはしかし、ゴルバチョフをつかまえて話をしようと努力はしたのである。ところが、「ゴルバチョフに近寄って話しかけること」は、保守派側の協力者によって「禁じられた」。それは、「異例の事態だった」[67]。ヴォリスキーは、アンドロポフかゴルバチョフのいずれかに電話で連絡をつけることができなかった理由をさまざま挙げている。たとえばアメリカのジャーナリスト、デイヴィッド・レムニクにたいしては、興味をそそる説明をして次のように述べている。ヴォリスキーはボゴリューボフに向かって「アンドロポフに電話をかけて、消えた段落のことを報告しなければ気が済まない」と訴えた。返ってきた答えは、こうだった。「それは、君の最後の電話になるぞ[68]」。

ヴォリスキーがオフィスに戻ってきたときにはもう、事の顛末はどうやらアンドロポフの知るところとなっていたようだ。アンドロポフは、烈火のごとく怒っていた。ヴォリスキーは次のように語っている。「アンドロポフから、ひどい面罵《めんば》を浴びた。そして、こう言われた。『君は(中略)ほかの同志とともに総会で立ち上がるべきだった』。また、こうも言われた。『私はあの最後の段落を書いたあと、すぐに彼に電話をかけたのだ』[69]」。この劇的なエピソードから数年後、ゴルバチョフは、アンドロポフから事前の話はなかったとしつつも、「そのテキストの存在については知っていた」ことを認めている。同時に、ゴルバチョフは次のように補足した。「私にたいするアンドロポフの態度がどのようなものだったかについては、確かな実感がある。実際、アンドロポフには配慮してもらった。私は、新たな提案を披露する機会を与えられ、支持してもらった(以下略[70])」。しかし、一九九一年の八月クーデターと同年末のソ連大統領の辞任との間におこなわれたインタビューで、ゴルバチョフは握りつぶされたテキストについてコメントし、「そのことは、だれにも口外したことはない」と述べた。ゴルバチョフはさらに次のように言葉を継いだ。「私は、あの旧態依然とした党において事がどのように運ばれていたのかを知っている。率直に言って、あのようなことはもはや時代遅れであった。客観的には、彼らがこのことを隠蔽しようとしたこと、そして、そのことを隠しおおせたということは銘記せざるを得ないけれども」[71]。

ゴルバチョフは、個人的にはチェルネンコを追い出す企てには関与していなかった。いやそれどころか、ソ連の指導者になる心構えすらまだできていなかった。チェルネンコが党書記長に選出されたとき、ゴルバチョフはワジム・メドヴェージェフに、自分は「心理的に最高指導者の役割を担う覚悟ができていない」と胸中を明かしている[72]（メドヴェージェフは、一九八〇年まで党社会科学アカデミーの校長を務めていた人物である。この年からゴルバチョフの協力者となっている。そして一九八三年には、アンドロポフとゴルバチョフの引きで党中央委員会に入り、同委員会の学術・教育機関部の部長に就任した）。だからゴルバチョフは、先輩格の同僚たちが仕掛けた詭計にたいして冷静に反応した。その点では、アンドロポフも形無しであった。そのアンドロポフをなだめるために病院に行ったのは、ほかならぬゴルバチョフであった[73]。ゴルバチョフはまた、自分を支持してくれる勢力がまだ政治局において過半数を占めていないということも自覚していた[74]。メドヴェージェフが述べているように、政治局の年長グループは、全体的な利益よりもむしろ個別的な利益のほうに関心を向けていた。つまり、個人や地域、部局の利益を優先していたのである[75]。たとえば、ディンムハメド・クナーエフとヴィクトル・グリシンを例にとってみよう。クナーエフは古参のブレジネフ派で、一九六四年以来、カザフスタンを個人の領地であるかのように経営していた。また、グリシンは現状に安住する保守的な人物で、モスクワ市党第一書記を務めていた。両者は、チェルネンコが党書記長に選出されれば、自分のポストは安泰だと感じることができた。政治局の面々は、チェルネンコを選出したとき、チェルネンコが重大な健康上の問題をかかえているということを知っていた。しかし彼らは、クレムリンの医師団を率いるチャゾフが述べているように、自分たちの「集団としての、また個人としての政治的利益」に関心を向けており、医師の意見にはそれほどの重きは置いていなかった[76]。チャゾフの感想は、メドヴェージェフの所感にやや似ている。

ゴルバチョフはアンドロポフの死に際して、党書記長の座を目指して名乗りを上げることはしなかった。そして、「何の問題もなく」チェルネンコが政治局によって選出された。[77] しかし政治局員たちは、ゴルバチョフというもう一人の潜在的な候補者がいたということに気づいていなかったわけではない。ヴォリスキーは、海千山千の老国防相ウスチーノフが年長のニコライ・チーホノフに向かって次のように言っているのを立ち聞きしたという。「コースチャ（チェルネンコ）のほうが、ミーシャ（ゴルバチョフ）より話が分かるだろう」[78]。ウスチーノフは、かつてスターリン時代に国防産業担当の閣僚を務めた経験があり、第二次世界大戦中はきわめて重要な役割を果たした人物である。そのウスチーノフは、ウラジーミル・ドルギフ[79]の言葉を借りるなら、「骨の髄まで体制に浸って」いた。[80] 一方、チーホノフは一九三〇年代以来のブレジネフの友人である。一九八〇年、七十五歳になっていたにもかかわらず、ブレジネフの指名によりアレクセイ・コスイギンの後任として閣僚会議議長（首相）に就任した。

今すべてを賭《と》して、指導部における年長の世代に挑むという選択肢は、党書記長のポストに至るルートとしては危険度が高い。時節を待ったほうが安全だ。ゴルバチョフの側でも、そのように計算を働かせていた。それは疑いない。ゴルバチョフは結局のところ、チェルネンコの党書記長就任を異議なく受け入れるなら、チェルネンコに次ぐ第二書記になることができる立場にあったのである。

権力への足固め

ゴルバチョフは、チェルネンコに次ぐナンバー2になることに、さほど反対が出るとは予想していなかったであろう。だが、反対は予想外に強力だった。政治局の会議に出席するのは、政治局員と政治局員候補ばかりではない。中央委員会書記や、政治局高官の補佐官も出席する。彼らは、新書記長がとりしきった最初の政治局会議を目撃している。これらの目撃者のうち少なからぬ人々が、ゴルバチョフの確定的とも思える台頭を阻止しようとする企てがどのような様子だったかをこれまでに証言している。チェルネンコはその会議で提案をおこなった。その趣旨は、書記局の指導をゴルバチョフに任せ、また、自分が不在の場合はゴルバチョフが政治局の会議の議長を務めることにしてはどうか、というものであった。それは、ゴルバチョフが事実上の第二書記になるということを意味していた。これにはチーホノフが先頭に立って反対した。チェルネンコはゴルバチョフにたいする強い支持を示し、出席者を驚かせた。チェルネンコは、自分の書記長昇進にゴルバチョフが同意してくれたことに感謝していたのかもしれない。チェルネンコはまた、はるかに若くて精力的な人物をナンバー2の地位にすえる必要性を実感していたのかもしれない。それは、特に健康状態がすぐれないことを踏まえれば、なおさらのことであったろう。この政治局の会議では、チーホノフを支持した政治局員は何人いたのだろうか。その数は、説明する人によってまちまちである（ただし、チーホノフを支持した政治局員の中にグリシンがいたとする説が多い。そのほか、グリシンに加えてロマノフもいたという説もある）。しかし、一致しているのは、ゴルバチョフに有利な、正式かつ最終的な決定は下されなかったということである。受け入れられたのは、「ゴルバチョフにこれらの役割を当分のあいだ負わせる」という一点だけである。そして、ソビエト政治ではよくあることだが、急場しのぎの方便が長期間にわたる慣例になった。ゴルバチョフは、党中央委員会ビルの、スースロフが使っていた執務室に移った。そこは、スースロフのあと、アンドロポフ、チェルネンコが第二書記の座にあったとき順々に使った部屋である。党機構の側から見ると、ゴルバチョフは政治局のナンバー2であった。それより上位にあるのは、党書記長だけであった。[81]

人事の停滞

当時の最高指導部は、党書記長を別とすると、政治局員を兼ねた書記はわずか二名しかいなかった。これは異例の事態である。アンドロポフ時代は三人の政治局員兼書記がいた。すなわち、チェルネンコ、ゴルバチョフ、ロマノフである。過去には、その数が四名ないし五名になることもあった。にもかかわらず、チェルネンコの後釜は補充されなかった。というのも、だれをそこに据えるかについて、たとえ協議したところで合意に達することが無理だったからである。ゴルバチョフが第二書記になると、指導部は政治的に手詰まりになった。ゴルバチョフは、書記局の支持を得ることはできた。そこでは、リガチョフとルイシコフが特に重要な味方になっていた。だが政治局においては、過半数の支持を得るにはほど遠かった。(82) このように、ゴルバチョフを支持する勢力も、ゴルバチョフの昇進に反対する勢力も、最高指導部の顔ぶれを変えられるほどの力を持っていなかった。第一章で述べたように、政治局および書記局のポストは中央委員会が「選挙」で決めることになっていたが、それは擬制であった。現実には、政治局員が中央委員の中から選ぶのが通例であった。したがって、だれかを「選出する」ためには、次の三条件のうちいずれかが必要であった。政治局内部の合意。独断専行が可能な、紛れもなく支配的な集団。格段に強力で断固とした党書記長の存在。チェルネンコが党書記長の座にあった一三カ月間、これらの条件は満たされていなかった。それは、政治的に重要な役割を担っていた人々の証言からも明らかであるし、また次の事実からも証明される。まず、この期間において政治局員、政治局員候補、中央委員会書記のいずれかに昇進した者は皆無だった。また、党最高指導部から解任された者も皆無だった。確かに一九八四年一二月、政治局員の数は減った。しかしそれは、ウスチーノフの死去によるものであって、政治的決定によるものではなかった。チェルネンコの後継者を選出する選挙人集団からウスチーノフが離脱したことは、総合的に考えると、ゴルバチョフの形勢に有利に働いた。それは明らかである。もっとも、ロマノフが自分の監督下にある軍部との関係において以前より権力を強化したという見方も可能であろう。ウスチーノフと同様の権威を備えた者は、ロマノフと軍部の間にはもはやいなかったからである。(83)

一九八四年二月にアンドロポフが亡くなったとき、政治局の古参メンバーの一部は、ゴルバチョフの力が拡大することを快く思わなかった。にもかかわらず、ゴルバチョフは書記局において、多数の重要な政策分野を担当するようになった。スースロフですら、それほどたくさんの分野は監督していなかった。というのもスースロフの時代には、政治局員兼書記がもっと大勢いたので、役割分担をする必要があったからである。ゴルバチョフは先輩のスースロフと同様、党組織ばかりでなく、（初めて）イデオロギーと外交をも担当する上席の書記になった。しかしゴルバチョフは、経済にたいする権限も保った（ちなみに、スースロフは経済担当になったことはない。もっと言うとチェルネンコも、経済を管轄した経験はない）。

ロマノフは、（党中央委員会の行政機関部をとりしきる書記局の大御所として）軍部・KGB・内務省・検察・裁判所にたいする監督を主たる守備範囲としていた。また、国防産業も監督していた。そのようなわけでロマノフは、ウスチーノフの支持を頼りにしていたかもしれない。というのもウスチーノフは、政治局の審議に大きな影響力を揮《ふる》っていたからである。しかし、ロマノフがアンドロポフの引きでレニングラードからモスクワに連れてこられたのは、ようやく一九八三年のことである。ゴルバチョフの本格的なライバルになろうとするなら、大幅に出遅れていた。それに加えて、ウスチーノフが亡くなった。軍事部門の「大御所」として、ロマノフの権威は高まったかもしれない。だがその代わり、ロマノフは潜在的な盟友を失うことになった。

意外にも軍部は、チェルネンコの後継者選びに関して何ら独立した役割を果たさなかった。ブレジネフとアンドロポフの死去の際、ウスチーノフの発言は重みをもった。しかしそれは、制度としての軍に支えられていたからというよりも、むしろウスチーノフ個人の政治的序列のおかげであった。もっとも、ウスチーノフが国防相でいる限り、軍の利益は強力に守ってもらえることになっていたが。ゴルバチョフは軍との間に、何ら実体のある結びつきをもっていなかった。そのことも手伝って、のちにソ連の指導者となったゴルバチョフが軍の懸念を招く政策を追求したとき、ゴルバチョフと軍の関係は悪化した。ゴルバチョフは年齢的に若すぎて、戦時下においても戦後においても、兵役についた経験がない。徴兵の対象となるころには、新兵の補充よりも動員解除が優先されていた。ゴルバチョフより八歳年上のロマノフは、それとは対照的に、一九四一年から一九四五年にかけてソ連軍で軍務についた経験がある。(84)

政策の停滞

チェルネンコがソ連の最高指導者だった一三カ月の間、手詰まり状態は人事ばかりか政策一般にも広がった。ルイシコフが述べているところによると、チェルネンコが亡くなる瞬間まで、「わがチーム」(つまりゴルバチョフのグループ)は、いかなる原則的問題に関しても政治局において思いどおりに事を運ぶことができなかった。(85) ゴルバチョフとその仲間(特にルイシコフ)は、ある決定を採択してもらいたいと強く願うとき、それを書記局の決議として持ち出すことはしなかった(ちなみに書記局では、ゴルバチョフは過半数を思いどおりにすることができた。そのことは、政治局員の知るところであった)。その代わり、それをチェルネンコの提案として提出するよう工作するのが常であった。意外なことに思えるかもしれないが、チェルネンコは革新者としての名声を得たいと望んでいた。ゴルバチョフとルイシコフは、そのことに気づいていた。したがって、比較的目新しいことを受け入れてもらう最善の方法は、チェルネンコに説得工作を仕掛け、「重要なのは、党指導者としてのチェルネンコこそがその案の発起人だと見なされることだ」と信じ込ませることにあった。新提案はそのあとでようやく、チェルネンコの発案として政治局に持ち出すことができた(86)

ゴルバチョフのほうでは、チェルネンコの立場を危うくするようなことはしなかったが、ゴルバチョフをおとしめ、党書記長のポストを継がせまいとする企ては、何回かおこなわれた。チェルネンコの死去の際にそのようなことがあったとする説も時折耳にする。(87) だが、そのようなことが起こったのは、チェルネンコの死去よりも前のことである。最初の証拠は、伝統的なクレムリノロジー的な証拠である。チェルネンコを党書記長に選出した一九八四年二月一三日の党中央委員会総会で、ゴルバチョフはチーホノフと同様、演説をおこなっている。ところが、プラウダを始めとする中央紙はこのことを報じなかったのである。チェルネンコを党書記長に推挙したチーホノフの演説は報道されたが、ゴルバチョフの演説に関しては、演説したという事実すら報道されなかった。ゴルバチョフの演説のテキストは、中央委員会総会の議事録が小冊子の形で出版されたり、あるいは党機関誌の『コムニスト』や『党生活』に掲載されたりして初めて公になった。[88]

ゴルバチョフにたいする抵抗の具体例は、右の一件にとどまらない。まだブレジネフが存命だったときに、科学技術革命をテーマとする中央委員会総会を開催する必要があるという点で原則的な合意が成立していた（中央委員会総会は一般的に年に二回か三回開催される）。ソ連ではブレジネフ時代においてすら、このテーマを扱った専門書や論文が多数出版されていた。しかし、真実に肉薄したものは少ない。すなわち、この「革命」が世界中いたるところで発生していることや、ソ連が先進国ばかりでなくアジアの新興工業国にも大きく後れを取り、後者との差も開くばかりであるということは、ほとんどの場合明らかにされなかった。中央委員会総会を開いたところで、問題を解決することはできそうもなかった。しかし当時、特定の問題を政治的課題のトップに据えるためには、それが一番の正攻法であった。中央委員会総会の開催という案は、一九八四年の夏の初めに再浮上してきた。そして、中央委員会総会の開催準備を進めることと、ゴルバチョフがその席上で基調報告をおこなうことで合意が成立した。チェルネンコは、冒頭で二言三言述べるにとどめることになった。科学技術に関する中央委員会総会の日取りが固まり、それは、最終的に一九八五年四月二三日に開かれることになった。中央委員会総会は、確かにその日に開催された。「四月総会」は、ゴルバチョフ時代のペレストロイカの、公式の出発点であった。しかし、チェルネンコはそのときまでに——ルイシコフの表現を借りるなら——クレムリンの壁の中に眠るスターリンやブレジネフの仲間入りをしていた。[89] しかも四月総会は、実際に開催されると、科学技術の問題にだけ専念するわけにはいかず、もっと幅広い性格のものにならざるを得なかった。

しかしながら、ルイシコフとゴルバチョフは一九八四年の前半を通じて、科学技術に関する中央委員会総会が流産するとはゆめゆめ思わず、精力的に準備作業を進めた。その年の一一月、ルイシコフ率いる作業班が設けられ、予定された四月総会の準備を担当することになった。一九八五年一月、政治局で発表するための文書が出来上がった。しかし、そのときまでにチェルネンコは病状が悪化し、政治局の議長を務めることができなかった。ルイシコフが言うように、チェルネンコ抜きで事を進めていたら、無用の反発を買っていたであろう。(90) リガチョフは、同じ一連の出来事をもっと劇的に説明し、中央委員会四月総会は反ゴルバチョフ派によって意図的に延期されたのだと論じている。反ゴルバチョフ派は、ゴルバチョフが基調報告をおこなうことによって威信を高め、主役を務めるのを目の当たりにしたくなかったのだという。リガチョフは、一九八四年一二月に憤慨したゴルバチョフから聞かされた言葉を、次のように引用している。「信じられるかい。国にとってこんなに重要な問題を、ぼろ雑巾のように放り出そうっていうんだ」(91)。一九八四年のこと、経済学者のアベル・アガンベギャンはほぼひと夏の間、分析の準備に明け暮れた。ゴルバチョフはそれを、科学技術に関する中央委員会総会の報告書の中で使う予定になっていた。アガンベギャンによれば、一九八五年一月の政治局会議において最終的な決定が下され、党大会の招集後まで中央委員会総会を開催しないことになったという。

科学技術に関する中央委員会総会を開催するという構想は、実際のところ、一月まで排除されることはなかった。そのことは、アガンベギャンの回想からも明らかなことのように思われる。アガンベギャンは当時、ノボシビルスクを本拠地としていた（一九六七年以来、アガンベギャンはノボシビルスクの経済・工業生産研究所の所長を務めていた）。そのアガンベギャンは——本人のいたって鮮明な回想によると——シベリアで家族とともに新年（一九八五年）を迎えるのをあきらめざるを得なかったという。というのもモスクワでは、一九八四年一二月三一日の時点でも、中央委員会総会のための、根を詰めた作業が続いていたからである。中央委員会総会用の報告書の作成に取り組んでいたアガンベギャンと専門家グループがゴルバチョフから急な知らせを聞かされたのは、一九八五年の一月半ばである。その趣旨は、政治局は中央委員会総会を開催しないことを決定したというものであった。(92)

事はそれにとどまらない。別の動きまで出てきた。それは、党大会の日取りを一九八六年二月末から一九八五年の秋へ前倒しようとするものであった。積極的にロビー活動をおこなったのは、チェルネンコの補佐官であるペチェネフと、コムニスト誌の編集長リチャルド・コソラポフである。ゲオルギー・アルバートフによれば、コソラポフは「(教養はあるけれども)教条的なスターリン主義者」であって、チェルネンコから全幅の信頼を寄せられ、傑出した理論家と信じられていた。(93)ペチェネフとコソラポフがロビー活動をおこなったのはなぜか。党中央委員会の顔ぶれを変更できるのは党大会だけだというのに、チェルネンコが一九八六年まで持ち堪《こた》えるのは無理のように思われたからである。(94)彼らは、自分たち自身の昇進を図るためにも、また党指導部の勢力バランスをゴルバチョフにとって不利な形で変えるためにも、チェルネンコに頼っていたのである。

アガンベギャンは次のように結論づけている。チェルネンコと保守派、そしてその取り巻きは、ゴルバチョフの威信が高まることを懸念していた。ゴルバチョフは、一九八四年一二月におこなわれたイデオロギー関係者の会議で演説した。それは、とても印象的な演説であった。アガンベギャンが評するように、「当時の尺度に照らしての話であるが、ゴルバチョフは非常に強力な論陣を張った。そして、新たな指導者としてのデビューを飾った。それに引き続いての訪英では、マーガレット・サッチャーと初めて会見するなど、成功を収めた」。(95)この二つの出来事は(あとでもっと詳細に論ずるが)、「政治局の年長のメンバーたちにある印象を植え付けた」。彼らは、ゴルバチョフを「少し脇へ」押しやろうと心に決めた。ゴルバチョフが「重要な決定の場となる新たな総会においてヒーローと化すようなことがあれば、チェルネンコの威信が低下すると、彼らは心配したのである」。(96)チェルネンコの威信は、当初から高いと言うにはほど遠かった。したがって、それを低下させることは、造作《ぞうさ》のないことであったろう。恐らくもっと重要なことは、次の事実である。すなわち、チェルネンコの取り巻きと同様に政治局員の一部も、ゴルバチョフが昇任して党書記長の座に就くのを遅らせるか、あるいは避けることができるという願いをまだ捨てていなかったということである。

チェルネンコ＝ゴルバチョフ関係の冷却化

リガチョフが論ずるところによると、チェルネンコが党書記長の座にあった間、「アンドロポフ系の人々は（中略）不安定な立場に置かれていた」。そして、一九八四〜八五年の冬の初め、「党書記長とゴルバチョフとの関係がいわば冷却化し始めた。それは、はなはだ鋭く感じられ」たという(97)。ゴルバチョフがチェルネンコの後継書記長になることに反対していた人々は、どうやらチェルネンコの心に、疑心暗鬼の種をまいていたようである。チェルネンコやその補佐官たちは、党中央委員会の部長たちに直接案件を持ち込むなど、次第にゴルバチョフの頭越しに事を運ぶようになった。ゴルバチョフは健康のすぐれないチェルネンコに代わって、週一回おこなわれる政治局の会議において議長を務めることがしばしばあった。だが、チェルネンコの欠席を知らされるのは会議の直前だったので、会議の準備はままならなかった。「ゴルバチョフは、突然予告もなく、会議の始まる三〇分前に連絡を受け、書記長は出席しないので議長を務めるように、と告げられることがよくあった」(98)。のちにグロムイコは、ゴルバチョフを党書記長に推挙する演説を中央委員会でおこなったとき、ゴルバチョフは政治局の会議の議長をこれまで「見事に」務めてきたと、賛辞を述べた(99)。しかし、リガチョフの言葉を借りるなら、これは「ゴルバチョフにとって非常に厳しい試練」であった。しかも、「当時、政治局にゴルバチョフが失敗するのをてぐすねひいて待っている連中がいたという事実を踏まえるなら」、試練の厳しさはひとしおであった(100)。

最上部から発せられる薄ら寒い雰囲気があまりにもはっきりしていたので、リガチョフは自発的にチェルネンコに電話をかけた。「ゴルバチョフに不利な事柄をあれやこれやとささやきかけてくる」人物がいるとしたら、その言い分は真に受けないでほしい。リガチョフはそう訴えた。[101] のちに、リガチョフはゴルバチョフを、マルクス・レーニン主義とソ連共産党の大義を裏切った人間と見なすことになる。リガチョフは回想録を出版するころには、すでにこのような見方を固めていた。しかし回想録の中では、早い時期にゴルバチョフをどのように感じていたかを客観的に記録している。チェルネンコが最高指導者の地位にあった間、リガチョフは「共産党中央委員会書記長という最高のポストを占めるにふさわしい人物はゴルバチョフしかいない」と確信していた。そこでリガチョフは、ゴルバチョフへの支持をとりつけるために、少なからぬエネルギーを費やした。リガチョフの働きかけを受けたのは、地方党の書記たちである。[102] 彼らは、リガチョフ率いる党組織活動部の管轄下にあった。ゴルバチョフ本人は、依然として好機の到来を待つ構えでいたが、何もせずに待っていたわけではない。ルイシコフはそのように前置きをしつつ、次のように述べている。「驚くほど行動的でタフな」リガチョフは、党機構を動き回るなど、「強力な戦車」さながらだった。ここでだれかを更迭したかと思えば、あそこではほかのだれかに力を貸すといった具合に、党書記長を目指すゴルバチョフの前途を地ならしした――。[103] リガチョフの側では、チェルネンコへの電話はゴルバチョフにたいする疑念を和らげるのに役立つと確信していた。

だが、当時の雰囲気はかなり険悪であった。リガチョフとゴルバチョフは後者のオフィスにいるとき、特定の問題、特にチェルネンコの病気について声に出して語るのを避けた。そして、「紙片に書いたメモをやり取りした」[104]。オフィスは盗聴されている可能性が高かった。そのことは、党中央委員会の第二書記ですら認めざるを得なかった。党書記長に選出される日の未明にゴルバチョフ夫妻がとった行動も、恐らく同じ理由によるものであろう。夫妻は別荘《ダーチャ》の屋内ではなく、庭を歩きながら書記長就任について午前四時まで話し合ったのである。それは、三月前半の夜更けのことだった。通常、この時期のモスクワ郊外は、身がこわばるほど寒いのであるが。[105]

国際舞台での活躍

チェルネンコの健康状態が悪化するにしたがって責任が重くなり、特に、ソビエト経済のために多大の時間を奪われていたが、ゴルバチョフは外交にたいする関心を強め始めた。アンドロポフ存命中の一九八三年夏、ゴルバチョフは、ソビエト代表団の団長としてカナダを訪問したことがある。ゴルバチョフは、カナダの農業の技術水準の高さを始めとして、目にしたものに強い印象を覚えた。しかし、カナダ訪問の最重要の成果は、ゴルバチョフとアレクサンドル・ヤコヴレフとの間に緊密な政治的関係が成立したという点にある。ヤコヴレフはかつて、党中央委員会宣伝部の第一次長を務めていた。ところが一九七〇年代初め、ブレジネフの息のかかった保守派の不興を買った。また、ロシア民族主義者の怒りも買った。原因は、ともすれば排外主義的になりがちな彼らの見解に強く反対したことにある。そこでヤコヴレフは、英語圏の国に大使として転出することを求めた。当時のソビエト政治体制に照らすなら、これは降格人事である（ヤコヴレフは若くして第二次世界大戦に出征し、中隊長を務めた経験がある。一九四三年、重傷を負ったため傷痍《しょうい》軍人として除隊したが、のちに英語を学ぶ機会に恵まれた。ヤコヴレフは一九五九年の大部分を、ニューヨークのコロンビア大学で社会人学生として過ごした）。ヤコヴレフはソ連大使としてカナダに派遣された。実態的にこれは、体《てい》の良い流刑であった。

ヤコヴレフは、一九七三年に喜んでモスクワを去ったが、一九八三年までには帰国を熱望するようになっていた。そして、望みが早くかなうよう、ゴルバチョフの支援を要請した。ゴルバチョフはただちにこの要請に応じた。ゴルバチョフがモスクワに戻ってしばらくすると、ヤコヴレフはＩＭＥＭＯ（世界経済国際関係研究所）の所長という影響力の大きいポストに任命された。のちにその資格で、ヤコヴレフはゴルバチョフの私設顧問の一人になった。また、経済と外交の両方の政策について、ＩＭＥＭＯの研究員が打ち出すアイデアを伝達する役割を負うことになった。[106] ヤコヴレフ自身は一九九〇年のインタビューで、次のように述べている。「カナダからモスクワに戻って以来、ゴルバチョフとのコンタクトは、途切れずにずっと続いていた[107]」。

一九八四年夏、ゴルバチョフはソ連代表団を率いて、イタリア共産党の指導者エンリコ・ベルリンゲルの葬儀に列席した。ソ連が「プラハの春」を鎮圧するために軍事力を行使して以来、イタリア共産党とモスクワの関係は「やや冷たい」と「冷たい」の間を往復していた。イタリア共産党は、一九六八年にチェコスロヴァキアで始まった改革にたいして公然たる共感を示し、ソ連の軍事侵攻を非難してきた。一九七〇年代には、いわゆるユーロコミュニズムの前衛に立った。ユーロコミュニズムとは、修正主義的共産主義の一種である。それは、モスクワにおける正統派共産主義にとって呪うべき存在であった。というのもユーロコミュニズムは、社会主義には複数のモデルがあってもおかしくないと示唆し、しかも国際共産主義運動におけるモスクワのヘゲモニーを拒否していたからである。イタリア政治を専門とする著名なアメリカ人専門家、ジョゼフ・ラ＝パロンバラが述べているように、イタリア共産党は一九八〇年代よりかなり早い時点で、レーニン主義と革命という二つの目標を両方とも放棄した。それだけではない。ラ＝パロンバラが一九八七年に著書の中で示唆しているように、イタリア共産党は「カール・マルクスをおおむね葬り去った。ただしそれは、やや非公式の、人目につかない場でおこなわれた。そこには、党の武闘派は招かれなかった」。ラ＝パロンバラがイタリア共産党についていみじくも言っているように、「今日共産党に関して多少なりとも物騒なのは、その名称だけである。それを否定するためには、意志の力が必要である」[108]（のちには、共産党という名称も消滅することになる）。一九八四年六月、人気のあるベルリンゲルの葬儀に出席して帰国したあと、ゴルバチョフは、イタリア共産党のような党との間で正常な関係を樹立することが必要だと確信した。ゴルバチョフは、同党が西ヨーロッパのほかの共産党とくらべて高い支持率を得ていることに強い印象を受けた。従来、外国の共産党の価値を判断するにあたっては、ソ連共産党の既定方針となっている政策におとなしく従っているか否かを尺度とすべきだとされていたが、ゴルバチョフはそのような見解を斥けた[109]。

一九八五年三月のチェルネンコの葬儀の際、外国の政治家がモスクワに集まった。このときゴルバチョフは、主要な西側の指導者と会談を重ねた。そのあと時間を見つけて会見したヨーロッパの共産党の指導者はただ一人、イタリア共産党の書記長アレッサンドロ・ナッタだけだった。[110] それは、時代の変化を物語る主要な兆候の一つであった。ポノマリョフ党中央委員会国際部長は、かつて、スターリンのコミンテルンで高い地位に就いていたことがあるだけに、これには当惑した。ポノマリョフは国際部の同僚たちに、どうしてこんなことになったのかと尋ねた。なにしろ、「品行方正な」共産党が多数の指導者をモスクワに送り込んできているというのに、ゴルバチョフは、「素行の悪い」イタリア党を率いる指導者としか会わなかったのだから。[111]

ゴルバチョフはカナダ、イタリア訪問の際に好印象を抱いたが、党書記長になる前の外遊のうち最重要のものは、まだ実現していなかった。一九八四年一二月にイギリスで過ごした一週間が、それである。そのときまでにゴルバチョフは、ソ連の次期最高指導者の最有力候補として世界的に認知されるようになっていた。チェルネンコを観察する外国人の所見から判断するなら、ゴルバチョフが後継者となることは、そう先のことでもなさそうであった。したがって世界の耳目は、かつてなくゴルバチョフに集まった。多数の西側諸国から報道陣がイギリスに送り込まれ、ゴルバチョフを密着取材した。イギリスの新聞、テレビ、ラジオの報道ぶりも大々的であった。また、大いに積極的であった。[112] 目新しい呼び物は、ゴルバチョフ夫人ライサの存在であった。その魅力的な容姿と、生き生きとした立ち居振舞いは、夫とほぼ同様の注目を浴びた。いや、大衆紙の場合、注目度は夫以上であった。このことが原因となって、モスクワでちょっとした批判が起こった。ゴルバチョフ夫人はのちに次のように書き記している。「帰国すると、人々が言っているのが耳に入った。『あちらではなぜ、あれほど誉めそやされたのか。(中略)西側を抱き込むためにどんなことをしたのか』」。[113] ゴルバチョフ夫妻の訪英を報道する際、ソ連のマスメディアは西側のそれにくらべるとおとなしかった。[114] にもかかわらずソ連のテレビは、イギリスでのゴルバチョフの動静に注目した。通常、党書記長を別とすれば、国内のマスメディアからそれほどの注目を集めるソ連の政治家はいない。

ゴルバチョフは念入りに準備をした上で、外交を討議する場に臨んだ。ゴルバチョフ率いる代表国には、アレクサンドル・ヤコヴレフ（当時はまだＩＭＥＭＯ所長であって、党中央委員ではない）と、原子物理学者のエヴゲーニー・ヴェリホフが含まれていた。討論の相手は、イギリス首相マーガレット・サッチャーや国会議員の面々であった。国会議員の中には、野党の指導者も含まれていた。大きな失敗をしでかせば、それはただちに西側世界のみならずモスクワの反ゴルバチョフ派にまで伝えられるはずであった。反ゴルバチョフ派は、ゴルバチョフにとって不都合なことが起こればいいのにと、てぐすねひいて待っていた。そうである以上ゴルバチョフは、事実上の次期ソ連最高指導者として西側の国にやって来るにあたって、リスクを充分に覚悟していたのである。ゴルバチョフは、面会したイギリスの政治家や官僚に好印象を与えることに成功した。彼らの印象では、ゴルバチョフはそれまで接触してきたソ連の政治家とくらべて柔軟性と開放性に富んでいるという感じがしたが、それでいて、実際にはモスクワの既定の公式路線から逸脱していなかった。

ゴルバチョフの受け答えがグロムイコに感銘を与えたということは、ありそうなことである。もっとも、グロムイコがその後ゴルバチョフを支持するようになった動機としては、ソ連政界において勝ち組の側に残りたいという願望のほうが大きく作用していた。それは、ほぼ間違いない[115]。のちにグロムイコは、ゴルバチョフをソ連共産党書記長に推挙する演説をおこなう。その際、グロムイコの演説は柄にもなく、温かくて熱烈であった。グロムイコがだれかを支持するために熱気にあふれた演説することは、きわめてまれなことであった。支持相手が、比較的最近になってから指導部入りした新顔で、モスクワに来てから七年足らずの若輩となれば、なおさらである。グロムイコはそれとは対照的に、ベテランであった。国際連合創設を決めたダンバートン・オークス会議（一九四四年）にソ連代表団を率いて参加したこともある。また、ルーズヴェルトからレーガンに至る歴代のアメリカ大統領を交渉相手とし、一九五七年からは外務大臣を務めてきた。

グロムイコは一九八五年三月の演説で、認められた限度の中でと前置きしつつ、ゴルバチョフの柔軟性を強調した。グロムイコは、ゴルバチョフがやがて限度を押し広げるなどという事態は想像もできなかったのである。グロムイコは次のように発言している。「物事を黒白に二分する法を指針にすると、国内の問題も対外的な問題も、往々にして検討が非常に難しくなる。中間色とか、連結環とか、あるいは折衷的決定とかいったようなものがあるかもしれない。そして、ミハイル・セルゲーヴィッチ（ゴルバチョフ）は常に、その種の、党の方針に一致した折衷的決定を考え出すことができる」[116]。もちろん、ゴルバチョフがソ連軍をどこまで揺さぶるつもりでいるのかということも、グロムイコには全然分かっていなかった。論より証拠、グロムイコは次のように言葉を継いでいる。「平和のために闘うことや、わが国の軍事力を必要な水準に保つことは、我々全員にとって最も神聖な使命だ。このような見解を、彼は常に支持している」[117]。グロムイコからの支持は後継者選出の際、ゴルバチョフにとって紛れもなく価値があった。グロムイコは、恐らく、「鉄の女」（ソ連の新聞のサッチャー評）ですらゴルバチョフを賞賛したという事実にいくらか影響されたのであろう（一年前、チェルネンコの党書記長昇任を大喜びで支持したグロムイコとは、別人のようであった[118]）。

ゴルバチョフの側では、二つの事柄がともに印象に残ったようである。一つは、イギリスで浴びた注目度の高さである。たとえばイギリス首相との会談は、ゴルバチョフのスケジュールの予定時間をはるかに超えて続けられた。もう一つは、自分の目で見たイギリスとその政治制度である。ゴルバチョフの側近たちの証言によれば、ゴルバチョフは、訪英がきっかけとなって目からウロコが落ちたと、のちに繰り返していたという[119]。ゴルバチョフとマーガレット・サッチャーは引き続き、ゴルバチョフ自身の言う「良好な個人的関係」を築いていった。それは、相互の尊敬にもとづくものであった。二人は、物の見方に大幅な隔たりがあることには拘泥しなかった[120]。

ゴルバチョフとサッチャーの会談は、英ソ関係の発展とゴルバチョフの政治的視野の拡大にとってだけでなく、広く東西関係にとっても重要であった。アメリカ大統領とソ連の党書記長との間では、一九七九年以来、首脳会談がおこなわれていなかった。そしてロナルド・レーガンは、「悪の帝国」のいかなる指導者とも対話するつもりがないことを明らかにしていた。しかしレーガンは、サッチャーとの間に見事な政治的、個人的関係を築いていた。そして、ゴルバチョフがソ連党書記長になると、サッチャーがレーガンの説得に一役買った。そしてレーガンに、ゴルバチョフがこれまでとは違うタイプのソ連指導者であり、ゴルバチョフは一緒に仕事をすることのできる人物であるということを飲み込ませた[121]。正確に言うとサッチャーは、ゴルバチョフが権力の座に就く前から、右の点をレーガンにたいして指摘していたのである。一九八四年一二月にゴルバチョフと会談してから数日もたたないうちに、サッチャーはアメリカに飛んだ。ゴルバチョフについての感想をアメリカ大統領に直接伝えるためである[122]。シュルツ米国務長官はのちに、次のように回想している。「彼女は、ゴルバチョフに惚れ込んでいた。そのことは、公式の声明からすでに分かっていたことだが」。シュルツは次のようにも指摘している。「レーガン大統領は彼女に絶大な信頼を置いていた。したがって、彼女の見解は大変な重みがあった[123]」。

サッチャーの有名な発言がある。「私はゴルバチョフが好きです。彼となら一緒に仕事ができる[124]」。この発言は打算的であったが、同時に本心からのものでもあった。なぜ打算的かと言うと、首相も外務省当局も、ゴルバチョフの訪英を成功と見てほしいと願っていたからである。両者はすでに、ゴルバチョフのほうが、それに代わる候補者よりもソ連の次期指導者として望ましいという見解に達していた。*

*私はある程度、このプロセスに関与している。具体的に言うと、一九八四年一二月一四日(つまり、ゴルバチョフ到着の前日)、ダウニング街十番地の首相官邸に招かれ、サッチャー首相とハウ外相にたいし、ゴルバチョフについて忌憚のない意見を述べた(そのほかに招かれていたのは、経済学者二名と外交・国防政策の専門家一名、それに財界人一名であった)。このご進講の発端は、ずっと以前にさかのぼる。一九八三年九月八日に長時間にわたっておこなわれたセミナーが、それである。開催場所は、ロンドン郊外のチェカーズの首相官邸であった。セ

ミナーのために、八名の大学人から成る一団がソ連および東ヨーロッパに関する報告書を準備した。サッチャー首相は事前にそれらの報告書に目を通し、書き込みをした。当日、大学人グループは半日以上の時間を与えられ、それぞれの見解を首相に報告した。首相以外に、政府側からこのセミナーに出席した者には、外相（ハウ）、国防相（マイケル・ヘーゼルタイン）、外務連邦省の副大臣（マルコム・リフキンド）らがいる。私自身の報告書では、ソ連の政治体制と権力構造を取り扱った。その中で私は、ゴルバチョフを次のように評した。ゴルバチョフは党書記長の有力候補であるばかりか、「教養豊かという点で政治局随一である。話がわかるという点でも恐らくそうであろう」。そして、「ソ連市民にとっても外部世界にとっても、ゴルバチョフほど希望の持てる候補はいない」。一九八三年九月八日のセミナー（午前八時開始、報告や質疑応答を兼ねた昼食会をはさんで午後三時半終了）の重要性は、マーガレット・サッチャーも回想録の中で認めている（The Downing Street Years, HarperCollins, London, 1993, pp.450-453）。一九八三年と一九八四年の会合については、私の以下の書評論文においてもう少し詳しく触れている。'The Leader of the Prologue', *Times Literary Supplement*, 30 Aug. 1991, pp.5-6（repr. In Ferdinand Mount（ed.）, *Communism*, Harvill, London, 1992, pp.293-300）.

サッチャー首相の右の発言は、しかし、打算だけに基づいているわけではない。事実を反映するものでもあった。事実とは、サッチャー首相が初めてソ連の政治家との間に良好な関係を築き始めたということであり、また、ゴルバチョフのことが気に入っていた、ということである。論より証拠、サッチャー首相の非公式発言の内容は、それに先立つ公式な声明と一致している。(125)

ゴルバチョフは、予定より一日早くモスクワに戻った。イギリスに到着したのは一二月一五日で、二二日に空路で帰国する予定になっていた。ところが一二月二〇日、ウスチーノフ国防相が亡くなった。ゴルバチョフは明らかに、ウスチーノフの後任を選ぶための話し合いに参加するつもりになっていた。そして翌日、イギリスをあとにした。ゴルバチョフはイギリスの政府および議会の受け入れ担当者にたいし、予定より早く帰国しなければならないのは、ウスチーノフが亡くなったからだと伝えた。そして、記者団から予定を切り上げる理由を問われたとき、モスクワのだれよりも先にゴルバチョフがウスチーノフ死去のニュースを世界に知らせることになった。イギリスの政治家たちはこれを、ゴルバチョフの自信のあらわれと解釈した。ゴルバチョフが代表団のほかのメンバーとの間でくつろいだ関係を保っていたということも、やはり自信のあらわれと見られた。「だれが責任者なのかは、明らかであった。各メンバーは遠慮なく自分の意見を述べたけれども」[126]。

ゴルバチョフがモスクワに戻った翌日、年配で、比較的地味なセルゲイ・ソコロフ元帥が新国防相に選ばれたと発表された。ソコロフが指導者たちのうちのだれかと結びつきを持っていたとするなら、その相手は軍担当の書記で政治局員を兼務するグリゴーリー・ロマノフである。というのも一九六〇年代、ロマノフがレニングラード州の書記(のちに第一書記)だったとき、ソコロフはレニングラード軍管区の司令官を務めていたからである。しかし、ゴルバチョフは恐らく、七十三歳のソコロフに不安を覚えることはなかったであろう。のちに党書記長になってからのことであるが、ゴルバチョフは、西ドイツの青年マチアス・ルストの操縦する軽飛行機が赤の広場に飛来した事件を口実にして、ソコロフ国防相とアレクサンドル・コルドゥーノフ防空軍総司令官を解任した(ちなみに大部分のロシア人は、ルスト青年が思いがけずクレムリンの目と鼻の先に飛来したことを不安に思うどころか、むしろ面白がった)。

イデオロギー活動に関する会議(一九八四年一二月)

ゴルバチョフは、チェルネンコの余命が長くないと見られていたときに西側の国を訪問し、それにともなって過熱報道を引き起こした。ゴルバチョフは政治的リスクを冒していたわけである。それよりも、イデオロギー活動に関する会議で重要演説をおこなったときのほうが、恐らく、成算があった。会議は、ゴルバチョフがロンドンにやって来る一週間足らず前に、モスクワで開催された。この、一二月一〇日におこなわれた演説については、次の章で別途詳しく論ずる。というのも、ゴルバチョフが当時としては大胆な、既成の正統派教義から逸脱した案を多数提起したのは、これが初めてだったから。実際、それらの案が公表される見通しになったことから警戒感が高まり、「文字通り会議の前夜、チェルネンコがゴルバチョフに電話をかけてきた。そして提案した（中略）、会議をキャンセルしたらどうか、と」。ゴルバチョフの演説を阻もうとするこの企てを初めて明らかにしたのは、ワジム・メドヴェージェフである。メドヴェージェフが記しているところによると、ゴルバチョフはチェルネンコの申し入れをあっさりとはねつけたという[127]。ゴルバチョフの長大な演説の準備を手伝った人々の中には、メドヴェージェフ自身のほか、アレクサンドル・ヤコヴレフやナイル・ビッケニンらがいた（ビッケニンは、民族的にはタタール人で、一九八七年六月にコムニスト誌の編集長となる理論家である。同誌は一年前から討論の場となり始めていたが、ビッケネンはそれを一層促した[128]）。ゴルバチョフの演説によって、党上層部の内部にちょっとした動揺が起こった。もっとも西側では、そのことにほとんど気づかなかったが。ゴルバチョフの演説のうち、プラウダ紙に掲載されたのは半分だけであった。はなはだしく刺激的で斬新な箇所の大半は、プラウダ紙（当時の発行部数は一〇〇〇万部以上）の紙面から削除されていた[129]。しかし、演説のテキストはただちに小冊子の形で刊行された。発行部数は一〇万部であった[130]。

ゴルバチョフは党書記長に就任してから数年の間に、重要な新機軸を打ち出した。そのうちの大部分は、この演説においてすっかり輪郭を現している。演説は見るからにマルクス主義調であったが、内容的には、批判的マルクス主義が盛り込まれていた。そして、正統的なソビエト版マルクス・レーニン主義を擁護する議論は、きっぱりと斥けられていた。驚くにはあたらないが、ゴルバチョフの演説は新しいものと古いものを折衷していた。全体としてのソ連共産党は依然として、ブレジネフ時代に受け入れられた概念に執着していた。それによればソ連は、すでに「発達した社会主義」を建設したことになっていた。ゴルバチョフが、「発達した社会主義」とは保守派の隠れ蓑だ、と喝破してのけたのは、第二七回党大会を迎えてからである。同大会が開催されたのは、ゴルバチョフが党書記長に就任してほぼ一年経った一九八六年のことであった。

ゴルバチョフの演説の場となった一九八四年一二月の会議に冠せられた名称は、ほかでもない、「発達した社会主義の完成と党のイデオロギー活動――ソ連共産党中央委員会（一九八三年）六月総会の決定に照らして」であった。このように冗長で夢も希望もないタイトルのもとゴルバチョフは、変化を求める急進的な提案を打ち出さなければならなかった。その際、あくまでも「発達した社会主義の改善の諸問題」に取り組むという建前を守る必要があった。社会主義を改善するか否かが「社会科学者の活動を評価するための基本的な尺度」となる、とゴルバチョフは述べている。[131] しかし結局のところ、「発達した社会主義の改善」とは、「ソ連という国の主人公として、また労働者および市民として、個々人が発達を遂げ、ソビエト人が主体性を発揮するための余地を広げること」であった。[132] 当時コンスタンチン・チェルネンコの補佐官で、ゴルバチョフの党書記長就任と同時に解任されたワジム・ペチェネフは、ゴルバチョフが「発達した社会主義び改善」について語ったという事実を回想録の中で重視している。[133] しかし、それについては、何ら驚くには当たらない。ゴルバチョフはまだ党書記長にはなっていなかった。したがって、ソ連の発達区分を改定する立場にはなかった。それは、党の教義の一部だったのである（のちに党書記長になってからのこと、ゴルバチョフはほかならぬその教義を劇的に変更することになる。その際ゴルバチョフは次のように主張した。ソ連は「発達した社会主義」ではなくて「発達途上の社会主義」の段階にある――）。チェルネンコがまだ党書記長だった間、ゴルバチョフは、それとは対照的な姿勢を示した。つまり、新しい概念をソ連の政治的言語に持ち込むときには、いや恐らく、その場合にはなおさらのこと、「政治的に正しい」既成の表現法を使うことを余儀なくされたのである。

一九八四年一二月の演説は、政治改革と経済改革の両方の前兆であった。ゴルバチョフは、一連の事柄を実現する必要があるとして言葉を尽くした。それはすなわち、民主化（ゴルバチョフの言う民主化の意味については次の章で取り上げる）、グラスノスチ、法の前での万人の平等、ソビエト政治体制のさまざまなレベルでの自治（サモウプラヴレーニエ）の拡大などである。さらには、個人の主体性をもっと認め、「健全な欲求」や、勤労者集団および地方政治組織などにたいする縛りをゆるめることも、必要な事柄の一つであった。[134] この演説においては、ペレストロイカという用語が初めて大々的に用いられた。また、この演説を通じて、ウスカレーニエ（加速化）や「人間の要素」など、初期ゴルバチョフ時代の常套句が使われ始めた。[135]

ゴルバチョフは演説の中で、一九七〇年代末から一九八〇年代初めの「ソ連経済の成長の鈍化」に言及し、その原因は生産関係と生産力の不一致にあると論じた（かつてマルクス主義者は、ある社会経済体制が他の社会経済体制へ発達を遂げるダイナミズムを分析する際、まさにこのような専門用語を使ったものである）。ゴルバチョフに言わせれば、生産関係における変化の必要性は以前から、タイミング良く察知されることがなかったし、また、生産関係において時代遅れになった要素を不当に維持したことが原因となって、「経済、社会状況の悪化が起こる」こともあった。[136] このような批判は、ザスラフスカヤを始めとするソ連の革新的な社会科学系の研究者の主張と良く一致していた。それら研究者の影響が及んでいたことはほぼ明らかである。[137] 同じ演説の中でゴルバチョフは、実質的な市場の要素をソ連経済に組み込む必要があると示唆した。もっともゴルバチョフが使ったのは、市場支持を許容範囲内で最大限にほのめかす用語であった。それは、「商品・貨幣関係」である。[138] 演説の草稿の執筆にたずさわったワジム・メドヴェージェフの証言によれば、ゴルバチョフが「商品・貨幣関係」という用語を通じて言わんとしていたのは「社会主義市場」である。「ゴルバチョフは『市場』という用語を使うわけにはいかなかったが、商品・貨幣関係という言い方によって市場を示唆していたのである」。[139] 同様の発言をしている者は、メドヴェージェフだけではない。

驚くには当たらないが、この演説は党内部の人々に波紋を起こした。ペチェネフが言っているように、それは、「政治上の指導的立場を目指して名乗りを上げたのだと受け止められた。それ以外には解釈の仕様がなかった」。そして、ゴルバチョフの「味方も敵も、そのように理解していた」。それというのも、演説が長大で、言及している問題の範囲が広く、しかもゴルバチョフの演説ぶりが堂々としていたからである。[140] ソヴェツカヤ・ロシア紙の編集長ミハイル・

ネナーシェフはゴルバチョフ演説にかんがみて、「イデオロギー活動のペレストロイカ」の必要性を説く記事を仕立てた（ちなみに当時、頑迷固陋《がんめいころう》なところが少ないという点では、ソヴェツカヤ・ロシアはソ連随一であった。もっとも、ネナーシェフが一九八六年に編集部を去ったあと、同紙は保守派の急先鋒となったが）。しかしほかの新聞は、演説に関する論評を避け、無味乾燥な記事しか掲載しなかった。ネナーシェフは次のように付け加えている。「私はあまり驚かなかった。なぜなら、ゴルバチョフの述べたさまざまな事柄がチェルネンコ派から支持を得られないということは、分かっていたから」[141]。ワジム・メドヴェージェフは一九八四年一二月の演説を、「イデオロギー担当書記としてのゴルバチョフの役割を公《おおやけ》にするもの」であり、また「ドグマに囚われない目新しさをもっていた」と評している[142]。ただし、演説の表現形式は旧式だった（ゴルバチョフの演説には、レーニンからの引用が多数盛り込まれていた。一箇所、チェルネンコからの引用もあった）。ゴルバチョフの演説を、「危険で、度を超えたものと見なす人は大勢いた」と、メドヴェージェフは語っている[143]。

　ゴルバチョフは計算した上でリスクを冒し、演説をおこなった。というのも、政治局にあって次期書記長を選出する人々は、改革者集団などではなかったからである。大半の政治局員は、それとは反対に、従来どおりに物事が進むことを願っていた。しかしゴルバチョフは、変化の必要性を心の底から確信していた。ゴルバチョフはまた、先頭ランナーの立場にあるだけに、手本を示すだけの余地があると感じていたのであろう。そして、敵によって前進を阻まれそうになった場合に備えて、党中央委員会全体に訴えるための政綱を用意しておこうと考えたのであろう。ボリス・エリツィン[144]やゲオルギー・アルバートフ[145]を始め、党中央委員会メンバーのうち少なからぬ者が、次のように述べている。「一九八五年三月、ついに書記長の交替がおこなわれた。このとき政治局は、ゴルバチョフ以外の名前を提案していたら、私たちを含む党中央委員会の挑戦を受けていたであろう。政治局が推薦することには何であれ服従するという党中央委員会の慣例は無視されたであろう」。

　国内の雰囲気もまた、老人支配と訣別する方向に働いた。ゴルバチョフの唯一の対抗馬として売り込み始めていた人物は、モスクワ市党第一書記で七十歳になるヴィクトル・グリシンであった。だからソ連要人の中には、腹を決める際に世論を重視した者もいたであろう（改革前のソビエト体制のもとでは珍しいことである）。アルバートフの見解によれば、仮に政治局が、守旧派に属する別の人物を中央委員会に押し付けようとしていたら、「保守色の強い中央委員のメンバーの中からも、（中略）そのような押し付けに抵抗する者が出現しただろう」。アルバートフは、さらに次のように言葉を継いでいる。「ゴルバチョフは国内と外交の両面においていかなる政策を追求するつもりだったのか――それが分かっていたら、話はまったく違っていたであろう[146]」。

一方ゴルバチョフは、ソビエト体制は本格的な政治的、経済的改革を必要としているとの判断を下していた。このことは、一九八四年一二月の演説を注意深く読めば分かる。ゴルバチョフは党書記長に就任したあと、持論をさらに発展させ、体制を改革するどころか、体制を支える一連の柱を破壊することも辞さないほどになった。一九八四～八五年のゴルバチョフが経済成長の加速化以上の関心をもっていなかったとする俗論は、よく調べてみれば、何の説得力もないことが分かる[147]。一二月の演説の政治上の内容やそのほかの部分は、次の章で綿密に検討する。しかしゴルバチョフは、内輪の席ではすでに胸中の思いを明らかにしていた。一九八三年の夏、当時まだカナダ駐在大使だったアレクサンドル・ヤコヴレフは、ゴルバチョフを迎え、長時間にわたって会話をかわした。ヤコヴレフは次のように回想している。「我々はあらゆる事柄に関して非常に率直に語り合った。（中略）主たる論点は、社会は変化しなければならないとか、異なった原則に基づいて社会を建設しなければならない、といったものであった[148]」。ペレストロイカに関係する着想は、一九八五年三月になって単に自然発生的に、あるいは偶然に出てきたわけではない。ヤコヴレフはそう言葉を継ぎ、さらに、「それらの着想はゴルバチョフの頭の中で、時間をかけて練られていたのである」と述べた[149]。

同様に、ゴルバチョフとシェワルナゼは、一九八四年一二月のある晩にクリミアのリゾート地であるピツンダでかわした会話をそれぞれ回想している。その席で両者は、「ソ連の人民は今のまま生き続けることはできない」という見方で一致した。そのときシェワルナゼは、「何もかも腐敗している」と発言した。一九九〇年のこと、ゴルバチョフはその発言を、賛意を込めて紹介している。[150] その一年後に出版された回想録の中で、シェワルナゼは次のように書いている。「『何もかも腐敗している。それは改めなければならない』。それはまさに、一九八四年の冬の晩、私がピツンダでゴルバチョフに向かって発した言葉だ。今でも、そのときの言葉を取り消すつもりはない」[151]。ゴルバチョフ自身は党書記長のポストを拝命する前の晩、妻に向かって次のように述べたという。「我々は、現状のまま生き続けることはできない」[152]。ゴルバチョフは党書記長に就任してから数年のうちに、予想外の政策を打ち出すことになった。就任前には、自分がそのような政策を提唱するようになるとは想像もしていなかった。しかし、ゴルバチョフが一九八四年の末から一九八五年の初めにかけて温めていた政治の基本方針は、ソ連の政治エリート層が理解していたよりもはるかに急進的だった[153]。ちなみにゴルバチョフの基本方針は、半ば秘密で半ば公然であった。なにしろ、毎年冬の休暇で顔を合わせるとき、ゴルバチョフはシェワルナゼにたいし、両者が人前で発言するときに習いとしていた以上に率直に話をしていたのだから[154]。

ゴルバチョフの敵の中には、改革志向よりも別の事柄に不安を感じている者もあった。そもそも反ゴルバチョフ派の多くは、ゴルバチョフが改革を目指していることすら分かっていなかった。改革志向よりも不安に感じられたのは、降格や解任を含む急速な人事異動の気配であった。そして、ゴルバチョフが政綱に盛り込んでいる規律重視や汚職取り締まりの方針であった。規律の強化や綱紀の粛正は、アンドロポフが党書記長として在任していた短い期間に大いに重視した事柄である。しかし、チェルネンコのもとでは、それらの問題にたいする取り組み方は、あまり真剣なものではなくなっていた。

しかし、チェルネンコが亡くなる直前の数カ月間、事態は変わった。チェルネンコの健康が悪化したために、権力の一部はゴルバチョフが握るところとなった。その数カ月間に、規律強化の気配をはっきりと思い出させる出来事が起こる。腐敗で悪名高い元内務次官のニコライ・シチョロコフの事件である。シチョロコフは、アンドロポフ時代に解任されたにもかかわらず、チェルネンコが党書記長の座についてからは快適な暮らしを送っていた（シチョロコフは、チェルネンコと三〇年来のつき合いがあった）。だが、一九八四年一一月、シチョロコフは、軍人としての名誉を汚し、かつ在職中に職権を濫用したとして、軍籍を剥奪された。これは、ほぼ間違いなく、シチョロコフを刑事訴追に追い込むための最初の一手であったろう。かねがねシチョロコフは、ゴルバチョフが権力の座に就くことを憂慮していた。そしてゴルバチョフのことを、「あの男は片付けねばならん」と息巻いていた。[155] 翌月、シチョロコフは自殺を遂げた。シチョロコフが自殺したという噂が流れた。シチョロコフの自殺が事実だったことは、クレムリン付きの医師チャゾフがのちに回想録の中で確認している。[156] チャゾフの見るところ、チェルネンコは、シチョロコフのような古くからの友人がウスチーノフのあとを追うようにして自殺したという事実に、強烈な印象を受けたようである。[157]

党書記長ポストの継承

奇妙なことに、ソ連の伝統的な無競争選挙が、ゴルバチョフに対抗する保守派が最後の無駄な抵抗をおこなうための舞台となった。選挙はまた、ゴルバチョフが依然としてチェルネンコの最有力後継者の立場にあるということを示す証拠となった。もっともそれは、見る目のある人にしか分からない形で示されたのであるが。ロシア共和国の最高会議の選挙が一九八五年二月に実施された。ヴィクトル・グリシンは、脚光を浴びようと身を乗り出した。リガチョフの見るところ、「われこそが党書記長の後継者であるとのイメージを植え付けようとしていた」のである[158]（グリシンを煽っていたのは、間違いなくグリゴーリー・ロマノフである。ロマノフはグリシン率いる政治局において、イデオロギー担当書記としてゴルバチョフの後釜にすわり、公認の次期書記長になることを望みかねない人物であった)[159]。グリシンはたとえば、モスクワ市党第一書記の地位を利用して、重病のチェルネンコのかたわらにいるところを写真に写してもらえるよう段取りをつけた。それに先立ってチェルネンコは、病の床を離れた。一票を投ずる場面を演出するためであった。また、それによって、ソ連の指導者が生きていることを世界に向かって証明するためであった。本当のところ、チェルネンコは単に生きているにすぎなかったのだが。グリシンの行動を支えていたのは、「最高指導者の最も身近に見受けられる人物がナンバー2として受け入れられる」という仮説であった。

この戦術はしかし、完全に裏目に出た。ゴルバチョフ以外の人間がチェルネンコのあとを継ぐというシナリオは、ますます見込みのないものとなった。一般大衆は言うまでもなく、ソ連当局においてすら、次のような見方を強める者が少なくなかった。国葬が例年の儀式にならないようにするためには、指導部における世代交代が必要だ――。チェルネンコが余命いくばくもないことは、あまりにも明らかだった。グリシンはチェルネンコより年下だったが、その差はわずか三歳でしかなかった。チャゾフが言うように、「グリシンはチェルネンコとの関係が近いことを強調しようと努力した[160]」が、それは、アルバートフから見れば「愚の骨頂であった[161]」。というのも、病めるチェルネンコに近いということは、もう利点ではなくなっていたからである[162]。

チェルネンコがアンドロポフの後継者となって以来、老齢のソ連指導者たちの病弱ぶりは、モスクワでブラックユーモアの材料となっていた。アンドロポフの葬儀の直後に人々が口にしたアネクドートがある。「マーガレット・サッチャーがロナルド・レーガンに電話をかけ、言った。『いらっしゃればよろしかったのに。あちらの皆さんのもてなしは、申し分のないものでしたよ。私は来年、必ずまた参ります』。その言葉は実現した。ただしそれは、チェルネンコの葬儀に出席するためであった！　もっともレーガンは、またしても欠席だった」。

公式発表の形に仕立てられたアネクドートもある。「このほど開催された党中央委員会で、以下の決定が下された。

同志Xを党書記長に選任する。と同時に、クレムリンの壁に埋葬することにする」。

実際のところ、ロシア共和国最高会議の選挙が示したのは、ゴルバチョフがチェルネンコの後継レースにおいて依然として首位を走っているという事実であった。このことを証明するクレムリノロジー的な証拠が、三点ほどある。これらの証拠は、見る目がないと見えないが、軽視すべきではない。というのも、それを読み取ることができれば、政治の主潮がどの方向に向いているのかについて、まさにリアルタイムで――つまり事後に振り返った場合に限らず――有益な示唆を得ることができたからである。第一の指標が出てきたのは、一月である。この月プラウダ紙に、各指導者を指名した選挙区の数と、それら指導者がどの選挙区の指名を受け入れたのかを示す一覧表が掲載された。獲得した指名数に関して言うなら、チェルネンコが最高であった。しかし、二位に並んだのは、チーホノフとゴルバチョフであった。受諾者の一覧表では、チェルネンコが一位、チーホノフが二位、ゴルバチョフが三位に据えられていた。[163]この件に関しては、自発性や偶然性のようなものは、まったく存在しない。このような序列に反映されているのは、各指導者が政治的ヒエラルキーに占めている位置である。チェルネンコは党書記長である以上、最高位に置かれるのが当然であった。チーホノフが第二位に登載されていたのは、閣僚会議議長（首相）のような高い地位に就いていたことによる。しかし、チーホノフは七十九歳という高齢であり、しかも党においては役職にも就いていなかった。したがって、いかなる意味においても、次期党書記長の座をねらう立場にはなかった。このように、党書記長の地位を望むことのできる一握りの人々の中でも、ゴルバチョフは先頭を切っていたのである。

第二の指標は、選挙演説がおこなわれた順番である。政治局のメンバーはそれぞれ別の日に、立候補予定の選挙区に向けて演説をおこなう。政治的ヒエラルキーにおける位置が上位にあると、演説の日取りは選挙当日の間近に設定される。最後の三つの演説をおこなったのは、ゴルバチョフ、チーホノフ、チェルネンコであった（チェルネンコの演説は代読であった。病状が悪くて人前に姿を現すことができなかったのである）。[164]二月末の序列は、一月初めの受諾者一覧表と同じであった。それどころか、一九八四年三月の序列とも同じであった。このときは、政治局のメンバーがソ連最高会議の選挙演説をおこなっている。アンドロポフ死去の直後のことであった。[165]

ゴルバチョフが並みの政治局員ではないことを示す第三の指標は、党中央委員会の二人の書記、すなわちリガチョフとルイシコフが一九八五年二月の選挙演説に出席したということである。これは、過去の慣行にはなかったことである。言うまでもなく、リガチョフとルイシコフはゴルバチョフにとって、当時最も親密な関係にあった盟友である。ベテラン書記の一人であるドルギフが指摘しているように、二人が演説の場に同席したことは、時とともに形成されてきた「神聖この上ない」伝統的パターンと合致しないことだったので、「人々はそれに気づいた」。[166]

一月と二月の間、チャゾフは事あるごとにゴルバチョフに電話をかけてきた。チェルネンコの病状について報告するためである。チャゾフは、ゴルバチョフが「チェルネンコと複雑な関係にある」ことに気づいていたので、ゴルバチョフの非公式の申し入れに「毎度驚かされた」。ゴルバチョフの願いは、最善を尽くしてチェルネンコを救ってほしい、チェルネンコの健康を保ってほしい、というものであった。[167] チャゾフしかし、ゴルバチョフに何らかの幻想をもたせるようなことはしなかった。そして、医師団全員の意見として、チェルネンコの余命は「わずか数カ月か、それ以下」であるとゴルバチョフに告げたという。[168] 実際、チェルネンコは数日間の昏睡状態を経て、三月一〇日(日曜日)の夕方に亡くなった。最初に連絡を受けたのはゴルバチョフであった。チャゾフがゴルバチョフの別荘《ダーチャ》に電話をかけて知らせたのである。[169]

チェルネンコ書記長の死去――ゴルバチョフ、後継書記長へ

ゴルバチョフは、チェルネンコが生きている間こそ、その健康を願っていたけれども、訃報が入ると、党書記長の座を引き継ぐべく盟友のリガチョフとともにただちに行動を起こした。前回のケースと同様、これは二段階で進む手

はずになっていた。第一に政治局が、だれを党書記長として推薦するのかを決める。第二は、中央委員会が全体として形式的な選挙をおこなう。原則問題としては、政治局の推薦にたいして反対の声が上がって、票が割れるという可能性は排除できなかった(特に、政治局がゴルバチョフ以外のだれかを推薦した場合には、そういうことがあり得た)。しかし実態的には、中央委員会における選挙は従来、形式的なものであった。それは確かである。実際の選択をおこなうのは、政治局であった。もっと言うなら、政治局の中の中枢集団《インナーサークル》であった。インナーサークルは、あとで政治局全体の追認を得ることができる立場にあった。ゴルバチョフを選出する過程も例外ではなかった。

しかし、ゴルバチョフ側の作戦のスピードと手際の良さは、前例のないものであった。ソ連の歴代党書記長の中で、ゴルバチョフほど迅速に選出された者はない。もっとも、ゴルバチョフ側の作戦は、もともと可能性の高かったゴルバチョフの選出をさらに確実にしたにすぎないのだが。チェルネンコが亡くなったのは、午後七時二〇分であった。党中央委員会総務部を率いるクラヴディ・ボゴリューボフは、チェルネンコとの関係がきわめて近く、すでに見たように、決してゴルバチョフ陣営の味方ではなかったけれども、(170) ゴルバチョフの指図にたいして唯々諾々と従うしかなかった。ゴルバチョフが出した指示は、その晩クレムリンで会議を開催するから政治局のメンバーと党中央委員会書記を招集せよ、というものであった。

その晩と翌日に開催された政治局の会議に出席した人々の話は、細部において多少異同がある。しかし今や、本質的なことを明らかにするのに充分な証言がそろっている。日曜夜の会議は、公式には、政治局の党書記長選任を目的とするものではなかった。会議の目的は第一に、前党書記長の病気と死についてチャゾフの報告を聞くことにあった。第二の目的は、葬儀委員会の顔ぶれをどうするのか、特に、だれを葬儀委員長にするのかを話し合うことにあった。スターリンの死去以来、前党書記長の葬儀の委員長に指名された者は、党の最高指導者になるのが常であった。過去二年半の間に亡くなった党書記長は、チェルネンコで三人目である。ソ連国内および外国の専門家は、前例をまだ鮮やかに頭の中にとどめていた。葬儀には重要な意味があった。葬儀委員長を選ぶことは、ソ連の次の指導者を選ぶための一次予選だったからである。

ゴルバチョフの立場からすると、会議の即時招集にはもっともな理由があった。政治局員のうち三人は、出席する機会がなくなった。カザフスタン党の第一書記であるクナーエフにとっては、会議に間に合うようにアルマ・アタからモスクワに駆けつけることなど、土台無理な話であった。ウクライナ党第一書記のウラジーミル・シチェルビツキーの場合、出席の可能性はもっと低かった。チェルネンコ死去の一報を受けたとき、ソ連の訪米団を率いてサンフランシスコにいたからである。[171] 出席できない状況に置かれた第三の人物は、ヴィターリー・ヴォロトニコフであった。ヴォロトニコフはロシア共和国閣僚会議議長（首相）で、アンドロポフのもとで政治局員に昇格している。ヴォロトニコフは、訪問先のユーゴスラヴィアで雪のため足止めを食っていた。三人の中には、ゴルバチョフに近い人物はいない。そして三人のうち二人は、アンドロポフ＝ゴルバチョフ陣営ではなくて、ブレジネフ＝チェルネンコ陣営に与《くみ》していた。ヴォロトニコフは、ゴルバチョフがチェルネンコの後継者となることを当然視していた。[172] しかし、古参ブレジネフ派のクナーエフとシチェルビツキーは、たとえばグリシンのような、ゴルバチョフに取って代わる年長の候補者を積極的に支持しかねなかった。もちろん、その人物に勝ち目があると判断していたら、の話であるが。三人が出席していたとしても、指導部を二分するようなリスクを冒したかどうかは疑わしい。しかし、彼らが欠席したおかげで、権力の継承は非常に円滑なものとなった。

政治局のメンバーおよび党中央委員会の書記たちは日曜日の夜、クレムリンに招集された。大半の者は、非常呼集の理由を電話で教えてもらうことはなかった。また、ソビエト体制に慣れきっていたので、尋ねてみようともしなかった。しかし、チェルネンコが亡くなったのだと見当をつけることは、造作のないことであった。グリシンがクレムリンに到着したとき、チェルネンコ死去の知らせを伝えたのは、ほかでもないゴルバチョフであった。ゴルバチョフはただちに、また巧みにその機会をとらえ、正式の会議に先立ってグリシンの胸の内を探った。ゴルバチョフは、グリシンに直截《ちょくせつ》に尋ねるような無作法なことはしなかった。その代わり、葬儀委員長を務めてくれないかと持ちかけた。(173)グリシンは驚きの表情を示し、モスクワ市の党第一書記よりもむしろ党中央委員会書記が葬儀委員長を務めるのが恒例だろうに、と指摘した。そして、前党書記長に最も親しい関係にあった者が葬儀委員長になるのが筋だ、と付け加え、「あなたこそ、その人物だ」と述べて、話を締めくくった。(174)グリシンが後段で指摘した事柄は、ゴルバチョフが第二書記であるという点を除くと、真実ではなかった。しかし、グリシンは明らかに、自分自身が党書記長に選出される可能性はほとんどないと判断していた。したがって、最高指導部において生き残りを図るためには、ゴルバチョフにたいして支持を示すことが最善の方法だとの打算を働かせたのである。

グリシンは食指を動かしていた。それをどの程度真剣に受け止めるべきかは、まだ明らかではない。ゴルバチョフ自身は、グリシンに向かって葬儀委員長を引き受ける気はないかと尋ねたにもかかわらず、次のように述べている。「グリシンが党書記長の候補者になり得るなどという考えは、だれの頭にも思い浮かばなかった」。(175)ゴルバチョフの言っていることは、厳密に言うと正しくない(当時、選択が実際になされたあとの時点では真実であったにしても)。というのも、たとえば、リガチョフとエリツィンなどは、そのような案を真剣に受け止めていたからである。エリツィンは、グリシンが作成したとされる一覧表を見つけたと回想録の中で述べている。その一覧表には、党書記長の後継者レースにおいてだれが敵に回りそうだとか、だれが味方になりそうだとかを記してあったという。しかし、エリツィンは当時まだスヴェルドロフスク州の党第一書記だったのだから、一覧表の話は、まったくの想像上の産物であった。(176)リガチョフは、グリシンのリストが見つかったと示唆するエリツィンの発言には懐疑的であった。もっともリガチョフは、グリシンが一九八四~八五年の冬、活動を活発化させ、「政治局の中での指導的な役割をほとんど公然と要求し始めた」(177)ことについては、関心を持っていたが。リガチョフはグリシンの一覧表について、「巷《ちまた》のうわさのように」聞こえると述べ、次のように問いかけた。「政治局のメンバーは、指折り数えられるほどしかいない。その名前を記憶することなど、造作のないことだ。何だって一覧表を作る必要があるのか」[178]。

リガチョフが示唆するところによると、葬儀委員長を選出する政治局の第一回会議のあとですら、結論はまだ未確定だったという。しかし大部分の出席者は、その説に異を唱えている。ゴルバチョフは第一回会議の冒頭から議長を務め、葬儀委員長となって登場した。のちにゴルバチョフ自身がアナトーリー・チェルニャーエフに語っているとおり[179]、葬儀委員長に最もふさわしい人物としてゴルバチョフを最初に名指ししたのは、ほかならぬグリシンであった。それは、政治局の会議における正式な指名であり、それに先立つゴルバチョフとの立ち話で提案したことを再現するものであった。合意が成立し、新書記長を選出する政治局会議を翌日の午後三時に、そして、正式の選出をおこなうための党中央委員会総会を午後五時に開催することが決まった。つまり、新書記長が、前書記長の死去から二四時間も経たないうちに着任する運びになったのである。遠隔地の党中央委員は会議に出席するため、モスクワまで軍用機に乗って来ることになった[180]。このこと一つ取ってみても、共産党がどれほど支配的な立場にあったのか、また改革前のソ連において党と国家がどの程度癒着していたのかが分かる。

政治局の会議は、三月一〇日夜と三月一一日午後におこなわれている。グロムイコはすでに一〇日の会議で、ゴルバチョフを葬儀委員長に指名する方向で重要な調停をおこなっていたのだろうか。この点については、両方の会議に出席していた人々の間ですら、若干の意見の異同が見られる。しかし、三月一一日（チェルネンコ死去の翌日）の会議でゴルバチョフを推薦したのは、グロムイコである。その点については、疑問の余地はない。その会議の直後に党中央委員会総会が開かれ、その席上でもグロムイコは、ゴルバチョフ支持の基調演説をおこなっている[181]。たとえばリガチョフの見方によると、事は、党中央委員会総会を二時間後に控えた三月一一日の政治局会議まで、最終的な決着に至っていなかったという。一方ルイシコフは、一〇日の会議で万事片が付いたと見ている[182]。リガチョフは、形式の点では正しかった（しかし恐らく、正しかったのは形式の点だけである）。なにしろ、政治局は一〇日の時点では、後継党書記長の問題についてまだはっきりとした採決をしていなかったし、党中央委員会の採決もそのあとで実施しなければならなかったからである。そして、ゴルバチョフが葬儀委員長に指名されたということも、まだ一般には知られていなかった。チェルネンコの死が外部世界に伝わったのは、ようやく一一日になってからであった。ゴルバチョフが後継者であることが分かったのは、そのあと、つまり同日夜遅くのことであった。実態は以下のような具合であった。三月一一日、政治局の会議が開催された。政治局は、スターラヤ広場の党中央委員会ビルの一角にある。ドルギフは会議場に向かう途中、エレベーターで偶然ゴルバチョフと乗り合わせた。冗談半分で、「もう指名受諾演説は出来ているのですか」と尋ねたところ、ゴルバチョフは笑って、次のように応えた。「演説の代筆を人に頼んでおいた。だれが演説を要請されても大丈夫なように」[183]。

実際のところ、チェルネンコに近い人々の一団が夜遅くまでかかってチェルネンコの生前の業績をたたえる追悼文を執筆し、別の一団が徹夜で、新書記長の指名受諾演説を準備した。「未知の新書記長がおこなう」演説を執筆した人物は、以下の四人である。当時、党中央委員会総務部の第一次長を務めていたアナトーリー・ルキヤノフ（ルキヤノフは間もなく、ゴルバチョフが党書記長に就任すると、ボゴリューボフの後任として総務部長に昇格）。党中央委員会の学術・教育機関部の部長であるワジム・メドヴェージェフ。国際部の第一次長のワジム・ザグラジン。そして、三代の党書記長（ブレジネフ、アンドロポフ、チェルネンコ）の外交顧問を務めてきたアンドレイ・アレクサンドロフ゠アゲントフ。アレクサンドロフ゠アゲントフは、ゴルバチョフのもとでもその職にとどまったが、一九八六年初めに更迭された。後任はアナトーリー・チェルニャーエフであった[184]。ルキヤノフとメドヴェージェフは、ゴルバチョフ派である。それは非常にはっきりしている。演説のテキストから読み取れることだが、二人は演説を、大いにゴルバチョフを念頭に置いて書いている（ただしそれは、一九八四年一二月のイデオロギー会議の演説とくらべると、大胆さや斬新さに欠けていた。ついでに言うと、イデオロギー会議の演説は緻密に練られていて、しかも長大であった）。三月の党中央委員会総会での演説は、伝統的な要素を充分に備えながらも、いかにもゴルバチョフらしいテーマを持ち込んでいた。第一に、民主主義を発展させることが、党内政治の鍵を握る課題だと評していた。第二に、党組織や議会《ソヴィエト》、国家機関の活動における情報公開《グラスノスチ》の拡大を求めていた[185]。

三月一一日の政治局の会議においても、それに引き続いて行われた党中央委員会総会においても、ゴルバチョフを党書記長に推薦したのはグロムイコであった。しかも、その言葉づかいはこの上なく温かかった。だから、ゴルバチョフにたいして疑惑を抱いていた人々も、異論を唱えるのが余計に難しくなった。ゴルバチョフは以前から、世代交代と斬新な発想の両方を切望している人々の支持を得ていた。したがって、旧世代の最長老（すなわち、ブレジネフ率いる政治局の、中枢集団最後の生き残り）がゴルバチョフに全面協力する姿勢を示したことは、ゴルバチョフに有利に働いた[186]。

グロムイコは党中央委員会総会での演説で、ゴルバチョフの徳目として以下のものを挙げた。鋭い知性、分析的な思考、豊かな教養、政治的な配慮（物事を黒白に二分して見ることを避けること）、強い信念、率直さ、他人との間で良好な関係を築き、意見をすり合わせる能力。グロムイコはまた、次のように強調した。「ゴルバチョフは、さまざまなレベルで党活動にたずさわった経験がある。また、（政治局や書記局での）議事進行をつかさどる手腕に長けている。そして、それもさることながら、国際問題をよく理解している[187]」。

政治局の会議でも、それに引き続いておこなわれた党中央委員会総会でも、ゴルバチョフに反対する者はなかった。ゴルバチョフは両方の組織において満場一致で党書記長に選出された[188]。書記長選出のプロセスは、一九八二年および一九八四年の後継者選びとほとんど異なるところはなかった。違っていた点は二つある。第一に、グロムイコのゴルバチョフ推薦演説は形式にとらわれず、精彩があった。第二に、老齢の病人による支配が終わりを告げようとしていることに、少なからぬ党中央委員が安堵していた（もっとも、それら中央委員の大半は、党書記長としてのゴルバチョフの時代が終わらないうちに、郷愁の念をもってブレジネフ時代を顧みるようになるのであるが)。政治局のメンバーのうちおよそ半分は、ゴルバチョフにたいする懸念や懐疑を抱いていなかったわけではない。しかし、勝ち馬であることが一目瞭然である者にたいして真っ向から反対することは、慣習に反していた。だからこそ、ゴルバチョフを党書記長に選ぶプロセスは、党ヒエラルキーの最高レベルにおいて円滑に進んだのである。かくして、ルイシコフが強調しているように、一九八五年三月、権力闘争は起こらなかった(もっとも、それに先立つ二年半の間、舞台裏での小競り合いは多々あった)。ルイシコフがいみじくも評しているように、それは革命的な一幕であった。しかし革命的だったのは、本質である。形式ではなかった。「形式的には、党書記長の選出は平穏のうちにおこなわれた。それは、前もって決められていたのである」[189]。

このように、ソ連共産党の政治局と中央委員会は、党内の最高ポストにゴルバチョフを選んだ。ルイシコフは、ゴルバチョフとの関係が疎遠になったあとですら次のように評している。ゴルバチョフは、「ブレジネフ率いる党中央委員会においては、よそ者《チュジャーク》」であった。また、一九七八年以来中央にいながら腐敗することのなかった人物である[190]。ルイシコフが述べているように、ゴルバチョフを「生み、育て、鍛えた」のは体制である。それでいて、「ゴルバチョフはずいぶん以前から、自分の生みの親である体制に内部から造反していたわけである[191]。のちに顧問となるアンドレイ・グラチョフの言葉を借りるなら、ゴルバチョフは、体制の遺伝子が変異して出来上がったのである[192]。

第４章　理念の力、人事の力

ゴルバチョフ党書記長、体制の改革に乗り出す

ゴルバチョフがソ連国内の最高の地位にあった年月は、変化の時期であった。制度と政策が劇的に変化したばかりか、思考も根本的に変化した。ソビエト体制は多大の労力と費用を投入し、知識と情報を国内に入れまいとして睨みを利かせ続けた。しかしそれは、技術の進歩により、次第に難しくなっていった。共産主義体制下の制度とレーニン主義のイデオロギーとの共存はそれまで、ソビエト体制を維持するにあたってきわめて重要な条件であった。ゴルバチョフは、既存の正統的教義から逸脱した発想を受け入れた。その結果ソビエト体制は、ゴルバチョフが当初予見していた以上に大きく変容し、土台を侵食された。

もちろん、それらの発想で完全に斬新なものは、一つもなかった。確かにペレストロイカの初期、さまざまな見解が提起された。しかしソビエト社会の内部には、それらの見解を部分的に何年も前から奉じていた個人や小規模な集団があったのである（それら個人および集団の見解も、ほとんどの場合、一九八〇年代の末までに変化を遂げたのであるが）。だが、高度に権威主義的な、閉ざされた政治体制の内部において、理念に政治的な効果をもたせようとするなら、そのような理念を奉じる人々がいるだけでは不充分である。理念を信奉している人々が権力の一端を担っているか、あるいはコミュニケーション手段を備えていることが必要である。中央集権化されたソビエト国家の内部にあって決定的に重要だったのは、新任の党書記長が準備していた人事である。影響力の大きいポストや、場合によっては最高レベルの役職に、自由闊達な人物を配置することが必要不可欠であった。自由闊達とは、歴代の党書記長のもとで政治や思考を支配していた教義にとらわれないという意味である。ソビエト体制を変容させる潜在的な理念の力は、このように、党書記長の人事の力を借りて実体性をもった。党書記長は人事権限があるからといって、権力と影響力のある地位に

新しい人々を自由自在に任命できるというわけではない（このことについては、以下で詳述する）。とはいえ、党書記長のポストを握る者はやはり、任免権限の大きさで他を圧倒している。新しい人材を登用したからといって、自動的に斬新な意見が飛び出してくるわけではないが、原則としてその可能性は広がる。そしてゴルバチョフの場合、実際にそうなったのである。

一九八五～一九九一年、意見形成の様相が大きく変化した。変化の度合いを遺憾なく評価するためには、出発点の低さに思いを致さなければならない。一九八五年時点では、ソ連の世論というものについていくらか語ることができたとしても、ソ連はまだ、レーニン主義という外皮や共産党の支配を投げ捨てようと努力してはいなかった。なにしろ、住民にたいして厳格な情報統制が敷かれていたし、体制側に与《くみ》しない意見を公の場で述べることも、同様にきびしく制限されていたのだから、それは一目瞭然である。ソ連では、依然としてレーニンが住民の圧倒的多数の尊敬を集めていた。(1) ロシアではその傾向が特に顕著であった。また、共産党の支配は当然視されていた。ボリシェヴィキ革命以前に成人に達していた市民は、ほんの一握りしかいなかった。一九〇六年から一九一七年の間に四つの国会《ドゥーマ》が順次召集されたが、その萌芽的な政治的多元主義を覚えている者は、わずかしかいなかった。しかも年配の世代の場合、現在の生活環境をソ連史初期の窮乏状態と比較して、良くなったと感じている者が依然として多かった。彼らはまた、ソ連が獲得した超大国の地位に誇りをもっていた。なるほどソ連は、（西側から見ると否応なく目につく）体制の根本的な欠陥を抱えていた。たとえば政治の領域においては、自由・民主主義・説明責任が欠如しており、経済においては非合理性と非効率性が目立っていた。にもかかわらず一九八五年の時点では、新指導者ミハイル・ゴルバチョフと同じように国民全体も、ソビエト体制を拒絶していたわけではない（ソビエト体制の機能のさまざまな側面について、内輪で苦情を言うことはあったが）。一九八五～八八年に起こった変化を、大衆が下から圧力をかけた結果と見なすなら、それは、想像力の働かせ過ぎであろう。

アレクサンドル・ヤコヴレフはペレストロイカ時代にきわめて重要な役割を果たした人物である。そのヤコヴレフはペレストロイカ時代を回顧して、次のように結論づけている。一九八五年のソビエト社会は、「ひどく病んでいたが、その病気に気づこうとしなかった」。そして、外見的にはほぼ健康であるような様子をしていた。[2] 外からソ連を研究している優れた専門家にビアラーがいる。ビアラーは一九八〇年代半ばに、次のように述べている。ソ連が当時危機に直面していたにしても、それは「効率の危機」であって、「体制の危機」とか「存亡の危機」ではなかった。[3] 一九八五年、偏見のない専門家にとって、ソビエト体制がきわめて重要な点において破綻しつつあるということはすでに明らかであった。だが実は、ヤコヴレフばりの医学の比喩で表現するなら、ソ連は生死の境に達していたわけではない。ゴルバチョフ自身は一九八五年のソビエト体制の状況についてやや矛盾した説明をしている。ロシアを始めとするソ連の承継国は、一九八五年以降の一〇年間に起こった変動にたいし重い代償を払った。それを意識してゴルバチョフは、自分が選んだ道以外の選択肢はなかったと言わんばかりに力説することがよくある。それとは逆に、ソビエト体制は一九八五年以前とほぼ同じように一〇年程度は持ちこたえただろう、と指摘することもある。ゴルバチョフはその間、党書記長として絶対的な権限を享受することもできたのだが、それを自発的に放棄した。体制の変容につながる政治的変化を選んだからである。

ゴルバチョフは体制の改革に着手した。そして次第に、体制の回復とか復旧ではなく、むしろ体制の転換こそが課題なのだという見方を受け入れるようになった。それは疑いなく妥当なことであった。だが、ゴルバチョフが見方を変えたのは、強制されたからではない。ゴルバチョフが党書記長に選出されたとき、政治局のほかのメンバーは、大がかりな改革の必要を認めていなかった。それらメンバーのうちだれかがゴルバチョフの代わりに党書記長に選出されていたら、ソ連は、体制が抱える根本的な問題を直視するのを遅らせたであろう。ソビエト体制は結局のところ、過去七〇年のうち大半は政治的に抑圧的であり、経済的に非効率であった。悪化のきざしが種々見えていたとしても、ソビエト体制をさらに向こう数年間立ち行かせる方法は、別にもあったのである。だがそれらの方法では、ゴルバチョフ改革の場合と違って、基本中の基本とも言うべき問題は放置されたであろう。また、地球の危険度がいくらか低くなることもなかったに違いない。シャフナザロフが述べているように、一九八五年三月、政治局がグリシンやロマノフなど、保守派のだれかを選出していたと仮定しよう。その場合彼らは、極端に権威主義的な体制を維持したまま経済改革を推進するという中国方式にまで行き着いていたかもしれない。そして、ソ連を維持したであろう。だがその際、二極から成る国際体制の内部で緊張が続き、核戦争のリスクも軽減されないなど、その代償は非常に高くついたはずである。(4) シャフナザロフがいみじくも述べているとおり、ソ連が根本的な改革の道を歩み始めるにあたって、何も必然的なものはなかったのである。ゴルバチョフ政権の誕生やゴルバチョフの政策が、経済上の要請で決まったと考えるなら、そこには相当な無理がある。(5)

一九九〇年までにソ連は存亡の危機に直面するようになった。文字どおり、ソビエト国家が生き残ることができるか否かが問題になった。ゴルバチョフがその五年前に党書記長としてチェルネンコの後継者になったとき、そのようなことは問題になっていなかった。ソ連の危機は、意図せざる帰結である。それは、ソ連史上最も真剣な体制変革の企てによってもたらされた。体制を改革する過程で、深刻な問題が、体制を脅かす真の危機へと変化したのである。その危機の中で、ソビエト国家は存亡の試練に直面し、それを乗り越えることに失敗した。ソビエト社会のさまざまな集団は、それぞれまちまちの処方箋を用意していた。したがって事態は、ゴルバチョフがいかなる集団やいかなる個人にアドバイスを仰ぐかによって大きく左右された。ビアラーは、一九八〇年代半ばのソ連はまだ「存亡の危機」には直面していなかったと示唆している。それは正しい。だがビアラーは、一九八六年に出版した著作の中で、次のようにも言っている。「エリート層そのものにおいても、ソビエト社会のさまざまな社会階層においても、有意の反スターリン主義勢力が存在するという証拠を見出すことはできない。これは、今日のロシアの悲劇である」(6)。この評は、驚くほど見当はずれである。

エリート層内部における保守派と改革派の対立

現実には、当時のソビエト・エリート層を二分する主たる境界線は、体制の本格的な改革に着手することを願う勢力と、現状の微調整以上の企てを恐れる人々との間に引かれていた。これはしばしば、象徴的にスターリン主義と反スターリン主義という用語を使って表現された。それは、フルシチョフのように、スターリンの罪を強調することだけが目的だったのだろうか。そうではない。むしろ、フルシチョフのスターリン批判演説さながらに議論が人身攻撃に還元されるのを防ぐこと、そして、スターリンとその取り巻きの非道を許した体制の欠陥を検討することにもねらいがあった。ソ連共産党が外部世界に向けて示していた一枚岩的な外見の背後には、無数の見解があった。

しかし、最も重要な境界線は、スティーヴン・コーエンが一九八五年に用いた言葉を借りるなら、「改革派と保守派の間の対立」であった。[7] 実際に後者がもう一人のスターリンの出現を望んでいたのかというと、そうではない。仮にそのようなことが現実のものになっていたら、ソ連の保守派は、重視していた地位の安全を、身体上の安全とともに一挙に失っていたであろう。にもかかわらず保守派は、暗い過去を検証するいかなる企てにも反対していた。保守派は、スターリンとスターリン主義の問題を蒸し返すことに抵抗した。言うまでもなく、レーニン主義に関しても同様の姿勢であった。一九八五年の時点では、レーニン主義を問題にしようと考えていた者は皆無であった。保守派の抵抗は部分的に、スターリンの過酷な措置はその当時は適切だったという主張によって支えられていた。また、過去の過誤を暴露するプロセスはいずれ手に負えなくなり、既成の権威をそこなうかもしれないという危惧も動機になっていた。官僚政治の観点からすると、それは、保守派共産党員が守勢に回るということを意味しかねなかった（数年のうちに本当にそうなった）。というのも、スターリン問題は人目を引く問題となり、その結果、改革派を現状維持派から区分するための基本的な目安となったからである。[8]

フルシチョフの失脚からごく短期間のうちに、フルシチョフ流のスターリン批判は禁忌となった。大粛清に言及する場合は、穏やかな婉曲語法が用いられた。スターリン主義という用語は禁句となり、反共的なでっち上げと見なされた。しかし、内輪の席になると話は別である。党中央委員会の機関の一部をも含む党の知識人で、スターリン主義という用語を頻繁に、かつ軽蔑感を込めて使う者は少なくなかった。ソ連の民主化をどこまで許容し、さらには歓迎するのかをめぐって、党内の知識人の意見が食い違うこともあった。しかし、反スターリン主義を支持し、ソビエト体制が改革可能であると確信している点で、一九六〇年代の改革派（すなわち、トワルドフスキー率いるノーヴィ・ミール誌の、寄稿者のうち多くの者および読者）は、一九八五年以降二度目の機会を与えられた改革派と共通するところがあった。

多くの場合、両者は同じ人々であった。一九八〇年代後半、政治の方向づけに影響を及ぼすという点ではなはだしく分不相応に重要な役割を果たしたのは、五十歳代の終わりから六十歳代初めの党の知識人であった。これらの人々は一九六六年初めに四十歳前後で、一九五六年には二十代か三十代の初めであった。一九六六年というのは、二人の作家アンドレイ・シニャフスキーとユーリー・ダニエルが裁判にかけられた年である。シニャフスキーとダニエルの裁判は、文化が雪どけを終えてふたたび凍り始めたことを示す主要な兆候であった。一方、一九五六年は、ソ連共産党第二〇回大会が開催された年である。フルシチョフは第二〇回党大会において演説をおこない、スターリンの犯罪的行為の少なくとも一部をあばいた。当時二十代から三十代初めだった党の知識人のうち少なからぬ人々がフルシチョフの演説によって、それまで抱いていた幻想を打ち砕かれた。

ゴルバチョフは以前から、友人たちの間では反スターリン主義者として知られていたが[9]、スターリンに関する党の方針を独断で変更することはできなかった。ゴルバチョフはまた、ソ連史の問題が党を分裂させかねないということにも気づいていた。だから、ソ連の過去に関する論争を煽ることは、ゴルバチョフの初期の優先的課題の中には含まれていなかった。しかし、フランス共産党の機関紙ユマニテ（一九八六年二月四日付）のインタビューにおけるゴルバチョフの発言は、額面どおりに受け取るべきではない。ゴルバチョフはそのインタビューでスターリン主義をどう思うかと問われ、次のように答えている。「スターリン主義は、共産主義体制の敵が考え出した概念だ。ソ連と社会主義全般を誹謗するのに広く使われている」[10]。これについて論評している西側の専門家のうち、少なからぬ者がゴルバチョフの発言を本音と受け止めている。すなわち彼らは、ゴルバチョフの見解が一九八六年から一九八七年一一月にかけて大きく変化したと過大に仮定しているわけである。その時期になると、ゴルバチョフは以前よりはるかにスターリン批判の度合いを強めた（一九八九〜一九九一年については、言うまでもない。その頃までにゴルバチョフは事実上、スターリン主義の全遺産をレーニン主義の大部分とともに拒絶していた）。

ところが現実には、ゴルバチョフの見解はそれほど著しい変化を遂げたわけではない。もちろん、ゴルバチョフの見解は時を経るにしたがって進化した。進化は、一九八六年から一九八七年にかけての時期ですら滞ることはなかった。そして、一九八〇年代の末までにさらに深まった。それは特に、ゴルバチョフがスターリン主義という異形《いぎょう》の派生物ではなく、レーニン主義そのものの原理原則を問題にしたという点に表れている。しかし、もしユマニテ紙のインタビューにおけるゴルバチョフ発言を政治的に重視するなら、一九八〇年代半ばのゴルバチョフの姿勢をひどく見誤ることになる。ゴルバチョフはただ単に、党の標準的スターリン観をオウムのように繰り返していただけなのである。それは、（フルシチョフの解任以来）二〇年以上にわたって共産党指導部が堅持し、修正しないままになっていた。ユマニテ紙のインタビューでゴルバチョフはさらに言葉を継いで、次のように述べている。第二〇回党大会は三〇年前に、「スターリンの個人崇拝」にたいする姿勢を確立したが、それは「わが党にとって生易しいことではなかった」[11]。ブレジネフ時代全体を通じて、第二〇回党大会のスターリン糾弾はことさらに貶《おとし》められてきた。したがって、ゴルバチョフの右の発言はそれ自体、因襲との訣別だったわけである。しかし、もっと本質的な点はこうである。すなわち、ゴルバチョフは党書記長という立場においてすら、イデオロギーの修正をおこなうための根拠を用意しなければならなかった。また、第二七回党大会の前夜、スターリンおよびスターリン主義に関する党の姿勢を独断で変更することはできなかった。党書記長としての在職期間をもっと広い文脈で回顧しつつ、ゴルバチョフは一九九三年、次のように述懐している。「政治的指導者というものは、最大の権限を与えられているとしても、やはり行動の自由を制約されている。私はそれを理解するようになった[12]」。

区別すべき三要素——信念、レトリックの慣性、原理回帰を装う原理批判

全体にかかわる論点で、この際強調しておくに値するものが、まだほかに二点ある。第一。エストニアの研究者エーロ・ローネが言うように、「単一のイデオロギーを奉じる体制を研究する場合、必ず、以下の三点を区別しなければならない。心の底からの信念。習慣的なレトリックの慣性。原理への回帰を装う原理的批判[13]」。ソビエト体制は一九八〇年代の末までに根本的な変容を遂げた。それは表現の自由が発達した結果でもあり、また競争選挙を導入したからでもあった。いずれにしても、体制が変容を遂げるまでの間、体制の根本的な変化を求める理念の大部分は、意外に思われるかもしれないが、レーニン主義の初期の原則への回帰として提示しなければならなかった。さもなければ、ソビエト政治の現実世界においてそれらの理念を実行に移すことは不可能だったのである。西側では、このことが分かっていないために、ゴルバチョフの演説や公的発言の分析する際ひどく迷走する専門家が少なくない[14]。

第二の点について。ゴルバチョフの人前での政治的発言は、首尾一貫しているのが当然であるかのように見られることがあった。特に、時間の経過にともなう揺れは許されなかったが、鼎《かなえ》の軽重を問われるような、特定の微妙な時ですら、ゴルバチョフは一貫性を求められた。だがそれは、権威主義的なイデオロギー国家を率いる改革派指導者にとっては、間尺に合わない評価基準である。アレクサンドル・ヤコヴレフは、ゴルバチョフの盟友であったが、のち

にゴルバチョフが保守派共産党勢力にたいして戦術的な譲歩をおこなったとき、それを批判した人物でもある。にもかかわらずヤコヴレフは、次のように評している。（すべての点において、というわけではないが）大部分の点で、「ゴルバチョフの着手した変革は、首尾一貫性を欠く運命にあった」。一九九二年一月、バチカンで講演したときヤコヴレフは、それに続けて次のように述べている。「ペレストロイカ初期の数年間、一貫した急進主義で臨んでいたら、包括的な改革という目標そのものが流産の憂き目に遭っていたであろう[15]」。党と国家の機構は力を合わせて造反していたであろう。経済官僚機構もさることながら、ＫＧＢなどの弾圧機関はなおさらそうしたであろう。そして、「ソ連は、スターリン主義が支配する最悪の時代に逆戻りさせられていたであろう[16]」。

ゴルバチョフはソ連共産党書記長であり、したがって、マルクス・レーニン主義の教義を擁護する公式の後見人であった。と同時に、教義の大部分を進んで問題視する改革運動の指導者でもあった。だから、しばしば言われるように、ローマ法王であると同時にマルチン・ルターでもあるという居心地の良くない立場に立っていたのである。これは言い得て妙である。付け加えておくと、ヤコヴレフはバチカンでこのような比喩をあえて引用したわけではない。

特に、ゴルバチョフがソ連党書記長になってからの数年間について言えることだが、ゴルバチョフの公的発言を評価するという問題には、もう一つの側面があった。つまり、ゴルバチョフがチェルネンコから引き継いだ政治局が、急進的改革主義に与する見解からほぼ最大限に遠く離れていたということである。その政治局にたいして、ゴルバチョフは説明責任を負っていたのである。政治局という名の、ソ連共産党およびソ連国家の最高執行委員会を支えていたのは、ソビエト体制のさまざまな機関《アパラート》であった。それは巨大な官僚機構であって、そこには、それ自体の規範、思惑、行動パターンが深く浸透している。ボリス・エリツィンのように、ゴルバチョフを厳しく批判する人物ですら、次のように記している。

（ゴルバチョフが）ペレストロイカを発進させる際に最大の問題となったのは、ゴルバチョフが実質的に孤立無援だったということである。ゴルバチョフは、ブレジネフの「停滞の時代」を企画し上演した人々に取り囲まれていた。彼らは断固として、旧秩序の堅固さを守る構えでいた。しばらくすると、ゴルバチョフは立場が楽になった。やがてゴルバチョフ自身が事態に遅れを取り始めた。しかし、改革を開始した直後の非常に重要な瞬間、ゴルバチョフは驚くほど巧妙に立ち回った。党機構の古参グループを震え上がらせるようなことはしなかった。党機構は長い間権力を保持しており、必要とあらば、いかなる書記長をも生きたまま餌食にしてしまったであろう。しかも、何食わぬ顔で。[17]

共産党主導の「上からの革命」

革命という用語はあいまいでもあり、また、当時の文脈においては誤解を招きやすい表現である。にもかかわらずあえて、一九八五年三月以降に起こったことが革命だったとすると、それは「上からの革命」ないし「内部からの革命」であった。[18] ゴルバチョフ自身はそのプロセスを、「本質的に革命的であるけれど、テンポにおいては進化である」と評した。[19] ゴルバチョフの補佐官チェルニャーエフはある事実を指摘して、「上からの革命」という言い方を正当化している。その事実とは、レーニンの革命の場合と同じように共産党こそが、ゴルバチョフ革命において前衛になるはずだった、ということである。経済活動と文化活動のいずれを取っても、ゴルバチョフは、ソビエト国家の革新を指導するのは党であると見ていた。[20] しかし、レーニンとくらべると、ゴルバチョフの選択肢は限られていた。なにしろ共産党は、ずっと前から通常の意味での政党ではなくなっていた。それどころか、国家機構の不可分の一部となって最高権力を発揮するようになっていたからである。

ヤコヴレフも同様に次のように論じている。「これは上からの革命だった。そう認識することは、その時代を理解するためにきわめて重要だ」[21]（ゆくりなくも、ヤコヴレフとエリツィンはこの点で一致していた）[22]。ヤコヴレフは、ペレストロイカを発進させた人々が「党と国家のごく狭い範囲に限られていた」ということを「純然たる事実」と称し、その点に着目するよう注意を喚起した[23]。ヤコヴレフの見るところ、ペレストロイカが上からの革命だったという事実から、利点と陥穽の両方が生じた。一方では、そのおかげで政治的安定を維持することが可能になった。他方、ソビエト体制にまつわる欠陥を、くまなく徹底的に批判することは不可能になった[24]。

イギリスの研究者ジョン・グッディングは、「内部からの革命」というお得意のフレーズを使って同様のことを指摘している。「この革命が内部からおこなわれたというまさにその事実が（中略）革命の効率を引き下げた。なぜならこの革命は、打倒の対象となっている組織の主導で進めなければならなかったからである[25]」。

「上からの革命」はいくつかの点で、「内部からの革命」よりも誤解を招きやすい。というのも最高レベルの党機関は、急進的な変化を支持して結束していたわけではないからである。それどころか、共産党は各レベルにおいて割れていた。しかも、亀裂は浅くなかった。だから、ゴルバチョフ率いる政治局のさまざまな部分から、まちまちのシグナルが発せられていた。シグナルの発信ぶりが非常に顕著だったのは、一方ではエゴール・リガチョフであり、他方ではアレクサンドル・ヤコヴレフであった。現在明らかになっているのは、ゴルバチョフとその側近の小集団こそが、ペレストロイカとして知られるようになった改革過程を推進したのだということである。それは、ヤコヴレフが示唆しているとおりである。グッディングは上からの革命という概念を用いることに、別の点からも反対し、いみじくも次のように述べている。

> ピョートル大帝以降、上からの革命は新しさを加えていったが、その際、既存の政治構造は守られた。一般大衆は変化を押し付けられたけれども、受動的な存在として扱われた。主体的な存在としての自覚をもつよう促される

ことはなかった。それとは対照的に、ゴルバチョフのペレストロイカは大衆の活性化を図り、まぎれもない参加型の社会の創造を図った。ペレストロイカが企てた刷新には、明瞭な政治的な要素が含まれていた。ペレストロイカが大々的に成功するとすれば、それはあくまでも政治的な革命としてそうなるはずであった。[26]

「革命」という用語は、それ自体あいまいである。というのも、一九八〇年代後半の変化の本質がどれほど革命的であったにせよ、ゴルバチョフは、意図の点でも気質の点でも、革命志向ではなかったからである。ゴルバチョフはむしろ真摯《しんし》な改革者であった。つまり、「本来は改革者」であって、[27]時を経るにしたがって、体制を変容させる人物となったのである。しかし、ゴルバチョフが党の能力に疑問を抱いたのは、早くも一九八七年のことであった。党には、ゴルバチョフが支持する原理原則にもとづいて国を一新することなど、できそうもなかった。[28]ヤコヴレフが述べるところによると、ゴルバチョフはほかならぬこの年に、体制を改革することが不可能であること、したがってそれを完全に解体しなければならないということに気づいたという（もっとも、ゴルバチョフは当時、そのような露骨な言葉でそれを表現したわけではないが[29]）。ゴルバチョフは似たような感想を次のように語っている。「私は、これまでの改革者と同じように、ソビエト体制を改良することができると思っていた。ところがそれは、ほかの体制に置き換える必要があったのである[30]」。

ゴルバチョフはソ連共産党書記長に就任したとき、新しい原理原則に基づいて体制を再建する必要がどの程度あるのか、態度が定まっていなかった。それはある意味では、ゴルバチョフの弱みとなった。その一方で、それが一助となって、体制の移行がきわだって穏便に進められた。移行の出発点は正統的共産主義体制であった。行き先は、混合的な政治（権威主義と民主主義の混合）の体制である。混合的な政治体制の最大の特徴は、政治的多元主義である。掛け値なしに注目すべきは、この移行が六年の間に、しかもソ連でおこなわれたということである。ソ連では、独裁にすっかり慣れていたし、従来、急進的な変化は総じておびただしい流血をともなった。それにくらべれば、ゴルバチョフがクレムリンに君臨した期間の流血はごくわずかであった。グッディングはゴルバチョフについて次のように述べている。「ゴルバチョフは、部内の人間であると同時に部外の人間であった。当局者《アパラチキ》であると同時に革命家であった。教義を心底信じると同時に偶像を破壊する人間でもあった。ゴルバチョフはこのような自分の矛盾した立場を、きわめて効果的な政治的武器として利用した[31]」。

ソビエト体制の改革を可能と考えていたゴルバチョフ

一九八五年に党書記長に就任した当初から、ゴルバチョフはソビエト体制を本気で改革したいと願っていた。当時、ゴルバチョフの意欲はあまねく過小評価されていた。現在でも、誤解がまかり通っている。それによるとゴルバチョフは、経済成長の速度を加速することにしか関心がなく、当初達成しようとした経済の加速化に失敗したあと初めて本格的な改革、特に政治改革に着手したのだ、という。数年後、ゴルバチョフはソ連の体制転換に貢献した。それは、当時多くの人々が認めるところであった。だが、ソ連の承継国において権力を握っている連中は、そのような貢献の意義をことさらに低めようとしてきた。彼らの関心は、神話を作ることにあった。つまり、ソビエト政治体制の民主化のプロセスにおいて自分たちが中心的役割を果たしたというイメージを作ろうとしていたのである。一九八五年のソビエト政治体制は、言葉の定義にもよるが、せいぜいのところ高度に権威主義的であり、悪くすると全体主義的であった。

ゴルバチョフは、経済改革および政治変革において、それぞれ具体的にどのような役割を果たしたのであろうか。また、ソビエト外交を根本的に見直し、新たな方向づけを与える際には、どのような役割を果たしたのであろうか。次の二つの章では前者について、また、第七章では後者について論じる。われわれの当面の関心は、人事と新しい発想がどのように連動し、制度と政策における変化を可能にしたのかというところにある。

ソビエト体制は、たしかにさまざまな問題をかかえていた。にもかかわらず、ソ連市民の圧倒的多数も西側の大部分の専門家も、それを安定した体制と見なしていた。だがソビエト体制は、斬新な思考がひどく欠乏していると同時に、新しい概念にたいしては極端に脆弱《ぜいじゃく》であった。ソビエト体制が安定しているように見えたのは、主として、体制が高度に権威主義的な性格を帯びていたからであり、また、住民が比較的おとなしかったからである。住民は、民主主義的な体制を経験したことがなかった。経験したことがあるのは、スターリンの過酷な全体主義体制だけであった。斬新な発想や自由な言論、集会の自由、競争選挙などが多民族国家に導入されると、充満していた不平不満は抑圧しようがなくなった。「効率の危機」ないし潜在的な政治的危機は、公然たる政治的危機へと転化した。それは驚くには当たらない。注目に値するのは、ゴルバチョフが五年間、あらゆる困難にもかかわらず本格的な危機を回避するのに成功したということである。危機が高まったのは、一九九〇～九一年のことである。ただし、この時でも、旧ユーゴスラヴィアにくらべれば流血の度合いはぐっと少なかったが。

ゴルバチョフが政権の座にすわる前のソ連指導部は、内心はともかく、理念の力にたいして敬意を払っていた。しかも、大いに。だからこそ指導部の面々は、ためらうことなく公式のマルクス・レーニン主義を推進し、異端の政治的概念が拡散するのを阻止したのである。ちなみに、マルクス・レーニン主義の推進とは、マルクスとレーニンの著作の中から自分たちの政治目的にかなう部分を引用し、それに適当な解説を添えることである。このようなわけで、ソ連のマスメディアにおいては厳格な検閲が、また、外国のラジオ放送にたいしては受信妨害がおこなわれた。そして、多少なりとも重要な図書館には、スペツフラン（秘密文庫）が設けられていた。同文庫には、一般の読者の閲覧に供されていない著作が所蔵されていた。その中には、西側の専門家によるソ連の分析や、レフ・トロツキーによるソビエト体制の批判、ソビエト体制の原理に疑義を唱える文学作品などが含まれていた。それら文学作品の一例を挙げると、ジョージ・オーウェルの『動物農場』や『一九八四年』、アレクサンドル・ソルジェニーツィンの『収容所群島』などである。外国人は疑惑の目で取り扱われた。特にソ連に関する知識を備えている場合には、監視の対象となった。一九八〇年代の後半にそのような制限と圧力の緩和がソ連の公式の政策となったときですら、KGBは依然として「国家の中の国家」であった。そして、新たな指針にたいしてはせいぜいのところ、むらのある反応を示したにとどまった。(32)

ゴルバチョフは、ソビエト体制の改革可能性を誤って信じていた。逆説的であるが、まさにそれが一因となって、前任のいかなる党書記長よりもはるかに大胆に斬新な見解を打ち出すことができた。また、変化に反対するソビエト・エリート層内部の保守派を相手に闘うこともできた。ゴルバチョフが保守派に挑んだのは、ソビエトの基準に照らしてまったく新しい思考を受け入れさせ、それを行動基準として認めさせようとの思惑があったからである。それらの斬新な見解はある程度、新たな正統的教義となった。つまり、成文化されて、「新思考」とか「新しい政治的思考」と称される教義の集合体となった。しかし、この点においてすら過去との相違は、過去との類似性をはるかに上回っていたのである。そこに見られる新たな率直さと寛容さは未曾有のものであった。今度のは、急速に変化する教義の集合体であった。教義の一つ、たとえばゴルバチョフの「社会主義的多元主義」は、急進的な立場に立ってこれを解釈する人々にとっては、たちまち「政治的多元主義」と化した。ゴルバチョフ自身、タブーを破って多元主義を尊重する姿勢を見せてから約二年半後、「政治的多元主義」という概念を受け入れることになった。もっともそれは、いかに条件付きのものであろうとも、ソ連のイデオロギー上の敵が奉じるまがい物とは別物だとされていた。ところがソビエト体制は、レーニン時代から連綿と運営されてきた体制であった。それだけに政治的多元主義は、ソビエト体制にとって危険な代物であった。だから、それを本格的に導入するということは、ゴルバチョフの当初の構想にはなかった。そのようなことをすれば、共産党は影響力と権力を目指して他の政党と競争する一介の政党に成り下がってしまうからである。しかし、制限した形とはいえ多元主義の概念を導入してしまうと、ゴルバチョフはやがて、ソビエト体制を包括的に変換する必要があると考えるようになった。これはまさしく、ソビエト体制の多元化を意味していた。

ゴルバチョフは歴代の指導者と同様の立場に置かれていた。すなわち、引き継いだ政治局と中央委員会は、短時日のうちに変化させることのできないものであった。また、この二つの最高機関の同僚たちから、支持を得なければならなかった。スターリン以後の時代になると、ソ連の指導者が政治局員を任免する権限は、アメリカの大統領やイギリスの首相の閣僚任免権とくらべて判然としたものではなくなった。政治局と中央委員会の人事は、政治局での合議によって決まるのが常であった。その際、党書記長の発言はほかの政治局員よりはるかに重みをもっていたが、人事を決定するためには政治局員の過半数の支持を確保することが必要であった。ちなみに、政治局会議の出席者は、政治局員ばかりではなかった。政治局員候補や、政治局に席をもたない書記も政治局の会議に参加し、発言することを許された。ただし、投票権は与えられていなかったが。実際に採決がおこなわれることはかなり稀で、話し合いによって意見の一致を図ることが慣行となっていた。意見の一致は、ブレジネフ時代のほうが成立しやすかった。ブレジネフは、変化が最小限になるような政策を追求し、波風を立てないことを望んでいた。それにたいしてゴルバチョフは、急進的な変化を政治的な基本方針にかかげた。既得権益はおびやかされた。

しかしながら、大胆な指導者であっても、政治局や中央委員会という党の最高機関の顔ぶれを数年のうちに入れ替えることは不可能であった。党書記長として、ゴルバチョフは党中央委員会書記局にたいして最大の権限をもっていた。書記局とは党書記の集団で、政治局で承認された政策の実行に責任を負っていた。また、党機構内部の人事にたいし多大の影響力を発揮していた。政治局および書記局における人事異動は、公式には、中央委員会総会によって承認を受けなければならない。中央委員会総会は、ゴルバチョフが党書記長に就任する何年も前から、年に二回だけ開催されるのが通例になっていた。政治局の選出母体である中央委員会は、党大会の際でなければ、おのれのメンバーを入れ替えることはできなかった（ただし、中央委員候補が中央委員に昇格する場合は例外）。ところが党大会は、党規約により五年に一度しか開催されなかった。

ゴルバチョフは幸運だったとも言える。党大会が一九八六年の初めに招集される予定になっていたからである。党書記長就任から一年以内というタイミングであった。そのおかげで、新鮮な血を注入する機会が得られた。しかしながら、それに先立ってエゴール・リガチョフが事実上の第二書記に昇格し、党組織を牛耳っていた。したがって、公式に第二七回党大会（一九八六年二月二六日～三月六日）によって「選出された」新中央委員会においてすら、改革派は、支配的と言うにはほど遠かった。急進的改革派にいたっては、傍流でしかなかった。

影響力のバランスの変化

しかしながらゴルバチョフは、指導部内の影響力のバランスを変化させることはできた。そのあとに起こったのが権力バランスの変化である。党書記長というものは、公設、私設を問わず、補佐官や顧問を自分の裁量で選ぶことができる。盟友を政治局に引き上げることにくらべれば、その裁量の余地は大きい。だれかを党中央委員会から政治局または書記局へと引き上げたり、あるいは閣僚を任命したりするには、政治局の承認が必要である。だが、補佐官の任命は完全に党書記長の裁量に任されており、ほかの組織の承認を必要としない。このことがもっと確かに当てはまるのは、党書記長が私設顧問との間でおこなう協議である。ソ連の歴代の指導者はある程度、外部の専門家を頼りにした。しかしこれらの専門家は通常、その指導者が何を聞きたがっているのかをよく心得ていた。専門家の助言は、三段階の濾過《ろか》を経るのが常であった。第一に、「信頼の置ける」専門家が相談相手として選ばれがちであった。専門家であっても、その持論が党ヒエラルキーの通念にたいする重大な異議申し立てになりそうな場合は、相手にされなかった。第二に、専門家の勧告を橋渡しするのは、専従の官僚であった。彼らは党中央委員会の各部にあって、当該の政策分野の責任を負っていた。第三に、専門家自身、自己検閲をおこなっていた。数少ない例外を別とすれば、急進的な変化を提唱することはなかった。なぜなら、そのようなことをすればまず間違いなく、おのれの特権的な役割に終止符を打つことになるからである。

右のいずれの点についても、諮問と答申のプロセスはゴルバチョフのもとで変化した。ゴルバチョフは積極的に、斬新な考えをもった専門家から幅広く意見を求めた。それら専門家の中には、アガンベギャン、シャターリン、ザスラフスカヤなどが含まれていた。彼らは過去、あまりにも大胆だったために党の譴責処分を受けたことがあった。ゴルバチョフは、特に党書記長就任以後の数年間、専門家と直接懇談することに積極的であった。それら専門家の中には、専従の補佐官もいれば、研究所に勤務する学者もいた。ゴルバチョフはまた、斬新な着想を進んで受け入れるという方針を明らかにした。自己検閲は急速に弛緩《しかん》した。公的なセミナーや公的機関の白書などにおいて異端の見解を表明したからといって、出世がご破算になるということはなくなった。それどころか、むしろ出世が早まるかもしれなかった。科学アカデミー系の研究所でも、このような雰囲気の変化はたちどころに察知された。独自の意見を持っていながら、ゴルバチョフをまじえたセミナーや討論に直接出席する機会に恵まれなかった専門家は、ゴルバチョフの補佐官か、あるいはアレクサンドル・ヤコヴレフに働きかけるようになった。そうすれば、ゴルバチョフに自分の提案を伝えることができたからである。

ゴルバチョフは前任者から引き継いだ大半の補佐官を、比較的わずかな時間しかかけずに更迭《こうてつ》した。(33) 長年にわたって外交政策に関する顧問を務めたアンドレイ・アレクサンドロフ＝アゲントフも、一九八六年初め、チェルニャーエフに道を譲ることを余儀なくされた。アレクサンドロフ＝アゲントフは、ブレジネフ、アンドロポフ、チェルネンコという歴代の党書記長に仕えた人物である。辞任するさいに、次のように不満を漏らしている。ゴルバチョフは聞く耳を持たないのだから、助言することは不可能であった。[34] しかしながら、これが意味するのは、ゴルバチョフがアレクサンドロフ＝アゲントフの見解にあまり関心をもっていなかったということである。後任のチェルニャーエフに関しては、事情はまったく違っていた。

外交問題担当のチェルニャーエフ補佐官

アンドレイ・グラチョフのチェルニャーエフ評を紹介したい。グラチョフ自身はペレストロイカ時代、ゴルバチョフの重要な私設顧問として外交問題を担当していた人物である。ソ連時代最後の数カ月は、ゴルバチョフの親密な公式の顧問、すなわち大統領報道官となった。そのグラチョフはチェルニャーエフを、ゴルバチョフの補佐官の中で「最も忠実かつ信頼が置ける」人物と評している。[35] グラチョフが回想するところによると、ゴルバチョフはあるときスペインのフェリペ・ゴンサレス首相に、「チェルニャーエフは私の分身だ」と紹介したという。[36] チェルニャーエフはゴルバチョフよりも十歳年長で、第二次世界大戦のときには出征した経験がある。スターリンの死後に党機構に入ったが、それ以前は一時期、モスクワ大学の歴史学部で教鞭を執っていた。チェルニャーエフは、『国際マルクス主義評論』の編集にたずさわってプラハで歳月を過ごした重要な一団に属していた。その集団は、修正共産主義や社会民主主義といった思考の先触れの役割を果たした（もっとも、前のほうの章で述べたように、彼らの編集する雑誌は比較的正統派であったが）。チェルニャーエフは一九八六年からきわめて緊密にゴルバチョフに協力したが、それ以前から、党外にあって批判的な見方をしていた人々との間に結びつきを保っていたのである。党中央委員会国際部の同僚だったグラチョフに言わせれば、チェルニャーエフは「長年にわたって民主主義的な政治的思考をしてきた人物である。チェルニャーエフは、ついにゴルバチョフという人物を得た。ゴルバチョフのおかげで、若いころ不完全燃焼のままになっていた大志の実現に努めることが可能になった」[37]。

ゴルバチョフがチェルニャーエフの世界観を知ったのは、補佐官に任命する前のことである。ゴルバチョフとチェルニャーエフはともに、ポノマリョフ率いる党中央委員会国際部の方針にたいして批判的な見方をしていた。外交姿勢に対する両者の姿勢は共通していた[38]。国際問題に従事した経歴の持ち主だけあってチェルニャーエフは、一九八六年二月に首席外交顧問となって以来、外交に関する新しい発想とゴルバチョフの意見の伝達役という重要な役割を担うことになった。新しい人材が登用されれば、斬新な発想という点で違いが生じる。もっとも、その要素は明らかに、具体的にだれが任命されるかによって左右されるけれども。いずれにしてもチェルニャーエフはそのような人材の実例である。チェルニャーエフは、外交に関する新思考にたいして非常に重要な貢献を果たした。ただ、チェルニャーエフ自身は任命される直前、だれが決定的な役割を果たすかという点について何ら疑いを持っていなかった。チェルニャーエフは一九八六年一月一八日の日記に、次のように記している。「われわれは今、たぐいまれな指導者を戴いている。彼は、賢明で教養豊かである。溌剌としていて誠実である。そして、柔軟な発想と想像力に富み、勇気を具えている[39]」。

イデオロギー問題担当の補佐官たち

ゴルバチョフはイデオロギー問題担当の補佐官を二名、相次いで任命した。両者とも、本格的な民主主義を受け入れる用意は全然なかった（ついでに言うと、一九八五年の時点ではゴルバチョフ自身も同様であった）。しかし、歴代の前任者にくらべれば、かなり進歩的であった。二人のうちの一人は、ゲオルギー・ルキッチ・スミルノフ。一九七〇年代初め、党中央委員会宣伝部の次長を務めた経験の持ち主である。当時、同部の第一次長は、アレクサンドル・ヤコヴレフであった（ヤコヴレフはそれに引き続いてカナダで一〇年勤務している）。ゴルバチョフがスミルノフを起用したのは、恐らく、ヤコヴレフの推薦によるものであろう。もっともゴルバチョフ自身、スミルノフとはすでに知り合いになっていた。それは、一九七八年に党書記になってからのことである。それ以前は、電話で話したことしかなかった。スミルノフは、フルシチョフの「秘密報告」のころに三十歳代前半を過ごしており、自分を「第二〇回党大会の子ども」と感じている人々のうちの一人であった。[40] スミルノフは依然としてレーニンを理想化して考えていた。ちなみにゴルバチョフ自身も、レーニン主義の土台を掘り崩し始めたあとですら、そのような見方を保っていた。しかし、スミルノフの反スターリン主義が本音だったことは疑いない。スミルノフは一九八七年一月、ゴルバチョフの補佐官を辞任し、マルクス・レーニン主義研究所の所長のポストを拝命した。この「教条主義の牙城」の再建を任されたのである。[41]

スミルノフの後任として、イデオロギー問題担当のゴルバチョフの補佐官になったのは、イワン・フロロフである。フロロフは、知性の点でスミルノフよりも奔放であった。フロロフのそれまでの経歴は、研究職と政治的な活動に分かれる。学者としての名声は、なかなかのものであった。比喩的な言い方をするなら、「プラハ修正主義学校」を二度卒業している（すなわち、一九六二〜一九六五年と一九七七〜一九七九年の二度、『世界マルクス主義評論』に勤務した経験がある）。フロロフは、上からの改革を大いに支持し、一般大衆の見解にたいしてはやや懐疑的であった。フロロフは一九九四年になってようやく態度を公にし、次のように述べた。「私は民主派ではない。それを隠すつもりはない。（中略）原則として私は、ある種のエリート主義と専門家重視の方針を支持している」[42]。

しかしながらフロロフは、ゴルバチョフの補佐官を務めていた間、斬新な思考の発達に一役買った。それと同時に、ほかの人々の考えを伝達する役割も果たした。たとえば、補佐官在任中、長年にわたって経済改革を提唱してきたオットー・ラツィスがエゴール・ガイダールを従えて、ロシアの財政問題に関する報告書を山のように提出してきたことがある。ラツィスは当時、党機関誌『コムニスト』の編集部においてガイダールの上役だった（ちなみにガイダールは、のちにエリツィン政権で首相代行を務め、ソ連崩壊後のロシアにおいて市場経済への即時移行を提唱した)。フロロフはそれらの論文が気に入り、それらの報告書に強い印象を受け、それをゴルバチョフに回した。「ミハイル・セルゲーヴィッチもそれらの論文が気に入り、それを政治局に送付した」[43]。しかし政治局では、それらの報告書はきわめて冷淡な扱いを受けた。フロロフによれば、政治局は学術的研究にたいして敵対的な態度をとった。中でも社会科学を特に蔑視していた。ゴルバチョフは一般的に、真剣な社会分析にたいしては心の底から共感を寄せるのが常であり、右の報告書にたいしては特にそのような態度を示した。にもかかわらず、政治局の議論は思いどおりにならなかった。ゴルバチョフは、反対派にたいする譲歩を余儀なくされた。「一層の検討が必要である」という口実のもと、右の報告書は棚上げされた[44]。

フロロフはゴルバチョフの補佐官になる前の一年間、コムニスト誌の編集部に勤務していた。そして一九八九年一〇月には、プラウダ紙に編集長として転出した。ゴルバチョフはしばらく前から、比較的保守的なヴィクトル・アファナシエフを更迭《こうてつ》し、自分の眼鏡に合った人物を後任にすえたいと考えていた。アファナシエフは一九七六年からプラウダの編集長を務めていた人物で、政治的変革の熱意を欠いていることはだれの目にも明らかだった[45]。フロロフの起用を政治局に承認してもらう一方でゴルバチョフは、プラウダの編集長となったフロロフの権威を高めるために、布石を打った。すなわち、一九八九年一二月、フロロフを党中央委員会書記に任命し、一九九〇年七月には政治局入りさせた。この人事の結果フロロフは、前任のアファナシエフとは異なり、少なくともモスクワや共和国の党書記から電話であれこれ指図を受ける必要はなくなった[46]。フロロフは八月クーデターまでプラウダの編集長の座にとどまった(ただし、クーデターが起こった時点ではドイツで入院中であった)。しかしプラウダは、ゴルバチョフがそのころ要求していた類《たぐい》の遠大な改革にたいしては、玉虫色の姿勢を保っていた。というのも、スタッフの中には、保守派の党員が大勢いたからである。プラウダはまた、もはやソ連の新聞界における最高峰の地位にはなかった。それは、共産党がそのような地位を失ったことを反映していた。

筆頭格の補佐官シャフナザロフ

しかし、チェルニャーエフを別として、ゴルバチョフの補佐官の中で最重要の役割を果たしたのは、フロロフではなくゲオルギー・シャフナザロフであった（チェルニャーエフをシャフナザロフと組み合わせれば鬼に金棒になるはずであった。というのも、二人の守備範囲は異なっていたから）。シャフナザロフの役割については、本書において繰り返し取り上げるというのも、政治改革の考えを導入したという点で、シャフナザロフはチェルニャーエフよりも重要であり、いやそれどころか、ヤコヴレフに勝るとも劣らないだけの重要性をもっているからである。シャフナザロフが専従の形でゴルバチョフの補佐官に任命されたのは、一九八八年初めのことであった。前任者はヴィクトル・シャラポフである。シャラポフは、ブルガリア駐在大使に転出した。シャラポフはそれまで、アンドロポフが党書記長だったときから引き続いて補佐官を務めていた。シャラポフはそれ以前から長年にわたってアンドロポフに協力してきた。すなわち、最初は党中央委員会の社会主義諸国部において、のちにはＫＧＢにおいてアンドロポフに仕えてきた。党書記長の補佐官としてのシャラポフの役割は、ほかの社会主義国における情勢や、それら諸国とソ連との関係に関して党書記長に助言することにあった。シャフナザロフはそのシャラポフの役割を引き継いだ。しかも、ほかの守備範囲をも併せて。シャフナザロフは長年にわたって社会主義諸国部の次長の任にあり、一九八六～一九八八年には第一次長を務めた。シャフナザロフは、同部の中で比較的物分りの良い勢力を代表していた。「比較的」というのは、たとえば、シャフナザロフの前任者として社会主義諸国部の第一次長を務めていたオレーグ・ラフマニンと比較すれば、という意味である。ラフマニンは、ハンガリーでヤーノシュ・カーダールがくわだてた経済改革にすら強く反対していた。[47]

シャフナザロフは、ゴルバチョフにとって重要な人物であった。東ヨーロッパ情勢について助言する立場にあったし、それればかりか、国内の政治改革についても智恵袋だったからである。シャフナザロフは一九二四年、バクーのアルメニア人の一家に生まれた。シャフナザロフは多才であった。第二次世界大戦から復員した後は法律を勉強し、学位を取得した。ブレジネフ時代の初期からフョードル・ブルラツキーとともに、「ソ連でも政治学という学問分野を制度化すべきだ」と提唱していた。もっとも当時は、そのような提案はあまり相手にされなかった。[48] シャフナザロフは一時期、チェルニャーエフやフロロフと同じように、プラハの『世界マルクス主義評論』に勤務した経験がある。それは、党中央委員会の社会主義諸国部に戻る前のことである（第二章においてすでに述べたように、シャフナザロフはかつて同部で、顧問団の一員としてユーリー・アンドロポフ部長に仕えていたことがある。ちなみに、アンドロポフは一九六七年になると、ＫＧＢに転出した）。シャフナザロフは詩作をし、ゲオルギー・シャフというペンネームでＳＦ小説を出版することもあった。また、多岐にわたる政治研究を世に問うた。

ペレストロイカ以前のシャフナザロフの著書はレーニン主義の正統的教義を盛り込んでおり、今日、（本人を含む）多くの読者はそれに満足することはとてもできまい。しかし、シャフナザロフの著述は当時から、公式のソビエトの政治的文献には到底見られない目新しい発想を含んでいることも少なくなかった。たとえば、一九七二年に出版された著書の中でシャフナザロフは、ソ連市民にたいする情報の制限をゆるめるよう提唱した。そして当時には珍しく、ソビエト社会には利害の食い違いがあると述べた。[49] シャフナザロフはまた、ゴルバチョフ時代の外交政策に関する新思考のうち、一部のものを予期していた。一九八四年五月、シャフナザロフは重要な論文を発表した。その中では、人道的な配慮と普遍的な価値のほうに重きが置かれた。マルクス・レーニン主義によって伝統的に是認されている「階級的アプローチ」は、二の次とされた。これはのちに、ゴルバチョフのもとで公認の教義となった。しかしそれは、シャフナザロフが唱道した時点ではまだ、当時の公式の正統的教義から驚くほど逸脱していたのである。その同じ論文の中でシャフナザロフは、次のような警句を発した。「核戦争につながりかねない手段の使用を正当化するような政治目的は、存在しない」。核兵器時代の名言である。[50]

シャフナザロフはたとえばプラハの春にたいして、内心ひそかに共感を覚えながら、自分の出版物の一部において批判を加えている。そのことといささか矛盾するのであるが、シャフナザロフは党中央委員会機構の内部にあって、長い間、隠れ社民主義者であった。[51] 重要なことだが、ゴルバチョフ自身も権力の座にあった数年の間に、そのような立場にたどり着いた。ゴルバチョフがシャフナザロフにたいして初めて社会民主主義への共感を明らかにしたのは、一九八九年一二月のことであった。[52] ゴルバチョフはまだ公衆の面前ではもっと注意深く身構えている必要があったが、前月にはすでにプラウダ紙に重要な論文を発表していた。ゴルバチョフはその中で、社会主義の現れ方は多様であると強調し、社会民主主義について腹蔵なく、しかも共感を込めて論じていた。ゴルバチョフいわく、「我々は」社会民主主義から「我々の社会条件に適したものであれば何でも（中略）取り入れようと努力している」[53]。ゴルバチョフが党書記長になるまで、歴代のソ連の指導者は次のように考えていた。社会主義に至る道はほかにもあり得るが、社会主義は一つしかない。それは、ソ連とイデオロギーの面でソ連に忠実に追随する国に現存する社会主義である。[54]

共産党は通常の政党ではなく、「文字どおりの国家機関」であった。シャフナザロフは一九九一年末に論文を執筆し、その中でいみじくもそのように指摘した。そしてさらに言葉を継いで、「党内には驚くほど幅広い（つまり、無政府主義者から王党派までの）さまざまな系統があった」と強調した。[55] 人数的に最大級の勢力を誇っていた系統の一つが、社会民主主義者である。社会民主主義者はしかし、ゴルバチョフが権力の座に就いて初めて政治的に前進を遂げる機会を得たのであった。一九九一年にソ連内外で徐々に広がっていった神話がある。それによると、ゴルバチョフが願っていたのは「体制を改善する」ことにすぎず、「体制の本質に手をつけるつもりはなかった」のだという。[56] そのような神話を一蹴しつつシャフナザロフは、一九八九年一二月にゴルバチョフとかわした会話を、字句をたがえずに引用している。ゴルバチョフは次のように語ったという。

私を立ち止まらせるような障害があるとか、私に超えることのできない溝があるとか考えるなら、それは間違いである。体制を根底から変革するために必要なことなら、私は躊躇なく受け入れる。その目的を達するために必要とされるなら、私はどこまでもやり抜く。そして最終目標について語るとするなら、それは——いま断言できる限りでは——平和的な手段で世界共同体の一員になることである。信念の点で言うと、私は社会民主主義に近い。(57)

ゴルバチョフはソ連共産党書記長であった。同党は歴史的に社会民主主義者をもっとも危険な敵と見なしてきた（スターリンばかりでなくレーニンの場合も、この上なく猛烈な悪罵を浴びせる相手は、西ヨーロッパの伝統を受け継いでいる社会民主主義者や「民主主義的社会主義者」であった）。そのことを踏まえると、ゴルバチョフが跳び越えたのは、はなはだ克服しがたい溝だったわけである。しかも、正統派の共産党員には、ゴルバチョフがその溝を跳び越えたということがすぐには分からなかった。のちにそれら共産党員のうち多くの者は、ゴルバチョフに裏切られ、しかも出し抜かれたと感じた。ソ連崩壊の三カ月後、リガチョフは次のように不満を述べている。「ゴルバチョフはマルクス・レーニン主義に対して叛乱を起こした。そして、マルクス・レーニン主義を社会民主主義にすげ替えたのである」。(58)

社会民主主義の精神に沿って、ソビエト政治体制の根本的な改革が進められた。シャフナザロフは、改革の仕上げに中心人物としてたずさわる機会をゴルバチョフから与えられた。たとえば一九八八年、経済改革案が第一九回党協議会に提出されているが、シャフナザロフは同案の作成に重要な役割を果たした（これについては第六章で論じる）。シャフナザロフがフロロフとともに、最高責任者の一員としてたずさわった仕事は、ほかにもある。党綱領にまつわる作業と、「人間的かつ民主的な社会主義に向けて」という宣言文書の起草がそれである。後者は、第二八回党大会で採択された。そして、まさにこの第二八回党大会において、従来の党綱領に代わって新たな党綱領を起草するという方針が決定された。従来の党綱領は、第二二回党大会（一九六一年）で採択され、第二七回党大会（一九八六年）で改訂されていた。一九八六年版は、公式には新党綱領ではなく、フルシチョフ時代に起草され一九六一年の党大会で採択された党綱領の改訂版と見なされていた。一九八六年版のための改訂作業は大部分、ゴルバチョフが党書記長に就任する前に完了していた。新たに制定される党綱領の草案とくらべると一九八六年版は、過去との訣別に関する記述がはるかに少なかった。それは確かである。

フロロフが指摘しているように、新党綱領に関する作業は一九九〇年の末から一九九一年七月にかけて、途切れることなく続けられた[59]。この新党綱領は、最後には党中央委員会総会が公表を承認するに至った。しかしフロロフによれば、綱領委員会の手を経る間に「目に余るほどゆがめられていた[60]」。そのときまでに共産党は、隠しようのない分裂状態に陥っていた。それればかりか、烈しい内部抗争が起こっていた。もはや党は、国内の政治の先行きを決める立場にはなかった。にもかかわらず、党綱領の草案は、伝統的なソ連のマルクス・レーニン主義よりも西ヨーロッパの社会民主主義との共通点が多かった[61]。ちなみに、党綱領草案は採択には至らなかった。というのも一九九一年八月にクーデターが起こり、それに引き続いてソ連共産党が分解したため、一九九一年末に開催予定だった第二九回臨時党大会が立ち消えになったからである。

問題児となったボルジン補佐官

ゴルバチョフが選んだ私設顧問は、全員聡明だったのだろうか。そのような印象を残してこの問題の検討を終えるならば、それは妥当ではない。というのも、逆の事例もあるからである。政権末期の人事(第八章参照)も含めてゴルバチョフの人材起用の中で最悪のものは、ある補佐官の起用であった。その人事は、ゴルバチョフが党書記長になる前に決まっていた。そして、一九八一年という時期に照らすなら、そこには何ら予想外の要素はなかった。問題の人物はワレーリー・ボルジンである。ボルジンは当時、プラウダ紙の農業部門の責任者であった。ゴルバチョフはまだ農業担当の党中央委員会書記だったわけだから、ソビエト政治のゲームのルールを踏まえるなら、ボルジンの抜擢はごく常識的なものであった。だが運の悪いことに、ボルジンは自己中心的な出世主義者だったのである。手にする権力が拡大するたびに、態度が大きくなった。ゴルバチョフがボルジンに寄せた眼鏡違いの信頼は、度を越していた。ボルジンは一九八七年にゴルバチョフの補佐官を辞めたあと、もっと害毒を流しかねないポストに横滑りした。すなわち、党中央委員会の総務部長になった。総務部長は、党書記長にたいする書類の流れを統制することを任務としている。

一九九〇年、ゴルバチョフが人民代議員大会によってソ連大統領に選出されると、ボルジンは大統領官房長に任命された。そして、ゴルバチョフのところにやって来る人間および文書を実質的に統制する門番の役割を、ふたたび果たすようになった。ボルジンは、演説の草稿の執筆という点では脇役にとどまったが、ゴルバチョフのもとに届く情報を偏らせることができたので、その害のほうがはるかに大きなものになった。ゴルバチョフはほかの補佐官やそのほかの筋を通じてさまざまな見方を取り入れていたが、しかしボルジンから入ってくるのは、KGBがゴルバチョフに聞かせたがっているような歪曲された情報であった。その中にはたとえば、急進改革派がクレムリンへのデモを計画しており、その結果、群集がクレムリンの壁をよじ登るような事態が発生するだろうとか、バルト諸国で混沌状態が迫っているなど、物騒な作り話もあった。ゴルバチョフはボルジンに信頼を置き、ボルジンの提供するゆがんだ情報の一部を額面どおりに受け入れた。だから､ボルジンが一九九一年の八月、クリュチコフをはじめとするクーデター首謀者の一団に加わったことは、ゴルバチョフにとって大きな衝撃であった。もっとも、生粋の改革派の立場にあったゴルバチョフの盟友たちにとっては、あとから考えれば、合点の行くことであった。

ボルジンは、ゴルバチョフに伝えられる情報を保守的な方向に偏らせようと全力を尽くした。特に、バルト諸国に関わる問題については、危険を顧みなかった。それだけではない。気に入らない決定が実行に移されないよう裏工作にも励んだ。ロシア科学アカデミーの世界史研究所の所長であるアレクサンドル・チュバリャンによれば、ボルジンは一九六八年のソ連・チェコ関係に関する文書を、共産主義体制崩壊後のチェコスロヴァキア政府にたいして送付するのを妨げた。その文書はシェワルナゼ、シャフナザロフ、それに（意外にも）クリュチコフKGB長官の署名を得て公表を許可されていたのだが、ボルジンはそれをないがしろにしたのである。[62] ボルジンは増長した。ソ連時代末期になると、アレクサンドル・ニコノフのような農業専門家がゴルバチョフに面会を申し入れると、それを、さも当然のように拒んだものだ。ニコノフは、ゴルバチョフとは二五年以上も前からの知り合いだと抗議したが、無駄だった。[63] 一九九一年の八月クーデターの際、ボルジンはクーデター首謀者の側に加わりゴルバチョフに対して背信行為を働いたわけだが、ボルジンの背信はそれにとどまらなかった。のちに欺瞞に満ちた本を出版し、その中で、分不相応の高い地位に昇進させてくれた恩人を攻撃した。[64]

権力バランスの変化

公設、私設の補佐官は、完全にゴルバチョフ自身の裁量で任命することができた。だが、共産党の最高上層部の顔ぶれを自分にとって有利な形で変えようとするなら、ゴルバチョフは天性の権威と、党書記長というポストの権威を両方利用しなければならなかった。党書記長というポストに支えられているおかげで、ソ連の最高指導者は政治局の同僚たちとくらべて、一頭地を抜いた存在であった。党中央委員会の各部の部長や連邦構成共和国の第一書記、さらには党中央委員会書記の入れ替えをおこなったり、政治局員への昇格人事をおこなったりすると、権力バランスまでもが変化するのが常であった。つまり、変化は影響力のバランスにとどまらなかったということである。もちろん、権力と影響力の差は往々にして微妙である。しかし、真の制度的な権力を保持しているのは、たとえば、党人事担当の党中央委員会書記なり、政治局員なりであった。ただし、格別の信頼を得ている補佐官が党書記長のところに日参するなら、その補佐官の影響力は価値が大きくなる。それとくらべれば、政治局のメンバーのうちあまり信頼を置かれていない人物の公式の権力は、影が薄くなるだろう。

A・ヤコヴレフとリガチョフの役割

当初ゴルバチョフの私設顧問として出発し、のちにゴルバチョフの配慮で、制度的な権力や権威のある地位に移った者は少なくない。その中の最重要人物は、疑いもなくアレクサンドル・ヤコヴレフである。党の最高機関において正式な肩書きを得る前も後も、ヤコヴレフはゴルバチョフに協力した。具体的に言うと、政策の立案やゴルバチョフの主要な演説の起草などを担当した。一九八五〜一九八八年のソ連においては、影響力の大きさという点でヤコヴレフの右に出る者は恐らくいなかったであろう。ただしそれは、ゴルバチョフ自身を比較の対象外とした場合の話であるが。ゴルバチョフは影響力の作用を受ける側の最重要人物だから、というのが別扱いの論拠である。ゴルバチョフは、相互に対立する言い分にたいし幅広く耳を傾けた。また、ソ連のエリート層内部の微妙な勢力バランスをすっかり覆すような事態は避けなければならない、ということも心得ていた。だからゴルバチョフにしてみれば、ヤコヴレフの助言をいつでも必ず受け入れるなどということは、まったく問題外であった。ソ連を改革するという事業は、ゴルバチョフの事業であった。ヤコヴレフがそれに参加しているのは、全面的にゴルバチョフのおかげであった。もちろんヤコヴレフは、その事業の前進に大いに手を貸したわけではあるが。一九八〇年代なかばの政治的文脈においては、急進的改革を推進するには、党書記長が上から絶えず圧力をかけることが必要であった。ただ単に党書記長が改革に同意しただけでは、不十分だったのである。

ゴルバチョフは、ペレストロイカという自分自身の事業を最終的に守る立場にあった。だから、事業を立ち行かせるために必要と判断すれば、保守派にたいして譲歩することに抵抗感はなかった。ゴルバチョフは、保守色の強いエゴール・リガチョフを党組織の責任者に据えた。その際、イデオロギー問題をリガチョフひとりの専管事項にすることは避けた。それは、いかにもゴルバチョフらしい辣腕ぶりを示している。党には「第二書記」が存在する。正式にそのように明示されたポストがあるわけではないが、第二書記とされる人物は、イデオロギーと書記局内の人事の両方をつかさどるのが普通であった。しかし、ヤコヴレフが政治局に加わってから以降、イデオロギー問題の責任はヤコヴレフとリガチョフとの間で分担されるようになった。それは、のちに二人の後釜にワジム・メドヴェージェフが座るまで続いた。リガチョフは書記局の会議において議長を務めていたので、第二書記を自任することができた。もっとも、控えめに言っても、リガチョフの立場には曖昧さがつきまとったが。ゴルバチョフは、第二書記として認知されたいというリガチョフの願望をかなえてやったにもかかわらず、具体的な政策をどうするかとか、ゴルバチョフの演説にどのような考えを盛り込むかなどの点では、ヤコヴレフの側に傾斜した。

しかし、次の点は指摘するに値する。ゴルバチョフは確かに、たとえば文化政策に関係する問題やマスメディアの役割、またソ連のイデオロギーの根本的な修正の必要性などに関してはヤコヴレフのほうに近かった。しかし、リガチョフにたいしても正真正銘の信頼を寄せていた。しかも、当初はリガチョフを、単に精力的な盟友であるばかりでなく、ペレストロイカに傾倒している人物と見なしていたのである。以下に述べるように、ペレストロイカという用語の曖昧さは、ゴルバチョフ個人と改革の進展にとって非常に有利に働いた。しかし、ペレストロイカに忠誠を誓った人々は往々にして、その意味をさまざまに解釈していた。解釈の差は大きかった。場合によっては、そのことが不利な材料になることもあった。たとえば一九八七年末になっても、ゴルバチョフは依然として「リガチョフはペレストロイカを支持している」と主張していた。ところがリガチョフは、ゴルバチョフも認めているように、ペレストロイカにふさわしくない言葉や手法を使うこともあったのである。一方、ゴルバチョフの側近の中で改革の急先鋒に立つ人々は、リガチョフのペレストロイカ理解の本質がゴルバチョフや改革派の受け止め方とは異なっているということに疑いをもっていなかった。(65) のちに、ボリス・エリツィン、アレクサンドル・ヤコヴレフ、エドアルト・シェワルナゼは三人とも、自分たちのゴルバチョフ支持が十分に報いられていないと感じることになる。ただし、三人がそう感じた時期や程度はまちまちである。ゴルバチョフは右の点で、批判される余地がある。しかし、それとくらべて五十歩百歩の失策は、ほかにもあった。一部の人間をあまりにも長い期間自分のチームにとどめ置いたことがそれである。ゴルバチョフが党書記に就任する前から仕事上で円滑な関係を保っていた相手のうち何人かは、人間関係においても、変化のプロセスを妨げる側に回ったという点でも、政治的な足かせとなった。ところがゴルバチョフは、彼らを切り捨てることはしなかったのである。そのことが顕著に当てはまるのは、リガチョフとルイシコフ、そしてそれ以上にボルジンである。

ゴルバチョフが党書記長に在職していた期間の初期、リガチョフが貢献したのか否かは、ひいき目に見ても曖昧であった。リガチョフはしかも、やがて改革のブレーキになった。それとは正反対に、ヤコヴレフはきわめて重要な役割を果たした。ヤコヴレフは、ゴルバチョフが改革の青写真を作成するのを手伝った。また、党中央委員会という権力中枢においてゴルバチョフのために闘った。ヤコヴレフはカナダに滞在していた一〇年の間に、視野を広げていた。しかし、忘れてならないことがある。ヤコヴレフは、党における職歴を長年にわたって中断し外交畑に出ていたが、それ以前は、党中央委員会の機関において比較的高い地位に就いていたのである。(66) ヤコヴレフは党中央委員会機構の内部でだれが有力なのかを知っていた。その点ではチェルニャーエフやシャフナザロフと同じであった。また、世界経済国際関係研究所（IMEMO）の所長を務めていたことも手伝って、政策提言型の研究所に勤務する党知識人とも親交があった。その結果ヤコヴレフは、斬新な発想をゴルバチョフに伝える送話管のような役割を果たすようになった。この役割を担っている者はヤコヴレフ以外にもいた。すなわち、ゴルバチョフの補佐官の中でだれよりも先見の明ある人々、その中でも特に――この場合もやはり――チェルニャーエフとシャフナザロフであった。

党書記長に就任した最初の年ですら、ゴルバチョフは考えられないようなことをあえて考えようとする用意があった（ただし、考えられないようなことを実行に移す覚悟はできていなかったが）。それを示す証拠はある。一九八五年末、ヤコヴレフはゴルバチョフに宛てて覚書を書き、その中で、共産党を二つに分割することを提案していた。分割の目的は、政治システムの中に競争を導入することにあった。(67) これは当時の状況に照らすなら、常軌を逸した発想であった。というのも、共産党は以前から、党内で「分派をくわだてる者」をことさらに厳しく罰してきたからである。したがって、チェルネンコの死後九カ月も経っていなかっただけに、ヤコヴレフの提案は非現実的な提案であった。仮にゴルバチョフがそれを実行に移そうとくわだてていたら、たちまち党書記長のポストから解任されていたであろう。そしてヤコヴレフは、政治局へ向けて急速な上昇を開始するどころか、逆に権力の圏外へと追放されていたであろう。

しかし、である。ゴルバチョフはヤコヴレフの覚書を読み、かつ消化したおかげで、ヤコヴレフの政治観全般になじんだ。(68) その上で、ヤコヴレフの昇任を加速したのである。その事実が大いに物語っているのは、ゴルバチョフ自身も、本格的な政治改革に着手すべきだとする発想にたいして寛容だったということである。ヤコヴレフが覚書の中で論じていた二つの政党が、当時、仮に創設されていたとすると、それは人工的な党になっていたであろう。ところが一九九〇年までに政治状況は劇的に変化していた。ゴルバチョフはそのときなら、思い切って危険を覚悟し党を分割することは可能であったろうし、また、ほぼ間違いなくそうすべきだったのである（ちなみにこのとき、ヤコヴレフも躊躇した）。イデオロギーに関する党内の深い溝は、それに先立つ数年の間に隠しようのないものになっていた。弥縫《びほう》策を講ずるどころではなくなっていたのである。

一九八五年の覚書の中でヤコヴレフが提起したのは、一方の党の名称を社会党、もう一方の党を人民民主党とし、両党を、共産主義者同盟と称する一種の人民戦線に所属させるという案であった。ここには、上から強制的におこなわれる社会改造の気配が感じられるかもしれない。それればかりか、東ヨーロッパの共産主義諸国に見られたような擬似的な複数政党制を真似ているという印象が感じられるかもしれない。しかしこの提案は——非現実的であったにせよ——見た目よりもはるかに真剣な政治改革を目指していたのである[69]。ヤコヴレフによれば、選挙は正真正銘の競争選挙でなければならず、それは五年に一度実施される、とされていた。ヤコヴレフの提言を実行に移すことができていれば、政治的多元主義の主要な要素は、それがまだ顕著に欠けていた時点で、政治体制の中に導入されていたであろう。

ゴルバチョフは当時（そして、粗忽《そこつ》な観察者に言わせれば、その後も）、旧態依然とした共産主義者であって、経済効率の改善にしか関心がなかったという俗論がある。ヤコヴレフの提言にたいするゴルバチョフの反応は、そのような俗論にたいする反証となっており、その意味でいささか重要である。一九九四年と言えば、ゴルバチョフとヤコヴレフとの関係が以前よりずっと疎遠になっていた時期であるが[70]、ヤコヴレフはその年、次のように述べている。「この覚書にたいするM・S・ゴルバチョフの反応は穏やかで、興味深げであった。しかしゴルバチョフは、私の提案した措置を時期尚早と判断した[71]」。ヤコヴレフは一九九四年に覚書の一部を、字句を違えずに抜粋して出版しているが、その二年前にこのエピソードについて内輪で話をしたことがある。それによると、ゴルバチョフはヤコヴレフの提言にたいして書面で答えることはしなかったが、口頭で返事をしたという。ゴルバチョフの返答はどんなものだったのかと問われてヤコヴレフは、わずか一つの単語を用いた。「ラーナ！」（早すぎる）[72]。ゴルバチョフがヤコヴレフの提言に衝撃を受けなかったという事実はそれ自体、重要である。というのも、ゴルバチョフの前任者たちであれば、そのような提言を修正社会主義か、それよりもっと悪いものと見なしたに違いないからである。ところが、ゴルバチョフはそれを、誤りではなく時期尚早と見なしたのである。ということは、ゴルバチョフは一九八五年の時点においてすら、経済改革ばかりか政治改革をも念頭に置いていたということである。

ゴルバチョフにとってヤコヴレフが果たした役割はきわめて重要であった。それにたいして、ヤコヴレフにとってゴルバチョフの役割は絶対に欠かすことのできないものであった。共産党の階層を上っていたヤコヴレフは一九七〇年代の初め、突如行き詰まった。そして、一九八五年の時点ではまだ党中央委員候補にすらなっていなかった。一九八一年の党大会で選出された中央委員会は、三一九名の委員と一五一名の委員候補から成っていた。[73] したがって一九八五年末、ヤコヴレフの党内の正式な席次は、四七〇位より下だった。ところが一八カ月後には、党内の階層において上位三人のうちの一人になったのである。党中央委員会のメンバーですらなかったヤコヴレフは、前例のないスピードで政治局員となり、しかも党中央委員会書記まで兼務するに至った。これはゴルバチョフの引きによるものである。一九八五年までヤコヴレフは、モスクワの重要な研究所の所長であった（ちなみに、このポストもゴルバチョフの配慮によるものである）。だが、党権力を行使できるような地位にはなかった。ところが一九八七年六月までに、ソ連国内で最大の権力をもつ四人組のうちの一人となった。ゴルバチョフに次いで指導的立場を占めていたのは、リガチョフとヤコヴレフであり、それに閣僚会議議長（首相）のルイシコフを加えて四人組となる。一九八六年三月、ヤコヴレフは党中央委員会に入ると同時に同委員会書記になり、一九八七年一月には政治局員候補、同年六月には政治局員へと昇格を果たした。

よほど決意の固い党書記長でなければ、盟友を――もっとも信頼の厚い盟友であっても――このようなスピードで昇進させることはできない。これはイギリスを例にとるなら、ある年、下院議員に当選したかと思ったら、翌年には平《ひら》の閣僚を飛び越し、首相に次いで重要な三閣僚のうちのひとりになったに等しい。このような急速な昇格に支えられていなかったら、ヤコヴレフの発言は先見の明があったにせよ、はるかに無力なものとなっていたであろう。ゴルバチョフのおかげでヤコヴレフは、言論の自由や文化的な活動にたいする制限をゆるめるのを直接後押しすることができた。また、政治局員兼書記という自分自身の権力基盤に立って政治的な新思考を後押しすることもできた。ヤコヴレフはまた、斬新な発想の力と人事権を結びつけ、新聞や雑誌の編集長を更迭するのに大きな役割を果たした。一般的に、解任された編集長の後釜には、はるかに改革志向の強い人物がすえられた。一方、リガチョフの側では、のちにそれらの刊行物において発表された見解を見て、はなはだ不愉快な気持ちに襲われた。そして「一九八七年頃」、次のように不満をあらわにしている。「ゴルバチョフは次第に、個人的にヤコヴレフに依存している人々に取り囲まれるようになった(74)」。

ゴルバチョフは人事権を行使した。その中には、ヤコヴレフに託した権限も含まれる。そのような権限の行使と軌を一にして、政治的目標が急進化した。また、かつてソビエト政治を論じる際にタブーとされていた概念が、導入されるようになった。しかしながら、要職に就いたこれらの人々が全員、遠大な変化を覚悟していたわけではない。ゴルバチョフが党書記長になることを心底願っていた党中央委員たちですら、その大部分は、勝ち馬に乗りたいとか、在来のシステムを活性化したいなどの動機にも駆られていた。そのような人々の中には、たとえば、ヴィクトル・チェブリコフKGB長官や、一九八四年から八五年にかけてきわめて重要な盟友だったリガチョフとルイシコフがいる。チェブリコフは、ゴルバチョフが党書記長になった一カ月後、政治局員候補から政治局員へと昇進した。リガチョフは一九八五年四月、政治局員兼書記となった。ルイシコフは一九八五年九月、ニコライ・チーホノフに代わって閣僚会議議長(首相)の座に就いた。このような昇任人事をおこなってみてゴルバチョフは、これらの人物が、ゴルバチョフが推進しようとしているか、あるいはお墨付きを与える用意のある変化に追随することを拒んでいることに気づいた。彼ら(特に、ルイシコフ)は、ある範囲内で改革をおこなう用意はあった。しかし、体制が本質的に別のものに変わるとなると、話は別だった。彼らは、そのような分水嶺のはるか手前で歩みを止めた。

だが一九八五年の状況で、リガチョフとルイシコフの昇進に関してとりたてて不適当なところは何もなかった。ゴルバチョフは指導部から、ブレジネフ時代以来の守旧派を一掃する必要があった。体制の規範が規範だったから、政治局員を選ぶとすれば、それは、党＝国家の階層においてすでに高い地位に就いている人々の中から選ばなければならなかった。選ばれる資格があったのは、党中央委員会書記、政治局員候補、党中央委員会の特に重要な部の部長、閣僚、国家委員会の議長などである。

それがソビエト政治のゲームのルールだった以上、ゴルバチョフとしては、要路に充《あ》てる人材を比較的小さな候補者集団に求めなければならなかった。急進改革派は、その中には滅多にいなかった。ソビエト体制の規範はさておき、ゴルバチョフも自分自身の目的のために、有能な人材を必要としていた。有能というのは、権力の梃子《てこ》の所在とその利用方法を心得ているという意味である。このように、ゴルバチョフが見出さなければならなかったのは、ソビエト体制の高いレベルで経験を積んでいながら、既存の政治家とは大いに異なっている政治家であった。両方の条件をともに満たすのは、至難の業だった。ヤコヴレフは両方の条件を見事に兼ね備えていた。だからこそ、新たに党書記長となったゴルバチョフにとって、大きな価値があったのである。ゴルバチョフの人事は、成功したものもあれば、失敗に終わったものもある。だが、一九八九年以降のゴルバチョフの「カードル政策」は、それ以前の人事よりも批判を浴びる余地がある（これについては第八章で論ずる）。というのも、社会が次第に政治化され、政治体制の枠がゆるめられる中、ゴルバチョフは行動の自由が利くようになっていたわけだから。ちなみに一九八五〜一九八八年に起用された人材について言うと、一部の人々は以前のソ連の基準に照らすなら抜群に優れていたが、そのほかの人々は前任者とくらべて五十歩百歩だった。

シェワルナゼ、外相に起用される

ゴルバチョフは改革を推進しようとする一方で、新任の党書記長として権力基盤を固めなければならなかった。その意味で、書記局と政治局のレベルにおいてきわだって成功した人事が二件ある。それは、ヤコヴレフとエドアルト・

シェワルナゼの登用である。ヤコヴレフの貢献についてはすでに論じた。一方、ゴルバチョフにとってヤコヴレフ以上に古い知己であるシェワルナゼのことも、すでに前のほうの章で述べた。だが、一九八五年の夏にシェワルナゼを外務大臣として起用したゴルバチョフの人事は、詳述するに値する。というのもそれは、絶妙の一手だったからである。西側の外交専門家たちは言うに及ばず、ソ連のエリート層にとっても、それはまったく予想外の人事であった。当時、党中央委員会国際部の次長だったチェルニャーエフは、ほかの人々よりも事態がよく分かる立場にあったにもかかわらず、日記に次のように記している。「トップに近い当局者《アパラチキ》ですら、これを青天の霹靂と受け止めた[75]」。それどころか、シェワルナゼはこう語っている。「私自身、一九八五年六月のゴルバチョフの電話で、これから起ころうとしていることを聞かされ、仰天した。いや、『仰天した』では、とても私の気持ちを言い表せない[76]」。シェワルナゼは、グルジア党の第一書記として外遊した経験があった。トビリシで外国の代表団を受け入れたこともあった。しかし基本的には、外交政策の経験は積んでいなかった。シェワルナゼは電話を受けた翌朝、モスクワに飛んだ。ゴルバチョフとの会談の席上、外相就任を断るための理由をこもごも挙げた。シェワルナゼが経験不足を強調したところ、ゴルバチョフは次のように答えた。「経験不足だって？　うーむ、それはむしろ、強みになるんじゃないかな。ソ連外交が必要としているのは何だろう。それは、斬新な洞察力とか勇気、活力、それに、進取の気性に富む姿勢だ。私の選択は、決して間違っていない[77]」。しかもシェワルナゼは、真の政治的手腕をそなえていた。それは、ソビエト官僚型《タイプ》の辣腕ぶりにとどまるものではなく、柔軟性にも富んでいた。だから、会談相手の気持ちを和らげ、信頼を得るのはお手のものであった（のちに、アメリカの歴代国務長官ですらそれを知り、驚くことになる）。シェワルナゼはまた、驚くほどゴルバチョフ新書記長と世界観が似かよっていた。シェワルナゼによれば、外相を引き受ける気になった重要なポイントは、それがゴルバチョフ個人の意志に沿った人選だったからだと述べている。「私は、ゴルバチョフが何を望んでいるか知っていた。また、彼の望みと私の望みが合致していることも分かっていた[78]」。シェワルナゼは革新的な外交をやってのけるだろう。そして、政治局においては、内政、外交の両面に関して手助けをしてくれるだろう。ゴルバチョフはそう確信していた。そして、その確信は正しかった。ちなみにシェワルナゼは、外相就任にともなって政治局員候補かられっきとした政治局員へと昇任した。

ロマノフらの解任

ゴルバチョフは決断力に欠けるとして、しばしば批判されてきた。その批判には根拠がないわけではない（特に、経済に関してはそう言える。それは、第五章と第八章で論じる理由による）。しかしそのような批判は、やはり事を単純化しすぎている。ゴルバチョフは党書記長に就任した当初の数年間、政治局と書記局から政敵を追い出した。そして、信頼が置けると判断した人物を連れてきた。そのやり方には、何ら優柔不断なところはなかった。党書記長就任後、政治局と書記局においてこれほど重みのある更迭人事をこれほど早い時期にやってのけた党書記長はソ連史上、前例がない。ゴルバチョフが解任に追い込んだ最初の政治局員は、グリゴーリー・ロマノフであった。ロマノフは党中央委員会書記を兼ねる政治局員で、潜在的には大規模な変化を妨害する立場にあった。年齢的に言うと、一九八五年七月に解任された時点では、まっさきに解任されそうな人物ではなかった。なにしろ、まだ年を食っていたわけではなく、六十歳代はじめだったからである。つまり、政治局員の平均年齢よりは下だったのである。ゴルバチョフが党書記長に就任して最初の年末を迎える前、ロマノフよりも年上の政治局員が二名、ロマノフのあとを追うように解任された。[79] ヴィクトル・グリシンとニコライ・チーホノフである。いずれも改革支持者ではなかった。当該の人物が辞表を提出するなり、政治局全体がその人物にたいして辞表提出を要求するなりしたのは、ゴルバチョフが十分に決意を固めて説得に当たったからである。[80]

ゴルバチョフが登用した人材のうち多くの人々は、政治局を追われた連中とくらべればいくぶん物の見方が開けていた。だが、ヤコヴレフやシェワルナゼが受け入れたような急進的改革を積極的に支持する気はなかった。そのような人々の中に含まれていたのは、以下の面々である。レフ・ザイコフ、ゲオルギー・ラズモフスキー、ヴィクトル・ニコノフ。ザイコフは、レニングラードの工場支配人を経て同州の党第一書記を務めた経歴の持ち主である(ゴルバチョフが党書記長に就任したとき、すでに党中央委員であった)。一九八六年五月までに、党中央委員会書記(軍および軍需産業担当)を兼任する政治局員の地位に一気に駆け上がった。クラスノダール出身で、ゴルバチョフの盟友であるラズモフスキーは、一九八六年三月に書記局入りした。担当は党の中堅以下の人事であった。ラズモフスキーは一九八八年、政治局員候補になった。ニコノフはもともと農業専門家で、ロシア共和国の農業相を務めていた。一九八五年四月に農業担当の党中央委員会書記になった。一九八七年から一九八九年にかけて党書記と政治局員を兼任した。

プラスとマイナスの両面をもつ人材

登用された人々の中には、ゴルバチョフから見てプラスとマイナスの両面をもった人材もあった。たとえば、ワジム・メドヴェージェフ、ボリス・エリツィン、アナトーリー・ドブルイニンなどが、それである。

メドヴェージェフは、ゴルバチョフにたいしてきわめて忠実であった(現在も、ゴルバチョフ財団において行動をともにしている)。経済改革にたいする取り組みは真剣であった。一九八四年一二月の画期的な演説を起草するためにゴルバチョフに協力した経緯については、すでに述べたとおりである。しかし、イデオロギーと文化の問題については、メドヴェージェフは時としてゴルバチョフの弱みになることもあった。メドヴェージェフはそれらの問題に関しても、反動派ではなくて慎重な改革派であった。だが、一九八八～一九九〇年、イデオロギー担当の書記を務めていた間、一般大衆の雰囲気の急速な変化についていくことができなかった。[81] メドヴェージェフをイデオロギー担当の書記として起用したのは、多くの点で典型的な妥協の産物であった。ゴルバチョフは、共産党内の各派間の緊張を一定の限度内にとどめたい一心だったのである。当時、党官僚層の内部では、保守派が過半数を握っていた。だが保守派は、一九八六年から一九八八年にかけてヤコヴレフとリガチョフがイデオロギーをめぐって展開した綱引きに興じるどころではなかった。しかもゴルバチョフが、リガチョフよりもヤコヴレフの側に大きく傾く中、マルクス・レーニン主義の真理は次々に無効になったと受け止められた。それを目の当たりにしていたわけだから、保守派の不興はなおさらであった。メドヴェージェフの見解はヤコヴレフとリガチョフの中間に位置していた（どちらかと言えば前者寄り）。したがって、メドヴェージェフの起用は戦術的な妙手と見ることもできよう。しかし戦略的な観点から言うなら、それは下策であった。なぜか。問題はタイミングにある。メドヴェージェフの起用と時を同じくして、ソビエト政治におけるゲームのルールがまさに変わろうとしていた。それは、第一九回党大会で採択された決定（第六章参照）の結果であった。ヤコヴレフのほうがメドヴェージェフよりも、そのような変化に適応する用意ができていた。

エリツィン＝ゴルバチョフ関係はそれ自体、一編の論文の主題になり得るが、ここでは手短にしか論じられない（第六章と八章ではもう少し紙幅を割く）。エリツィンは、党と訣別する直前までは、党階層内部の地位にたいしてひどく敏感であった。一九八五年四月、党中央委員会建設部の部長ポストを打診されたとき、エリツィンの頭を最初によぎったのは、そのような昇進は地味すぎるという思いであった。エリツィンは先進工業地帯であるスヴェルドロフスク州の党第一書記を務めていた。同州の出身者としてはかつて、アンドレイ・キリレンコが政治局員を兼ねる有力党書記となっている。それは、さほど過去のことではない。また一九七六年には、ヤコフ・リャボフがスヴェルドロフスク党第一書記から一足飛びに党中央委員会書記になった[82]。エリツィンはもう一つ別のことも意識していた。それは、ゴルバチョフが一九七八年に党中央委員会書記として中央政界入りしたという事実である。ところが、ゴルバチョフの前職はスターヴロポリ地方《クライ》党の第一書記である。「しかもやっこさんの出身地は、経済力の点でスヴェルドロフスク州よりもかなり劣っていたのだ」（強調はエリツィン[83]）。エリツィンはそれに続けて次のように語っている。「私がそれを気にかけているということは、ゴルバチョフにも分かっていたと思う。だが二人とも、そんなことはおくびにも出さなかった」[84]。実際のところ、ゴルバチョフはエリツィンが何を考えているか、意識していた。それは明らかである。事実、エリツィンは一九八五年七月、すなわち党建設部長に任命されたわずか三カ月後、党中央委員会書記に昇進した。

いささか興味深いことであるが、エリツィンの中央政界入りは、当初、ゴルバチョフよりもむしろリガチョフの要請によるものだった（ところがエリツィンは、同年末にモスクワ市党第一書記になってしばらくすると、リガチョフと衝突するようになる）。かつてリガチョフは、そのとおりだと認めたことがある。リガチョフの発言は、ゴルバチョフによって裏書きされている。ゴルバチョフは一九九五年の夏、エリツィン関連の質問に答え、「エリツィンを連れてくるべきか否かについて、私は大きな疑問を感じていた」と述べている。だが、当時リガチョフは、スヴェルドロフスク訪問を終えてふたたびモスクワに戻ってくると、「エリツィンこそ、自分たちが必要としている人物である」と強硬に主張したのであった[85]。リガチョフもエリツィンも強烈な個性の持ち主であり、自分の思いどおりに事が進まないと気が済まない。だから、二人の間に対立が起こっても驚くには当たらない。また、二人が早晩ゴルバチョフと衝突することも、必至であった。しかし、チェルニャーエフが自著『ゴルバチョフと運命をともにした二〇〇〇日』の中で論じているところによると、エリツィンが共産党から追われたことに関しては、主たる責任はリガチョフのほうにあったという[86]。チェルニャーエフの説明には説得力がある。

一九八五年の後半を党中央委員会書記として過ごしたあと、エリツィンは同年一二月、モスクワ市党第一書記としてグリシンの後釜に座った[87]。エリツィンは最初の回想録（二巻本）の中で、この人事を主として動かしたのはゴルバチョフだと決めてかかっているが、ワジム・メドヴェージェフは次のように主張して譲らない。エリツィンをスヴェルドロフスクからモスクワに連れてきたのはリガチョフであり、エリツィンをモスクワ市党第一書記に推したのもやはりリガチョフだ――。[88] エリツィンは、地元の官僚を懲らしめる正義の味方として、たちまちモスクワ市民の間で大いに人気を博した。だが、解任された官僚や、解任されるのではないかとびくびくして生活している官僚を敵に回すことになった。それらの敵は影響力をもっていた。

エリツィンは、政治局員候補から政治局員への昇任がかなわず、切歯扼腕した。一方ゴルバチョフは、エリツィンに関する苦情をしきりに聞かされた。苦情を言ってくるのは、特にリガチョフだった。リガチョフは当時、政治局員を兼任する党中央委員会書記で、職掌は党機構の監督であった。エリツィンは一九八五年から一九八七年にかけて、自分自身のことをペレストロイカの前衛と見なしていた。一九八七年頃には、ゴルバチョフからもっと熱心な支持があってもよさそうなものだと感じるようになっていた。リガチョフや党内保守派との公然たる衝突もさることながら、このことが背景にあったために、エリツィンは党中央委員会総会(一九八七年一一月)で予定外の演説をする気になったのである。中央委総会が招集されたのは、ゴルバチョフの演説草稿を承認するためであった。ゴルバチョフはその草稿を、ボリシェヴィキ革命の七〇周年記念を祝う厳かな式典で読み上げることになっていた。[89] エリツィンは中央委総会の席上、リガチョフを正面切って批判する一方、ゴルバチョフを暗に批判した。それは、モスクワ市党第一書記兼政治局員候補というポストを失うに至る過程の第一歩となった(なお、エリツィンは一九九〇年に離党するまで、党中央委員の地位は保った)。その過程においてさまざまな事件が起こった。そのおかげでエリツィンはやがて国民的人気を博した。そして、ついに一九九一年六月、ロシア共和国の大統領に選出されるに至った。

一九八六年三月、ドブルイニンが党中央委員会書記に任命され、同時に国際部の部長となった。この人事は長い目で見れば、エリツィンの登用ほどの重大性はなかった。エリツィンは、どちらかと言えば無名のスヴェルドロフスク州の出身だったが、そのモスクワ入りはのちに大きな意味をもつことになった。しかし、ドブルイニンはモスクワにやって来たとき、エリツィンよりはるかに有名であった。一九六二年以来、アメリカ駐在ソ連大使を務め、ソ連の(そしてアメリカの）テレビのニュース番組ではおなじみの人物だったからである（ドブルイニンはキューバ・ミサイル危機の起こる少し前にワシントンに赴任し、アメリカにおいて初めて本格的な試練を受けた）。ドブルイニンは当初から外務省勤務であり、外務省に入って以来ほぼ一貫してアメリカ関係の仕事にたずさわっていた。ドブルイニンは小国にはあまり関心をもっていなかった。国際部の伝統的な関心事項の一つである第三世界の小規模な革命運動にたいする関心は、もっと薄かった。ドブルイニンは、第七章で詳述する理由にさまたげられて、中央政界では大物政治家にはなれなかった。その意味では、大勢のアメリカ人の期待を裏切った形になった。というのも彼らは、ドブルイニンがワシントンで発揮した外交官としての能力に敬意を払うようになっていたから。だが、ドブルイニンの登用は、ゴルバチョフの意向を反映するものであった。ゴルバチョフは、アメリカを始めとする西側諸国との関係改善を優先したいと考えていた。そして、国際部が、ポノマリョフの指導のもとにあったときと異なって、外交政策に関する代案を生み出すような状況になってほしい、と願っていた。

ゴルバチョフはだれから学んだのか

すでに述べたとおり国際部は、西側の専門的文献において一般的に描かれてはいるのとは異なって、均質な組織ではなかった。イデオローグや無能な人間が何割かを占めていたのと同様に、非常に有能な人材もいた。だからゴルバチョフは、側近の供給源を国際部に頼っていた。また、ほとんど当然のことであるが、ソ連の外の世界をいくぶんなりとも知っている人々もいた。ゴルバチョフが国際部から引き抜いて側近グループに加えた人々の中で最重要の人物は、チェルニャーエフであった。しかし、ゴルバチョフ時代の後半になると、グラチョフの役割が次第に重みを増した。また、一九七五〜一九八八年に国際部の第一次長を務めたワジム・ザグラジンが一九八八年、ゴルバチョフの顧問となった。ザグラジンは、プラハの『世界マルクス主義評論』編集部に勤務した経験もあった。しかし、あまりにも長い間ブレジネフとの関係が近すぎたため、新しい思考の担い手として全幅の信頼を寄せられることはなかった。非常に頭の回転が速かったにもかかわらず。

研究所の専門家たち

同じことは、当時、アメリカ・カナダ研究所の所長を務めていたゲオルギー・アルバートフについても言えるであろう。もっとも、アルバートフとその研究所は、ゴルバチョフの党書記長就任によって新たな雰囲気がかもし出される中、政策提言の範囲を広げることができた。ロシアのアメリカ研究者はゴルバチョフ指導部が発足して数年の間に、視野を広げると同時に影響力を増した。(90) 世界経済国際関係研究所（IMEMO）の幹部級の研究員はゴルバチョフおよびその側近たちと、以前より容易に面会ができるようになった。最大の原因は、一九八三年から一九八五年にかけて所長を務めたのがヤコヴレフで、その後任がエヴゲーニー・プリマコフだったことにある。プリマコフはゴルバチョフの重要な助言者となった。正式な地位は一九八九年四月、政治局員候補にまで格上げされた。また、一九九〇年三月にはソ連の大統領評議会のメンバーにもなった。プリマコフは、ソ連崩壊後のエリツィン・チームにおいて権力ある地位（対外諜報庁長官）を保持した。ゴルバチョフに近かった人間としては、ほぼ唯一の例外である。

ゴルバチョフ時代を迎える前から影響力のある助言をおこなってきた国際部門の研究所が三つある（それらの研究所については、第一章において簡潔に述べた）。ゴルバチョフ時代を迎えると、各研究所の助言は率直さと効力を増したが、急進的という点でオレーグ・ボゴモロフの世界社会主義体制経済研究所（一九九〇年から国際経済政治研究所と改称）は、他の二つの研究所（IMEMOとアメリカ・カナダ研究所）をしのいでいた。ボゴモロフ自身も当時、政策研究型の研究所の所長たちのだれよりも大胆であった（ただし、IMEMOやアメリカ・カナダ研究所の所長たちとくらべると、一九八五年以前のソ連指導部との関係は疎遠であったが)。ボゴモロフの大胆さの例としては、ソ連軍のアフガニスタン軍事侵攻について、ブレジネフ率いる指導部に覚書を送るなど、早い時期から批判していたことが挙げられる。[91] ボゴモロフはしかも、自己批判の点でも人後に落ちない。すなわち一九九〇年頃には、「党が凡庸な人間によって率いられていた一八年」の間、体制に反対するためにもっと何かをするべきだったと、厳しく自分を責めるようになった。[92] ところが実際は、有能で自主独立志向の強い社会科学系の研究者を、どこの研究所よりも大勢受け入れていたのである。それらの研究者は、専門の仕事を通じて外部世界(特に東ヨーロッパ)の情勢を常に把握していることができた。そのおかげで彼らは、ゴルバチョフ時代になると新思考を生み出す重要な知恵袋としての役割を果たすようになった。また、ソ連崩壊後の時代になると、政治の世界ではなばなしく活躍するようになった。[93]

ゴルバチョフ時代は、インスチトゥートチキにとって「わが世の春」であった。インスチトゥートチキとは、政策研究型の研究所に勤務する学者のことを指す。[94] 科学アカデミー傘下にある上記の三つの研究所は、国際問題を守備範囲としているが、それ以外にもさまざまな研究所が重要な指南役を果たした。その中には含まれるのは、国家と法研究所、中央数理経済研究所、国際労働者運動研究所、社会科学研究所などである。各研究所は、党中央委員会国際部の管轄下にあった。[95] ソ連の大学(特に法学部)や、シベリア科学アカデミーの経済・工業生産研究所とスヴェルドロフスク法学研究所を筆頭とするモスクワ以外の研究所においても、個々の学者が新しい政治的思考に大いに貢献した。ちなみに経済・工業生産研究所は、経済学者のアベル・アガンベギャンや経済社会学者のタチヤナ・ザスラフスカヤの出身母体である。[96] しかし特権的な立場にあったのは、やはりモスクワの上記研究所の専門家たちであった。

見方によっては、学者の世界は狭い。モスクワ出身でない研究者のうち一部の者は、モスクワと密に結びついている改革派ネットワークに加わっていた。アガンベギャンやザスラフスカヤなどは、その顕著な好例である。だが地方の社会科学系の研究者や法学者は、たいていの場合、権力をもっている者に近づく機会がないという意味で、はなはだしく不利な立場に立たされていた。それとは対照的に、モスクワ在住の研究者はお互いに知り合いであった。また、それら研究者のうち多くの者は、権力者と接触を保っていた。権力者の居場所は、党中央委員会の各部であったり、ゴルバチョフの側近チームであったりした。別の観点から見ると、モスクワの研究者はもっと大きな世界の一部であった。彼らの研究所は、他の主要都市の研究所とくらべて数が多かったし、各研究所の擁する（講義をもたない）研究者の層も厚かった。また、研究所の規模も非常に大きかった。だからソ連崩壊後の時代になると、もはや国家予算では支えきれなくなったほどである。一九八五〜一九九一年頃の研究所がソ連崩壊後の学術界とくらべて違っていたのは、規模である。だとすると、当時、研究所の享受する自由が拡大したという点に、一九八五年以前の地位との違いがあった。ゴルバチョフ時代が到来するまでインスチトゥートチキは、自己検閲に精を出さなければならなかった。また、批判を述べたり変化を提起したりする際には、限界を踏み越えないようにしなければならなかった。さもなければ、生き残ることはできなかったのである。一九八五年以後、彼らはそのような足かせから解放された。そして、斬新な発想を打ち出すようにと盛んに発破をかけられた。

ついでに言うと、一九九一年一二月のソ連崩壊以後これらの研究所は、新ロシア指導部から助言を求められることが少なくなった。かつて、ゴルバチョフとその側近たちの相談に応じることが頻繁だったのとは対照的である。他方、各研究所は最優秀の、特に若手の学者を大勢、新興の民間企業に引き抜かれた。その一因は、インフレが進み、また公的機関と民間部門の間の賃金格差が猛烈に広がったことにある。

ゴルバチョフにとって、またソ連外交の刷新にとって、比較的よく情報に通じている知性的な専門家が研究所にいたということは重要である。しかし、それを認めるとしても、次の事実にたいして目をくもらせるべきではない。それは、ゴルバチョフが権力の座に就いたことによって重大な影響をこうむったのは、ほかならぬそれら専門家の側だということである。奇妙なことに、ある西側のソ連研究者は一九八〇年代後半の劇的な政策の変化が起こった原因について、二者択一的な見方をしている。すなわち、ゴルバチョフの権力掌握と、国際問題を専門とする研究所（特にIMEMO）の活動のうち、いずれか片方を変化の要因として選ぶべきであるかのように論じているのである。本来、この二つの要因は明らかに、もっと幅の広い説明の中で相互補完的なものと見なすべきなのだが。[97]「外交政策革命」におけるゴルバチョフの重要性をことさら低く評価しようとする向きがある。その論拠は、一九八五年の末まで「ゴルバチョフが外交政策革命のために包括的な概念や政策の枠組みを組み立てたという証拠がない」というものである。ゴルバチョフの重要性をそのように軽視するなら、本質的な点をいくつか見失うことになる。[98]既存の外交政策は現職の党書記長と、グロムイコとポノマリョフが率いる外交機関の支持を得ていた。ソ連の政治体制のもとで、党書記長の座を狙う者がそのような既存の外交政策に代わる包括的な政策体系を構築するなどという事態は、想像すらできないことであった。なにしろ結局のところ、その過程でさまざまな専門家から幅広く意見を聴取することが必要になるわけだから。

しかし、包括的な代替案を欠いていたからといって、ゴルバチョフの世界観や既成のソ連外交にたいする具体的な不満が重要でなかったということにはならない。ブレジネフ、アンドロポフ、チェルネンコ、ウスチーノフ、グロムイコ、グリシン、ロマノフなどの徒輩とくらべるなら、なおさらである。しかも、である。ゴルバチョフは、上記研究所の専門家の見解に進んで耳を傾けたばかりか、外交分野における人事も断行した。まさにそれゆえに新たな道が開け、ソ連外交に斬新な発想を組み込んだり、わずか二、三年のうちに既存の対外関係の包括的な見直しを緻密におこなったりすることができたのである。

内政と同じように外交においてもゴルバチョフの人事の力は、斬新な発想が発揮する力と明らかに関係している。その際、後者すなわち発想の力は、ひとたび表現の自由を得ると本領を発揮し、既成の教条《ドグマ》をくつがえしたり、政治的行動を変化させたりするのにあずかった。解任人事は、任命人事におとらず重要であった。特にグロムイコ、ポノマリョフ、それに党書記長補佐官だったアレクサンドロフ＝アゲントフの解任はそうであった（ちなみにチェルニャーエフが指摘しているように、グロムイコは長年にわたって外相を務めたのに、それにたいする公式の謝辞はなかった。これは意味深長である）[99]。右の三人の後任は、それぞれシェワルナゼ、ドブルイニン、チェルニャーエフであった。ゴルバチョフがヤコヴレフを昇格させたことは、内政ばかりでなく外交政策にとっても重要であった。というのも、ヤコヴレフは両方の分野で、非公式にではあったけれどもゴルバチョフに助言していたからである。それは、一九八三年にオタワからモスクワへ帰ってきたとき以来のことである。外交に関しては一九八八年から、助言する資格が正式なものとなった。その年、国際問題担当の党中央委員会書記になったからである。

ゴルバチョフが研究所の専門家から学び取った事柄は、疑いなく、歴代の党書記長とくらべてはるかに多かった。その理由は探るに値する。主たる理由は、恐らく四つある。第一に、ゴルバチョフは、ソビエト社会とソビエト外交が機能障害に陥っていることをよく自覚していた（機能障害は経済において重大な様相を呈していたが、それは経済に限ったことではなかった）。ゴルバチョフとは対照的に、歴代の党書記長は認識不足であった。ただし、フルシチョフだけは部分的に例外であったが。機能不全を認識するということは、重要な刺激になり得る。それによって学習が進み、斬新な思考が生じる。第二に、ゴルバチョフは闊達で度量が大きかった。ゴルバチョフはその点で、歴代の党書記長や、チェルネンコから引き継いだ政治局の同僚全員をしのいでいた。ゴルバチョフとの小規模な懇談に参加したことのある学者たちは、そのことによく気づいていた。しかしゴルバチョフは、権力の座に就くまで待ってようやく、「新思考」が必要だと喧伝することができるようになった。それは実のところ、おのれの閉ざされた精神を解放せよという訴えかけであった。新思考の必要性を説くことができるようになったとはいえ、当時の官僚機構には、ボリス・ポノマリョフと同じように反応した人が少なくなかった。ポノマリョフは、必要なのは「新しい思考」ではなくて「正しい思考」だと断言した。正しいというのは、すなわち、マルクス・レーニン主義の観点から見て正しいという意味である[100]。だが、ゴルバチョフが外交畑で新たに起用した人々のおかげで、指導部に働きかけることが容易になった。また、外交政策の責任者は、インスチトゥートチキの発想に進んで耳を傾けるようになった。

ゴルバチョフが歴代の党書記長よりも多くのことを学び取った第三の理由（ないし理由の組み合わせ）は、驚異的なエネルギーと仕事にたいする貪欲ぶり、そして豊かな学習能力にある。ゴルバチョフはこれらの要素に加えて、並外れた記憶力も具えていた。[101] スターヴロポリ時代ですら、ゴルバチョフは好んで研究者と付き合った。[102] モスクワにやって来たときも、それは変わらなかった。ゴルバチョフに力を貸してくれる有能な人材は、多岐にわたっていた。ゴルバチョフがまだスターヴロポリにいたころにも、地元の人々は「ほとばしるエネルギー」の証拠を数多く目撃している。地元民のひとり、ボリス・クチマエフは、ゴルバチョフのそのような一面は父親ゆずりのものだと指摘している。[103] ゴルバチョフはソ連の指導者だった間、そのようなエネルギーによって大いに救われた。というのもその間、多方面から強い圧力をかけられており、本人の言葉を借りるなら「いくつ身体があっても足りないほどの経験をしていた」からである。[104] アレクサンドル・ヤコヴレフのゴルバチョフ評は、「絶え間なく想像を――もちろん良い意味で――働かせている男」である。[105] ヤコヴレフは、ゴルバチョフの肉体的エネルギーばかりでなく知性のエネルギーにも注意を向けるべきだと示唆しているわけである。

専門家を指南役としてゴルバチョフの学習がはかどった第四の理由はこうである。まず、それら専門家は忌憚《きたん》なく語ることができるようになった。しかも、彼ら自身の見解は一九八〇年の後半、発達を遂げた。見ようによっては、以前、親しい友人相手にしか話せなかった事柄を人前で（あるいは、国家指導部にたいして）話すことができるようになったに過ぎないとも言える。ある程度はそのとおりである。しかし、いやしくも改革志向の党知識人で、可能なこと、あるいは望ましいことに関する見方をゴルバチョフ時代に急進化させなかった者はまずいない。[106] それら党知識人は、政策および体制の変化をもっと大胆に、またもっと大幅に進めるべきだと提唱した。それはゴルバチョフにとって有益であった。ゴルバチョフ自身、変化を望んでいたからである。もっとも、党知識人の見解の進化にともなって、ゴルバチョフは政治的な問題に直面することになった。たとえば、それら知識人の多くは、一九九〇年ころからゴルバチョフを見限り、エリツィン陣営へと移り始めた。見たところ、急進的という点でエリツィン陣営がほかの民主派を上回っていたからである。

外国首脳との交流

ゴルバチョフにとって、クレムリンおよび党中央委員会の権力中枢部の頭越しに得られる党知識人のアイデアは重要であった。にもかかわらず、ゴルバチョフは党知識人にしか政治を学ばなかったというわけではない。すでに述べたように、党機構内部の開明的な当局者も非常に重要だった。たとえば、チェルニャーエフやシャフナザロフがそうであったし、その二人以上に重要な人物としてはヤコヴレフがいた（ゴルバチョフは党書記長になるとすぐにヤコヴレフを党中央委員会宣伝部の部長に任命した）。これら当局者の影響は直接、ゴルバチョフおよび党＝国家の政策に及んだ。その点で、外部の専門家の影響力を上回っていた。しかしそれ以外にも、知性と政治の両面でゴルバチョフにとって良き刺激となったものがある。それはどちらかと言えば直接に作用し、重要性においても遜色がなかった。それでいて、西側専門家は論文を執筆する際、そのことにあまり注意を払ってこなかった。ずばり言おう。それは、ゴルバチョフがおこなった諸外国の指導者との会談と外遊である。皮切りは、一九八三年のカナダ訪問と一九八四年のイギリス訪問であった。ちなみに一九八五年に党書記長になってからは、もっと自由が利くようになった。いずれにしても、カナダ訪問以後、同じ外遊と言っても次元が違ってきた。カナダを訪問する前のゴルバチョフは、西ヨーロッパとソ連の違いを観光客の目でながめていたに過ぎない。もっともそのような外国旅行も、ゴルバチョフの政治的意識の発達にとって十分に重要ではあった。ゴルバチョフはシャフナザロフに次のように語ったことがある。「ほかならぬ一九七〇年代の西ヨーロッパ訪問を通じて、資本主義に未来はないという言説が現実と何の共通性もないということを確信した」[107]。

ゴルバチョフはかつて共産主義の理念を純粋に信じていた[108]。一方、現実を見ると、西ヨーロッパとソ連の差が拡大しつつあった（しかも旗色が悪いのはソ連）。理念と現実との間には、明白な矛盾があった。同様に、ゴルバチョフの自己規定も緊張をはらんでいた。ゴルバチョフは依然として、共産党員すなわちソ連版「社会主義者」という自画像を保ちたいと願っていた。ところがその一方で、政治的な自由と寛容を拡大する必要があるという確信や、市場には重要な役割があるという確信を次第に固めた。そこから発生する認識上の不協和音を解消するために、ゴルバチョフは社会主義の再定義に努めなければならなかった。

また、歴史的に重要な懸隔を埋めるという企てを余儀なくされた。懸隔とは、共産主義ないしソ連型社会主義を、それとははなはだしく異なる社会民主主義の伝統から隔てていた溝のことである。このようなわけで、ゴルバチョフにとって特に重要な対話の相手となったのは、ウィリー・ブラントとフェリペ・ゴンサレスであった。ブラントはドイツの元首相（社会民主党所属）であった。ゴルバチョフの（そして、大勢のロシア人の）敬意を集めたという点で、ブラントの右に出る者はない。一方、ゴンサレスはスペインの首相で、社会労働党に所属する社会民主主義者であった。ゴルバチョフと会談したことのある西側の首相や大統領の中で、ゴンサレスほどゴルバチョフから厚い好意を寄せられた人物はいない[109]。

ブラント元西ドイツ首相　ゴルバチョフはブラントが亡くなった直後、次のような感想を述べている。「疑いというものがはらむ生産力を見過ごしにしない——それがブラントの不変の原則であった。ちなみに、疑問をもつということは、探求するということである」[110]。ゴルバチョフはそのように述べつつ、ブラントの知性の遍歴のみならず自分のそれをも顧みていたのである。ゴルバチョフは、ブラントとどれほど意見が合致していたかを強調している。それは、ある会談の速記録を見れば証明される。[111] ゴルバチョフははっきりと次のように述べている。ブラントの思考は「新思考の先駆的要素であった」。ゴルバチョフはブラントを大いに尊敬していた（ついでに言うと、個人的な友人とも見なしていた）。ゴルバチョフがブラントの見解の影響を受けやすかったのは、そのためである。[112]

ゴンサレス・スペイン首相　ブラントと同じようにゴンサレスも以下のことを、身をもって証明した。すなわち、傑出した政治家というものは、権威主義的な、あるいは（ヒトラーのドイツの場合のように）全体主義的な統治の時期を経た国において、民主主義の強化のために大いに貢献してのける。また、ひるむことなく個人の自由や政治的寛容を全面的に支持する。そして、本質的に市場にもとづく経済を運営しながら、それでいて自分を社会主義者と見なすことを辞さない。かつてアンドレイ・グラチョフがゴルバチョフに向かって、もっとも親しいと感じる政治家はだれかと尋ねたところ、躊躇なく返事が返ってきた。「それはゴンサレスだ」。[113] ゴルバチョフはそれに続けて、仕事上のつきあいばかりか個人的な友情関係があった相手として以下の人物の名前を挙げている。ジョージ・ブッシュ（父）、ヘルムート・コール、マーガレット・サッチャー、フランソワ・ミッテラン。しかし、ゴルバチョフが敬愛の対象として筆頭に位置づけたのは、やはりゴンサレスであった。[114] グラチョフは、ゴルバチョフとゴンサレスの関係を詳述し、次のように記している。「ゴルバチョフは、スペインの首相のどこが気に入ったのか。人柄、闊達さ、溌剌ぶり、抽象好き、『哲学的な』思弁など、何もかもである。ゴンサレスは何よりもまず、社会主義にたいして忠実な姿勢を保っていたので、ゴルバチョフ流の『社会主義の選択』を進める際、『アリバイ』となった」。[115] ゴルバチョフとゴンサレスの会談は、いつも長引いた。時には、三時間とか四時間に及ぶこともあった。社会主義の本質について議論がかわされることもあった。[116] 一九九〇年一〇月にマドリードでおこなわれた会談も例外ではない。その席上、ゴルバチョフは次のように述べた。社会主義という言葉を、人間をもっぱら機械の歯車として扱う全体主義体制として理解するから、人々は社会主義を排除しようとするのだ。だが——とゴルバチョフは言葉を継いで言った。「私にとって社会主義とは、目標に向かって邁進する運動である。社会主義が目指すのは、自由であり、民主主義の発達である。また、国民の生活を向上させるための環境整備である。それは、人間性を向上させることである。その意味で、私は社会主義者であった。そして、今も社会主義者である」。ゴンサレスはこの会談の席上、「市場は、福祉の向上や教育の改善、年金の引き上げなど、社会主義の目標を達成するための主要な道具だ」と、ことさらに論じた。しかし、ゴンサレスもゴルバチョフも、次の点で意見が一致した。社会生活には、医療を筆頭として、市場の条件に従属させるべきでない領域もある。[118]

ゴルバチョフはゴンサレスを、「理解あるパートナーであると同時に、イデオロギー上の盟友でもある」と見なしていた。ゴルバチョフとゴンサレスの会談を幾度か目撃したある人物の見るところ、ゴルバチョフがゴンサレスから受けた影響は非常に大きかったという。[119]ゴルバチョフの何人かの側近たちは、その衝撃を見抜いていた。最近になってゴルバチョフは、それを裏付けるかのように、次のように語っている。「ゴンサレスはソ連で何が起こっているのかを、ほかのだれよりも良く理解していた。また、早くも一九八六年五月には、モスクワでの会談を通じて私は大きな感化を受けた」。それに先立ってふたりは何度か会談を重ね、共通の見解に到達し、良好な個人的関係を築いていた。[120]ゴルバチョフのゴンサレス評はこうである。「優れた人物で、しかも豊かな才能に恵まれている」。「正真正銘の民主主義者だ」。

サッチャー英首相　西側指導者の中には、社会民主主義からほど遠い世界観の持ち主もいる。それら西側の指導者との会見は、ゴルバチョフにたいして間接的な影響を及ぼすにとどまったが、それでもやはり、ゴルバチョフの物の見方が発達する契機となった。そのことはたとえば、マーガレット・サッチャーとの一連の会談に当てはまる。それらの会談の席上、ゴルバチョフとサッチャーはお互いに敬意をいだいていたにもかかわらず、白熱した議論を戦わせた。[121]両者が文字どおり初めて顔を合わせたのは、一九八四年、イギリスで会談したときである。この会談の雰囲気は、ゴルバチョフが回顧録の中で回想しているところによると、いたって明るい先行きを予想させるものだったという。両者は最初の接触を大事にし、その後、多数の主要な問題に関して鋭い意見の対立があったにもかかわらず、良好な関係を保った。

サッチャーは一九八七年の三月末から四月初めにかけてソ連を訪問した。それは特筆すべきものとなった。第一に、首脳会談の時間が長く、しかも密度が濃かった。第二に、ゴルバチョフにたいするサッチャーの個人的な支持が、以前にもまして確固としたものになった。ただしサッチャーは、ペレストロイカを支持すると公言する一方、ゴルバチョフにたいしては公式の場でも内輪の席でも、ソ連の外交政策が変化した証拠をもっと示せと迫ったが。このサッチャー＝ゴルバチョフ会談は、どのような雰囲気だったのだろうか。また、会談ではどのようなことがやり取りされたのだろうか。それについては、サッチャーが回顧録『ダウニング街の日々』で触れている。一方、ゴルバチョフの補佐官であるアナトーリー・チェルニャーエフも日記をもとにして出版した回想録の中で会談の様子を明らかにしている。両者の説明は、驚くほどよく合致している[122]。この会談は、ある一つの重要な結果をもたらした。ほかでもない、ゴルバチョフの決断である。ゴルバチョフは、西欧関係の優先順位をはるかに高く設定しなければならないとの英断を下したのである。そしてそれを、一握りの人々から成る側近グループに伝えた[123]。

チェルニャーエフによれば、ゴルバチョフは自分自身の指示を実行に移し始めた。一九八七〜一九八八年、ゴルバチョフと会談した外国要人のうち、半数以上は西ヨーロッパの政治家であった。チェルニャーエフは次のようにつけ加えている。「私の考えはこうである。ゴルバチョフは『個人的に』ヨーロッパを知っていたし、新思考政策の文脈でヨーロッパがどれほど重要かを理解していた。また、多数の有力なヨーロッパの政治家と相互の信頼で『結ばれていた』。だからこそ、のちに、ドイツ再統一に賛成するという歴史上重要な決断を下すにあたって、抵抗感が少なくて済んだのである[124]」。実際ゴルバチョフは、本人自身が語っているように、たくさんのことを学んだ。学習の機会は、世界政治に参加したり、「同時代の偉大な政治家」と協力したりすることによって得られた。また、「世界の政治エリートおよび知的エリートを代表する」人々との個人的な接触も、学習の機会となった。[125] チェルニャーエフも同じ点を指摘し、次のように述べている。ゴルバチョフは一九八六年の春から、「知的伝統と政治文化」を異にする外国人と事あるごとに会合するようになった。それらの会合は――チェルニャーエフによれば――ゴルバチョフの「新思考」の展開に影響を及ぼした。ゴルバチョフは別の世界を知るようになった。そして、ゴルバチョフ本人のお得意の言い回しを借りるなら、「現実を考慮に入れる」ことを学んだのである。[126]

原理原則の見直し

ソ連共産党の最高指導者としてゴルバチョフは、レーニン主義の教義のうち中核に近い部分まで放棄してのけた。仮にゴルバチョフ以外のだれかが、党書記長就任後に同じようなことを提案したとしよう。その場合でも、放棄する教義の対象をそこまで広げる者は、まずいなかったであろう。ゴルバチョフは、時には他に先駆けてタブーを破り、従来軽蔑的にしか言及できなかった概念を使うこともあった。ゴルバチョフはその一方で、自分以上に大胆な専門家や政治記者がソ連の政治言語に持ち込んだ用語や概念を採用することもあった。ゴルバチョフの見解が変化するスピード（および、特に、そのような変化を公表するタイミング）は、比類がない。その点でゴルバチョフを、ソ連の政治の舞台で活躍するほかの者と比較しても意味がない。なにしろ、ソ連共産党書記長はゴルバチョフ以外にはいなかったのであり、仮にゴルバチョフが最高指導者になってから四年ないし五年以内に失脚していたら、改革のプロセスはスピードアップするどころか、一気に反転していたであろう。それはほぼ間違いない。

自分の書斎に腰を落ち着けていた党の知識人が、一夜にして反共産党員になることもあった。厳密に言うとそれは、ゴルバチョフが前もってソ連を自由で寛容な国に変えていたからにほかならない。党の要職から解かれたボリス・エリツィンも、知識人と同じことをやってのけた。エリツィンは、知的というにはほど遠いが、まぎれもなく度胸があった。党指導部から追放されたのをきっかけとして、自分の信条を断腸の思いで再検討した。そしてその過程で、かつての反体制派やそのほかの急進的勢力と接触し始めた。それらの人々に後押しされたことも手伝って、ソビエト体制にたいするエリツィン自身の批判は本格的なものとなった（もっとも、ソ連崩壊後のロシア大統領としてのエリツィンは、共産党の元党員を周囲に集め、かつて党=国家機関に所属していた人々への信頼を次第に強めた）。

ゴルバチョフは、（権力を握る前の）エリツィンやそのほかのあらゆる人々とは対照的に、中庸を行かなければならなかった。それは、こういうことである。ゴルバチョフは、かつて自分自身が当然視していた多くのことをはじめとして、ソ連の教義《ドクトリン》の再検討を次第に本格化させざるを得なかった。ところがその一方で、それを政治的に相殺する行動も必要だった。ゴルバチョフの目指す国の進行方向に懸念をつのらせた人々を抑え込まなければならなかったからである。ゴルバチョフは、せっかく徐々に奪い取った権力の梃子《てこ》が彼らの支配下に逆戻りするのを防ごうとしていたのである。ソ連の知識人の中には、一九九一年ころになるとゴルバチョフのことを、「社会主義の理念」に恋々としているとして一蹴する者があった。ところが、そのような知識人でも一九八五年以前は、社会主義の大義を真摯に、あるいは熱烈なまでに守っていたはずである（ただし、そのうち一部の人々は、ソ連の既存の社会主義より優れた「社会主義」か、あるいは別種の「社会主義」をもくろんではいたが）。それらの知識人は、社会主義の理念という言葉で要約されるゴルバチョフの世界観が、形態と実質の両方においてどのように変化したのかを理解できなかったというわけである。比較的正統的な共産主義の立場に立っていたリガチョフにしてみれば、ソ連を社会主義と定義し、社会主義体制を擁護することと、それよりかなり曖昧な「社会主義の理念」なるものに忠誠を誓うことの間には、大きな隔たりがあった。[127] このように、形態の変化は決して取るに足らぬものなどではなかった。そして、実体の変化はそれよりもっと重要であった。

ロシア人のゴルバチョフ批判に同調したことのあるアメリカ人専門家は、すこぶる多い。「ゴルバチョフは意識的に政治を変革する者として――あるいは、本気で新機軸に取り組む者としても――失格だ」と、見切りをつけてはばからなかったのである。その理由は、ゴルバチョフが「社会主義」を放棄するどころか、「社会主義の理念」にたいする忠誠を公言しているからだという。これは、ゴルバチョフの政治的、知的遍歴にたいする奇妙な誤解である。

そのような誤解は、イギリス、ドイツ、スカンジナビア諸国ではあまり見かけたことがない。これら諸国では、社会民主主義の伝統がしっかりと根を張っている。だから、「社会主義」の意味するものが場所と時代によってまちまちであるということを明確に理解している。また、直接の体験を通じて、次の事実も知っている。すなわち、社会民主主義の本流を占める政党は、ボリシェヴィズムを穏健な形で体現しているどころか、まったくそれと相容れない政治観や政治行動を体現しているのだ、ということである。[128]「この上なく粗雑なシカゴ学派の言葉を用いて、西ヨーロッパ型の福祉国家に非難を浴びせることに没頭している」ロシア人経済学者たちがいる。故アレク・ノーヴがそれら経済学者を皮肉ってコメントしたときの絶妙な表現を借用すると、こうなろう。社会民主主義政党は決して、「歩むスピードが遅いだけで、しょせん隷従への道を進むことを望む危険な左翼勢力」などではない[129]。

共産党が権力を独占している国家にあっては、「社会主義」の放棄は不可能である。そこでゴルバチョフは、実行可能性があって、しかも同じように重要なことをやってのけた。社会主義を根底から再定義したのである。その結果それは、ソ連型の社会主義とは本質的に異なるものとなった。あとになって解釈するなら、それは恐らくあまりにも生ぬるい態度表明だという批判を受けるかもしれない。なにしろ、理性のある人ならだれでも同意するような言い回しだから。しかしそれ自体、ゴルバチョフが一九八五年に引き継いだ共産党の教義《ドクトリン》との違いをくっきりと浮き彫りにしている。たとえば一九九二年、ゴルバチョフはこう述べている。「私は次のような結論に達した。社会主義とは、人類の社会的な生活形態を探求することである。そこには、個人の自由、私的な発意、正義などの重要な要素、いや、もっと言うなら倫理規範が存在していなければならない」[130]。一九九〇年一一月にクレムリンでおこなわれた作家および「文化活動家」との懇談の席上、ゴルバチョフは書面なしで、出席者にたいし次のように語りかけた。「今しがた、社会主義の意味についてフェリペ・ゴンサレスと『非常に長い時間をかけて議論』してきたところだ。ゴンサレスは『筋金入りの社会主義者で、（中略）独自の見解、独自の思想を持っている』[131]。ゴルバチョフ自身の言い分はこうである。「私が社会主義という概念を擁護し続けているのはなぜか。自分が党書記長だからでもあるが、社会主義が民主主義と自由を意味しているからでもある」[132]。ゴルバチョフはその一年前（一九八九年一一月）、プラウダ紙に論文を寄せ、同様のことを述べている。「社会主義という概念は、今日私たちが理解するところでは、何よりもまず自由という概念に等しい」[133]。これは、ソビエト型社会主義の既存の実像からほぼ最大限に離れていた。また、重きを置くべき規範としても、正統的なソ連のイデオロギーがことさら強調してきたものから遠く隔たっていた。ゴルバチョフは、仮に「社会主義」を放棄していたら、党書記長の座にとどまれなかったであろう。それは明らかである。それと同じように明らかなのは、ゴルバチョフが政治的な理由と同様に心理的な理由から、社会主義という概念を放棄する気がまったくなかったということである。ゴルバチョフが次第に確信するようになったのは、こうである。社会主義の理念を実行に移すという点で西ヨーロッパの「民主主義的社会主義者」——もっとはっきり言うなら自由主義者——のほうが、ソ連の歴代党書記長よりもはるかに優れた仕事をしてきた[134]。

ゴルバチョフはマルクスとレーニンを真剣に受け止めていた。大学時代もそうだった（そのことについては、ムリナーシの証言があり、第二章で指摘した）。生まれ故郷のスターヴロポリ地方の党書記だったときも、やはりそうだった（これは、地元のジャーナリストであるクチマーエフが記録している）[135]。恐らく、もっと驚くに値することと思われるが、ゴルバチョフは党書記長になったあと、わざわざ時間を割いて後期のレーニンの著作やレーニン存命中の党大会の議事録を読み直したのである。[136] レーニンは、学習する積極性、そしてそれを発展させる積極性をそなえている――ゴルバチョフには、そのように思えた。そして、そのような積極性にインスピレーションを感じた。もっと具体的に言うなら、一九二一年に開始された新経済政策（ネップ）に刺激を受けたのである。[137] ゴルバチョフは、レーニンが晩年に革命家から改革者へと変身したと信じる傾向があったようである。ゴルバチョフは一貫して、レーニンを理想化して見ていた。実際のレーニンはスターリンに劣らず情け容赦のない人物だった。ただし、レーニンはスターリンと異なって、自分自身の党のメンバーにたいして粛清という武器を行使することはなかったが。レーニンを理想化していたことからゴルバチョフは、自分の言動を、スターリンによって歪曲される前のレーニンの思想に合致させようと神経を使った。特に、党書記長に就任して最初の数年間はそうであった。スターリンがレーニンの思想を歪曲したという理解は錯覚だったが、ソ連の改革派はほとんど例外なく同様の受け止め方をしていた（もっとも、アンドレイ・サハロフやアレクサンドル・ソルジェニーツィンのような著名な反体制派は別である）。

ゴルバチョフの元補佐官であるゲオルギー・スミルノフ（のちにマルクス・レーニン主義研究所の所長）は、「レーニンを目指して後退するな、レーニンを目指して前進せよ」という惹句《じゃっく》を作った。[138] しかし、レーニンに関する幻想の浸透度は、それよりもっと広く、かつ深かった。アレクサンドル・ヤコヴレフですら、一九八九年になってもまだ次のように述べている。[139]

ペレストロイカは純粋なレーニン主義の復活を必要としている。今になってようやく分かるのは、スターリンがレーニンの理念や原則、実践を放棄し、歪曲したという事実である。（中略）民主主義・市民の安寧・経済における個人の発意は、指令・弾圧・官僚主義によって取って代わられた。（中略）レーニンは十分な寿命に恵まれなかった。したがって、我々が必要とする社会主義のすべての着想を実現するには至らなかった。だが我々は、レーニンが認識していた基本事項へと回帰しようとしている。この意味でレーニンは、生ける助言者の役割を果たし、今日の問題の分析を指南している。(140)

レーニンにたいして忠実なこの発言は、次のことを示している。ヤコヴレフとゴルバチョフの政治的認識の進化には差異があったが、それは、しばしば指摘されるのと違って、さほど鮮明なものではなかった。恐らくヤコヴレフはこのときまでに、心の中ですでに信じていなかった事柄を公の場で語るようになっていたのであろう（公と言っても、インタビューの掲載先は西側の書籍ではあったが）。ちなみにゴルバチョフの場合も、時として同じようなことがあった。しかし、ヤコヴレフの言葉は確かに以下の事実を証明してもいた。レーニンのくわだてが当初からはなはだしい間違いだったという見解は、受け入れるのがむずかしかった。いかなる党内の大物改革派にとっても。そして、党書記長にとってはなおさら。(141)

ゴルバチョフの場合、西ヨーロッパ型の社会民主主義に次第に惹《ひ》かれていった。その一方では依然として、建前上レーニンに敬意を払っていた。そこに正真正銘の緊張が生じた。それを解消するためにゴルバチョフが使った方法はこうである。レーニンの著作の中から、自分が見つけたいと思っていることを読み取り、自分自身の中で温めつつあるアイデアのうち一部をレーニンに仮託するのである。ソ連では、それはまったく新しい現象というわけではない。言うなれば、さまざまな人々がそれぞれの「レーニン」を創造したという感じである。一九八五年以前の高度に密教的な議論においてすら、一部ではそのような現象が見られた。(142) 正統的レーニン主義のさまざまな解釈は、さまざまな専門家によって推進された。解釈の食い違いは一九八五年以後、あからさまになった。また、劇的なものとなった。レーニンになったつもりで自分の将来像を描き、それをレーニンに事寄せるという方法はゴルバチョフにとって、ストレス軽減という心理的な効用があった。そればかりではない。一九八九年までは、政治的にも重大な効果があった。ゴルバチョフは、もっとも危険な敵を相手に自己防衛をやってのけなければならなかった。従来どおり、当時の最強の敵は保守派共産党員であった。彼らには、ゴルバチョフが非レーニン主義の道に足を踏み出したのではないかと疑うに足る根拠があった。一般大衆との関係においても、ペレストロイカが始まって最初の四年間は、レーニンに言及することは改革者にとって無害であった。というのも、すでに指摘したとおり、一九八九年の時点ではまだ、大半のロシア人はレーニンを史上もっとも偉大な人物と見なしていたからである。

ゴルバチョフは、レーニンを意識的に拒否することなく、レーニン主義者であることをやめていたのである。ゴルバチョフは、ブラントやゴンサレスが信奉していたようなたぐいの政治信条を次第に受け入れるようになった。それとレーニン主義を両立させることは、まったく不可能であった。社会民主主義の西ヨーロッパ型「民主主義的社会主義」は、レーニン主義と同列に置くことはできない。また、ソ連のいわゆるマルクス・レーニン主義とも同列に置くわけにはいかない（マルクス・レーニン主義は、レーニン主義が特異な発達を遂げて形成された教義である）。あえて同列に置くなら、それは無意味である。共産主義と西ヨーロッパ型社会民主主義との間の歴史上重要な対立に照らすなら、このことはもう十分に明らかなことであった。だがそれは、第二次世界大戦以来、社会民主党が進化を遂げたことにより、一層明らかになった。なぜなら社会民主党の進化の結果、西ヨーロッパのほかの主流の政党とくらべて社会民主党の特徴が目立たなくなったからである。そして、「社会民主主義と自由主義がイデオロギー的に徐々に同化した」からである。[143]

モリエールの『町人貴族』の登場人物は、自分で知らないうちに散文でしゃべっていた。それと同じようにゴルバチョフも、社会民主主義の言語を使い始めていたのである。自分がそうしているということを完全には理解しないままに。ゴルバチョフは、同じ社会主義といっても、ボリシェヴィズムより社会民主主義のほうに親近感を覚えた。それを自覚したのは、一九八八〜一九八九年の間である。[144] そのとき、ゴルバチョフがレーニンにたいして個人的に抱いていた過大な尊敬の念は、実質的にぐらつくことはなかった。[145] そのことは明らかに、一九九〇～一九九一年、ゴルバチョフにとって大きな痛手となった。そのころになると、急進民主派の勢力が拡大した。レーニンは建前上、全員一致で賞賛し得る象徴的人物であったが、次第に、ソビエト社会における新旧の潮流を分かつ象徴になっていった。心理的にも政治的にも建国の父を切り捨てることは、ソ連共産党書記長にとって難しいことであった。党書記長にくらべれば、ほかのだれもが気楽な立場にあったと言っても過言ではない。

とはいえゴルバチョフは、自分の描いていたレーニン像はともかく、レーニン主義とは訣別した。その一半の理由は、ゴルバチョフがかねてから西側の政治家に特段の親近感を抱いていたという事実にある。彼らの世界観がソビエト国家の創設者レーニンのそれと似ているなどということは、とてつもなく誇大な空想でも働かせない限り、思いも及ばないことである。西側の政治家にたいする親近感に劣らず重要だったのは、ゴルバチョフが最高指導者になって日の浅い時期から、すでにボリシェヴィズムの心理を意識的に排したということである。ボリシェヴィズムの心理とは、第一に、あらゆる妥協や政治的提携を敵対視することである。例外的に、それを一時的な便法として受け入れることはあるにしても。第二に、「目的は手段を正当化する」という見方をすること。第三に、政治上の敵にたいして弱肉強食《クトー・カヴォー》の態度で臨むこと（このフレーズは、「だれがだれを粉砕するのか」と理解してもかまわないだろう）。実際のところ、ゴルバチョフも、ゴルバチョフの側近も、ネオ・ボリシェヴィズムという用語を盛んに使うようになった。対象は、共産党の強硬派ばかりではない。急進民主派に属していながらゴルバチョフらにたいして敵対的な姿勢をとる人々も、ネオ・ボリシェヴィズムのレッテルを貼られた。というのも急進民主派は、自分たちに賛成しない人々にたいして妥協を許さぬ態度で臨み、そこには、ボリシェヴィキの心理と何か共通するものがあったからである。ただ、急進民主派の政策目標は、ボリシェヴィキのそれとは遠く隔たっていたが。ネオ・ボリシェヴィズムの定義を尋ねられてゴルバチョフは、次のように答えたことがある。それが意味するのは、「憲法にもとづくことなく行動し、暴力を行使し、法と民主主義的手続きを無視することである[146]」。ゴルバチョフはまた、本家本元のボリシェヴィキを批判した。ゴルバチョフはその理由として、次のように言う。ボリシェヴィキは一九一七年の一一月以降、「民主主義勢力を幅広く束ねる」努力を怠った。「それどころか、ボリシェヴィキは分裂へと向かった。特に、左派社会革命党と決別した。ボリシェヴィキは同党およびメンシェヴィキと協力すべきだったのだ[147]」。

概念の革命

ソビエト体制を（解体するのではなくて）改革したいとの抱負を抱いて事を起こしたとき、ゴルバチョフは次のように確信していた。時代遅れになった教条《ドグマ》を排除することは、改革と浄化の事業に欠かせない――。それは、一九八四年一二月のイデオロギー会議における演説の主題であった。この演説についてはすでに第三章で触れた[148]。ゴルバチョフは党書記長就任後の二年間、教義の修正を苦心して進めることになる。ゴルバチョフはそれら修正すべき点のうち多くのものを、この演説の場を借りて初めて本格的に披露した。いやそれどころか、一部の点については、党書記長就任後におこなった一九八五年の演説のとき以上に、急進的な表現を用いていた。それは恐らく、こういうことであろう。一九八四年末の時点では、チェルネンコは病気でふせっており、ゴルバチョフの党内序列は第二位であった。だからゴルバチョフは、党書記長就任後の時期よりもかえって、自分の意見を吐露するにあたって自己抑制の必要を感じなかった。ところが、ひとたび党書記長になると、その発言は党指導部全体の見解を代表していると受け取られてしまうのである。

ゴルバチョフの物の見方は、党書記長の座を射止める直前にすでに知的遍歴の節目にたどり着いていたわけであるが、無論、のちになるとその段階を超えて前進していくことになる。ゴルバチョフはまた、党から守旧派を追い出したことによって、意見表明のさまたげになっていた政治的制約から多少自由になった。にもかかわらず、ゴルバチョフが一九八四年一二月に打ち出したイデオロギー上の新機軸は、闊達であった。そのことは、ゴルバチョフがなかなかの胆力の持ち主であることを示している。なにしろそのような新機軸を提唱することによって、保守的な立場にある敵に攻撃材料を与えていたわけだから。(149) 一九八四年末の演説において強調された三つの概念がある。それは、ペレストロイカ、加速化（ウスカレーニエ）、グラスノスチである。これらの概念はゴルバチョフ時代、ソ連の政治論議において特別な役割をになった。

ウスカレーニエ（加速化）

三つのうち二つはそれからの六年間、評価の基準として使われ続けることになる。しかしその間、言葉の意味が拡大し、過激になった。例外はウスカレーニエである。ゴルバチョフが党書記長に就任して間もない時期、この言葉は頻繁に使われたが、二、三年のうちにぱったりと使われなくなった。ニコライ・ルイシコフによれば、経済上の加速という概念は前任の首相であるニコライ・チーホノフを議長とする委員会がこの言葉を使ったのを嚆矢《こうし》とするという。これはチェルネンコ党書記長の時代のことである。(150) いずれにせよ、ウスカレーニエという概念は、一九八八年夏の第一九回党協議会が開催されるころには事実上、消滅していた。ルイシコフは依然として社会経済的な「加速化」を支持していたが、本人の主張するところによると、ウスカレーニエ（単語としてのウスカレーニエばかりか、それを実行に移す可能性）は、「無意味な政治的加速化」によって踏みつぶされた。ゴルバチョフが政治的加速化のほうを優先するようになったからである。(151)

ゴルバチョフがウスカレーニエという言葉に見切りをつけたのは、一九八八年のことである。それは間違いない。ゴルバチョフが行動を起こしたのは、ほかならぬこの年のことである。それは、かつてソ連が経験した政治改革の域をはるかに超えていた。ゴルバチョフはまた、根本的な変化に着手した。それは、ソビエト政治体制の性格を根底からくつがえすことになった。ゴルバチョフ時代の幕開けのころウスカレーニエには、「国をふたたび立ち行かせる」という含みがあった。それに先立つ時代は、「停滞の時代」の烙印を押されたブレジネフ時代後期にほかならない。

しかしウスカレーニエは三年間にわたって、政治的に非生産的なものになる一方であった。原因は、経済上の加速が起こるきざしが見えなかったことにある。しかも、次第に明らかになっていたことだが、そのような加速化は、「指令経済」から「市場を主役とする経済」への移行とは原則的に両立不可能なのである。そのような転換の過程においては、経済の指標は好転する前に悪化する可能性が大であった。

ちなみに、以下のことは特筆する必要がある。ゴルバチョフは、「加速化」について語っていた時期、わざわざ次のように強調するのが常であった。加速化の意味は、質的な変化である。たとえば、旧来のソ連流のやり方を適用して全体としての量的目標を満たすことにより生産量を引き上げるのではなくて、労働生産性を向上させることが加速化の一例である、と。実際、一九八五年六月一一日にある会議が開催されたとき、会議のテーマは、「科学技術の進歩の加速化の諸問題」と銘打たれていた[152]。この会議には、流産に終わった党中央委員会総会（それをめぐる政治的駆け引きについては第三章を参照）のために準備された資料の多くがようやく提出された。

ゴルバチョフが「加速化」という言葉を最後に演説で使ったのは、一九八八年四月のことである[153]。

ペレストロイカ

一九八四年一二月のゴルバチョフ演説における三つの重要な用語のうち、一つはペレストロイカである。翌年発進する改革プロセスは全体として、ペレストロイカという概念によって一括されることになる。ペレストロイカは再建とか再編と訳すことが多いが、ロシア語以外の言語には、翻訳されずに外来語として定着しそうな感があった。ゴルバチョフは、前々からペレストロイカという言葉が気に入っており、アレクサンドル・ヤコヴレフとの協力が始まるはるか以前にそれを使い始めていた。ペレストロイカという用語は、一九七〇年代から一九八〇年代初めにかけてゴルバチョフの演説や論文に登場している。それはしばしば、あらゆる水準の経済活動に従事している人々が「心構えを改める」必要があるという文脈で使われていた。[154] しかし、一九八四年一二月の演説までに、意味が転換していた。ゴルバチョフはそのとき、次のように宣言している。「今日、課題となっている重要な諸問題のうちの一つは、経済を運営する形態と方法のペレストロイカである」[155]。ゴルバチョフはもはや、心がけを改めるということだけを論じていたのではない。構造的な変化をも論じていたわけである。ただしそれは、経済体制の文脈に限定されていたが。ゴルバチョフは科学技術に関する会議（一九八五年六月）で演説をおこなうまでに、ペレストロイカの対象範囲をもっと広げた。「科学技術の進歩を加速するには、一貫して必要なことがある。それは、計画と管理のシステムや、全体的な経済の仕組みを根底から再編《ペレストロイカ》することである。それをおこたれば、我々が今日論じていることは、机上の空論にしかならないだろう」[156]。

ゴルバチョフは一九八六年四月八日、ロシアの工業都市トリアッティで労働者を聴衆として演説をおこなった。そして、その演説においてペレストロイカの意味を大幅に広げた。[157] 実際、ワジム・メドヴェージェフは、このとき初めてペレストロイカという言葉が「包括的な意味で」用いられたと述べている。以後、ソ連国内と国外を問わず、その意味でのペレストロイカが普遍的になる。[158] この演説でゴルバチョフは次のように述べた。ペレストロイカはあらゆる場で実施しなければならない。あらゆる場とは、「それぞれの従業員集団であり、管理部門であり、政治局と政府を含む党=国家機関」であった。[159] 一九八七年一月に党中央委員会総会が開催され、本格的な政治改革が始まった。同総会までにペレストロイカは、ソビエト体制全体を大きく改革するという意味を含んだ概念であることが、ますます鮮明になっていた。前途にもっと多くの変化が待っているということを示唆しつつ、ゴルバチョフは以下のことを述べた。ペレストロイカはようやく始まろうとしているところだ。また、ペレストロイカの一層の進歩は、民主化の進歩と連動している。民主化とは、「ソビエト社会の一層の民主化」であり、党内の民主主義の拡大である——。その中で特筆すべきことは、「ペレストロイカを推進する以上、選挙制度に手をつけないわけにはいかない」という発言である。[160]中央委総会の一カ月後、ゴルバチョフはある演説の中で、「悩みの種になっている」重要な問題に触れた。それは、どうすればペレストロイカの退路を断てるかという問題であった。答えはこうであった。ペレストロイカの対象を広げ、経済・社会・政治・行政・精神など、あらゆる分野に適用せよ。また、国民全体をその事業に取り組ませよ。これを達成する方法はただ一つ、「ソビエト社会を幅広く民主化すること」だけである。[161]

のちに、ペレストロイカという言葉を、愚にもつかないものとして一蹴する者も出てきた。西側の一部の専門家と、新生ロシアの少なからぬ指導者がそれである。前者は、ソビエト体制の崩壊を歓迎した。彼らは、よもや自分たちが生きているうちに、そのようなことを目の当たりにしようとは思っていなかった。後者すなわちロシアの指導者たちは、自分たちの改革とゴルバチョフの改革との違いを浮き彫りにしたいという思いに駆られた。[162]しかしそのような後知恵は、単に一つの事実を隠蔽するだけである。それは、彼らが一九八五年の政治状況を理解することも、ペレストロイカの優れた点を評価することもしていない——あるいは、出来ていない——ということである。ペレストロイカは、ゴルバチョフが党書記長に就任したあとの三年ないし四年の間、ソビエト体制を変えるという事業に貢献した。しかも、驚くほど見事に。ゴルバチョフが最高指導者になった時点では、「改革」という言葉すら、タブーだったのである。一九六五年にコスイギン首相が経済改革をこころみた。だがそれは、一九六八年のチェコスロヴァキアにおける急進的な政治、経済改革のあおりを受けて葬り去られた。それ以来、ソ連の経済改革者は、婉曲語法を使うことを余儀なくされた。つまり、「経済の仕組みの完成度を高める」といったような表現をしなければならなかったのである。さもなければ、マスメディアにおいて、いかなる穏健な改革思想も発表することはできなかった。このようなタブーを破ったのは、ゴルバチョフ自身である。それは、一九八六年二月の第二七回党大会の演説においてであった。経済について論じるにあたって、ゴルバチョフは、「改革」という言葉を使ったばかりでなく、「急進改革が必要だ」とも述べたのである。[163]

ペレストロイカという言葉には、荷厄介なイデオロギー臭がなかった。「改革主義」を直接連想させる要素すらなかった。共産党の引き継いでいる革命の伝統によれば、「改革主義」は敵であった。まさにそれゆえに、ペレストロイカという言葉は絶妙な用語であった。数あるスローガンの代わりにこのような用語を使えば、ソビエト体制の改革を円滑に発進させることが可能であった。ペレストロイカという言葉は曖昧であった（ゴルバチョフにとって、そのような曖昧さが問題になることもあった。ゴルバチョフが敵に回している保守派にとっても、同じことであった）。ペレストロイカの意味が曖昧だったからこそ、改革の道は当初、なめらかなものとなったのである。政治、経済体制を根底からくつがえすような企てであったら、それは必ず有力な機関や個人の利害に抵触したに違いない。ところがペレストロイカは、のちにそれによって利益を侵されることになる人々ですら、喜んで受け入れることができた。というのも、ソビエト国家の（マルクス主義で言う）上部構造に軽く触れるにすぎないと解釈する余地があったからである。それとは正反対に、ペレストロイカは、体制を根底から再建する事業――正確に言うなら、政治、経済体制を新たに建設する事業――と見なすことも可能であった。ゴルバチョフ自身にとっては当初、ペレストロイカの意味は前者（上部構造の修正）以上のものであった。だが、後者（体制の再建）には遠く及ばなかった。一九八七年になると、「ペレストロイカはさまざまな意味を含んだ言葉である」ということを受け入れて、ゴルバチョフは次のように記している。「ペレストロイカの本質をもっとも正確に表現しているのは、（中略）革命という言葉である」。なぜならば、ソ連が必要としている「質的に新しい」根本的な変化は、「革命的な作業」につながるからだ――。[164]右の発言は、一九八七年の夏のゴルバチョフの著書『ペレストロイカ』に記されているのであるが、依然として曖昧である。同書は、ソ連が必要とする変化に関するゴルバチョフの最終的な判断からはほど遠いものであった。ゴルバチョフは翌年までに、側近中の側近との間で、体制の根本的再建に近いものについて議論するようになっていた。もっとも、ゴルバチョフの公式発言（特に、一九九〇〜九一年冬の致命的な戦術的後退のさいの発言）は、しばしばこれと反対のことを述べていたが。しかも目標と意味の変化は、言葉そのものが変わらなかったため、覆い隠された。ソ連は依然として、「ペレストロイカ」を追求している、と解釈された。

このように、ペレストロイカという用語は曖昧だった。それはすなわち、ゴルバチョフが指導部を率いるようになってからの数年間、だれでもペレストロイカを支持することが可能だったということにほかならない。ペレストロイカに賛同していた人々の中には、保守派もいた。ヴィクトル・アファナシエフや、それよりもっと保守的なワレンチン・チーキンがそれである。アファナシエフはプラウダ紙編集長で、チーキンはソヴェツカヤ・ロシア紙編集長であった（ちなみに、チーキンを任命したのはアレクサンドル・ヤコヴレフである。ヤコヴレフはそのことをのちに、後悔の念を込めて認めている）[165]。一方、かつての反体制派で生粋の自由主義者であるアンドレイ・サハロフも、ペレストロイカを支持していた。やがて、党および政府の官僚の大部分と、軍およびＫＧＢの将校の大半は、ペレストロイカが自分たちの組織の利益に深刻なダメージを与えつつあるということを悟った。だが、そのときにはもう、ほとんど手遅れであった。まだその気になれば、ゴルバチョフを放逐することは可能だったかもしれない。だが、ゴルバチョフが党書記長に就任してからの四年間、ゴルバチョフを解任した場合の代価は、年々高くなる一方であった。すでに第一章で指摘したように、その間ゴルバチョフはソ連でもっとも人気のある政治家だったからである。また、守旧派の多くは一九八九年までに、権力を握るポストからはずされていた。その一方で、国民の政治参加は質的に高まっていた。競争選挙が導入されたからである。

グラスノスチ

一九八四年一二月にゴルバチョフが導入した第三の重要な概念は、グラスノスチである。それは公開性ないし透明性と訳すのが最も妥当であるが、複数の解釈が可能である。アレク・ノーヴらは、次のような解釈も成り立つと指摘している。[166]グラスノスチは、党と政府にたいし行動の公開性を高め、もっと多くのことを説明、公表せよと指示しているのであって、ひとりでに「非公式の声が聞き届けてもらえるようになる」ということではない――。別の解釈もある。それによればグラスノスチは、情報の自由や言論の自由に近い概念を意味しているという。サハロフやソルジェニーツィンら有名な反体制派知識人を含め、反体制派は過去にグラスノスチを要求したことがあった。もっとも、一九世紀の反体制派ニコライ・チェルヌィシェフスキーはアレクサンドル二世の統治時代に、次のように発言している。「グラスノスチは官僚的な表現である。それは、言論の自由の代用物である」[167]。

もっと限定的な意味では、レオニード・ブレジネフですら、グラスノスチをずいぶん前に提唱したことがある。それは一九七四年のことである。ただしブレジネフは、そのような概念を本気で実施に移すつもりはなかったが。同年夏の「選挙」演説でブレジネフは、次のように述べた。「労働者の政治文化を底上げし、党や議会《ソヴィエト》、経済などの諸機関の活動においてグラスノスチを拡大すること」は、きわめて今日的な重要性を帯びている[168]。ゴルバチョフも、早くも一九七四年の時点でグラスノスチの必要性について語っており、それは記録に残っている[169]。そのときゴルバチョフが示したグラスノスチの要旨は、ブレジネフのそれに毛が生えた程度のものにすぎなかった。グラスノスチはまた、一九七七年のソ連憲法にも登場する。だが国外ではほとんど注目されなかった。また、国内では何の実効もなかった[170]。

ゴルバチョフは一九八四年一二月にグラスノスチという概念をもっと真剣に取り上げ、それにもっと広い意味を吹き込んだ。その背景には、「言葉と行動を一致させる」必要性を強調するという思惑もあった。ただ、一九八四年にゴルバチョフが要約して示したグラスノスチは、「言論の自由」と同一視するにはやや無理があった。しかし、歴代のソ連指導者の発言内容とくらべれば、一歩進んでいた。それは、ゴルバチョフ自身の変化と、ゴルバチョフの置かれた立場を反映していた。第一に、物の見方が、党書記長に就任する前の一〇年間に進歩していた。ゴルバチョフはその間に、それまで行ったことのなかった西側へ重要な外遊を重ねた。第二に、次のような単純な事実も反映されていた。すなわち、ゴルバチョフは、死期の近づいていたチェルネンコに次いでナンバー2の立場にあったので、それ以前より制約がゆるくなっていたということである。一二月一〇日、ゴルバチョフは次のように述べた。「社会民主主義に欠かすことのできない要素は、グラスノスチである。隠し立てのない情報を幅広く、かつタイミングよく提供することは、人々にたいする信頼の証《あかし》になる。また、人々がもっている意見や感情、ある状況において自力で事を解決する能力にたいして敬意を払っていることも証明される[171]」。

ゴルバチョフはすでに一九八四年の時点で、新思考を公然と採用しかかっていた。新思考は、一九八六年から一気に発達を遂げた。その新思考の中でグラスノスチを中心にすえて論じる場合、最重要の点は、これが促進剤的な概念だったということである。党指導部の中でグラスノスチを提唱する人々は、必要な水準の誠意を具えていた。それだけにグラスノスチは、その制限枠を作家やジャーナリストが押し広げることを許容する概念であった（最高レベルでは、グラスノスチを心から支持していたのは、ゴルバチョフ、ヤコヴレフ、シェワルナゼであった。それは決定的に重要なことであったが、彼ら以外には支持者は見当たらなかった。そして、その三人ですら当初は、グラスノスチを、下から要求して手に入れるべき権利というよりは、むしろ上からの贈り物と見ていた）。グラスノスチの含意は、ゴルバチョフ時代を経るうちに変化していった。その結果グラスノスチは、「言論および出版の自由」の同義語となるか、（もっと望ましいことだが）それに取って代わられた[172]。それは、一九八九年春に開催された人民代議員大会の第一回会期のとき以来のことである。このときの人民代議員大会では、それまで禁じられていたあらゆる種類の見解が、あるいはテレビで生中継された。しかし、それよりも早く一九八七年には、「下からのグラスノスチ」が発達し始めていた。その過程で次第に、新聞や月刊誌に発表される意見は、党指導部が聞きたいと思うようなものばかりではなくなった。

民主化

ゴルバチョフは一九八四年一二月、「民主化」という用語すら導入し、「われわれの社会経済生活の民主化に新たなはずみをつける」必要があると論じている。[173] しかしながら、これは、ゴルバチョフが一九八七〜一九八八年に提唱し始めることになる政治体制の民主化とはまだ毛色の違うものであった。重点はむしろ、従業員集団の権利を拡大するなど、職場において「民主主義」を広げることに置かれた。また、コムソモールや労働組合のような「社会的組織」の役割と重要性を高めることも、重点事項となった。[174] その同じ演説の前半部分でゴルバチョフは、「社会主義的民主主義を拡大し、充実させること」を要求した。[175] しかし「社会主義的民主主義」は、伝統的なソビエト用語であり、ソ連で言うところの民主主義をブルジョア民主主義から区別するものであった。言うまでもなく、ゴルバチョフの言う社会主義的民主主義は、ソ連の旧弊なそれではなかった。ゴルバチョフが念頭に置いていたのは、ソ連人を再活性化させ、各レベルの党委員会および初級組織を再生させる必要があるということであった。専従の党官僚《アパラチキ》が重大な政策決定を簒奪している現状は、そのまま放置するわけにはいかなかった。しかしこれは、旧体制の枠内での限定的な改革であった。[176]

ソ連が一層の「民主化」を必要としているという議論は、もっと新奇であった。しかし、一九八七年一月の党中央委員会総会を迎えるまでは、「ソビエト社会の一層の民主化」が共産党の直面している喫緊の課題として提示されることはなかった。具体的な政治的改革と、それを達成するためのゴルバチョフの努力は、本書第六章のテーマの一つである。しかし、ここでの文脈で重要なのは、以下のことである。一九八四年に「民主化」にちらりと触れたあと、ゴルバチョフは党書記長就任から二年以内にその概念の範囲と意味を広げた。その結果、急進改革派のチャンスは大いにふくらんだ。今や「民主化」の旗印を掲げることができるようになった。何しろ党書記長のお墨付きを得たのだから。そのような旗印のもと、従来想像もつかなかった変化を提案することが考えられるようになった。そのことが重要なのである。

いかなる社会においても、概念の変化は、政治の刷新の一部を成す重要な下位区分である。自由民主主義体制の場合もさることながら、ソ連のような体制においては、概念の変化は計り知れないほど重要である。というのもソ連型の体制のもとでは、あらゆる政治行動は公認のイデオロギーに合致していることを要求されていたからである。確かにソビエト・イデオロギーの内部でも、密教的な議論がおこなわれることはあった。また、指導者ごとに、その時次第でマルクス・レーニン主義の論点のうち強調される点が変更になるのが常であった。そして、場合によってはイデオロギーよりも実利主義を優先することもあった。しかし、である。確かに、ソ連の指導者はイデオロギーに永遠の忠誠を誓いながらも、その操作を常としていた。にもかかわらず、それら指導者のほうも、マルクス・レーニン主義によって行動の自由を縛られ、さらには、物の考え方に枠をはめられていたのである。レーニン主義は、その一部を選択してマルクス・レーニン主義として整理することも可能であった。それは、イデオロギーを擁護する立場にある人々が、党指導部の注意深い監視を受けておこなった。このように、マルクス・レーニン主義をいずれかの方向に曲げることは可能であった。

だが、それと両立させることのできない概念もあった。ゴルバチョフが党書記長に就任する前、支配層の内部ではそのような概念は、ほとんど想像できなかった。政治的な役割を負った人々の信念や行動は、部分的に「概念によって」形成される。また、言論は彼らにとって「政治行動の舞台」となる。そのことは、西側の各種体制においても真実であるが、ソ連をはじめとする共産主義国では隠れもない真実であった。というのもこれらの国には、本心からイ

デオロギーを信じている人々が大勢いたからである。(177)

多元主義

このことを念頭に置くなら、ゴルバチョフがソビエトの政治言語に、新たな概念を導入したという事実はこの上なく重要である。それらの概念は、伝統的にイデオロギーと制度の両面において体制を支えてきた柱を掘りくずした。もっと言うなら、ソ連という場にあっては「ペレストロイカ」よりはるかに革命的だったのである。それらの概念の中で最重要のものは、多元主義である。というのも、ソビエト政治体制は多元的になった以上、本質的に過去七〇年のそれとは別のものになったからである。もっとも、当時起こった変化はそれに限らないが。

ソビエトの理論家たちで、多元主義という概念を非難していた者は非常に多い。党の指導者たちも事あるごとにそれに加わった。したがって、ゴルバチョフのように思想に関心のある政治家であれば、禁を破って多元主義という用語を（罵詈雑言《ばりぞうごん》としてではなく）使ったとき、まったく新たに幅広い可能性を引き出すことになるということに気づかずにはいられなかったであろう。ソ連において「多元主義」という概念は、反ソ的な異物として自動的に拒絶されていた。そうである以上、グラスノスチをはじめとするゴルバチョフの改革は、攻撃にたいしていちじるしく脆弱《ぜいじゃく》であった。ゴルバチョフは多元主義という用語を、非難以外の文脈でマスメディアを意識してはじめて使ったソ連人となった。その発言は案にたがわず報道された。それは一九八七年七月のことである。このときゴルバチョフは次のように語った。ソビエトの新聞には、「社会主義的多元主義とでも言うべきもの」が必要である。それを与えられれば新聞は、一握りの徒党に支配されることなく、幅広く意見を代弁する余地が生まれる。(178) 党書記長といえども、マスメディア・作家・芸術家などの代表にたいする演説の中に「多元主義」を盛り込もうと思えば、それを目立たせないようにしなければならなかった。ゴルバチョフには、出席者のうち多くの者が「多元主義」に飛びつき、発展させるだろうということが分かっていた。ゴルバチョフはこの言葉を使い続けた。しかし一九九〇年二月までは、「社会主義的多元主義」または「意見の多元主義」という言い方をしていた。[179] ちなみに、政治的多元主義という言い方をすれば、それは利益団体や政党を設立、運営する自由を意味する。ゴルバチョフがはじめて公式に政治的多元主義を受け入れたのは、一九九〇年二月の党中央委員会総会の演説においてであった。それは理にかなっている。なにしろこの中央委総会では、ソ連憲法第六条の削除が提案されたのだから。憲法第六条のおかげで共産党はそれまで、政治体制内で指導的役割を与えられていた。[180]

ひと度ゴルバチョフが新たな概念を導入するか、あるいはそれを承認する旨表明すると、それらの概念は次第にひとり歩きするようになった。というのも、ゴルバチョフが制度に手を加え、イデオロギーを刷新した結果、ソ連当局はかつての言論統制を続けるための手立てを失ったからである。これには、当のゴルバチョフですら激しくいら立つことがあった。また、ソ連のエリート層にまだ深く根をおろしていた保守的勢力からいちじるしく強い圧力を受けると、ゴルバチョフは急進民主派や民族主義者を酷評することもあった。その際のゴルバチョフの言葉づかいは、新たな概念と矛盾していた。政治言語および政治闘争にそれらの概念を引き入れることを可能にしたのはゴルバチョフであったのだが。人事にせよ、政治言語にせよ、ゴルバチョフは蛇行を繰り返した。そのたびに所期の成果が上がったかというと、そうではなかった。しかし、さまざまな勢力から強力な圧力がかかっていたことを念頭に置くなら、そのような蛇行を完全に避けるのは無理というものであった。

体制内の最高のポストを占めていながら、だれよりも痛烈に体制を批判するというのは、ローマ法王とマルチン・ルターを兼ねているようなものである。そのような立場にあったゴルバチョフは、反対派の攻撃を浴びると本心から中立的な位置を模索することもあった（特に、一九九〇年から一九九一年にかけての冬）。また時には、口先だけ中道派を自称しながら、急進改革派の目標を前面に押し出すこともあった。ゴルバチョフの公的な政治言語は、新旧両方の要素を織りまぜたものであった。ちなみに、言語とくらべて思考のほうもかなりの程度、折衷的であった。ただし、政治言語の場合とくらべると、次第に折衷的ではなくなったが。いずれにせよ、歴代の党書記長の思考は、新旧ではなくて旧旧の組み合わせで成り立っていたのである。したがって、重視すべきは新たな理念のほうであった。それは、以下の事情からしてなおさらであった。第一に、一度発せられた言葉は（時には矛盾することがあっても）、撤回することはできない。第二に、党書記長就任後の数年間、ソビエト体制の仕組みが変わらなかったことから、党書記長の言葉はだれの言葉よりも重みがあった。この期間にゴルバチョフは、理念の力をあらためて発揮することになった。[181]

ソ連の変化について論じる際ゴルバチョフは、「本質において革命的で、テンポにおいて漸進的な」プロセスが必要であると再三強調した。[182] この意味で、一九八五～一九九一年に理念の領域において起こったことは、確かに、漸進的かつ革命的であった。着想という点では革命的と言うにはほど遠い観念であっても、一九八六年か一九八七年のソ連の状況では大胆と見なされるものもあった。そのような観念が一九九〇～一九九一年までに、あっさりとソ連の標準的な教義となった。たとえば、「社会主義的法治国家」にたいする支持に代わって、ただ単に、法の支配にもとづく国家が提唱されるようになった。「社会主義市場」にたいする支持に代わって、次第に「市場経済」が提唱されるようになった。前述の事例においては、「社会主義的多元主義」なしい「意見の多元主義」が喧伝されていたのに、それに代わって「政治的多元主義」が受け入れられるようになった。ある意味では、マルクス・レーニン主義との訣別をこれほど如実に示しているものはない。[183]

事の次第は、こういうことである。ゴルバチョフは、かつてソビエトの政治言語から追放された概念を導入ないし承認した。しかし、党書記長になって最初の数年間は、そのような概念に「社会主義的な」という形容詞をつけた。改革志向の知識人たちがそれらの概念を進んで採用し、精緻化した。一九八八年ころになると、急進派知識人が「社会主義的な」という限定語をとりはずすようになった——。このような事例は、歴史家キース・マイケル・ベーカーが指摘する一般的な命題を例証するものである。すなわち、「言語というものは、個々の関係者が意図している以上のことを発言する力をもっている。言葉の意味が予想に反して他人によって奪い取られ、拡大されるからである」[184]。ソ連という場にあっては、この命題は割り引いて受け止めなければならない。ゴルバチョフ時代になるまで、政治言語にたいする「上からの」統制は、絶対的なものではないにせよ、厳格な制約を課するのに十分であった。したがって、観念支配《アイデアクラシー》の国の中では、観念を自由に解釈する余地は制限されていた。「意味（およびそれに頼る人々）は常に、潜在的に危険に瀕している」ということなのかもしれない[185]。しかし、改革前の共産主義体制のもとで、各指導部はそのような危険を極小化することに成功していた。ところが、一九八五年以後のソ連では、政治的な寛容度が以前より広がり、しかも、その拡大傾向が続いた。まさにそれゆえに、概念の意味が根本的に変わる通常の時代区分が、一気に圧縮されたのである。

しかしながら、ゴルバチョフは用語を選ぶときですら、演説および思考にたいする制約を避けようとしていた。そのような制約にしばられると、伝統的なソビエト的語彙を墨守することになる。特筆に価することだが、ゴルバチョフやその側近たちが導入した鍵となる新概念は実際、マルクス・レーニン主義の語彙から借りたものではなかった。そのことは明らかに以下の用語に当てはまる。ペレストロイカ、グラスノスチ、民主化、多元主義、法治国家、抑制と均衡《チェック・アンド・バランス》。また、蔑称ではなくて中立的な意味での市場。そしてさらには、加速化。もっと言うなら、これらの用語のうち多くのものは、かつてレーニン主義者によって、明らかにブルジョア的な概念だとされていたのである。ゴルバチョフに関して驚くべきことがある。当初「社会主義的な」などの形容詞を冠しながらも、マルクス・レーニン主義とは異質の概念を多数世に送り出し、さらに二年後には、限定語のない表記の仕方でそれらの概念を取り上げた。そればかりではない。「社会主義的」という形容詞を使ったときですら、それは往時と違って、制限的な意味ではなかった。なぜそう言えるのか。すでに見てきたように、ゴルバチョフは、「社会主義的理念」というかなり曖昧な用語を採用した。それは同時に、ソ連において過去七〇年にわたって発達してきた固有の経済、政治体制としての「社会主義体制」に見切りをつけたということを意味していたのである。実際、遅くとも一九八八年までにゴルバチョフはある結論に達していた（「遅くとも」という言い方をするのは、すでに一九八七年には、前述の異端の思想を抱きはじめていたからである）。それは、体制を変更する必要があるというものであった（ゴルバチョフは、そのような結論が「社会主義的理念」の堅持と二律背反だとは見なさなかった）[186]。

第5章　ゴルバチョフと経済改革

指令経済の改善と市場経済の導入は両立しない

ゴルバチョフは大きな失敗を二つ犯した。一つは経済改革において、もう一つはソ連の「民族問題」においてである。しかしこのようなゴルバチョフ評には、断り書きを付け加えなければならない。つまり、問題は非常に扱いにくいものだったのであり、別の新たな指導者であればそれらの問題を「解決」していただろうと考えるなら、それは幼稚きわまりない、ということである。ゴルバチョフはこれらの分野において選択の余地を与えられていたが、同時に行動の自由を縛られていた。そうである以上、そのような選択の余地は恐ろしく利用しづらいものであった（観念的批評家の一部がそれを、利用しやすいと見たとしても）。経済改革においても、連邦＝共和国関係および民族関係においても、ゴルバチョフは、相互に鋭く対立する複数の圧力を受けていた。相互に矛盾する要求を発していたのは、強力な制度上の勢力や社会的な勢力である。それら勢力は一九九一年の八月クーデターが起こるはるか以前に改革プロセス全体を――意図的に、あるいは巧まずして――終息させる力を秘めていた。

したがって、確かにゴルバチョフはこの両方の分野において重大な過ちを犯したが、もっと深刻な失敗に見舞われる余地もあったのである。ゴルバチョフは身をかわし、そのような失敗をまぬかれた。そうでなければ、もっと早い段階で決着がついていたであろう。そして、伝統的な、どこまでも抑圧的なソ連版共産主義が、復活の見込みを強めていたであろう。アンドレイ・グラチョフが言うように、次のような問いが投げかけられることは、あまりにも稀である。一九九一年八月のクーデター未遂に先立つ数年間、ゴルバチョフはどれだけたくさんの潜在的なクーデターを未然に防いだことであろうか？[1] ゴルバチョフがソ連の指導者の地位にあった時代は、ほぼ最初から最後まで、戦車を出動させる必要はなかったのである。「党最高指導部で秘密投票を実施していれば、十分だったであろう」[2]。明らかな失策のあった二つの分野のうち、ここでは経済改革の紆余曲折を取り上げる。民族問題は、あとの章（特に第八章）で論ずることにする。

体制の向上を図るという目標と、別の原則のもとづいて体制を建設するという目標は、相互に矛盾するものであった。そこに生じる緊張は、特に経済の領域において強烈であった。この矛盾の重みに耐えかねて、それでなくても劣悪な経済体制がさらに劣化した。その間、政治の次元において制度が変更されていき、ほとんど気づかれることなく改革的な変化が体制転換的な変化へと移行した。ゴルバチョフの最初の五年間は、特にそうであった。その期間は、一般大衆からの強力な支持があった。しかし、経済体制の劣化が引き起こしたモノ不足と欲求不満が大きな原因となって、ゴルバチョフはソ連指導者としての最後の二年間、ほぼ一貫して急速に支持を失っていった。

指令経済と市場経済は、根本的に異なる原理にもとづいて運営されている。中央での計画によって運営される経済と、需要と供給の法則によって支配される市場経済との中間に、ぬえのような経済体制を見出すというくわだては、ことごとく失敗に帰した。もちろん、だからといって、「完璧な市場経済」がある（べきだ）ということではない。ソ連に「完璧な指令経済」が存在しなかったのと同様、「完璧な市場経済」も存在しない。西側諸国の市場経済は規制されている。つまり市場の原理原則は、社会生活のあらゆる側面に普遍的に適用されているわけではない。同様に、ソ連における経済活動もことごとく政治的決定や中央での計画に依存しているというわけではない。ある領域では、計画を策定する人々の選好よりも市場の力によって経済取引が左右される。たとえば、教師が自宅で家庭教師をするとか、農民が自留地の農産物を販売するなどの場合である。しかし、これまでの経験から分かるように、経済体制というものは、どちらかの要素が支配的でなければならない。すなわち、本質的に指令経済であるか、そうでなければ本質的に市場経済でなければならない。ついでに言うと市場経済のほうが、効率が上だということが判明している。指令経済が申し分なく作動したためしはない。しかし、ソビエト体制が全体主義的であるか、あるいは高度に権威主義的であった間は、指令経済はそれなりに機能していたのである。かつては、言うことを聞かなければ弾圧される心配があり、共産党と省庁が真の権力と権威を保っていた。上からの指令にたいする反応はその間、十分に敏感だった。したがって、商品の生産と交換が滞ることはなかった。経済成長も続いた。しかし、ひとたび弾圧の不安がぬぐい去られ、指令経済の制度上の支えが掘りくずされると、生産は低下した。物資の買いだめが増加し、モノ不足がひどくなった。(3) ゴルバチョフのジレンマは深刻であった。というのも、市場を経済活動の主たる調節器とする体制へ移行しなければならないということを悟った以上、共産党に経済の運営と管理を任せておくわけにはいかなくなったからである。だがそれでもゴルバチョフは、政策を実行する道具として共産党を必要としていた。経済関係の省庁を別とすれば、執行機関は存在しなかったからである。

手始めに、全体を通じて言えることで、強調しておくべきことが二点ある。もっとも、言わんとすることが正鵠を射ているということは、本章と次の第六章を読み進んでいただいて初めて明らかになるのであるが。第一。ゴルバチョフは独裁者ではなかった。そして、ゴルバチョフの打ち出した改革と新機軸は、一歩前進するたびに抵抗を受けた。したがって、しばしば「ゴルバチョフの政策」と称されるものは、特に経済政策の場合、妥当な名称ではない可能性がある。なにしろ、個々の時期の政策は、ゴルバチョフの思惑に沿っていたとは限らないからである。政策の帰結も同様であった。いやそれどころか、政策そのもの以上にゴルバチョフの思惑から隔たっていたこともある。そもそもゴルバチョフが闘いに勝てなかった分野もあった。あるいは、(政治局なり中央委員会なりにおいて) 権威のある決定がなされる瞬間に一見勝利したかに見えながら、政策の実施を監督する力を欠いていたために、ふたを開けたら敗北に終わっていたということもあった。

第二に、これはもっとはっきりしていることだが、右に指摘したことは制度上のネットワークが複雑であることや、官僚機構が強力であることと関係している。個々の領域において政策を実行に移すためには、官僚機構の支持が必要であった。ゴルバチョフが包括的に一新することができたのは、どの分野よりもソビエト外交であったが、それは偶然ではない。というのも外交においては、ゴルバチョフ自身が政策を実行に移す際に鍵となる役割を果たすことができたからである（外交の要諦《ようてい》については第七章で詳述）。しばしばその舞台となったのは、諸外国の大統領や首相との会談であった。それには、アメリカ大統領との九回に及ぶ首脳会談も含まれる。だがもっと重要だったのは、ソ連外交を担当する主要な機関が、外務省以外には存在しなかったということである。[4] しかも、ゴルバチョフは外務省を、おのれの政策志向に沿った比較的柔軟な道具に変えた。それは、志を同じくする盟友エドアルト・シェワルナゼを外務大臣に起用したことによって、可能になった。猛烈な抵抗を受けたにもかかわらず、ゴルバチョフが大成功を収めたもう一つの分野は、政治改革である（第六、八、九章参照）。それは政治体制の転換へとつながった。ここでは、根本的な変革にたいする制度上の障害は、外交政策の場合よりもはるかに大きかった。だが、グラスノスチが導入され、それが言論の自由へと発展し、しかもそのあとを追うように、一九八八年に競争選挙の導入という重大な決定が下された。そしてそれは、翌一九八九年に予定どおり実行に移された。右の一連の事象はそれ自体、決定的な突破口となり、変化をさらに遠大なものにする方向で勢力バランスをくずした。

官僚機構の抵抗

ゴルバチョフが官僚機構の側からもっとも手ごわい抵抗に遭ったのは、経済体制を根本的に再編しようと企てたときである。官僚機構の協力は、経済を日々運営するためにも、改革を実行に移すためにも必要不可欠であった。抵抗の源は、省庁のネットワークと共産党の機構《アパラート》であった。スティーヴン・ホワイトフィールドは、ソ連の工業関係の省庁について、第一級の研究書を著している。もっと言うなら同書は、権力構造の内部におけるそれら省庁の位置を詳細に分析した唯一の専門書である。ホワイトフィールドが指摘するところによると、歴代の政治指導者は現実を理論に合わせるべく、これらの省庁を党指導部に従属させようと無益な企てを繰り返してきたのだという。[5] アレクサンドル・ヤコヴレフはゴルバチョフ以前の時代について論じた際、簡にして要を得た表現で同様のことを指摘している。「党機構と武力機構は、経済関係の個々の官僚を抑えるに足る十分な梃子《てこ》を保持していたけれども、経済機構全体を抑えることはできなかった」[6]。ホワイトフィールドに言わせれば、「省庁が改革のプロセスにたいして発揮する統制力は、旧体制においておのれが中心的な位置にあることを示す最後の証《あかし》であった。ブレジネフ時代の、やる気のない弱々しい政治家たちに指導されているときもさることながら、ゴルバチョフとその側近たちのような精力的で真剣な改革者によって指導されているときですら、省庁はそのような構えであった」[7]。省庁があやつる産業界のパワーは、「政治家をきつく縛っており、正面切って省庁を敵に回すことは」、だれにとっても「むずかしく、かつ危険でもあった」[8]。ホワイトフィールドは次のように論じている。省庁は政策過程の実行段階を管理する能力を保っていた。そしてそれを行使して、ゴルバチョフの企てた経済改革を頓挫させた。ゴルバチョフ以前に、限定的な範囲で改革を推進した者を打倒したのと同じように[9]。

　経済改革を推進せよとの要求にたいして、共産党の機構《アパラート》が省庁より好意的に反応したかというと、そのようなことは稀であった。リガチョフは市場にたいする敵意を決して隠そうとはしなかった。リガチョフが市場に反対だったという事実は、非常に重要である。なにしろリガチョフは、党組織とイデオロギーの担当者だったのだから（リガチョフはヤコヴレフと組んでイデオロギーを担当していた。ちなみに当初は、ヤコヴレフよりも格上のパートナーであった。もっともそれは、政治局員として先輩だったからなのだが）。リガチョフの姿勢は、政治局より下のレベルにおいては党幹部の大多数の見解および利益に完全に合致していた。彼らは斡旋人ないし仲介業者の役割も果たしていたからである[10]。すこぶる典型的な例をひとつ挙げよう。一九七〇年代、工業地域であるスヴェルドロフスク州の第一書記だったエリツィンは当初、農業地帯スターヴロポリ地方《クライ》の党第一書記だったゴルバチョフとの間で、協力的かつ友好的な姿勢で連絡を取り合っていた。連絡手段の一つは電話であった。市場というものが存在していなかったので、二人は電話で相談し、ソビエト経済において不足するモノを融通し合おうとするのが常であった。エリツィンは次のように述べている。「われわれは再三再四、互いに援助の手を差し伸べる必要に迫られた。ウラルからは金属や木材を、スターヴロポリからは食料を融通した」[11]。地域の党指導者たちは、このような役割を手放すのをいやがった。そのような役割は、不合理な経済システムを動かすための鍵だったのであり、それら指導者に任されていた仕事の中では有益な部類に入っていた。そして、もしそれをうまくやりこなせば、地元での権威が上昇した。しかも、彼らが経済政策の決定過程に介入するのをやめる気がなかったのは、さほど驚くべきことではない。なぜならペレストロイカ時代においてすら、「地元経済の実績にたいする責任を上級機関から押し付けられていた」からである[12]。また、地元民がモノ不足の不満をぶつけてくると、その責任も問われた。地元民は、自分たちの不平を声に出してもかまわないという実感を強めつつあった。

このような牢固とした官僚層のパワーを認めるならば、次のような疑問が生じるかもしれない。ソビエト体制全般と同じく経済の領域においても、必要だったのは改革をおこなうことではなく、一つの体制を別の体制にすげ替えることだったのではないか。だがそのような議論は、本質的にどれほど立派であっても、ソビエト政治という現実世界に適用できるものではなかった。第一にゴルバチョフは当初、「ソビエト体制は改革することができる」と確信していた。ゴルバチョフの側近のうち、先見の明ある人々ですらこの件に関しては、同様の確信を抱いていた。そしてゴルバチョフは、手始めに経済改革を政治日程に載せた。それが現実なのである。後知恵を使っても、現実を動かすことはできない。第二に、既存の体制を改革する以外には、体制の変革に着手する方法はなかった。指令経済と抜き差しならぬ関係にあるのは、工業関係の省庁だけではない。(共産党書記長にとって直接の脅威である)共産党指導部、党機関、軍部、ＫＧＢも指令経済を良しとし、資本主義的な傾向のあるものは何にでも強力に反対した。ソ連の指導者は、まず既存の経済組織のパワーを殺《そ》ぐために少しずつ攻撃を繰り返し、市場志向の気運を煽らなければならなかった。さもなければ、スタートを切ることなど、望むべくもなかったのである。指導者の目的は当初から資本主義の建設にあったのだと、説得力のない推論を下しても栓ないことである。第三に、改革は一挙に完成する行為ではない。それは過程である。[13]しかも学習過程であって、そこでは集団的、個人的学習がおこなわれる。その際、政治に関与している人が引き出す教訓は、まちまちである。[14]経済改革の結果、指令経済と市場経済の利点よりも、むしろ欠点が相乗的な副作用を示し始めたからこそ、ソビエト体制は、別の、市場志向の体制にすげ替えられたのかもしれない。基本的に、それは十分にあり得ることであった。理念の進化という観点からすると、そのような学習がおこなわれたのは事実である。もっとも学習そのものよりも、新たな理念を実行に移すことのほうが、はるかに難しかったのであるが。ソビエト体制の最後の二年か三年、党=国家の側でも自発的な適応を示した既存の機関が多数あった。それは、体制にすべてを賭けるのを避け、特権と資源の守りを固め始めたからである。このように、上からの統制がゆるむにつれて、国家官僚は市場志向の、やや変則的な事業組織を新たに創設し始めた。その最たる例が、一連の銀行である。それは官僚の経済的利益を擁護、いや、拡大するための道具となった。[15]このように、経済改革があまり功を奏さなかった分野においてすら、ソ連における変化は一九九〇～一九九一年までに、ペレストロイカが始まった当初に予想されていた範囲をはるかに超えるに至ったのである。

一九八五～一九八六年、西側の大半のソ連ウォッチャーは、ごくささやかな期待感しかもっていなかった。そして、ゴルバチョフが市場志向の変化を拒んでいる間は、テクノクラート的な改革をはるかに超える事態になるとは予想もしていなかった。[16]繰り返し指摘されていることだが、前例を思い起こすなら、甘い予想をするわけにはいかなかった。ソ連における経済改革の歴史は、夢と希望が破れる歴史であった。改革が始まると、夢と希望がふくらむ。だがそれは、いずれも早々に裏切られるのが常であった（さらに言うなら、このような一般論をもっと拡大して、経済改革のみならず改革一般に、またソ連史のみならずロシア史全体に適用したいという欲求に駆られる向きもあるかもしれない）。ソ連における経済改革の歴史は、だれにとっても読みやすい。一九二〇年代にはネップ（新経済政策）が実施された。このときレーニンは大幅に譲歩して、市場を受け入れた。フルシチョフは、省庁というお荷物をソビエト経済体制から一挙に排除しようと企てた。一九六五年には、コスイギン改革がおこなわれた。このときはたとえば、利潤という概念をまっとうなものとして扱うなど、市場という観念にたいして控えめな譲歩がおこなわれた。だがいずれの改革も、結果は同じであった。政策は放棄されるか、撤回されるかした。そして中央集権的なソビエト経済は、相変わらず需要と供給の法則を無視し続けた。

改革をうながす新たな刺激

ゴルバチョフのもとでの経済政策は、経済メカニズムにおける小手先の変化しか生み出さないだろうと予測されていた。論拠として引き合いに出されことがもっとも多かったのは、一九六〇年代後半のコスイギン改革とソ連の経験である。しかし、ゴルバチョフをコスイギンと同列に置いて類推するのは、多くの点で問題である。一九六〇年代後半を一九八〇年代後半と比較すると、大きな違いが少なくとも四点ある。まさにそこに、ゴルバチョフ時代に本格的な経済改革が始まる蓋然性が高まった原因がある。

第一に、客観的な経済の動態が一九八〇年代までに、一九六五年時点と比べてはるかに悪くなっていた。それが改革を促す刺激剤になったということは、ゴルバチョフ自身が党書記長就任後かなり早い時期から指摘しているところである。一九八七年に出版した『ペレストロイカ』において、ゴルバチョフは次のように述べている。「国民所得の成長率はそれまでの一五年の間に二分の一以下となっていた。そして一九八〇年代の初め頃には、ゼロ成長に近いところまで落ち込んでいた」[17]。ソ連の公式統計が算出した年間の成長率ですら、一九五〇年代から一九八〇年代前半にかけて一〇年ごとにいちじるしく下落している。それによると、一九八一年から一九八五年にかけて、純物的生産物（NMP）の年平均成長率は三・五パーセントであった。ところがその二〇年前、つまり一九六一〜一九六五年のNMPの平均成長率は六・六パーセントだったのである。CIAの推定値によれば、経済成長率の下落はもっと急激であった。すなわち、一九六一〜一九六五年の国民総生産（GNP）の年平均成長率が五・一パーセントであったのにたいし、一九八一〜一九八五年のそれは一・九パーセントにまで落ち込んでいる。[18] だがソ連の公式の数字は、いや、CIAの数字ですら、問題の深刻さを明らかにしていない。アベル・アガンベギャンの指摘を引用しよう。アガンベギャンはペレストロイカの初期、ゴルバチョフの経済顧問の中で最大の影響力を発揮した人物である。アガンベギャンによればこうである。ソ連の統計は潜在的な物価上昇を十分に考慮していない。ところが実は、生産品目のラインナップが変更されたため物価の上昇が発生していた（ちなみに、製品は値上がりしたが、それに見合った質の改善は見られなかった）。アガンベギャンは、次のように喝破する。「一九八一年から一九八五年にかけては、事実上ゼロ成長だった」[19]。

ラトヴィア生まれの経済学者ハニンの研究は、異彩を放っている。ハニンはかつて、ソ連の公式統計に真っ向から異を唱えたことがあった。そのため、ゴルバチョフ時代が到来するまでは、ソビエト経済学界において日の当たらない場にとどめ置かれていた。ハニンが示唆するところによれば、ブレジネフ時代の最後の数年、すなわち一九七九〜一九八二年はマイナス成長だったという[20]（ただし、このことがアンドロポフの限定的な改革とゴルバチョフの本格的な改革を促したというわけではない。というのは、指導部自体は問題の深刻さに気づいておらず、公式の統計に頼っていたからである。いずれにせよ公式統計も、指導部の観点からすれば十分に憂鬱な傾向を示していた）。ソビエトの公式統計に対する包括的な異論を初めて掲載したのは、経済誌ではなく文芸誌のノーヴィ・ミールである。著者はハニンと、著名な経済ジャーナリストのワシーリー・セリューニンであった。この共著論文は「狡猾な数字」と題されていた。主旨はこうである。「一九二八年から一九八六年にかけてソ連の国民所得は、公式の数字によればほぼ九〇倍になったということになっているが、実際には六倍から七倍の間だった」。アレク・ノーヴの言うとおり、まさに「史上最大の、成長率の下方修正である」[21]。もとよりソビエトの成長に関する統計は、完全な解明を見込めないテーマであった。また、現在でもそうである（その一因は、体制の各レベルで虚偽の報告がおこなわれ、しかも時代によって虚偽の程度がまちまちだったことに求められる）。だがハニンの数字は、国家統計委員会の出す数字よりもはるかに正確に現実を反映しているとして、次第に受け入れられるようになった[22]。

一九六〇年代と一九八〇年代の第二の違いは、ゴルバチョフとは無関係である。ちなみに、ソビエトの経済実績が（だれの出した統計を信ずるにせよ）客観的に下降線をたどったという事実に関しても、同じことが言える。第二の違いは、その間にほかの共産主義国において発生しつつあった事態と関係している。コスイギンは、指令経済の改革に取り組んでいたとき、参考にすべき経験やモデルをもっていなかった。つまり、代案はなかった。ポーランド、チェコスロヴァキア、ハンガリーでは、改革をめぐってすでに真剣な議論が始まっていたが、一九六五年までに本格的な経済改革に取り組んだ共産主義国は、皆無であった。一九六五年から一九六八年にかけて、どこかほかの共産主義国がソ連の先を進んでいたとすると、それはチェコスロヴァキアであった。チェコスロヴァキアの経済改革の計画に、ソ連党政治局の許容範囲を上回る本格的な政治改革が加わったとき、それはコスイギン改革にたいするとどめの一撃となった。一九六八年に「プラハの春」が勃発し、それが同年八月ソ連軍によって粉砕された結果、ソ連国内の改革反対派の力が優勢になった。改革派は守勢一方に回った。共産党の保守派勢力は改革派に、「修正主義」とか「日和見《ひよりみ》主義」といった汚名を着せ始めた。

一九六〇年代後半から一九八五年までの間に、国際共産主義の状況は様変わりした。一九六〇年代後半ころは、改革派から見ると、いや、ソ連指導部全体の視点から見ても、もう一つマイナス要因があった。それは中国である。文化大革命の渦中にあった中国は、ソ連における新機軸にたいしては、それがまるで意気込みを欠いている場合でも修正主義のレッテルを貼って非難した。その時代とは対照的に、一九八〇年なかばになると中国は経済改革に乗り出していた。中国の改革は、その時点までにロシアが経験してきたいかなる改革よりも急進的で、しかも一貫性があった。[23] このこともさることながら、中国農業の瞠目すべき増産ペースが、モスクワで大いに関心の的となった。ソ連は一九八〇年代後半を迎えるころには、中国ばかりか東ヨーロッパ（特にハンガリー）における多様な経験にも頼ることが可能であった。ハンガリーでは、一九六八年に始まった改革がいくつかの段階を経て、重大な限界があったにもかかわらず成果を収め、特に農業実績の目覚しい改善が目立った（半官半民の企業と公有企業を混在させ、市場にたいして譲歩した結果である）[24]。

このように、改革をめぐる政治状況は、一九六〇年代半ばから一九八〇年代半ばにかけて大いに変化した。ソ連の成長率の落ち込みが一層顕著になったという客観的な違いばかりでなく、ソ連指導部の受け止め方が、主観的に違ったものになったということも付け加えなければならない。ゴルバチョフは、一九八〇年代初めにソ連の置かれていた「危機直前の状況」について、のちにしばしば言及することになる。ゴルバチョフを始めとする指導部の面々は、ポーランドにおいて支配政党である共産党を襲った真の危機に（当時から）注目していた。ポーランドの危機が起こったのは一九八〇〜一九八一年のことである。当時、下から大衆の反抗が起こり、非政府系の労働組合から衣替えした政治運動「連帯」が形成された。しばらくの間、共産主義体制の存続が疑問視された。ポーランドの事例は一九八〇年代初めから半ばにかけて、ソ連の党知識人の会話の中で警鐘としてよく話題にのぼった。また、それとくらべれば頻度は低かったが、論文の中で取り上げられることも多かった。[25] このこともあって、コスイギンが限定的な経済改革を導入しようと企てた時代とゴルバチョフ時代とでは、感じ方が大きく違ってきた。

一九八〇年代が一九六〇年代と大きく異なる第三の点は、ゴルバチョフという要因《ファクター》に直接関係していた。そのことは、一九六五年に始まった経済改革がコスイギン改革として知られていたというまさにその事実からも窺える。実際のところ、一九六〇年代なかばに経済改革を推進したのは、コスイギン・ソ連閣僚会議議長（首相）であって、ブレジネフ・ソ連共産党書記長ではなかった。[26] ソ連の省庁間のネットワークが集団としてどれほど強力であろうと、個人としての閣僚会議議長は、党書記長ほどの力は具えていなかった。ブレジネフは、経済改革を不安に思う党および国家の官僚にたいして敏感であった。そして、コスイギンの穏健改革の努力にたいして、控えめな言い方をするなら、支援を怠った。このことは、改革の努力が無に帰するのを確実化するのに十分であった。[27] したがって、二〇年後に重要だったのは役回りである。経済改革の責任を負ったのがゴルバチョフ党書記長であったのにたいし、よく慣れた道から離れるのを極度にいやがったのはチーホノフ閣僚会議議長であった。[28] だから一九八五年の九月に、ゴルバチョフのイニシアチブでチーホノフを更迭し、その後任にルイシコフを据えたのは何ら驚くべきことではない。閣僚会議議長としてのルイシコフは実際、それからの五年間（特に最初の四年間）、経済の領域において大きな力を発揮した。それは、ルイシコフが巨大な経済機構を日夜監督する立場にあったからでもあるが、一九八九年までゴルバチョフから信任を得ていたということも、大きな支えになっていた。[29]

第四に、ゴルバチョフのペレストロイカは、コスイギンが予定していた改革よりもはるかに包括的な改革の概念であった。一九八五～一九八六年の段階においてすらそうであった。そして一九八七～一九八八年までに、それは一層顕著になった。本格的な市場化を目指す経済改革の前に立ちはだかっていたのは、巨大な障害物である。各省庁は、そのような改革には反対するにあたって、地方党書記の大半、軍部、さらには国防産業の支配人たちの力を当てにすることができた。[30] 経済改革の方針は一九九〇年までに、大方の世論に沿って急進化していたが、そのころですらゴルバチョフは、非公式の同盟と対峙していた。その同盟には、指令経済のおかげで比較的有利な立場にあった組織がことごとく参加していた。[31] これらの組織にとって、覚醒した世論は直接の脅威になった。人々は世論という形をとって、市民および消費者としておのれの権利を主張し始めた。ゴルバチョフから見れば、グラスノスチと民主化はそれ自体望ましい政治的目標であった（ゴルバチョフが理解するグラスノスチと民主化の意味は、第四章で述べたように時が経つにつれて拡大していった）。だが一方では、ゴルバチョフはそれらの概念を、別の目的をかなえるために必要な手段とも見ていた。別の目的とは、根本的な経済の変化に反対する機関に圧力を加えることであった。

既存の経済体制にたいする信頼は、ニコライ・シメリョフ、ガヴリール・ポポフ、ワシーリー・セリューニンのような改革派経済学者から痛烈な攻撃を浴びたことによって、手ひどく損なわれた[32]。非政府系の法学者で、既存の体制を批判することに目覚しく貢献し、本格的な改革を提起した者もわずかながらいた[33]。世論を、急進改革を受け入れる方向で誘導することはなおさら重要であった。急進改革をおこなうだけでも（少なくとも短期的には）、ソ連の労働者が慣れっこになっている「権利」をおびやかすことになるからである。それら権利に含まれていたものとしては、まず、雇用が守られているという安心感が挙げられる（それは一時期、単に雇用機会が与えられるということだけでなく、大雑把に言えば、勤め先に居座ったまま働き続けることができるということを意味していた）。また、基本的な食料品やサービス（たとえば家賃や光熱費）については、国の補助によって価格が低く設定されていた。それとは対照的に、政治改革のおかげで労働者は、ほかの市民と同じく、権利の拡大に与《あずか》った。グラスノスチの領域においてもそうだったし、選挙原則の拡大という新境地においてもそうであった（選挙の拡大には、作業現場に選挙を導入することも含まれていた。その制度によって工場労働者は、現場監督ばかりか、場合によっては工場の支配人を選挙する機会すら与えられた）[34]。ゴルバチョフおよびその一派がコスイギン改革の失敗から学習したと思われる教訓の一つは、次のことである。経済上の保守派を打倒しようと目論むなら、もはや経済改革は、政治的、社会的生活から切り離しておこなったのでは不十分である。

しかしながら、グラスノスチが言論の自由へと転化し、「民主化」概念が拡大したことは、ゴルバチョフに関して言うなら、諸刃の剣でもあった。というのも、言論の自由が確保され、民主化の概念が広がったために、ソビエト政治は二極化することになったからである。その結果、いくつかの点で経済改革は一層むずかしくなった。まず、政治的機運が変化したことを契機として、急進改革派が勢いづいた。すなわち、「ショック療法的な」やり方で市場経済に移行することを支持するようになった人々が、激烈な処方箋を提案するようになったのである。それらの提案はゴルバチョフにとって、簡単には受け入れられないほど過激であった。その一方、根本的に市場化に反対している人々は、伝統的なソビエト型の経済モデルの維持を目指して立ち上がった。ゴルバチョフのジレンマは、デーヴィッド・ダイカーがペレストロイカの経済面を扱った研究書の中で皮肉たっぷりに表現している。いわく、「ゴルバチョフの結論によれば、経済改革は政治改革抜きではあり得ない。これに論駁を加えるのは難しい。だが、経済改革が政治改革と両立するかどうかは、それほど明らかではない」[35]。

市場および混合経済について

実際のところ、改革が始まってからの経済実績は、みじめなまでに期待はずれであった。しかも、ゴルバチョフが望んでいたものからはほど遠かった。だがゴルバチョフの在職中、経済改革はいくつかの基本的な点において急進化を遂げた。たとえば、概念革命の経済的側面がそれである（前の章ですでに概念革命について述べたが、焦点は主として政治的概念に絞っていた）。そのほか、以下の点も指摘できる。経済活動の監督責任を負う共産党機関の廃止。所有関係の具体的な変化。市場にたいする譲歩。概念に関して言うと、ゴルバチョフ自身、「商品＝貨幣関係」という市場を表す婉曲語法[36]を使わなくなり、代わって「社会主義市場」であるとか、さらにその後は、「規制された市場経済」の必要性について語ることが多くなった。最後のころにはしばしば、ただ単に「市場経済」という言い方をするようになった。だが少なくとも一九八七年まで、ゴルバチョフは、本質的には計画経済である体制において市場経済が従属的な役割を果たすという構図で考えていた[37]。経済改革を討議した党中央委員総会（一九八七年六月）以降になって、ようやくゴルバチョフは公然と市場を唱道するようになった。ただし、ゴルバチョフの言う市場はまだ「社会主義市場」であった。それでもゴルバチョフは、六月の中央委総会の基調演説に「市場」という言葉を忍び込ませた。その際使った言い回しは、「現実に社会主義を強化する」ことを尊重すると同時に、市場という道具を各種利用するよう勧めるものであった[38]。

一九八八年一一月までにゴルバチョフは、「社会主義国家に俗流の解釈をほどこした結果、社会主義のもとでの市場の役割が過小評価されるに至った」と、不満を漏らすようになった[39]。一九八九年五月三〇日の第一回人民代議員大会で演説した際、ゴルバチョフはさらに一歩踏み込んで、次のように述べた。「市場に代わるものがあるとしても、市場以上に優れていて民主的なものは存在しない。社会主義経済の運営は、市場抜きでは不可能である」[40]。六月九日、同大会の閉会の辞でゴルバチョフは、市場を強く支持すると力説した。ただし、市場を通じてすべてを調整できると考える人々には決して同調できないとも強調した。資本主義国においてすら、市場がすべての問題を自動的に解決できるという見解は、支配的であるわけではない[41]。一九八九年までに、そしてその後もゴルバチョフは、市場を主とする経済を受け入れた。ただしそれは、西ヨーロッパの流儀で規制され、所有の観点からは「混合経済」となるはずであった。これは、ゴルバチョフの見解が社会民主主義の方向に向けて発達を遂げたという事実と軌を一にする。それについては、前の章（第四章）ですでに述べた。ソ連共産党書記長を辞めたあとゴルバチョフは、当然のことながら、自分が社会民主主義志向であることについて腹蔵なく語れる立場になった。一九九三年初め、インタビューに答えてゴルバチョフは、次のように述べている。「私が政治的に共感を覚えるのは社会民主主義や、ドイツ連邦共和国のような福祉国家です。そのことは、これまでの発言を見てもらえばお分かりいただけるでしょう[42]」。

ゴルバチョフは党書記長として、混合経済という考えを（混合経済の拡大という現実と合わせて）受け入れた。ここでもまた、観念の上で過去との断絶が起こった。しかもそれは、非常に重要な断絶であった。というのも混合経済とは、国有ばかりか協同組合所有や、さらには私有すら受け入れるということであり、また、「所有は例外なく『社会主義的』でなければならぬ」という主張を放棄したに等しかったからである。[43] ゴルバチョフが支持したのは規制された市場経済だと、あっさり一笑に付したロシアの知識人は少なくない。その中には、そのわずか数年前まで「共産主義の建設者」だった者もいる。ところがゴルバチョフが公職を退いた一年後、エゴール・ガイダールは、「市場というものは世界中で規制の対象となっている」と指摘することになる。[44] ガイダールは、本人が語っているように、「保守派であるとか、市場嫌いだとかいった疑いをかけられる余地がほとんどない」人物である。ゴルバチョフは、「混合経済」と「統制市場経済」を受け入れたことによって、西側の慣行や、西側の思考の重要な要素を甘受する寸前まで行ったのである。しかもそれは、ゴルバチョフを批判する人々が認めている以上の肉薄ぶりであった。

「混合経済」という用語は、所有体制が混合的であること、すなわち私有企業と公有企業（国有企業）が共存していること[45]を指すほうが普通である。だがそれは、国家が経済に大いに介入していることをも示している。アメリカの有力な民主主義研究家ロバート・ダールの重要な論文などでも、そういう使い方をしている。[46] ダールは次のように論じている。社会主義指令経済は民主主義とは両立しないが、厳密な意味での自由市場も、民主主義的な政治支配と両立しない。歴史上の証拠に関して言うなら、社会主義指令経済にもとづく国が、民主主義的であったためしはない。それと同様に――とダールは論ずる――民主主義国においても、完全に自由な市場経済が成立したためしはない。市場経済の働きは、国家の介入によってどこかしら修正されるのが常であった。[47] 何らかの方法を使って「市場経済の犠牲者は政府に働きかけ（中略）、介入政策の採用を迫る。そのような政策によって、自分たちの払う犠牲を少なくするためである」。そうである以上、厳密な意味で自由な市場が創設、維持されるとすれば、それは「後見人支配、言い換えるとエリート支配、あるいはもっと露骨な言い方をするなら、権威主義的な独裁」に頼る場合だけである。[48] ダールの発言と完全に軌を一にする形で、ゴルバチョフは、一九九二年九月にベルリンで開催された社会主義インターナショナル大会（西ヨーロッパ型の社会民主主義政党が集まる年次大会）の席上、次のように述べた。「市場経済は、自己目的と受け止めるべきものではない。むしろ、ある目標を達成するための手段と見るべきである。また、市場イコール民主主義ではないし、自由イコール市場経済でもない[49]」。

チェルネンコの後継者となったときゴルバチョフは、市場経済の行き過ぎを抑えるという問題をまるで念頭に置いていなかった。なにしろ追求していたのは、ソビエト経済をごく限定的に市場化することだったからである。したがって、主たる力点はウスカレーニエ（加速化）に置かれた。ウスカレーニエは、経済成長における質的な向上を意味していた。しかしながら、一九八九年の末、著名な市場支持者であるニコライ・ペトラコフを、補佐官を兼ねた経済問題担当顧問として招いたころには、ゴルバチョフは自分の見解をすでに相当進化させていた。そして、経済を調節するにあたって主役は（ほかに脇役がいるにせよ）市場が担うべきだ、という見方を受け入れるに至っていた。党書記長に就任した当初からゴルバチョフは、本格的な経済改革に肩入れしているという点で政治局員全員を圧倒していた。それは疑いのないところである。ゴルバチョフの当時の盟友たちは、もっと限定された目標を頭に描いていた。ルイシコフもさることながら、リガチョフは特にそうであった。また、そのほかの政治局員は一人残らず、極力限定された市場改革にすら反対していた（もっとも、一九八五年夏にシェワルナゼが政治局入りしてからは、話は別だが）。その後リガチョフは旗幟《きし》を鮮明にし、早くも一九八六年夏、市場に移行するという考えと訣別した。リガチョフはその根拠として、「市場経済」はどこでも必ず「不正と不平等をもたらす」と指摘した[50]。

アンダシュ・オスルントは、後期ゴルバチョフを厳しく批判した西側の専門家である。オスルントは、ペレストロイカの最初の三年半を注意深く研究して執筆した労作にいみじくも、『経済改革を目指すゴルバチョフの闘争』という題名を付けている[51]。これは、以下の事柄を思い出させてくれて重宝な題名である。すなわち、経済改革を目指して奮闘したのはゴルバチョフ自身であったということ、それが苦しい闘いの連続であったこと、闘いの相手が懐疑的な、あるいは保守的な同僚たちや、守りを固めた既得利益集団だったことなどである。ゴルバチョフが一九九三年のインタビューに答えて述べたとおり、「党官僚層、省庁、地域の支配者たちはこぞって抵抗していた。産業を取り仕切っているボス連中や工場支配人たちですら、おのれの実力を失うことを恐れていた(52)」。

ゴルバチョフは党書記長に就任してまだ日の浅いころから、「市場社会主義」の方向に進むことに関心を抱いていた。計画と市場を抱き合わせにするという発想は、多数の（のちに幻滅する）東ヨーロッパの改革者によってもてはやされたが、実際には満足のいく効果を上げたためしがない。ゴルバチョフも、退陣する以前から国家計画という要素を信用しなくなっていた。もっともゴルバチョフは、極端な態度はとらなかった。それにくらべて徹底的だったのは、共産党のかつての同志の一部である。彼らはマルクスとレーニンにたいするイデオロギー信仰を捨て、ハイエクとフリードマンを信奉するに至った。ゴルバチョフはしかし、党書記長在任期間の前半においてすら、以下のことを鋭く認識していた。第一に、ソビエト経済は過度に中央集権化されている。第二に、政策決定をもっと現場に任せなければならない。第三に、ソ連は（宇宙や軍事の研究など一部の特権的な分野は例外として）テクノロジーの面で後れを取っている。第四に、農民に耕地の管理を任せ、地元の党書記らの監督から解放してやることを目的として、農業改革を実施する必要がある。

経済面の政策決定

だが、それらの原則を実施に移すために採用された具体的な政策は、適切なものではなかった。それは、全体的な経済改革のための総合的な戦略が存在せず、注意深く練られた改革行程の構想を欠いていたからだ——と論じられることがある。これは、二つの点で誤解を招く過度の単純化である。第一に、指導部には意見の対立があり、一九八六年を迎えるころになっても、ゴルバチョフは市場化という手段を支持しているという点で、政治局においてまだ少数派であった。だから、戦略に関して純然たる合意が成立する可能性はなかったのである。したがって、事態を時系列的に並べるような議論に終始するということは、西側の大学の演習ですることであって、クレムリンを対象とする政治学のすることではない。実際には、試行錯誤や紆余曲折が盛んに繰り返された（経済改革における錯誤は、外交、政治改革、文化政策における錯誤よりもはるかに多かった）。それは、ソビエト指導部において意見が根本的に食い違ったり、その時点ごとに特定の見解が優勢になったりしていたことを反映していた。

第二に、このような困難にもかかわらず党指導部は、一九八七年六月、将来をにらんで一連の指針を採択した。基本規定（*Osnovnye polozheniya*）と名づけられたその方針は、現実の事態によって追い抜かれる運命にあったが、当時はきわめて急進的なものに思われた。のちにブッシュ（父）政権においてソ連問題担当の首席顧問となる故エド・ヒューイットは、基本規定を歓迎した。そこに盛り込まれている原則が、「改革の初期の段階でしか得られない明確さを以って」述べられていたからである。その段階を過ぎるとどうなるか。ヒューイットが現実主義を発揮して付け加えているとおり、「改革にとって欠かすことのできない現実の法制が、やむを得ずあらゆる妥協を経て成立するし、また、改革を実行に移すためには、それ以上の、恐らく致命的な妥協すら余儀なくされる[53]」。基本規定は、中央での計画はそのままにするつもりであったが、計画立案者の手からミクロ経済の管理権限を取り上げようと目論んでいた。ヒューイットは、基本規定の急進性は政治的実践の場において損なわれるかもしれないと憂慮した。ところが実際には二年も経たないうちに（ルイシコフはともかく）ゴルバチョフにとって、基本規定は必ずしも十分に急進的ではないということが明らかになる。このことは特に価格改革に当てはまる。なぜなら、製造業の企業の効率は判定が難しかったからである。高度に人為的な価格が設定されており、そのため、当該の企業が実質的に利益を上げているのか、それとも損失を計上しているのかを評定することは不可能だった。基本規定の妥協的姿勢は以下のようなものであった。価格は、企業相互の交渉と契約によって定めることとする。国家価格委員会は以後、ただ単にこのプロセスを規定するルールを決定し、施行するものとする。[54]しかし、国家価格委員会が審判の役割に不満をいだくのは必至であった。また、ルールそのものが、(往々にして供給を独占している)巨大で強力な企業によって歪曲され、その結果として価格が上昇し、インフレに火が付くという事態も、まず避けられそうになかった。[55]

政策上の新機軸――アルコールと農業

「基本規定」が公表される以前に、すでにさまざまな政策の変更が個別にほどこされていた。最初の具体的な経済施策は、早くも一九八五年五月に導入された。奇妙なことに、音頭を取ったのはゴルバチョフでもなければ、ルイシコフでもなかった。にもかかわらずゴルバチョフの名前を聞けば必ずその施策が思い出されるほどであったし、ゴルバチョフ本人も、その政策の実施はともかくとして、理念は(今でも)擁護し続けている。[56]さて、その施策とは節酒運動である。そこに含まれていたのは、アルコールの過剰摂取をいましめるキャンペーンや勧告だけではない(それだけなら、過去、ソ連で何回となくおこなわれてきた)。アルコールの生産・販売・流通を制限する具体的な措置も含まれていた。たとえば、アルコールの販売を禁止された店は少なくなかった。閉鎖されたウォツカの醸造所も多数にのぼる。さらには、少なからぬ数のワインの醸造所までが破壊された(たとえば、グルジアでそのようなことがおこなわれた。グルジアでは、ウォツカを好むソ連のスラブ系地域とくらべて、酔っ払いはそれほど深刻な問題ではなかったのだが)。新たに導入された規則に従って、レストランでは午後二時まで客にアルコール類を出してはいけないことになった。ソ連の公式のレセプションにおいてすら、アルコールは出されなくなった。党指導部の面々が臨席するようなパーティーにおいてもそうだったし、海外のソ連大使館主催のレセプションでも同様であった(あるいは、規則がゆるめられた初期の段階になっても、少なくともウォツカは出されなかった)。節酒のような規範が設定されたのはなぜか。それは、過去との訣別の一環であった。レセプションの主催者が全員これを有難がったわけではない。招待客については、言うまでもない。

節酒措置の主たる提唱者はエゴール・リガチョフと、党統制委員会議長と政治局員を兼ねるミハイル・ソローメンツェフだ――政治局におけるゴルバチョフの同僚や側近の間では、はっきりとそう受け止められていた。[57] ルイシコフが述べているところによると、節酒キャンペーンの形態を決めたのはリガチョフとソローメンツェフであるけれども、ゴルバチョフもそれを強く支持した。というのもゴルバチョフは、綱紀粛正に関心をもっていたからである。[58] アルコール消費量に関して言うと、ソ連のスラブ系地域は世界でも最上位に入る。しかも、事態はブレジネフ時代に悪化していた。過剰なアルコール摂取の危険について、ときどき思い出したように警告が発せられたが、次のように述べとしても過言ではあるまい。ブレジネフにとってアルコールは、ソビエト社会の病苦を和らげる便利な鎮痛剤であり、改革の代用品であった。また、国庫にとって重要な収入源であった。国家はアルコール類の製造を独占しており、価格を設定することが可能であった（実際、アルコール類の価格のかなりの部分は、酒税によって占められていた）。だからアルコールは、ソ連の国家予算にとって多大の貢献をしていた。いやそれどころか、酒税による収入は、ソビエト国家が受け取る所得税の合計額を上回っていたのである。[59]

ゴルバチョフは、アルコール中毒と酒びたりの問題を大問題と認識していた。ゴルバチョフ自身の酒量はきわめて控えめであった（節酒キャンペーンの始まる前も、始まった後も、レセプションや晩餐会の席では、最大でワインを二杯飲むだけであった）。だからゴルバチョフは、偽善者呼ばわりされるいわれはない。ゴルバチョフが節酒対策に乗り出す気になったのは、あるいは妻の意向も働いていたかもしれない。ライサがアルコールの飲みすぎに熱心に反対したのは、子どものころとても仲の良かった弟が慢性アルコール中毒に冒されたことに心を痛めていたからである。[60] ゴルバチョフが節酒政策にお墨付きを与えたのを見て、シェワルナゼですら、ワインどころのグルジアの出身だったにもかかわらず、（当時、正念場となった政治局会議にまだ政治局員候補ながら出席していたとき）節酒政策に異議を唱えるのを不本意ながら差し控えた。[61]ゴルバチョフは節酒政策を全面的に支持した。公衆の面前でも、演説するときも、だれかと会談する際も。それらの発言は、ほかの政治局員の発言よりも大々的に伝えられた。だからこそ一般大衆の心の中では、ゴルバチョフと節酒措置の行き過ぎが固く結びついているのである。ゴルバチョフはゲネラーリヌィ・セクレターリ（党書記長）というよりはむしろ、ミネラーリヌィ・セクレターリ（ミネラルウォーター書記）だと、揶揄された。当初、基本的には大半のロシア人——特に女性——の賛同を得ながら、節酒対策は次第に人気を失うことになった。

節酒政策は必ずしも全面的な失敗ではなかったとも言える。実際、全面的な失敗ではなかったのである。[62]アルコールの密造がとてつもなく増加したにもかかわらず、それは、国家の大幅なアルコール減産を完全に埋めるに足るものではなかった。その結果、アルコールの総消費量は減少した。そう信じる根拠はある。[63]ソビエトの男子の平均寿命は、長らく低下傾向にあった（それを、酒びたりの度合いがひどくなったことと結び付けて考える専門家は、以前から少なくなかった）。ところが一九八五〜一九八八年、男子の平均寿命は一時的に回復した模様である。たしかに公式の数字は、これが事実であることを示している。それらの数字によれば、重度のアルコール中毒で新たに入院した患者の数も減っているし、労務災害による死亡や交通事故死の発生率もかなり減った。[64]ペレストロイカ時代であっても、ソ連当局の発表する統計に全面的な信頼を置くことは、賢明なことではない。だが、普通の人にとってアルコールを買うことが非常に難しく、かつ不便になったということだけが原因であったとしても、右の点でなにがしかの改善があったことは間違いなさそうである。しかし、アルコールがなくては生きていけないような連中の一部は、ウォツカよりもっと危険な代物を飲むようになった。しかも、節酒政策の意外な副作用はそれにとどまらなかった。ソビエト経済の改革にたずさわったニコライ・シメリョフは、次のように論じている。「わが国の擬似禁酒令はアメリカの禁酒法と同じ副作用をもたらすであろう」。シメリョフは、サマゴン（密造酒）の生産が大幅に増加し、組織犯罪が助長されるだろうと、言いたかったのである。[65]

しかし、ゴルバチョフにとって最大の打撃となったのは、このような収入減によって生じた国家予算の巨大な穴である。予算の穴埋めができなかったのは、自家製の密造酒からは税を取れなかったからである。なにしろ、サマゴンに頼る酒飲みは、数が知れなかった。かくして、ロシアのアルコール中毒患者ばかりか財務省までもが、アルコールの禁断症状に襲われた。シメリョフが一九八八年初めに述べたように、「政府は収入をアルコール密造者にくれてやった。その結果、この二年、財政の不均衡が急激に拡大し、赤字が生じた。今日、それを埋めるために非常に危険で不健全な方法がとられている。つまり、紙幣の印刷である」[66]。節酒政策の厳格さは、一九八八年以降、次第にうやむやになっていった。それは主として、国家予算が打撃をこうむったせいであるが、部分的には、中央当局がもはや実力を失っていたからでもある。活気を取り戻した社会にたいして命令を下したり、ソ連全体の政策を決定したりすることはできなくなっていたのである。一九八五年であれば、まだそのようなことは可能だったのだが[67]。

当然のことながら、ゴルバチョフが初期の政策上の新機軸を率先して推進した分野としては、農業が挙げられる。ゴルバチョフは決して、行動の自由を遺憾なく享受していたわけではないが、それでも以前とくらべれば、束縛はゆるんでいた。ゴルバチョフはハンガリーの農業改革を賞賛していた。ハンガリーはその農業改革を通じて、大規模農業生産の一部の利点を保ちながら、同時に協同組合に多大の独立性を与えた。すなわち、設備を買ったり、生産物を売ったりすることを比較的自由にさせた。その一方で、協同組合の個々のメンバーには、農閑期にほかの生産分野に手を広げる余地を与えた。全体的な結果として、ハンガリーの農村部の生活水準は大幅に向上した。また、ソ連や改革前のハンガリーとくらべて、都市部にたいする食料の供給がはるかに改善された。

党書記長になる以前のこと、ゴルバチョフは農業担当の党中央委員会書記として、ハンガリーに長期出張したことがある。ゴルバチョフはそのとき、ハンガリーの農場で見たものにたいして強い関心を示した。出張の日程が終わりに近づいたころ、ハンガリー党の農業の責任者が勇を鼓して尋ねた。それほどハンガリーの改革が気に入っておられるのに、ソ連ではなぜ同様の政策を遂行していないのですか、と。ゴルバチョフは答えた。「残念ながら、過去五〇年の間にロシアの農民は打ちのめされ、自立性をほぼ完全に手放してしまったのです[68]」。ゴルバチョフが念頭に置いていたことはこうだ。強制的集団化の結果、やる気をなくし、しかも高齢化の進む農村の労働力が、独立の気概をもった農民層に取って代わった――。

だがこれは、まだ党中央委員会書記だったゴルバチョフがかかえるさまざまな問題の一つにすぎなかった。すでに第三章で述べたように、ゴルバチョフは自分の手を縛るもう一つの制約を、きわめて鮮やかに表現したことがある。それは、タチヤナ・ザスラフスカヤが一九八二年にある提案をしたときのことであった。ザスラフスカヤは、農業担当の既存の省庁を廃止してそれに代えるという条件さえ満たされれば、国家農工コンプレックス委員会（ゴスアグロプロム）は設置するに値する、と述べたのである。ゴルバチョフは修辞疑問で答えた。「そのようなことを『食糧計画』に書き込んだら、私は職にとどまっていられるだろうか[69]」。

党書記長となったゴルバチョフは、三年前には、勧めることすら無理だと感じていた右の案を実行に移した。一九八五年一一月、ゴルバチョフは五つの省庁と一つの国家委員会の廃止を確かなものとし、その代わりに国家農工コンプレックス委員会（ゴスアグロプロム）を設立した。しかも同国家委員会の議長に、スターヴロポリ時代の同僚フセヴォロド・ムラホフスキーを任命した。残念ながら、ムラホフスキーができる限りの誠意を尽くしたにもかかわらず、ゴスアグロプロムもまた、連邦中央と地方の両方において巨大官僚機構となり、ゴルバチョフとその顧問たちが願っていたような結果は事実上、達成できなかった。その一因は、農業担当の新たな党中央委員会書記であるヴィクトル・ニコノフ（一九八三～一九八五年、ロシア共和国農相）のほうが、モスクワの権力中枢においてウクライナ人のムラホフスキーよりも重みがあったという点に求められるかもしれない。ムラホフスキーはスターヴロポリからやってきたばかりで、モスクワで初めて就いたのが国家農工コンプレックス委員会議長だったのである。

しかしV・ニコノフの登用は、ゴルバチョフの人事の中ではお粗末な部類に属していた。V・ニコノフは、その演説から窺えることであるが、ゴルバチョフやムラホフスキーほどには急進的な農業改革を志向していなかった。[70]なぜゴルバチョフは、このニコノフをそのような重要な地位に就けなければならなかったのだろうか。それは、答えの難しい問いである。ゴルバチョフの農業の師であるアレクサンドル・ニコノフであれば、事情は違っていたであろう。だが、A・ニコノフを起用するわけにはいかなかった。年齢的条件もさることながら、党中央委員になっていなかったからである。党中央委員でない以上、A・ニコノフを党中央委員会書記に昇格させることは、考えることもできなかった。[71]このようにソビエト政治の不文律と慣行によって、ゴルバチョフはまだ、意中の人物を党の要職にすえる自由を、はなはだしく制限されていた。それは、次のような事情からしてなおさらのことであった。つまり、それらのポストはいずれも、そもそも政治局の集団的な承認を必要としており、ゴルバチョフ個人には決定の権限はなかったのである。とはいえ、ヴィクトル・ニコノフの起用は失敗であった。ムラホフスキーもやはり、どちらかと言えば失敗であった。国家農工コンプレックス委員会は一九八九年初めに廃止された。同委員会の機能のうち多くのものは、連邦中央から連邦構成共和国のレベルに移された。

　ゴルバチョフは、ソビエト農業の生産性の低さという問題を解決するために、もう一つ別のこともくわだてた。農民の（場合によっては家族単位の）集団と、母体である国営農場（ソフホーズ）や集団農場（コルホーズ）との間で請負契約を結ぶという構想にふたたび回帰したのである。すでに第三章で述べたように、ゴルバチョフがアンドロポフの支持のもとにこの構想を初めて公表したのは一九八三年三月のことであった。しかし今やゴルバチョフは、利用できる権力の梃子《てこ》がはるかに多くなっており、請負契約を提起することができる立場にあった。またそれを、（当時の状況においては）権威をもっていた文書に挿入してのけることもできた。たとえば、ソ連共産党第二七回大会の党中央委員会政治報告書がそれである。同報告書は、ゴルバチョフが一九八六年二月二五日に基調演説として読み上げた。同報告演説においてゴルバチョフは、「生産隊《ブリガーダ》や生産班《ズヴェノー》、家族など、各レベルでの請負と協約のシステム」を広く普及させるという方向を承認し、関係者は契約期間中、土地を含む生産手段の提供を受けるべきだと述べた。(72) 実施段階になると、このアプローチは挫折の連続だった。地方の党書記たちや集団農場と国営農場の支配人たちは、自分たちの介入を受けることなく独立農業労働者集団が最良の農地を耕作することなど、許す気にはなれなかったからである。また、農民自身の側の無関心も挫折の一因となった。さらには、新たな機会を利用する気になった農民たちも、設備を利用しようかと思えば、農場のお偉方の当てにならない善意に頼らなければならなかった。このように、集団農場と国営農場のシステムの一部を請負い作業に任せるという政策は、牢固とした限界に突き当たった。

ゴルバチョフは、中国やハンガリーが経済改革を開始したときと同じように、農業を大幅に手直しするところから始めるべきだった——しばしばそのように論じられる。ソビエト農業を根本的に改革することが望ましいということに関しては、疑いの余地はなかった。だが、中国およびハンガリーを比較の対象とすると、多くの問題が見過ごしにされてしまう。ソ連を両国とくらべた場合の実質的な違いはさまざまである。その中で何よりも根本的なことは、ソ連のほうがひと世代早く共産主義国になったという事実である。中国とハンガリーにおいては、地方に行くと独立自営農業の実態をまだ覚えている人々がいた。そのことは、ソ連には当てはまらなかった。しかもソ連では、若さと能力の点で最良の潜在的労働者が、すでに土地を捨てて流出した後だった。したがって、資金手当てにたいする依存度という点では、ソビエトの農業は中国以上であった。一方中国では、労働集約的な農業がおこなわれていた。中国の農業は、ひとたび農民が足かせから自由になると、急速に成果を上げることができた。また、ソ連は言うまでもなくロシアですらハンガリーとくらべると巨大な国であり、農産物を輸送し市場に送り込むことは恐るべき大仕事であった。実際のところゴルバチョフは、農業の行政改革から手をつけた。だがそれは、ラジカルという点ではハンガリーの改革には遠く及ばなかった。バルト諸国やグルジアなどソ連の一部地域では、ハンガリー型の改革を実施していたら効果を上げていたかもしれない。だが、アグロプロムという形で具体化した組織上の変化も、請負契約の奨励も、ゴルバチョフの期待を満たすところまで肉薄することはなかった。

アレクサンドル・ニコノフを始めとする人々の考えに従うなら、ゴルバチョフは農業にもっと多くの時間を割き、早い段階でラジカルな改革を断行するべきだった、ということになる。[73] だが、ニコノフも認めていたように、既得権益を握る当事者も、ルイシコフのアプローチも、足かせになっていたのである（ルイシコフのアプローチは、「工場支配人のプリズムを通してあらゆるものを見るテクノクラート的なアプローチ」であった[74]）。そうである以上、ラジカルな改革を断行していたら、それはなおのこと困難をきわめたであろう。しかし、ニコノフの見解によれば、ゴルバチョフは以下の点を最優先事項とした。政治改革を開始すること。保守的な政敵の力を弱めること。「冷戦に終止符を打つこと」。したがってゴルバチョフは、十分な時間を農業に充《あ》てることはしなかった。また、できなかった。当時はまだ、変化を引き起こすだけのパワーをもっていたにもかかわらず。[75]

一九八〇年代後半を迎えるまでに急進改革派の中でも特に急進的だった人々は、本格的な私営農業と土地の売買を実現すべしとの要求を強めた。それ以外の改革派は、これに反対した。その論拠は、マフィアや腐敗官僚、外国人しか土地を買う余裕をもてまい、というものであった。ゴルバチョフ時代の末期になっても、農地の個人的な売買を支持していたのは全人口のうち一握りの人々（二一パーセント）だけであった。[76] この問題に関してゴルバチョフは、少数派（つまり急進派）よりもむしろ多数派に与《くみ》していた。ゴルバチョフは一九九〇年一一月になっても、土地の私有に反対するとの発言をしている。ただし土地の賃貸は、借用期間が百年であっても積極的に受け入れた。ゴルバチョフはそれと同時に、「連邦構成共和国は、住民が土地私有制への復帰を望むか否かについて、できれば住民投票によってそれぞれの判断を下すべきだ」と提案した。[77] 大半のロシア人は、土地の私有を規模によって区別した。また、今日にいたるまでそうしている。一九九一年には、人口の八〇パーセント以上が小規模な土地区画の私有を受け入れる気になっていた。しかし、大土地私有を支持したのは四〇パーセント以下であった。しかも、それを上回る数字を記録した年は、一九九〇年以前のゴルバチョフ時代においても、またソ連崩壊後の時期にもなかった。大土地私有の支持率は、一九九一年から一九九二年にかけて下落した。それは一九九三年までにさらに落ち込み、わずか二四パーセントとなった。(78)

経済法制

しかし民間の経済活動は、文字どおり個人の活動であるか、それとも協同組合という装いをほどこしているかを問わず、ゴルバチョフの支持を得た。一九八六年、民間の経済活動をめぐって対立が起こっていた。当事者のうち一方は、私的経済活動と見れば十把一からげに「投機」の烙印を押したがった(リガチョフも本人の演説から判断すると、そのうちの一人であった)。もう一方は、私的経済活動を合法化したいと考えていた。初期の暫定的な措置に、一九八六年一一月の個人営業法がある。同法によって、家族経営の企業と一部の個人経営企業がともに合法化された。それら個人経営企業は以前から、非合法および半合法の市場において営業をくわだてようとしていた。営業分野はたとえば、自動車やテレビの修理、家庭教師、個人タクシーなどである。しかしこれは、まだ非常に限られた措置であった。そのような活動に従事する者は、それをもっぱら副業としておこなうことになっていた。その規定は次第に守られなくなったが、一九八九年までは、このような企業に関係する者はまだわずか三〇万人にすぎなかった。(79)市場化を促進するもっと本格的な法律としては、一九八八年五月に採択された協同組合法がある。(80)この法律が施行されてからは、協同組合は完全に自由に設立できるようになった。少なくとも三人のメンバーが必要であったが、参加メンバーの数の上限は設定されていなかった。雇用労働は許可されていなかったが、それは、伝統的なイデオロギーにたいする単なるうわべだけの譲歩であった。というのも協同組合は——やがて私営企業と区別がつかなくなるのだが——「契約にもとづく形にすれば、メンバー以外の人間を事実上、何人でも無制限に雇うことができたからである」[81]。国以外の主体による経済活動や、賃貸借《アレンダ》は、一九八九年の賃貸借法および一九九〇年に承認された土地法によってさらに勢いづいた。

しかし、ソ連の置かれた状況に照らして最重要の新構想は、ある点では、早くも一九八六年一二月に表明されていた。発言者は、モスクワの「国家と法研究所」の当時の所長、ウラジーミル・クドリャフツェフであった。クドリャフツェフはまず、小売商と消費者の協同組合をそれぞれさらに発達させ、「社会主義的経営の統一原則」に関する一般的法律を定める必要があると述べた。そして、次のように付け加えた。「二つの原則がある。一つは、『許されたことしか、してはならない』。もう一つは、『禁じられていなければ、何をしてもかまわない』。優先すべきは後者の原則である。なぜならそれは、人々の創意と積極性を引き出すからである」[82]。以前からクドリャフツェフは、この問題に関して意気投合していたゴルバチョフと頻繁に接触していた。やがて、この原則を支持するとの公式声明が、ゴルバチョフから出されることになる。それはすなわち、ソビエトの伝統を一刀両断に切り捨てるということであったが、日々展開される生活実態と平仄《ひょうそく》を合わせた形にもなった[83]。法によって特に禁じられていない限りあらゆることが許されるという原則は、経済関係の三つの主要な法律の中に明示された。その三法とは、個人営業法（一九八六年）、国家企業法（一九八七年）、協同組合法（一九八八年）である[84]。

ゴルバチョフは一九八五年三月に最高指導者になってから一九八七年六月の党中央委員会総会を迎えるまでの間、広く経済学者と協議した（経済以外の社会科学系の研究者や法学者にも意見を求めた）。六月中央委総会でゴルバチョフは、経済改革の急進化を求めた。ゴルバチョフは当初、経済の専門的知識を備えた専従の顧問を置かなかった。ペトラコフを起用したときには、党書記長就任から五年経っていた。とはいえ、一九八七年の六月中央委総会に先立つ期間、専門家の意見を求めなかったわけではない。だれよりも頻繁に相談相手になったのはアガンベギャンである。一方、政権内部で協力関係が特に緊密だった相手は、ルイシコフである。ルイシコフはゴルバチョフ時代の最初の数カ月、特に経済の責任を負う中央委員会書記を務め、一九八五年九月からは閣僚会議議長となった。一方ゴルバチョフは、政治のあらゆる領域に関与しなければならなかった。しかも、外交の比重が特に大きくなっていった。したがって、ソビエト経済の運営を日々取り仕切るのはゴルバチョフよりもむしろルイシコフであった。ただしゴルバチョフは、経済分野での政策決定を傍観するようなことは決してしなかった。その点で、新生ロシアの大統領としてのエリツィンとは異なっていた。エリツィンは、経済の政策決定にたいして超然とした態度を取った。

新指導部が真っ先に取り組まなければならない問題の一つは、テクノロジーの後れを取り戻すという課題であった。ルイシコフは、本人の談によれば、一九八五年六月に開催された科学技術に関する会議の準備段階でゴルバチョフとともに、かつての提案を再検討したという。それらの提案は、チェルネンコ時代に流産となった科学技術に関する党中央委総会の準備をしていたときに多方面から寄せられたもので、当時、二人は各提案を精査した経緯があった（同中央委総会をめぐる政治についてはすでに第三章で述べた）。ルイシコフによれば二人は、どの実例と論拠を持ち出すべきか、あるいは持ち出さずにおくかについて議論を重ねたという。二人が検討の対象としていた覚書や文書は、数え切れないほどたくさんあった。それらの書類は、ゴルバチョフの執務室の大型のデスクの上にすら収まりきらなかった。そこで二人は、書類を床の上に広げ、それを調べた。邪魔になる上着を脱ぎ捨てて。ルイシコフの言う「創造的な雰囲気」が漂っていた。二人は何と、膝をついて作業をしたのであった[85]!

ゴルバチョフは一九八五年六月の演説で、経済全体のメカニズムのペレストロイカを要求した[86]（このことについては、第四章で述べた）。ゴルバチョフはまた、国家計画委員会（ゴスプラン）や財務省など、さまざまな省庁や国家委員会を攻撃した。せっかく「経済実験」をおこなって、特定の企業にたいする縛りをゆるめておいたのに、それら省庁がそのような実験にまで干渉したというのが、非難の理由であった[87]。

アガンベギャンは、ブレジネフからチェルネンコに至る歴代党指導者の主要演説の起草に参加した経歴の持ち主である。アガンベギャンは、ゴルバチョフの仕事ぶりが前任者たちとはどのように異なっていたかについてコメントしている。ゴルバチョフ以前の指導者たちは、細かい作業をしている研究者と顔を合わせようとはしなかった。ところがゴルバチョフは、「すこぶる頻繁に」それら研究者と面会し、「これらの演説の起草に加わった[88]」。

しかし一九八五年六月の演説では、経済の部分的な市場化といった程度の改革案すら明確に提起されることはなかった。六月演説はあとで、テクノクラート的な限界があったとして批判を浴びることになった。五年も経ってから、ボゴモロフは次のように主張することになる。六月の報告演説および（中央委総会と同格扱いの）会議の主眼全体が間違っていた、なぜなら「それはまぎれもなくテクノクラート的だったから」。ボゴモロフはその原因を、当時ゴルバチョフが経済問題に関してルイシコフに過剰な信頼を寄せていたことに求めた[89]。

「政策決定を分散化し、製造業の企業に任せれば、企業の業績が向上するだろう。それ以上の実質的な市場化、たとえば特に、独占の排除や価格の自由化などは、実施するに及ぶまい」。このような幻想が、初期の経済改革の目玉となる法律、国有企業法に組み込まれた。国有企業法は、一九八七年六月の中央委総会から一週間も経たないうちに最高会議によって採択された[90]。同法は原則として、企業および企業合同の経営陣の自立性を拡大するものであった。それはある程度、現実のものとなった。それら企業および企業合同は、自社の賃金表を以前より自由に決められるようになった。依然として課せられていたのは、「ソフトな予算の制約」だけであった（ちなみに、「ソフトな予算の制約」が社会主義経済体制の核心的問題の一つであると真っ先に判断したのは、ハンガリーの有力経済学者ヤーノシュ・コルナイである）。しかも、従来おこなわれてきた省庁からの指令に代わって、「国家発注」がおこなわれるようになった。工場の受注票に空白が生じることはなかった。恐らく、数ある欠陥の中で最重要の欠陥は以下の点にある。企業は、生産物の価格を今までより自由に引き上げるようになった。それでいて生産物の質は相変わらず良くはならなかった。全体的な価格の自由化と競争を欠いたままだったからである。一般的に言って、企業法のせいでインフレに拍車がかかり、企業と企業の間の債務が増加し、国庫にたいする税の支払いが滞った。企業法は百害あって一利なしであった。

改革の急進化

ゴルバチョフ政権初期の数年間、ソビエト経済政策は、国家所有以外の所有形態と市場にたいする制限をゆるめる方向で歩みを進めた。だがその政策には、指導部内の根本的な意見の不一致も反映されていた。指導部の中で、ゴルバチョフの見解は必ずしも優勢だったわけではない。一九八六年に始まることになる新たな五カ年計画が政治局で議論の対象となっていたとき、最初の案は却下され、修正案が準備された。しかし、どちらの案も大方の準備作業は、閣僚会議議長ニコライ・チーホノフとゴスプラン議長ニコライ・バイバコフの指導のもとで進められていた。両者がゴルバチョフのイニシアチブによって解任されたのは、ようやく一九八五年の秋になってからであった。ゴルバチョフは、修正案に関してアガンベギャンの意見を求めた。アガンベギャンは、「修正案に盛り込まれている数字はあまりにも保守的であり、一九八五年四月の党中央委員会総会と六月の科学技術会議で打ち出した社会戦略が反映されていない」と答えた。のちにアガンベギャンは、修正案を討議した政治局会議（一九八五年一一月）の出席者から次のように聞かされた。ゴルバチョフは会議の席上、アガンベギャンとその同調者たちに用意させた考えにたいして賛意を表明した。だが政治局は、そのような反対論が出たにもかかわらず、五カ年計画の基礎として修正案を採択した――。なぜ、そのようなことになったのだろう。アガンベギャンはゴルバチョフに質問する機会を得ると、すかさず疑問をぶつけた。あけすけな答えが返ってきた。「私（ゴルバチョフ）に何ができただろうか。あの連中に包囲されていたというのに」。[91]

一九八七年の六月党中央委総会から一九八九年の夏までの間、ゴルバチョフが経済の政策決定に関与する度合いは以前とくらべて弱くなった（それがふたたび強まるのは、一九八九年の半ば以降、特に一九九〇年のことである）[92]。アガンベギャンはその二年間、ゴルバチョフに面会することが少なくなった[93]。そして、ゴルバチョフがふたたび経済問題にもっと時間を割こうと決意したとき、アガンベギャンは、経済問題に関する筆頭格の顧問ではなくなっていた。この間、ゴルバチョフが心を砕いたのは外交と政治改革の急進化であった。ゴルバチョフはエネルギーと、仕事を処理する力をふんだんにそなえており、経済問題をルイシコフに全面的に任せたわけではなかった。だが、ゴルバチョフの行動は自制的であった。ほかの事柄に時間を食われていたという事情もあったし、ルイシコフを信頼していたという面もある。だが、それればかりではない。ゴルバチョフは、ソ連共産党が現実の経済運営に介入するのをやめるべきだとの考えを次第に受け入れるようにもなっていたのである。ゴルバチョフは、経済における党の役割を縮小することを真剣に考えていた。それを示すゴルバチョフのイニシアチブは各種あるが、その中で何よりも衝撃的だったのは、一九八八年九月、党中央委員会傘下の経済関係の各部が廃止されたことである。それは、ゴルバチョフが政治局に送った八月二四日付覚書の方針に沿うものであった。廃止された各部は、経済省庁と経済のさまざまな分野を監督する立場にあった[94]。経済関係の部の廃止は、党中央委員会の部の数を全体的として二〇から九に削減し、党書記局の権限を縮小するという方針の一環であった。党書記局の権限の問題については、さらに次の章で検討する。党中央委員会の部の削減にまつわる問題は、次の点にある。すなわち部の数を削減したことにより、高級官僚機構の層はわずかに薄くなったが、従来とくらべると省庁にたいする抑制が弱まり、ゴルバチョフは閣僚会議議長の改革意欲（の欠如）に影響されることになった。ゴルバチョフは、新しい立法府に期待を寄せていたのかもしれない。新立法府を翌年春に選挙することで第一九回党協議会の合意を得たところであった。新立法府は、省庁の権力をもっと効果的に抑止する斬新な機関となるはずであった。

一九八八年の一年間に、レオニード・アバルキンがソ連で最大の影響力をもった経済学者として、アガンベギャンに取って代わった。アバルキンは急進改革派ではなかったが、真摯な改革派としての名声を博していた。一九八六年以来、科学アカデミー経済研究所の所長を務め、ソ連チェス協会の会長も兼ねていた。アバルキンは第一九回党協議会でゴルバチョフの不興を買った経緯があった。それは、同協議会で批判的な演説をおこない、その中で、「これまでのところペレストロイカの成果は大きくないし、経済の面では飛躍が見られない」と主張したためである。[95]

ルイシコフはそれとは対照的にアバルキンの演説を好ましく思った。それ以後ルイシコフは、アバルキンが孤立し、知り合いの人々からも冷淡な視線を向けられて肩身の狭い思いをしているときなど、折に触れて暖かく手を差し伸べた。[96]アバルキンはその後、政府部内の議論にもっと深く関与した。一九八九年七月、国家経済改革委員会が設立されたとき、同委員会の議長となってくれとルイシコフから招請を受けた。アバルキンは連日ルイシコフと面会した（ただし、ゴルバチョフとは会っていない）。そして、そのポストに就くことを承知した。ただし、経済研究所の所長を（無給で）兼務するということが条件であった。ルイシコフは喜んでこれに同意したばかりか、「それは新たな仕事にとっても有益だろう」と付け加えた。ルイシコフはアバルキンに副首相格の待遇を与えることによって、この人事の真剣さを強調した。[97]

アバルキンとルイシコフの円満な関係は、その後も途切れることはなかった。だが前者アバルキンは、政府部内において新たな地位に就いたために、外部の急進的経済改革派との距離が遠くなった。それを助長したのは、急進改革派の心証である。彼らの受け止め方によればアバルキンは、政府に取り込まれて次第にスポークスマンと化した。そして、ルイシコフが立案していた（と彼らが考える）慎重な政策を代弁するようになった。一九八九年末になるとゴルバチョフは、ルイシコフが積極的に支持する措置では不十分であり、もっと急進的な措置が必要だと確信するに至った。ルイシコフにたいするゴルバチョフの信頼は薄らぎ始めた。[98]

市場化を支持するペトラコフの起用

一九八九年一二月、ゴルバチョフはニコライ・ペトラコフと話し合った。そして、「市場化問題に精通している人物を大いに必要としている」と前置きしてから、そのような問題に関し補佐官を兼ねて顧問になってくれないかと要請した。ペトラコフが、「私の信念はご存知なのですか」と尋ねたところ、「もちろん」という答えが返ってきた。[99]

ペトラコフは当時五十歳代の初め。ロシアの経済学者の中では筆頭格の、一目も二目も置かれる「市場派」であった。中央数理経済研究所の副所長ではあったが、過去に当局との間で鞘当を繰り返していた。一九七一年、ペトラコフは「ブルジョアの立場に立っている」として非難を浴びたことがあった。それは、市場化を提唱し、オタ・シクの名前を連想させるチェコスロヴァキアの経済改革を支持したからであった。「プラハの春」の結果ペトラコフは、ソビエトのエリート層から見て要注意の学者グループに加えられた。数年間、ペトラコフの論文は掲載を拒否されるか、厳しい検閲を受けるか、あるいは寓意的な表現を使うときだけ掲載を許されるかのいずれかであった。[100]

だが、ゴルバチョフが権力に到達して以来、ペトラコフはほかの何百万人ものソビエト市民と同様に、かつてない自由を獲得し、異端の見解を表現することが可能になった。ペトラコフは、すでにチェルネンコ時代に始まっていたゴルバチョフとの討論会に何回か出席したことがあった。したがってゴルバチョフは、ペトラコフが市場を信奉していることをよく知っていた。ペトラコフのほうでは、ゴルバチョフが市場の問題を把握する能力に長けていることに深い感銘を受けた。[101] ペトラコフの胸中はこうだった。ゴルバチョフ自身、市場への移行を支持しているはずだ。また、自分が史上初の経済担当の補佐官に指名されたということは、ゴルバチョフの決意を遺憾なく示すものだ。それらの点に関しては疑う余地はない——[102]。ちなみにペトラコフの身分は、アガンベギャンやそのほかの人々の場合と違って、常勤であった。ペトラコフは次のように語っている。「ゴルバチョフが私にその仕事を打診してきたということは、市場経済を受け入れる必要があるということが分かっていたということだ。なぜなら私は、市場を信奉する経済学者として知られていたから。（中略）私はそれを隠し立てしたことはない。ゴルバチョフも私の立場を知っていた。（中略）ゴルバチョフは、市場経済に代わるものはないということを理解していた。（中略）大問題は、どのようにして市場経済に移行するかという点にあった」[103]。

ルイシコフは、「長期的には市場経済への移行を支持する」と公言していたが、日常業務においては急進経済改革を阻む強力な敵であった。その点では、保守的なリガチョフ以上であった。というのは、ルイシコフはリガチョフと異なって、経済改革の実施責任を負う機関を率いていたからである。ペトラコフは、ゴルバチョフの補佐官になったあとルイシコフとかわした会話を、次のように回想している。「国家価格委員会は必要ないので、廃止すべきだ」とルイシコフに迫ったところ、ルイシコフの答えはこうだった。「あなたの言っていることは正しい。ただし、数年経てば、の話だが」。ペトラコフはルイシコフに向かって反論した。「ニコライ・イワノヴィッチ（ルイシコフ）、市場のことになると、あなたの話しぶりは、かつて私たちが共産主義を話題にしていたのと同じ調子になりますね。いつだって、もう少しあとで、とおっしゃる！」[104]。ゴルバチョフはそれとは対照的に、ペトラコフを経済担当の補佐官に抜擢した時点で、「非常に短い期間で市場経済へ移行するコースを選んだのである」（ペトラコフ談[105]）。

一九九〇年代を通じてゴルバチョフは、ペトラコフとの間で何回となく話し合いを繰り返し、経済問題に関する知識を大いに吸収した。確かに、ゴルバチョフが市場経済を直接体験する機会は、短期間の外国旅行のときに限られていた。だが、ゴルバチョフと特に緊密な協力関係にあった人々、なかんずくペトラコフは、西側の一部で見られるような単純な見方には与《くみ》していない。その種の俗論によれば、ソ連経済の抱える諸問題は、ゴルバチョフが経済をしっかり把握していなかったために生じたのだという[106]。ところがゴルバチョフは、経済的観点から望ましいと思われることを、政治的に実現可能性のあることと比較考量せざるを得ない立場にあり、そこからは一時《いっとき》も逃れることはできなかったのである。[107]

ワジム・バカーチンに登場願おう。バカーチンは、ゴルバチョフに協力した政治家の中で特に有能な政治家であった。一時期、まれに見るリベラルな内務大臣として腕をふるったこともある。そして、一九九一年夏のクーデターが失敗に終わったのを受けて、KGBの規模縮小という仕事の責任を負った。そのバカーチンに言わせると、ペレストロイカという事業全体に関して、「われわれはよく練ったプランを用意していなかったし、そもそも用意することは不可能だった。それはときとして、中途半端な措置になってしまった。往々にして、何らかの勢力にたいする譲歩を余儀なくされた。ゴルバチョフは、社会の中の一定の勢力の存在を無視するわけにはいかなかったのである」。[108] よしんばそうであったにせよ、ゴルバチョフは時として多大のリスクをあえて冒すこともあった。特に、五〇〇日計画が論争の種になったときは、そうであった（五〇〇日計画については、本章のあとの部分と第八章で論ずる）。

一九九〇年までにソビエト経済の苦境はさらに悪化した。それは主として、次の事実に起因するものであった。旧体制が放《はな》っていた恐怖感や威圧感がなくなった（それはすでにブレジネフ政権下において弱まり、ゴルバチョフ時代に事実上、消えうせた）。そのため、伝統的な経済権力機関の働きが以前より悪くなった。体制はなんとなく中途半端な状況に陥った。機能的な指令経済でもなければ、まだ市場経済でもなかった。具体的に経済に何が起こったかと言えば、主たる経済主体が権力と資源を求めて相互に闘争するという結果になった。闘争の場は全体として、省庁のシステムと閣僚会議議長によって管理されていた。省庁は市場経済への移行に関心をもっていなかった。閣僚会議議長は、市場経済への移行を原則論としては支持していたが、それを達成するためにわざわざ手間ひまをかける気はなかった。一九九〇年頃には、党と政府の機関は、ゴルバチョフにたいして面従腹背の姿勢をとることが多くなった。それどころか、公然と反抗することもしばしばであった。一九九〇年のような豊作の年にパン不足が生じたのは、ペトラコフが指摘しているように、きわめて異例の事態であった。ペトラコフによれば、その原因は次の点にあった。すなわち、連邦政府と地方の官僚が相

互の協力を欠いており、しかも、特に地方の党官僚はゴルバチョフを助ける気持ちをまるでもっていなかった。(109)

五〇〇日計画——一進一退

ゴルバチョフ時代の経済改革史において何よりも劇的な一幕は、一九九〇年の夏の終わりから秋の始めにかけて起こった。具体的に言うと、まずゴルバチョフの側が、見たところ、既存の体制と全面的に訣別した。次いで、既存の体制の中で最強の関係機関を相手に、一時的な妥協が成立した。それゆえにこの一幕は、移行の政治における重大な節目となった（そして、最後にはゴルバチョフに深刻なダメージを与えた）。したがって、これについては後続の各章においても政治問題として論じる。

一九九〇年五月、ボリス・エリツィンがロシア共和国最高会議の議長となった。それ以来、ロシアの各機関と連邦中央当局との間で闘争が起こり、そのために中央と共和国の間の不和にまったく新たな局面が出現し始めていた（従来、連邦中央との関係が波乱含みだったのは、主としてバルトとカフカスの共和国だけであった）。それに先立って、連邦立法府は政府にたいし、九月までに経済計画《プログラム》を新規に起草せよとの指示を出していた。一方ロシアでも、立法府がロシア独自の経済改革プログラムの作成を要求していた。期限はこれまた九月であった。ロシア版経済プログラムの起草の責任を負ったのは、少壮経済学者グリゴーリー・ヤヴリンスキーである。ヤヴリンスキーは、共和国相互のきずなが緊密である以上、ほかの連邦構成共和国から孤立してプログラムを作成しても意味がないとの結論に達した。ヤヴリンスキーはペトラコフと話し合い、次の点で合意に達した。すなわち、ソ連全体のほかに、ロシア、ウクライナ等々の共和国がそれぞれ別々に市場経済への移行プログラムを用意するとすれば、それは馬鹿げている、と。(110)

ペトラコフはヤヴリンスキーに、提言書を作成してはどうかと勧めた。ペトラコフはそれをゴルバチョフに見せることになった。ゴルバチョフはそれを読むと「大いに興奮し」、ただちにヤヴリンスキーに会わせるよう要請した。[111]市場経済への移行プログラムを単一で急進的なものとするという構想もさることながら、ロシア・チームの代表が連邦当局との協力の必要性を認識したという事実も、ゴルバチョフにとって魅力的だった。ゴルバチョフはここに好機を見て取った。それをのがさず利用すれば、エリツィンとの協力関係を再構築できよう（エリツィンは一九九〇年五月、ソ連でもっとも人気のある政治家としてはゴルバチョフを追い抜いていた）[112]。また、市場化を目指す闘いで勝利を収めるための、十分強力な連合を形成することもできよう。ゴルバチョフは、エリツィンに電話した。そして、急進派経済学者のチームをソ連とロシアの合同チームにすべきだと、説得をこころみた。エリツィンは数時間熟考してから、合同チームの設立に関する文書に署名した。それを持ってきたのはヤヴリンスキーであった。[113]次の手続きは、ロシア共和国の閣僚会議議長であるイワン・シラーエフの署名を取り付けることであった。一方、ゴルバチョフにとって何よりも厄介な作業は、自分のところの閣僚会議議長ルイシコフから署名を取り付けることであった。ルイシコフは、アバルキン率いるソ連政府チームに代えて合同チームの設立を承認するよう要請を受けた。ルイシコフは、自分自身の案よりも急進的なプログラムを突きつけられるような事態は、毛頭望んでいなかった。また、エリツィンとゴルバチョフとの間で円満な関係が長続きするとはまったく信じていなかった（ルイシコフとエリツィンはスヴェルドロフスクでともに働いていたときからの知り合いであったが、その後両者の関係は次第に疎遠になっていった）。ルイシコフは本人の説明によれば、はなはだ不本意な気持ちで署名した。閣僚会議の副議長たちから「署名しないと、ソ連とその最大の共和国との間の合意を妨げた人物として責めを負わされますよ」と説得されたことが、署名に応じた主たる理由だという。[114]

　こうして成立した合同チームは、シャターリン＝ヤヴリンスキー部会として知られるようになった（あるいは、ふたりの経済学者のうち格上のシャターリンにちなんでシャターリン・グループとも呼ばれた）。メンバーのうち半分はゴルバチョフの側から、また、残りの半分はエリツィンの側から送り込まれたのであるが、各メンバーとも確固たる信念をもって市場を支持していた。ゴルバチョフの側から送り込まれた人物のうち、特に筋金入りだったのはペトラコフとシャターリンである。エリツィンが指名したメンバーの中には、ヤヴリンスキーのほかに、エゴール・ガイダールとボリス・フョードロフも含まれていた（ガイダールとフョードロフはソ連崩壊後のロシアにおいて有力な政治家になる）。いずれにせよこれらのメンバーは、志を同じくする急進派であった。だから、ゴルバチョフとエリツィンを隔てる線に沿って二つに割れるようなことはなかった。エリツィンが自由放任の姿勢で臨んだのにたいし、ゴルバチョフは、合同部会の作業に強い関心を払った。作業は八月の間ずっと、モスクワ近郊の別荘《ダーチャ》で続けられた。休日になるとゴルバチョフは、ペトラコフとシャターリンの両方に一日に何度か電話を寄越し、作業の進捗状況について事細かく質問を重ねた。[115]

合同部会は根をつめて作業を続け、ついに通称「五〇〇日計画」を完成させた（ヤヴリンスキーがペトラコフのグループに合流する以前は、もともと四百日計画になるはずであった）。五〇〇日計画の正式の名称は、「市場への移行――構想と日程」である。[116] 全二三八ページから成るこの基調報告書は、「社会主義」には一言も触れていなかった。また、伝統的なソビエトのイデオロギーにたいして一切譲歩をしていなかった。そこに盛り込まれていたのは、以下の案である。大規模な私有化を実施すること、権力を大幅に共和国に移譲すること、市場に必要な機関を迅速に創設すること。付属文書には、合同部会が移行期に必要になると確信していた法律の案文も含まれていた。ゴルバチョフは当初、内々にも公式にも五〇〇日計画に賛成したが、長い討議の過程でそこに自分自身の修正を加えた。[117] 五〇〇日計画は国家社会主義の終焉を意味していた。五〇〇日計画という事実がありながらゴルバチョフを共産党員と見なすことは、よしんばゴルバチョフの肩書がまだソ連共産党書記長であるにしても、まったくの矛盾であった！　もっとも、共産党員という言葉の意味を骨抜きにするのであれば、話は別であったが。実際、このエピソードにおいて何よりも目を引くのは、ゴルバチョフが党を完全に迂回したということである。合同部会を設立したときも、政治局のほうを一瞥するようなことはなかった。ゴルバチョフは、それに先立つ一九九〇年三月、ソ連大統領に就任しており、大統領の権限を最大限に利用しようとしていた。のちに政治的な反発が起こり、同時にゴルバチョフの側でも再考を迫られるのであるが、それはまだ先のことであった。政治的な反発は第八章のテーマのひとつである。ここでの文脈に照らして重要なことは、ゴルバチョフが急進的な市場化と私有化の提案を原則的に受け入れた、ということである。もっとも、ゴルバチョフはのちに不安にさいなまれた。それらの提案に従うとあまりにも多くの権力を共和国に委譲することになり、連邦の解体を助長することになりはしないか、と。それは、ルイシコフとアバルキンを始めとする少なからぬ人々がゴルバチョフに向かって強く指摘した点であった。[118] だが、真実はその逆だった。決して断言するわけにはいかないが、しかし恐らく、それらの提案は、ゆるやかな連邦か、あるいは国家連合という形で連邦を保つ最後のチャンスだったのである。

五〇〇日計画は、経済と同様に政治の点でも重要であった。五〇〇日計画の特徴の一つは、類似の文書には見られない綿密な日程にあった。だが、目標とされた期日は、ほぼ間違いなく非現実的であった。多大の困難と攻撃に直面する中、五〇〇日計画にたいする賛成論の論拠として、これなら政治、経済の変革のはずみを保ち、急進改革勢力の連合を維持できるかもしれないとの考えも働いていた。[119] アバルキンは、五〇〇日計画の過剰な楽観主義を指摘した人々の中でも特に辛辣なほうに属している。アバルキンは次のように述べている。本当に五〇〇日でソ連を深刻な経済的危機から救い出すことができるのなら、そのような殊勲を上げた人のために記念碑を建て、絶えず花を供えてあげよう。[120]

五〇〇日計画にたいする否定的反応

強烈な政治的圧力がかかってきた。少なくともそれは、ゴルバチョフに再考を促す駄目押しとなった。ただしゴルバチョフ本人は、それとは無関係に見直しを考え始めたと述べているが。[121] いずれにしてもゴルバチョフは、自分に批判を浴びせる人々にたいしていくらかの譲歩をしつつ、五〇〇日計画の本質を維持する方法を探った。ルイシコフは以前から、閣僚全員を道連れに辞任すると脅しをかけていた。軍部とＫＧＢは、五〇〇日計画の中で予算の削減をはっきりと勧告されていただけに、やはり同計画を受け入れられないと、強硬姿勢を見せていた。党機関も中央と地方の両方のレベルにおいて五〇〇日計画に反対していた。ゴルバチョフはふたたびアガンベギャンを頼り、妥協案を起草するよう依頼した。妥協案は、ルイシコフ率いる政府の見解をなにがしか組み込みながら、シャターリン案の本質を維持するようなものとなった。これは一度ならず修正された上で、一〇月、ソ連最高会議によって承認された。いわゆる大統領プログラムとして知られるその案は、アガンベギャンの働きによってシャターリン的傾向をとどめた。だがその一方で、厳格な期日は外された。また、五〇〇日計画で連邦当局から取り上げることになっていた財源にたいする支配権が、一部元に戻された。そして、ルイシコフのプログラムからいくつかの数字が借用された。妥協は不満足なものとなった。このような後退はエリツィンの逆鱗に触れた（いずれにせよエリツィンの側近の一部は、ゴルバチョフとの同盟を続けることを不本意と感じた）。シャターリンとそのチームのメンバーは全員、不満の意を表明した。[122]

一九九〇年から翌年にかけての冬、保守派勢力にたいしてさらに譲歩がおこなわれた。そのような中で一二月の末、ペトラコフがゴルバチョフの経済担当補佐官のポストを辞任した。後任はオレーグ・オジェレーリエフであった。ペトラコフとくらべると急進的ではなかった。ゴルバチョフはようやくルイシコフの更迭を決意した。だがペトラコフやそのほかの人々の意見によれば、それは遅きに失した。ゴルバチョフが決断を下そうとしたまさにその時、ルイシコフは重い心臓発作に襲われた。命に別状はなかったが、解任は避けられないものとなった。ゴルバチョフは各方面と幅広く相談した上で、ルイシコフのポスト（新たな名称は首相）に財務相のワレンチン・パヴロフを充《あ》てた。[123]ところがパヴロフは、ルイシコフの欠点を補って余りある人物どころか、とんでもない疫病神だったのである。

ゴルバチョフは一九九一年の一年間、重点を政治的作業に置いていた。つまり、ソビエト国家を維持するための基盤として新連邦条約の成立を目指していた。だが経済においては、複数の選択肢を並立させておこうと企てた。ゴルバチョフは優柔不断な態度を取り、しかも三つの異なる、相互に対立する戦略を同時に遂行しようとした。その点で非があった。第一に、ゴルバチョフは表向きパヴロフ首相の政策を支持したが、一九九一年二月ころにはもう、パヴロフの起用が失敗人事だったことに気づいていた。[124] 第二に、ゴルバチョフはグリゴーリー・ヤヴリンスキーの訪米にお墨付きを与えたが、五〇〇日計画の起草者だったヤヴリンスキーは、まったく別の政策を追求していた。つまり、アメリカ当局の経済的、政治的支援を仰いで、ソ連における急速な市場化を後押ししてもらおうという魂胆であった。[125] ゴルバチョフは第三のアプローチも追求していた。ほかの共和国の指導者たち（特にエリツィンとナザルバーエフ）との間で、ソ連政府の根本的な改造について話し合いをおこなっていたのである。政府の改造の一環として、パヴロフが解任され、後任の首相の座にナザルバーエフがすわるはずであった。[126]

一九九一年の初めにパヴロフを起用してから同年八月にクーデターが起こるまでの間、ゴルバチョフは迅速に市場経済に移行し、西側からの支援を確保することによってそのような移行を円滑に進めたいと願っていた。他方ソ連政府は、権力の梃子《てこ》を手放す気はなかった。ソ連の経済政策はその二極の間をふらふらとさまよった。エリツィン個人と、ロシアの大統領府および立法府が力を増す中、ゴルバチョフはますます手を縛られた。一九九一年六月、ゴルバチョフは先進七カ国首脳会議のためにロンドンを訪問した。ゴルバチョフが描いてみせた政策は首尾一貫性を欠いていた。つまり、アメリカにおいて好意的な反応を得たヤヴリンスキーの提案を、パヴロフ内閣の政策とすり合わせようとしたのである。実際には、そのような妥協の余地はなかったのだが。案の定、ゴルバチョフは西側の対談相手から、政策に一貫性がないとの指摘を受けた。それらの対談相手は、ゴルバチョフにたいして親切な言葉をふりそそいだ。だがそれは空手形であった。それが結実して具体的な経済支援がおこなわれるということはなかった。そこには責められるべき点は何もない。だが、パヴロフ内閣がまだ健在だったので、西側がそのような態度を取った結果、ゴルバチョフは権威を失った。そして、政治的な分水嶺の両側で、ゴルバチョフ降ろしの決意が強まった。ただし決意の固さでは、強硬派のほうが優っていたが。

第6章　ゴルバチョフと政治体制の転換

ゴルバチョフは書記長になった当初から、経済改革はもとより政治改革にも真剣な関心を寄せていた。[1] しかし、改革を進めようと悪戦苦闘する中、改革では十分ではなく、政治体制を包括的に転換しなければならないと考えるようになる。これが、本書のここまでの中心的テーマであった。共産主義体制を維持したままでの改革が不安定な停止点であることは、次第に明らかになっていった。[2] 改革が大きな抵抗を引き起こすと、改革的指導者が選択に直面するのは必至だった。改革をあきらめるか、それとも、最初の一歩が根本的な変革に至る踏み石にすぎないという事実を受け入れるか。ゴルバチョフも選択を迫られた。実は一九八七年になっても、ゴルバチョフが視野に入れていたのはせいぜいのところ、[3] 社会主義市場経済を目指す運動であり、「プラハの春」を限度とする政治改革であった。もっとも、この時ゴルバチョフは、一九六八年のチェコスロヴァキアを意識的に基準点として据えていたわけではない。[4] それでも、このような見解をソ連共産党書記長が自主的に採用するということ自体、すでに飛躍的な前進であった。また、従来のソ連の理論や慣行からいちじるしく大きく逸脱してもいた。

ここでチェコスロヴァキアを引き合いに出して言おうとしているのは、次のような体制である。党員の間や広く社会一般においては論争が許される。また、情報の自由な流れや、一定の利益集団の活動も許される。しかし、究極的には共産党が権力の梃子《てこ》を支配し続ける――。ゴルバチョフは一九八四年一二月の重大な演説において早くもデモクラチザーツィヤ（民主化）という言葉を使っていた。もっとも当時の意味は、その後一九八〇年代末までにこの用語に込められるようになった意味とは異なっていた。書記長就任当初の数年間、民主化という言葉が意味していたのは、既存の制度に新しい生命を吹き込むこと、党内活動や議会《ソヴィエト》の活動から形式主義を取り除くことであった。つまり、党および国家の官僚はもはや、各級の党委員会やソヴィエトの、名目的に認められている議論や討議の権利を無造作に奪ってはならない、ということであった。[5]

ゴルバチョフはこれを「民主化」と呼んだが、現実には、それは自由化であった。[6] 一九七七年のソ連邦憲法であれ、ソ連共産党規約であれ、すでに紙の上には存在していた権利（現実には無視されてきた）を再定義し、拡大する段階にとどまっていたのである。[7] これにたいして、一九八九年に実施された連邦選挙と、一九九〇年と九一年の連邦構成共和国の選挙は、自由化の枠を超えて、民主化への決定的な突破口のひとつとなった。一九九〇年と九一年の選挙においては、複数候補制が採用され、純粋な競争がおこなわれた。また、投票方式は秘密投票であり、選挙前には活発な論戦がおこなわれた。一九八九年の連邦選挙ですら、その大多数の選挙区において同様のやり方が採用されていた。ロシアに関する限り、これらの選挙では大衆の関心も投票率も、ソ連崩壊後におこなわれたどの選挙よりはるかに高かった。

ゴルバチョフがデモクラチザーツィヤの必要性を強調したという事実それ自体が、民主化プロセスの促進剤となった。民主化を進めたいと思う人々にとっては、書記長の言葉を引用すれば自分の立場を支えることができたからである。もっとも、ペレストロイカの最初の四年間は、体制が体制だっただけに、変化を引き起こす原動力となったのは、主として指導部のイニシアチブであった。ゴルバチョフがデモクラチザーツィヤという言葉で意味したものは、時とともに変化した（一九八八〜八九年までには、民主化は多元的民主主義を目指す運動を意味するようになっていた。それに先立つ時期ですら、同じ内容がさまざまな言葉で語られていた）。ゴルバチョフは時に二歩前進する前に、戦術的な理由から一歩後退することがあった。場合によっては二歩後退することすらあった。そのもっとも不評かつ軽率だった例が、一九九〇〜九一年の冬の行動である。したがって、書記長在任期間の後期になってからも、「ゴルバチョフの思考は、在任期間の初期のころから大きく変化していない」ということを示し得るような発言を見出すことは、むずかしくない。ゴルバチョフの発言には、ゴルバチョフの目標や進化しつつある政治的見解をよく反映しているものと、そうでないものがある。外部の観察者はこの点に敏感であらねばならない。ゴルバチョフの同僚たちはまさにそのような態度でゴルバチョフに接していたのである。

もちろん、伝統的な共産党の規範に恭順の意を示すようなスピーチをしておきながら、過去の行動様式に立ち戻るのを避けるというやり方では、党内の保守派を懐柔できる期間はごく短いものにしかならなかった。他方、「民主集中制」というような昔ながらの概念にたいして事あるごとにリップサービスをすれば、急進的民主派の目にはゴルバチョフの権威は落ちるばかりだった。しかし、西ヨーロッパ型の政治体制のほうが共産主義体制より大きな利点があると頭では分かっていても、多元的民主主義を是として一貫性のある路線を断固貫徹しようとした場合、ゴルバチョフにとって身の安全を守れる地点はなかったであろう（しかしだからといって、ゴルバチョフが一九九〇年の第二八回党大会で決然たる行動に出なかったことが妥当だったというわけではない。その年の秋、保守派と一時的な妥協を求める戦術がうまく行かなかったことは、今になって振り返ってみればなおさら明らかだからである。危険な賭ではあったが、ゴルバチョフは思い切って公然と保守派との関係を絶ち、同時に共産党を分裂させるべきであった）。

党内では、急進的民主派よりもむしろ、ゴルバチョフのジグザグや政治的策略を非難する保守派の中に、ゴルバチョフの行動をよく理解している者がいた（大半の急進的民主派は、ゴルバチョフのおかげで公の場での政治批判が危険でなくなるまでは、取りたてて急進的でもなかったし、民主主義志向をあらわにしていたわけでもない）。たとえば、リガチョフは回想録の中でこう述べている。

私はゴルバチョフがキエフでおこなった党に関するすばらしい演説のことを覚えている。その内容は、党を革新し党員を浄化するための精力的な党活動の基礎になりうるものだった。しかし、党書記長はその後この演説に言及することはなかった。彼は演説を終えると、そのことを忘れてしまった。私がこのキエフ演説の話を持ち出し、そのテーマを実行に移すべきだと言ったとき、ゴルバチョフは話題を変えた。こうしたことはよくあった。これはゴルバチョフがうっかりそうした、というのではなく、むしろこれが彼の政治的戦術の一要素なのだという印象を受けた。つまり、さまざまな社会階層や反対勢力を懐柔するために何らかの論点を口に出すが、行動では別の路線を遂行するという戦術である。(8)

ソ連以外でも過去二〇年あまりの間に、政治的多元主義への移行や、程度の差こそあれ何らかの民主主義への移行がおこなわれた例はある。しかしそのどの前例とくらべても、ソ連のかかえていた課題は、気の遠くなるような難題であった。一九六〇年代なかばから一九八〇年代なかばの間は、公然たる反体制派ですら、概して民主化というより自由化を唱えていたに過ぎない。反体制派の目標は一九八〇年代後半の基準に照らすなら、一般的にはむしろ控えめなものだった。それはたとえば、政治当局はソ連の法律や憲法に従うべきだといった要求であった。

その上、前のほうの章で述べたように、ゴルバチョフが権力の座に就くころまでに反体制派は、道徳的に思慮深い一部国民の良心として行動してはいたものの、運動としてはほとんど排斥されており(孤立した若干の零細グループは別)、党=国家権力への脅威ではなくなっていた。特定の重要政策に公然と反対したり、まして体制の基礎を下から変革しようなどとすれば、間違いなく迫害が待っていたからである。ポスト・スターリン時代ですら、ソ連の強制収容所で死んだ人々はいたのである(もちろんスターリン時代にくらべれば、その数は圧倒的に少なくなっていったが)。

有名人の中でも特に有名な人々だけが投獄をまぬかれていたが、彼らにしても体制の壁を突き崩すことはできなかった。ソルジェニーツィンはその強力な作品群のおかげで、一番目標に近づいた人物ではあった。しかし、そのソルジェニーツィンも、一九七四年二月に国外退去を命じられ、一九九四年五月までロシアに帰国することはなかった。ソルジェニーツィンの作品の一部は、一九六〇年代の初めから中ごろにかけて公認された形で出版されたが、その後は、国内での地下出版か海外での出版を余儀なくされた。また、サハロフは一九八〇年から一九八六年まで、モスクワからゴーリキー市に追放されていた(当時ゴーリキー市は外国人の訪問が禁じられており、サハロフは外国のジャーナリストと直接連絡を取り合うことすらできなかった)。

四重の変革の必要性

ロシアを改革しようとする者にとって問題は、ソ連が四重の変革を必要としていたということである。世界を見渡しても民主化のコースを歩み始めた国で、ソ連のように複雑な四重の課題を突きつけられた国は、ほかにはなかった。これは強調せねばならないが、ゴルバチョフとて、当初からそうした根本的な変革を念頭に置いていたわけではない。ゴルバチョフはやがてスペインの民主主義への体制移行を高く評価するようになるが、書記長に選出されたころには、まだスペインの例は比較の基準とはなっていなかった。

ゴルバチョフの改革計画は次第に変化した。ここでの検討対象となる要素が、その計画の中にはじめからすべてそろっていたわけではない。しかしそれでも、ゴルバチョフは当初から、後述する四分野のうち三分野での変化が必要だと認識していた。それは、体制転換とまではいかなくとも、重大な変化になるはずであった。明らかな例外は第三の分野(民族問題)である。民族的感情は潜在的爆発力をはらんでいた。また、ソ連全体あるいはソ連の大部分を、強制ではなく同意にもとづいて維持したいのであれば、特別な制度を採用する必要があった。この点でゴルバチョフの認識は不十分だったように見える。これはゴルバチョフ以外の党指導部の面々だけではなく、一九八〇年代中ごろの大方のロシア改革派たちにも言えることであった。だがゴルバチョフの計画は進化し、当人が一九八五年三月の時点で考えていたものとは質的に異なるものになっていった。それにつれてゴルバチョフは、多少なりとも連動する四つの変革を遂行するという事実上達成の困難な課題に立ち向かうことになったのである。これら基本的な変化のうちどの三つをとっても、残るひとつが変化しない限り行き詰まる可能性が高かった。それでいて、それぞれの変化が実現すると、今度はその副作用のせいでほかの分野の改革が複雑化した。このような事情があっただけに、それでなくても厄介なジレンマがますます厄介なものとなった。

重要性の点で第一の変革は、政治体制の変革であった。ゴルバチョフは少なくとも一九八七年初頭という早い段階では、それを最優先していた。この要素は、ソ連の特殊事情ではない。「右翼」の権威主義体制が受け入れざるを得なかった変革も、ソ連の場合と根本的に差はなかった。しかし、である。権威主義体制は、政治体制を根本的に変えなければならなかったが、一般的に言ってそれ以上のことは必要ではなかった。なにしろ、市場制度はすでに存在していたのだから。

それはさておき、ソ連を描写するのに使われる「全体主義的」という言葉が特にスターリン時代の原子化された社会と大量抑圧体制を指すとしても、共産主義国の「全体主義後の権威主義」は、権威主義体制とはやはり違う。後者すなわち権威主義の場合、党や政治警察があらゆる活動領域にくまなく浸透するということは決してなかった。(9) 一般に、政治体制を多元的な民主主義体制に転換するためには、以下の前提条件が必要である。競争的選挙がおこなわれ、結社の自由が保障されること。批判的意見を述べる場となる議会が確立していること。もっとも強力な諸組織が法の支配に従っていること。マスメディアに真の多様性があること。一九八五年のソ連の場合では、これらのことは改革派の中でも特に大胆な連中にとってすら過激すぎて、現実的な目標とは考えられなかった。

第二に重要な変革は、生産手段をほぼ百パーセント国家に所有させている計画経済を、実体的な私的セクターをそなえた市場経済へ移行させることである。この要素だけを考えれば、ソ連と、移行期にあるほかの共産主義国との間に根本的な差はない。もっとも前の章（第五章）で述べたように、ゴルバチョフの就任時までに、すでに指令経済の修正をソ連に先んじて実行していた国もあったが。他方、市場化を必要としていたという点で、ソ連は権威主義諸国とは異なっていた。それら諸国は、南ヨーロッパであろうとラテン・アメリカであろうと、すでに一九八〇年代なかばまでには権威主義から民主主義への移行を大なり小なり成功させている。

しかし、ソ連の体制移行がほかのあらゆる国の移行と異なっていたのは、第一、第二の変革から派生する必要に迫られて、第三の変革、さらには第四の変革をおこなう必要性が生じたという点である。第三の変革とは、国内の民族間関係や中央＝周辺関係の変革である。ソ連では優に百を超える民族集団が、大部分は、先祖代々の居住地に住んでいた（ただし、いくつかの民族集団はスターリンによって遠隔地に強制移住させられていたが）。厳密に言えば、政治体制の民主化を成功させるには、「民族問題」を何らかの形で解決する必要があった。なぜならロシア帝国時代と同様、ソ連でも終始一貫して国境内の自覚した民族の政治的要求は厳しく抑圧されてきたからである。抑圧的な単一国家に代わる何かを考え出さなければならなかった。ソ連はそれまで連邦制の体裁を取り繕ってきたが、実際にはいかなる点においても連邦主義の要件を満たしていなかった。いかにその達成がむずかしかろうと、考えられる代案は原則的に二つのみ。すなわち、本物の連邦制か、それより縛りのゆるい国家連合であった[10]。

しかし、第四の変革も必要であった。ソ連の外交政策の変革である。それは、ほかの三つの変革を遂行しようと思えば、何がしかの点で不可避であった。しかしそれは、ほかの三つの要素と同様、体制移行を複雑化させる可能性を秘めていた。ソ連には実際のところ、二つの経済があったことはよく知られている。ひとつは、軍需生産や国防関連産業にかかわる経済である。それは特権的地位を与えられ、厚遇され、さまざまな分野で世界的水準に達していた。もうひとつは、ソ連の消費者の需要に応えることを建前としながらモノ不足を解消できずにいた民需産業部門である。こちらは、資本も新技術も欠乏し、評価も低かった。ソ連国内の変革を貫徹するためには、国内経済の優先順位の変更を促進するような国際関係の変化が必要だったのだ。

ソ連指導部はここで、ある問題に直面した。莫大な軍事支出の論拠をみだりにいじれば、西側世界の従来の対ソ姿勢を今後とも求めるための唯一の基盤を損ないかねなかったのである。西側は、不承不承ではあってもとにかく敬意をもってソ連に接するという態度を保っていた。国の規模と天然資源を別とすれば、ソ連の超大国の地位は、全面的にその軍事力に負っているのであって、ソ連経済が効率的だとか、共産主義政治モデルが外国人にとって魅力的だとかは間違いなく無関係であった。それは疑う余地のないことである。そう考えていたソ連内外の専門家は少なくない（ただし、第三世界の革命家の中には、レーニン主義こそ権力を奪取し維持するための絶好の手段だと考える者はいた）。ポール・ケネディは『大国の興亡』の中で、ソ連が陥った窮地を次のように巧みに描いている。「大規模な軍事力がなければ、ソ連は世界の中で無に等しい。大規模な軍事力があればこそ、他国はソ連に恐れをいだく。だがそれが、ソ連の経済的見通しを暗くしている。これは冷酷なジレンマである」[11]。

執筆時期がゴルバチョフ時代の初期だったため、炯眼《けいがん》なケネディでも予測できなかったことがある。それは、ソ連の指導者が経済体制のイデオロギー的基盤を変化させるとか、あるいはソ連軍や国防産業の特権的地位を根本的に変えるとかいったことを企てるという事態である。ケネディはこう言っている。「いかに精力的な政権であっても、経済を活性化したいからといって『科学的社会主義』を放棄するとか、国防支出を大胆に削減してソ連国家の軍事上の中核に影響を与えるなどとはいうことはまずありそうもない」[12]。しかし、ゴルバチョフの熱気あふれる創意は、すぐに西側の予測を追い越すことになる。そもそも国内の政治経済を民主主義と市場経済に近づけようとすれば、それまで東西関係を特徴づけてきた敵対関係に終止符を打ち、国防部門が占めてきた予算を大幅に削減することが必要だった。

ゴルバチョフは、軍国主義化したソ連経済を正常化する決意を固めていた。「ゴルバチョフは、道徳的人道的信念だけで行動していたのではない。軍産複合体の役割を大幅に縮小しない限り、社会・経済改革は無理だとの確信に達していたのだ」と、チェルニャーエフは主張している[13]。シャフナザロフは、逆の言い方で同じことを指摘している。「政治改革抜きでは、軍国主義の膨大な重荷を取り除くことは不可能である」[14]。ゴルバチョフが政治改革を優先した主な理由はここにある。

市民生活の水準が改善される兆候をちらつかせて、民心を市場化改革や民主化に引きつけようと考えるのであれば、軍事予算を抑制することは必須であった。ただ実際には、衣食住などの物質面での向上は、控えめに言っても、十分に実現されるには至らなかった。一方、ゴルバチョフが政治改革を実際に開始し、国民は選挙における投票という形の新しい政治的通貨を手に入れた。したがって、物質的状況を改善することはむしろ、ますます望ましいこととなっていたのである。なにしろ、改革前のソビエト体制下での選挙と異なり、選挙結果をあらかじめ決めることができなくなったのだから。もうひとつ、ゴルバチョフ自身にとっても、ソ連指導部内の一握りの急進的改革派にとっても重要なことがあった。それはソ連を、国際社会および国際経済の中にその一員として組み込むことである。そうなれば、政治的寡頭支配と経済的自給自足の組み合わせを特徴とする過去の共産主義体制へ逆行する危険性を引き下げられるはずであった。

以上四要素のうち経済はすでに第五章で論じたし、外交政策は次の第七章の主題である。そこで、本章の残りの部分では、主として国内政治体制に焦点を当て、政治を多元化、民主化するための前提条件がどの程度満たされたかを検討することにする。これと密接に関連している民族問題については本章でも触れるが、第八章で改めて詳細に扱うことにしたい。いずれにせよ、現実にはソビエト体制の包括的変革の四要素はすべて相互に緊密に関連し合っていた。一例を挙げよう。それはソ連の外交政策である。ソ連外交が変化した結果、東ヨーロッパ諸国の自立が認められた。そしてそれら諸国は、自国の政治経済体制にたいしても、西側およびソ連との関係にたいしても、根本的な変更を加えた。これは即、ソ連そのものにも影響を与えた。ゴルバチョフの政策にたいする保守派の反発が強まったばかりではない。主権国家の地位を獲得したいと強く願っていた民族が、その期待をますます募らせた。こうして、ポーランドやハンガリー、チェコスロヴァキア（当時）に可能なことは、エストニア、ラトヴィア、リトアニアにも適用可能だという反応がバルト諸国で起こったのである。

仮にソ連がもっと民族的に同質的な社会だったとしても、これほど長く続いた全体主義的、権威主義的支配の末に民主化をくわだてるとなれば、それは途方もない難事になったはずである。ところがソ連は多民族国家であった。ソ連から完全に分離したいという一連の民族の野心によって、改革は恐ろしく複雑化した。このことが中央や、特に各共和国で緊張を引き起こした。こうして、ゴルバチョフを始めとする指導部内の改革派は、この上なくたくさんの矛盾をはらんだ、相対立する強い圧力に同時に対処することを余儀なくされたのである。

政治の変革の各段階

本章での筆者の関心は、ひとつの解釈を提起することにある。解釈の対象となるのは、政治の変化と、その中でゴルバチョフが果たした具体的な役割である。時系列的な変化をくわしく説明するつもりはない[15]。それでも、改革が体制転換へと進化する過程でいくつかの重要な段階があったことを強調しておきたい。ゴルバチョフ時代を区分するとすれば、六つの異なる段階に分けることが可能である。最初の三つの段階は、ソ連の最高指導者としてのゴルバチョフの在任期間の大半に当たる。この三段階はこの章で扱う。この間に体制の多元化が起こり、同時にかなりの程度、民主化が達成された。したがって第三段階の終わりを迎えるころには、一九八五年にゴルバチョフが受け継いだ政治秩序は、すでに変容を遂げていた。残りの三段階に関する議論は、第八章でおこなう予定である。第八章では、複雑な民族問題の分析に加えて、初期の変化に対する政治的な反動やクーデターにつながる事件、そしてクーデター失敗後を扱う。

この、ほぼ境目がはっきりしている六つの段階は、以下の通りである。(一) 改革の地ならしの時期（一九八五〜

八六年)。㈡急進的な政治改革期(一九八七〜八八年)。㈢国内外での変革期(一九八九年初期から一九九〇年秋まで)。㈣ゴルバチョフの「右傾化」(一九九〇〜九一年の冬)。㈤新しい連邦条約に関する自発的な合意の形成をこころみたノヴォオガリョヴォ・プロセスの時期(一九九一年四〜八月)。㈥クーデターから連邦崩壊までの連邦解体期(一九九一年八〜一二月)。

もちろんこれは今から振り返ってみての区分である。ゴルバチョフが当初から、(たとえば人事を通じて)改革の地ならしをしつつ、のちに企てるような類の体制転換を目指していたというわけではない。まして連邦解体などは、夢想だにしていなかった。ゴルバチョフ自身の改革計画の理解は、時を経るにしたがって変化していった。ゴルバチョフは最高指導者に就任して間もなく自由化に着手し、民主化のための最初の措置を講じた。これに刺激を受けて、ゴルバチョフ自身とその周辺にいた人々の構想が急進化したのである。同時にそのプロセスを経て、国家の政治課題を左右する新しい社会勢力が登場した。したがって、一九八八年にはまだ、政治課題は基本的に共産党の内部闘争にもとづいて決められていたのにたいし、そのような仕組みは一九八九年になると次第にすたれ始め、一九九〇年を迎えるころには明らかに消滅していた[16]。

この間ゴルバチョフは、絶えず新しい状況への適応を要求されたが、ゴルバチョフの対応は、軽率な即興といったものではなかった。やがてゴルバチョフは、共産主義の本質的特徴を拒絶し、むしろ社会民主主義を信奉するようになる。ソ連共産党の書記長である限りは、その事実を公にすることはできなかったが——(ゴルバチョフの考えでは、党書記長にとどまることは必要不可欠であった。さもないと、保守派が党機関を握り、それを使って政治の時計を逆転させせかねなかった)。ゴルバチョフはしかし、マルクス・レーニン主義と相容れない概念を公私にわたって採用するなど[17]、理論上も、政治の実践の場においても、共産主義を放棄したのである。ただし、放棄したのは共産主義であって、共産党ではない。そして、在任期間の後半になると、党を民主的な社会民主主義政党に変えることを願ったのだった。

改革の地ならし

第一段階は、改革のための基礎を整える時期で、一九八五〜八六年の丸二年に相当する。ゴルバチョフはまず、ソ連経済を再活性化させることから事を始めた。これについては、引き継いだ指導部のメンバー全員の同意を得ることができた。しかし一九八六年までに、ゴルバチョフは経済改革よりも政治改革を優先するようになる。経済改革を推進するには政治改革が前提条件になると確信したからであるが、それだけではなかった。議会《ソヴィエト》や各級の党委員会など既存の組織を自由化し、その政治活動の範囲を広げることそのものが望ましい目標だと考えたのである。ちなみに、ここで言う既存の組織とは、党官僚機構《アパラート》のことではない。ソヴィエトや党委員会はその権力の多くをこのアパラートに簒奪《さんだつ》され、なかば活動休止状態に追い込まれていた。

すでに第四章で述べたように、人事異動と政策の刷新は不即不離の関係にあった。前者は後者の十分条件ではないが、必要条件ではある。ゴルバチョフが党書記長に就任してからわずか一年後、すなわち一九八六年二月末から三月はじめにかけて開催された第二六回党大会の直後、ソ連の最高指導部チーム二七名のうち一二名が新顔であった。その中には、四半世紀ぶりに女性が含まれていた。アレクサンドラ・ビリュコワである。(18) 最高指導チームとは、政治局員および政治局員候補、それに党書記を指す。一方、広義の党エリート集団である党中央委員会を見ると、一九八六年に選出された中央委員のうち新人が四四パーセントを占めた。ブレジネフ時代最後の第二六回党大会（一九八一年）で選出された党中央委員会を引き合いに出すと、新人の占有率は二八パーセントにすぎなかった。(19) ゴルバチョフの人事政策と言っても、その実態は、政治局や書記局への昇任に関してゴルバチョフが最大の発言力をもっているという意味であった。(20) しかも、言うまでもなくゴルバチョフは、みずから選んだのではなくてすでに集めてあった候補者集団の中から人選していたのである。なぜなら、ソビエト体制の不文律からして、出世の階段を一足飛びに上《のぼ》ることは不可能だからである。したがって、新人だからといって新しい考え方の持ち主であるとは限らなかった。それは驚くには当たらない。新しい構想の発案は依然として、指導部内の一握りの急進派の関心事にとどまっていた。その少数派には、もちろんゴルバチョフ自身も含まれていた。もっとも、ゴルバチョフは政治局内の議論において公平な仲裁者の役回りも果たしていたが。

それでも一九八五～八六年の間、ゴルバチョフの人事政策によって、改革の基礎は確かに固まった。政治局と書記局のレベルでは、何人かの味方が新たに加わった。ただし、全員が無条件の盟友というわけではなかった。それらの昇任人事に加えて、重要な人事が二件おこなわれた。ヤコヴレフとシェワルナゼの昇任である。ふたりとも、心からゴルバチョフを支持しており、ゴルバチョフがお墨付きを与える用意がありさえすれば、それとまったく同じだけ急進的な改革を推進する覚悟が出来ていた。

一方、エリツィンの昇任の意味は曖昧であった。エリツィンは一九八五年一二月にモスクワ市党第一書記に任命され、その二カ月後には政治局員候補を兼任することになった。だが、その五年後ならともかく当時は、この人事が明らかに急進的改革派を強化するものとは断言できなかった。エリツィンは市当局の汚職を取り締まり、市の役人を解雇し、果物や野菜を売る人々が街頭に売店を設置するのを許可し、党の過剰な特権を批判するなど、モスクワ市の支配層に痛烈な打撃を与えた。その過程でモスクワ市民の人気を博するようになったが、それでもエリツィンはまだ、既存の基本的な制度の枠組みに慣れっこになっていた。体制を変えるために多大の働きをすることになるのは、ゴルバチョフのほうであった。

この時点ではゴルバチョフを支持していたものの、エリツィンは、自身の政治的進化においてまだ初期段階にとどまっていた。シェワルナゼや、特にヤコヴレフが描いていたような遠大な改革の構想といったものは何らもっていなかった。その上、エリツィンはゴルバチョフにとって、政治局内ではそれほど重要な盟友とは言えなかった。なぜなら、政治局の会議ではいたっておとなしかったからである。[21] このことは、エリツィンが一九八七年になっても政治局員候補のままであったこと、また当人がそのことでわだかまりを持っていたことと関係していたかもしれない。[22] エリツィンはしかし、同格の党当局者とくらべても発言が少なかったし、内政と外交に関して新しい思考を練り上げるにあたって何の貢献もしなかった。この点については十分な証拠がある。[23]

グラスノスチの進展　ゴルバチョフは最高指導部に新人を入れ、そしてそれに劣らず重要なことであるが、グリシン、ロマノフ、チーホノフら、変化を阻止しようとする連中を解任することに成功した（これに関しては第四章で述べた）。しかし、これとは別に、マスメディアや文化生活においても重要な進展が見られた。当初、ゴルバチョフはグラスノスチを、一般向けの情報の流れを拡大し、多様化することと見なしていた。言論や出版を完全に自由にするという考えはなかった。グラスノスチはそれ自体望ましいことではあったが、ゴルバチョフは党=国家官僚層の内部に巣食う保守派と闘うに当たって、それが武器になると見ていた。つまりグラスノスチを、社会との接触を確立し、その支持を獲得するための手段とも考えたのである。のちにグラスノスチは、ゴルバチョフにとっても、社会の多くの人々にとっても、もっと広い意味をもつようになる。ゴルバチョフはグラスノスチが、自分が始めた改革プロセスの特に価値ある目標のひとつであって、単なる手段ではない、と認識するようになった。

逆説的ではあるが、一九八六年四月のチェルノブイリ原子力発電所での悲劇的な事故は、グラスノスチを一層促進した。逆説と言うのは、当初のソ連の反応は、完全にグラスノスチを否定しており、明らかに以前の悪しきやり方へ逆もどりしていたからである。指導部自身も当初、悲劇がどれほど深刻であるか理解していなかった。[24] なぜなら、発電所においても、地元当局のレベルでも、事故の程度を過小に報告しようとしたからである。ゴルバチョフは、指導部が入手した情報はずさんだったと不満を訴え、もし指導部の対応が遅きに失していたとすれば、それは無責任の結果というよりも事実を知らなかったせいであると述べた。[25] しかしながら、事の深刻さを知ってからも指導部は、アレクサンドル・ヤコヴレフが指摘するように、大衆のパニックを避けようとしたようにも見える。[26] 西側諸国の当局も、一般的に原子力発電所の災害の程度を控え目に説明する傾向があるが、マスメディアが相対的に自由であるおかげで、当局がそのような態度をとることは次第にむずかしくなっている。[27]

それはともかく、チェルノブイリのニュースがソ連の内部からではなく西側から伝えられた結果、グラスノスチを云々してもうつろに聞こえるようになった。世界史上最悪となったこの原発事故は四月二六日に発生したが、ソ連政府がそれをテレビ報道で公式に確認したのは、ようやく四月二八日の夕方になってからであった。しかも、伝えられた情報は最小限のものであった。モスクワの新聞がチェルノブイリ事故の発生をわずか二行の公式発表で認めたのは、さらにそのあと、四月三〇日のことであった。[28]

しかし、ほどなくしてソ連の新聞・雑誌（正確に言えば、その多く）は、それまでの怠慢ぶりを返上し始めた。ソ連のジャーナリストや学者のうち大胆な人々は、チェルノブイリ事故に見られる無責任体質を次々に取り上げ、そこから教訓を導き出した。まず原子力発電所自体において不注意な作業がおこなわれていたことを槍玉に挙げ、次いで事故の性格や程度に関する適切かつ時宜を得た情報が知らされなかったことに矛先を向け、さらには純然たるグラスノスチの必要性を、一般的な説明責任の必要性に結びつけるに至った。[29] 一九九一年末にチェルノブイリのことを聞かれて、ゴルバチョフは「私たちはこの事件にとてつもないショックを受けた」と述べ、「これが（情報公開の拡大という点で）確かに画期となった」と認めている。[30]

確かに一九八六年夏には、情報の流れと議論が一段と充実するきざしが見られた。それでも、このペレストロイカの第一段階では、「誘導されたグラスノスチ」の性格がまだ色濃く残っていた。たとえば、アレクサンドル・ヤコヴレフが部長を務める党中央委員会宣伝部の命令によって、一連の定期刊行物の編集者が交代させられている。最重要の例は、アガニョーク誌の編集長にヴィターリー・コロチッチ、モスクワ・ニュースの編集長にエゴール・ヤコヴレフがそれぞれ任命されたことである。この人事のあと、この二つの週刊誌は性格を大きく変え、数年の間、改革の進まないソビエト体制と共産党内の保守派にたいして、この上なく激しい批判を繰り広げる存在となったのである。同様に重要だったのは、同じ年、コムニスト誌の正統派マルクス・レーニン主義的編集者であるコソラーポフが更迭されたことである。後任は開明的なフロロフであった。前章（第五章）で指摘したように、のちにフロロフはゴルバチョフの補佐官となり、さらにその後、プラウダ紙の編集長になっている。フロロフ編集長のもとで最初に発行されたコムニストは、同誌のそれまでの仕事ぶりにたいする中央委員会の公式批判を掲載し、さらに翌月には、まるで自分たちの路線変更を見てくれといわんばかりに、ザスラフスカヤやラツィスといった真摯《しんし》な改革派の論客の論文を掲載したのであった。(31)

一九八六年の重要な変化には、そのほかに、いわゆる「分厚い雑誌」のうち最も重要な二誌、ノーヴィ・ミールとズナーミャの編集部の交代がある。ノーヴィ・ミールには、リベラルなロシア民族主義者で環境保護活動家のザルイギンが任命された。ズナーミャでは、一九八六年一〇月号からやはりリベラルなゲオルギー・バクラーノフが編集長となっている。(32)ズナーミャに関して言うと、編集長の人事に劣らず重要だったのは、編集次長としてラクシンが任命されたことである。ラクシンは尊敬に値するいわゆる六〇年代人であり、一九六二年から一九七〇年まで、トワルドフスキー編集長率いるノーヴィ・ミールで編集次長を務めた経験があった。同誌はその当時、集団的勇気を示して現状の一部を批判し、過去では特にスターリン時代を批判したのであった。これは、他に例のないことであった。

これら一流の月刊文芸誌は毎号、時事問題に関する長大な論文を一本か二本掲載した。その中には、続く数年の間、まったく新しい地平を切り開いた論文もあった。これらの論文とともに、どの号でも最大の紙幅を充《あ》てられていた文芸作品のコーナーにおいて、政治的に慎重な取り扱いを求められる発禁作品がロシアの読者に紹介された。その中には、ジョージ・オーウェルもあれば、ソルジェニーツィンもあった。オーウェルの作品はそれまで、どれひとつとして発行されたことはなかった。ソルジェニーツィンの作品も、かつてほんの一部だけ刊行されたにすぎなかった。

文化関係の各種団体においても変化が奨励された。それらの組織においては、アレクサンドル・ヤコヴレフやユーリー・ヴォロノフの暗黙の支持を受けて下からの運動が起こっていた。ヤコヴレフの権力は一九八六年三月、党中央委員会書記に就任して以後、増大していた。ヴォロノフは、ゴルバチョフの指名を受けて中央委員会文化部の部長に納まったばかりであった。ヴォロノフはブレジネフ時代、一時不遇を託《かこ》ったことがある。(33) 重要な画期となったのは、一九八六年五月の映画労働者同盟の大会である。この大会では、重大な変化が起こった。すなわち、映画監督のエレム・クリモフが第一書記になったのである。従来クリモフ自身、作品にたいして厳しい検閲を受けており、配給を遅らされていた。クリモフによると、大会にはゴルバチョフが半日出席し、アレクサンドル・ヤコヴレフも議事の最初から最後までその場にいたという。(34) これら指導者たちの臨席は、党指導部の改革派が、映画産業における革新派を政治的、道徳的に支持していることを明確に示すものであった。

作家同盟の場合、一九八六年六月に大会を開く時点までに保守派が守りの態勢を整えたため、指導部の入れ替えはそれほど劇的なものにならなかった。にもかかわらず、事大主義のゲオルギー・マルコフが第一書記のポストを失った。後任はウラジーミル・カルポフであった。カルポフは急進派ではなかったが、高潔な人格の持ち主であった。(35) 同年末、映画関係者の例にならって劇場関係者の世界でも、リベラル派が自分たちの文化的自由や組織の自立性を訴えた。保守的な全露演劇協会に反乱する形で、まったく新たにロシア演劇労働者同盟が結成されたのである。音頭をとったのは、著名な俳優ミハイル・ウリヤーノフ、劇場監督オレーグ・エフレモフ、劇作家ミハイル・シャトロフであった。新同盟の初代会長になったウリヤーノフはペレストロイカ時代後半には、言論の自由や民主化を主張する有力な論客となる。

アンドレイ・サハロフ　一九八六年一二月、国内流刑に処せられていたアンドレイ・サハロフがついに解放されることになった。この決定はソ連の知識人層にとっても、外部世界にとっても、重要なシグナルとなった。それは、良心の自由や反体制的な政治活動にたいする姿勢が変わり始めたということを意味していた。チェルニャーエフによればゴルバチョフは、サハロフがモスクワから追放されたことを「ずっと以前から」不快に感じていたという[36]。ゴルバチョフはアレクサンドル・ヤコヴレフの助けを借りて、政治局の意見の誘導にとりかかった。狙いは、一九八〇年にブレジネフ指導部が下したこの恣意的な決定に終止符を打つことにあった。当時、党中央委員会の国際情報部で働いていたニコライ・シシリンとアンドレイ・グラチョフのふたりがヤコヴレフの委任を受け、サハロフの追放を解除する方向に向けて、政治局を説得するための論点作りにたずさわった[37]。このときゴルバチョフには、政治局の保守的なメンバーの神経を逆なでにする余裕はなかった。というのも、目前に迫った党中央委員会総会（一九八七年一月）で発表する報告の承認を取りつけようとしていたからである。ゴルバチョフはこの報告の中で、政治改革の課題をもっと過激なものにすることを計画していた。したがって、サハロフ解放の決定を支える論拠は、慎重に整えておく必要があったのである[38]。

グラチョフによればゴルバチョフとヤコヴレフは、サハロフが追放されたままでいる限り、国内を民主化することも、外部世界との間で正常な関係を打ち立てることも不可能だということに気づいていたという[39]。しかし、グラチョフは次のようにも語っている。「同時に、問題がデリケートだということもわかった。ヤコヴレフがこの仕事を説明してくれたとき、まるで陰謀をくわだてるかのような口調だったから」[40]。何よりもシシリンとグラチョフは自分たちがやっていることをＫＧＢに悟られないようにしなくてはならなかった。そのため、西側で出版されているサハロフの政治的著作を手に入れたくても、ＫＧＢの文書館に行くことはできなかった。「依然としてサハロフの運命を握っているチェブリコフＫＧＢ議長が聞き耳を立てる」ような事態を招くなら、それは、まったく愚かなことだったからである[41]。

ソビエト体制の規範や説得相手の組織が守っている規範を考慮するなら、ヤコヴレフの密使たちが示すべきことは、サハロフの追放が不道徳であるとか非合法であるとかいったことではなかった（そのような論法では、政治局は微動だにしなかったであろう）。なすべきことは、サハロフ追放がソ連国家にとって「得策ではない」ことを示すことであった。したがって、覚え書きの執筆者たちはその中で、サハロフの追放を続けた場合ソ連がいかに政治的、精神的なダメージをこうむるかを強調した。グラチョフらはサハロフの著作を十分なだけ入手した（ちなみにグラチョフもそのうちの一冊を外国で購入し、自分のアパートに持っていた）。そして、都合の良い箇所だけを引用し、サハロフの考えや主張とソ連の「政治の新思考」との間には多分に共通性があるということを示したのである。[42]

一九八六年一二月一日、ゴルバチョフはこの件を政治局に提起した。その時までにゴルバチョフは、サハロフの流刑を終わらせるという方向で指導部内の原則的合意を取りつけていた。[43] 一二月一六日、ゴルバチョフはサハロフに電話をかけた（この一報を受け取れるようにするため、サハロフのゴーリキー市のアパートには、わざわざ事前に電話が設置されていた）。ゴルバチョフが伝えたのは、サハロフがエレーナ・ボンネルともども、もはや自由の身であること、モスクワに帰って「愛国的な仕事に戻っても差し支えない」ことなどであった。ボンネルはサハロフの妻で、反体制運動においてはサハロフと同じぐらい活動的であった。[44]「愛国的な仕事」に言及したとき、ゴルバチョフの念頭にあったのは、間違いなくサハロフの物理学者としての偉大な栄誉やソ連科学の威信であった。しかし、サハロフは科学者として国際学界の一員であったため、彼にとっての愛国的な仕事とは、ソ連の人権を許容可能な水準にまで引き上げることだったのである。いかにも彼らしい厳密な意味での愛国的な仕事に、従来以上の時間を注いだ。サハロフは人生の残りの数年間、

ゴルバチョフは、サハロフが以後も人権問題に関して発言を続けるだろうということを心得ておくべきだった。というのもサハロフは、ゴルバチョフにたいして国内流刑を解除してもらったお礼を述べるとすぐに、同じく反体制派

のアナトーリー・マルチェンコの件を持ち出したのである。マルチェンコはその月の初めに獄死していた。サハロフはまた、一九八六年一〇月二三日付けのゴルバチョフ宛て書簡の中で触れたほかの政治犯のことも言い立てた。サハロフはこの書簡の中で、自分の国内流刑は非合法であると不服を申し立て、モスクワへ帰ることを許可してほしいと書いていた[45]。電話会談での受け答えから、ゴルバチョフがその手紙を読んでいたのは明らかであった。ゴルバチョフがサハロフの国内流刑を解除しようと決意したとき、最後の一押しとなったのはこの書簡だったのかもしれない。サハロフとの電話会談は短時間で終わった（電話を切ったのは書記長ではなく、サハロフのほうであった）[46]。ゴルバチョフは同じ日、党中央委員会の部長たちとの会合で、サハロフに電話をしたこと、そしてモスクワに帰るように勧めたことを報告した。その場に同席したチェルニャーエフによれば、出席していた党要人のうち大多数の者は、この知らせを「皮肉な薄笑い」で迎えたという[47]。

急進的政治改革

第二段階は、急進的な政治改革の段階である。これは一九八七年一月の党中央委員会総会を皮切りとし、一九八八年の一年間、間断なく続けられた。一九八八年のとてつもなく重要なできごと、すなわち第一九回党協議会が政治課題をいちじるしく急進化させ、その後の二年間のさらに遠大な変化に至る道を用意した。まさにこの党協議会のための準備作業を通じて、側近中の側近たちと協議しながら、ゴルバチョフは腹を決めることになる。これまでまったく有名無実だった最高会議に代わって、競争的な選挙を導入し、新しい立法府を創設しよう、と。そして、ゴルバチョフの巧みな政治運営のおかげで、この決断は、党協議会の権威あるお墨付きを得られることになったのである。

しかし、民主化に向けて最初の大きな一歩として重要な結果を生んだのは、一九八七年一月の党中央委員会総会であった。指導部内では、この総会をめぐって意見が割れた。最終的に一月開催で決定されるまでに三回も延期されたことが、この総会の性格をよく表している。[48] 第二七回党大会からはまだ一年もたっていなかったが、中央委総会でのゴルバチョフ演説は、党大会報告よりもはるかに急進的であった。この演説は、第二〇回党大会（一九五六年）と第二二回党大会（一九六一年）におけるフルシチョフのスターリン批判演説以来、ソ連指導者がおこなった演説の中では最も重要な意味をもっていた。ゴルバチョフはソ連の理論と実践にたいし、前例のない大々的な批判を展開したのである。ソ連の思考はおおむね「一九三〇年代～四〇年代のレベルに」固定されたままである、とゴルバチョフは主張した。この時代に「活発な論争や創造的な思想が消え（中略）、その一方で権威主義的な評価や意見が、争う余地のない真実とされるようになった」。[49] ゴルバチョフは（ソ連の伝統的な基準に照らすなら）はなはだしく修正主義的な言葉を使いながら、以前にもまして民主化の必要を強調した。そして、「まだ社会も体制も、ペレストロイカのほんの初期段階にとどまっている」と述べた後、次のように断言した。「ペレストロイカはそれ自体、民主主義を媒介として、また民主主義の力を借りてはじめて可能になる。そうしない限り、社会主義のもっとも強力な創造力、すなわち自由な国家における自由な労働と自由な思考を引き出すことはできない」。[50] ゴルバチョフはさらに、政治改革の具体的な措置を提案した。そのひとつが、地区から連邦構成共和国に至るあらゆるレベルの党委員会の書記を選ぶ際に、複数の候補者を立てるという案であった。それによると各書記は、党委員会での秘密投票によって選挙されることになっていた。

さらに続けてゴルバチョフは次のように述べた。このほかの措置として「党中央の指導的組織の構成」を「さらに民主化する」べきだ。それは、「政治局の見解」であり、これは「まったくもって論理的なこと」である云々。[51] 要するに、最高レベルの党機関に関しては、メンバーの選出方法は曖昧にしてあったわけである。それは無理もない。もし党中央委員会が思いどおりに政治局のメンバーを選んでいたら、ゴルバチョフは保守派の立場を弱めようとしたまさにその瞬間に、保守派に一層の権限を与えることになっていたであろう。既存の慣行に従うなら中央委員会は、政治局から提案される政治局人事を追認するだけであった。しかも、提案にあたっては伝統的に書記長の発言力が格段に大きな力をもっていた。

ゴルバチョフが描いていた理想的なシナリオはこうである。まず、党中央委員会において改革派が圧倒的勢力を占める。それを待ってから、政治局と書記局のメンバーの選任という理論上の権限を、中央委員会に本格的にゆだねる——。中央委員会を性急に「民主化」していたら、かえって政治体制全体の民主化を遅らせるか、あるいは阻害していたことだろう。就任後最初の四年間（特に三年目、四年目）、ゴルバチョフは、党書記長ポストに伝統的に与えられた権威や実質的な権限を利用した。だからこそ、党機関の利益に反する変革を断行することができたのである。党官僚が中央委員の大半を占めていたにもかかわらず、である。

ゴルバチョフは第二七回党大会の結果に落胆したが、政治局の同僚たちを説いて、一九八八年夏に全ソ党協議会を開催することで同意を得た。そして、この決定を一九八七年一月の党中央委員会総会で発表した。発表によれば、協議会開催の目的は、経済改革の実施状況を検討すること、そして、「党生活や社会全般の民主化をさらに進めるという問題を討議すること」にあった。[52] このようにゴルバチョフは、すでに一九八七年の初頭から、党内民主主義をはるかに超えた自由化ないし民主化の措置が必要だと考えていたのである（もちろん党自体の変化の必要性も認識はしていた）。そのプロセスを促進するために、翌年の党協議会で中央委員会の陣容を変えることを望んだのであった。党大会は、前回の大会から間隔を置かずに開催することはできなかった（党大会は、公式には五年ごとに開かれる）。しかし、全ソ党協議会は党大会に次ぐ権威をそなえた会合であった。先回開かれたのはずいぶん前の一九四一年のことであるが、ソ連時代の初期にはもっと頻繁に開かれていたし、時には中央委員の更迭をおこなうこともあった。

一月の党中央委総会のあと、一九八七年における国内政治の最重要の出来事のひとつは、六月の中央委総会であった（これについては第五章で論じた）。この総会は経済改革を急進化させた。だが、この場合、急進化は意図せざる有害な結果をもたらしてしまった。もうひとつ、同じように重要だったのは、一九八七年一〇月から一一月にかけての、ボリシェヴィキ革命七〇周年記念式典のための準備作業である。この間に、七〇年にわたるソ連史の見直しがおこなわれ、また、エリツィンが党指導部を初めて公然と批判した。エリツィンの党指導部批判によって、すでにこじれていたエリツィンとリガチョフの関係はさらに悪化した。それだけではない。エリツィンがモスクワ市党第一書記と政治局員候補のポストから解任される見込みが確実になった。それは、エリツィンとゴルバチョフの仲違いの始まりでもあった。これがのちに競合関係に発展し、やがてソ連の運命を大きく左右することになる。このとき以降、このふたりの人物はどちらも相手のことを思い浮かべると、最大限の理性は発揮できなかった。ゴルバチョフの改革が保守派からの反撃を受けているときには、ふたりの政治同盟こそが理にかなっていたはずである。しかし、それができたのは二度だけで、いずれもほんの数カ月しか続かなかった。すなわち一九九〇年の夏の終わりと、一九九一年の春から初夏にかけての時期である。

ゴルバチョフは、このボリシェヴィキ革命七〇年周年記念式典で発表する報告のために、多くの時間と労力を費やした。しかし、草稿の最終版が整った段階で、はじめに政治局、次にもっと形式的にではあるが党中央委員会から承認を得る必要があった。それが済んで初めて、一九八七年一一月の祝典で報告ができることになるのである。政治局はゴルバチョフの草稿を数次にわたって討議し、多くの「修正」をほどこした。[53] チェルニャーエフと個人的に話したときに、ゴルバチョフは心底スターリンを非難した。「単に一九三七年」ばかりではなく、これから乗り越えなければならない「体制全体」が非難の理由であった。しかし、ゴルバチョフは結局、政治局会議の場で過去にたいする批判、特にスターリン主義批判に手加減を加えることを了承した。それは、リガチョフ、グロムイコ、ソローメンツェフ、ヴォロトニコフから批判を浴びたことにたいする反応であった。[54]

政治局内にはまだ、ソ連の過去を大いに擁護する侮りがたいグループがあった。そのグループはこのあと半年も経たないうちに、ふたたび示威行動を起こす。それは、ニーナ・アンドレーエワ事件が持ち上がったときのことである。この事件についてはのちに触れよう。このグループの中では、スターリン時代にすでに要職に就いていたグロムイコがもっとも典型的である。リガチョフも同様である。リガチョフは早くも一九八六年の夏、スターリン時代も含めたソ連の業績があまりにも無礼な態度で扱われているとして、懸念を表明していた。[55]

革命七〇周年を記念する祝賀大会は、ソ連共産党中央委員会がソ連およびロシア共和国の最高会議と合同で開催した。会場はクレムリンの大会宮殿であった。ゴルバチョフの演説はその祝賀大会でおこなわれた。タイトルは「十月革命とペレストロイカ——革命は続く」。[56]状況が状況だっただけに、この演説は妥協の産物となった。過去と明確に訣別したいと願っている者は不満を感じた。スターリンにたいして依然として好意的な連中は、それ以上に不満を募らせた。ゴルバチョフは演説を次のような印象的な言葉で締めくくっている。「我々は新しい世界に向かっている。それは共産主義世界である。その道から逸脱することは決してあり得ない！[57]」。この言葉は、ゴルバチョフがその後間もなく正統派共産主義からさらに逸脱したという事実に照らすなら、皮肉にも聞こえる。

この演説の締めくくりの言葉は「嵐のような鳴りやまぬ拍手」を呼び起こした。歴代書記長の演説にたいするお決まりの反応である。しかし、ゴルバチョフはまもなく、共産党の聴衆を相手に演説をするとき、このような反応を得られなくなる。演説の冒頭、ゴルバチョフはすでに新境地を切り開いていた。ニコライ・ブハーリン[58]とニキータ・フルシチョフの名誉回復に向けて手始めの措置を講じたのだ。ブハーリンは古参ボリシェヴィキで、[59]レーニンに言わせれば「党全体の寵児」であった。しかし一九三八年、スターリンの命令にもとづいて、悪名高い見せ物裁判の判決を受けて処刑されている。ゴルバチョフはまた、次のように宣言した。スターリンが犯した大弾圧と不正の罪は、「途方もなく重く、許しがたい」。それは、「全世代」にとっての教訓としなければならない。[60]重要だったのは次の点である。ゴルバチョフは「スターリンの犠牲者の名誉回復が一九六〇年代なかば以降、事実上停止している」と指摘し、新しい委員会を立ち上げ、まだ名誉回復を果たしていない犠牲者の事例を検討すると発表した。[61] ゴルバチョフの演説では触れられなかったが、この委員会はアレクサンドル・ヤコヴレフが率いることになった。

エリツィンとの訣別　この一一月二日のゴルバチョフ演説は、それに先立つある出来事によって影が薄くなった。その出来事は、ゴルバチョフが演説の草案を発表した一〇月二一日の党中央委員会総会で起こった。中央委総会は、あらかじめ政治局の承認を受けていた草案を、滞りなく承認した。ゴルバチョフ演説の草稿以外には、予定された審議事項がなかったので、総会は散会しかかった。と、そのとき、エリツィンが発言を求めた。議長を務めていたリガチョフは、エリツィンの発言を封じようとした。しかし、ゴルバチョフはエリツィンのために便宜をはかり、間に割って入った。[62] それが裏目に出るとも知らずに。

エリツィンのまったく予定外の演説は（第四章ですでに手短に触れたが）、結局、共産党におけるエリツィンの経歴の終わりの始まりとなった。離党に至るまでのプロセスは、一九八九年になると、エリツィンにとって有利に作用するようになる。この年、ソ連で最初の競争的選挙が全国レベルで実施されたからである。しかし短期的には、敵である保守派を利することになった。エリツィンは、中央委員会の従来の慣例を破った。だがエリツィンの批判自体は、エリツィン自身のその後の基準に照らしても、また、ほんの三年後、保守派が中央委員会でゴルバチョフにたいしておこなった批判演説に照らしても、穏健そのものであった。

いずれにせよ、エリツィンは不満を訴えた。不満の種は、ペレストロイカの最初の二年間に採択された決定が実施されていないことと、中央委員会書記局からの後援が得られないことにあった（エリツィンはそれに加えて、特にリガチョフの妨害にも遭っていた。それは実際のところ、エリツィンよりゴルバチョフに近い改革派の中央委当局者の公平な目から見ても、「いじめ」の域に達していた）[63]。エリツィンが問題にしたことがもう一点ある。それは多くの政治局員の間で、エリツィン言うところの「書記長を賛美する傾向」が生じている、ということであった。[64]

リガチョフを筆頭に多くの人間が登壇して、エリツィンを批判した。ちなみにリガチョフは、エリツィンをスヴェルドロフスクから呼び寄せてモスクワの要職に就けるよう提案した者の中には自分も含まれていると述べた[65]（リガチョフは、翌年、今度は公開の場である第一九回党協議会で、同じ発言を繰り返している）。だが、ウクライナの州党書記であるフョードル・モルグーンはのちに、もしリガチョフに罪があるとすれば、まさにエリツィンを呼び寄せたことだ、と語っている[66]。エリツィン批判に立った者の中には、改革派の有力者ヤコヴレフやシェワルナゼ、そしてゴルバチョフ自身もいた。ゴルバチョフは最後に発言した。ヤコヴレフは約三年後のインタビューで次のように述べている。「私はその時、エリツィンが民主的な立場にあるという確信を持てなかった。むしろ彼の立場は保守的であるような印象を受けた。その印象が正しかったか、それとも間違っていたかは、歴史が決めるだろう」[67]。

エリツィン批判の急先鋒は、閣僚会議議長のルイシコフだった。ルイシコフは、本人が言うように、エリツィンのことをずいぶん前から知っていた。というのも、二人とも同じスヴェルドロフスクで以前から名が知られていたからである[68]。ルイシコフは、エリツィンの「政治的ニヒリズム」を次のように批判した。エリツィンは、自分の発言が海外のラジオで引用されて有頂天になっている。政治指導部から距離を置きたがっている。そして、並々ならぬ個人的な野望を募らせている[69]。

後年エリツィンは述懐している。「多分、ナンバー1になることは、常に自分の本能の一部だった」[70]。エリツィンが野望をいだいていたということが真実だったとすると、それをかなえるのに絶好のやり方を選んだこの時点では、本心を見せていなかったということになる。それどころか、彼は翌年になっても「政治的名誉回復」を訴えていた。第一九回党協議会で、「共産主義者の目で」、そして「ペレストロイカの精神で」復権を許してくれるよう願い出たのである[71]。それは見たところ、政治局への昇進願いのようであった[72]。なにしろエリツィンは、党中央委員会の中では孤立していたとはいえ、結局は依然として中央委員だったのだから。換言するなら、一九八八年の時点ですら、エリツィンにしても、エリツィンを批判する者にしても、共産党の最上層からはじかれたままでは政界で本格的に身を立てることはできないと考えていたということである。

一九八七年一〇月の党中央委総会では、ゴルバチョフは総括に先立って、山のような批判にさらされていたエリツィンに論駁《ろんばく》の機会を与えた。エリツィンは、「党の戦略的、政治的路線にたいして疑念があるわけではない」と述べたが、特定の批判はまたしても口にした。書記長賛美の問題もその中に含まれていた。エリツィンはこう言った。「私の批判は政治局全体を対象としているのではなく、『若干の同志』を対象とするものである。これらの同志の書記長への賛美が『心から』のものだということは信じているが」[73]。

ゴルバチョフはこれに答える形で、次のようないきさつを明らかにしている。

休暇で南に来ていたとき、エリツィンが手紙をよこした。辞職すると脅しつつ、会談の機会を設定してくれという趣旨だった。そこで、私はエリツィンに電話をかけ、ボリシェヴィキ革命七〇周年記念の一一月大会までは、今のまま平常どおりに仕事を続けるように、と説得した。そして、会うのはそのあとにすることで合意した。確かにエリツィンは最初、面会に応じてくれないのならこの件を中央委員会に持ち出すと脅した。しかし、私の理解では、翌月に話し合うことで話はついたはずだった。したがって、エリツィンがよもやあのような不適切な発言の場を選ぶとは予想もしていなかった。エリツィンはこれによって、私のことも、そしてふたりの約束をも尊重する気のないことを明らかにしたのだ[74]。

エリツィンの手紙が届いたときチェルニャーエフは——本人が回想録に綴っているところによれば——クリミヤでゴルバチョフと一緒にいたという。ゴルバチョフが返事を伝えるためにエリツィンに電話をかけたときも、そのまま席をはずさなかった。そして、電話のあとゴルバチョフから、「エリツィンは革命記念日まで『波風は立てない』と約束した」と聞かされた(75)。エリツィンはというと、数年後、アレクサンドル・ヤコヴレフとの会話の中で、ゴルバチョフとそのような約束をした覚えはないと発言している(76)。エリツィンの記憶違いか、あるいはふたりが電話を切ったときに、合意内容をそれぞれ勝手に理解していたか、のどちらかであろう。この後者の解釈をしているのは、もうひとりの政治局のメンバー、ワジム・メドヴェージェフである。ゴルバチョフがエリツィンと会おうと言った時に使った言葉は「ポスレ・プラーズニカ」、すなわち「祝賀行事（祝日）のあと」であったが、エリツィンはこれを一〇月七日の憲法記念日（一九三六年のスターリン憲法の記念日）と解釈した、というのだ。もっともメドヴェージェフは、その日を祝典として考えていた者はほかにはだれもいなかったが、と付け加えている(77)。

もしこれが誤解だというのであれば、きわめて重大な誤解だったように思われる。しかし、エリツィンがリガチョフの仕打ちを腹に据えかねていたのは確かなことである。リガチョフは、ゴルバチョフの休暇中に党運営を預かると、独断ぶりを一段と強めるのが常であった。したがって、エリツィンが堪忍袋の緒を切らすのは時間の問題だった。アレクサンドル・ヤコヴレフによれば、この十月事件の発端は、リガチョフがエリツィン率いるモスクワ党組織を執拗に支配しようとしたことと、八月の政治局会議でふたりがひどく激しく対立したことにある。この政治局会議のときはゴルバチョフが不在だったので、リガチョフが議長を務めた(78)。

メドヴェージェフは、問題の根はもっと深いという。リガチョフは、エリツィンをスヴェルドロフスクから党中央委員会に引き抜いた中心人物は自分であると、一度ならず口にしていた。メドヴェージェフはそれが事実であることを裏付けた上で、リガチョフにはエリツィンをモスクワで子分にする魂胆《こんたん》があったとの見方を示している。一方エリツィンは、言いなりになるどころか、（回想録の中で明らかにしているように）憤慨した。はじめは中央委員会の一介の部長ポストに甘んじなければならなかったし、モスクワ市党第一書記になってからも、リガチョフが「ゴルバチョフはもちろん、俺にも服従しろ」と言わんばかりの態度だったからである。[79] 問題は、気質や人格の点でリガチョフとエリツィンがお互いに酷似しているというところにあった。この点では、メドヴェージェフの指摘は一理ある。[80] ふたりとも判断においては独断的、リーダーシップの手法においては権威主義的、実際の行動においては融通が利かない性格だったのである。[81]

一方、ゴルバチョフとエリツィンの関係は、メドヴェージェフに言わせると、はじめからよそよそしいものだった。「仕事や行動のスタイルがあまりに異なっていたからである」。特にゴルバチョフにとって腹立たしかったのは、エリツィンの十月演説の中の一節である。エリツィンは、「この二年あまりの間、国民は何も得られなかった」と述べた。ゴルバチョフは反駁した。これは無責任な発言だ。「党や国家はまったく新しい雰囲気」に包まれ、長い停滞の時期から脱出しようとしている。政治局員候補ともあろう者が、どうしてこれに気づかないのか？[82]

この当時、党中央委員会の正確な議事録を公表する慣行はなかった。党機関誌に一九八七年十月総会の完全な速記報告が出たのは一年半後のことであった。そこでしばらくの間、特に十月総会の直後の数週間、エリツィン発言について噂が飛びかった。たいていのものは不正確で、エリツィンが表明した批判の内容も誇張されていたが、ゴルバチョフにとってはマイナスであった。ゴルバチョフはあとから振り返って、後悔したに違いない。中央委総会の前にエリツィンに会うべきだった。あるいは、面会に応じなかったにせよ、議事録をただちに出版すべきであった、と。[83]

ゴルバチョフは同じ十月総会の冒頭で、まずボリシェヴィキ革命七〇周年記念を祝う演説の中に含まれることになる主要論点に触れたあと、党内の保守派勢力を厳しく攻撃していた。保守派はペレストロイカへのリップサービスだけで、実際には変化が起こることを邪魔している、と。アンガス・ロクスバーが述べているように、「ゴルバチョフの過激さを示す、これ以上はっきりした声明」はありそうもなかった。「しかし、ものの一時間もたたないうちに、ゴルバチョフは否応なく中道派に位置することになった」。[84] 短期的には、エリツィンの予想外の割り込みの影響で、党内保守派が力を強めた。エリツィン演説の直前、ゴルバチョフが攻撃対象としたのは保守派だけであった。しかし、ゴルバチョフは今や、国内政治改革における最大の盟友であるヤコヴレフとともに、守勢に立たされた。ロクスバーの言葉を使えば、「エリツィンはゴルバチョフを中道的立場に立たせることによって、右派に勝利をもたらした。少なくとも、表面上は」。(85)

一一月二日の記念演説の一週間後、エリツィンは病気になり入院した。しかしその二日後、ゴルバチョフはエリツィンに、モスクワ市党委員会の会合に出席するよう命じた。その会合でエリツィンは、モスクワ市党第一書記の地位から解任される。エリツィンに批判的な委員たちを仕切っていたのはリガチョフであった。だが、エリツィンが医師の勧告に反して、しかも鎮静剤を打ちながら会議に出席を強いられたという事実は、ゴルバチョフの半生を彩るエピソードとしては、信じがたいものであった。かつてエリツィンによって解任されたり心を傷つけられたりしたモスクワの党官僚たちが、エリツィンを激しく指弾《しだん》した。それは、党中央委員会における批判より過激であった。まるでかつてのソ連時代さながらであった。(86) 彼らは、仕返しをするかのように激しくエリツィンを攻撃した。その光景を目の当りにしてゴルバチョフは、困惑の表情を浮かべた。当然のことだが、それだけの品位は保っていたわけである。リガチョフや反エリツィン派が全員勝ち誇って会場をあとにしたのち、エリツィンの腕をとって退場するのを助けたのはゴルバチョフであった。(87)

ニーナ・アンドレーエワ事件　エリツィンは解任された。後任のモスクワ市党第一書記はレフ・ザイコフであった。ザイコフは元レニングラード州党第一書記。軍需産業出身であった。ザイコフの昇任人事は、エリツィンの抗議行動のあとの一般的な時流に乗って指導部内の保守派の立場を強めることになった。(88) しかし、まさにエリツィンが性急に行動して短期的な損失を被ったのと同じように、リガチョフとその一派も六カ月も経たないうちに無理をすることになる。この出来事は、ニーナ・アンドレーエワ事件として知られるようになった。ゴルバチョフは抜け目なく、決然としてこれを利用することにした。エリツィン辞任にともなう失地を回復するだけではなく、党内の保守派を再び守勢に追い込もうとしたのである。

レニングラード化学大学の無名の講師ニーナ・アンドレーエワの長大な書簡がソヴェツカヤ・ロシア紙上に掲載されたのは、一九八八年三月一三日のことであった。アンドレーエワはネオ・スターリン主義の立場に立っていた。そして、ソ連史の「空白」を事実によって埋めようとする新しい傾向を批判した。私心なく観察する者にとって客観的な事実であっても、アンドレーエワから見れば、ソ連の英雄的な過去に泥を塗るものだったのである。ソ連社会において西欧化しつつあるリベラル派も攻撃対象となった。同時に、それとなくではあるが、ロシアの災厄の元凶としてユダヤ人が槍玉に挙げられていた。論文の中で言及されたユダヤ系の人間のうち、批判をまぬかれていたのは、唯一カール・マルクスだけであった(89)。

この書簡は、見かけこそ書簡であったが、実はソヴェツカヤ・ロシア紙の記者が中央委員会機関の官僚と協議しながら専門的な加筆修正を加えており、論文として仕立てられていた。内容的には要するに、ゴルバチョフ改革の中心的目標を攻撃しており、また、時計を逆戻りさせて、改革前のソビエト体制に特徴的な政治の慣行やイデオロギー的信条を復活させてくれと嘆願していた。アンドレーエワ書簡の重要性は、次の事実からも窺える。論文を歓迎した者も衝撃を受けた者も、それが、レニングラードの一介の教師が執筆したかのような見かけとは違って、はるかに権威ある文書だと悟ったのである（実際、書簡が政治局で初めて議論されたとき、ともにレニングラード出身であるメドヴェージェフとザイコフは、ニーナ・アンドレーエワとは何者かと詰問された。しかしふたりとも、全然知らないと白状せねばならなかった。そのため、アンドレーエワという名前は偽名ではないかとの確かな根拠もない疑惑を招くことになった(90)）。

ロシアの知識人たちは猜疑心を募らせた。指導部内にこの書簡を支持する者がいるのではないか、と。この点については、彼らの推測は正しかった。同時に、それら知識人のうち多くの者は、「書簡は、党の最上層部における勢力バランスが大きく変化したことを反映している」と考えた。しかしそのような判断は、控えめに言ってもいささか早計であった。アンドレーエワ書簡は、最高指導部の変化を反映するものではなく、単に、そのような変化を引き起こすことを狙った計画的な企てだったにすぎない。書簡の後ろ盾になっていた連中は、急進的改革を体現しソ連の過去を疑問視するペレストロイカに、待ったをかけようとしていた。したがって、それらの黒幕とアンドレーエワが作成した書簡は、ゴルバチョフやヤコヴレフによって「反ペレストロイカ宣言」と位置づけられたのである。

書簡の発表の日取りは、党中央委員会機構の担当者が注意深く選んで決めた。彼らは、ソヴェツカヤ・ロシア紙のチーキン編集長と共謀して書簡の手直しを指導し、読み手に与えるインパクトが最大になるように仕組んだ。掲載されたのは日曜日であった。それは、ゴルバチョフがユーゴスラヴィアへ、ヤコヴレフがモンゴルへ出発する前日に当たっていた。したがって、党機関とイデオロギー問題の担当者は、リガチョフだけになる予定であった。リガチョフはのちに、アンドレーエワ論文が公表されるまで何の関係もなかったと主張した。しかし多くの状況証拠からして、リガチョフは書簡の公表以前から事に関与していたように思われる。いずれにせよ疑う余地がないのは、リガチョフがいち早く論文を賞賛したということである。リガチョフはジャーナリストたちに向かって、アンドレーエワ論文は「我々にとって必要な、今日のイデオロギーの基準となるもの」と評し、「アンドレーエワ論文に着想のヒントを求めよ」と発破までかけていた[91]。

論文掲載後の、休み明け初日の月曜日、リガチョフは党中央委員会のある会合で議長を務めた。そこでもリガチョフは、アンドレーエワ論文が党ジャーナリズムの手本になると述べ、地方機関紙に転載を求めた[92]。実際、論文を急いで転載した地方紙は少なくない。東ドイツの党機関紙ノイエス・ドイチュラントまでもそれにならった。古い教条が繰り返し強調され、「これ以上教条から逸脱するな」と言わんばかりの警告が発せられたことに元気づけられたのだろう。それは明らかであった。続く数日間、論文がソ連で論駁されることはなかった（これは、ゴルバチョフとヤコヴレフがこの重要な時点でモスクワにいなかった結果である)。まさにその事実ゆえに、改革派知識人の間で悲観的な考えが広がった。彼らは、党の路線の変更が起こり、「モスクワの春」が終わろうとしていると考えたのである。[93]

のちに民主派をもって自称し、二年後にはゴルバチョフのことを「中途半端だ」と激しく非難することになる人々がいる。その中で、アンドレーエワの書簡が発表されてからの三週間、明確な意思表示をした者はごくごくわずかだった。[94] 党組織の最上層で勢力バランスがくずれ、反体制知識人が寛大な扱いを期待できない時代が復活しつつある——そのような明白な兆候に直面して、たちまちのうちに慎重第一という古い習慣が首をもたげた。[95] 異議を申し立てたのは、映画制作者同盟など、ほんの一部の組織だけだった。映画制作者同盟の抗議の音頭をとったのは、劇作家のアレクサンドル・ゲリマンである。[96] ゴルバチョフは、自分が挑戦を受けていること、そしてこの挑戦を受けて立たねばならないことに気づいた。それは、政治局のかなりの者がこの論文を完全に承認していることを知ったときのことであった。[97]

三月一八日モスクワに戻るとゴルバチョフは、まずアンドレーエワの書簡について大部分の政治局員と話し合った。当時、クレムリンでは集団農場《コルホーズ》労働者大会が開催中であった。ゴルバチョフも三月二三日に同大会で演説をしている。[98] 政治局員たちとの話し合いは、その合間を縫っておこなわれた。すぐに明らかになったことは、アンドレーエワ論文が驚くほど大勢の同僚たちの考えと一致しているということであった。それら同僚の中には、ヴォロトニコフ、リガチョフ、グロムイコ、ソローメンツェフ、ニコノフが含まれていた。[99] ゴルバチョフは三月二四日、政治局の公式会議で問題を取り上げた。そしてソヴェツカヤ・ロシア紙に掲載された論文をめぐる議論は、二日間も続いた。[100] 政治局会議では、チェブリコフKGB議長が基本的にアンドレーエワの側に立って、「我々のイデオロギー上の敵」がたくらんでいる陰謀について苦言を呈した。[101] おまけにルキヤノフもアンドレーエワ支持者の尻馬に乗った。それはゴルバチョフにとって一つの驚きであった。ゴルバチョフにしてみれば、それだけは願い下げにしてもらいたいという気持ちであったろう。[102]

ついでに一言付け加えておく。この一件は警鐘であった。ゴルバチョフは、たとえ古くからのつきあいがあったとしてもルキヤノフにあまり信用を置くべきではなかった。しかしゴルバチョフは、またしても注意を怠った。アンドレーエワ論文を支持した政治局員は全員一九九一年以前に、権力ある地位から追われることになる。だが、ルキヤノフだけは別で、やがて八月クーデターでゴルバチョフを裏切ることになる。ちなみにルキヤノフは、アンドレーエワ事件ののちソ連最高会議議長となり、自身の権力基盤を確保していた。

それはともかく、ニーナ・アンドレーエワ事件が起こった一九八八年三月~四月頃、党書記長の伝統的権威はソ連政治において依然として重要な要因であった。それに加えて当時の書記長は、一頭地を抜いた存在だった。そのおかげでゴルバチョフは、共産党の最高意志決定機関の内部で、数の上で優勢だった反対派を制することができた。政治局員たちは、党の最高指導者が旗幟《きし》を鮮明にしている事柄に関して、公然と反抗を続けるのを躊躇《ちゅうちょ》したのだ。

ゴルバチョフは政治局員全員に、この論文にたいする立場を明らかにするよう迫った。論文を批判する側に回ったのは、ヤコヴレフ、ルイシコフ、シェワルナゼ、ワジム・メドヴェージェフ。中でも、メドヴェージェフの批判は手厳しかった。ヤコヴレフは、二〇分にわたって詳細な批判を繰り広げた。ルイシコフは、リガチョフが党書記局を根城に閣僚会議の仕事に干渉してくると批判した。シェワルナゼの発言は、メドヴェージェフによれば、「精彩があり、そしていつもと同じように気持ちがこもっていた」という。[103]こうしてゴルバチョフは、リガチョフを始めとする論文支持者たちを守勢に追い込むことができた。[104]

アンドレーエワの書簡には、公式に回答する必要がある。ゴルバチョフとヤコヴレフは、すでにこの点で合意ができていた。そして政治局は、権威ある無署名の回答をプラウダ紙に掲載することで正式に同意した。[105] プラウダ論文は、アンドレーエワを名指しすることなくソヴェツカヤ・ロシア紙掲載の書簡を項目ごとに論駁した。名指しを避けたのは、アンドレーエワ論文を個人の政治的意見以上のものと認識した証拠である。プラウダ論文は、主としてヤコヴレフが草案を書き、ゴルバチョフも執筆に加わった。掲載されたのは四月五日である。急進派知識人がふたたび声を上げ始めたのは、そのあとになってからであった。ゴルバチョフの就任から三年経っていたにもかかわらず、グラスノスチを含む急進的な政治的変化にたいする支持は、依然としてゴルバチョフ次第だった。また、反改革を画策する党保守派の試みと闘うにあたって、下からの民主的な圧力は頼りにならなかった。アンドレーエワ事件は、それを示す重要な実例でもあった(106)。

自分が案じるのはニーナ・アンドレーエワの個人的見解ではなく、アンドレーエワの見解を手本として奨励するやり方である——この政治局の会議においてゴルバチョフは終始そう強調した。党中央委員会の機関や書記局内にいたアンドレーエワ書簡の支持者を暗に指しながら、ゴルバチョフは、「それらの組織との緊密さが不十分だったことを教訓として認識した」と述べた。ゴルバチョフは、本人が語るところによれば、書記長に就任してから書記局の会合には一度も出席したことがなかった。ちなみに、ブレジネフは時々出席していた(107)（ブレジネフ時代、党中央委員会書記局の週一度の会合では通常スースロフが議長を務めていた。ゴルバチョフの最初の三年間、議長を務めていたのはリガチョフである）。ゴルバチョフは常に注意深く書記局会議での議題をチェックし、そこで発生する原則的問題について吟味した。しかし、明らかにそれでは十分ではなかった。したがって、書記長としての責務をすべて適切に果たしてきたとは言えない、よって、自己批判せざるを得ない。ゴルバチョフはそう論じた(108)。これは、うわべこそ謙虚な言い方であったが、実は、これまで書記局があまりに統制されずにきたということを言っていたのである。次の会合で議長を務めたのはなんとゴルバチョフ自身であった(109)。さらにそのあと、もっと大胆な変化が続いた。二、三カ月もしないうちに、党中央委員会の党機関の規模は徹底的に縮小され、書記局が組織としての会合をもつことはなくなったのである。

第一九回党協議会への助走　アンドレーエワ事件の直接的な結果としてリガチョフは、報道機関を監督する権限をヤコヴレフに明け渡すことになった。ただし、党組織担当からはずれることはなかったし、イデオロギーに関してもヤコヴレフとの共同管轄は変わらなかった。しかし、いまや党中央委員会の内部では、マスメディアを監督する主要な責任はヤコヴレフが負うことになったわけである。[110] 事件の最中、批判的見解を発表すればその代償を払うことになりそうな雰囲気が漂い、多くの文筆家やジャーナリストたちは臆病風に吹かれた。それを恥じるかのように、彼らはこの風向きの変化を最大限に利用し、党協議会（一九八八年六月二八日〜七月一日開催）の準備段階において、グラスノスチの幅を広げようと力こぶを入れた。

この間、外交政策上の成功によって（この件は次の第七章で扱う）、ゴルバチョフの人気はさらに上がっていた。アフガニスタンへの干渉を終わらせたジュネーブ協定は、四月一四日に調印された。そして、ソ連軍部隊の段階的撤退は五月に開始されていた。また、その月の末、レーガン米大統領が四回目となる米ソ首脳会談のためにモスクワを訪問した。このときは、東西関係の飛躍的な改善が強調された。

一九八八年の初旬、ゴルバチョフの政治的発言には新思考と同時に旧思考も見られた。第一九回党協議会のあとですら、ある程度そうだったが、その時期までには新思考のほうが圧倒的に優勢になっていた。一九八八年二月の党中央委員会総会でのゴルバチョフ演説について、シャフナザロフは政治論評集や回想録の中で次のように語っている。演説の語句のうち三つにひとつは、「ゴルバチョフの狙いは社会主義の単なる『修正』にすぎない」と主張する者にとっても利用可能なものであった。しかし、ゴルバチョフはそのような語句に、ここ何十年も党指導部からはついぞ聞かれたことのないような説明を付け加えて、意味を限定していたのである。[111]

一例を挙げよう。ゴルバチョフは、「社会主義社会が作動し発展するために不可欠な条件」として、「党の指導的役割」について論じたとき、さらに言葉を継いで次のように主張した。党はこの指導的役割を果たす際、「根本的変革」と「民主的な活動手法の行使」の実現を目的としなければならない。ゴルバチョフは同様に、マルクス・レーニン主義について、「社会発展の理解と共産主義建設の実践にたいする党のアプローチの科学的基礎」という表現を依然として用いた。しかし、同時に次のように釘を刺した。「科学的探求には、いかなる制限もあり得ないし、あってはならない。理論の問題はいかなる種類のものであれ、上からの命令で決定することはできないし、してはならない。知性の自由な競争が必要不可欠である」[112]。

第一九回党協議会に提出する文書の準備作業は、このような真剣な議論を戦わすための絶好の機会を提供し、政治改革の急進化をもたらした。いやそれどころか、ゴルバチョフに鼓舞されて党協議会が決議を承認し、決定を採択した結果、ソ連は、政治体制の改革的変化に代えて政治体制そのものの転換を目指すコースに乗ったのである。しかも、党協議会に先立つ数カ月のあいだ、ゴルバチョフ自身も、改革派の盟友たちとの集中的な議論を通して自分の立場をさらに急進化させていた。ゴルバチョフのみならず、もっとも急進的な顧問たちの思考にすら残っていた伝統的な要素を押しやるようにして、新しい概念がふんだんに、ソ連の政治的議論の中に流入した。それらの概念は、西側の民主主義的思想や実践から取り入れられた。政治体制の改革案を練り上げるのに特に影響力があったのは、アレクサンドル・ヤコヴレフとシャフナザロフである。ワジム・メドヴェージェフ、ルキヤノフ、フロロフ、チェルニャーエフ、そしてコムニスト誌編集長ビッケニンも重要な役割を果たした。彼らは党協議会に先立つ時期と協議会の開催中に、文書の検討や作成に関わった[113]。

アンドレーエワ書簡にたいする共感からも見て取れるように、過去にたいして強い郷愁をいだいている党の有力者がいた。このこともまた、ゴルバチョフが急進改革志向を一段と強める一因となった。一九八八年四月一一日から一八日にかけて、ゴルバチョフは地方党第一書記との会合を三回開催している（各会合にそれぞれ五〇名ほど、計約一五〇名の重要な地方党指導者が参加している[114]）。これは第一九回党協議会の準備の一環でもあったが、同時にアンドレーエワ的見解を支持する者を相手に戦う必要を強調する目的もあった。ゴルバチョフは、法の支配にもとづく国家に移行することが重要だとして、注意を喚起した。ゴルバチョフはその際、これはすべての人間や、政治局を含むすべての組織が法に従うことを意味する、と指摘した。[115] それらオフレコの会合のひとつで、ゴルバチョフは党の役員に向かって次のように述べている。「世界中から批判を浴びせられるのは、党が法によらずに国家を支配しているから」であり、また社会のほんの一部でしかない共産党が実権を握っているからである――。このような発言には、非共産諸国の民主的慣行や西側政治家との会話の影響が色濃く見受けられる。[116]

チェルニャーエフによれば、早くもこれらの四月の会合の時点でゴルバチョフは、第一九回党協議会での方針となる考えを導入していた。具体的には、党の各レベルの書記は例外なく、対応する地方議会《ソヴィエト》の議長を務めることとするという案である。しかし、実は、各書記は、もしソヴィエトの選挙で落選すれば、党のポストからも辞任しなければならないということが想定されていた。[117] こうすることで、大多数の非党員の国民は事実上、党ポストを握っている連中にたいする拒否権を与えられることになる（それは同時に、地元の立法機関や、それより高いレベルの立法組織の議員にたいする拒否権にもなる）。これは競争的な政党制としては変則なものにすぎないかもしれないが、一党支配国家においては一歩前進であった。

第一九回党協議会開催前に、当日提出される中央委員会の名において「テーマ」が公刊された。[118] その内容は、改革の急進化という意味では、控えめな前進を示すものにすぎない。ただそこには、党協議会の議場でゴルバチョフ自身が発表することになっていたもっとも劇的な変更は、記載されていなかった。テーマの草案を準備する細かい作業の大半は、ゴルバチョフの補佐官であるシャフナザロフとフロロフが受け持った。彼らはモスクワ郊外ノヴォオガリョヴォの別荘で、党書記長と緊密な連絡を取り合いながら作業をおこなった。[119]

準備作業の結果は、五月一九日の政治局会議でおおむね了承されている。ただ、特定の問題に関しては反論も出た。たとえばリガチョフは、文書の中の「全人類の利益」という文言に加えて「階級の利益」を付け足すべきだと主張した[120]（結局、「テーマ」の最終版においては、その文は丸ごと削除されたようである。階級の利益とか階級的価値について言及した箇所は見当たらない。ただし国際関係の文脈では、「法および人類共通の道徳が最優先事項である」ことについて触れられているが[121]）。おそらく何よりも重大な揺り返しは、何人かの政治局員が「中央委員会の新委員選出に反対」したことである。ゴルバチョフは無理押しをしなかった。[122]シャフナザロフの考えでは、このことが「のちに致命的な役割を果たすことになった。党の改革を阻むことになった」のだという。[123]

これに反論するために、次のことを述べておかなければならない。一九九〇年の第二八回党大会での中央委員と政治局の陣容に変更があったあとですら、そのいずれの組織においても、ゴルバチョフの本当の支持者は、過半数に達しなかった。ゴルバチョフの見解は、急速に社会民主主義の方向に傾斜していた。一方、党組織の当局者の大半にとって、主たる関心は、急激な改革の結果すでに自分たちの権力が失われようとしていることにあった。彼らは、自分たちの意見も聞かずに変革を押し進めるゴルバチョフのやり方は、党内の民主主義を無視するものだと不満を申し立てた。しかしすでに述べたように、党機関がゴルバチョフを「民主的に統制する」ことができたとしても、それは自分たちの既得権益を擁護するためであって、社会の民主化とは真っ向から対立するものであったろう。[124]

仮に第一九回党協議会の際、ゴルバチョフが党中央委員の新規補充を強く主張して*いたら*どうだったであろうか。それは所詮、ゴルバチョフにとって無益だったはずである。もっとも、党協議会の代議員の中に一握りしかいない急進派から新委員が補充されていれば、話は別であったろうが。一方には根本的な変化を望む勢力があり、もう一方には、現状維持への郷愁を日増しに強めている人々がいた。両者の間で決定的対決が起こるのはまず避けられそうもなかった。ゴルバチョフにとって有利になるように党中央委員会の顔ぶれを変更しようと思えば、ヤコヴレフ、シャフナザロフ、チェルニャーエフといった仲間の助言を受け容れながら、新委員の選択をみずから監督する必要があったであろう。しかしそうしていたら、リガチョフとの訣別がもっと早く起こっていた。というのもリガチョフはまだ党組織問題を管轄しており、人事政策のような重要課題に関して蚊帳《かや》の外に置かれれば、憤慨したはずだからである（もっともリガチョフと訣別していたら、ヤコヴレフやその仲間たちからは歓迎されたに違いない。彼らには、ゴルバチョフがリガチョフに忍耐強く対応していることが不愉快かつ異常なこと思われたからである）。だが、そうは言っても一九八八年の時点では、党書記長の伝統的な権威は一九九〇年とくらべると、まだゴルバチョフにとってははるかに有利に働いていた。シャフナザロフの考えでは、第一九回党協議会こそ党指導部のメンバーを入れ替える「絶好のチャンス」であった。ゴルバチョフには自分が提案する名前に投票するよう党協議会を説得する十分な影響力をまだ残していたからである。[125]

第一九回党協議会

党協議会そのものは、ソ連政治における論争の枠を広げることになった。会場ではグロムイコ、ソローメンツェフ、リガチョフといった政治局員が名指しで批判された。そしてそれら演説の模様は延々とテレビ中継されたのである。エリツィンは演説で、リガチョフとの論争を公にした。それにたいして、リガチョフも猛反撃を加えた。[126]ゴルバチョフにたいしては、まだ直接の批判は出なかったが、中にはきわめて批判的な含みをもった演説をする者もいた。特に、保守的な作家ユーリー・ボンダレフがそうであった。だが第一九回党協議会の開催期間と、翌年五月の第一回人民代議員大会が召集されるまでの数カ月は、ゴルバチョフの権力が体制の内部で最高潮に達した時期と見なすことができる。ゴルバチョフは党協議会を支配していた。これは一九八六年の党大会の時にくらべてもはっきりしている。頻繁に議論に参加し、時に特定の登壇者を相手に対話をしながら、自分が強調したい論点を繰り返し力説した。[127]

ゴルバチョフは、（慎重に行動する必要があった一九八五～八六年と比較して）一九八八年夏～一九八九年春の時期には、大きな権力をふるうことができた。その事実は、ソ連書記長の権力は時間の経過とともに増大するという一般論を補強するものである。これは、現職よりも後継者のほうが大きい権力を握るという意味ではない（というのもスターリンは、「同僚」の生死すら左右するほどの絶対的な権力をふるっており、その点では以後の各指導者の追随をまったく許さなかったからである）。

ひとりの党書記長の在職期間において権力が増大するという意味である。[128] これは主として、書記長が前任者の時代から残ってぐずぐずしている同僚たちを解任し、事実上の人事権を使って自分自身の支持者を指導部に引き入れるのに、数年かかるからである（ただしゴルバチョフの場合、通常よりも短期間のうちにそれをやり遂げた[129]）。

ゴルバチョフは一九九〇年一月までに、二年前にくらべて大幅に統制力を失った。また、その頃には、それまで党書記長のポストに集中していた権力の梃子《てこ》も少なくなっていた。言うまでもなく、それはただちに見て取れる。だがそれは、ゴルバチョフ自身が推し進めた大規模な変化の直接的な帰結だった。その結果としてすでにソビエト体制は、本質的に新しい別のものになっていたのである。この点についてはのちに触れる。新たな人事でも仲間内で選んで上から任命するような閉ざされた体制において普通であったことは、新しい体制では当てはまらなかったし、当てはまりようがなかった。新しい体制のもとでは、競争的選挙と表現の自由が政治のゲームのルールをいちじるしく変化させていたからである。ソ連の一般大衆は初めて政治過程に掛け値なしに参加する機会を与えられた。そして連邦構成共和国の指導者は、党書記長や政治局ではなく、自分たちの選挙民によって任命されるようになった。そうなった以上、全連邦の党指導者を取り巻く体制は、すでに変質していたのである。要するに、もはや党の最高指導者はかつての最も重要な特権を失っていたということである。

のちに、ゴルバチョフはソ連大統領としてあまりに大きな権力を一手に集中しようとしていたと頻繁に非難されることになる。だが、もし権力だけに興味があったのであれば、ソビエト体制を変化させる必要など微塵もなかった。ソ連党書記長には、諸外国の国家指導者が夢見る以上の権力が与えられていたのだから。ゴルバチョフがそのように言い返すとするなら、それは筋が通っていた（実際ゴルバチョフはよくそう反論した）。しかし、こうした見方にすら留保を加える必要がある。すなわち、書記長がそうした巨大な権力や権威を享受できるのは、既存の体制の原理に服従しているからなのである。ところがゴルバチョフは、第一九回党協議会の終わりまでにそのような原理にたいし大いに異議を唱えるようになっていた。それを考えると、依然として往時の権力を保ったということは、ゴルバチョフの政治的手腕の証であった。一九八八年に計画されていた改革が実際に導入されたとき、ゴルバチョフは強い批判を受けることになる。ゴルバチョフを批判したのは、初めて公の討議の場と合法的な政治的発言権を与えられた急進的民主派だけではなかった。党書記長の伝統的な権力基盤である党機関からも批判が起こったのである。

第一九回党協議会は、協議会の各部会で討議された一連の決議を採択した。それぞれの部会は、政治局の重鎮が議長を務めた。何よりも画期的な決議は、ゴルバチョフが議長を務める部会で決められた。これは党権力の論理に合致していた。つまり何らかの根本的に新しいことを受け入れさせるには、党書記長の政治的な圧力をかけなければならないということである。当のゴルバチョフのお墨付きを得て、二つの決議が提出された。ひとつは「ペレストロイカの拡充」(これは、経済改革だけではなく外交政策も対象としていた)。もうひとつは「ソ連社会の民主化と政治体制の改革」であった。採択されたそのほかの決議は、以下のとおりである。「官僚主義との闘争」(リガチョフ部会)、「民族関係」(ルイシコフ部会)、「グラスノスチ」(ヤコヴレフ部会)、そして「法改革」。この最後の決議を提出した部会の議長は、あろうことかグロムイコであった。彼はまだ、ソ連最高会議幹部会議長であった(もっとも、間もなく解任されることになるのだが)[130]。全体として、決議には遠大な改革のための多くの構想が含まれていた。それらは過去数カ月に公にはされていたが、まだ政策として採用されていなかった。同時に、新たな考えもいくつか盛り込まれていた。それは、従来ソ連の権威ある討議の場で提起されたものよりはるかに進んでいた。

一九九〇年に次の党大会(原則的に党大会は党協議会よりはるかに権威がある)が開催されたときには、党大会での決定事項はもはやソ連市民にとってそれほど重大な意味をもたなくなっていた。また、外部の観察者にとっても、以前ほど関心を惹くものではなくなっていた。共産党はもはや、社会において権力を独占するものではなくなっていたからである。しかし一九八八年なかばの時点では、最高レベルの党会合が開催されたことは国家全体にとってはなはだ重大な意味をもっていた。それは外部の世界にとっても同様であり、そのことはやがて明らかになる。基本的な政治方針は、まだ共産党指導部が設定していた。マスメディアが流す構想や、特定の「政策ネットワーク」内の専門家集団が提起するアイデアのうち、どれを取り上げ公的な政策とするかは、共産党指導部が決定していたのである。[131] ただし、政治の革新という観点からは、指導部の中でもゴルバチョフ本人やゴルバチョフと志を同じくする側近グループのほうが、彼らを除いた党の最上層部全体よりもはるかに重要だった（側近たちは党書記長との面談が可能であり、書記長の政治的な同調を得られる立場にあった。彼らの影響力は全面的にそこに依存していた）。

一例として、ゴルバチョフの個人的なスタッフのひとりであるシャフナザロフを取り上げてみよう。シャフナザロフは、もっぱら政治体制の改革を担当する顧問であった。政治局員のように、表向きの政治的立場が上の者でも、大半はシャフナザロフの影響力に太刀打ちできなかった。しかし、次のことを忘れてはいけない。政治局員たちはその気になれば党書記長を（そして言うまでもなくその顧問たちをも）解任する集団的権力をもっていたのである。ところが彼らは一致団結していなかったし、またゴルバチョフに言いくるめられ、遠大な変革を目指す連合の中に組み込まれた。そのような変革の正しさを全面的に信じていた者はほとんどいなかったにもかかわらず、である。ニーナ・アンドレーエワの書簡を討議した政治局会議の議事録によれば、ゴルバチョフは党書記長としての権威を最大限に利用しようとしていたが、同時に純粋な説得も忘れてはいなかった。政治局員全員の合意に似たものを達成しようとしていたのである。たとえ長い議論の末、何人かは単に疑念を押し殺しただけだったとしても。[132]

競争的選挙と民主化プロセス　過去との断絶が歴然としていたのは、議員を競争的選挙で選出する議会を新設するという決定であった。新設の議会は、既存の最高会議に代わるものであった。最高会議は時たま召集され、行政府の命令にしたがって法案を単に追認するだけの機関であった。「ソビエト社会の民主化と政治体制の改革に関する決議」は、とりわけ次のようなことを規定していた。「立候補に制限を課さない。候補者は遠慮なく自由に討論をおこなう。

議席数より多い数の候補者を立てる。選挙の民主的手順を厳格に遵守する」[133]。ソ連人民代議員大会の代議員は、そのような選挙を通じて選ばれる。人民代議員大会は、二重構造になっている新しい立法機関の、「外側の」部分である。次いで人民代議員大会は、それより小規模な「内側の」組織、すなわち二院制の最高会議を選出する。最高会議は常設の立法機関となる（一年間のうち会期は約八カ月。ついでに言うと、旧最高会議は年間に八日も開かれていなかった）。人民代議員大会の代議員は、二種類ある。一方は、政治・社会団体（たとえば共産党、コムソモール、労働組合）が直接選ぶ代議員である。もう一方は、民族および地域で区割りされた選挙区で選出される代議員である。

決議で強調されたそのほかの点の中には、こういうものがあった。「法の支配にもとづく社会主義国家（*sotsialisticheskoe pravovoe gosudarstvo*）を形成する必要がある」[134]。したがって、党協議会の決定は論理的にいって、適当な法律が立法府で採択されるまで法的効力を持たないということになる。しかし、当の最高会議はまだ改革前の状態であったため、望ましい反応を得ることはむずかしくはなかった。結局一二月に、一連の憲法修正案が可決されている。このとき、地方の選挙区で選出される代議員の比率を全体の三分の二に、残る三分の一を社会組織選出とすることが決められた[135]。二二五〇名の代議員のうち七五〇名は、選挙区ごとの有権者の数が同じになるように、したがって人口密度を勘案して国内各地区から選出される。別の七五〇名は、連邦構成共和国からいわゆる自治管区に至る民族地域単位で選出される。ということは、たとえばエストニアのような小さな共和国が、巨大なロシア共和国と同じ数の代議員を人民代議員大会に送り込んでくるということになる。一番論議を呼んだのは、社会組織から選出される七五〇名の議員団であった。そのうち共産党には、一〇〇議席が割り当てられていた。にもかかわらず、代議員選出の資格を与えられた団体には、科学アカデミーや各種文化団体（たとえば、作家同盟、演劇労働者同盟、映画製作者同盟）が含まれていたため、新設の立法府には、傑出した民間の代議員が送り込まれることになった[136]。

この新立法府の実際の活動状況は、次の節で手短に論じたい。そこで扱うことになるのは、変化の新段階である。

すなわち、概念上の革新が制度の転換にまで達した段階である。しかしその前に、新議会が体現した「歴史的妥協」の本質を、権威主義から民主主義への移行という広い文脈で考えてみる価値がある。議席を「社会組織」選出の代議員に割り当てたことや、最高会議が直接選挙ではなく（人民代議員大会によって）間接的に選挙される仕組みだったことは、当時ですら批判の対象となった。ソ連崩壊後のロシアにおいて過去を振り返った場合はなおさらであった。その上、一九九〇年までにはゴルバチョフ自身も次のように確信するようになっていた。将来的には、最高会議は直接選挙で選ぶべきである。また、共産党を含めいかなる社会組織にたいしても、議席割り当てをおこなうべきではない——[137]。換言するなら、一九八八年の党協議会の決定と同年一二月の新選挙法が確立したのは、過渡的にならざるを得ない選挙手続きと立法府だったのである。

しかし、ゴルバチョフ就任からわずか三年しか経過しておらず、ソ連の現実の条件に制約されていたことを考えるなら、採用された選挙や議会の形態の真価は強調に値する。急進改革論者はいくつかの重要な点で、教科書どおりに結論を導き出した観がある。すなわち、権威主義から民主主義への転換に関する文献に説明されている原理に依拠していたかのようだった。だがもちろんゴルバチョフは、比較政治学者の著作に従ったわけではない。ゴルバチョフが依拠したのは、自分の政治的判断や本能である。要は、西側やロシアの解説者が、ゴルバチョフの行動を縛っていた政治的制約の枠組みにたいしてもっと敏感になるべきだったということである。全般的に、批判はあとから起こったのである。なにしろ、第一九回党協議会で採択された決定は、その時点では失望というよりも驚きをもって迎えられたのだから。新設の立法府の議員を選ぶために競争的選挙をおこなうという決定が最初に発表された時、反応は二つに分かれた。一方はこれを驚くほど急進的な変化ととらえた。他方は、ソ連指導部が本気で党の当局者を落選の危険にさらすはずがないと考えた。しかし、決定的に重要だったのは、ゴルバチョフが正真正銘の制度上の突破口を開くと同時に、ソ連エリート層の既得権益に十分な保証を与えたということである。この二つのことを両立させることに成功したからこそ、ゴルバチョフはこれらの遠大な変革を受け入れさせ、履行させることが可能になったのである。

ロシアが極端な権威主義体制と擬似的選挙から、本格的な民主主義、そして全面的に自由な選挙へと一足飛びに移行する――どうして、そのようなことを期待すべきだったという結論になるのか、理解できない。(138) 二、三年後になって、一九八九年の選挙は理想型からはほど遠かったとの批判が聞かれるようになった。批判の出所《でどころ》は、主として、ゴルバチョフからエリツィンに鞍替えした知識人であった。しかしこのような批判が出てくる原因は二つにひとつである。すなわち、批判する側の記憶力が欠けているか、さもなければ一九八八年当時の、ゴルバチョフを取り巻いていた政治的文脈を理解していないかのいずれかである。なにしろ、あとになってゴルバチョフ批判に回った人々のうち大半は、この年、ソヴェツカヤ・ロシア紙のたった一本の論文で口をつぐんだのである。(139) ふたたび口がきけるようになるのは、ゴルバチョフが公式路線の変更はない、ソ連は反対意見を述べても安全になったということを明らかにしたあとのことであった。

競争を基本とする選挙を導入したことは、ソビエト体制を一新するという意味では決定的な画期となった。競争的選挙によって、「民主集中制」とか党内人事におけるノーメンクラトゥーラ制といった共産主義体制の支柱が崩壊した。また、それまで権威主義的な性格が圧倒的に強かった体制に、多元主義や民主主義の要素がふんだんに導入された。ソ連の体制移行と、南ヨーロッパやラテン・アメリカにおける権威主義からの移行には大きな違いがある（その一部については、本章の冒頭に指摘した）。しかし、同時に一定の共通点もある。体制移行の研究では、古いエリート層の内部が「強硬派」と「穏健派」に割れていて、変化を求める実質的な圧力は社会から発生するという構図がしばしば述べられる。このパターンは、ゴルバチョフ期の最初の三年間にはほとんど当てはまらない。ゴルバチョフと共産党指導部内の側近たちは、下からの圧力に応える「穏健派」ではなく、変化を上から導入する原動力だったのである。にもかかわらず、何よりも明白だったのは以下のことである。ソ連のエリートは分裂しており、その溝は非常に深かった。

また、ゴルバチョフが支持しようとしていた遠大な変化に賛同していた人々は、KGBや軍はもちろんのこと、政治局、中央委員会やその部局においても、単なる少数派にすぎなかった(140)。ペレストロイカが一歩急進化するとそのたびに、分裂はさらに顕在化した。

右翼権威主義体制からの体制移行を考察したオドンネルとシュミッターは次のように分析する。「いったん自由化が選択されると（その理由が何であろうと、また現政権の統制力がどれほどのものであろうと）、ある要因が発生し、生じようとしている結果をダモクレスの剣さながらに脅かす。それは、クーデターの危険性である。クーデターが起これば、体制移行が突如停止するだけではない。以前にも増して抑圧的な支配が復活することになる(141)」。

ソ連の場合、そのようなクーデターは結局、一九九一年八月に試みられた。クーデターの指導者たちは国家非常事態委員会という名の統治委員会を勝手に設置し、わずか二日か三日持ちこたえただけであった。仮に、そうではなくて数年単位で支配を維持するということであれば、ブレジネフ時代よりも厳しい体制を導入する以外に方法はなかったであろう。というのも一九八八年から一九九一年の間に、多くのソ連市民はすでに服従の習慣を失っていたからである。それだけではない。ゴルバチョフはもっと早くから「クーデター」の可能性を強く意識していた。もっとも、想定していたのは、現実に起こったのとは違う種類のものであった。ゴルバチョフにとって忘れるわけにはいかなかったのは、一九六四年一〇月のフルシチョフの運命である。この事件が示しているのは、ポスト・スターリン時代には書記長の権力にも明確な限界があるということであった。厳密に言えば、フルシチョフの解任はクーデターでも何でもなかった。むしろ共産党エリート（中枢エリートである政治局と、外縁エリートである中央委員会）が「事実上の」権力ばかりでなく、党書記長を解任し新書記長を選出するという、党規約によって与えられた権利を行使した実例にすぎなかった(142)。

民主化は民主主義と同じではない。民主化は民主主義へのプロセスである。漸進的民主化の古典的な実例である英国の場合、民主化は一八三二年の第一次選挙法改正から一九二八年の国民代表法まで、約一世紀かかっている。国民代表法によって女性は男性と同じ年齢での参政権が与えられた[143]（女性が初めて参政権を獲得したのは一九一八年であったが、そのときの投票資格は男性が二十一歳以上であったのにたいし、女性は三十歳以上であった）。民主化を「分割払いする」ことは、オドンネルやシュミッターによれば、権威主義的支配から移行する際に「強硬派をおとなしくさせる」ための一法であった[144]。しかし、イギリスのように次の支払いまでに長い間隔を置く分割払いは、ソ連の場合、選択肢としては現実味を失う一方であった。すでに自由化の結果、期待感がふくらんでいたからである。特に、東ヨーロッパの「友好諸国」の共産主義体制が一九八九年以降、明々白々に退けられていただけになおさらであった。二十世紀の最後の二〇年間においては、こう述べるのが公平である。「自由化は精神的に民主化を引き起こす。民主化の狼煙《のろし》となるのは選挙である[145]」。さらに言えば、「民主化なしの自由化は単に期待感を煽るばかりであり、焦慮を再燃させる[146]」。

　競争的選挙の導入によって国民の期待感をそそりながら、ゴルバチョフは同時に古いエリート層を安心させることを忘れなかった。これには、強硬派を慰撫《いぶ》する「鎮静剤」も含まれていた。ゴルバチョフの講じる措置は逐一、党最高司令部によって注意深く監視されていた。したがって、ゴルバチョフは彼らを言いくるめるか、説得するかしなければならなかった。少なくとも別の権力基盤を確立するまでは疎外するわけにはいかなかった。一九九〇年三月、ゴルバチョフはソ連人民代議員大会での投票によってソ連大統領になった。これによってゴルバチョフは、共産党にたいする依存度を大幅に引き下げても政権を維持できるようになった。もちろん依存を完全に払拭できたわけではない。しかしそれでも、以後ゴルバチョフは、党の最高組織を迂回することが多くなった。自分が決めたこと、決めたいことの正しさを理解してもらおうと説得に当たることは、以前ほど多くなくなった。なぜなら権力は、一連の重要な点において党から国家機関に移管されていたからである。しかし一九八八年の時点では、そうした新しい組織はまだ創設されていなかった。市民社会も未発達で脆弱であった。ゴルバチョフは、競争的選挙への動きが党エリートにとって決定的脅威ではないように見せかけねばならなかった。それはまさに、彼らの権力を突き崩すための一歩を踏み出そうとしたときのことである。

そのようなわけで地方レベルでは、正真正銘の議会《ソヴィエト》選挙を導入するという案は、「地方の党第一書記は通常、ソヴィエト議長を兼務する」という提案と抱き合わせになった。しかしそれは、すでに述べたように、もしソヴィエト選挙で落選するようなことになれば、党第一書記の職も失わざるを得ないということを意味していた。州、市、地区の党書記が、照応する各レベルにおいて、選挙で選ばれるソヴィエト議長を兼任する――この案に反対した者の中にはシャフナザロフもいた。第一九回党協議会の開催中のことである。ゴルバチョフは、それにたいしてこう述べた。結果はまさにシャフナザロフが望んだようになるだろう。つまり、選挙で多くの党書記が拒否されるということだ。しかし、「そのような結論を受け入れさせたいと思うなら、これぞまさに我々がとるべきアプローチだ[147]」。さもなければ、権力を奪われることになる人間から、強硬な反対を受けることになるだろう。ゴルバチョフは次のように確信していた。「いずれにしても、進歩的で前向きな人々は選出されるだろう」。そして、新体制のもとでもそれらの進歩的な人々は生き残るだろうが、党官僚のうち生き残れない保守派党員は少なくあるまい[148]。

全連邦レベルの立法府に関して言えば、党の高官のために一〇〇議席の予約席を用意するということは、党中央委員会の政治局や書記局のメンバーの大半が、人民代議員大会に至る安全な抜け道に頼ることができるということだった（しかしながら、中央委員会の枠で一〇〇議席にたいして一〇〇人の候補者しか立てないことにしたのは、用心のしすぎであった。確かに、採択された選挙体制では、議席より候補者がふたり多かった場合、リガチョフとヤコヴレフが落選することは確実であったが。というのもふたりは、最大数の反対票を集めていたからである。しかし、どちらも党内にはかなりの数の支持者がいたため、その意味で立法府に議席を要求する権利は十分にあった[149]）。しかも、人民代議員大会の二二五〇人の代議員が最高会議を選出することになっていた。党上層部はこれで安心した。こうした間接選挙の手法に頼れば、たとえ何人か不都合な急進派が人民代議員大会に選出されたとしても、最高会議からは排除できそうだったからである。成熟した民主主義体制での選挙システムや議会と比較すれば、欠陥はあったかもしれない。だがこの仕組みは、古いエリート内の既得権益にたいする若干の保障に加えて、以下のような真の民主化の手法を組み込んでいた。すなわち、ソ連の一般大衆は初めて、共産党当局が承認した候補者にたいして拒否権を行使する権利を与えられることになった。また多くの場合、党機関が反対している代議員を選出する権利を手にすることになった。しかもこれらの選挙は、現実の権力をそなえた立法府の選挙であった。それまでの最高会議のような、取るに足りない機関を選ぶ選挙ではなかったのである。[150]

こうして第一九回党協議会は、新立法府の選挙に複数候補制を採用し中央委員会機関の規模を大幅に縮小するという案を原則的に承認した。しかし、それらの決定を承認することと実施することは別問題である。イワン・ラプテフが（イズヴェスチヤ紙の編集長から最高会議の議長に転出する直前のインタビューで）語ったところによれば、党官僚たちは採択した諸決議を「悪くないと感じていた」。なぜなら、「作業はあまりに膨大だったので、実施に移すには一〇年はかかる」と踏んでいたからであるという。[151] このように党官僚は、自分たちのポストは向こう一〇年かそこらは安泰だと予想していたのである。しかし、党協議会の閉会演説を終えようとしたとき、ゴルバチョフはジャケットのポケットから一枚の紙を取り出し、もうひとつ別の決議案を提案した。ラプテフによるとこれには「だれもが驚いた」。[152] その内容は次のようなものである。政治的変更を実施に移すために必要な憲法改正を、最高会議の次期会期中におこなう。新立法府は一九八九年四月までに活動を開始する。党機関の縮小を一九八八年末までに実施する――。[153] ゴルバチョフは、（大急ぎで策定したと認めている）この単刀直入な決議案を提起し、[154] こう言った。「この決議の採択は、どうしても絶対に必要不可欠だと考えます。違いますか、同志諸君」。聴衆は賛成した。すぐにゴルバチョフはこの問題を採決にかけた。[155] 絶妙なタイミングであった。すでにすべての討議は終わったように見えていたのである。代議員たちはまさに立ち上がってインターナショナルを歌う寸前だった。そのタイミングでゴルバチョフは、きわめて重要な政治的変更に代議員たちが全員一致で賛成するよう仕向けたのである。[156] 党による権力独占の終わりの始まり。これに賛成して手を挙げた人々の中には、自分たちがしでかしたことに、ものの数分もしないうちに不吉な予感を覚えた者もいた。ゴルバチョフは、根本的に重要な決定が下されたことを認識していた。[157] しかし、多くの代議員もそれに気がついた。だが、そのときにはもはや、反対するには遅すぎたのだ。ラプテフは回想している。党協議会からの帰り道、大物の党活動家、特に地方代表者がこう言っていた。「俺たちは何をしてしまったのだろうか？」と。[158]

党中央委員会の再編　ゴルバチョフはすぐに党中央委員会の機関の根本的再編と、中央委員会を始めとするあらゆるレベルの党専従職員の人員削減を実行に移した。一九八八年八月二四日付の政治局への覚え書きで、[159] ゴルバチョフは中央委員会の経済関係の部（たとえば、重工業・エネルギー部）の廃止を勧告した。それらの部はそれぞれいくつかの省庁の仕事を監督する機能をもっていた。再編は、一九八八年一〇月に実施に移された。これによって中央委員会の部の数は、二〇から九に削減された。[160] 新設の社会経済部を別とすれば、経済問題を扱うのは農業部だけとなった。だがゴルバチョフは、党機関の数を減らすことだけを狙っていたのではない。各省庁を政治的に統御するという任務のうち多くのものを、第一九回党協議会で設立が決まった新立法府に移管しようとしたのである。ただし各省と、それに照応する中央委員会部局とは、これまで多くの場合なれあいの関係にあった。部局が省を統制しているのかと言うと、その程度は限定的だった。[161]

新しい立法府は実際のところ、経済を担当する各省庁にとって党組織よりも厳しいお目付け役になる予定であった。さらにゴルバチョフは、民選の議会を通じて新しい政治的権力の基盤を求めることによって、「産業関係の機関がこれ以上党権力を笠に着て改革に抵抗することができない」ようにしようとしたのである。[162] 党中央委員会の経済関連の部をあらかた廃止し、また、それに対応する下部党組織を廃止した目的は、それにとどまらない。狙いはほかにもあった。ゴルバチョフは、経済改革の原則に従って党が国家組織の仕事を重複しておこなうのを防ぎ、また、経済の自己調整力を高めようとしたのである。前者の目的はおおむね実現できたが、後者はそうではなかった。各省庁や管轄下の企業は、新しい刺激や要求にたいして必要な譲歩をおこないながらも、権力や特権を維持する手練手管に驚くほど熟達していたからである。[163]

党中央委員会の組織再編のもうひとつの重要な側面は、「社会主義諸国共産党・労働者党連絡部」（通常、略して「社会主義諸国部」）の廃止であった。この部は国際部に吸収されることになった。これの意味するところは、ほかの共産主義諸国をソ連帝国の一部ではなく主権国家として扱う傾向が強くなったということである。従来ソ連は共産主義諸国にたいし、厳格な政治支配や、ほかの諸国とは別の行政上の仕組みを押し付けてきた。改編され、拡大された国際部の部長には、ドブルイニンの跡を継いで、ファーリンが就任した。[164]

ソ連国内政治に関する限り、おそらく一九八八年の秋に導入された党改革のうち最も重要な点は、中央委員会書記局が格下げされたことと、それに代わって党中央委員会の傘下に六つの委員会（コミッシヤ）が創設されたことである。原則的に、そしてある程度は実際上も、これらの委員会のおかげで、党機関の外にいる党員が政策に関与する機会が増えたことになる。しかし、まもなく社会内部での党の権威が疑問視されるようになったため、当然ながら、これら委員会が以前の書記局と同じ程度の権力を持つことはなかった。それは驚くべきことではない。ゴルバチョフは法治国家を創設しようとしたのである。したがって、（往時の書記局の権力とは違って）委員会の権力を公式の国家組織に対抗するものにするつもりは最初からなかったのであろう。

この変更を嘆いたリガチョフはのちにこう書いている。「意図したかどうかは別として、賢いやり方だったのは、だれも書記局の会合を廃止すると言わなかったことである。また、だれも書記局を批判しているようにも見えなかった。委員会（コミッシヤ）が創設され、そして書記局の会合は自然消滅しただけである。党は指導部のために働くスタッフをもぎ取られたというわけだ[165]」。書記局はそれまで伝統的に週一回開催され、議事進行は通常、事実上の党第二書記が担当していた。書記局の職務は、党中央委員会の機関の仕事ぶりを監督することと、党の政策が国内で確実に実施に移されるように監視することであった。翌年以降、リガチョフが言うように、書記局は事実上会合を開くことはなくなり、その機能は党中央委員会の委員会（コミッシヤ）に移管された。

各委員会の議長は、党中央委員会機関の内部において、ある意味ではその政策分野を全面的に任された。もっともこれが実際にどの程度の意味をもつかは、政策分野によってまちまちであったが。非常に興味深かったのは、ワジム・メドヴェージェフがイデオロギー委員会の議長に任命された人事である。なにしろ以前は、リガチョフとヤコヴレフがこの分野の責任を分掌していたのだから。「イデオロギー分野でのリガチョフとヤコヴレフによる共同管理」は、なぜうまくいかなかったのか。メドヴェージェフによれば、それはふたりの立場が対立していたことに加えて、両者のプライドの高さと妥協を許さない性格がわざわいしたからだという[166]。後任となったメドヴェージェフは、ヤコヴレフより慎重な改革派であったが、リガチョフとくらべれば、かなり大胆な変革に進んで取り組もうとする人物であった。

しかし、たとえ党指導部に一貫したイデオロギー路線があったとしても、それが「機能」し得る時代は、すでに過去のものとなっていた。つまり社会の多くの部門が自己主張を始めており、上からの指針に自動的に従うことを好まなくなっていたのである。確かに、ヤコヴレフとリガチョフの間にあった緊張関係は、党官僚組織の観点からすると傍《はた》迷惑だった。しかし、社会体制の多元化という意味では目的にかなっていたのかもしれない。政治局と党中央委書記局が見解を異にしているという事実ゆえに、マスメディアは複数の選択肢を与えられ、それにたいしてさまざまな反応を示した。一党支配体制のもとではこのほうが、一致した方針が上から降りてくるよりはるかに好ましいことであった。

ヤコヴレフは国際問題委員会の議長になった。これは重要な動きであった（ヤコヴレフ自身、これを歓迎していた）[167]。党内でゴルバチョフに次いで外交政策を監督する立場になったということである。一方、リガチョフは中枢からはずされ、農業委員会議長となった。ゴルバチョフの盟友である（けれども、とりたてて力のある助っ人というわけではない）ラズモフスキーが、党建設・人事委員会議長になった。ラズモフスキーは以前から党人事を監督してきた。社会経済政策委員会議長には、ルイシコフよりいくらか改革志向の強いスリュニコフが就任した。

最悪のケースはチェブリコフである。法務委員会議長に任命されたのである。チェブリコフはKGB議長を務めていたが、中央委員会書記への昇進という形で、すでにそのポストから解かれていた。KGB畑であることを考えると、どう見てもチェブリコフが法治国家への移行を監督するのにふさわしい人物とは思えなかった。それでもこの人事は、彼を政治的に無害な場所に移す二段階プロセスの第一段階と見ることができるかもしれない。ちょうど一年後の一九八九年九月、チェブリコフは政治局および書記局から放逐され、法務委員会の議長ポストからもはずされている。[168]

国内外での変革

第三段階、すなわち国内外での変革は、一九八九年初めに始まった。ソ連始まって以来初の競争原理を導入した全連邦レベルの選挙が決まり、その選挙戦の過程で変革が始まったのである。この第三段階は、三月の選挙そのものと、選挙の結果である新議会——特にその最初の会期——がもたらした大きな衝撃を含む。この段階になると、人民代議員大会と新最高会議が開催されるたびに、また、一九九〇年の共和国レベルの議会選挙がおこなわれるたびに、政治的多元主義に向けて弾みがついた。またこの時期、東ヨーロッパの共産主義の崩壊も起こった。そして、今度はそれがソ連国内の世論に重大な影響を及ぼした。この瞠目すべき時期は、ソ連政治の多元化にとって決定的となった。だがそれは、結局一九九〇年一〇～一一月に終わりを告げる。ゴルバチョフが、いわゆる「右傾化*」として知られる動きに出たからである。

＊本書では、「右」と「左」という用語は、基本的に使わないようにしてきた。用語自体が不明確だからである。しかし、ソ連末期に公開の政治論議の場で「右」と「左」という用語が使われたということは、ソ連の反体制派の言葉がソ連政治の本流を支配するようになった興味深い実例である。反体制派にとって、現状に挑戦する者が「左」、あるいは進歩派であり、現状を守ろうとする者が「右」、あるいは保守派であった。もっと厳格なソビエト体制への逆行を望む人々は、「極右」またはネオ・スターリン主義者、あるいは反動派であった。しかし、これではマーガレット・サッチャーの経済政策を賞賛する人々が「左」で、筋金入りの共産主義者を「保守派」と呼ぶことになる。ネオ・リベラル的傾向を持つ欧米の保守主義者にとっては、このような用語法には強い抵抗感があった。一般に、このような政治用語のゆがみの責任は欧米の分析者にあったとされる。しかし、欧米の分析者たちはもっと大きな混乱を避けようとしたにすぎない。ロシア人の発言を論評する際に、ロシア人自身が使っている言葉の意味を逆にしていたら、混乱は必至であったからである。もっとも、ソ連の守旧的なマルクス・レーニン主義者のほうでも、その多くは、保守派のレッテルを貼られることに不快感をもっていた。しかし、きわめて部分的であるにせよ、ともかく旧思考を脱却していたエゴール・リガチョフは、欧米の保守主義者にたいする慰めの言葉ともとれる発言で、現状を甘受しようとしている。「いわゆる保守的思想には、ゆっくり時間をかけて新機軸を消化するという含みがある。実際には、これは政治的な過激主義を防ごうとする社会の防御反応なのである。世界の人々はこの点を理解している。発達したブルジョワ諸国において保守政党がこれほどまでに人気を博している理由のひとつはここにある」（*Ligachev, Inside Gorbachev's Kremlin*, p.124）。リガチョフはさらに続けてはっきりとこう言っている。自分の観点に立てば、ソ連で「政治的過激主義」がますます支配的になっていったのは一九八九年のことであった、と。筆者は先ほど、「ネオ・リベラル的傾向をもつ欧米の保守主義者」と書かなければならなかった。ほかならぬその事実こそ、この二〇年以上、英米を始めとする西側諸国においてもやはり保守主義の概念が曖昧になっていることを示している。保守的思考に含まれる重要な概念を念頭に置くなら、実際のところ、一九世紀マンチェスター学派、あるいは二〇世紀末のシカゴ学派の経済的自由主義を「保守的」と称するのが正しい、という意見には与《くみ》するわけにはいかない。

第一九回党協議会の最初の目的は、党中央委員会の顔ぶれを変えることにあった。これに失敗したため、ゴルバチョフはある問題に直面することになった。そもそも中央委員会は、集団的に行動を起こすとすれば、ゴルバチョフを党書記長ポストから解任することも可能であった。一方、中央委員会では、中央委員の資格の前提となる地位を失う者が続出していた。中央委員の名前だけ保っているこの高齢者グループは、鬱屈した気持ちを募らせていた。それは、いつ噴出するか分からなかった。したがって彼らは、もしゴルバチョフ排除の動きが起こるとなれば、たちまちゴルバチョフのライバルの支持に回る可能性が大きかった。スターリンならば、中央委員会に潜在的な敵がいるとなれば、即逮捕、銃殺であった。フルシチョフは、不満分子を党大会で解任した。しかしゴルバチョフは、党大会と党大会の間に、多数の党中央委員を説得して引退させた。このようなソ連指導者は史上初めてであった。

一九八九年四月二五日の中央委員会総会で、正委員七四名、委員候補二四名が連名で辞表を提出し、それは正式に承認された[169]。このようなやり方で政治の表舞台から去っていった者の中には、グロムイコ、ドルギフ、ニコライ・チーホノフ、ポノマリョフがいた。保守的なイデオローグ、フェドセーエフもそのひとりであった。フェドセーエフは科学アカデミー副総裁であった。フェドセーエフのせいもあって、ゴルバチョフが権力を握る以前、ソ連の社会科学はひどくお粗末な状態に置かれていた[170]。他方、同じ党中央委員会総会で、二四人の中央委員候補が正委員に昇任している。その中には科学者であるヴェリホフや、ファーリン国際部長がいた。

この重要な中央委員会総会をはさむ形で、ソ連初の競争的選挙と、その結果である人民代議員大会の最初の召集（五月二五日～六月九日）がおこなわれた。三月二六日の選挙に向けた選挙期間中は、一九八八年のとき以上に露骨な政治闘争がおこなわれた。というのも、急進的な候補者が投票用紙に名前を載せてもらおうと支持集めに駆け回り、他方、保守的な党官僚がそれに抵抗したからである。改革派の人間が、地域割りの選挙区で候補者になり損ねながら、何らかの社会組織の推薦を得るケースもあった。特にモスクワは激しい政治闘争の舞台となった。エリツィンはモスクワ市全体から成る選挙区から立候補し、党推薦の候補者と議席を争った。対立候補の名前はエヴゲーニー・ブラコフ。大手自動車工場ジルの支配人だった。共産党官僚はブラコフを助け、エリツィンの信用を傷つけるためにできる限りのことをした。しかし、これが裏目に出た。投票率が八三・五パーセントに達したモスクワ市選挙区でエリツィンは、九〇パーセントの票を獲得して当選を果たしたのである。[171]

一九八九年の選挙　権威主義的支配からの体制移行に関する比較研究では、創設選挙（founding election）という概念が重要な位置を占めている。[172]一般に創設選挙とは、最初の複数政党制選挙のことを指している。しかし、ロシアでは一九八九年、一九九〇年、一九九一年におこなわれたいずれの競争選挙も、この基準を満たしていない。確かにバルト諸国など、ロシア以外の一部の共和国では、人民戦線の候補者が歴然たる勝利を収めた。一九八九年の選挙でもそうだったし、一九九〇年になるとなおさらであった。また、民主ロシアのような縛りのゆるい組織が機能して、一九九一年、エリツィンの大統領選出を助けてもいる。それでも、これらはいずれも複数政党制選挙とは言えなかった。ロシアの最初の複数政党選挙（それとても、疑似的な複数政党制のもとでの選挙ではあったが[173]）は、ソ連崩壊から二年後の一九九三年一二月におこなわれた選挙である。ただし、この選挙の特徴は政治的無関心、低投票率、そして民族主義者と共産党の勝利というものであった。[174]

一九八九年の全連邦選挙のときの大衆の熱狂ぶりと一九九三年末の幻滅は、くらべるべくもない。したがって創設選挙の概念の有効性は、ソ連やロシアの文脈では疑わしい。もしどうしてもこの用語を使うなら、一九八九年三月にソ連でおこなわれた史上初の全連邦レベルの競争的選挙に適用することがもっとも意味のあることかもしれない。[175]一九九〇年のロシア共和国の選挙はある意味では、より民主的であったが、これまた二重構造の立法府の選挙であった。つまり、ロシア共和国の人民代議員大会がロシア最高会議を選ぶことになっていた（この点でロシアは、連邦構成共和国の中で例外であった)。利害関係団体(すなわち、「社会的組織」)のために設定された特別枠の議席は、一九九〇年までになくなっていた。これは民主主義の見地から言えば、前進と見ることができよう。しかし、一九八九年の全連邦レベルの選挙では、傑出した著名人(特に、知識人)がこの特別枠を使って当選を果たした。特別枠には、ソ連人民代議員大会の議席の三分の一が割り当てられていた。実際、ソ連の人民代議員大会で当選した人々を、一年後にロシアの人民代議員大会で当選した人々とくらべると、前者のほうに傑出した人々が多く含まれていた[176]。

一九八九年の選挙においても、一九九〇年の選挙においても、圧倒的多数の代議員たちは共産党員であった。しかしもちろん、だからといってそれら代議員が同じ思考の持ち主だったということではない。まさしく一九八九年のソ連人民代議員大会の第一回大会では、政治的志向をまったく異にするさまざまなグループが形成された。たとえば急進的な地域間代議員グループというのがある。その指導部には、サハロフ、エリツィン、歴史家のユーリー・アファナシエフがいた。それでいて、どのグループにおいても数の上では共産党員が圧倒的多数を占めていたのである。そもそも共産党の一枚岩的団結というのは、神話にすぎなかった(少なくとも観念レベルでは。行動面の統一は、一九八八~一九八九年までおおむね維持されていた)。しかし、その証拠がもっと必要だというのであれば、これらの公然たるグループの出現が新たな証拠になろう。それに照らせば、「共産党は同一の政治観をもつ人間の集団だ」という考えの根拠薄弱ぶりがよく分かる[177]。

投票率は、一九九〇年よりも一九八九年の選挙のほうがかなり高かった。一九八九年の選挙では、ソ連全体で八九・八パーセント、ロシアで八七パーセントであった。これにたいして一九九〇年のロシア共和国の人民代議員大会選挙では七七パーセントであった[178]。投票率はなぜ低下したのか。農村部の場合、一九九〇年より前年の一九八九年のほうが、党の役人が伝統的な権威を発揮することができたためである。だが、原因はそれだけではない。モスクワでもレニングラードでも投票率は低下した(モスクワの場合、八三・五パーセントから七〇パーセントに)。ここから読み取れることがある。まず、政治的生活が多元化し部分的に民主化したにもかかわらず、政治にたいする失望感が高まったということである。その後、失望感は一九九〇年代の前半には、募る一方であった。また、選挙熱の最高潮が一九八九年だったということも読み取れる。これは別に驚くことではない。本物の競争を含んだ選挙は、ソ連の過去との根本的な訣別を意味しており、その斬新さが魅力となったのである。

人民代議員の選出を割り当てられた社会組織の中には、メンバーの間で大した議論をかわすこともなく候補者を決めた組織もあった。その一方で、新たな、高度に政治化した雰囲気の中で白熱した論争をおこなった組織もあった。共産党の中央委員会では（ゴルバチョフが中央委員以外の党員も招待した総会の席で）、すでに述べたように、割り当てられた一〇〇議席にたいしてちょうど一〇〇名の候補者の提示をおこなった。これは新しい民主主義の現れというより、明らかに旧エリートにたいする懐柔策であった。とはいえ伝統に反して、これらのノミネートされた候補者にたいする中央委員の投票数は公表された。当選には五〇パーセントの支持が必要とされていた。すべての候補者がこの要件を満たした。半数以上が全員一致の支持を得た。その候補者が問題の少ない著名人であればあるほど、反対票を投じられる確率は下がった。しかし、ゴルバチョフには一二票の反対票が投ぜられた（それが公表されたこと自体、ソ連政治の非聖域化が一歩進んだということであった）。アレクサンドル・ヤコヴレフには反対票が五九票あった。しかし、最大の反対票を集めたのはリガチョフである。リガチョフにたいする反対票は七八票に達した。以後エリツィンは、次のフレーズを常套句にするようになった。「もし党が一〇〇議席にたいして、一〇〇人ではなく一〇一人の候補を立てていたとしたら何が起こっていただろうか(179)」。

議員を選出する権限を与えられた社会組織のうち、もっとも白熱した政治闘争がおこなわれたのは科学アカデミーである。アンドレイ・サハロフは約六〇の科学研究所から指名を受けていたが、科学アカデミー幹部会はサハロフの名前を候補者名簿に載せなかった。科学アカデミーの候補者名簿には、二〇議席にたいして二三名の候補者を登載していた。名簿は、選挙権のある科学者や学者に送付された。しかし、彼らはなんと候補者のうち一五名を拒否したのである。必要とされた五〇パーセントの支持を得た候補者は八人だけだった。やむを得ず、第二次投票がおこなわれることになり、このときには、ソ連のもっとも著名な改革派がリストに名を連ねることになった。この改訂版リストの中から代議員に選出されることになる人物としては、サハロフのほか、ソ連の宇宙研究の第一人者サグデーエフ、急進改革派で作家のニコライ・シメリョフらがいた。最多票を獲得したのはシメリョフであった。[180] 科学アカデミーのリストにもとづいて選出された人々はほぼ全員、ソ連の政治分布図においてリベラル派ないし急進改革派の中の、急先鋒に近いところに位置していた。

一方、地域割りの選挙区では、選挙過程は選挙区ごとによって大きな差があった。党機関がお気に入りの候補者を当選させることができたのは、ヨーロッパ部の主要都市よりもむしろ中央アジアであった。ヨーロッパ部では、党官僚が特定の候補者に肩入れをすると、むしろ裏目に出ることが多かった。モスクワでのエリツィンの勝利と並んで、党機関がこの上なく劇的な大失態を見せたのは、レニングラードだった。なんとレニングラード州党第一書記で、政治局員候補を兼務するユーリー・ソロヴィヨフが落選したのだ。モスクワ、レニングラード、キエフといった主要都市では、明らかに党機関にたいする不信任が見て取れた。四月二五日の党中央委員会総会では、前述のとおり、高齢の中央委員が多数辞任している。その同じ中央委総会で、自分たちが絶滅の危機に瀕していると感じ始めた党官僚が怒りをぶちまける姿が見られた。

州をはじめとする地方レベルでは、落選したのは経済の欠陥、党中央の指導ぶり、党の一体性の欠如、新聞・雑誌のせいだと非難する書記が少なくなかった。反動的な州書記で党中央委員会において部長を務めたこともあるアレクサンドル・メリニコフは特に声高に、「マスメディアの猛攻撃」によって一般庶民が惑わされたと、不満を述べた。[181] 落選したレニングラード州の党指導者、ソロヴィヨフは次のように述べている。「レニングラード市と州の党やソヴィエトの指導者のうち必要な票を集めることができたのは、六人中ひとりもいない」[182]。ソロヴィヨフは言う。これはレニングラードに限ったことではない。地方エリート層に反発するこうした投票行動に見て取れるパターンは、それらの票が「主要な工業、科学、文化の中心地」で投じられたということだけだ――[183]。しかし、それは共産党の将来にとって決して幸先の良いことではなかった。確かに、新立法府においても大部分の決議事項に関して、党はまだ圧倒的多数を期待することができたとしても、である。ゴルバチョフは依然、共産党が「指導的役割」を維持するべきだと公に主張し続けていた。しかし、六月九日の第一回人民代議員大会の閉会演説で、こうも述べた。もし前衛党であろうとするのなら、共産党は「社会に先んじてみずからを再建」しなくてはならない[184]。

ゴルバチョフは、一九八九年の全連邦の選挙の結果を歓迎した。ゴルバチョフは党官僚の落選ですら、選挙改革を正当化するものであり、改革の成功の具体的な証拠と見なした[185]。しかし競争的な選挙は、変化に抗する党官僚にとって特に危険だったけれども、実はゴルバチョフにとっても諸刃の剣であった。党機関の意向にさからっても選挙に勝てるということが明らかになったのは、ソ連政治においては画期的なことであった。そのおかげで、ペレストロイカは民主主義的な実体を与えられた。ソ連内外で、ゴルバチョフは真剣に改革を進めているという名声が高まった。しかし他方では、これ以降、ゴルバチョフの権力は決して以前と同じものにはなり得なかった。新議会が以前の議会とくらべて従順ではなくなったからである。それればかりではない。党機構こそ、ゴルバチョフが政策を遂行するために利用できる唯一の組織だったからである。競争的選挙のなかで党機構の土台が崩れていくことは、ある面ではゴルバチョフの勝利であったが、別の面では、彼自身の権力の縮小の始まりとなったのである。

第一回人民代議員大会　モスクワの大会宮殿に代議員を送り出した選挙は、民主化の過程で決定的に重要な一歩となった。また、第一回人民代議員大会それ自体も、言論の自由という点で新しい地平を切り開くことになった。党指導者、KGB、民族政策、ソ連軍の行動など、これまで聖域とされていた事柄が痛烈に批判され、タブーが次々に破られた。そして、それが重要な政治的結果をともなったのは、討議の様子が最初から最後までテレビやラジオで生中継されたからである。これを決定したのはゴルバチョフである。そして、これ以上に重要だったのは、ゴルバチョフが第一回大会の前日、代議員の八七・六パーセントを占める共産党員に向かって述べた一言である。ゴルバチョフはこう語りかけた。「代議員は党の路線に従って発言したり投票したりする必要はない。各自の見解は、自由に発言するべきである」。第一回大会でさまざまな登壇者がおこなった演説は、およそ九千万から一億人の視聴者が聞いたと推測されている。(186)

人民代議員大会の雰囲気は初日に決まった。ゴルバチョフが最高会議議長に推挙された直後のことである。ゴルバチョフに指名されて登壇した最初の発言者の中にサハロフがいた。彼は、党書記長だけが候補者として指名されようとしているのはおかしい、競争的な選挙にすべきだと主張した。サハロフは、「ほかのだれかにわが国の指導ができるとは思わない」と述べつつ、次のように付け加えた。ゴルバチョフを支持するけれども、それは「条件付きである」(187)。大会では、保守派からもリベラル派からも、多くの意見が出された。しかし、モスクワやバルト諸国の急進派は、議席の占有率に見合った時間を超えて発言を許された。ある意味では、彼らの断固とした態度や歯切れの良さの結果であったろう。しかし、このようなことが可能になったのは、ゴルバチョフが議長として指図したり、助け舟を出したりしたからである。また、しばしば緊張の高まる議場で寛容の精神を生み出そうと、面倒をいとわず奮闘したからである。(188)

結局、最高会議議長という新設ポストを争う対抗馬が立った。レニングラード州選出の設計技師アレクサンドル・オボレンスキーが名乗りを上げたのである。オボレンスキーは非党員だった（のちに新政党が次々に結党される中、社会民主党に入る）。ノーメンクラトゥーラに与えられている特権を槍玉に挙げ、次のように主張した。ノーメンクラトゥーラは特権に恵まれているからこそ、既存の体制を維持する気になるし、特権を支配するための便利な梃子《てこ》も確保している。オボレンスキーはサハロフと同じように、政治上の要職をすべて競争によって決める慣例を確立したかったのだ。オボレンスキーは延々と主張した。しかし結局、彼の名前を投票用紙に載せるかどうかの投票で、代議員の過半数が反対票（一四一五票）を投じた。もっとも、賛成票も相当数に上った（六八九票）。棄権は三三票であった。続いて、ゴルバチョフを単一候補とする信任投票が無記名でおこなわれた。ゴルバチョフ支持は投票総数の九五・六パーセントにのぼり、反対票は八七票にとどまった[189]。

第一回人民代議員大会における最重要の、かつ論争の的となった作業は最高会議の選出であった。最高会議は、人民代議員大会より小規模で恒常的に活動する立法府である。急進派の代議員ユーリー・アファナシエフは、モスクワ州のきわめて競争の激しい選挙区を勝ち抜いてきた人物である。その彼が食ってかかるような演説をおこない、選出された最高会議のメンバーは、スターリン時代やブレジネフ時代の最高会議のメンバーと五十歩百歩だと論じた。しかし、それは相当の誇張だった。多くの共和国や州は連邦院と民族院において、割り当てられた議席数と同数の候補者しか立てなかった。その結果、人民代議員大会の保守的な多数派は、それらの候補者の承認を余儀なくされた。そのおかげで、少数派とはいえ鋭い批判で鳴る論客が大勢最高会議に送り込まれたのである。たとえば、エストニア、リトアニア、グルジア、アルメニアの代表がそうだった。

アファナシエフやそのほかの急進派の不満の原因は、モスクワから出馬した候補者の当落にあった。競争的選挙という原則にのっとってモスクワの代議員グループは、連邦院での定員二九議席にたいして五五名の候補者を、また民族院での定員一一議席にたいして一二名の候補者を立てた。大会の多数派を占める地方の党書記やその仲間にとっては、これは報復の絶好のチャンスとなった。標的は、歯に衣《きぬ》着せぬ発言をしていたモスクワのインテリたちであった。たとえばポポフ、ザスラフスカヤ、それに歯切れのよい新顔のスタンケーヴィッチ（大会に選出されるまでほとんど無名の存在だった）が落選の憂き目に遭った。しかしそれでも、かつての反体制派ロイ・メドヴェージェフや、従来、改革志向の意見を強く主張してきたブルラツキーが、モスクワに割り当てられた二九人の中に入り、連邦院当選を果たしている。

はるかに強い憤りを呼んだのはエリツィンのケースだった。彼は民族院の選挙で一二位に終わった。要するに、モスクワの民族院の候補者のうち唯一落選したのである。人民代議員大会の選挙では、モスクワ市民の圧倒的多数の支持を受けていたはずなのに。エリツィンと不仲だったにもかかわらず、ゴルバチョフはこの結果は政治的損失が大きいと気づいた。新立法府の正統性を大きく脅かしかねないからである。そのとき、ロシア共和国からの当選を決めていたシベリアの弁護士カザンニクがエリツィンに議席を譲るため辞任を申し出た。ゴルバチョフは胸をなでおろし、この思いがけない提案を受け入れた。そして、ただちにカザンニクとエリツィンの交代を承認するよう促した。[190]

ゴルバチョフにとって、第一回人民代議員大会には問題もあった。それでもシャフナザロフによれば、ゴルバチョフは結果にとても満足していた。「作り上げた新しいシステムが（中略）作動し始めた」と確信したからだ。[191] そのときゴルバチョフはこう言った。「ついに我々は正常な政治構造と正常な政治環境を確保するに至った。人々はそこを舞台として議論ができる。相手に向かってナイフを使うのではなく、協力を続けるのだ」[192]。過去のソ連の指導者であれば、批判的な意見を聞いたら、すみやかに抑圧しようとしただろう。しかし、ゴルバチョフは意見を異にする人々と議論する用意があった。シャフナザロフの言葉を借りれば、「それは真の政治闘争だった。言葉による闘争であり、観念の闘争であった。まさにそれゆえに、事態は根本的に一新されたのである」[193]。シャフナザロフはこう付け加えた。ゴルバチョフにとってこの成果は、「政治的勝利の瞬間」だった。[194]

最高会議の第一副議長には、ルキヤノフが選ばれた。ルキヤノフとゴルバチョフとの関係は、第二章で触れたように、一九五〇年代初期、モスクワ大学法学部の時代にさかのぼる。旧最高会議の最後の数カ月（一九八八年九月～一九八九年五月）、ゴルバチョフが旧最高会議幹部会議長、ルキヤノフが第一副議長であった。時を経るにしたがってゴルバチョフは、新最高会議において、また、それほど頻繁には開催されない人民代議員大会においても、議長の役割をルキヤノフに任せることが次第に多くなった。というのもゴルバチョフは、それでなくても大変な負担を負っていたからである。ゴルバチョフは国家元首であると同時に、行政府の最高責任者でもあった。支配政党の書記長でもあり、軍の最高司令官も兼ねていた（軍の最高司令官は、一九九〇年三月までは党書記長が兼任するポストであり、それ以降はゴルバチョフが大統領として兼任した）。それに加えて議会の議長を兼任するというのは、耐えがたい負担であった。

党権力への挑戦——憲法第六条の修正　しかしながら、人民代議員大会と新設最高会議の活動の初期の段階においては、ゴルバチョフ以外に、議長を務めるだけの十分な権威をそなえた人物はいなかった。ゴルバチョフは、すべての重要な、そして激しく対立する意見を分け隔てすることなく、公平に発言の機会を与えるよう取り計らった。しかし、これは多くの点で、労多くして報われない仕事であった。それは、ゴルバチョフの人気低落の一因となった。ゴルバチョフの人気低下は一九八九年に始まり、一九九〇年になるとそれは加速する。何千万人ものテレビ視聴者が、書記長が無名の代議員に攻撃されながら、穏やかに、大抵の場合は理詰めの議論で答えている光景を目の当たりにした。それら視聴者の中には、ソ連の（国家元首でもあり、行政府の長でもある）最高指導者の特別な権威がそこなわれたように感じた者もいたであろう。これは、強い指導者という伝統的なロシアの考え方にはあまりそぐわなかったのだ（部外者から見れば、そのようなことは何の問題にもならなかったのだが[195]）。

もっと確かなことがある。それはゴルバチョフが（論争の参加者としても、裁定者としても）議長を務めるほとんどすべてのセッションで、代議員の一部の怒りを買わずにはいられなかったということである。多数派を占める保守派は、ゴルバチョフがサハロフのような急進派にたいし、議席占有率とくらべて過剰に発言の機会を与えていると批判した。他方急進派は、ゴルバチョフが自分たちの関心事を軽視しすぎていると感じた。端的な例がサハロフの提案の件であった。一九八九年一二月、サハロフは死去する直前、ソ連憲法第六条を削除する嘆願書を提出しようとした。憲法第六条は、政治体制の内部において共産党が「指揮・指導的役割」を果たすことを定めている。しかしゴルバチョフは、サハロフの嘆願を斥けた。

ゴルバチョフはいらだちを募らせた。党の指導的役割に関する規定を憲法から削除すべきだという考えはすでに温めていたのだが、削除する時期は自分が選ぶつもりでいたからである。ゴルバチョフは、行政権力を共産党から召し上げ、選挙で選ばれた国家行政機関に移しても差し支えない時期が来るのを待っていたのである。[196] 実際、党権力は一九九〇年、各級の議会《ソヴィエト》に移されつつあった。全連邦レベルのソヴィエト（最高会議）はソ連史上、もっとも議会らしい内実をそなえた機関になることができた。だが、最高会議が同時に行政府の機能を果たすというわけにはいかなかった。ところが、ソ連立法府の急進派議員は憲法第六条の修正あるいは削除を、民主化への決意を計る試金石としていた。そこでゴルバチョフは、彼らの圧力を許しつつ変化のタイミングを見計らっていたのである。[197]

党の権力独占はいずれ取り除かねばならない。サハロフが人民代議員大会で取り上げるよりかなり前から、このことをゴルバチョフは認識していた。しかし、共産党は依然として政治システムの中で指導的役割を果たしていた。この事実のために彼は議場から提起された、しかも、一握りの議員しか支持していない要求に応じることはできなかったのである。まずそれに先立って、「憲法や社会の中で共産党の特別な地位を保証するのはやめるべきだ」と党中央委員会を説得しなければならなかった。最終的にゴルバチョフが党中央委員会の同意を取りつけたのは、一九九〇年二月のことであった。そして翌月、共産党をほかの潜在的な政党や団体の上に位置づける憲法六条の規定は、正式に人民代議員大会が削除することになった。

個人的にはゴルバチョフは、少なくとも一九八八年以降、憲法第六条はそのままの形では残せないということを理解していた。しかし、ゴルバチョフは第六条の削除を、まったく新しい憲法を採択する作業の一環にすぎないと考えていた。前に指摘したように、アレクサンドル・ヤコヴレフが早くも一九八五年の時点で、共産党を二つに分けるという案を示したことがある。ゴルバチョフはこれを原則的に拒否することはしなかった。ただ、「時期尚早」と判断したのだった。最近になってゴルバチョフは次のように述べている。共産党の権力独占を放棄する決定は原則として、第一九回党協議会（一九八八年夏）のときに採択されていた。しかし、権力の移行をおこなうには準備が必要であり、そしてタイミングこそが決定的に重要だった——。[198]

これは、党の「指導的役割」を規制するために行動を起こさなかったことを単に事後的に言い訳しているのではない。このことは、第一九回党協議会の準備作業に参加した人々の証言によって裏づけられている。その中には、チェルニャーエフとラプテフの証言も含まれる。ふたりとも、「ゴルバチョフは間違いなく一九八八年までに、自分が引き起こそうとしている変化の論理的帰結として、憲法第六条の削除を受け入れていた」としている。チェルニャーエフによれば、ゴルバチョフは党協議会のときから、複数政党制と自由選挙を導入しなければならないと認識していたが、複数政党制の必要性についてはまだ公言するわけにはいかなかったのだという。「ゴルバチョフは適切な時期を選びたかったのだ」[199]。ラプテフも同じような言い方で、ゴルバチョフは憲法第六条を削除する必要があるということに気づいていた、と指摘している。「ゴルバチョフは非常に炯眼《けいがん》な政治家だっただけに、時機が熟するまでそれを持ち出すべきではないということをわきまえていた」[200]。

しかし問題があった。それは、一九九〇年を迎えたころ、共産党の上層部はまだほとんど覚悟ができていなかったのに、社会のほうはすでに期待を過熱させていたということである。ソビエト社会は一九八九年の一年間に、東ヨーロッパの共産党が憲法で定められている「指導的役割」ばかりか、現実の権力をも失っていく光景を目の当たりにしていたのである。

ソ連内部の体制転換は、東ヨーロッパにおける体制転換と緊密に関連していた。まず、ソ連において外交政策が変化した。このような前提条件が整ったことも手伝って、ワルシャワ条約機構諸国ではルーマニアを例外として、暴力に頼らずに共産主義体制を倒すことが可能になった。他方、東ヨーロッパの共産主義体制が打倒される様子がソ連のテレビで放映された結果、少なからぬロシア人が、自分たちの不運と共産党支配とを結びつけて考えるようになった。バルト諸国の人々はわざわざ学習するまでもなく反共的だったが、東ヨーロッパ諸国が次から次に独立を果たしていく中、ソ連軍が介入を差し控えたという事実に大いに励まされた。リトアニア、ラトヴィア、エストニアは、独立が次第に現実味を帯びつつあるという確信を深めた。そして、その目的を達成するために戦う覚悟を決めた住民は多数にのぼった。

一九九〇年三月の憲法第六条の修正は、ゴルバチョフの取り組んでいた大がかりなプロセスの一環であった。ゴルバチョフは国内の権力基盤を、党から国家へ移そうとしていた。ただしその手法は、漸進的であった。従来のソ連の政治体制においては、党と国家は事実上融合していた。なにしろ、憲法の規定がどのようになっていようと、現実には政治局が国家権力の最高機関だったのだから（ただし、ひとこと付け加えると、経済問題の政策決定に関するかぎりは、閣僚会議やその幹部会が大きな権力をもっていた。それでもここで、たとえば外交政策が議論されることはきわめて稀であり、たとえあったとしても、まったく形式的であった）[201]。人民代議員大会の創設は、発達しつつある政治的多元主義の一部であった。しかも、重要な構成要素であった。同大会の創設にともなって共産党の地位は、ますます変則的で曖昧なものになった。

権力を党から国家へ漸進的に移すプロセスは、ゴルバチョフが一九九〇年三月、ソ連邦大統領になることによって大きく前進した。大統領ポスト（これについては後述）が、党書記長ポストの上位に立った。もっとも、その差は幾分ぼやけたものとなった。というのも、ゴルバチョフが引き続き党書記長のポストを兼任したからである。しかし、一九八九年に選出された新しい立法府はそれ自体、それ以前のソ連最高会議にくらべて格段に本格的な政治組織であった。もはや党や国家の要人がそれをすっかりあなどることは不可能になった。閣僚会議議長であると同時に有力政治局員であったルイシコフは、このことをすぐに思い知らされることになった。一九八九年六月、彼が閣僚級のポストに指名した候補者のうち九名が、人民代議員大会や最高会議の各種新設委員会によって拒否されたからである[202]。

いや、それどころか、ルイシコフは回想録で次のように語っている。あまりに多くのことが変わったため、省庁や国家委員会の長として指名した候補者六九人のうち、議会によって拒否されたのがわずか九人（一三パーセント）にすぎなかったことに満足した——[203]。事実、西側議会での承認プロセスと比較しても、ソ連の新設議会は驚くべき力を見せつけた。嫌々であったにせよルイシコフは、議会の、このような権力を発動する権利を受け入れ、新たな候補者を提案した。

また、党の支配から国家の支配への動きには、別の側面もあった。ルイシコフが強調するように、今や彼が指揮するのは「独立した政府」（傍点は原文）であった。ルイシコフはそれからさらに一年半、この「独立した政府」を率いることになる[204]。経済省庁の仕事を監督していた中央委員会部局の大半は、前年の秋、ゴルバチョフが廃止していた。加えて閣僚会議は、選挙で選ばれた議会にたいして新たな説明責任を負うことになった。その結果政府は、以前よりも公然たる批判を浴びるようになった。だが同時に、以前にくらべると責任の境界線が鮮明になったとも言える。

党書記長と大統領　ゴルバチョフにとって党書記長ポストは、きわめて重要な権力の源泉であった。これに支えられていたからこそ、ペレストロイカの最初の四年間、改革を推し進めることができた。しかし、ゴルバチョフと党機関の関係が引き起こしたジレンマは、一九九〇年、ますます深刻になった。もともと急進的改革の受け入れに甚だしく難色を示した党機関が、やがて、体制転換だけは断固食い止めるという決意を示し始めたからである。共産党批判が強まる中、ゴルバチョフも人気を失っていった。まだ党書記長にとどまっていたからである。補佐官や真剣に改革を考えている支持者で、ゴルバチョフに党書記長職と大統領職を分離するよう進言した者は少なくない[205]。しかし、ゴルバチョフはそうしたがらなかった。まだ党を権力基盤として見ていたからでもある。また、もしだれかほかの人間が党書記長ポストを手中に収めた場合、そのポストがどのように利用されるかが心配だったからである。書記長ポストを譲られた側はそれを利用して、ゴルバチョフ個人および制度としての大統領、さらには政治変革のプロセス自体に対抗しようとするであろう。ゴルバチョフはそう確信していた。一九九〇年四月、ゴルバチョフはシャフナザロフとの会話で次の点を認めた。もし書記長職を捨て、大統領職だけを取れば自分の権威は高まるだろう。しかし、党指導者でなくなった場合の自分の権力や変化のプロセスにどのような結果がもたらされるか、それが心配である。二つのポストの兼任をやめれば、「二重権力か、あるいはもっと悪くすると流血」を招くことになるかもしれない――(206)。一カ月後、ゴルバチョフはチェルニャーエフにこう言っている。「党中央委員会機関と中央委員の七〇パーセントが私を敵視し、憎んでいる」。ゴルバチョフは一九九〇年七月の初め、同じくチェルニャーエフにたいし、もっと乱暴な言い方ながらこう言っていた。「薄汚れた狂犬の引き綱から手を離してはいけない」。そんなことをしたら、党機関全体が自分に刃向かってくるだろう(207)。

ゴルバチョフにはわかっていたのだ。もし自分が党書記長を辞任して、後任が改革派ではないとしたらどうなるか。自分なら書記長にとどまることで、党機関を中立化させることができる。しかし、政治的立場のまったく違う後任者がこの権力の梃子《てこ》を握ったとしたら、党は巨大な反動勢力になり得る。ゴルバチョフは一九九〇年の夏、チェコ人ジャーナリストにこう語った。党書記長ポストを手放せば、「ペレストロイカを葬りたいと考えている人々の術中に陥ることになるだろう(208)」。ゴルバチョフはまた、大統領辞任後一年以上を経て、論文「幸せな改革者を私は知らない」において、「私はソ連共産党が破壊勢力の手に落ちないようあらゆる努力を尽くした」と述べ(209)、さらに次のように言葉を継いだ。「その一方で、党書記長ポストを保持することによって、非難の砲火を招いているということも十分承知していた」。

ソ連共産党は、東ヨーロッパ諸国の共産党にくらべて、利用できる権力の蓄えが大きかった。また、レベルこそ低かったが、それなりの正統性すらそなえていた。正統性の基盤となったのは、圧倒的多数のソ連市民がほかの体制を知らないという事実にあった。また、一九一七年のボリシェヴィキによる権力奪取が、外国から輸入された革命ではなくて土着の革命だったという事実も、正統性を支えていた。大半の東ヨーロッパ諸国の場合、共産党支配は国外からのお仕着せであった（東ヨーロッパの指導者たちは実際、ソ連の党や指導部に高度に依存したままであった。必要になれば、軍事力の助けを借りて権力にとどまるつもりだった）。ゴルバチョフが党指導者としての自分の立場を性急に放棄しなかったのは、十分な根拠があったのである。

一九九〇年三月の第三回人民代議員大会では、憲法第六条から、政治体制内での共産党の指導的役割に関する文言が削除された。同時に、新たに大統領のポストも創設された。この大会では、同じく過半数の代議員が以下のような憲法の修正に賛成した。「ソ連邦の大統領に選出された者は、そのほかの政治、国家ポストを保持してはならない」。修正の賛成票は、一三〇三票だった（反対は六〇七票）が、憲法改正に必要な一四九七票には届かなかった。[210] ここでの文脈に照らして重要な点は、このとき、党書記長職と大統領職の分離に賛成した者の大多数は、保守的な共産党員だったということである。彼らは明らかに、そうすれば自分たちに有利に働くと考えたのだ。ゴルバチョフが恐れていたような形でこの問題に決着がつく一歩手前まで事が進んだのは、それら保守派と急進的民主派の連携のせいだったのである。

増大する社会の圧力

ソ連の移行のスタート地点は、共産党寡頭体制による高度な権威主義的支配であった。ソ連の移行において特徴的だったのは、自由化を目指して果断な動きを起こし、民主化プロセスにおける重要な最初の一歩を踏み出したのがゴルバチョフだったということである。しかもその時はまだ、変化を求める広範な社会的圧力がいい起こる前だった。もしゴルバチョフがソビエト体制の自由化、あるいは民主化を企てていなかったとしたらどうだろう。党＝国家構造の中で党書記長の伝統的な特権を使って、政敵や消極的な支持者をひとりずつ排除し、みずからの立場を強化することができたはずである。したがって、ゴルバチョフが自分の権力そのものを強化するために自由化に乗り出したという見方はつじつまが合わない。むしろ、民主化に本気で取り組もうとしていたからこそ、権力基盤を党機関から新しい国家機関に移行させる必要があった、と見るべきである。[211] 実際、ゴルバチョフは党書記長に就任して間もないころ（特に一九八七年）、まだほとんど沈滞したままの社会に教育を施し、刺激を与えるプロセスに取り組んだ。それは、社会が自発的に変化を求めるようになることを狙いとしていた。党指導部は、基本的に一九八八年五月から一二月にかけて新しい制度上の仕組みを承認した。だが、国民からの重大な圧力が生じていない状況でこの種の重大な決定が下されたのは、ソ連時代においてはこれが最後であった。

人民代議員大会の選挙戦がおこなわれ、続いて第一回大会の激しい討論の様子が放映された。これによってソ連市民はいちじるしく政治化し、少なからぬ人々が急進化した。当選間もない代議員のうち一握りの急進派が、言論の自由に関するあらゆるタブーを打ち破った。一般大衆も残っていたためらいを捨て、不満の声を上げ始めた。特定の民族集団の強い不満はひとまず置いておこう（これは第八章で論ずる）。それを別とすると最大の不満は、経済が改善されるという期待感が、相も変わらぬモノ不足によって裏切られたことから生じた。それは、経済が計画経済と市場経済の間で宙ぶらりんの状態に置かれていたことに原因があった。

たとえば協同組合の合法化のように、長期的な展望に立てばプラスと考えられる経済上の新機軸も、協同組合の数が増えるにしたがい、急速に人気が落ちた。これらの協同組合は多くの場合、貿易またはサービス業に従事する私的な事業体であった。それらの事業体は、極小規模の企業のみが合法とされた時期には、協同組合の旗を揚げることを好都合だと感じていた。一方、正しいかどうかは別にして、次のように信じた市民は少なくない。協同組合は国営商店において、国家補助のおかげで低く設定されている価格で稀少な商品を買い入れ、それを大幅に水増しした価格で売っている。そうすることによって、モノ不足に拍車をかけ新種の搾取を生み出している――。

ソ連崩壊の直後、エゴール・ガイダールが価格の自由化を実行に移した。だがそれ以前は、経済の破綻の重大な証拠は価格の上昇ではなく、モノ不足のほうであった。確かにソ連時代にも物価の上昇は起こってはいたが、それはソ連崩壊後のロシアとくらべれば大したことなかった。一九八九年七月一〇日、西シベリアの炭坑で坑夫が堪忍袋の緒を切らした。一日の作業を終えてシャワーを浴びようとしたら、何と石鹸が見当たらなかったのである。[212] 西シベリアの炭鉱労働者の起こしたストライキをきっかけとして、一連の炭坑ストライキが続発した。ストライキはシベリアのクズバス、北部のヴォルクタ、ウクライナのドンバスに広がった。炭坑夫が要求したのは、生活・労働条件の改善、商品の供給増、作業場の管理の向上、協同組合運動の制限であった。

ストライキは、新しい最高会議もさることながら、ルイシコフの政府とゴルバチョフにとって重大な政治的難題となった。政府の対応は主として懐柔策であった。炭坑夫たちが突きつけてきた当面の要求の大半は、原則的に受け入れられた。もっとも、交渉を通した合意事項のすべてが守られたわけではなかった（五年後、つまりソ連崩壊から相当の月日が経ってからも、炭坑夫たちの労働条件は惨めなままであった）。「ペレストロイカ期のストライキの多くは、まだ圧倒的に非政治的なものであった」が、それは重要な社会現象であった。炭坑夫たちが自分たちの自立的な組織を作って、要求を突きつけ、集団的利益を擁護したのだから。[213] このような行動は、炭鉱夫たちの憤慨を反映していた。だがそれだけではなかった。恐れることをしなくなったということでもある。そして、これこそがゴルバチョフ時代のもっとも重要な新現象のひとつだった。

シャフナザロフは、フルシチョフ時代に中央委員会のスタッフになり、ブレジネフ時代にも引き続きその任にあった人物である。そのシャフナザロフが次のようなことを述べている。ストライキ中の炭坑夫たちを鎮圧するのに軍隊を使うなどということは、ゴルバチョフには「思いもよらないことだった」。しかし、「ブレジネフやフルシチョフなら、一刻もためらわなかっただろう」と。[214] さらに一九八九年一〇月九日、最高会議がストライキ権を容認したことが政治的にきわめて重要であった。というのも、それを契機として伝統的なソ連の詭弁と訣別することになったからである。その詭弁とは、次のようなものである。「ソ連ではストライキ権は必要ないし、存在し得ない。なぜなら、労働者の国家において労働者が自分自身を相手にストライキを打つことなどできない相談だから」。

党権力から国家権力へ——大統領制の導入

社会内部の不満が高まった。そして批判や異論が容認されるようになった。その結果、不満が政治的な形をとって表明されるようになった。それにつれてゴルバチョフは、大胆な変化を支持してきた顧問たちとともに、権力を党から国家へ移行させるためにさらに歩を進める必要があると考えるようになった。立法府に関しては、すでにかなりのことがおこなわれていた。しかし、行政権に関してはまだである。最高会議議長としてのゴルバチョフの立場は渾然としていた。ゴルバチョフは、支配政党の書記長であることによって、事実上の行政府の長ではあった。しかし同時に、立法府の議長も務めていた。党組織の決定にたいする最高会議の批判に答えることも稀ではなかったのである。この打開策は大統領制の創設にあるとの判断が下され、まずロシアの政治用語にプレジデント（*Prezident*）という言葉が導入された。ロシア語のプレッツェダーチェリ（*Predsedatel'*）という言葉はきわめて似た意味をもっているが、それは最高会議の議長を指すのに使われていた。そこで、新しい名称が探し求められた。制度を一新するという方針を伝えるためである。

もっと厄介な難問は、大統領制や大統領府をどのような形にするか、ということであった。ゴルバチョフの側近グループを形成している顧問団やゴルバチョフと非常に近い関係にある政治局員たちは、二つのモデルを検討した。ひとつはフランス第五共和制、もうひとつはアメリカ合衆国の大統領制であった。ゴルバチョフは当初、米国モデルが良いと考えた。ゴルバチョフ自身の語るところによると、理由はこうである。政府が困難な決定を遂行するためには、元首としての大統領の権威が必要だった。また、米国は連邦制の国家であり、その点でソ連も同じ、あるいはそうありたいと考えていたからである。ちなみにソ連では、一九九〇年までに各共和国がかなりの権力を委譲されるか、あるいは勝手に行使するようになっていた。

ゴルバチョフに助言した者の中では、シャフナザロフがフランス・モデルを推したのにたいし、大多数の側近は米国型の大統領制を良しとした[215]。シャフナザロフの考えでは、フランス型の利点は政府の長が大統領ではなく、首相だという点にあった。これによって、ゴルバチョフが些事《さじ》に忙殺されたり、あまりに多くの決定を強いられたりする事態は防げるはずであった。一方、アメリカ型の大統領は元首であると同時に、事実上の政府の長でもある。シャフナザロフは次のように主張した。そのような大統領制は、米国のように政治と経済が安定している国にふさわしい。ソ連のように、流動的な状況のもとに置かれ、切迫した経済問題や国家の存亡に関わる問題を抱えた国には向かない。

　結局、選択された形態は、混合型であった。アメリカ型というよりフランス型に幾分近かった。首相ポストが置かれ、その配下に閣僚会議（のちに内閣）があった[216]。一方、人民代議員大会と最高会議は原則として引き続き権力をふるうことになった。それは、大統領の権力と重複した。権力の境界を判定する憲法裁判所はなかった。それに近いものとして、ソ連邦憲法監査委員会が設置された。この委員会自体は、政治体制内の抑制と均衡《チェック・アンド・バランス》の必要性への重大な譲歩であった。議長についたのは、法理論家のセルゲイ・アレクセーエフである。彼は長年にわたってスヴェルドロフスク法学研究所の法学者グループを率いてきた著名人であった。こうして出来上がったロシアの大統領制は、全体としては満足できるものとは言えなかった。なぜなら、大統領としてのゴルバチョフは相変わらず、決定に関与しているか否かとは無関係に、すべての政治決定の責任を負わせられたからである。議会にたいする説明責任を負う政府を作る必要性については、それを真剣に受け止めていた議員も少なくなかったのだが。

　大統領制という構想はゴルバチョフと補佐官たちの間では、すでに一九八八年、第一九回党協議会の準備期間に議論されていた。しかしこの時点では、ゴルバチョフが選んだのは人民代議員大会という構想であり、そして、その議長と党書記長を兼務することであった。ゴルバチョフはそのとき、人民代議員大会の議長を大統領に代わるものと考えたわけである。この点では、ルキヤノフの影響を受けていたと言える。ルキヤノフはソ連時代の初期を、ロマンティックな幻想を抱いて眺めていた。また、（一九九〇年と違って）一九八八年の時点でゴルバチョフにとってこれらの組織が魅力的に思えた理由のひとつは、まさに新しい政治構造が西側組織のコピーではないという点にあった。[217] ゴルバチョフが大統領制の創設に反対した理由はほかにもある。それは、「ソ連の初代大統領になりたい一心でわざわざペレストロイカに着手した」と言われたくなかった、ということである。[218]

当時、ヤコヴレフもシャフナザロフも、大統領制への移行を強く主張していた。一方、ルキヤノフは「ソヴィエトの共和国」が良いと考えた。また、当時中央委員会の総務部長であったボルジン（のちにゴルバチョフのもとで大統領府長官）は、「いつものように、神秘的な曖昧さを保っていた」。[219] しかし、権力を党から国家に移行させるためには立法府のレベルだけではなく、行政権においても相応の移行が必要であるということが、ゴルバチョフやその盟友たちには次第にはっきり見えてきた。しかも、共産党および人民代議員大会との関係においても、ゴルバチョフの権力を強化しなくてはならなかった。ゴルバチョフ時代の政策決定に特徴的なことであるが、専門家のアドバイスを求めることが一般的に好まれた。このときも、科学アカデミーの「国家と法研究所」と最高会議幹部会が合同プロジェクトを託され、フランスとアメリカの大統領制の比較分析をおこなうことになった。[220]

奇妙な党の再活性化　ソ連共産党書記長のポストは、ゴルバチョフの権力の純然たる源泉であった。だが、ソ連大統領に就任する前のゴルバチョフは、党書記長ポストからの辞任を迫られるようなことがあると、立場が脆弱《ぜいじゃく》であった。[221] 一九八九年の第一回人民代議員大会でソ連最高会議議長に就任してからは事情が変わったが、議長になったからといって、政治局や中央委員会が党書記長を是が非でも更迭しようという決意で臨んだ場合、それをくつがえすほど政治的に守りを固めることができたわけではなかった。ところが一九九〇年三月、ひとたび大統領に就任すると、ゴルバチョフは政治局会議を開催する頻度を大幅に引き下げた。かつてはほぼ週一回開催されていたが、それが月一回になった。その一方で、書記局の会合は頻繁になった。それ以前の書記局は、リガチョフが不満を漏らしているように、会議を一度も開かない時期が一年ほど続いたこともあった。それは、一九八八年秋に党組織を再編したあとのことである。[222]その時期が過ぎると、ワジム・メドヴェージェフが会議を散発的に開くようになった。メドヴェージェフは、イデオロギー担当の上席書記として今や非公式な党のナンバー2であった。

かつて慣行となっていた書記局の週一回の定例会合がようやく再開されたのは、一九九〇年夏の第二八回党大会後のことである。議長はウラジーミル・イワシコが務めた。イワシコは第二八回党大会でゴルバチョフの支持のもと、対抗馬リガチョフに圧勝して党副書記長に選出されていた。イワシコを党副書記長に選んだ目的は、ゴルバチョフの組織運営上の負担を一部軽減することができる能吏で、しかも、ゴルバチョフにとって脅威になったりライバルになったりすることのない人物を据えることにあった。ちなみに、イワシコはウクライナ人で、一九八九年一二月にシチェルビツキーの後任として、ウクライナ共産党第一書記に就いたばかりであった。

書記局の活動再開の理由は、間違いなく次の点にある。第一に、共産党が組織として危機的状況にあるという認識が強まった。第二に、党機関が次第に麻痺状態に陥った。[223]第三に、リガチョフがもはや会議の場に出る資格、ましてや会議を主導する資格を失っていた（彼は一九九〇年、党中央委員ではなくなっていた）。第四に、前述のとおり、ゴルバチョフが次第に政治局会議を開きたがらなくなっていたために党最高指導部が審議する機会がなくなり、書記局がそれを埋めようとした。

一九八八年の第一九回党協議会の決定は、共産党による権力独占の終わりの始まりになった。そのプロセスは一九九〇年三月、ソ連憲法第六条から党の指導的役割を削除することで論理的結末を迎える。しかし、他方で、逆説的に聞こえるかもしれないが、ペレストロイカ最初の五年間、むしろ党内活動は再活性化していた。党官僚が自分たちの権力を脅かされているという（もっともな）確信に至ったときですら、それは続いた。ブレジネフ時代には、一年に二回（時に三回）の中央委員会総会が普通であった。また、それぞれ一年余りしか続かなかったアンドロポフとチェルネンコの書記長時代においても同様であった。ところがゴルバチョフ時代になると、中央委総会が開催される頻度は急増する。中央委総会は、ゴルバチョフが政治の基本方針を急進化させる好機となった。しかし、のちに党がそのような基本方針を制御する能力を失うと、中央委総会は、警戒感を強め、しばしば感情的になっていた中央委員がゴルバチョフに厳しい批判を浴びせる場となった。

中央委総会の回数は、一九八五年には四回であった。うち一回は、チェルネンコの死去にともなうものであった。一九八六年には二回、一九八七年には三回であった。[224] 党員の対立の原因となる争点が鮮明になるにつれて、中央委総会は頻度を増した。一九八八年には五回、一九八九年には八回、一九九〇年にも五回開催されている。[225] そして、一九九一年、ソ連共産党が最期を迎えるまでの八カ月弱の間に、中央委員会は、一月、四月、七月と、三回の総会を開催した。[226]

一九八八年、共産党にとって決定的な決定が下され、それは党の絶対的覇権の終焉につながる。だが、たとえそうであっても、ゴルバチョフのもとで政治局は、以前にくらべると格段に活気にあふれた政治組織となった。その変貌ぶりは、中央委員会を上回っていた。政治局の格がはなはだしく低下したのは、もっぱら一九九〇年三月からである。このとき、ゴルバチョフがソ連邦大統領に就任し、二つの新しい国家組織、大統領評議会と連邦評議会が創設された(当時は、これらの組織が政治局の機能を代行するものと考えられた)。いずれにせよ注目に値するのは、ゴルバチョフが最初の五年間、大きく意見の食い違う、強烈な個性の持ち主たちを政治局にとどめておいたということである。ゴルバチョフはなぜそうしたのか。理由のひとつは、そうせざるを得ないと感じていたという点にある。それは確かである。しかし、理由はほかにもあった。ゴルバチョフは広範な意見を吸い上げようと決意を固めていたのである。また、根本的な――しかし漸進的な――変化の過程で、党内の両翼にいる人々を説得して支持を取りつける自信もあった。その中には、特に著名な人物だけ挙げても、アレクサンドル・ヤコヴレフ、シェワルナゼ、リガチョフ、そしてルイシコフらがいる。彼らは、独創的な意見の持ち主であり、さまざまな争点に関して確固たる態度を貫くに足る強い個性の持ち主でもあった。

ヤコヴレフはこのことの肯定面と否定面、双方を指摘し、次のように述べている。「ゴルバチョフのもとでは、政治局に十分に民主的な雰囲気があった。それによって改革は後押しされたが、同時にある意味では、『妨げられた』。つまり、改革が中途半端になり、精密さを欠き、滞ったのだ」[227]。この批判は妥当である。特に、ゴルバチョフの任命した政治局員のうち、もっとも急進的な人々の見地からはそうである。というのも、献身的な改革派と同様に比較的保守的な共産党員を含む政治局内部でコンセンサスを求めたため、その過程で、多数の措置が骨抜きにされたり、実施を先送りされたりしたからである。しかしながら、変化を志向する連合を形成する場合、さまざまな見解に耳を傾け、ある程度それらを考慮に入れることは、これまた必要なことでもあった。そうした連合を形成せずにいたら、一九八八年の第一九回党協議会や、一九八九年の全連邦での競争的選挙という転換点にたどり着くことはできなかったであろう。

それよりもっと大きな問題は、一九九〇年はじめ頃から（あるいは一九八九年からすでに）、ゴルバチョフが別の、幅広い連合を形成する必要に迫られたということである。ゴルバチョフの改革の結果、新しい政治勢力がソビエト社会に出現した。それを、そのような連合に抱き込む必要があったのである。それらの勢力と手を組めば、変革のプロセスに弾みをつけることができたはずである。党や国家の指導部の信任を維持しようとするよりはるかによかった。しかも、それまでのいきさつを総合的に考え合わせると、そもそもそのようなことは期待薄であった。

政治分布図のさまざまな部分から人材を集めようとするゴルバチョフの意向が浮き彫りになったのは、大統領評議会のメンバーを（自由裁量で）任命したときのことである。ゴルバチョフは、政治局内の既存の意見よりも幅の広い意見に頼ることにしたのである。もっとも、評議会の陣容は最適というにはほど遠かったけれども（これについては後で触れる）。

とはいえ政治局は一九九〇年三月まで、つまりゴルバチョフ政権の最初の五年間、国家の集団的な政策決定をおこなう最高機関であった。一九八六年二〜三月の第二七回党大会から一九九〇年六月の第二八回党大会までの間に、政治局の会議は一八七回開かれている。それより間隔の長かった第二六回党大会と第二七回党大会の（一九八一〜八六年）では、開催回数は二三八回であった。[228] しかし、会議の数が若干減少したということが重要なのではない。違いは会議の性格にあった。ゴルバチョフが権力を掌握する以前の数年間、政治局会議が一時間か、ときには三〇分で終わるのは珍しいことではなかった。なぜなら政治局は、政治局内の実力者集団《インナーグループ》（第三章参照）や中央委員会機関が事前に決定した事項に盲判を押すだけだったからである。これにたいして、ゴルバチョフ時代の政治局会議では、現実の問題がとことん議論された。そのため会議が一〇〜一二時間続くのは当たり前になった。ニーナ・アンドレーエワの書簡の場合、前述したとおり、会議は二日にわたっておこなわれた。[229]

ただし、大統領に就任する前も後も、ゴルバチョフには「キッチン・キャビネット」（私設顧問団）があった。それは信頼の置ける仲間から成る小集団で、ゴルバチョフから特別に頼りにされていた。キッチン・キャビネットは、政治局内の「インナー・キャビネット」（実力者集団）とは別物である。そもそも、規模からして政治局より大きかったし、また、ゴルバチョフの相談相手であって政策決定機関ではなかった。会合は非公式であり、夕刻におこなわれることが多かった。メンバーには政治局員（政治局全体から見ればごく一部）のほかに、大統領補佐官が含まれていた。ただし、補佐官全員というわけではない。レギュラー格のメンバーは、政治局のアレクサンドル・ヤコヴレフ、メドヴェージェフ、補佐官のチェルニャーエフ、シャフナザロフ、そして（一時期は）フロロフ。このほかに、ボルジンもいた。ボルジンはゴルバチョフの補佐官を皮切りに、中央委員会総務部長、大統領府長官を歴任するが、一九九一年八月クーデターに加わり裏切り者となる。さらに、プリマコフも入っていた。彼はヤコヴレフの後任として、世界経済国際関係研究所（ＩＭＥＭＯ）の所長となり、一九八九〜一九九〇年には最高会議連邦院議長と政治局員候補を兼任し、ソ連邦解体後はロシア連邦対外諜報庁の長官となっている。

このコア・グループはなかなか優れたところもあったが、限界もあった。それは特に、ボルジンが入っていたことに見て取れる。しかし全体としては、明らかに急進的改革を志向する性格を帯びていた。政治局と一九八九年選出の議会のどちらと比較してもそう言えよう（もっとも、後者すなわち議会には、急進的という点でゴルバチョフの「限られた仲間」をもしのぐ少数の議員が含まれてはいたが[230]）。

指導者としてのゴルバチョフは、好んでさまざまな構想に耳を傾けた。党書記長就任から間もない時期には、前述したように、研究機関の社会科学者たちの見解を聞くことも多かった。緊迫の度合いを増す問題が立て込み、政治日程が窮屈になるにしたがって、そうした会合は開かれることが少なくなっていく。しかし一九九〇年には、ゴルバチョフはふたたび経済学者たちの意見を聞くことに関心を示すようになった。その中でもっとも顕著な例はペトラコフとシャターリンである。ペトラコフはこの時期、一二カ月にわたって補佐官を務めた。シャターリンは、ゴルバチョフがエリツィンと合同で創設した経済学者チームの責任者に任命された（その結果については、第五章と第八章を参照）。ゴルバチョフはまた、知識人の代表と改まった形で面談することもあった。そこでは時に、ゴルバチョフが長々と開会のスピーチをして、そのあと聴衆からコメントや質問を受けたという。

大統領の選出　ゴルバチョフの大統領への選出に関しては知識人の間でも、人民代議員大会の民主派グループの間でも、意見が分かれた。後者すなわち人民代議員大会の民主派のうち大多数は、制度としての大統領制には賛成であるように見えた。しかし中には、それを導入するのは複数政党制が完成してからにすべきだと論ずる者もあった。また、大統領ポストには競争が必要であり、できれば国民全体による選挙が望ましいと力説する者もあった。驚くべきことに、ゴルバチョフは党書記長としての最初の五年間にほとんど大きな政治的ミスを犯していない。この時期には党の最高指導部によって即座に解任される可能性があった。したがって、急進的な変化が望ましいということだけでなく、指導部の忍耐には限界があるということも考慮せねばならなかった。ところが、一九九〇年になるとゴルバチョフは、あたかも最初の五年間にそつなく行動したのを相殺《そうさい》するかのように、いくつかの基本的な問題で計算違いを犯した。ゴルバチョフの最大の誤りは一九九〇〜九一年の冬に、党＝国家指導部内の保守派と戦術的同盟を結んだことである（この点については民族問題とともに第八章で論ずる。民族問題については、解決はほとんど不可能であったとはいえ、やはりゴルバチョフは批判される余地がある）。

しかしそれ以前ですら、ゴルバチョフは三つの重要な選択に直面したとき、慎重な選択肢を選んだ。もっと大胆な選択肢を選んでいれば、それによって民主主義の制度を整えるプロセスが促進されたかもしれないし、ゴルバチョフ自身が政治の主役としてとどまるチャンスも高まったかもしれないのだが。とはいえ、決してこれらの選択は容易なものではなかった。仮にこれらの三つのケースのいずれかにおいて、またはそのすべてにおいて、大胆な選択肢を選んでいたとしたら、ゴルバチョフは重大なリスクを冒すことになっていたであろう。それは否めない。思い切った選択をしていたら、早く解任されていたかもしれない。あるいは、もっと早い時期に、危険度の高いクーデターが起こったかもしれない。それでも当時、ゴルバチョフの急進的な顧問の中には、大胆な選択肢のほうが前進するための方法としては望ましいと考える者もいる（とても全員とは言えないが）。今になってみれば、そのような選択肢はなおさら魅力的に見える。というのも、ゴルバチョフの一九九〇年の慎重さが、本人の意図にまったく反する結果を招いたことが明らかになったからである。

一九八八年、ゴルバチョフは大胆に事を進めた。一九九〇年になると、それにくらべて慎重になった。主たる理由としては次のことが考えられる。一九八八年には、知識人を始め改革を支持する勢力は皆、まだしっかりとゴルバチョフを支持していた。ところが一九九〇年には、彼らは急速にゴルバチョフ陣営を見捨て、エリツィン側に鞍替えしようとしていたのである。「右」だけではなく「左」にも敵を抱え、ゴルバチョフは中道路線の方向に舵を切ったのである。

三つの厄介な選択のうち最初の選択は、大統領の選出方法であった。それはゴルバチョフが、国民全体ではなくて人民代議員大会が大統領を選出するという方式を選んで決着がついた。大統領権力の確立を急いだ理由は第一に、ソ連が危機的状態に近づきつつあるとの認識が強まっていたからである。なにしろ、バルト諸国がソ連からの離脱する意志を示していたし、経済状況も悪化していた。日増しに信用を失っている共産党よりも上位に行政機関を作らなければならない。もたついている暇はない。共産党の機関は（党内の開明的な少数派は別として）、手から離れてしまった権力を取り戻そうと必死になっている――。そのような主張がもっともらしく展開された。

代議員のみによる選挙を許した第二の理由は、このときまでにゴルバチョフ人気が下降気味で、逆にエリツィンの人気が上昇中であったという点にある（ゴルバチョフはこのことを認めようとはしなかったが、心の片隅では薄々感じていたはずである）。したがって、ゴルバチョフが国民全体による選挙で落選する可能性は決して排除できない状態にあった。しかし、この第二の説明を打ち消す材料として、以下のことを繰り返し述べておくことは意味があるだろう。もっとも信頼のおける世論調査によれば、エリツィンが人気度で実際にゴルバチョフを追い抜いたのはようやく一九九〇年五月のことなのである。[231] しかも、党書記長がリスクを恐れることなく、自分を自由かつ民主的に権力の座から追い落とす機会を国民に与えていたら、ロシア史上そのような前例がなかっただけに、人気のうねりはおそらく大いに高まったことであろう。

万が一落選していたとしても、ロシアを民主化した偉大な政治家として、ゴルバチョフの名声はさらに高まっていたはずである。その上、もしエリツィンがその後、民主主義のゲームのルールに従っていたとしたら（もっとも、これはその後の彼の態度を見れば疑わしいと言わざるをえない）、ゴルバチョフの敗北は短期間で終わっていた可能性がある。ゴルバチョフがこのあと一年半にわたって格闘することになる手に負えない諸問題が、ソ連の大統領としてのエリツィンにのしかかったことであろう。ゴルバチョフが、自分の受け継いだ高度に権威主義的な政治体制を民主化する上で、このさらなる一歩を踏み出していたとしたらどうだったであろうか。政権復帰の可能性は、一九九一年一二月に辞任に追い込まれたあとより高かったはずである。

逆にもし、ゴルバチョフが一九九〇年の春、選挙で国民全体の支持を得て当選していたとしたらどうか（おそらくそうなっていたように思われるが）。議員による選挙で（しかも圧倒的多数には届かない支持で）選ばれるより、ゴルバチョフの政治的立場ははるかに強化されていたであろう。[232] それに、国民全体の選挙で選ばれていれば、共産党の政治局や中央委員会の足かせからも、もっと自由になっていたはずである。党上層部が（少数の急進改革派は別として）ゴルバチョフに、国民全体による選挙を思いとどまらせるためにあらゆる手を尽くした理由がここにある。

しかし、ゴルバチョフの盟友たちもまた、全体として、人民代議員によって手っ取り早く選挙をしてもらったほうがよいと考えていた。それは、ワジム・メドヴェージェフに言わせれば、「原則的な理由というより、実際的な動機から」であった。彼らはそれが、ゴルバチョフの執行権力を強化する近道だと信じていたのである。メドヴェージェフも当時を振り返って（後知恵を存分に発揮して）、これが選択の誤りであったことを認めている。[233] 将来的に大統領選挙は一般投票によるべきであるという決定は、原則的にはすでに下されていた。しかし、国家が直面する問題は深刻で、緊急の対応が必要である。だから最初の大統領の選出は急いでおこなわなくてはならない――このような主張がまさったのである。皮肉なことにロシアでは、民主的反対派のうち最も急進的な人々の多くが、国民全体による大統領の選出を支持した。これにたいして、他の体制移行中の共産主義諸国の場合、急進的民主派は大統領を直接選挙することに反対していた（特にハンガリー）。ひとつには、そうすれば大統領が議会にたいして過度に優位に立つと考えたためである。もう一つもっと大きな理由もある。それは、そのような選挙をすると、公然たる非共産党系の政治家よりも、体制内の急進改革派のほうに勝ち目がありそうだったということである。[234]

ロシアの民主派代議員（政治的多元主義の発展を支持する）の中にも、理由は異なるが、ゴルバチョフを人民代議員大会によって大統領に選出することに賛成する有力な主張があった。ただしそれは、地域間代議員グループの一般的な見解とは違っていた。地域間代議員グループは、ソ連議会内の主要な民主勢力の連合体である（もっとも一九九〇年三月当時、エリツィンも含めてメンバーの大半は、まだ共産党員であった）。このグループは全体として、ソ連大統領の直接選挙を支持していた。グループ内で異論を申し立てていた重要人物としては、以下の人々がいる。レニングラードの法学者ソプチャーク（のちにサンクトペテルブルグ市長）。経済学者のシメリョフ。のちにロシア民主党党首となるトラフキン。著名な物理学者でアカデミー会員のゴルダンスキー。アカデミー会員のリハチョフ。リハチョフはロシア文学界の、人望厚い重鎮であった。

リハチョフは一九八七年以来、文化基金の会長であった。この団体は議員選出の権限をもつ社会組織である。リハチョフは、ゴルバチョフを早く大統領に選出するべきとする立場で事態に介入した人々の中では、最大の影響力を持っていたと思われる。リハチョフは年齢が年齢だったので、一九一七年の二つのロシア革命を記憶していた。だからこそ、ロシアの現状をその年の二月の状況になぞらえたのである。そして、もしゴルバチョフが大統領に選ばれなかったら、内戦の危険があると警告した。その上リハチョフは、行政権が二分される危険性を避けるためにゴルバチョフが大統領職と同時に党指導権も保持することが重要だと強く主張した。もっともリハチョフは、一度も党員になったことがなかったのだが（それどころが、一九二〇年代末に、学生の討議グループに参加したという理由で投獄されている）。

一方ソプチャークとしては、新憲法が採択されるまでの暫定措置として、ゴルバチョフに大統領の肩書きなしで、その権限だけを与える案を推したいところであった。そうすれば、ゴルバチョフは憲法委員会の作業をスピードアップさせる気になるだろう。これがソプチャークの論拠であった。ソプチャークはこの委員会のメンバーである。ソプチャークはしかし、この構想への支持を集められなかった。そこで代わりに、人民代議員大会によるすみやかなゴルバチョフの選出を主張したのである。「国家行政権の疑いようもない麻痺状態」を克服することが目的であった。[235]

結局、ゴルバチョフは対抗馬もなく大統領に選出された。だが、得票率は代議員のわずか五九パーセント、必要得票数との差はほんの二〇六票であった。[236] 内戦の話は、リハチョフにとってはまじめなものではあっても、やはり誇張であった。しかしそれは、党＝国家機関からの反撃にもちこたえる自信が民主派の側になかったということを反映していた。彼らは、ゴルバチョフの国家権力を強化して、党中央委員会の不確かな支持にたいする依存度を幾分かでも低くしない限り、もちこたえられないと考えたのである。

ゴルバチョフ自身は、陰で票の獲得を工作することはなかった。工作とは、たとえばいろいろなグループと交渉するとか、取引を持ちかけるといったことである。このことは、多くの点でゴルバチョフに批判的であったソプチャークも、ゴルバチョフの盟友であったシャフナザロフも、ともに証言している。[237] ソプチャークがのちに明らかにしたように、ゴルバチョフは大統領選挙のとき体調を崩していた。しかし、プライドと政治的な慎重さの両方の理由から、専門家の助けを求めずに、ほとんどだれにも病気のことを明かさなかった。ソプチャークによればゴルバチョフは、ふだん強壮さを誇っていただけに、クレムリンの医師たちの診察を仰げば入院を勧められるだろうと判断し、彼らではなく、医師の資格を持つ代議員のひとりに診察してもらったのだという。[238]

ゴルバチョフが新設の大統領に昇格するのを阻もうとして、さまざまな論拠が挙げられた。その中で何よりもゴルバチョフを不快にさせたのは、独裁的な権力を蓄積しようとしているという非難であった。一九九〇年三月一五日、ゴルバチョフはソ連初の（そして、最後の）大統領として宣誓をする。その三〇分後、妻のライサや補佐官のチェルニャーエフ、シャフナザロフ、フロロフと会話したとき、この点に関して胸の内を語っている。

私はソ連共産党の最高指導者として、まぎれもなく独裁的な権力を受け継いだ。そしてそれを弱め、権力を議会の支配下に置いた。「であるのに今でも、（中略）私が周囲の人々に命令を下すために大統領職を必要としているなどと信じている愚か者がいる」。「もしそれが私の望むことであったのなら、ただ単に書記長のままでいればよかったのだ。そうすれば、あと一〇年や一五年は周りの連中に命令を下すことができたであろうに(239)」。

ソプチャークも回想録で、この意見を全面的に支持している。いわく、「独裁者なら社会を根本的に変革する必要などない。独裁者にとって、社会が共産主義の無気力状態から目を覚ますことは不要である。権力に就いた独裁者はまず何をするだろう。民主主義を目指す改革に着手したり、みずからの絶対的権力に法的制限を加えることはまずなかろう(240)」。

党の分割に失敗する　共産党内から浴びせられる攻撃が日増しに強まっていただけに、ゴルバチョフが大統領権力への近道を選ぶという決断を下したのは理解できる。しかし、総合的に考えると、やはり全連邦規模の選挙を実施するリスクを冒さなかったのは誤りであった。一九九〇年の、同様にむずかしい第二の決断においても、ゴルバチョフはおそらく判断を誤ったと言えよう。それは、共産党を公式に分割する決断を延期もしくは回避したことである。ゴルバチョフはその代わりに、次第に社会民主主義的性格を強める綱領を受け入れるよう、党を説得しようとした。

党内には実にさまざまな政治的見解が見られたが、一九八九〜九〇年までに二つの主流派ができていた。社会民主主義を志向する勢力と伝統的共産主義者である。後者に追従する人々の主要な関心事は、党の権力構造を守ることであった。そのような権力構造が、ノーメンクラトゥーラの利益によくかなっていたからである。彼らは、生粋の社会主義に肩入れしていたわけではなかった。ただし社会主義を、「ゴルバチョフが改革を開始する以前の権力構造」と定義するなら、話は別であるが。アレクサンドル・ヤコヴレフは一九九一年八月のクーデター直後、失敗したクーデターに加わった党や国家の高官について、皮肉を込めてこう語った。「私は、『社会主義の選択』とか、マルクス主義とかいったものには反対である。しかし、それを擁護しようとした連中より、私の方がよほどそれらの正しさを信じている[241]」。

上述したように、正統派共産党員の大多数は一九九〇年三月、第三回人民代議員大会において党書記長のポストを大統領のポストから分離しようと試みた。そうすれば自分たちの力が強化され、ゴルバチョフの立場が弱くなると信じたからである。したがって、党書記長のポストに執着することによってゴルバチョフは、人気の低落という犠牲を払いながらも変革のプロセスを守ろうとしたとも言えよう。ゴルバチョフ自身も当時はそう信じていた。しかし敵もまた、ゴルバチョフ抜きのほうが事をうまく運べるのか否かという点になると矛盾した気持ちを抱いていた。ゴルバチョフは党中央委員会総会で激しい攻撃を浴びると、辞任するとすごんだことが一度ならずある。だが、政敵たちは、ゴルバチョフの言葉どおりに動く決意も自信も見せたためしがなかった。

おそらくゴルバチョフにとって、共産党を割る最適の機会は一九九〇年七月の第二八回党大会の時であったであろう。ゴルバチョフはこの大会で演説し、進行中の政治体制の転換がいかなるものか、その概要を説明した。それは、多くの聴衆にとって聞き捨てならないものであった。「自由な人々から成る市民社会が、スターリン型の社会主義に取って代わろうとしている」。「政治体制が根本的に変革されようとしている。真の民主主義体制が確立されつつある。そこには、自由選挙、複数政党制、人権がそなわる。真の人民の権力が生まれようとしている」。こうしたゴルバチョフの発言を、聴衆は冷ややかに迎えた[242]。

党大会の開催期間中、本会議の合間に開かれた市や州レベルの党書記との大規模な会議の席で、ゴルバチョフは猛烈な攻撃を受けた。いわゆる反語のつもりでゴルバチョフはこう問いかけた。「では聞くが、われわれの政策方針全体が間違っているのだろうか」。すると答えが返ってきた。「そうだ！　そうだ！　そのとおりだ！[243]」。この時ばかりはゴルバチョフも、共産党内で政治変革に根本的に反対する者と訣別する寸前のところまできた。シャフナザロフに、指導的なリベラル派との話し合いを始めるよう、許可を与えた。彼らとの間で、新たな連合を作ろうとしたのである。相手側には、（エリツィンとともに）共産党を脱党したばかりの連中も入っていた。[244] 党大会代表の大半は明らかにゴルバチョフの政策に賛同していなかったが、党大会でゴルバチョフに説得され、その政策に賛成票を投じた。ゴルバチョフは、社会民主主義色を強める自分の立場が党内で支持されている、と確信した。それは無理もない。しかし、この勝利はうわべだけのものでしかなかった。

ゴルバチョフは短期間、非公式に「中道左派連合」を組んだ。党組織を迂回して、エリツィンとともにシャターリン＝ヤブリンスキー・グループを立ち上げた時のことである。このグループは、市場経済への短期移行計画を策定することを目的としていた。しかし、やがて五〇〇日計画への反発が激しくなったとき、ゴルバチョフは後退し、まもなく「中道右派連合」の形成に吸収された。その結果、ゴルバチョフは、保守派を十分に満足させるようなことをしたわけではないのに、気がつくと党＝国家組織内の支配的な見解にたいして危険な譲歩をしていた。五〇〇日計画が、保守派が巻き返しを図るための新たな結節点を提供したためである。共産党内の深い溝を取り繕うのが政治的に賢明だった時期は、すでに過去のものとなっていたというわけだ。

もしゴルバチョフが第二八回党大会の際に党の分裂を進めたとしたら、もちろん危険を冒すことにはなったであろう。伝統的にソ連共産党は分派を許さなかったからである。守旧派と新興勢力の権力闘争はいっそう激しくなったはずである。それでもゴルバチョフは、社会民主主義政党の指導者になることができたであろう。その政党は、共産党内の後ろ向きの要素をことごとく排除した党となったであろう。党員の大多数がゴルバチョフに従ったかどうかはまったくはっきりしない。しかし、数百万人の支持者を擁する政党を立ち上げることは期待できたはずである。専従職員のうちそこに移ってくる者は少数派だったかもしれないが、おそらく一般党員は過半数が移籍したであろう。また、共産党を分裂させれば、競争的な複数政党制の発展に大きな刺激を与えることにもなったはずである。そして、ゴルバチョフ自身の衰え気味の国内政治上の名声も、ふたたび勢いを得たことであろう。

連合の形成と新しい組織

ゴルバチョフが、不満の残った一九九〇～九一年冬の選択に先立って下した第三の決断について述べよう。この決断は、いくつかの重要な点で一九九〇～九一年の右傾化の前触れとなった。ゴルバチョフが思い切った選択肢を回避して選んだのは、承認したはずの五〇〇日計画からの撤退であった（この計画の問題点や、計画を承認しょうとする熱意が萎《な》える原因となった圧力については、本書の別のところで論じている）。この場合もやはり、ゴルバチョフの決断は理解できるものであった。第五章で指摘したように、計画は実際には修正が必要だったろう。間違いなくあまりに楽観的だったからである。しかし、たとえそうだったとしてもゴルバチョフは、計画をその「活力自体」に任せるべきであった（ものの「活力自体」とは、ゴルバチョフが、そしてそれ以前にはフルシチョフが特に好んだ言葉である）。妥協を図り、みずからの手で退却を命じるようなことは、すべきではなかった。しかも、そのような妥協をしたところで、経済的にも政治的にも袋小路を打開することはできなかった。ゴルバチョフ自身、五〇〇日計画が実現できるかどうか、また望ましいかどうかについて純粋な気持ちで考え直したのは確かであるが、それとは別に、党=国家組織が五〇〇日計画の実施を食い止めようとして、今までになく強い圧力をかけていたからである（第五章、八章を参照）。

いずれにせよ、ゴルバチョフは常に二つ以上の戦線で戦うことを強いられていた。リベラル派ないし民主派の「左翼」にあって、徹底して批判的な姿勢をとる勢力の要求は、ゴルバチョフにはどだい応じられるようなものではなかった。彼らは、無血革命さながらの変化（テンポの速い漸進的変化とは違う）の前に立ちはだかる巨大な組織の壁を、自分勝手に無視した。それは、ゴルバチョフにはできないやり方だった。だからこそゴルバチョフは、党機関内部の多数派を占める保守派が、勝手に組織を固めようとするのを許せないと感じたのである。ゴルバチョフがこれらの理由からソ連共産党中央委員会書記長からの辞任を拒否すると、今度は、ロシア共和国の自前の党組織を創設しようとする圧力が高まった。

ゴルバチョフは感じた。これは党内の第二の中枢になるかもしれない。そうなればソ連共産党を率いる自分の指導力にたいする対抗力になるだろう。そこでゴルバチョフは、この動きを何とか押し戻そうとした。しかしそれは容易なことではなかった。というのもロシア共和国は、独自の党組織を持っていない唯一の連邦構成共和国だったからである。ペレストロイカ以前は、このようなことが問題になることはほとんどなかったようである。ロシアの党当局者たちは、自分たちの利益は全連邦指導部が十分に考慮してくれていると感じていたからである。だが彼らは、ゴルバチョフにたいする不満を募らせていた。同時にほかの共和国の共産党が次第に独立傾向を強めていた。この二つの要因が相まって、ロシア共産党を作ろうとする動きは止めがたいものになった。

　そのような党組織を作ろうとする圧力は、すでに一九八九年の時点で高まっていた。しかし、ゴルバチョフは機先を制し、しばらくの間それをかわすことができた。ロシア共産党の代わりに、ソ連共産党中央委員会ロシア事務局《ビューロー》を設立したのである。[245] もちろんその長は、ゴルバチョフが兼任した。しかし、一九九〇年四月までにレニングラード党組織が、ロシア党を創立することを視野に入れて会議を開催するに至った。ゴルバチョフは勝ち目のない戦いと悟って、彼らの目的に反対することをやめた。むしろそうすることによって、彼らにたいする何らかの影響力を残そうと考えたのである。ついにロシア人共産党員の会議が六月にモスクワで開催され、そこでロシア共産党が創設された（ほどなく会議は名称を変え、ロシア共産党第一回大会と呼ばれるようになった）。保守派のイワン・ポロスコフが第一書記に選出された。[246] ソ連共産党内のロシア人改革派は、独自に発言すると称するこの新しい党組織とは関わりをもちたいとは思わなかった。改革派はそれ以前から、自分たちの組織である民主綱領派をソ連共産党の中に作っていた。そして、ロシア共産党の第一回党大会と同じく六月に、彼らも、ソ連共産党民主綱領派の第二回全連邦会議を開催した。[247] 共産党の一枚岩的統一というのは観念の領域における神話となってすでに久しかった。しかし組織のレベルでも、それは今や明白に過去のものとなったのである。

ゴルバチョフは政治の変革を進めながらも、共産党の両翼から孤立しないよう努力を続けた。同時に、連合の形成を目指し、その際、大統領制と同時に創設された新設の国家機関を利用しようとした。そのひとつに大統領評議会がある。大統領評議会は本来、大統領の諮問《しもん》機関であり、公的な役職を持っている人々となんら政治的職務に就いていない人々の両方で構成されていた。立法府から大統領評議会に入った人物を挙げると、まずルキヤノフがいる。彼は、ゴルバチョフを議長とするソ連最高会議において第一副議長を務め、ゴルバチョフが大統領に就任したあと、同会議の議長を引き継いだ。これによって、ゴルバチョフの議会進行の負担は軽減した。と同時に、法案通過にたいするルキヤノフの影響力も大幅に増大した。ルキヤノフのほかには、プリマコフがいる。プリマコフは最高会議連邦院議長で、同時にゴルバチョフの非公式な顧問団のメンバーであった。閣僚として大統領評議会に入ったのは、ルイシコフ閣僚会議議長、シェワルナゼ外相、有能でリベラルなバカーチン内相、ヤゾフ国防相、クリュチコフKGB議長、そしてマスリューコフ国家計画委員会議長であった。党機関を母体とする大統領評議会メンバーもいる。もっとも彼らは、職務権限によって選ばれたのではなく、むしろゴルバチョフから個人的に信頼されていたから選ばれたのであった。具体的に言うと、党中央委員会の有力書記アレクサンドル・ヤコヴレフがそうである。のちにワジム・メドヴェージェフもメンバーに加えられた。そのほかにはボルジンがいた。ボルジンは任命された時、中央委員会総務部長から大統領府長官に転出するところであった。

任命された者の中には、対照的な組み合わせが二組あった。ゴルバチョフは文学界からワレンチン・ラスプーチンだけではなく、チンギス・アイトマートフも引き抜いていた。ラスプーチンは、民族主義的な傾向を持つロシア人作家である（宗教的信仰心もあった）。一方、アイトマートフはキルギス人作家で国際主義者だった。アイトマートフは、一九八九年の第一回人民代議員大会における演説で、作家として大目に見てもらえる立場を最大限に利用し、社会主義の優れた実例として特にノルウェー、スペイン、カナダ、さらにはスイスを名指ししたことがある。[248] アイトマートフはこの異端的なアプローチを正当化して、次のように述べている。「これらの国の社会的な保護や、福祉のレベルは、われわれにとって夢物語である。これこそ本物の、労働者の労働組合社会主義である。それら諸国は自分たちのことを社会主義国とは呼ばないが、だからといって少しも劣るところがない[249]」。

大統領評議会のメンバーに選ばれたふたりの経済学者も、同じように対照的であった。ひとりは市場志向の経済学者シャターリンであり、彼はこの時までに社会民主主義を公然と支持していた。もうひとりはヤリンで、経済市場化の結果に疑いの目を向ける労働者を代表していた。こうした異質の人々を味方につけることができれば、広範な国民を十分にまとめ上げ、遠大な変化を支持するよう仕向けることが可能になる。ゴルバチョフは明らかにそう信じていたのである[250]。

しかし残念なことに、この混合体制はうまく機能しなかった。ゴルバチョフは大統領評議会の個々のメンバーを魅了したり説得したりして同意を取りつけることができた。しかし、そうした時ですら、全体としてのこの組織は、集団的な力をもたなかった。ある行動方針が好ましいと合意しても、その政策を遂行する支持構造をもっていなかったのである[251]。

当時、もうひとつ別の組織が創設されている。連邦評議会である。これも大統領付属の諮問機関である。構成員は連邦構成共和国の大統領、あるいは最高会議議長であった。第八章で述べるように、この組織はのちに重要性を増し、大統領評議会よりも長く存続することになる。大統領評議会の顔ぶれは、ゴルバチョフが個人的に決定した（ただし、閣僚会議議長だけは職務上、自動的に任命される）。しかし、連邦評議会の陣容は下からの決定、すなわち一五の連邦構成共和国の決定によって決まった。明らかにこの過程で敗北を喫したのは共産党であった。なぜか。政治局の人選は、党書記長の発言権がほかのだれよりも大きかったとはいえ、そのときどきの党最高指導部が集団的に決めてきた。ところが右の二つの組織ついては、党最高指導部は人事権を与えられていなかった。そして、この二つの組織が組み合わさって、政治局に取って代わろうとするかのような様相を呈していたからである。

しかし、得点を稼いだのはゴルバチョフではなかった。党中央委員会の経済関係の部は、そのほとんどが一九八八年に廃止され、政治局も格が下がった。その結果、行政府の中で権力を伸ばしたのは何と各省庁だったのである[252]（もっとも省庁は、立法府とマスメディアの両方から批判を浴びていたが）。したがって、ゴルバチョフにとって、急速に変わる社会や彼自身にたいして敏感に反応してくれる政府をもつことが、以前にも増して重要になっていた。フランスの第五共和制のように大統領と首相の両方が存在することになるとしても、変革のプロセスに熱心に取り組む首相や政府を置くことは、確かに、ゴルバチョフにとって最上の策だったはずである。そうすれば、新しい大衆の雰囲気と歩調を合わせ、同時に政策の実施をしっかり統制することができたであろう。

もっとはっきり言えば、大統領制を創設した時が、連立政府を樹立する絶好のタイミングであった。連立政府とは、たとえばソプチャークのような、新たに頭角を現してきた政治家を実権のある地位に据え、枢要な経済関係のポストにペトラコフやシャターリンを配置する政府である。理想的には、当時、個人的には対立していたとしても政策面では対立していなかったエリツィンを起用する手もあった。もっとも、一九九〇年三月の時点で連邦政府の最重要ポストのひとつを打診されたとしても、エリツィンがそれに喜んで応じたかどうかは甚だ疑問であるが。一九八九年夏、まだ大統領ポストも副大統領ポストも現実に創設される前のことであるが、シャフナザロフがゴルバチョフにこう提案したことがある。エリツィンの野心を満足させる好機のようにも思われるので、彼を副大統領にしましょう、と。するとゴルバチョフは答えた。エリツィンは、そのような役割に甘んじはしない。君は彼のことが分かっていない。「エリツィンには、人並みはずれたプライドがある。彼が必要としているのは全権力だ。そのためなら彼は、喜んで何でもする覚悟でいる[253]」。

いずれにしても、一九九〇年に大統領制と大統領評議会が創設される時までが、人望のある政治家を何人か指導的ポストに任命する潮時であった。(254) というのもこの時期は、正統的な共産主義時代が終わっていて、しかもソ連崩壊後の幻滅が始まる前の時期であり、まだロシアにも人望のある政治家が存在していたからである。

大統領評議会は、最重要閣僚から成る大統領顧問団《キャビネット》（英国の、閣僚全体の政府から区別される重要閣僚で構成されるインナー・キャビネットのようなもの）として設置しておけば、もっと力を発揮できたかもしれない。というのも、このときゴルバチョフは党機関から独立していたが、政策遂行という面では意外にも以前にくらべて立場が弱くなっていたからである。以前は政治局が、英国の内閣と同等の機能を果たしていた。当時は、あらゆるレベルの官僚に党の規律が満遍なく行き渡り、それら官僚は、ピラミッド状の階層《ヒエラルキー》を通じて伝えられる決定を遂行していたのである。英国型のインナー・キャビネットに代わるものがあるとすれば、それは、米国の例にならってしっかりとした大統領府を創設することであったろう。しかし、そうした組織ができたとしても（共産党が地方において権力を調整する役割を失いつつあった以上）、やはり省庁や地方の行政機関に頼らねばならなかっただろう。かつての共産党とまったく同様の、垂直的な指令系統を創るのでない限り、これはやむを得ないことであった。

共産党の事実上の行政権力を取り除いたなら、むしろ以前よりもっと省庁のネットワークに依存することになる。ゴルバチョフが理解していなかったのはこの点であった。したがって、以下の諸点がきわめて重要だった。省庁の階層の上層部分を広範囲にわたって変えること。大統領評議会ないし大統領顧問団に各省庁の有力者を取り込むこと。その際、命令を与える対象をもたないような根無し草の知識人を入れないこと。さもないと、実質的な行政組織になるはずなのに、その中身が薄くなるからである。

言うまでもなく、あらゆる角度から相対立する圧力を受けながらまったく新しい政治組織を創設することは、ごく控えめに言ってもたやすいことではなかった。たとえば、ボルジンを取り上げてみよう。ゴルバチョフのたっての願いで大統領評議会に押し込んでもらったボルジンは、大統領府長官として大統領の支援スタッフを整える責務を負った。しかしこの職務を、ボルジンは自分自身の権力を増強するために使ったのである。彼の関心事は、すべての文書が必ず自分を通過するように仕向けることにあった。こうしてボルジンは、ゴルバチョフのところにどの情報を上げるかを決定する権限を握った。ゴルバチョフの手元に届くそれらの情報は、ときに一方的であったり、ときに誤解を招くものであったりしたため、ゴルバチョフはそれによって欺かれることもあった。ただし、シャフナザロフやチェルニャーエフ、ペトラコフのおかげで、ゴルバチョフが全面的にボルジンに頼るということはなかった[255]。シャフナザロフらの肩書きは党書記長補佐官から大統領補佐官に変わったが、ゴルバチョフとの面会は従来どおり頻繁におこなわれていたためである。いずれにせよ、ボルジンが情報の入り口を統制したために、悪影響が生じたことは間違いない。不適切な決定が下されることもあったし、あるいはそれどころか、決定がおこなわれないという事態すら生じていた。

もっとも、ゴルバチョフの現実の政治支配にとって問題となったのは、大統領制とともに創設された新組織の欠陥だけではなかった。政治体制はすでに多元的になる一方であった。それに従って、ゴルバチョフ自身が政治課題を設定できる余地は狭まった。他の人間が着手したことや、予想もしていなかった危機に対応を強いられることが多くなっていった。共産党の権力を徐々に解体する一方で、モスクワの街頭では反対派のデモという新しい現象が起こっていた（大規模なデモが初めておこなわれたのは一九九〇年二月二五日のことである）。デモはゴルバチョフ自身にも矛先を向けていた。この結果、党の支配から完全に自由になりたいというゴルバチョフの意欲は萎《な》えていった。なぜなら、急進的な民主派から拒絶されているように感じたからである[256]。一方で党の支配者であり、党組織の産物としてのゴルバチョフがいた。他方で、博識で情報によく通じた新思考派のゴルバチョフがいた。反対派が台頭するに従い、この両側面の間に緊張が生じたのである[257]。

しかしながら、ゴルバチョフがあのような、体制の移行を目指す指導者になったのは[258]、権力の座にあった間の歳月をかけて、党機関の中で積み上げたおのれの経歴を大きく乗り越えたからである。地図のない政治領域に踏み出す過程でゴルバチョフが誤りを犯すのも無理はなかった。しかし、そのような誤りにもかかわらずゴルバチョフは、体制を党支配から国家支配へ、また一元主義から多元主義へと移行させる上で決定的な役割を果たしたのである。ゴルバチョフには、コンセンサスの形成を優先する政治スタイルがあった。また、相手の組織上の利益を掘り崩す場合、相手の反抗を未然に防ぐ手腕に長《た》けていた。こうした特徴は、時として(特に一九九〇年には)重大な欠点となることもあった。しかしそれがあったからこそ、ゴルバチョフの在任中の大半の時期、ソ連の政治上の転換は驚くほど平穏におこなわれたのである。

第7章　ゴルバチョフと外交政策

ゴルバチョフがソ連共産党書記長に就任したとき、西側で流布した説の中で二つの見解がかなり突出していた。ひとつは、ソ連の国内問題が重大なだけに、ゴルバチョフは全精力を国内問題に費やす。したがって、外交政策では継続を特徴とする低姿勢の政策をとるだろうというもの。もうひとつは重大な国内問題に直面して、ソ連はもっと精力的に冒険主義的な――場合によっては対外膨張主義的な――対外政策を追求するかもしれない、というものである。二つの予測はもちろん互いに対立する。共通していたのは、結局、どちらも間違いだったという点だけである。

実際はどうだったかというと、ゴルバチョフは歴代党書記長のだれよりもはっきりと国内政策と対外政策が連動していることを見抜いていた。確かにゴルバチョフはそれまで一度たりとも党の討議の場で、ソ連が伝統的に政治的反対や異論を封じ込めてきたことを批判したことはなかった（もっとも、そうしていたら党書記長になることはなかったであろうが）。しかし、心理的にはこの政策を変える用意はできていた。ソ連が反体制派を迫害する限り、西側民主主義諸国との関係は緊張し、不信は解けないということに気づいていたからである。顕著な例がアンドレイ・サハロフの国内流刑である（この点は前章で述べた）。同様に、軍や軍需産業、ＫＧＢに充てられる予算が国民所得の中で異様に大きな割合を占めていた。ゴルバチョフはこの事実が国際的な緊張を継続させるだけでなく、国内改革の道を閉ざしている、ということもよく理解していた。[1] 軍需偏重は一方でソ連経済をゆがめていた。民需産業は、国防部門とくらべてお粗末な状態に置かれた。そのため、技術革新では西側から後れを取り、その格差が広がっていたのだ。他方で、軍需偏重ということは軍産複合体が社会や政治の中であまりに大きな比重を占めている、ということを意味していた。[2] 要するに、国際的な緊張を緩和するという問題は、国内経済の再生や、政治体制内での勢力バランスの変更という問題と密接にからんでいたのである。

鍵となる人事

政治の舞台に新たに登場した人々と新思考の連動、すなわち「人事の力」と「理念の力」の連動については第四章で論じた。しかし、このような結びつきがこの上なくはっきり見られたのは、対外政策の分野であった。ゴルバチョフは六名ほどの重要な人物を登用している。そのおかげで、ソ連の対外関係に関する考え方と実際の外交行動を変えるにあたって決定的な影響力をふるうことができた。具体的に言おう。ゴルバチョフは一九八五年夏、シェワルナゼを外相に任命した。前任者はグロムイコである。[3] 党中央委員会国際部長には、ポノマリョフに代えてドブルイニンを任命した（一九八六年）。また、アレクサンドル・ヤコヴレフを政治局員兼書記に昇格させている（ヤコヴレフは一九八八年秋からは国際問題担当となっている。もっともそれ以前から、国内政策の立案に加え、外交政策の議論にも加わっていた）。ゴルバチョフはまた、党中央委員会社会主義諸国部長に、ルサコフに代えてワジム・メドヴェージェフを任命した（一九八六年）。同時に、同部第一次長にはシャフナザロフを昇格させている。さらに、チェルニャーエフをゴルバチョフの外交政策担当の補佐官に任命（一九八六年）。二年後の一九八八年には、シャフナザロフも補佐官の列に加わった。

このグループの中でも、シャフナザロフとヤコヴレフの二人が特に重要であった。チェルニャーエフの役割も重要度から見れば、これに近い。というのも、チェルニャーエフは政治的にはそれほど出世をしなかったが、ゴルバチョフに個人的に近かったし、国際問題の経験を積んでいたからである。シャフナザロフは東ヨーロッパ問題での顧問であったが、ゴルバチョフの個人スタッフに加わったあと、国内政治改革に関する仕事にたずさわるようになり、それゆえに一層重要な人物となった。これは第四章と第六章で述べた。同じことは、程度は劣るとはいえ、メドヴェージェフにも当てはまる。彼は一九八六年初めから一九八八年秋まで党中央委員会社会主義諸国部長（一九八八年秋以降、イデオロギー担当の党中央委員会書記）となったが、同時に、ゴルバチョフの国内問題に関する側近グループの一角を占めていた。第六章で見たように、画期となった第一九回党協議会に提出するための文書を起草したのは、その側近グループの人々であった。

以上、この六人は程度の差はあれ、いずれもゴルバチョフの外交政策チームのきわめて重要なプレーヤーであった。彼らを通して、ゴルバチョフは思いどおりのやり方で政策を遂行することができた。そのようなことは、国内政策のさまざまな重要分野、特に経済においては不可能であった[4]。第五章ですでに述べたように、ソ連の経済体制を急進的に変革しようと思えば無数の障害に直面することをまぬかれなかった。障害とは、閣僚会議議長であったり、既得権益を持つ多数の省庁であったりした。行政上の階層のあらゆるレベルにいる党書記たちも障害になった。彼らは現状を維持することに強い関心を抱いていた。工場の支配人たちも同様である。彼らの多くはソ連型の企業城下町における有力者であった。賢明な政策は実施の段階にたどりつくこと自体、容易ではなかった。しかし、たとえそこまで行ったとしても、遂行途中で、内容が水増しされたり、ゆがめられたりする機会は無数にあった。

これとは対照的に、外交政策の場合、監督官庁はひとつしかなかった。少なくとも東西関係に関する限り、それは外務省だけだったのである（他の共産主義諸国との国家間関係には、党社会主義諸国部も関与していた。党と国家の関係が一体となっていたからである）。外交分野での党中央委員会国際部の役割は、時に誇張されることがある。チェルニャーエフは一六年間（一九七〇～八六年）国際部次長として勤務した。チェルニャーエフの強調するところによれば、国際部は「すべてを知っている」。というのもあらゆる「機密情報」を知る権利をもっていたからである（そこにはＫＧＢや軍のスパイからの報告も含まれていた）。しかし、それでも国際部は「外交政策を担当していたわけではなかった[5]」。

外交はグロムイコの責任分野であって、ポノマリョフが監督責任を負っているわけではなかった[6]。この点を念頭に置いた上で、次のことに注意することが重要である。つまり、国際部は先進西側諸国よりも、第三世界との関係において大きな役割を果たしていた。国際部が多かれ少なかれ直接的に国家間関係に関わったのはこの分野である。しかも、国際部の主要な関心は、外部世界の政治運動や政党との関係を維持することにあった。メドヴェージェフはこう書いている。一九八六年初め、ドブルイニンが国際部長に任命された。それ以前には「国際部が扱っていたのは政党や運動との関係だけであった」。しかし、ゴルバチョフはそれを「変えて、国際政治の一般的諸問題を扱う部にする」ことを決めた。[7] しかし、ということは、国際部が「まったく準備不足」であったということでもある。したがって、外交政策の立案において引き続き強い影響力を保持したのは外務省だった。外交政策の実施に関してはなおさらそうであった。[8]

各国の野党とのコンタクトを別とすれば、東西関係で国際部が一定の機能を果たしていたのは専ら、党書記長のスピーチ原稿の作成に国際部の部長と次長が参加する場合であった。特に、ブレジネフ時代はそうだった。しかし、グロムイコ外相が一九七三年、政治局員になると、そのときから外務省の政治的比重は高まった。グロムイコは公式の党序列でもポノマリョフを上回っていた。そればかりか、歴代の党書記長すなわちブレジネフ、アンドロポフ、チェルネンコとの非公式な関係においても格が上だった。要するにグロムイコは政策の実行もさることながら、外交政策の立案においてもはるかに大きな影響力を持っていたのである。[9]

したがって、外相がグロムイコからシェワルナゼに代わったことは、国際部長がポノマリョフからドブルイニンに代わったことよりもっと重要なことであった。しかし、もちろん後者の人事も意味がなかったわけではない。ドブルイニンは一九八六年初めに国際部の部長に就任した。そして、一九八八年末に引退して、ファーリンにその席を譲る（みずからはゴルバチョフの顧問に納まった）。後任のファーリンはドイツ問題の専門家で、かつて外務省と党中央委員会の双方で勤務した経験の持ち主である。一九七一～七八年にはドイツ連邦共和国駐在大使を務め、成果を上げた。だがファーリンはドブルイニンと異なって、党中央委員会書記に昇格することはなかった（ドブルイニンは一九八六年に党書記を兼任)。要するに、一九八八年の秋から国際部の格が落ちたということである。それは、経済関係の省庁を監督する中央委員会各部が農業部を除いて全廃されたことと、軌を一にしていた。しかし、それ以前、つまり書記を兼任していたときのドブルイニンも、外交政策決定において支配的な人物とは言えない。ドブルイニンの主たる重要性は、ポノマリョフと異なり、イデオローグではなくてプラグマチストだという事実にあった。

このように東西関係は外務省を通して構築されていた。そのおかげでゴルバチョフは比較的容易に、ソビエト外交政策の立案において決定権を持つことができた。このことは、経済政策とは対照的である。経済政策については、ゴルバチョフは制度上の複雑さに直面し、厄介な問題に苦しめられていた。確かに党中央委員会の国際部と社会主義諸国部に加えて、国防省とKGBも外交政策に関する独自の見解をもっていた。そればかりか、時には、ゴルバチョフや外務大臣の信用を損なうような政策を追求することもあった。とはいえ、外交の主要機関はやはり外務省であった。ゴルバチョフがこの政策分野を左右しようと思えば、この組織を支配すればよかったのである。

外相の交代

グロムイコが外相になった初めの数年間、ソ連の政策決定において支配的権限をもっていたのはフルシチョフであった。もっともフルシチョフが打ち出した外交上の新機軸は、自身の失脚(一九六四年)の一因となったのだが。[10]それにたいして、一九七三年、政治局員となるまでの間に、グロムイコはすでに外相としての経験を一六年も積んでいた。したがって、外交分野で彼がますます圧倒的な力をもつようになったことはさほど驚くにあたらない。まして一九八五年となれば、すでに半世紀も外交分野で働いていたということになる。したがってゴルバチョフにはとって、グロムイコ排除を最優先課題とすることがきわめて重要であった。[11]シェワルナゼを外相に起用したことで、ゴルバチョフは同じ考えをもつ同志、信頼して協力できる仲間を持つことになった。ただしシェワルナゼは、ゴルバチョフ自身とくらべてもさらに外交経験の少ない外相であった。恐ろしく複雑な任務をマスターするまでの間は。

しかし、シェワルナゼの起用には、ゴルバチョフにとってきわめて重要な要因がもうひとつあった。ゴルバチョフは「外交官の任命には強く反対した。政治家を望んだ」[12]。政治家と官僚（公僕）を区別するのはソ連の場合、そう簡単ではない。しかし、シェワルナゼは、あまり従順とは言えない連邦構成共和国（つまり、生地《せいち》であるグルジア）の党第一書記であった。しかも、ゴルバチョフと同様、生まれつきの政治的素養があるだけに、前任者のグロムイコと異なるタイプの外務大臣になることが予想できた。

ちなみに、後任のベススメルトヌィフともタイプが違っていた。ベススメルヌィフは、比較的リベラルではあったが、過度に慎重だった。一九九〇年一二月、シェワルナゼが突然辞任したことを受けて応急措置的に外相に任命された。経歴的には一貫して職業外交官であり、専門はドブルイニンの場合と同様、アメリカである。ベススメルトヌィフにとって最大の試金石となったのは一九九一年の八月クーデターであった。このときは、クーデターを起こした一党に共鳴していたわけではなかったが、結局、（病気のふりをして）終始慎重な姿勢を守るのがやっとだった。これがベススメルトヌィフの短い政治生命を断つことになった[13]。

シェワルナゼを任命するにあたって、ゴルバチョフにはいくつかの基準があった。したがってこの人事は、単に自分を支持してくれる友人を昇進させたというだけのことではない。ゴルバチョフは政治家を欲していた。ゴルバチョフの計算はこうだった。政治家タイプの人間であれば、ただちに政治局員になれるであろう（政治局員になるということは、ゴルバチョフにとっては貴重な味方を得るということでもあったが、本人にとっても外相としての重みを増すことになる）。同時に、その種の人間なら、西側の指導者や外相連を相手にするときに必要な、政治的な勘や政治家としての感性をそなえているであろう。結果はゴルバチョフの期待どおりになった。当時イギリス外相であったジェフリー・ハウ卿は、シェワルナゼと話したとき、官僚ではなく同類の政治家を相手にしているようだったと言っている[14]。ゴルバチョフの側近であったチェルニャーエフは、「シェワルナゼ外交にゴルバチョフが従っていたのではないか」という質問にはただちに首を横に振る。しかしその彼も、シェワルナゼが個人的に「政策遂行に大きな貢献をした」ことは認めている。(15) チェルニャーエフはシェワルナゼについて、知的かつ誠実で、「グロムイコ的な官僚とはまったく違うスタイル」を備えていた、と評している。(16)

ソビエト外交の新しいスタイル

ゴルバチョフは外交を支配することができた。それは、このように外務省が本来の役割を果たし、しかもシェワルナゼの外相就任後、ゴルバチョフの意を酌《く》んで動いていたおかげであった。しかし、ゴルバチョフが外交を支配することを可能にした理由はほかにもある。それは、国家間の外交が（空路の移動時間の短縮や、他国の首脳との特別な通信手段などのおかげで）スピードアップしてきたことと関係する。外交政策の実行における各国首脳の役割が重要になり、その分、外相の影が薄くなっていたということである。一九七〇年代末以降のブレジネフやその後継者であるアンドロポフやチェルネンコが耄碌《もうろく》していたために、この世界的な傾向はいくらか見えにくくなっていた。しかし、有能なソ連指導者がクレムリンに現れるや、ソ連との最高レベルの会談というのはゴルバチョフと話すことだ、ということがはっきりしてきたのである。

こうしてゴルバチョフはたちまち、外国の首脳との会談を引きも切らず打診されるようになった。実際、ゴルバチョフは党書記長になって間もないころ、海外で大きな人気を博した。そのため、西側の政治指導者たちは自分の人気が落ち目になると、ゴルバチョフを招くか、あるいはモスクワに出かけていく。クレムリンでゴルバチョフと一緒に写真に納まったり、議論したりして、人気回復を図ることも辞さなかった。というわけで、ゴルバチョフに会いたいという需要に加えて、ゴルバチョフ自身の興味や自発的意志が重なり、ゴルバチョフは外交面で（舞台裏での政策立案ばかりか、実際の首脳会談という行動面においても）、非常に活発に動いた。ゴルバチョフはその点で、フルシチョフや元気なころのブレジネフをも圧倒していた。

たとえば、ゴルバチョフが党書記長であった間、米ソ首脳会談《サミット》が開催されなかった年はない。ゴルバチョフがソ連の最高指導者だったわずか七年弱の間に、米ソ首脳会談は全部で九回おこなわれている。そのうち五回はロナルド・レーガンが、四回はジョージ・ブッシュ（父）が相手であった。[17] ゴルバチョフ以前はといえば、最後の米ソ首脳会談は一九七九年ウィーンでのブレジネフ＝カーター会談であった。ゴルバチョフは首脳会談のために三回も訪米しているが、それ以前には、そうした例は二回しかない。すなわち、一九五九年のフルシチョフ＝アイゼンハワー会談と、一九七三年のブレジネフ＝ニクソン会談である。

アメリカ大統領との会談に加え、ヨーロッパやアジアの指導者との会談も目白押しであった。アジアの指導者の中には、中国や日本の指導者も含まれていた。少し前のソ連では、そのようなことは異例のことであった。ゴルバチョフは中国指導者との関係正常化を果たした。もっとも、中国指導部の方では、ソ連の自由化および民主化の動きや、その帰結である（と彼らが見る）東ヨーロッパの共産主義の瓦解を目の当たりにして不安にかられたが。日本人にたいしては、ゴルバチョフは北方領土問題で譲歩する用意があった。日本側は北方領土問題をあくまでも関係改善の障害としていた。しかし、ゴルバチョフが日本を訪問したのは一九九一年であった。ゴルバチョフはそのときまでに、政治的に弱体化しており、取引をする余地はなかった（ロシアが連邦中央にたいして権利を主張していた）。[18] 一般的に言って、ゴルバチョフ時代の対アジア関係では、劇的に新しいことは多くはなかった。その中でひとつ新しい要素はといえば、それは韓国との関係である。外交関係が樹立されただけでなく、その後、経済関係が拡大の一途をたどった。[19]

このように、ゴルバチョフ時代にはソ連外交が活発化した。当然、新しい外相も重責を担うことになった。シェワルナゼはこれを巧みに、そして見事にこなし、しかもその過程で諸外国の外相たちの尊敬と、時には敬愛すら勝ち取ったのである。[20] シェワルナゼは比較的開けっぴろげで率直であった。その点で、グロムイコの政治スタイルと驚くほど違っていた。グロムイコはミスター・ニェットというあだ名を受け継いでいる。この異名を最初にたてまつられたのは、スターリン時代の外相モロトフである。[21] グロムイコについては、次のようなエピソードすら伝えられている。西側の外交官に「朝食はお気に召しましたか」と尋ねられたグロムイコは、手の内を隠そうとするあまり、慎重にゆっくり間をおいてから、答えをぼかして「多分」と答えたというのだ。[22]

西側の指導者や外相、高官たちはこのようなソ連外交の新しいスタイルを、一様ではない、複雑な気持ちで受け止めていた。というのも、態度の変化はすぐに見て取れたが、他方で内実の変化はすぐに分かるものではなかったからである。一般的に言って彼らは、ドグマ一辺倒を脱した交渉相手、真の対話ができる交渉相手を歓迎した。しかし他方では、あることにも気がついた。それまではソ連のプロパガンダのお粗末ぶりのおかげで、世論を味方につけるのが容易だったのに、もはやそれに頼ることができなくなったということである。

一九八六年のはじめまでには、シュルツ米国務長官は次のようないくつかの重要な結論に達していた。「ソ連はまったく新しいやり方で外交政策を行おうとしている」。ゴルバチョフは「図抜けて高い能力、鋭敏さ、ねばり強さ」をもち合わせている。「政治局を対象とする政治においても巧妙で、抜け目のない戦術家であるところを見せ」、「たちまちにして重要ポストに仲間を配置した」。そして、ゴルバチョフは「劣等感をもっていない」（レーガン大統領にたいして、「ソ連は劣等感をもっている」と助言してきたアメリカ政府のソ連専門家たちの面目は丸つぶれであった）。[23] この種のソ連指導者を歓迎したものか、あるいはきわめて危険だと考えるべきなのか。アメリカではその点について、意見が分かれた。西ヨーロッパにおいてそうであった以上に。[24]

質の高い外交スタッフ

強力な外交政策チーム以外にも、この新しい自信に満ちたソ連指導者は、国際問題を扱う上で、もうひとつ利点に恵まれていた。それは、国際関係や外国研究に関してソ連が質の高い専門家を数多く擁していたという事実である。政府内でもしかり、すでにほかの章で指摘したさまざまな政策志向の研究所でもしかり、である。繰り返しになるが、国内政策、特に経済政策に関しては、これほどの人材はそろっていなかった。[25] いずれにせよ、そうした専門家は何よりも外務省自体にいた。そこは、比較的開明的で能力のある人材に事欠かなかった。グロムイコのもとでは、彼らは遺憾なく才能を発揮したり存分に政治的判断を下したりする機会に恵まれていなかった。外交政策に変化が起こり、それが首尾よく実行に移されたのは、ひとつには、こうした外務官僚の昇格があったからである。たとえば、一九八六年にアダミシンとペトロフスキーが外務次官に昇任したのがそれである[26]（もちろん外国政府にソ連外交政策のトーンの変化を知らせるという点では、前任者とはまったく違うゴルバチョフとシェワルナゼの個人的スタイルのほうが、はるかに重要であった。それは言うまでもない）。

ポスト・スターリン時代にソ連の教育水準が向上したことは、外務省や党中央委員会国際部のスタッフの学歴に反映されていた。彼らの多くは、エリート教育機関、特にモスクワ国立国際関係大学（略してＭＧＩＭＯ）の卒業生だった。ＭＧＩＭＯの卒業生はＫＧＢに入ることも多い。多くの点で、ソ連の外交エリート層は一九八〇年代中頃までに、西側の外交官と同じぐらい高度な専門的能力を身につけるようになっていた。もっとも、もちろんそこには新思考派もいれば、旧思考派もいた。そして、前者ですらゴルバチョフ期までは、自分でも気づかずに弁護の余地のないものを擁護していることが多かった。

国際部にも質の高い有能な人材がいた。[27] ソ連の外交官の中には、「国際部は、グロムイコ率いる外務省以上に、保守的な共産党員が占める割合が高い」と感じている者もいた。しかし、正統派共産主義の砦に擬せられていたこの国際部からも、若手の職員の大半はソ連崩壊後、現在のロシア外務省のスタッフへと滞りなく横滑りすることができた。[28] しかも重要なことは、ゴルバチョフはペレストロイカ期、国際部から多くの補佐官や顧問を調達したということである。その中で最大の影響力を誇ったのは、チェルニャーエフであるが、そのほかにもグラチョフや、長期にわたって国際部第一次長を務めたザグラジンがいる。ザグラジンは一九八八年に国際部第一次長から転出し、ゴルバチョフの顧問に就任した。現在でもチェルニャーエフ同様、ゴルバチョフ財団でゴルバチョフとともに働いている。ザグラジンはブレジネフのもとで出世を遂げたということもあり、次第にご都合主義者と見られることが多くなっていった。しかし彼は、フルシチョフ期には変化を求めようと純粋な情熱を傾けた人物である。ゴルバチョフ期にその熱意を何がしか取り戻したとしても不思議ではない。[29]

このようにゴルバチョフは、国際問題を専門とする研究所の専門家に広く助言を仰いでいた。にもかかわらず、スタッフの任命に際しては党機関の職員に頼ることを好んだ。これは注目に値する。ゴルバチョフの在任中の少なくとも初期においては、体制の規範がまだ十分に強かったため、そうするより仕方がなかったのである。後年、特に一九九〇年にソ連大統領に就任したとき、ゴルバチョフは人事をもっと自由に動かせるようになった。第五章で論じたように一九八九年の末になって、ゴルバチョフは経済学者であるペトラコフを経済政策担当の補佐官に任命した。これは官僚組織の外部から専従のスタッフを調達した比較的珍しいケースと言える。[30] ゴルバチョフがこの点でもっと大胆に行動していたら、それは国内政策にとっては有益であったかもしれない。しかし外交政策に関しては、人材の補給源を内輪の人間に頼ってもほとんど害はなかった。それどころかゴルバチョフは、有能で、新しい考えに柔軟に対応できる外交政策チームを作ることができた。彼らは全員、党官僚として幅広い経験を有していた。特に、シェワルナゼとヤコヴレフはそうだった。もっとも、彼ら自身（特にヤコヴレフ）はゴルバチョフと同様、実際に政策の選択肢を考えるときには、以前より大いに研究機関の専門家を活用するようになっていた。

たとえば、一九九〇年イラクのクウェート侵攻後、ゴルバチョフがアメリカの政策にたいする支持を表明する前夜のこと。ゴルバチョフの外交政策担当の要であるチェルニャーエフ補佐官は、数人の国際問題専門の学者を集めた。彼らの間でも意見の違いはあった。しかし結局、サダム・フセインにたいして強硬策で臨む方針をまとめた。強硬策というのは、最後の手段として武力を行使する可能性も含むという意味である。[31]このとき、外務省の中東専門家はまだそうした政策に反対していた。長い年月をかけてソ連がこの地域の急進的な政権と築いてきた関係が損なわれることになる、と感じたからである。しかし、シェワルナゼも省内の意見に反して、アメリカの立場を支持する構えであった。実際、シェワルナゼはゴルバチョフよりも明確に軍事力行使を支持していた。[32]ところが、ゴルバチョフはプリマコフの要請に応じた。プリマコフはソ連科学アカデミー東洋学研究所の所長を経て、当時は、ヤコヴレフの跡を継いでＩＭＥＭＯ（世界経済国際関係研究所）の所長を務めていた。プリマコフは自分の説得力や中東コネクションを使って、サダムにたいする説得工作を試みようとしたのである。プリマコフはサダムに、イラク軍をクウェートから撤退させ、目前に迫った対イラク攻撃を回避すべきだと力説した。プリマコフの介入はシェワルナゼをいらだたせた（このとき、プリマコフは大統領評議会のメンバーであり、のちにはエリツィン政権の対外諜報庁長官になる）。ただしプリマコフ工作は、結局、徒労に終わっている。[33]

ゴルバチョフは政権の座に就いて以来、外国にたいするソ連の軍事介入には一貫して反対してきた。そして、湾岸危機を含めあらゆる危機は政治的に解決することが望ましいとの姿勢を明確にした。しかも、政治的解決をなおさら優先しなければならない事情があった。それは、危機が起こったのが一九九〇年末のことで、すでに（軍を含む）ソ連内部の保守層から強い圧力がかかっていたということである。にもかかわらず、イラクに関するゴルバチョフとシェワルナゼのアメリカ支持は、基本的には一貫していた。その結果、ロシア民族主義を支持する人々や正統派共産党員は、両人にたいする憤りをますます募らせた。[34]

国際部の活用

外交政策の立案にあたって、ゴルバチョフにはひとつの考えがあった。それは、党中央委員会国際部を以前にも増してソ連指導部のシンクタンクとして活用することであった。そうすれば国際部は、第三世界の革命運動にばかり注意を向けるのではなく、もっとソ連指導部にとって中心的な主題、たとえば東西関係のような問題を対象として新機軸に取り組むことになるはずであった。ゴルバチョフは、国際部と外務省の関係を競合的というより、補完的なもの、それでいて別の選択肢を提供できるような組織にしたかったのである。[35]

このゴルバチョフの、関心を東西関係に移させ、同時に外務省との協調を維持するという二つの目標は、国際部の人事に反映された。すなわち、党中央委員会国際部長(兼党中央委員会書記)にドブルイニンが、そして第一次長にコルニエンコが任命された。コルニエンコもドブルイニン同様、生粋の外交官で、一九七七年から一九八六年にかけて第一外務次官であった。しかしながら、コルニエンコはのちの発言からわかるように、ゴルバチョフ流の新思考というより、むしろグロムイコ時代の、真実とごまかしを使い分けるやり方になじんでいた。[36] 他方、ドブルイニンは比較的リベラルで、すこぶる有能な外交官という定評があった。ドブルイニンは駐米大使時代にヤコヴレフと良好な関係を築いた。後者が一〇年にわたってカナダ駐在ソ連大使を務めていた間のことである。両者の人間関係も、ドブルイニンを起用した理由のひとつだったかもしれない。ゴルバチョフは、ヤコヴレフの助言にはよく耳を傾けていたから。チェルニャーエフはこう言っている。「ゴルバチョフはドブルイニンの前任者ポノマリョフを嫌っていた(加えて、ポノマリョフの考え方やコミンテルン的態度を嫌い、国際共産主義運動において同権主義を確立しようとしていた)。だが、ゴルバチョフがドブルイニンを選んだ理由それだけではない。ゴルバチョフは経験ある外交官を部長に据えることで、国際部を、外交政策全般を扱える組織に変えたかったのだ[37]」。

ドブルイニンの起用によって、確かに革命運動への関心を弱めるという狙いは、かなった。しかし、ほかの点ではゴルバチョフの期待は裏切られた。あるいは、期待を裏切られたのは、アメリカ政府のドブルイニン崇拝者のほうであった、とも言える。彼らは、ドブルイニンが長年にわたって駐米大使を務めている間に、その外交手腕を高く評価するようになっていた。だがドブルイニンはあまりに長くアメリカにいたので、モスクワよりも、むしろワシントンの権力の回廊を知悉《ちしつ》していた。党中央委員会の機関内部にコネクションをもっていなかったということは、公式の肩書きが額面上示すような重みを、決して持てなかったということでもある。加えてドブルイニンはもともとアイデアマンではなかった。政策の遂行に長けている人物であった。その上、彼はアメリカに魅せられていた。ドブルイニンは、今や共産党内で全世界を担当する責務を負い、しかもゴルバチョフがヨーロッパにたいする関心を強めていたというのに、アメリカ訪問団を接待すること何よりも好んだ。[38] ドブルイニンは「母国の現実よりも、アメリカの現実に詳しかった。しかも、格段に」。[39] 国際部は、共産党や第三世界の革命運動はもとより、西ヨーロッパの社会民主主義政党との関係構築も責務としていた。[40] しかるにこれらはいずれも、ドブルイニンにとっては不可解な存在であった。なぜなら、アメリカの政治生活には欠如していた政治勢力だったからである。[41]

しかしながら、国際部が外務省にたいして重要な独立した情報や構想の発信源になれなかったのは、ドブルイニンの起用だけが原因ではなかった。チェルニャーエフが指摘するように、もしグロムイコが外相にとどまっていたなら、うまくいったかもしれない。しかし、シェワルナゼの外相就任とともに、国際部が従属的な地位に置かれることは避けられない運命にあった。なぜなら、シェワルナゼはゴルバチョフの長年の友人だったし、物の考え方や世界観も一致していたからである。[42] ドブルイニンは「とても忠実で性格もよい」人物であった。シェワルナゼや外務省との関係も協力的であった。[43] ところが一九八八年、ファーリンが国際部長になると雰囲気は一変した。彼は国際部を、代替案が提示できるような、れっきとした部局にしようとしたのだ。これこそは、ゴルバチョフがもともと構想していたことであった。だが、「シェワルナゼはあっさりとファーリンを無視した」。そのために両者の関係は、当初から険悪になった[44]。事実、ファーリンはひどく憤慨していた。国際部が多くの重要案件に関して、書記長や外相から無視されたためである。

ただ、この点は別にしても、ファーリンは(そしてコルニエンコも)、ゴルバチョフの対外政策やゴルバチョフとシェワルナゼの外交行動全般にたいしても批判的であった。批判の核心は次の点にあった。二人は普遍的価値や全人類の利益に傾倒するあまり、ソ連の「国益」を、十分な熱意をもって擁護しようとしていない。また、十分な外交駆け引きをしていない。ドイツ再統一に関しても、軍備管理に関しても[45]。

新思考

ゴルバチョフ時代には、ソ連政治に新しいアイデアが目立って多く提起された。この点はすでに第四章で強調した。ただし第四章では、特に政治制度に関する新しいアイデアに焦点を当てた。しかし、外交政策に関する新思考は間違いなくそれに劣らず重要であった。しかも、すぐに成果を生んだ。ゴルバチョフが就任し、新しい外交チームができると、指導部は新機軸を発案したり奨励したりした。指導部はまた、外務省や中央委員会組織のスタッフや、そして広くメジュドナロードニキ(国際関係や地域研究の専門家たち)一般が発案する新鮮なアイデアにもよく対応した。政策の再考は根本的なものであり、それは、ソ連の新しい政治行動にたいする概念枠組みを提供することになった。

一九八六年初めの第二七回党大会でのゴルバチョフの基調演説はまだ、内部的にまとまりのある新しい外交政策を打ち出してはいなかった。それでも、重要な新しい要素がいくつか含まれている。たとえばアフガニスタンでの戦争を「出血している傷」と表現した。ゴルバチョフがソ連の軍事干渉に終止符を打つという決断をしている旨、公の場で示唆したのは、これが初めてであった。

対米関係に関しては、ゴルバチョフは「唯一、その名にふさわしい安全保障というものは、相互安全保障でなければならない」と強調した。ゴルバチョフはそれと同時に、以後ソ連の軍事支出は、潜在的な敵であるアメリカとあらゆる項目において同レベルであることを目指すのではなく、「合理的十分性」を基準とすべきであると力説した。[46]当時このドクトリンは、軍内部の少なからぬ人々の怨嗟の的となり、やがて軍内の保守層から激しく攻撃されるようになる。マカショフ将軍はこのように述べている。ソ連軍にたいしてもっとも痛烈な打撃を与えたのは、だれあろう、最高司令官ゴルバチョフだったのだ。『合理的十分性』ドクトリンを提唱して、国家の軍事力の計画的削減を開始した。そしてのちには軍事力の破壊すら始めたのだ[47]」。

ゴルバチョフはまた、ソ連外交の多極化を推進する意向も示し、こう述べている。「国際政治においては、単に一国との関係だけに専念すべきではない。たとえ相手がきわめて重要な国だったとしても、である」。そのようなことをすれば、「過去の経験からも明らかなように、力にもとづく傲慢さを増長させるだけだ」（強調はブラウン）[48]。これはアメリカ批判であるばかりか、グロムイコ外交への間接的な批判でもあった。このことは、ゴルバチョフの次のような言葉からも窺える。「外交政策の継続性ということは、過去におこなわれてきたことを単に繰り返すということとはまったく違う。山積している問題に取り組む場合には、特にそうである」（強調はブラウン）[49]。

ソ連外交の新思考における最も重要な要素は、「人道的普遍主義」であった。この概念を比較的早い時期に表明したものとしては、一九八七年二月にモスクワでおこなわれた国際フォーラム「非核世界の実現と人類の生存を目指して」におけるゴルバチョフの演説がある。[50]この概念は、一九八八年夏の第一九回党協議会と、[51]同年一二月のゴルバチョフの国連演説において、権威ある形で詳述されている。[52]これは古いソ連の似非《えせ》国際主義とはまったく違う。似非国際主義においては、国際関係にたいする「階級的アプローチ」、「プロレタリアート国際主義」、「社会主義国際主義」がリップサービスとして喧伝《けんでん》される。だが実は、それらはソ連の利益第一主義を示す符牒にほかならなかった。これらの婉曲語法は、イデオロギー的に表現した国益認識なのである。そこでは、マルクス・レーニン主義と、大国としてのソ連の国益との対立はまったく存在しなかった。これは驚くには当たらない。なぜならソ連共産党指導部は集団として、マルクス・レーニン主義イデオロギーを解釈する責任者だったからである。彼らは、それを擁護し、「創造的に発展させる」責任を負っていたのだ。ソ連の制度とドクトリンはきわめて緊密にからみ合っていた。マルクス・レーニン主義は、イデオロギーというセメントを提供し、これによって権力構造が束ねられていた。他方、共産党はこのイデオロギーを構造的に支えていたというわけである。

「階級的アプローチ」という概念は、表面的には実際の労働者の要求に耳を傾けるということを意味しているように聞こえるかもしれない。しかし、言うまでもなく両者には何の共通性もない。一九八〇〜八一年、ポーランドの自主労組「連帯」が高揚を見せたことがあった。「連帯」は、ポーランドの労働者の大多数によって支持されていた運動である。しかしこれにたいして、ソ連指導部はまたもや支持するどころか、神経質かつ敵対的な態度で臨んだのである。(53)「階級的アプローチ」や「プロレタリアート国際主義」という観念がいかに見せかけだけのものであれ、レトリックの裏には現実があった。それは、「世界は永遠に敵対的な二つの陣営に分かれている」という世界観である。この世界観によれば、東西関係はクトー・カヴォー（*kto kogo*）、すなわちゼロサムゲームと見なされる。(54)したがってレグヴォルドが言うように、ゴルバチョフがやってのけたことは、「ソビエト外交政策の概念の中でもっとも神聖な部分を破棄したに等しかった。すなわち、『国際政治のもっとも基本的な原動力は、社会主義と資本主義という二つの歴史的な社会秩序間の緊張関係にある』という見解を放棄したのである(55)」。

かつて、これら二つの異なる体制間の戦争は不可避だという考え方があった。すでにフルシチョフ時代にこれは放棄されている。それ以来、「平和共存」概念が前面に打ち出された。しかし、この考えが喧伝されるときには必ず、そうであっても階級闘争は弱まるどころか激化するという趣旨のただし書きが付いていた。特に、国内用の文書ではそうである。ただし同様に、NATO諸国との実際の戦争は（イデオロギー闘争は別として）避けねばならないということも認識されていた。一九八六年初めの第二七回党大会では新党綱領が採択されることになっていた。それが準備されていた一九八五年には早くも、ゴルバチョフはこの平和共存の定義――すなわち、異なる社会体制をもつ国家間の平和共存は「特定の形態の階級闘争」であるという定義――を放棄する決定をしていた。[56] ゴルバチョフが強調したのは、相互依存、普遍的価値、そして「全人類」の利益であった。これらは旧来の常套句とはまったく異なるものであり、少なくとも最高指導部にとっては真に新しい考え方だったのである。[57]

レーニンからの引用

普遍的価値を階級利害や階級的価値より上に置くことは、古典的マルクス・レーニン主義からいちじるしく逸脱している。まさしくそれゆえに、ゴルバチョフは苦労して、レーニンも（その思想の特徴からはほど遠かったにせよ）似たような評価を下していたと主張したのであった。一九八六年一〇月、作家たちとの会合でゴルバチョフは次のように述べた。レーニンは、「特定の階級の利益よりも社会発展の利益や全人類的価値を優先している」という点で「驚くほど深みのある考え」を表明していた、と。[58]

しかし、ゴルバチョフが先頭に立って（一連のソ連の解説者もそれに倣《なら》って）レーニンから引用した一節は、「労働者階級」の利益と「一般社会」の利益との対立を想定したものではなかった。まして「全人類的価値」などという語句は含まれていない。この点はスティーヴン・シェンフィールドが指摘しているとおりだ。[59] それでも新指導部になってからごく初期の段階ですら、「ゴルバチョフの『新思考』のおかげで、道徳的絶対主義が公式イデオロギーの砦の中に、不安定ながら足場を築くことが可能になったのだ」。シェンフィールドのこの分析は当を得ている。[60]

ゴルバチョフは著書『ペレストロイカ』(一九八七年)の中でも普遍的利益・価値の問題を取り上げている。彼はレーニンを「新しい角度から」読んだという。そして、レーニン本人とその「物事の本質に迫る」能力から、インスピレーションを得たと語っている。ゴルバチョフはこの点を敷衍《ふえん》して、さらに続けて次のように述べている。

プロレタリアート党の指導者となり、理論的にも政治的にもプロレタリアートの革命的使命を具体化しつつ、レーニンはさらに先を見ることができた。階級によって課された制約を超えることができたのだ。レーニンは、階級の利益よりも全人類に共通する利益が優先すると、一度ならず語っている。今になってようやく、われわれはこのような考えの深さと重さを理解するようになった。(61)

ゴルバチョフはレーニンの本質からはますます遠ざかろうとする一方で、すでに前のほうの章で指摘したとおり、レーニンを理想化する考えを持ち続けていた。だが、ここで引用した一節は、レーニンを手段として利用する典型的な便法であった。これはソ連の政治家が、少なくともソ連解体の一、二年前まで、よく使ったやり方である。外政、内政を問わず、ドクトリンを表明するときや重大な行動を起こそうとするときには、レーニンを引き合いに出さなければならなかった。行動を正当化するためである。ゴルバチョフは、イデオロギー的含意のある外交政策を表明するとき、二種類の大きく異なる聴衆を相手にしているということを意識していた。ひとつは国内の聴衆である。その中で少なくとも政権の最初の五年間、ゴルバチョフを脅かす主たる勢力は、共産党の保守層であった。彼らはゴルバチョフが正統派マルクス・レーニン主義を放棄しようとしているのではないか、また、共産主義システムの柱を破壊しようとしているのではないかと、強く警戒していた。もうひとつは、外国の聴衆であった。彼らがレーニンへの言及に関心を寄せることはまずなさそうであった。むしろ関心の的は、ソ連の基本方針の変化がどれほどの度合いで、どれほどの程度の範囲に及ぶのか、そして、それがソ連の行動にどのような影響を与えるのかという点にあったろう。

党書記長になってゴルバチョフがネップ期のレーニンの著作を数多く再読したのは確かである。しかし、普遍的価値や利益という観念、特に核時代におけるその重要性は、何もレーニンを再読した結果として意識に上ったわけではなかった。これらの考え方は、サハロフを筆頭とするソ連の知識人たちや党内のリベラル派知識人たちがもっと前に練り上げていた（後者、たとえばブルラツキーやシャフナザロフは、ゴルバチョフとその腹心の盟友に直接的影響を与えた[62]）。それでも、もちろんこれらが権威あるドクトリンとなることができたのは、ゴルバチョフがそれを受け入れたからである（伝統的マルクス・レーニン主義から言えばきわめて修正主義的であったのだが[63]）。多くのソ連の当局者、特に軍エリート層にとって、ゴルバチョフが過去のソ連の信念を放棄するのを受け入れることはむずかしかった。ドミートリー・ヴォルコゴーノフ将軍ですら一九八七年、ゴルバチョフに手紙を書いて、「新思考概念に見られる平和主義に強く抗議した」という[64]。彼はのちにはエリツィンと昵懇《じっこん》の間柄となり、今度はレーニンについてきわめて批判的な伝記を書くことになる人物である。二巻本のレーニン伝を一九九四年に出版している。その中でヴォルコゴーノフは、ゴルバチョフがレーニン主義に固執していたと批判している。それは、恣意的に選択した証拠を根拠としており、ゴルバチョフの考えの要点は無視していた。だが、右に述べたようにヴォルコゴーノフは、ゴルバチョフに平和主義と見られるものがあることを認めていた。このことからも分かるように、ゴルバチョフは、レーニンとはきわめて異なる考え方をしていたのである。たとえ相変わらず、レーニンにたいして過大な評価を続けていたとしても[65]。

社会主義の資本主義への収斂《しゅうれん》

多くの場合、外交政策での新思考に貢献した人々は、国内改革でも革新的な考えの持ち主であった。資本主義国と社会主義国の相互依存的で調和的な関係構築は可能であると考える者は、至極当然のことだが、これらの用語の再定義をも受け入れた。「社会主義」も「資本主義」も、多岐にわたる政治的、経済的な実体を表現するために使われる概念である。その中には、社会主義的独裁とか資本主義的独裁というようなものまで含まれている。しかし、社会民主主義や自由民主主義といった形をとる場合、「民主的社会主義」と「民主的資本主義」の違いは、些細なものになった。ゴルバチョフはグローバルな関心とか普遍的価値を強調した。実はこうすることで、共産主義の最終的勝利という考えを放棄し、政治的、経済的な多様性や、イデオロギーの境界をまたぐ国際的な協力を正当化したのである。

ある意味では、「社会体制の収斂《しゅうれん》理論」を採用したとも言えよう。ブレジネフ期にこのような収斂を見出していた西側の専門家は少なくない。しかし、それは時期尚早であり、しかも大抵は間違いであった。ソ連の観念論者たちは声高にこれに非難を浴びせたが、その理由も間違っていた。もっと言うと、ゴルバチョフ期の収斂は次第に政治的現実となりつつあったが、それは、本来の収斂理論が想定した筋道をたどらなかった。予想では、理念型としての資本主義と共産主義がお互いに歩み寄って中間点で収斂するとされていたのだが、実際には、歩み寄りはほぼソ連側からしかおこなわれなかった。西側のリベラルで民主主義的な規範は次第に、伝統的ソ連の規範よりも優れたものとして受け入れられた。実際、T・H・リグビーが指摘したように、「正常な」とか「文明化された」という形容詞が、「ソ連では見られない慣行や状況を示すのに使われるようになり、『文明化された諸国において』という言い回しの中で使われた場合には、この上なく意味深長なものとなった」[66]。

ゴルバチョフ自身、「文明」とか「文明化された」という用語を多用した。たとえば、一九八九年一一月にプラウダ紙に発表した重要論文で、彼は「文明」という言葉とその派生語を一〇カ所で使っていた[67]。ゴルバチョフの主張はこうだ。ソ連は文明の一部であり、それを保護する責任がある。それなのに過去においては、人類が過去数世紀にわたって発展させてきた多数の事柄の重要性を、過小評価してきた。「そのような文明の成果には、道徳や正義の指針となる素朴な規範だけではなく、次のようなものもある。法の前の平等、人権と自由など、成文化された法の原則。

また、価値法則にもとづく商品生産と等価交換の原則」[68]（ここでゴルバチョフは、「文明」の一部として法の支配と市場に言及している。法の支配に関しては明快だが、市場に関しては言い回しが複雑になっている）。

このときまでに、ソ連の作家や社会科学者たちの中には、社会主義の概念を放棄する者もいた。しかし、ゴルバチョフは彼らとは違って、社会主義の発展を文明の進歩と結びつけていた。[69]「民主主義と自由は、文明の生み出した偉大な価値である。そしてわれわれはこれを受け継ぎ、そこに社会主義的内容を盛り込もうとしている」[70]。しかし、彼は次の点も認識していた。「世界文明に照らすなら、われわれは多くの重要な分野で取り残され、技術的にいって過去の時代にとどまっている」。一方、「西側諸国は別の時代に移行しつつある。それはハイテクの時代である。すなわち、科学と生産の結びつきが根本的に一新され、人々にたいする社会的供給や生活様式の形態が新しくなった時代である」[71]。

選択の自由

西側諸国や世界文明全体の成果を新たに評価し直すと同時に、個々の国々の、政府の形態を選択する権利にたいして態度を改める――。これは、外交政策に関する新思考の一側面であり、明らかに国際関係にとって特別な重要性をもっていた。それが示唆しているのは、ソ連が東ヨーロッパ支配の手をゆるめ、さらには、ワルシャワ条約機構諸国に真の選択の自由を許す覚悟を固めたということなのだろうか。大部分の海外の専門家は、そのようなことはとても信じられないと思っていた。しかし、ゴルバチョフは一九八八年六月、第一九回党協議会での基調演説で、「世界社会主義」（とその現在の困難性）について語り、また、ソ連と「社会主義共同体」の関係が「過去の上下関係」から解放され始めていると語ったあと、すぐにこう言葉を継いだ。「新思考の重要な一角を占めるのは、選択の自由という概念である。今や、文明の存続そのものが世界全体の主要な問題となっている。われわれは、選択の自由という原則が国際関係においても普遍性をもっていると確信している」[72]。

同じ年の一二月、国際連合での演説で、ゴルバチョフは選択の自由というテーマをふたたび取り上げている。ニューヨークでの発言は、モスクワでの発言以上に多大の関心を集めた。ゴルバチョフはこう述べている。

われわれには、選択の自由という原則が必要だ。それは明らかである。各国の国民がもっているこの権利を否定すれば、これまで達成することができた不安定なバランスさえ崩れてしまうだろう。どのような口実を使おうとも、また、それを隠すためどのような言辞を弄したとしても、である。選択の自由は普遍的な原則であり、例外はあってはならない[73]。

当然ながら、東中欧の人々はゴルバチョフのこうした言葉を、真の独立を求めるための招待状として受け止めた。過去においては、人々は動きを起こさなかった。その理由のひとつは、次のことが分かりきったことのように思えたからである。もし体制を根本的に変えようとすれば、ソ連の軍事干渉を招く。それだけではない、さらには今の体制以上に抑圧的な体制を押しつけられることになる。少なくともこれは、「プラハの春」が粉砕されたという事実から読み取れる教訓のように思われた。プラハの春は、共産党内部から始まった平和的な変化のプロセスだったにもかかわらず、鎮圧されたのであった（これと対照的だったのがハンガリーのケースである。一九五六年にハンガリー革命が起こるが、二〜三年のうちに人々が反抗した体制は改善を見る。しかしそれだけではなく、血なまぐさい弾圧による人命の損失がきわめて大きかったため――そして、残る五〇年代にも激しい弾圧が続いたため――一二年後のプラハの春まで、より大きな自由を求める試みはそれ以上起こらなかったのである）。

一方、一九八八年当時、ゴルバチョフはまだ、東ヨーロッパ諸国において自分と似た考えをもつ改革派の共産主義者が指導者として登場することを期待していた。したがってその年にゴルバチョフが発した言葉は、予期しない結果を生むことになる訳だが、それでも一九八八年の一年間は、まだ統制は利いていた。それどころか、事態は彼が誘導していた。[74]ところが、一九八八年の諸決定は内政、外交の両面において決定的に重要であった。一層の変化を引き起こす決定的な促進剤となったのだ。その一、二年後になると、ゴルバチョフのほうが事態の対応に追われるようになる。上述した第一九回党協議会と国連でのゴルバチョフ演説は、過去のソ連の指導者の声明とは大きく異なっていた。一見したところ、誤解の余地なく明快であった。そこで東ヨーロッパでは、ゴルバチョフがその発言どおりに行動するの（正確には、行動を起こさない）か否かを確かめてみようと考え始めたのである。

新しい行動と、それを促した要因

次に、ソ連の新思考が外交政策に与えた変化を簡潔に考察してみよう。だが、その前に、ひとつの疑問に答えておこう。それは、そもそもこのソ連の考え方や態度の変化をもたらしたのは何だったのかという疑問である。すでに本書の前のほうの章で見たとおりゴルバチョフは、西ヨーロッパを中心に海外旅行し、同じくヨーロッパを中心として外国の政治家と会合した結果、外部世界にたいする見方を変えたのだった。ゴルバチョフの主要な顧問の中にも、同様の体験をした者があった。また、これまたすでに指摘したとおり、ゴルバチョフが政権を取るまでに、ソ連の当局者や政策志向の研究所の学者たちは、西側に関する詳しい知識をそなえるようになっていた。このことはまた、ゴルバチョフ、ヤコヴレフ、シェワルナゼらに影響を与えた。彼らは外の新しい考えに偏見を持っておらず、省庁や党中央委員会機関の内部情報ばかりか、外部の専門家の意見にも進んで耳を傾けたからである。

また、すでに指摘したことであるが、ゴルバチョフとその盟友たちは過去のソ連の失敗を改めて吟味し、ソ連が経済的にも技術的にも、また市民の日常的な生活様式においても、西側とくらべて大幅に後れを取っており、技術面で言えば、アジアのＮＩＥＳ（新興工業諸国）とくらべても遅れているという認識を新たにした。このようにソ連の国内問題の深刻さを認識していたからこそ、彼らは国内での急進的な変化の必要性を感じたのである。そして国内で変化を起こすためには、党書記長に就任したとき、今とはまったく違う国際環境が必要だ——ゴルバチョフはそのように考えるようになったのである。

レーガンの軍拡政策がもたらしたもの

ところが、ソ連の思考と行動における新機軸の誘因を、すべて別のところに求める説もある。それを無批判に受け入れている政治家や解説者は、アメリカでは無数にいる。西ヨーロッパでも少なくない。ロシアにおいてすら若干はいる。その説によると、ソ連の変化は、レーガンが一九八〇年に大統領に就任したあと、特に一九八三年、戦略防衛構想（略してＳＤＩ、俗に言うスター・ウォーズ計画）を発表し、軍備拡張を開始した結果だという。軍拡競争が、ブレーキの利かない、危険な、しかも費用のかかる段階に入ることが見込まれた。このことはゴルバチョフにとって、「政策を刷新することによって、現状の行き詰まりを打開し、悪循環を断ち切る必要がある」という主張の論拠となった、というわけである。レーガンが夢見ていたのは、アメリカの領土に向けられた核ミサイルを漏れなく打ち落とす絶対確実な防護壁を創ることであった。ソ連の指導部は全体として、アメリカがこうしたレーガンの夢を実現できるとは信じていなかった。しかし指導部の中には、「アメリカがくわだてようとしている研究開発は、技術的な波及効果をもたらすだろうから、ソ連はそれだけでも十分に軍事的に不利な立場に陥るだろう」と、事態をはなはだしく深刻に受け止める者もいた。

ソ連の宇宙研究の最高責任者はサグデーエフであった。彼は傑出した物理学者で、科学界を代表する人物であった。

軍産複合体の出身ではなかったが、研究柄、軍産複合体と絶えず連絡をとっていた。そのサグデーエフは、ＳＤＩはうまくいくわけがない。ソ連がレーガンの冒険に張り合おうとするのは途方もない金の無駄遣いになると主張した。彼の見解はこうである。ＳＤＩの脅威を誇張しているという点で、「アメリカ人はＳＤＩを売り込みすぎ」、「ロシア人は買いかぶりすぎ」。あるソ連宇宙産業の有力者がゴルバチョフに向かって、「ＳＤＩ計画に対抗するソ連版ＳＤＩを構築しようともせず、われわれは時間を無駄にしている」と吹き込んだことがある。それを聞いてサグデーエフは、「笑いをこらえるあまり死にそうになった」と述懐している。[75] ちなみに、サグデーエフは一九九〇年以降、アメリカで暮らしている。移住したのは、本人いわく、「頭脳流出」ではなく「心の流出」であった。サグデーエフの結婚相手は、アイゼンハワー元アメリカ大統領の孫娘スーザン・アイゼンハワーである。アイゼンハワー大統領こそ、退任演説のなかで「軍産複合体」という概念を使い、これを世に流布させた人物である。だが、軍産複合体はアメリカでよりもむしろソ連において実在するもの――サグデーエフはそう感じていた。[76]

　レーガン政権の政策にたいして警戒感を抱いたという点で、ゴルバチョフはソ連指導部の中で決して孤立してはいなかった。だが、アメリカの政策ばかりかソ連の政策も変わらなくてはならないという結論に達したのは、政治局の中でゴルバチョフただひとりである。少なくともゴルバチョフが党書記長に就任し、数カ月後シェワルナゼを政治局員に昇格させるまではそうであった。ほかのロシアの指導者たちはそれまで、アメリカの軍事費増大にたいして伝統的なやり方で反応していた。しかもゴルバチョフが政権の座に就いたという事実は、その当時、レーガン政権の政策一般およびＳＤＩと何ら関係がなかった。また、確かにゴルバチョフは、軍備管理の合意を求めたばかりか、米ソ関係全体をも劇的に改善しようとしたが、ゴルバチョフがそのような行動をとった主たる原因は、ＳＤＩの波及効果やそれがソ連経済に与える負担増にあったのではない。それらの要素はむしろ副次的な誘因であった。いずれにせよこの点では、ゴルバチョフという要因《ファクター》のほうがレーガンという要因よりも格段に決定的だった。一期目のレーガン政権の政策は、ソ連の政策を望ましい方向に変えるという点では何の効果もなかった。そもそも、もし二人の党書記長が連続して急速に健康を損ない死に至るということがなかったとしたらどうだろう（二人ともレーガン政権第一期に選出されている）。レーガン大統領の在任中にゴルバチョフが書記長に就任することなどあり得なかったのである。

一九八三年三月、レーガン大統領は演説をおこない、その中で次のように提案した。マンハッタン計画と同様に総力を挙げ、宇宙配備のABM（弾道弾迎撃ミサイル）によってアメリカを丸ごと防御する手段を開発する。[77] この演説を聞かされたからといって、ソ連指導部は態度を軟化させるとか、ハト派の党書記長候補を探し求める気になりはしなかった。むしろ、レーガン演説は国際的な緊張を高めたのである。ソ連の要人のなかには、西側はソ連にたいして先制攻撃を準備しているのではないかと考え始める者すらいた。逆説的であるが、この疑念は一九八三年九月一日、領空侵犯した韓国の民間航空機（大韓航空機）をソ連機が撃墜したときにさらに高まった。その当時ばかりではなく、何年もたってからですら、ソ連軍は、この大韓航空機が軍事偵察行動に従事していたと信じていた。[78] イギリスの首相と外相は、手なずけておいたKGB課報員ゴルジエフスキーから次のような情報を得た。それによると、ハウ英外相が回想録の中で言うところのアメリカの「単純な過剰反応」を見て、「アンドロポフも含めてソ連指導部は、事件全てはCIAが何らかの方法ででっち上げた狡猾な罠だったと、危うく信じるところだった[79]」という。また、大韓航空機撃墜事件の原因と結果を注意深く分析したダリンはこう分析している。この事件は米ソ間の相互疑念を高めた。そして両者がお互いに向けた「憤りは、本物であれ作り物であれ、両者をいっそう遠ざける役割を果たした[80]」。

ハウが述べているところによれば、二、三週間後、ゴルジエフスキーがイギリス諜報機関に次のように伝えてきた。ソ連は、NATOが一一月二日から一一日にかけておこなう予定にしている演習を恐れている（この演習は、核戦争にエスカレートする危機を想定したものであった）。そして、これを「現実の核攻撃」の前段階となるかもしれないと考えている――。[81] ゴルジエフスキーが警告を発した結果、NATOは演習の一部を変更した。「単なる演習だということをソ連に納得させるため」であった。他方で、「ゴルジエフスキーも自分の名目上の上司にこのメッセージを補強する報告を上げ、ようやく、危機は回避されたのだ」[82]。この主張は、ゴルジエフスキー自身の回想録でも裏づけられている[83]。

このように、モスクワは神経をとがらせており、それは危険なレベルに達していた。原理上、その結果としてソ連の先制攻撃の可能性も高まっていた。このことは、イギリスの首相と外相からアメリカ側に、また、そのほかの国の指導者に伝えられた[84]。しかし一九八四年初め、雰囲気は緊張したままであった。一月、当時KGBの対外諜報局長であったクリュチコフ（のちに一九八八〜九一年、KGB議長）は、モスクワで開かれたKGBの大会でこう発言している。ホワイトハウスは「核戦争に向けて国民に心理的な準備をさせている」[85]。

ソ連やアメリカの安全保障政策に詳しいワシントンのある有力な専門家は次のように述べている。レーガン政権の一期目においては、以下のことが前提とされていた。「戦争が起こるとすれば、それは、アメリカが抑止しそこねたソ連の行動が発端となる場合だけである。（中略）偶発戦争の可能性は低い。対決的な政策や、緊張を高めることはむしろ抑止力を強化する。それは、戦争の可能性を高めるものではない」[86]。アメリカでは、自国の政策がモスクワにおいてどのように認識される可能性があるかという点について、真剣な考慮を払っていなかった。偶発的な世界戦争の可能性についても同様である[87]。

実際、レーガン政権の追求するハイリスク政策は、アメリカ経済よりもソ連経済に与えるダメージの方が大きかった。なぜか。第一に、アメリカのほうが技術的に優位にあった。第二に、軍事的な均衡《パリティ》を保とうとすれば、国民所得に占める軍事費の割合は、アメリカよりソ連のほうがはるかに高くなる。にもかかわらず、ソ連指導部の観点から言えば、経済的な危機がやって来るのは（彼らが認識する限りでは）いつか先のことであった。それにたいして、軍事的、政治的な脅威は眼前に迫っている。グロムイコやウスチーノフにとってワシントンの政策は、非妥協的な政策を続け、軍事力を強化するための絶好の口実になったのである。政治局内では、ゴルバチョフだけが別の結論を出した。ただし党書記長になるまでは、それを政治局の同僚にたいして口にすることはなかった。まして大衆に向かってそうした考えを公にすることはなかった。党書記長になってからですら、ゴルバチョフにとって、「ソ連指導部の最上層にあった支配的な雰囲気を否定するには勇気がいったのである」[88]。これは国際部の元高官が言っていることである。

ゴルバチョフ選出の理由

すでに言及したように、西側の俗説に反して、ゴルバチョフが政権の座に就いたのはレーガンの政策や緊張が追い風になったからではない。実際ＳＤＩ計画の発表後、ソ連において最初に党書記長ポストが空位になったのは、一九八四年二月アンドロポフが死去したときである。アンドロポフを継いだのはゴルバチョフではなく、守旧派によってかつがれたチェルネンコであった。チェルネンコが守旧派の支持を得たのは、過去の時代（特に、ブレジネフ時代）からの継続性を体現していたからである。チェルネンコはとりわけ、グロムイコ外相や強硬派のウスチーノフ国防相によって熱烈に支持された。この二人はベテラン政治家であった。要職に就いたのはスターリン時代にさかのぼる。グロムイコとウスチーノフは、チェルネンコが書記長である限り、伝統的な方針に沿った外交、国防政策を続けられるということを承知していた。

チェルネンコの健康が急速に衰え、就任後わずか一三カ月で没したのは運命の偶然であった。その結果、一九八五年三月ゴルバチョフが書記長に就任したのである。しかし、それに先立って、ソ連の高齢化した寡頭制指導部の中で重要人物がもうひとり死去していた。一九八四年一二月にウスチーノフ国防相が亡くなったのである。そうでなかったら、一九八五年三月当時ですらゴルバチョフがチェルネンコの跡を継いでいたか否かは、定かではない。ウスチーノフやグロムイコは、ゴルバチョフがその後あれほどまでにソ連の軍事、外交政策を変えるとは想像しなかったはずである。そのような想像が少しでも働いていたら、ゴルバチョフがチェルネンコの確実な後継者となる前に、その出世を阻んでいたはずである。ゴルバチョフがソ連の指導者になったとき、ウスチーノフの後継国防相であるソコロフ元帥は、政局員候補ですらなかった。なぜならウスチーノフの死去からこのときまでに、中央委員会総会は開催されなかったからである。開催されていれば、ソコロフは政治局員候補には昇格していたかもしれない。

いずれにせよ、チェルネンコの後継者として選出されたのは、ゴルバチョフであった。ゴルバチョフが選ばれたのは、ソ連の党・国家エリートがレーガンの外交、国防政策に反応したからというわけではない。理由は別のところにある。第一に、第三章で述べたように、ゴルバチョフは支持者の助けを借りて主導権を握り、チェルネンコの葬儀の委員長（すなわち事実上の後継者）という役目を確保した。ゴルバチョフらは、政治局員全員がモスクワに到着し審議の場に勢ぞろいするのを待たなかった。

第二にゴルバチョフは、選出時であれ、その前であれ、ソ連の従来の軍事政策を変えることなどおくびにも出さなかった。当時のソ連の軍事政策は、コストやリスクなど考えずにアメリカとの対等性を維持するというものであった[89]。一九八三年夏の終わりに起こった大韓航空機撃墜事件のあと、ゴルバチョフは政治局の席上、宣伝戦で「攻勢」に出るべきだと主張している[90]。いつか将来、党書記長選で必要になる票をにらんでいたのである。それは間違いない。ちなみに、このときはまだウスチーノフは健在だった。ゴルバチョフはまた、一九八五年三月一一日にも、「祖国の経済力および軍事力（強調はブラウン）を増強すべきだと主張している。それは、政治局会議がゴルバチョフを次期党書記長として党中央委員会に推薦することを決めたときのことであった。ゴルバチョフは指名受諾演説において、右の発言をおこなったのである[91]。

第三にゴルバチョフは、政治局員が選出権をもち、中央委員会の意見が考慮されたからこそ党書記長に選ばれたのである。しかし、政治局がゴルバチョフを選んだのは、あくまでも近代化の担い手として、であった。すなわち、ソ連の政策にダイナミズムを与えるためであって、これを根本的に転換するためではなかった。すでに述べたように、ゴルバチョフ自身も、初期のころは改革志向であって、体制の変革を目指していたわけではない。しかも、チェルネンコの後継党書記長を決めた政治局会議では、ゴルバチョフは改革派をも軽視してみせた。次の一節は、ゴルバチョフが直後に受け入れることになる急進的な変化を思うと、奇異にも感じられる。ゴルバチョフはこう述べている。「われわれは政策を変える必要はない。今の政策は真の、正しい、完全にレーニン主義的な政策である。われわれに必要なのはテンポを上げ、前進することである。また、欠陥を見つけ、それを克服することである。そうすれば、輝かしい未来がはっきりと見えてくるであろう(92)」同僚にとっては耳に優しい言い回しである。ここには、政治局内のもっとも保守的な共産党員から見ても、心配すべき点や路線変更をにおわせるようなふしは何ら見いだせない。ただしゴルバチョフは、複雑な政治環境に生きた複雑な政治家である。こうした穏健な発言がこの当時の彼の考えをよく表していたとは言えない。一九八四年一二月にモスクワで開かれたイデオロギーに関する会議での演説のほうが、ゴルバチョフの考えをよく示している(この演説についてはすでに前に述べた)。彼はその中でソ連の経済、社会状況を対象として、はるかに批判的で広範な分析を展開していた。

第四に、党書記長の選出に際しては、外交、国防政策は争点とはならなかった(93)。確かに、ゴルバチョフは一九八四年一二月、イギリスで外交上の成功を収めた。上述のイデオロギーに関する会議の直後のことである。これによって党書記長候補としての資格が幾分強化されたのも事実である。しかし、党書記長選出にあたって大いに重視されたのは、伝統的な関心事である序列や人脈であった。つまりは国内政治闘争のなかで、だれが勝ち組になり、だれが負け組になるのかという問題である。もっともこのときは、それに加えてある判断が働いた。それは、老人支配はもう続けられないということである。最高指導者の葬儀を毎年とりおこなうわけにはいかない。そのようなことを続ければ、ソ連は笑いぐさになる。さらにもうひとつ、少なくとも指導部の一部には、別の判断も作用した。それは、ソ連の経済成長の鈍化が大問題になりつつあるという認識である。

レーガン政権にとっても西側全体にとっても、一九八五年にゴルバチョフが政権に就いたことは幸運なことであった。[94] しかしそれを、一期目のレーガン政権がおこなった政策の結果だとする根拠は何もない。[95] なにしろ、ゴルバチョフはレーガン大統領の在任期間と重なる形で政権の座に就いた四人目の党書記長である（もっとも、いかにも書記長らしい書記長はゴルバチョフだけだった）。しかも四人の中で、軍拡競争にたいする見方を変えた最初の書記長だったのだから。ゴルバチョフは軍拡競争の激化を、ソ連が軍事的努力を倍加しなければならない根拠とは解釈しなかった。むしろ、東西関係に新たな信頼の基礎をすえるための理由がひとつ増えたと解釈した。

アメリカは、新兵器のシステム開発資金でソ連を凌駕しようとした。アメリカのそのような意図に刺激されたこともあってゴルバチョフが政策上の新機軸を打ち出す気になったとする議論には、誇張さえなければ、一理はある。[96] しかし、アンドロポフやチェルネンコが仮に長生きしたとして、ゴルバチョフと同じように行動しただろうと考えるに足る根拠はない。一九八〇年代中期、ゴルバチョフに代わって党書記長になりうる可能性のあった人物についても、同じことが言える。要するに、ゴルバチョフが人とは違った世界観を備え、新しい考えを奨励する構えでいたからこそ、ソ連の革新的な外交政策が生み出されたのである。このことは、とりわけ政権最初の四年間によく当てはまる。やがて東ヨーロッパの事態が重圧となり、ゴルバチョフの選択の幅は狭まった。そしてゴルバチョフは、厳しい二者択一を迫られることになる。だが（これは決定的に重要な点だが）ゴルバチョフは、新思考の指針に沿った行動をもってこれに反応したのである。

米ソ関係

最終的に冷戦が終わりを迎えたのは、ヨーロッパにおいて新たな事態が起こったからであった。特にゴルバチョフが、一九八九〜九〇年に東ヨーロッパ諸国の主張した自主独立とドイツの再統合を受け入れたからであった。しかし、西側との関係を新たなレベルの信頼と協力の関係へ移行させるための突破口は、すでに一九八八年に開かれていた。初期のゴルバチョフ政権は、西ヨーロッパ諸国との関係よりもアメリカとの関係に没頭していた。ゴルバチョフにしても欧ソ関係よりも米ソ関係の知識のほうがはるかに豊富だった。実際、米ソ関係のほうが、大半の西ヨーロッパ諸国との関係よりも早く改善された。[97] このことは、特にレーガン政権期に当てはまる。

就任間もないゴルバチョフにはさまざまな助言が寄せられた。その中には、レーガンの残りの任期をやり過ごしても大丈夫。（モスクワが考えるところの）レーガンの頑固さに無駄につきあう必要はない、というものもあった。[98] しかし、ゴルバチョフはこの進言を拒否した。もし本当の変化を望むのなら、ほかならぬ保守的なレーガンとの間で親密な関係を築くことがきわめて重要だ――ゴルバチョフはこの見方に立った。アメリカ政界に関する説明を受けていたので、ゴルバチョフは、保守的な共和党政権の信頼を勝ち取ることの利点をすでに悟っていた。後には、こんなことを想像することもできた。もしレーガンが、そして続いてジョージ・ブッシュ（父）がソ連共産党書記長との間で作り上げたような親密な関係を、民主党の大統領が構築していたとしたらどうだろう。その大統領には怒りの声があびせられたはずだ、と。一言付け加えると、一九八八年、モスクワで開催されたゴルバチョフとの首脳会談のあと、レーガンはゴルバチョフに当てた書簡に「ミハイルへ、ロンより」と書いた。そして、ゴルバチョフも同様に親密な書き方で返事を返している。[99]

その上、ゴルバチョフとレーガンは、物議を醸すある見解を共有していた。それは、核兵器廃絶を達成したいという願望であった。それぞれの政権内部には、この目標を非現実的、さらにはユートピア的とすら見る者が多かった。レーガンの欧州同盟国にも、これをおぞましいと考える者がいた。その点で特に目立ったのは、イギリスのサッチャー首相と、フランスのミッテラン大統領である。レーガンの確信するところ、SDIは核兵器の廃絶につながるはずであった。SDIのまさにそのような側面ゆえに、サッチャー首相は断固反対をしたのである。彼女は、核兵器への投資を止めることなどできないとし、ソ連が通常兵器と化学兵器で優位に立っていることを強調した。また、言うまでもなく、一握りのメンバーから成る会員制「核クラブ」を解消するのは甚だ不本意であった。この点では、フランスも同様の気持ちを抱いていた。英仏両国は、このクラブのメンバーであるおかげで、ほかの中級大国より格上に見てもらえていたからである。[100]

一方、核にたいするゴルバチョフの懸念は、一九八六年のチェルノブイリ事故によってとみに強まった。シュルツ米国務長官はのちに、ゴルバチョフが「全面核戦争は言うに及ばず、通常戦争において原子力発電所が攻撃対象になった場合に起こる破局を、心底から恐れていたようだ」と指摘している。レーガン大統領宛の覚書の中でシュルツ長官は、チェルノブイリ原発事故は「ゴルバチョフの心を揺さぶった」と書き残している。同長官はまた、事故をきっかけとして「ゴルバチョフの思考に強力な反核志向が根づいた」という事実についても触れている。[101] 確かにチェルノブイリ原発事故はゴルバチョフに甚だしく大きな影響を与えた。しかし、ゴルバチョフはすでに早い段階で、原発事故を核戦争というもっと大きな危険と結びつけようと決心していた。実際、多くの機会をとらえてそのような主旨の発言を公然とおこなっている。それだけではない。事故の一カ月後、ゴルバチョフは外務省スタッフにたいして演説をおこなった。その内容は、一年以上経ってようやく抜粋が外務省の機関誌に掲載されたのを別とすれば、一九九三年まで公表されなかった。その中でゴルバチョフは、チェルノブイリを悲劇として語ると同時に、軍事優先主義を否定する好機としてもとらえていた。そして、こう述べた。「平和的な原子力ですら、そのような危険がともなう。そうであるとすれば、核兵器については何をか言わんや、である！」[102]

レイキャビク会談

一九八五年一一月のジュネーブ・サミットで、ゴルバチョフとレーガンは個人的に親しくなった。だが、それ以上の成果は上がらなかった。しかしこのあと、一九八六年一〇月にレイキャビク会談が開かれる。それは、ジュネーブ会談よりはるかに劇的であった。ロンドンかレイキャビクで主に軍縮問題だけを扱うサミットを開くという案を考えたのはゴルバチョフであった。このアイデアを最初に打ち明けた相手は、チャルニャーエフであった。それは、一九八六年、クリミヤで夏の休暇を過ごしているときのことだった。[103] 休暇中といっても、ゴルバチョフの場合、モスクワにいるときとほぼ同じように働いた。しかし、折を見て読書をしたり、過去のことや先のことに考えをめぐらせたりすることはできた。このような時間の過ごし方は、クレムリンと中央委員会ビルを往復するだけの、モスクワの日常においては不可能だった。なにしろ大勢の人々が面会を望み、膨大な量の文書が二つの執務室のデスクで決済を待っているのだから。このときシェワルナゼも休暇中であったが、居場所は別であった。そのため、ゴルバチョフはひとりで事を進めた。ただし、外相休暇中の責任者であった第一外務次官のアナトーリー・コワリョフには話を通しておいた。[104]

外交防衛政策の変更を支持する連合を形成するべく、ゴルバチョフは巧みに動いた。その巧妙な動きの最たるもののひとつとしてあげられるのが、アフロメーエフ元帥の重用である。アフロメーエフは時の参謀総長であり、尊敬するに足る人物であった。ゴルバチョフはアフロメーエフに、政策を立案し指示どおりに交渉を進めるという重要な役割を与えた。[105] のちにゴルバチョフは軍の大半の支持を失う。それどころか、アフロメーエフ自身の支持をも失うことになる。しかし、政権の初期においてはアフロメーエフの起用は大いに役立った。彼は軍内部で尊敬を集めていたし、他方でゴルバチョフが必要とする類の軍事的な専門知識をそなえていたからである。ソ連側がレイキャビクに持っていった文書を最初に起案したのは、アフロメーエフであった。起草作業には、ヴォロンツォフ第一外務次官と（外務省から転任してまだ日の浅い）コルニエンコ党中央委員会国際部第一次長も加わった。出来上がった草案は、ドブルイニンが政治局に提出した。[106]

レイキャビクでは、米ソ間の実務レベルでの交渉が夜を徹しておこなわれた。双方の意見の溝をできるだけ埋めておくためである。埋めきれなかった部分は、ゴルバチョフとレーガンが出席するセッションで話し合うことになる。その実務レベルの交渉に臨んでいたソ連側代表の中でだれよりも権威があったのは、アフロメーエフであった。一九八七年、シュルツ米国務長官とのディナーの席上、アフロメーエフは次のように語ったという。第二次世界大戦中、レニングラード防衛にあたったときと並んで、ゴルバチョフのもとで働いている今が人生でもっとも誇りとする時期である――[107]。

しかし、翌年を迎えるまでに、アフロメーエフは警戒感を抱くようになった。ゴルバチョフが受け入れる構えを見せていたソ連の通常戦力の一方的削減が、あまりにも大規模だったからである。そして、ゴルバチョフが一九八八年一二月の国連演説でこの計画を発表したとき、アフロメーエフは参謀総長を辞任した。ちなみにシェワルナゼは、アフロメーエフを厄介な同僚と見ており、「アフロメーエフこそ、軍備管理をきわめて困難なものとした人物である」と述べている。[108] しかしゴルバチョフは、政策決定過程に軍を関与させねばならなかった。ゴルバチョフやシェワルナゼがやってのけようとしていた戦力削減の規模は、相当なものであった。軍を代表する人物であれば、反対しないまでも、懐疑的にならざるを得なかったであろう。だが、アフロメーエフを巻き込み、軍備管理政策に参加させている限りは、軍の批判をそれなりにかわすことができた。さらに言えばアフロメーエフは、ソ連版ＳＤＩの必要性に関して軍産複合体の多数派とは異なる見解の持ち主でもあった。サグデーエフを始めとする一流の科学者の見解を支持する方向で影響力を発揮していたのである。サグデーエフらによれば、ソ連版ＳＤＩなど必要ないし、仮にそのような努力をするなら、それは途方もない金の無駄遣いになるはずであった。[109]

参謀総長を辞したあともアフロメーエフは、引き続きゴルバチョフに顧問として仕えた。しかし一九九〇～九一年までに、ソ連邦解体の展望にいっそう危惧を抱くようになった。第二次世界大戦以降、自分たちが守ろうとしてきたものがことごとく破壊されようとしている――アフロメーエフは次第にそう確信するようになった。いたたまれなくなったアフロメーエフは、やがて一九九一年の八月クーデターを支持する。そして、クーデターが失敗に終わると、自殺を遂げたのである。

レイキャビク・サミットでは、各種兵器に関する廃絶合意がほぼ成立する寸前まで行った。技術面に関しては、ゴルバチョフのほうがレーガンよりもはるかに確かな理解力をもっていた。しかし、レーガンにとってはＳＤＩという肝いりのプロジェクトが重要であった。結局、これが阻害要因となり、二人の指導者は協定を成立させるに至らなかった。ちなみに何年もたたないうちに、アメリカはＳＤＩを放棄することになるのだが。いずれにしても、この、流産に終わった米ソの合意は、あまりにも遠大であり、しかもあまりにも唐突であった。もし合意が成立していたとしたら、多くの欧州同盟国から政府レベルでの反発があったことであろう。もっとも、それら諸国の一般国民から寄せられる支持は、ほぼ確実に批判を上回ったはずである。

交渉中のある時点で、レーガンは弾道ミサイルだけではなく、核兵器の全廃を提案したのである。これには、ゴルバチョフもすぐに同意した。[110] ところがゴルバチョフは、合意に達していた一括協定案の各要素に条件を付けたのだ。その条件とは、一九七二年の弾道弾迎撃ミサイル制限条約（ＡＢＭ条約）を厳格に解釈すること。すなわちゴルバチョフは、「ＳＤＩに関わる作業は実験室内に限定しなければならない」と主張したのである。[111] レーガンは、これを拒否した。そして、サミットは終了した。両指導者は憤りを隠しきれなかった。[112] このようなことは、ゴルバチョフが臨んだほかの米ソ首脳会談では例がない。

にもかかわらず、ゴルバチョフはそのまま記者会見場に直行した。会場では老練なジャーナリストたちですら動揺を隠せなかった。超大国の首脳会談の過程で、事態が大きく進展するとの期待が高まっていたというのに、結果は明らかに完璧な決裂だったからである。ところがゴルバチョフは、名人芸を見せた。シェワルナゼは、ゴルバチョフが世界のマスメディアにむかって「この（米）政権とはつき合いきれない」と言うだろうと予想していた。[113] しかし、ゴルバチョフはそうしなかった。代わりに、ソ連の立場とアメリカの対応を詳細に説明した。そして、会談におけるプラスの部分を強調してみせたのである。のちにゴルバチョフは、シェワルナゼにこう言った。目の前の心配そうな人々の顔を見たまさにそのとき、「建設的に」ならねばならないと決断した、と。[114] ゴルバチョフは場の雰囲気を読むのがうまかった。政治感覚がよかったのだ。記者会見場での対応は、このようなゴルバチョフの特徴をよく表している。ゴルバチョフはまた、先手を打ってソ連側の言い分を説明することにも成功していた。その上、実際、レイキャビク提案の大半はその後の二、三年で合意されることになった。その内容は、ブレジネフ時代の軍備管理合意をはるかに超えていたのである。

さらに驚くべきことがあった。レイキャビクの結果、レーガン＝ゴルバチョフ関係は悪化しなかったのである。それどころか、ゴルバチョフはレイキャビク以降、以前よりもレーガンに信頼を寄せるようになった。側近との間でレーガンを話題にするときも、敬意に満ちた言い方をするようになった。[115] チェルニャーエフは次のようなエピソードを伝えている。レイキャビク・サミットの少し前のこと、さる著名な西側の政治家がゴルバチョフとの会談で、レーガンのことを「阿呆で道化」と評したところ、ゴルバチョフは、そんな人物が超大国の頂点にいるとは遺憾なことだと答えたという。[116] ところがレイキャビク後、チェルニャーエフによれば、ゴルバチョフは内輪の会話においてすら、レーガンに関してそのような感想を述べるとか、あるいは他人のそうした感想に同調するとかいったことはなかったという。[117]

ゴルバチョフにたいするレーガンの態度も次第に肯定的になっていった。確かに、ゴルバチョフがレイキャビクでSDIを交渉決裂の原因にしたことには怒りを感じたが、これは一時的なことであった。大統領退任後、レーガンはこう語っている。「今から振り返ってみると、明らかにゴルバチョフと私は相性が合っていた。そのおかげで、友情に酷似したものが生まれた。ゴルバチョフは手ごわくて厳しい交渉相手だった。また、愛国者だった。私たちがやりとりできる議論、そして実際にやりとりした議論は、イデオロギー的に相反《あいはん》する立場からの議論であった。しかし相性が合っていたおかげで、いつも腹を割った話し合いができた。憎悪とか敵意といったものは皆無だった。彼は献身的な共産主義者であり、私は折り紙付きの資本主義者だった。それでも、私はゴルバチョフが好きだった[118]」。

レーガンは真実と誇張をない交ぜにして、次のようにゴルバチョフ評を続けた。ゴルバチョフは「ソ連の膨張主義を追求せず、核兵器を破壊することに同意した。自由市場を示唆し、自由選挙や表現の自由を支持した。それは、ソ連の指導者として初めてのことだった」ゴルバチョフが「前任者たちと違う」のはそれゆえである。[119] レーガンはこの表現と、ゴルバチョフを評した「献身的な共産主義者」には何の矛盾も感じなかったのである。

アフガニスタン撤退

米ソ関係改善に重要な貢献をした要因が一つある。それはアフガニスタンへの軍事関与に終止符を打つというゴルバチョフの決断であった。一九七九年一二月、ソ連の軍事介入の結果、当時それでなくても悪化していた米ソ関係は、さらに悪化した。アフガニスタンへの介入は、ソ連が第二次世界大戦以降、ソ連圏と認められていた地域を踏み越えたということを意味していた（ちなみにソ連圏とは、スターリンの解釈では完全なソ連の支配圏ということになる）。したがって、一九六八年に「プラハの春」を粉砕したとき以上に、ワシントンの関心と非難を呼び起こしたのである。[120] 一九八五年三月、アメリカ＝カナダ研究所のゲオルギー・アルバートフ所長が、党書記長に選出されてまだ日の浅いゴルバチョフと懇談した。それは、ペレストロイカの公式な出発点となる党中央委員会四月総会の前のことであった。アルバートフ所長が、「ソ連はアフガニスタンへの軍事介入に終止符を打つべきだ」と切り出したところ、ゴルバチョフは「もうそのことは考えている」と答えたという。[121]

書記長になった時、ゴルバチョフにとって現実の問題はアフガニスタンへの軍事介入を打ち切るかどうか、ではなく、どのように打ち切るか、であった。早くも一九八五年一〇月一七日、ゴルバチョフは撤退提案を政治局に上程している。そしてこれに対する原則的承認を取りつけた。[122] チェルニャーエフは回想録で、この時点で決定を公にしなかったことは残念なことであったと述べている。しかし、明らかにゴルバチョフは、撤退の見返りにアメリカから何らかの譲歩を取りつけたいと考えていた。特に念頭にあったのは、アフガニスタンの反政府勢力にたいするアメリカの武器供与の停止であった。

一九八六年七月、ソ連は兵力八千人の撤退を発表した。一九八七年の初頭になると、アフガニスタン内戦の和解プロセスを公然と奨励し始めた。一九八七年四月、ゴルバチョフはシュルツ米国務長官にこう言ったという。ソ連はアフガニスタンから撤退したい。しかし、アメリカが邪魔を続けている――[123]。同じ年の七月、ゴルバチョフはインドネシア紙のインタビューに答えて、「原則として、ソ連軍のアフガニスタン撤退は決定済みである」と述べた。[124]

ソ連軍にしてみれば、敗退と見られる形で撤退するのは不本意であった。したがって、原則的な決定と現地でのソ連の行動には、ずれが残っていた。実際、一九八五年と一九八六年の間、アフガニスタンでのソ連軍の活動は活発化していた。しかし、一九八七年になると、六月にヤコヴレフが党書記を兼任したまま政治局員に昇格するなど、指導部内におけるゴルバチョフの立場は強まる一方であった。それだけにゴルバチョフは、一刻の猶予も許したくない気持ちであった。
ゴルバチョフの見解は、政権発足直後から「平和的撤退を実施しなければならない」というものであった。この点はヤコヴレフも確認している。撤退を受け入れたがらない連中も原則論で反対することはなかった。しかし、撤退のプロセスを遅らせるための実際上の理由には事欠かなかった。政治局にはアフガニスタン委員会が設置されており、それは「一週間ないし一〇日に一度」会議を開いていた。ヤコヴレフも同委員会のメンバーであった。軍からはアフロメーエフとワレンニコフが、KGBからはチェブリコフとクリュチコフが委員会のメンバーに名を連ねていた。彼らは、「一見したところ客観的で合理的な議論」を持ち出すのが常であった。[125] しかし「それらを総合してみると、日ごとに（中略）次のことが明らかになった。つまり、彼らは意図的に事を遅らせ、事を空転させているのだ。それは、『これ以上どうしようもない。撤退しよう。』と言うことが可能になる瞬間を先送りするためである」。[126]
ヤコヴレフとは対照的に、同じくアフガニスタン委員会のメンバーであったコルニエンコは次のように主張している。「シェワルナゼはクリュチコフと同じ考えを持っており、アフガニスタン政府首班モハマド・ナジブラの立場を守ろうとしていた。私自身はアフロメーエフとともに、より広い基盤に立った連立政権が成立し、ナジブラが連立政権から排除されても仕方がないと思っていた」。コルニエンコによれば、アフガニスタンからの撤退をもたつかせた張本人はシェワルナゼだった。チェルニャーエフも、「シェワルナゼがナジブラにたいする支援の継続を提案したという点でヤゾフ国防相、クリュチコフKGB議長の側に立っていた」と述べている。もっとも、シェワルナゼの会談相手だった西側の人々は、そのような印象は受けなかったと言っている。[127] ともあれ、アフガニスタンへのソ連の軍事介入を終わらせるのに決定的役割を果たしたのはゴルバチョフであった。このことは疑いようもない。だれが最終的決断をしたのか、という問いにたいして、ヤコヴレフは次のように答えている。「ミハイル・セルゲーヴィッチ（ゴルバチョフ）だ。もちろん最終決断は彼がした。彼はこう言った。躊躇するのはもうたくさんだ。部隊は撤退させねばならない。それに尽きる。部隊は撤退させねばならないのだ」[128]。

一九八七年九月一六日、ワシントンで拡大会議に入る前、シェワルナゼはシュルツ米国務長官をわきに呼んでこう言った。「われわれはアフガニスタンから出て行くことになる」[129]。シェワルナゼはアメリカにたいし、「中立で非同盟のアフガニスタン」を成立させ、「反動的原理主義的イスラム体制」の出現を阻止するために力を貸してほしいと要請したが、ともかく決定は下されたのだということだけは明確にした。シュルツは回想録にこう記している。「ゴルバチョフとシェワルナゼは二人とも以前から撤退を公表していた。しかし、二人の声明には信頼するに足る証拠がなかった。だが、この個人的な保証は別だった。私は、それまでのシェワルナゼとの個人的関係から確信を得ていた。シェワルナゼがわざと私を欺くことはないと考えて間違いない、と」[130]。翌年の四月、ジュネーブで米ソのほかにアフガニスタンとパキスタンを含めて協定が調印された。これによってソ連の完全撤退が決められた。同時に、武装勢力にたいする武器供与は互いに自制するという誓約も交わされた。翌月、ソ連軍は大挙して撤退を開始した。撤退は期限どおり、一九八九年二月一五日までに完了している。

INF条約

一九八七年九月にシェワルナゼがシュルツに伝えた固い決意のおかげで、ゴルバチョフがレーガンとの間でおこなった残る二つの首脳会談は、順調に開催に至った。それは、一九八七年一二月のワシントン・サミットと一九八八年五月のモスクワ・サミットである（一九八八年一二月には、五回目の米ソ首脳会談もおこなわれた。ゴルバチョフが国連で重大な演説をする前日のことであった。この演説については本章の冒頭ですでに述べた）。ゴルバチョフはヨーロッパから中距離核ミサイルを除去したいと考えていた。そのため彼はレーガン政権の政策にたいして大きな譲歩をした。つまり、この問題とＳＤＩを連動させるという条件を取り下げたのである。

それには主として三つの理由があった。第一に、ゴルバチョフにとって、以下のことが明白であった。すなわち、レーガンがSDIに固執している以上、軍備管理問題に関してレーガンと協力して前進するには限界があった。第二に、ゴルバチョフはサグデーエフやそのほかの科学者の意見を聞いていた。それら専門家は、ソ連側が必要以上にSDIについて空騒ぎをしてきたと主張していた。第三に、ゴルバチョフは多分こう考えたのであろう。米ソ関係は十分に改善した。アメリカの国内世論もSDIのコスト増を支持しないであろう、と。ともあれ、この方針転換のおかげでINF条約交渉を成功させることができた。同条約は一九八七年一二月、ワシントン・サミットの席上で調印された。これによって、中距離ミサイルばかりか、より射程の短いミサイルもヨーロッパから除去されたのである。

一連の米ソ首脳会談の価値は二重であった。一方では、首脳会談を通じて最高指導者がお互いの力量を測ることができた。そして、ゴルバチョフと、レーガンおよびブッシュ（父）、二人の米大統領とのケースのように、個人的な信頼感を築くことができたのである。もうひとつの価値も、少なくともそれと同じぐらい重要であった。それは、首脳会談が果たす締め切りの役割である。議題がどのようなものであれ（外相やそのほかの高官は）、一連の事前の打ち合わせの席で、首脳会談という一定の締め切りまでに前進を遂げなければならなかった。議題は軍備管理措置であったり、紛争地域に関する立場のすり合わせだったりした。最初の米ソ首脳会談は、上記二つのうちひとつ目の条件を満たしており、それだけで正当化が可能である。しかしそれ以後の首脳会談は、もし具体的成果が上げられなければ、とかく失敗とみなされがちだった。ただし、レイキャビクは例外である。このサミットは、当時こそ失敗と見られたが、のちには交渉の決裂というよりむしろ交渉の突破口と見なされた。というのもレイキャビク・サミットは、次のことを示していたからである。すなわち、米ソ間の軍縮協定は、ジュネーブやウィーンなどのこれまでの軍備管理交渉の限られた地平をはるかに越えることが可能だということである。[131] シュルツ米国務長官はのちにレイキャビクのことをこう表現している。「かつて開催された超大国の首脳会談で、これほど目覚しいものはなかった[132]」。シェワルナゼ・

ソ連外相もレイキャビク会談の「桁外れの重要性」について、こう記すことになる。「米ソ関係や国際政治の舞台で何が可能なのかについて（中略）レイキャビクは、われわれの認識に強い影響を与えた」[133]。

こうして一九八七年一二月のワシントン・サミットは、レーガン米大統領が一九八一年に設定した目標（ゼロ・オプション）を達成した。核兵器のひとつのカテゴリーをそっくり廃棄することになったのである。これは一九八一年当時では、西ヨーロッパにおいてもソ連においても、非現実的と思われていた目標であった。具体的に言うと、ソ連はSS20を、西側は、それに対抗して配備した巡航ミサイルとパーシング・ミサイルを廃棄することになったのである。削減はほかの事例と同じように非対称的であった。ソ連側はアメリカの約四倍の弾頭を廃棄しなくてはならなかった。なぜならソ連の方がもともと多く配備していたからである[134]。

当然ながら、この点でレーガンは六年前に自分が取った立場を正当化できると考えた。しかし、気がつくと彼もまた、ゴルバチョフと同じように、国内の右翼反対派との間で事を構える羽目になっていた。もっとも、脅威の深刻さという点では、ゴルバチョフが敵に回した連中には及ばなかったが。レーガン批判派の多くの者にとって、ゼロ・オプションのポイントは以下のことにつきていた。すなわち、ソ連側は決して取り合わない。なぜなら、「そもそもソ連にSS20を配備したのが間違いであった」。「だからアメリカが西ヨーロッパに中距離ミサイルを配備し保持するのももっともである」。こんなことを認めようとするソ連指導者などいるわけがないと考えたからである。

しかし、実際のところゴルバチョフの方が条約では大きな譲歩をしようとしていた。そして条約自体は双方の利益にかなっていた。にもかかわらず、レーガンと、そしてそれ以上にシュルツ国務長官は、INF条約に調印したことを理由に、批判を浴びたのである。批判の急先鋒は、以下の上院議員である。ロバート・ドール、ダン・クエール、そして（これは言うまでもないが）ジェシー・ヘルムズ。右翼の圧力集団、保守派幹部会議《コンサーヴァティヴ・コーカス》の議長は、ニューヨーク・タイムズ紙に次のような論文まで発表していた。ゴルバチョフのことを「新しい種類のソ連指導者」であるとか、「もはや世界征服を考えていない」などと見るのは、ばかげた考えだ。首脳会談や軍備管理条約は「裏切り行為」にすぎない。[135]

ソ連や東ヨーロッパ、そして東西関係において劇的な変化が起こった。しかも、望ましい方向に向けて。変化の起点となったのはゴルバチョフである。しかし変化が起こったのは、ゴルバチョフが西側にしかるべき交渉相手を見出したおかげであった。相手が、イデオロギーに妨げられて視野が狭く、ソ連の政策に起こっている変化がわからない人間ではだめだった。愚昧《ぐまい》で絶対に「イエス」という答えを言わないようなのも困る。レーガンは右派の批判勢力とは対照的であった。シュルツに言わせれば、レーガンは、「有利な取引のチャンスだとか状況の変化が見えれば、進んでそれを認めようとした」。ちなみにシュルツはゴルバチョフについてはこう評していた。問題を認識するに足る「十分な洞察力」をそなえ、「われわれの直面した重大な外交問題を取り扱う際、決然と行動するだけの胆力があった」。[136]

シュルツとレーガンの外交を批判するアメリカ国内の保守派は、天敵であるゴルバチョフの外交も批判した。そして、のちには臆面もなく、冷戦終結は自分たちの功績であると主張する。しかし、もしレーガンやシュルツが愚かにも彼らの主張に耳を傾けていたとしたらどうだろう。おそらく、ゴルバチョフ指導部が提供した東西関係の性格を変えるせっかくのチャンスは、見のがされていたはずである。

その後の数年間に東ヨーロッパやソ連で起こったことを考えてみるとよい。ワシントン・サミットのときにアメリカの保守派イデオローグたちが発した不吉な警告がばかげたものに見えるだろう。今振り返ってみると、当時そう見えた以上に、そう思える。合理性は米ソの交渉者の方にあったということだ。ただし、ひとつだけ例外があった。ホワイトハウスは条約調印の時刻にこだわり、それを、首脳会談初日の一九八七年一二月八日の午後一時四五分に設定しなければならないと主張した。なぜ、きっかりその時刻に調印をおこなわねばならないのか。これは、ソ連側はもちろん、シュルツとそのチームにとっても謎だった。それでもソ連は提案を受け入れた。のちに分かったことだが、

これはレーガン夫人の決定だった。彼女は、カリフォルニアのお抱え占星術師のご託宣に従ったのである。(137)

国内でのゴルバチョフ人気

ゴルバチョフはその前任者たちとは対照的に、レーガンおよびシュルツと、それに続いてブッシュおよびベーカーとの会談で多くの問題に取り組んだ。たとえば、ソ連が通常戦力で優位に立っていることから、核ミサイルのみならず兵力レベルをも非対称な形で削減しなければならなかった。化学兵器を廃棄する必要もあった。また、軍備管理における厳しい検証措置（厳格な現地査察も含む）の受け入れであるとか、国際的外交において人権問題を議題として取り上げることの妥当性をめぐる問題もあった。

ゴルバチョフは、首脳会談の議題として毎回必ず人権問題を取り上げるという慣行を受け入れた。シェワルナゼも、シュルツ長官との外相会談においてそれに倣った。それは、ソ連の以前の主張とは対照的であった。ソ連はそれまで、人権問題はまったくの「国内問題」であると主張していたのだ。そのような守りの構え自体が、暗黙裏に立場の弱さを認めているようなものだった。ゴルバチョフはこうした機会を、アメリカの国内外での前科を批判するために利用することにした。だが、そればかりではない。こちらのほうがもっと重要なことであるが、ソ連の国内政策と外交政策の目標を調和させようとしたのである。つまり、ゴルバチョフとシェワルナゼが欧米の指導者との会談でソ連の人権実績を擁護する必要に迫られたことから、ソ連国内では、自由や寛容の拡大に拍車がかかった。もっと厳密に言えば、法の支配にもとづく国家を目指す動きであるとか、宗教の自由や、国外旅行および移住の自由の実現が促進された。

このように、外交政策は国内でゴルバチョフの追い風となった。もうひとつ同様の現象がある。それは、国際的緊張や戦争の危険を低下させたことが、ロシアやソ連全体できわめて評判がよかったということである。ソ連市民はそれまでずっと、アメリカ市民以上にこの脅威を現実的なものと受け止めていたところがある。なぜなら第二次世界大戦のもっとも恐るべき戦闘の多くは、ソ連領でおこなわれたからである。その上、ソ連のプロパガンダ組織が帝国主義の脅威について長年にわたって警告を発してきたため、第二次冷戦が一段とクローズアップされていた。第二次冷戦とは、一九七〇年代の末からゴルバチョフ政権発足までの時期の異名である。[138] この間、往々にして冷笑的な、平和を云々する公式発言が繰り返された。それらの発言をあやつろうとしていたのは、一般的に言って党=国家機構、その中でも特にKGBであった。しかし、そのような中で大多数のロシア人は、もっと確かな平和を心から望んでいた。したがって一九八八年夏、レーガンのソ連訪問はソ連市民にとって、東西関係の質的改善を象徴するものとなったのである。

外交政策のおかげもあってゴルバチョフ人気は上昇した。外国はもとよりソ連においても。ただしこれは、在任期間の最初の四年ないし五年のことである。ゴルバチョフを含むソ連の政治家を対象としてまともな支持率の調査がおこなわれたのは、ようやく一九八九年のことであった。それをおこなったのは、調査技術にかけてはソ連随一の世論調査機関、「全ソ（現在は全露）世論調査センター」である。たとえばその年の一二月の時点でも、ゴルバチョフの活動を全面的に、または部分的に支持する市民を合計すると、ロシアでは市民全体の八一パーセント、ソ連では八四パーセントであった。[139]

同じ月に自由回答方式で「ザ・マン・オブ・ザ・イヤー」を選ぶ調査もあった。第一章ですでに述べたが、ゴルバチョフは、第二位のアンドレイ・サハロフを三倍も引き離していた。[140] 一九八八年には一九八九年と同様、あるいはそれ以上にゴルバチョフの評価は高かったはずである。それはほぼ間違いない（彼の国内人気が急低下するのは、これもすでに述べたが、在任中最後の二年間のことである）。だが、一九八八年には比較的信頼の置ける調査データはない。他方、ゴルバチョフの印象に関するアメリカの世論調査結果は、もっと早い時期から記録されている。ハリス世論調査によると、一九八六年中頃で、ゴルバチョフに好印象をもっていると答えたアメリカ人は五一パーセントに上っていた。この数字は一九八八年五月、レーガンがモスクワを訪問する直前には七二パーセント、さらに、その後には八三パーセントに上昇している(141)。

このようにゴルバチョフの内政・外交政策の変化はアメリカ世論に影響を与えていた。そして、これは次のような事実にも反映されていた。一九八〇年代はじめ、アメリカ人の圧倒的多数はソ連にたいして「強硬な態度で臨むべきだ」と答えていた。しかし、これは一九八七年の末までに変化し、「アメリカは、ライバルである超大国との緊張を緩和する努力をもっとすべきだ」と答えるアメリカ人が圧倒的多数になっていた(142)。

一九九〇年までにはソ連市民は、核戦争が起こらないということを当然視するようになっていた。代わりに、国際情勢よりも国内問題が重要性を帯びるようになった。一九九〇年一〇月、ゴルバチョフにはノーベル平和賞が贈られた。確かに、彼の功績は受賞に値するものであった。しかし、その頃になると国内では、ノーベル賞をもらったからといってゴルバチョフにはほとんど何のご利益《りやく》もなかった。すでに指摘したように、これは一九八八年の状況とは対照的であった。ゴルバチョフはその年、「不俱戴天の敵」であるレーガン米大統領を、親睦と友好の雰囲気のうちにモスクワに迎えた。その事実によって、ゴルバチョフの国内的な人気はさらに上昇した。レーガンはクレムリンの構内で、ある記者にこう尋ねられた。いまでもソ連を「悪の帝国」だと信じていますか、と。悪の帝国とは、一九八三年にレーガンが使った言葉である。アメリカ大統領はこう答えた。「いや、私が言ったのは別の時世、別の時代のことだよ(143)」。

モスクワ・サミットには特筆すべき内容はなかった。しかし、視覚の上でも言葉の上でも、強い象徴性があった。赤の広場で並んで歩くゴルバチョフとレーガン。レーニンの胸像の前に立って、モスクワ大学の大勢の学生に向かって講演するレーガン。そのような光景が、世界のテレビカメラによってとらえられた。アメリカ大統領は、学生たちに向かって次のように語りかけた。ベルリンの壁を取り払うべき時代が来た。それればかりではない。君たちが「生きている時代は、ソ連史上もっとも心躍る、希望に満ちた時代だ[144]」。

ブッシュ大統領との信頼関係

レーガンの後を襲ったブッシュ（父）大統領とベーカー国務長官は、まず手始めに、前任者がゴルバチョフおよびシェワルナゼとの間で築いた親密な関係に疑念を向けた。レーガンにくらべて共和党内部の超保守派からの非難を受けやすかったことも、明らかに影響した。それに加えて、（当然ながら）政策の見直しをおこないたいという考えもあった[145]。シュルツは回想録に次のように書いている。「ブッシュとベーカーはこう心配したようだ。『レーガンとシュルツは、ゴルバチョフとシェワルナゼというソ連の個性的人物に注意を奪われすぎている。そして、ソ連で本当の変化が起こりつつあると、あまりに容易に信じている』。（中略）私は新政権が、冷戦が終わったことを理解しない、あるいは受け入れないのではないかと不安に思った[146]」。

実際、一九八九年の初め、米ソ関係には凪《なぎ》の時期があった。ゴルバチョフは、このことをとても心配した。西ヨーロッパ諸国の指導者たち、特にサッチャー英首相とコール独首相は、次のように述べてゴルバチョフをなだめなければならなかった。「これは一時的なことである。じきにブッシュも、少なくともレーガンと同じぐらい協力的になるはずだ[147]」。手に入る証拠に照らしても、ブッシュの警戒は行き過ぎであった。マイケル・ベシロスとストローブ・タルボットはこう見ていた。「遅ればせながら、その年（一九八九年）の五月、ブッシュはゴルバチョフと向き合い始めた。ブッシュをその気にさせたのは、世論や議会、NATO同盟国からの圧力だったようである[148]」。

最終的には、ゴルバチョフはブッシュと、またシェワルナゼはベーカーとの間で関係を深めた。それは、レーガン＝シュルツのチームとの関係と同じ程度に友好的なものとなった[149]。それどころか、ゴルバチョフの対話の相手がレーガンからブッシュに替わり、話し合いの内容は充実したものとなった。問題の理解力において、レーガンよりブッシュのほうが、はるかにゴルバチョフに肉薄していたからである。もとより、市場経済の細かい仕組みが分かっているという点では、ブッシュはゴルバチョフを圧倒していた。ベーカーとシェワルナゼのほうが先に会談をし、友好関係を確立した。一九八九年九月までにベーカーは、シェワルナゼに強い印象を受けるようになっていた。というのもシェワルナゼは、しっかりとした根拠のある主張に関してはこれを進んで受け入れ、モスクワに帰ったあともその立場を擁護した。ソ連の誤りや問題点に関しても率直だったからである。[150] しかし、米ソ首脳同士に信頼関係が成立するのは、ようやく一九八九年一二月になってからであった。それは、マルタ沖で最初のゴルバチョフ＝ブッシュ会談が開かれたときのことである。

その前の月にはベルリンの壁が崩壊し、ソ連はこれを受け入れた。このことによって、西側でのゴルバチョフの立場は強まったが、国内ではそうではなかった。それどころか、ゴルバチョフの立場はいくつかの重要な点でレーガン時代より弱くなっていた。ソ連国内ではすでに、保守強硬派と急進的改革派の両方から批判を浴びている最中だった（もっとも、その激しさは一年後の冬よりはましだったが）。経済はもはや、計画経済と市場経済のどちらのルールにも従っておらず、ゴルバチョフ就任時より悪化していた。カフカスや中央アジアでは、民族間で暴力沙汰が起こり、ロシアやウクライナでは、大規模な炭鉱ストライキが発生していた。そして東中欧諸国では、共産主義体制がベルリンの壁と同様、崩壊し始めていた。

こうして、ゴルバチョフの手元には、いかなる交渉に臨むにしても弱い持ち札しか残されていなかった。それでも、その札を切る態度は堂々たるものだった。ただゴルバチョフは、ブッシュのある願いによって助けられていた。ブッシュは、どのような形であれゴルバチョフの国内的立場が損なわれる事態を避けたいと願っていた。ブッシュの言葉を借りれば、彼は「（ベルリンの）壁の上では踊らない」つもりだったのだ。[151]

首脳会談までの数カ月の間にブッシュは、新思考にはまったく新しい行動パターンがともなっているとの確信を深めていた。この間にソ連指導部は、東ヨーロッパ諸国の体制転換を食い止めるために軍事介入はしないと明言していた。いわゆるブレジネフ・ドクトリンは、完全に否定されていたわけである。ブレジネフ・ドクトリンは、ソ連が軍事介入によって「プラハの春」に終止符を打ったときに使った理屈で、その主旨はこうである。社会主義共同体のどの地域においてであれ、共産主義体制が脅威を受けた場合、ソ連やそのほかのワルシャワ条約機構諸国は「社会主義を擁護する」ために、介入する権利と義務がある――。このようなドクトリンはすでに、「シナトラ・ドクトリン」（ゲラシモフ・ソ連外務省報道官の造語）にすげ替えられていた。要するに、東ヨーロッパ諸国はわが道《マイ・ウェイ》を行ってもよろしい、ということである[152]。

マルタ会談では悪天候と荒波のため、ブッシュ大統領は半日も船上に足止めされた。しかし、マルタ会談が終わるまでに、ゲラシモフはこう発表することができた。「われわれは冷戦を地中海の底に葬った[153]」。ゲラシモフは、母国語であるロシア語ではなくて英語で会見に臨んだのだが、フィッツウォーター米報道官よりも、引用価値の高い言葉を思いつくのが常だった。

マルタは、ゴルバチョフとブッシュの初めての首脳会談であった（ただし、二人は以前にも会ったことがあった。ブッシュが副大統領で、かつ次期大統領になっていたときのことである）。しかし、会談の結果、二人の個人的結びつきはいっそう強まった。ゴルバチョフは感動した。ブッシュもさることながら、それ以上にベーカーが、ソ連の経済問題に精通しているところを見せたからである。また、ブッシュとベーカーがペレストロイカとその創始者ゴルバチョフを支持するという選択をすでに下しているという様子を見せたからでもあった[154]。公衆の前で新たな意気投合ぶりを象徴していたのは、米ソ両大統領の合同記者会見が初めておこなわれたという事実である[155]。ブッシュはそもそも「世界のどの指導者よりも、個人的関係に影響を受けやすい」人物であった。そして、実際にゴルバチョフに会ってみて、「予想外にゴルバチョ

フが好きになった。（中略）彼とならビジネスができる」と感じたのである。(156)

このような信頼関係が成立したことに加えて、ブッシュは、ゴルバチョフが国内で深刻化の一途をたどる苦境に直面していることに同情を寄せた。その結果、ソ連側と同様に、アメリカ側も譲歩をおこなうことになる。それは、両大統領が次にワシントンとキャンプデービットで会談した一九九〇年五月末から六月初めにかけてのことであった（ゴルバチョフは一九九〇年三月大統領に就任している）。東ヨーロッパ諸国において共産主義体制の崩壊が一段と進み、特にドイツが再統一を求める動きを見せた。このため、ソ連軍、KGB、そして党機関は、それでなくても鬱積していた不満をさらにつのらせた。そもそもそれらの組織は、国内の政治的多元主義の成長を面白く思っていなかった。多元主義の成長によって、国内での存在基盤を脅かされていたからである。その一方で、ゴルバチョフは引き続き、民主派の支持も失いつつあった。ゴルバチョフがカナダとアメリカに旅立つ直前には、エリツィンがロシア共和国最高会議議長に選出された。これでは、ゴルバチョフの気分は晴れるはずもなかった。

ワシントン首脳会談では、ドイツ問題の比重が増した。ドイツ問題、特に、アメリカが模索する統一ドイツのNATO加盟の見通しは、ゴルバチョフにとって国内政治闘争の観点からして恐ろしく微妙な問題であった（ドイツ問題に関しては次節で論じる）。ゴルバチョフはまた、アメリカとの貿易関係で最恵国待遇を勝ち取ることもきわめて強く切望していた。国内の支持率の低下を考えれば、当然であろう。他方、ブッシュもアメリカ国内の批判を念頭に置かねばならなかった。当初ブッシュは、最恵国待遇を与える案を否定した。そして、ソ連が移民法を成立させ、リトアニアへの経済封鎖を解くことが先決だとしていた（リトアニアは主権宣言したあと経済封鎖されていた）。

シェワルナゼもゴルバチョフも、国内の立場が弱いことをまったく隠そうとはしなかった。シェワルナゼはベーカーとの会談で、またゴルバチョフはブッシュとの交渉で、むしろそれを利用した。一方、アメリカ大統領と国務長官はともに、交渉相手がゴルバチョフとシェワルナゼであることを強く望んだ。ゴルバチョフとシェワルナゼに代わって強硬派の指導者が出てくるのは、もとより困る。しかし、エリツィンに代表されるような、どちらかと言えば未知の人物も願い下げだった。エリツィンもまだこの時には権威ある人物とは言えなかった。国民全体の選挙でロシア大統領に選出され、そのような権威を獲得するのは一年後のことである。

というわけでブッシュは、最恵国待遇問題では譲歩することにした。しかしそれは無条件ではなかった。ブッシュはゴルバチョフに、リトアニアにたいする経済封鎖の解除と移民法の成立を交換条件とする旨、公式声明の中で発表したいと、伝えた。ゴルバチョフは抗議した。そのようなことをすれば国内での自分の立場が弱くなる。すると、ブッシュはふたたび折れ、公式声明において言及する問題はひとつだけにとどめ、ゴルバチョフにたいするダメージが最小限になるよう配慮した。(157) サミットではこのほか、化学兵器と核実験に関する協定の調印もおこなわれた。まだ締結できないでいた戦略兵器削減条約（ＳＴＡＲＴ）に関しては、妥協的な声明が発表された。(158)

その後約一年を経て、一九九一年七月末、ブッシュはふたたびモスクワを訪れた。このときにはエリツィンはすでにロシアの大統領に選出されていた。ゴルバチョフの立場は危険な状態にあった（一カ月も経たないうちにクーデターが起こる。したがって彼は自分が認識している以上に危険な状態にあった）。にもかかわらず、ブッシュが実質的な議論をした相手はゴルバチョフであって、ロシア大統領ではなかった。すでに、ジュネーブでソ連とアメリカの交渉団の労により、戦略兵器に関する合意が成立していた。ゴルバチョフとブッシュはついにＳＴＡＲＴに調印した。他方、エリツィンはできる限りブッシュの注意を自分に引き付けようとした。ゴルバチョフはいら立った。それは予想のつくことである。しかし、ブッシュも迷惑していた。彼は「待ち伏せされた」と苦情を漏らしている。(159)

ブッシュ政権は当時も、その後も、アメリカ国内の重要な意見集団から批判を浴びた。それは極右勢力ばかりではなかった。あまりにも長い間ゴルバチョフやソ連に集中しすぎ、その分エリツィンやロシアの新指導部を軽視した、というのである。しかし、その結果何らかの機会が失われたという批判派の言い分とは逆に、実は、失われたものは何もなかった。むしろ得たものは大きかったと言える。もしアメリカが、ソ連崩壊に積極的に関与していたかのような印象を与えていたらどうだったであろうか。東西関係、特に米ロ関係には途方もない痛手となっていただろう。ソ連から独立した国、特にエストニア、ラトヴィア、リトアニアは新独立国としての地位を誇りに思った。ウクライナも幾分そうである。しかし、ロシアにとって「独立」は、はるかに曖昧な政治闘争の結果であった。ロシアが連邦を支配していた以上、ソ連が崩壊したということはロシア人にとって、領土や国家、さらには超大国としての地位を喪失したのと同じことだったのである。

ロシア民族主義を支持する人々は、いずれにしてもソ連崩壊の原因は西側にある、特に元凶はアメリカだと言うだろう（そして当然ながら、ゴルバチョフやエリツィンも一緒に悪者にされるだろう）。そうである以上、ブッシュ政権がそうした言いがかりをつけられるような根拠をほとんど与えなかったことは、きわめて賢明であったと言える。そのことは、ものの二、三年のうちにいっそう重要性を増した。というのも、そのころまでにロシア市民の大半はいたってあけすけにソ連の消滅を嘆くようになっていたからである。領土は減り、国境は穴だらけ。そんな「独立」は、だれも誇りには思わなくなっていた。[160] ただし、アメリカ大統領にも、ソ連の分裂の過程に手を貸したと責められても仕方のない点がただひとつだけあった。それは、ウクライナの独立を問う国民投票（一九九一年一二月一日）の数日前のこと。ブッシュは、もし賛成票が多ければ、アメリカはモスクワの反応を待たずに「ただちに」にウクライナの独立を承認すると発表していたのである。[161]

ブッシュもこのときまでに国内の批判にたいして妥協的な姿勢を強めつつあった。さまざまな独立運動を励ます努力が足りない――ブッシュはこう言って責められていた。同時に、一九九一年夏、モスクワ・サミットの直後にキエフでおこなった演説を取り繕おうとして、やりすぎたとも言える。この時ブッシュはいぶかしげなウクライナの聴衆を前にして、わざわざゴルバチョフの功績をたたえ、さらにこう付け加えて、聴衆の一部を激怒させていたのだった。

「自由は独立と同じではない。アメリカは、はるか遠くの専制体制を地元の独裁に置き換えるために、独立を求めるような人々を支持することはしない。民族的憎悪にもとづく自殺的民族主義を推進するような人々に援助することはしない」(162)。

ゴルバチョフとヨーロッパ

米ソ関係の重要性は言うまでもない。特に軍備管理の分野ではそうであった。しかし、ゴルバチョフ時代にもっとも根本的変化が起こったのはどこかと言えば、それはヨーロッパ内部であり、またソ連と西も東も含めたヨーロッパ諸国との関係であった。はじめに西ヨーロッパ諸国との関係が大幅に改善された。そしてそれは、クレムリンの東ヨーロッパへの態度が変わったことによって、強固なものになっていった。ゴルバチョフと西ヨーロッパ諸国首脳との間に新しいレベルの信頼関係が生まれていた。このような信頼関係があればこそ、ゴルバチョフは新たな事態をすんなり受け入れることができた。新たな事態とは、ワルシャワ条約機構諸国が明確に共産主義を拒否し、ワルシャワ条約機構とその経済版であるコメコン（経済相互援助会議）が解体されたことを指す（ちなみに、ゴルバチョフ自身の場合、共産主義の拒否はもっと徐々に進んだ。またその際、ソ連共産党の書記長だった以上やむを得ないことであるが、一貫性がなかった）。同様に、東ヨーロッパ諸国が体制を変えようとしているときも、ソ連軍は兵舎にとどまった。このこと自体が、ゴルバチョフの新思考が本物であることを疑っていた西ヨーロッパ諸国の懐疑論者を納得させる駄目押しとなったのである（ソ連にたいして懐疑的な人々は、このときまでに少数になっていた。ただし、フランスは例外）。第二次世界大戦の終結以後にソ連が影響力を揮《ふる》ってきた地域においても、もはや覇権維持のために軍事力を行使することはない。これが新思考の特徴ということになっていたのではあるが。

一九八六年五月二三日、ゴルバチョフは外務省のスタッフを相手に部外秘の演説をおこなっている。[163] その中で彼は、従来のソ連の対ヨーロッパ政策を特徴づける惰性的な思考を批判し、こう述べた。ヨーロッパを「対米関係というプリズムを通して」見てはいけない。[164] 外交一般に関しても、（交渉の）相手が自分たちより間抜けだと考えるのは、あってはならないことだ」。「無意味な頑固さ」、それが高じたソ連代表がミスター・ニェットと呼ばれるような状態からは脱却しなければならない。[165]

ゴルバチョフはこの演説で、東ヨーロッパ諸国との関係を変える必要があるということを強調した。ゴルバチョフはこう主張した。東ヨーロッパ諸国との関係は、「それら諸国の経験や長所」を尊重した上で築かなければならない。ソ連側の独善は正さねばならない。「われわれは、だれにでも教えることができるなどという考えは許されない。われわれには、そのような権利はないのだ[166]」。

サッチャー英首相の存在

ゴルバチョフは、ヨーロッパ首脳と良好な個人的関係を築いた。相手はたとえば、ゴンサレス・スペイン首相、サッチャー英首相、ミッテラン仏大統領、コール独首相などである（コール首相との関係は、当初ぎくしゃくしたが）。この点はすでに論じた。確かにゴルバチョフ時代後半の西側首脳との親交の中で特に重要な要素となったのは、コール首相との対話である。ドイツ再統一が平穏におこなわれるにあたって、二人の友情が重要な役割を果たした。しかし、東西関係に関する限り、ゴルバチョフ政権初期におけるヨーロッパの最重要の相手はサッチャー英首相であった。すでに前のほうの章で述べたように、ゴルバチョフ自身の思考が社会民主主義的な方向に発展する上では、ゴンサレス首相の影響のほうが大きかった。だが、サッチャーはソ連にとっても、アメリカにとっても重要なパートナーとなった。サッチャーはこの点では、チャーチル以後の歴代イギリス首相の誰もを圧倒している。彼女の首相としての個々の業績のうち、これほど重要で建設的なものはない。歴代首相の中には、『中道』（*The Middle Way*）の著者であるハロルド・マクミランや、中道路線を主張したハロルド・ウィルソンなど、優れた人物がいる。両者とも超大国間の誠実な仲介者の役割を演じようとした。しかしこの点、マクミランの場合は、前進は地味なものにとどまり、[167]ウィルソンの場合はなおさら成果は少なかった。[168]

それにたいし、皮肉なことに右寄りのサッチャーがゴルバチョフの考え方にも、レーガン米大統領の物の見方にも、影響を与えたのである。レーガンは、サッチャーの影響を受けて、ゴルバチョフ個人とゴルバチョフの改革意図の真剣さにたいする見方を変えた。[169]サッチャーはゴルバチョフと率直に話をした。そのおかげでゴルバチョフは、西ヨーロッパが過去のソ連の政策をどのように見ているのかを、はっきりと悟った。また、サッチャーは西側において、公の席でも内輪の席でも、ゴルバチョフを個人的に支持した。ゴルバチョフ時代の初期、このことはレーガン政権にたいして特に重要な意味をもった。サッチャーは徹底した反ソ的人物として定評があったし、レーガンもその判断を尊重していたからである。[170]

ゴルバチョフのほうでも、サッチャーからの支持には特別な価値を置いていた。当時もそうだったし、また、のちに過去を振り返ったときもそうであった。サッチャーは、ソ連の内外政策にゴルバチョフがもち込んだ変化を公然と支持した。ゴルバチョフは次のように述懐している。彼女は戦闘的な反共主義者だった。西側を代表してイデオロギー闘争への肩入れもした。にもかかわらず、彼女は「真摯な態度でわれわれを助けようとしてくれた。そして、ペレストロイカにたいする西側の支援を呼びかけてくれたのだ」。[171]サッチャーは一九八七年モスクワを訪問した。第四章で指摘したように、これを機に、ゴルバチョフは従来にも増して西ヨーロッパに注意を向けようと決心したのである。[172]

一九八七年春、サッチャー首相がモスクワを発った二日後、ゴルバチョフは一握りの補佐官や仲間が集まった席で、ヨーロッパのことを語った。チェルニャーエフによれば、「ゴルバチョフは西ヨーロッパに向けて力強く舵を切った」。

これは、サッチャーとの対話の「重要な成果」であったという。[173] ゴルバチョフは西ヨーロッパを「われわれの基本的なパートナー」と評して、こう言った。「もしかすると私は間違っているかもしれない。だが、こんな風に思えるのだ。われわれはヨーロッパのことをよく勉強していない。だからよく知らないのだ」[174]。ゴルバチョフはこの懇談の中で、ヨーロッパ研究センターを設立してはどうかと提案した（実際、翌年になると、モスクワにヨーロッパ研究所が新設された。アメリカ研究者と比較して優秀な欧州専門家の数が少ないというゴルバチョフの指摘を実証するかのように、新設研究所の所長になったのは、アメリカを専門とするヴィターリー・ジュルキンであった。ジュルキンはそれまで、アルバートフ率いるアメリカ・カナダ研究所の副所長を務めていた。とはいえ、これは適切な人選であった。なぜなら、ジュルキンは少なくとも外交の新思考にたいして真摯な態度で貢献したからである）。

ゴルバチョフはこう言った。ヨーロッパの関与なしには、問題はひとつたりとも決められない。ソ連と西ヨーロッパ諸国との関係は、一歩ずつ改善させていくことが大いに可能である。もっと言うなら、「西ヨーロッパのようなパートナーがなければ、ソ連の方向転換はできない[175]」。ゴルバチョフのヨーロッパでの行動は、こうした発言と合致していた。一九八七年から八八年に彼がおこなった会談の大半は、西ヨーロッパの政治家が相手だったのである。[176]

ドイツ再統一

西ヨーロッパに関して言えば、ドイツの再統一こそ、ソ連の新しい思考と行動の最も重要な帰結であった。ドイツ再統一は、ゴルバチョフ外交の意図的な結果ではなく、むしろ間接的な結果であった。それでも、ゴルバチョフの最終的な黙認がなければ、あの当時それが実現することはなかったであろう。時系列的に言えば、東ヨーロッパ諸国の大半において独立への突破口が開かれたのが先で、ドイツ再統一はそのあとであった（政治的な論理に照らしても、順番はそうなる。なぜなら、ドイツ再統一はソ連指導部にとってもっとも微妙なヨーロッパ問題だったからである）。確かにドイツ再統一が実現するスピードは、ほとんどの人間にとって予想外のものであった。ゴルバチョフも例外ではない。だが実は、ゴルバチョフも、再統一の期待を煽るのに一役買っていたのである。それは、「選択の自由」を認めた一九八八年の演説だけではなかった。一九八七年にはそのような機会が別に二回あった。

一九八七年七月、ワイツゼッカー西独大統領と会談したとき、ゴルバチョフは、ドイツの分断は永遠のものではないかもしれないということを示唆したのである。これは戦後、ソ連指導者としては初めてのことであった。会談の席上ワイツゼッカーは、本人がのちにガートン＝アッシュに語ったところによると、「単に発言の事実を記録に残すために」ドイツ再統一の問題を持ち出した。それにたいして、ゴルバチョフはこう答えたのだ。「百年後に起こることは歴史が決めるであろう」[177]。そしてもう一回は一九八七年後半に出版された著書『ペレストロイカ』である。この中で、ゴルバチョフは、ドイツ再統一のプロセスを急がせる気持ちはまったく見せていない。二つのドイツ国家について論じた箇所では、ゴルバチョフは次のように述べている。「人は既存の現実から出発する必要がある。扇動的な憶測をもてあそんではいけない」。にもかかわらずゴルバチョフは、ワイツゼッカー大統領にたいして言ったことをほぼそのまま繰りかえしていた。「両国（東西ドイツ）は歴史の教訓を学んだ。どちらの国も欧州や世界の問題に貢献することができる。百年後に起こることは歴史が決めることである[178]」。

従来ソ連は、永久に分割された二つのドイツという考えにあくまでも固執してきた。だが、ゴルバチョフはこうした立場から離れた。このこと自体、特筆に値する。ただ、たとえあったとしてもゴルバチョフは、ドイツ再統一は遠い先のことと考えていた。にもかかわらず、右の一九八七年の発言は、少なくともチェルニャーエフの主張を多少は裏づける根拠となるかもしれない。チェルニャーエフの言い分はこうである。ゴルバチョフがワイツゼッカーに向かって発した言葉はある種の「シグナル」となり、ワイツゼッカーはそれを「受け入れた」――。もとよりこの主張には議論の余地がある。しかし、チェルニャーエフにはゴルバチョフと何度も外交政策について個人的に話し合う機会があった。チェルニャーエフは以下のように言葉を継いだ。「私は（ゴルバチョフ）を知っている。だから断言できるのだが、彼はその時すでに、あるいはもっと前から、次のことを胸の内で確信していた。すなわち、ドイツ問題を解決し、ヨーロッパの二つの偉大な国家間の、歴史によって運命づけられている正常な関係を回復することが先決である。さもないと、健全な国際情勢をもたらすことはできない」[179]。

言うまでもなく、人は、だれかがあとになって受け入れた考えを、無意識的に過去に投影しやすい。また当の本人にとって、特定の知的立場にたどり着いた時期を思い出すことは、必ずしも容易なことではない。しかし、ちなみに、ではあるが、アレクサンドル・ヤコヴレフも一九九二年初め、チェルニャーエフとまったく符合することを述べていた。ヤコヴレフによれば、ゴルバチョフは一九八五年に党書記長になった当初からドイツ再統一を受け入れていた、という[180]。ただし、仮にそうだったとしても、ゴルバチョフは恐らく、ドイツ再統一はヨーロッパの分断が全体として終結したあとのこと、と考えていたように思われる[181]。

このチェルニャーエフとヤコヴレフの見解に異を唱えているのが、ヴャチェスラフ・ダシチェフである。ダシチェフは、モスクワのボゴモロフ率いる研究所の所員であった。同研究所には、政策志向の、頭の柔軟な研究者グループがいた。ダシチェフはそのひとりであった。ダシチェフは、一九八七年という早い時期に、ある覚書を書いた。その中で、こう主張した。「二つのドイツ国家が引き続き存在することはソ連には大きなマイナスとなる」。「再統一の選択肢を検討し議論すべき」時がきた、と[182]。しかし、この覚書はこのときも、またその後も、党国際部から軽くあしらわれただけだった。ゴルバチョフの立場に関しては、ダシチェフの見解は幾分矛盾している。一方では、ダシチェフはこう見ていた。一九八八年から八九年にかけて、ファーリンやリガチョフらに邪魔されたけれども、シェワルナゼとゴルバチョフは次第に、スターリン時代の教条《ドグマ》や重荷から解き放たれた現実的な外交政策を形成するようになった[183]。ところが、ダシチェフはその一方で（リガチョフやファーリンへの言及に続けて）こうも主張していた。「ゴルバチョフも、ドイツ問題に関しては外交政策の伝統的ステレオタイプに染まったままであった[184]」。

チェルニャーエフはダシチェフと同じ共著本に論考を寄せているが、そこでこの解釈を強く否定している。確かに一九八六年から一九八八年にかけて、ソ連とその他の西ヨーロッパ諸国との関係が改善する中、独ソ関係の改善は大幅に遅れていた。しかしチェルニャーエフによれば、これはコール首相とドイツ国民にゴルバチョフが教訓を与えようとしていたためだ、という。コールは一九八六年に軽率な比較をおこなったことがある。ゴルバチョフとゲッベルスを宣伝政治家《プロパガンディスト》としてくらべたのである[185]。当然ながら、ゴルバチョフはこれを侮辱と感じた。その結果、コールは一九八八年一〇月までモスクワを訪問することができなかった。しかし、この一〇月にモスクワでおこなわれた独ソ首脳会談は、ゴルバチョフの気性を示す好例となった。いつまでも恨みを持ち続けるのはゴルバチョフの本意ではなかったのだ（ボリス・エリツィンとの関係はおそらく例外であろう。それは、理解できないことではない）。ゴルバチョフは特に、自尊心に邪魔されて重要な政策を追求できなくなることを嫌った。チェルニャーエフにとっても驚きだったが、ゴルバチョフとコールはその会談で、「相互の信頼を築いた。そして、これはすぐに真の友情に発展した」。同時に、そのような信頼は、「マルクス・レーニン主義と袂を分かち、現実主義と常識的立場を優先する（ゴルバチョフの）勇気」を実証することにつながった[186]。

ドイツ再統一のスピードは、ゴルバチョフ（およびサッチャー英首相とミッテラン仏大統領）の期待をはるかに凌駕していた。ドイツ再統一の動きが加速したのは疑いもなく、中欧での出来事に煽られたためである。当時、中欧ではハンガリーとポーランドで体制転換が起こり、ハンガリー国境が開かれた。そこを通って東ドイツ人が西に流出した。そして後を追うように一九八九年一一月ベルリンの壁が崩れたのである。

ダシチェフはゴルバチョフにたいしてやや批判的な見解の持ち主である。そのダシチェフですら、決定的一歩を踏み出したのはゴルバチョフだったことを認めている。一九九〇年二月、ゴルバチョフはコールに告げた。どんな国に住みたいか、それを達成するのにどれくらいの時間をかけるか、それはドイツ人次第だ、と。

ダシチェフはこうも言う。ゴルバチョフとシェワルナゼは、背後にいる政治、軍事特権階級《ノーメンクラトゥーラ》にたいして、肩越しに目を光らせなくてはならなかった。ノーメンクラトゥーラは、自分たちの言う「利敵」行為にたいして威嚇音を立てていたのだ。[187] 党中央委員会国際部や軍部は、抑えがたい気持ちを募らせていた。ゴルバチョフやシェワルナゼは十分な「専門的技能」をそなえていない。ドイツ再統一などという報償を引き替えにするのであれば、ドイツ人を相手にもっと有利な取引がおこなえたはずである。二、三年前には再統一は遠い夢にしかすぎなかったのだから――。[188]

しかしながら、おそらく長い歴史的な視点に立てば、ゴルバチョフの行為は評価されることになるだろう。ゴルバチョフはソ連軍を出動させなかったし、ひとたび再統一プロセスが開始されてからは、そのすみやかな進行を邪魔立てしなかった。そればかりではない。強引な取引を強要しなかった。強要していれば、二〇世紀の独露関係史に悲しい最終章を付け加えることになっていたはずだ。現場では、ソ連の軍事行動というあからさまな脅しをかけない限りドイツ分断を維持できないほど事態が急迫していたが、ゴルバチョフは、そのような恐るべき困難な状況からソ連を救い出した。脅しをかけるという選択肢を回避し、避けられないことを潔く受け入れた。平和的な手段しか用いないとゴルバチョフが固く決意していただけに、それは、単なるじり貧外交にすぎないとの烙印を押されるかもしれない。しかし、実際、それは立派な業績であった。第二次大戦後、西ヨーロッパの帝国で、ゴルバチョフ外交に見られるような政治的な沈着さやわずかな流血で帝国の終焉を受け入れた国はなかった。唯一の例外はイギリスであったが、イギリスとても部分的な例外でしかなかった。実際、「帝国の外縁」に関して言えば、流血が起こったのはルーマニアだけだった。しかも、流血を引き起こしたのはルーマニア人自身であった。[189] ドイツに限って言えば、ゴルバチョフが両国関係を導き、あとにはゴルバチョフ個人とロシアにたいするドイツ人の感謝の念が残されたのである。[190]

確かに、交渉においてアメリカが重要な役割を果たした。特に、「統一ドイツはＮＡＴＯの一員になるべきだ」とのコールの主張を強く支持した（ソ連指導者にとっては、何よりもこれが承服しづらい点であった）。とはいえ、もっとも決定的な交渉はゴルバチョフとコールの間でおこなわれた[191]。ブッシュ大統領にたいしては、ゴルバチョフは一九九〇年五月末の首脳会談で次の点を容認する発言をしていた。ドイツの再統一後、「同盟国の選択」は「ドイツ国民がすべき問題だ[192]」。その場にいたファーリンは狼狽を抑えきれなかったという。

しかし、そのあとでゴルバチョフはこれに条件を付けた。ソ連側の面子《めんつ》を立てるための手だてを考えたのだ。六月一二日、モスクワで最高会議の席上、ゴルバチョフは統一ドイツのNATO入りは受け入れられるかもしれない、ただし、移行期には東ドイツの軍隊がワルシャワ条約機構の「準加盟」的地位を保持することが条件だ、と述べた[193]。ゴルバチョフはすでに一九九〇年二月のコールとの会談で、「選択の自由」とは統一ドイツがNATO加盟を選べるということだと、事実上認めていた[194]。しかし、この方向に向けた動きは、激しい批判を受けた。批判は、国内の外交・軍事エリート層ばかりか、共産党機構の内部からも沸き起こった。一九九〇年三月、リガチョフは党中央委員会総会での演説で強い不満をあらわにした。「社会主義共同体」は解体しつつあるというのに、NATOブロックは強化されようとしている――。そして、それまでくどくどと繰り返してきた、新思考外交にたいする反対意見をふたたび持ち出してこう言った。統一ドイツがNATOに加盟するとしたら、「その後は、現代国際関係が階級的性格をもっていないということは、認め」られなくなる[195]。

一九九〇年七月中旬、コールはソ連を訪問した。このときゴルバチョフとコールは、充実した、きわめて友好的な会談をおこなった。会談の場所は、モスクワと、ゴルバチョフの故郷スターヴロポリである。そしてこの会談のあと、国内の反対は押し切られ、統一ドイツはNATO加盟の権利を持つという原則が、最終的な、公然たるソ連の政策となったのである[196]。

だが、必ずしもこれで取引が終わったわけではなかった。ガートン＝アッシュが示唆しているように、おそらくファーリンやそのほかの面々から「本物のプロならもっと鋭い駆け引きをしたはずだ」と批判されたことに刺激されたのであろう。「ゴルバチョフは九月はじめ、コールとの電話会談で粘った。この結果、約百二〇億マルクを無償で、三〇億マルクを借款で勝ち取った。それは、旧東独駐留のソ連軍の撤退費用であった」。[197]ハネス・アドマイトは九月七日と一〇日の電話会談を「近年の独露関係史でもっとも高くついた通話だった」と言った。確かに、この電話会談でコールとゴルバチョフが最終的に合意した数字は、その年のはじめ、ドイツが予想していたものよりはるかに高額だった。ただし、テレホフ駐東独ソ連大使が九月五日（交渉の駆け引きの材料として）示した額よりはかなり低いものではあったが。[198]コールは、ソ連にたいする財政支援と経済協力を、ゴルバチョフと合意した包括的パッケージの一部と見ていた。だからコールは一九九一年、「ソ連の経済改革にたいするG７支援を積極的に推進した」。また、ソ連崩壊後の時代になってからも、ドイツが経済面でロシアのもっとも頼りになるパートナーであり続けるよう手を尽くした。[199]コールはこのようにして、感謝と誠意を示したのである。

東ヨーロッパ

ソ連は、東ヨーロッパ諸国全体の主権の制限に終止符を打った。この件に関する限り、決定的だったのはゴルバチョフという要因《ファクター》である。旧ソ連圏において共産主義が崩壊したこと、共産主義体制の最終的崩壊の仕方が国によってまちまちであったこと、また、共産主義が崩壊したあと多少なりとも民主主義的な体制への移行がおこなわれたこと——これらの問題を主題として、数多くの本や論文がすでに書かれており、今も書かれつつある。[200]政治、経済体制の転換は、興味深い比較研究の場を提供してくれている。しかし、さしたる努力をしなくても、変化の主たる動因はすぐ見つかる。それは、体制の相対的な失敗である。経済面でも失敗だった。また、国民を政治的に社会主義化し、共産主義的価値を受容させることにも失敗した。[201]西ヨーロッパが提供する経済、政治モデルははるかに魅力的で、好結果を残していた。その点では、ソ連が提供するいかなるものも見劣りがした。

一九七〇年代～一九八〇年代になると、一九四〇年代末あるいは一九五〇年代と比較して、西ヨーロッパが成功を収めているという認識が強くなった。それはそのとおりである。しかし、一九八〇年代末までに何よりも劇的に変化したのは、ソ連の政治体制とソ連外交の優先順位であった。ここで本質的に重要なポイントは次の点にある。すなわち、東ヨーロッパ諸国の共産主義体制が存続したのは、ソ連が軍事力を行使したり軍事的圧力をかけたりしてそのような体制を導入し、政権維持のためなら介入も辞さないという姿勢を取っていたからであった。したがって、東ヨーロッパ諸国において体制が突如崩壊した理由については、手の込んだ説明は必要ない。もとより、各国の当時の内部事情は国によって大きく異なっているし、それ自体は本書の主題からははずれている。だが、一九八九年と一九九〇年、東中欧全域において共産主義体制が打倒されたタイミングを説明する主たる要因は、まさしく以下のようなものであった。ソ連の急進的改革がもたらした刺激。「選択の自由」というモスクワの新ドクトリン。そして何よりも、もはやソ連が共産党の支配を支えるために介入してくることはないという（正しい）認識の広がり。

とすれば、一九八〇年代末の東ヨーロッパ諸国の体制転換は、かなりの程度、ソ連の政策が転換した直接の結果だったということになる。確かにハンガリーとポーランドの場合は一部例外であった。この二国は、ゴルバチョフの書記長就任以前からすでにいくつかの重要な点で、ソ連型の共産主義から逸脱していたからである。私は一九七〇年代中頃にプラハで聞かされた話を思い出す。話をしてくれたのは、一九六〇年代にチェコスロヴァキアの改革運動に積極的に参加していた元活動家である。彼は次のように言った。「ここでは、ソ連に変化が起きるまで何ひとつ変わらないだろう」。宿命論的ではあったけれども、これは基本的に正確な予測でもあった。ゴルバチョフがいなかったとしたら、チェコ共和国のヴァツラフ・クラウス首相（二〇〇三年から大統領）はどうしていただろう。ほぼ間違いなく、彼は今でも共産主義チェコスロヴァキアの科学アカデミーに勤務するほとんど無名の経済学者のままであったろう。[202]

ソ連自身の、そして東ヨーロッパ諸国の共産主義体制は、長期にわたって存立する能力を欠いていた。そのことは認めよう。しかしだからと言って、ゴルバチョフが一九八五年に政権についていなかった場合、「一九八〇年代中頃に、別のソ連改革派が指導者としてほぼ確実に現れていた」と想像するわけにはいかない[203]。その逆こそが真であった。そのことは、ゴルバチョフが党書記長となった当時のソ連共産党指導部内の力の相関関係（前の各章で既述）を考えてみれば容易に想像できる。

ゆっくりとしたゴルバチョフの認識変化　ゴルバチョフも、東ヨーロッパ諸国がソ連から完全に独立するという考えに適応するには時間がかかった。ゴルバチョフは、ソ連が国際共産主義運動全体と東ヨーロッパの政権政党にたいするけちな後見役を引き続き演じようとすることには批判的だったかもしれない。この点はチェルニャーエフが指摘しているとおりである[204]。しかし、ゴルバチョフが当初望んだのは、考えを共有してくれるような東ヨーロッパの共産党指導者たちが政権に就くことであった。もとより、共産主義体制の転覆や新政府の樹立ではなかった。そうした新政府は彼らの戦後史からして当然、対ソ関係を改革するよりも、関係を絶ちたいと望むことが予想されたからである。実際、政権発足当初、ゴルバチョフは東ヨーロッパの共産党指導者を非難することが時々あった。彼らの政策が、当時ゴルバチョフがソ連国内で認めようとしていた政策とくらべて、共産党の究極的な支配を危うくしそうだ、というのが理由であった。

たとえば、ブルガリアのジフコフ党書記長はチェコスロヴァキアの指導部と並んで、ソ連のペレストロイカを「偽善的に承認」している連中というカテゴリーに入れられていた[205]。ジフコフは一九八七年一〇月一六日、クレムリンでの会談の席上、ゴルバチョフからやんわりと叱責された。その理由としてゴルバチョフは次の二点を指摘した。第一に、ジフコフの政策によって、少なくとも理論的にはブルガリア共産党がもはや「中心的な権力主体」ではなくなってしまう。第二に、ジフコフは党と国家の「機能分化」ではなく、その「分業」を目指している[206]。ゴルバチョフは、ジフコフの周囲に「西欧志向」の人々がいるという理由も挙げて警告を発した[207]。明らかに情報源はＫＧＢか中央委員会の社会主義諸国部であろう。

もっとも、二、三年後になると、今度はゴルバチョフ自身が国内の保守派から同じ様に批判されることになる。「西欧志向」を責められたばかりか、ソ連の利益を西側に売り渡しているとまで言われた[208]。にもかかわらずゴルバチョフは、外交政策を指揮するにあたってさまざまな役割を果たした。ただ東ヨーロッパ指導者との内輪の会談においてゴルバチョフがヨーロッパ共産圏におけるナンバー1の党指導者として表明する意見は、きわめて緩慢にしか変化しなかった。そして、この領域でもやはり、転換点となったのは一九八八年（特に第一九回党協議会）だったのである。

しかし、それでもゴルバチョフが東ヨーロッパとの関係で望んだのは、政敵の目から見て東ヨーロッパの「喪失」としか解釈しようのない完全な断絶ではなかった。一九八八年以後の東ヨーロッパの政治的進化が行き着くところは、ソ連との真に協力的な新しいタイプの関係であってほしかった。ゴルバチョフには、それを望む強い政治的理由があったのである。一九六八年、「プラハの春」をただちに押しとどめることができなかったとしたら、どうなっていただろう。前章（第六章）で指摘したようにブレジネフは、そうなった場合、書記長の座にとどまることはできないと考えていた[209]。そのプラハの春も、一九八九年の変化とくらべれば物の数ではなかった。一九六八年のチェコスロヴァキアにおける事態は、長期的にはどれほど重要であろうと、所詮はワルシャワ条約機構に加盟している一国の中での急進的改革にすぎなかった。チェコスロヴァキアでは、まだ共産党が「指導的役割」（確かに再定義はされていたが）を維持していた。ワルシャワ条約機構からの脱退は提案すらされていなかったのだ。

したがって、東ヨーロッパ各国が独立を主張し、非共産主義の反ソ的政府が政権の座に就こうとしている以上、ゴルバチョフが自分の政治的生き残りを心配せざるを得なかったとしても不思議ではない。だからこそゴルバチョフは、一方では「選択の自由」を主張しながら、他方では、変化のプロセスを管理しようとしたのである。そして、革命的変化ではなく、漸進的変化を指揮する能力のある東ヨーロッパの指導者を求めたというわけだ。そのこともあってゴルバチョフは、東ヨーロッパの党指導者の中ではだれよりもポーランドのヤルゼルスキ将軍を評価していた。[210] ゴルバチョフはそれ以前、カーダールを賞賛していた。カーダールは当時、東ヨーロッパ圏ではもっとも改革志向の強い支配政党を指揮していたからである。しかし、やがてカーダールへの評価は下がった。カーダールがハンガリーにおける自由化を大幅に推進すべきだと要求する声について行けないことがわかったからである。結局、一九八八年五月、カーダールはカーロイ・グロースに取って代わられた。[211] とはいえ、ゴルバチョフは各国の支配エリート内部における指導者の立場に注意を払いすぎていたとも言える。この段階では、体制と社会との関係に無関心すぎたのである。[212]

ゴルバチョフには、チャウシェスクにかかずらっている暇はなかった。一方、ホーネッカーには苛立たしさを感じていた。しかし、一九八五年五月という政権発足直後の時期には、ゴルバチョフも、やがて間もなく公に否認することになる伝統的なソ連的見解を口にしていた。新書記長は、ホーネッカーとの内輪の会話でこう述べたのである。「手本はひとつしかない。それはマルクス・レーニン主義的社会主義である」[213]。最終的に「ほかの政権政党はソ連の干渉なしに自らの決定を下すべきだ」という姿勢を受け入れたあとも、ゴルバチョフは、ホーネッカーの態度にいら立ちを募らせていた。ホーネッカーがソ連の改革にたいする不満を強めていたからである。改革は、進展するにつれて、次第に体裁を取り繕うのがむずかしくなっていった。ゴルバチョフはホーネッカーをおおっぴらに攻撃することはなかった。それでも間接的には、ホーネッカーが歴史の波に乗り遅れているとの見方を明らかにした。それは、東ドイツ建国四〇周年記念式典の演説で、「人生は、遅れてくる者を罰する」と述べたときのことである。[214] しかしゴルバチョフ自身も、東ドイツ共産主義体制の命脈がもうすぐ尽きようとしていることに気がついていなかった。彼は依然として、東ドイツの自由化に期待をかけていたのである。[215]

軍事的干渉の放棄　東ヨーロッパの変化の鍵となったのは、ゴルバチョフの次のような姿勢である。ゴルバチョフは、ソ連の対外軍事干渉を原則として放棄するという決定を下した。また、第二次世界大戦が終結したあと支配してきた地域との関係がまったく変化するような状況に直面した場合ですら、軍事力の行使は考えない、とした。東ヨーロッパの指導者は今後、国民との間で妥協を見い出せなかった場合でも、ソ連が戦車を送って助けてくれるということを当てにすべきではない——何人かの指導者は早くも一九八五年に、ゴルバチョフとの最初の会談の際このことを言い渡されていた。[216] 東ヨーロッパでのソ連の軍事力行使は今後一切ないという情報が、もっと正式な形でコメコンの指導者に伝達されたのは、一九八六年一一月、モスクワにおいてであった。[217] もちろんこれは、東ヨーロッパの共産主義指導者たちが急いで国民に伝えようとするようなニュースではなかった。それら指導者が政権の座にすわっていられるのは、その背後にソ連軍がいるということを国民が認識していたからである。国民が共産主義体制に終止符を打つべしとの要求を掲げてデモ行進をしたとしても、東中欧諸国に駐留するソ連軍（特に兵員数が多かったのは東ドイツ駐留ソ連軍）はデモを鎮圧する代わりに、兵舎の外に出るなという命令を受けるはずだ——このような認識がひとたび広がったとき（実際一九八九年までにそうなった）、それに続いてほかのあらゆることが起こった。

ゴルバチョフはふたたびレーニン主義を引っくり返していたわけである。レーニン主義によれば、（共産主義の）目的は手段を（それがいかに暴力的であれ）正当化するとされてきた。今や、手段が目的を正当化するばかりか、[218] 手段が目的を決定するようになったのである。ゴルバチョフは、「強圧的な干渉を拒否した」。これによって、「東ヨーロッパを、いかなるコストを払っても確保しておくべき地域と見なす伝統的な考えと訣別したのだ」。その結果、「東ヨーロッパ諸国には、押しつけられた共産主義を放擲し、独立と政治的選択に向かう道が開かれた。この平和的移行の道を開いたのは、ゴルバチョフの政策革命に他ならなかった」。[219]

ゴルバチョフもソ連指導部も、変化には場当たり的に対応して行かざるを得なかった。というのも一九八九年から一九九〇年にかけて、変化の範囲と速度が明らかに予想を超えたからである。にもかかわらず、新思考と新たな西側との関係がこれに先立つ四年間に定着しており、両者の相互作用によって分別が勝ったのである。新思考における反軍事的要素に加えて、主権国家に好きな形態の政府を選ぶ権利を認めるという方針が勝ちを収めた。だが、それは主としてゴルバチョフがそれらの価値をつかんで、真摯にとり入れたからであった。しかも、一九八八年一二月のゴルバチョフの国連演説以降、ソ連が東ヨーロッパに軍事介入しようものなら、それは甚だしい言行不一致となり、ゴルバチョフが国際社会で積み上げてきた信頼を破壊することになるのは確実であった。ただ、この一九八九年の時点では、軍事介入は検討すらされなかった。最高指導者の考えがそれほどブレジネフ・ドクトリンから遠ざかっていたということである。このこともまた、ゴルバチョフが西ヨーロッパやアメリカの指導者たちと築いてきた信頼関係のおかげだったのである！「敵イメージ」はすでにソ連のプロパガンダからも、ゴルバチョフや新外交政策に決定的影響力をもった少数の政治家グループの頭からも、消えていた。国内改革と対外政策の間には、緊密な関連性があった。まさにそれと同じように、対西欧政策と対東欧政策の間には補完関係があった。

西ドイツは一九八九年、ゴルバチョフを凱旋した勇士のように出迎えた。コール独首相が指導するそのドイツは、脅威というより友人のようであった。したがって、統一という形で旧東ドイツが事実上西ドイツに組み込まれることは、もはや考えられないことではなくなった。残りの東ヨーロッパ諸国にたいしてソ連が統制のみならず指導も放棄したのは、言うまでもなく、過去四〇年以上のソ連の政策における大きな失点であった。しかし、それはゴルバチョフの失敗ではなかった。保守派の立場にある国内の政敵は、そのように解釈したとしても。東ヨーロッパは、かつてソ連がそれを獲得し支配してきた強引なやり口からして、そもそも「喪失」をまぬかれない運命にあったのである。

それでは実際のところ、だれが損をしたのか。ワジム・メドヴェージェフは次のように指摘している。西ヨーロッパは得をした。もはや東ヨーロッパの敵対的なワルシャワ条約機構と向き合う必要がなくなったから。東ヨーロッパ諸国も得をした。独立を獲得したから。しかし、とメドヴェージェフは続ける。ロシアも得をした。なぜなら巨大な軍事支出から解放され、今後はもう東ヨーロッパで起こるあらゆる事の責任を負ったり、その弁明をしたりする必要がなくなったから――[220]。それでは、損をした者はいるのか。いる、とメドヴェージェフは答える。そして権威主義体制を保持したいイデオロギーであれ、政治であれ、軍事であれ、対立に利益を見いだしていた連中である。それは、と考えていた連中である[221]。そうした敗者は大勢いた。それだけに、大半の東中欧諸国がソ連との結びつきを拒否したあと、ゴルバチョフがソ連指導者として二年間も生き延びたことは、瞠目すべき政治的業績であった。しかし、それよりもっと大きな業績は、ゴルバチョフがソ連外交の基本原理にもたらした変化である。そのおかげで、東ヨーロッパの政治的状況は一変した。そして何よりも重要だったのは、ゴルバチョフがベルリンからプラハへと流れ出す民主主義の潮流をせき止めるのを拒んだことである。その潮流によって自分自身が押し流されそうになったときですら、ゴルバチョフは流れをせき止めようとはしなかったのである。

第8章　民族問題、クーデター、そしてソ連崩壊

両立しがたいソ連邦の維持と民主化

ソ連で共産主義体制を打倒し、それを比較的民主主義的な政体とある種の市場経済に代えるためには、四重の変革が必要だった。このことについては、すでに触れた（第六章）。このうちの三つについては第五章、六章、七章で論じてきた。それぞれ経済体制、政治体制、外交政策である。経済に関しては、ゴルバチョフのもとではほんの限定的な前進が見られただけだった。しかし、あとの二つの分野に関しては根本的な変化が起こった。第四の変革の要素というのは、連邦内の民族関係や、中央と周辺の関係に関するものである。実はこの点は、本書のさまざまな箇所ですでに触れてきたが、これが本章の主たる焦点となる。

民族問題というのは、いくつかの点で一番解決が難しい問題であった。民族問題が障害となっていたため、いくらペレストロイカを推進したところで、民主的で無傷のソ連国家が誕生する公算はほとんどなかった。このような推測には、確かな根拠がある。さまざまな民族が抱いていた歴史的不満の後遺症は、それほど大きかったのだ。実際、ロバート・コンクェストはこう言っている。「ソ連の民族問題を多少とも知っている人間にならつとに自明のことであるが、『民主的なソ連邦』などというものは、言葉の矛盾だ[1]」。ゴルバチョフは、ソ連崩壊を促すつもりは毛頭なかったが、にもかかわらず民主化の推進を真剣に求めるようになった。当然のことながら、この二つの目標を両立させることはできなかった。ましてこれらの目標を、ソビエト体制の変革を促すほかの中心的要素と調和させることは不可能であった。ソ連国家を守ること（あるいは、古いロシア帝国の国境をほぼそのまま維持すること）こそ、あらゆる価値よりも優先する——そのような考えの持ち主もいた。それらの人々は、当然のことながら、次のような結論に至った。そもそもゴルバチョフはペレストロイカを始めるべきではなかった。少なくともペレストロイカにおける民主化の要素に手を染めるべきではなかった。だが実際には、民主化はペレストロイカの枠内で一九八八年から開始されてしまった。ソ連最後の数年間、右に述べた立場に立つ人々は、実に多かった。今日のロシアでも多い。だが、西側では以下のような見解に遭遇したら驚きであろう。「ソ連に何らかの形態の民主主義を導入するというゴルバチョフの決断は」、ソ連邦の崩壊を招いたのだから、「破滅的だった」。「確かにソ連邦には、いろいろ欠陥もあった。だがソ連邦が存続していたからこそ、民族間やコミュニティー相互の暴力は食い止められ、せいぜい時たま路上で喧嘩が起こる程度で済んでいたし、昇華されて政治やスポーツの競争で済んでいたのだ(2)」。

民族問題は、民族自決の原理で解決可能か？

右の判断には極めて問題が多いとしても、少なくともこれは、よくある単純な考え方とは違っている。単純な考え方とは次のようなものである。民族問題には明快な答えがあるのに、ゴルバチョフは視野の狭さにわざわいされ、そうした解決策を見つけることができなかった——。確かに、ゴルバチョフはこの分野で誤りを犯した。しかし、ゴルバチョフの行動は、現実の政治的文脈に据えて見なくてはならない。ゴルバチョフは、互いに真っ向から対立する二つのグループから激しく批判を受けており、現に二度（一九九一年の八月と一二月）、足をすくわれている。一つのグループは、ゴルバチョフに連邦を擁護するよう求め、中央から共和国への政治権力や権威の委譲に反対していた。もう一つのグループは、連邦からの自治あるいは完全な独立を要求していた。

よくある誤解は、「民族自決の絶対的権利を承認すれば、民族問題は解決可能であり、帝国支配に代わって民主的政治がおこなわれるようになる」というものである(3)。しかし、この議論には三つの点で根本的な欠陥がある。第一に、総じてある事実を見すごしている。ロシア共和国内部の非ロシア人地域の多くも、かつてロシア帝国の一部だった。その点では、ロシア以外の一四の連邦構成共和国の場合と同様なのである。実際のところ、一四の共和国の中には、ロシア内部の非ロシア人地域よりもロシアと長く調和的な関係を保ってきた共和国もある。それらの共和国のほうが、ロシアの帝国支配に屈してから久しい(4)。

第二は第一からの論理的帰結である。民族に基づく絶対的な自決権を認めることは、ほとんど際限のない逆行になりかねない。ソ連だけではない。ロシア自体にも一〇〇以上の異なる民族が居住している。特定の民族名を冠した領域は、独立を主張するかもしれない。しかしそれぞれの民族領域の内部にも、少数民族がいる。原則的には彼らもまた主権を主張できることになる(5)。固有の民族名をもつ行政単位では、ほとんどどこでもさまざまな民族がきわめて複雑に混在している。したがって、民族自決は恐らく、際限のない内戦をもたらしかねない。実際、旧ソ連でも旧ユーゴスラヴィアでも、すでにある程度はその通りになっている。

第三は、「民族自決」を達成したら、民主的で説明責任を果せる政府が誕生するか、という点である。必ずしもそうはならない。ソ連・中央アジアの政治指導者たちは長年、マルクス・レーニン主義に対する忠誠を公言してきた。ゴルバチョフ改革には嫌々協力してきたにすぎない。それが、改革志向の、（ソ連末期には）部分的ながら民主的になっていたモスクワのソ連当局から解放されることになったのである。大部分の中央アジアの指導者はソ連崩壊から数年のうちに、一九八九年〜九一年の時期とくらべて権威主義色の濃い体制を導入している。この時までに彼らは、野党勢力をひとつ残らず撲滅する必要を強く感じるようになっていたのかもしれない。また、とがめられずにそうする余地が拡大していると感じていたのかもしれない。もともと彼らは、自分たちの共和国の独立には気乗り薄であった。一九九一年に無理やり独立を押しつけられるまではそうだった。なぜなら彼らには、共産党の当局者としての経歴があったからである。公然たるイスラム国家になりそうな後継国家においては、従来の地位を維持するのは無理だと考えたのである(6)。

だからと言って「民族問題」の解決策は次のうちのどちらかだというわけではない。つまり、一つはあらゆる犠牲を払ってでも連邦を維持すること。もう一つは、民族的独立をことごとく歓迎すること。そして、その結果として一五の連邦構成共和国（つまりソ連の承継諸国）がそれぞれ再分裂して、数十もの自称独立国が誕生することを良しとすることである。解決策は、そのどちらでもない。政治の技とは、支配される側の同意に見合った範囲で、統合や協力のレベルをできるだけ高く維持することである。同時に、特定分野の政策を決定するのに最適な位置をどこにするか、合意を形成することである。そのためには進んで議論をし、交渉する意欲がなくてはならない。力ずくではだめなのである。ゴルバチョフはどうだったろう。ゴルバチョフが試みたのは、意見を述べること、説得すること、そして最終的には交渉することであった。確かに、完全な独立を求める方向に強く傾いた共和国にとっては、ゴルバチョフの態度は不十分なものであった。しかし、強力な組織利害を代表する連中からすれば、ゴルバチョフはやりすぎた。彼らは、暴力や人命の損失という点でいかなる代価を払おうとも、ソ連国家の一体性を維持する覚悟を決めていた。かくして、一九九一年八月、反ゴルバチョフ・クーデターを企てたのである。

皮肉なことに軍事的弾圧に手を染めたのはエリツィンであって、ゴルバチョフではなかった。それはソ連やロシアの遠い昔を思い起こさせるような野蛮な軍事力行使であった。エリツィンはソ連最後の数年、むしろ抑圧された民族の星として仰ぎ見られていた。一九九〇〜九一年、ある程度はその通りだったといえる。しかし、エリツィンは一九九四年末、チェチェンの支配者たちがソ連崩壊後一貫して主張し続けた「事実上の」独立状態に我慢できなくなり、一般市民を対象とする砲撃や空爆を許可したのだ。この結果、数千人単位で市民が死に、チェチェンの首都グローズヌィは廃墟と化した。その有様はまるで第二次大戦でドイツの空爆を受けた後のスターリングラードのようであった。[7]

国境と民主化

この章では、ソ連の民族問題の深刻さやその特徴を考えていく。しかしその前に、ここではもっと一般的な考察に触れておきたい。これは、ゴルバチョフを批判する者の大半は関心を向けないが、民主主義への移行を研究している洞察力ある学徒には広く受け入れられている説である。それによると、権威主義的な国家あるいは帝国は、国境について圧倒的多数の国民の合意が得られていない限り、民主主義への移行を試みたとしても困難に見舞われる。よく行っても、最初からきわめて不利な条件を強いられるし、悪くすればもともと失敗が運命づけられている——。四半世紀前にこの議論を展開したのは、ダンクワート・ラストウである。それはプラハの春が弾圧された直後のことであった。ただしラストウは、共産主義体制の民主化を念頭に置いていたわけではない。ラストウの主張によれば、当人の言う「民族的一体性」が民主主義への移行の「唯一の背景条件」であるという。だからといって、必ずしも政治目標での合意が必要なわけではない。ラストウはこの点を明らかにしつつ、次のように言葉を継いでいる。

その意味は単にこういうことだ。民主主義に向けて移行しようとする場合、国民の大半は、自分がいかなる政治コミュニティーに属しているかについて、確固とした、迷いのない帰属意識を持っていなければならない。したがって、潜在的な分離主義をはらんだ状況というのは問題外である。たとえば、かつてのハプスブルグ帝国やオスマン帝国、あるいは今日の多数のアフリカ諸国がそれである。逆に多くのアラブ諸国のように合邦《がっぽう》への期待が強い場合もだめだ。民主主義は、その時々の多数派による支配体制である。支配者や政策は自由に変わらなければならない。そのためには、国境は固定していなくてはならない。国民の構成も継続的でなければならないのだ(8)。

民主制を確立した国は、将来の国境がある程度不確実であってもやっていける。たとえば近年の例では、英国、ベルギー、カナダがそうだ[9]。しかし、国境が不確実であるということは、生まれたての民主主義運動にとっては致命傷になりうる。民主制を確立しようとしている国家にとってすら危険である。スペインの例を挙げよう。スペインでは民主制が始まってからの数年（実際には、もっと後になっても）、既存の国境に対してバスク民族運動が異を唱え、テロ行為に訴えた[10]。スペインの場合、民主制の定着を可能にしたのはおそらく、真剣な政治家たちの責任ある行動であった。暴力がひどくなるのに乗じて民主的体制の正統性を否定する政党であるとか、この問題に対処するには権威主義体制に戻った方がよいと主張するような政党は、国政レベルでは一つとしてなかったのである[11]。

一般論として、問題の難しさはダールやタフトが言うように、次の点にもある。「民衆の目標は互いに対立するものである。したがって一つの政治的単位、あるいは一種類の政治単位がこれらの目標すべてに最適である、というわけにはいかない[12]」。仮に、民主的政体の政治単位をこの上なく巧みに組み立てたとしよう。しかし、やり方がいくら巧妙だったとしても、そのような単位が「国民全員の利害に完璧に一致するということはあり得ない[13]」。

そもそも民主主義理論は、政治過程が所与の政治単位の中にとどまることを前提としている。政治単位そのものをどのように決定すべきかという点には、従来触れることが比較的少なかった[14]。問題は、ある政治単位がそれ以外のものより優れているという合理的な判断ができないということではない。むしろ、「判断を下してもそれが決定的なものにならず、議論の余地が非常に大きい」ということなのである[15]。

境界線というものは、現実の政治的帰結が決まるのを大いに促進する。しかし、もっとも民主的な国家ですらこうした境界線を初めに決めたときには、民主的と言うにはほど遠い手段を使うのが常であった[16]。故イーヴォ・ジェニングス卿の言葉がある。「人々はだれが国民になるのか、誰かに決めてもらって、ようやく納得する[17]」。「政治的境界の決定は通常、重要な政治的決定となる。しかしその際、民主的手段は役に立たない。（中略）この事実ゆえに、国境をめぐる論争はもっとも扱いにくく、激しい政治紛争となるのである」[18]。

ソ連の特殊事情を背景とする民族問題

ソ連の場合、事情が特殊だっただけに、民族問題や国境に「決着をつける」ことは並大抵のことではなかった。民族問題の解決を、民主化、市場化、そして特に外交政策の変革と同時に図らなければならなかったため、問題が余計に複雑化していたからである。ゴルバチョフが推奨していたのは、連邦からの離脱がやむを得ないにしても、それを徐々に進めるというアプローチであった。ところが、ソ連の外交政策が変わったため、ソ連国内にあって独立を望む諸民族は、東ヨーロッパ諸国のひそみに倣《なら》おうという気を起こした。そして、漸進的なゴルバチョフ路線の受け入れを次第に渋るようになっていったのである。

同時にモスクワの党＝国家当局にも危険信号が伝わった。旧ワルシャワ条約機構諸国が完全な政治的独立を達成した時、共産主義体制が軒並み一掃されたからである。この点は、モスクワの覇権に頼るそれぞれの連邦構成共和国の指導部にしても同じであった。

国境をめぐる意見の不一致

ソ連国家は「正真正銘の自由意志にもとづく国家連合か共同体《コモンウェルス》」に衣替えする必要がある――[19]。ズビグニュー・ブレジンスキーは一九九〇年、こう認識することが必要だと主張し、次のように述べた。「あからさまに言えばこうだ。ソ連は巨大ロシア帝国であり続けることもできる。あるいは多元的民主主義に移行することもできる。しかし、両立は無理である」[20]。この意見は明らかに正しい。しかし、だからといって、大半のソ連国民が国家連合のような緩い仕組みを良しとしているというわけではなかった。共和国単位で見た場合でも一部の例外は別とすれば、事情は同じであった。また、実際に起こったようなソ連解体が、何らかの連邦を維持するよりソ連国民の多数派の利益にかなっているとは必ずしも言えなかった。もっとも、民主主義を尊重し国民の意見を生かすためには、従来の連邦よりも小規模の、しかも別種の連邦が必要ではあったが。

しかし、国境の正当性に関して有力な少数民族が合意していない[21]など、決定的な不調和があるということは、紛れもない現実であった。その点でソ連は、まさに上記ラストウの一般論を地でいくケースといえる。また、全員の最大利益に合致するような政体（国家または国家連合）の国境を決めることは不可能だというダールの指摘も当てはまっていた[22]。意見の不一致は、一九九一年三月の国民投票の時によく示されている。国民投票はゴルバチョフの発案で行われた。質問は次のようなものであった。「それぞれの主権共和国においていかなる民族籍の住民であれ、その権利と自由が完全に保証されるという条件のもとで、ソ連邦を平等な主権共和国から成る新しい連邦として維持することが必要だと考えますか」。一五の共和国のうち、六共和国は国民投票の実施を拒否した。具体的に言うと、エストニア、ラトヴィア、リトアニア、アルメニア、グルジア、モルドワである。

にもかかわらず、投票が行われた九共和国のいずれにおいても、賛成票は七〇パーセントを下らなかった。ウクライナも例外ではない。そして、全体での賛成票は七六・四パーセントに上った[23]。しかも、成人住民の投票率は全体で八〇パーセントであった[24]。投票者の数は一億四八五〇万人を上回ったことになる。一九九一年三月という時点ですら多くのソ連国民は、独立国家を樹立し国家連合を組むという形を選択していなかったわけである。ロシア以外の大半の共和国においても、事情は同じであった。

したがって、ゴルバチョフが連邦制度を変革して何らかの連邦を維持しようと努力したことは、必ずしも見当はずれではなかった。しかし、特定の政治家の行動が甚大な影響を及ぼし、しかもそこに、ソ連の過去がもたらした苦い遺産が重なった。そのために、ゴルバチョフの努力は失敗を運命づけられた。特定の政治家とは、一九九一年八月のクーデター首謀者や、ロシア、ウクライナ、ベラルーシの指導者（それぞれエリツィン、クラフチューク、シュシュケーヴィッチ）である。三首脳は同年一二月に会談し、一方的にソ連邦の終焉《しゅうえん》を発表した。ただ、ゴルバチョフが新しい連邦条約に踏み切るのが遅すぎたのだとは言える。ゴルバチョフの思惑によれば、連邦条約の成立によって新たな取り決めを結び、それにもとづいて文字どおりの連邦国家（場合によっては国家連合、あるいは擬似的国家連合）の加盟国が決まるはずだった。また、ゴルバチョフが、エストニア、ラトヴィア、リトアニアを特別扱いしなかったのも誤りであった。あるいは、少なくともそうするのが遅すぎた[25]（抽象的に論じるのではなく、具体的な政治的背景を考慮すれば、ゴルバチョフには同情の余地があったが）。西側は、これらバルト諸国の強制的なソ連加入（一九四〇年）を決して承認してこなかったし、バルト諸国が自由意思にもとづいてソ連にとどまる見込みはなかったからである。

したがって、自由化と、それに続く民主化の過程において、ソ連全体の統一を維持することはできなかったであろう。それはほぼ明らかである。たとえソ連指導部が（そして特にゴルバチョフが）分離主義的感情の高揚に対して実際よりもっとうまく対処していたとしても、事態は変わらなかっただろう。しかし、同様に確かなことがある。政治的再建や経済改革は上からの方針で、つまりゴルバチョフとその盟友の判断によって政治課題にすえられた。一方、民族問題は、下から強引に政治課題に割り込んできたのである。民族問題はソ連では甚だ微妙な問題である。ゴルバチョフも、この点に気づいていなかったわけではない。故郷スターヴロポリ地方にも極めて多くの民族が住んでいたし、そこでは時折、緊張関係が表面化することもあった。しかし、ソビエト体制の改革に乗り出した時点では、ゴルバチョフ自身もその側近も、民族主義が連邦と民主化過程の両方に重大な緊張関係をもたらすとは夢にも思わなかった。

シェワルナゼは自身がグルジア人であり、元グルジア共産党第一書記である。だから、グルジア人の持っている強烈な民族意識は分かっていた。また、グルジア内部の少数民族の感情も理解していた。そのシェワルナゼでさえ一九八五年、こう言っていたのだ。「民族問題は解決されたものと確信している」。シェワルナゼが語るところによると、ゴルバチョフとその側近たちは、当初から変革のための大胆な考えをもっていた。しかし、「感情的で民族的な要素が盛り上がるとは、ゆめゆめ予想していなかった」[26]。

ゴルバチョフが深刻な民族問題の存在を認識していたと仮定しよう（実際ゴルバチョフは、一九八八年までにはそれを疑わなくなっていた）。ゴルバチョフの考えた民族問題の処方箋は二面から成っていた。第一に、民族的な狂信的排外主義の克服と、純正の国際主義の勝利。それを実現すれば、異なる民族籍の人々がソ連のどこでも心地よく暮らせるようになるはずであった。第二に、それまでソ連は単一の国家であった。単に連邦のふりをしていたにすぎない。これからは似非《えせ》連邦から本物の連邦制に移行しなくてはならない。これがゴルバチョフの主張であった。のちに（一九九一年四月以降のこと）、ゴルバチョフは、もっと柔軟性を見せるようになる。そのころになると、共和国と連邦中央との関係が一律でなくてもかまわないと考える用意ができていた。具体的に言うと、ソ連の構成要素として二種類のものが並存することを許容するということである（その場合、ソ連という名称そのものも変更されることになる）。一方は、連邦構成主体の権利を持つもの。他方は、モスクワとの間に国家連合的な関係を持つものである[27]。

ポスト・スターリン時代——民族意識にたいする譲歩とＫＧＢによる抑圧

ポスト・スターリン時代を振り返ってみよう。当時のソ連は、二つの方策を組み合わせて統一を保ってきた。中央は民族意識にたいして譲歩する一方、ＫＧＢを利用して政治的民族主義を厳しく抑圧する構えをとっていた。もちろんＫＧＢは党指導部の全面的な支持を得ていた。譲歩としてはこの時期、連邦構成共和国は多くの権利を付与されていた。その多くは形式的なものであるが、決して意味がなかったわけではない。たとえば、独自の党組織を持つことができた。スターリンの死後、共和国党の第一書記はたいていの場合、共和国の名称を名乗る民族（たとえば、カザフ共和国の場合はカザフ人）から選ばれていた。共和国の省庁をもつこともできた。ただし、その権限は限られていたが。最高会議や科学アカデミーもあった。一定の民族言語の保護も行われた。こうした恩恵にあずかっていたのは、なんと言っても共和国内の政治エリートであった。

しかし教育の振興、特に高等教育セクターの充実のおかげもあって、地元にも知識人層《インテリゲンツィヤ》が形成された。こうした階層は一九一七年以前にはほとんど存在していなかった。他方、工業化によって農民は工場労働者になった。都市化も進んだ。この結果、大都市部では、地元民族（共和国の名称を名乗る民族）の比率が増大していたのである。ロナルド・スニーはこう指摘する。「中央と辺境の権力関係は、常に不平等であった。中央が地方を制限した。しかしソビエト権力が七四年続いた間に、地元民族は自前の知識人層を獲得した。そのような階層の存在は、地元の大学や科学アカデミーの中で制度化された。同様に地元の民族はそれぞれの首都において、人口の面でも新たに存在感も発揮するようになっていた[28]」。

その上、ソ連の行政区分は民族の出身地をベースに組み立てられていた。それは一五の連邦構成共和国の場合であれ、各共和国内（特に広大なロシア共和国）のいわゆる自治共和国や自治管区であれ同様であった。まさにこの事実が、民族意識の構造的な支えとなったのである。実際、こうした行政区分に後押しされて民族感情が発達したケースがある。特に中央アジアがそうだ。ボリシェヴィキ革命以前の中央アジアでは、民族感情はほとんどなかった。このようにゴルバチョフ以前の時代、独立は論外としても民族意識には一定の譲歩がなされていた。こうした慣行もあって、民族主義的な不満が公になることは珍しかったのである。

しかし、それでもやはり大衆の抗議を防止する上で重要だったのは、抑圧を辞さないとする党＝国家当局の公然・非公然の威嚇であった。民族問題をおさえる上で強制力がものを言っていた。ゴルバチョフも、ソ連指導部内のゴルバチョフ派も、この点を過小評価していた。ゴルバチョフ以前、バルト諸国や西ウクライナを始めとする地域では、住民の多くは明らかに自制していた。それは、政治的に何が実行可能かについて、現実的な認識があったからである。分離主義を追求すれば、投獄あるいはそれより悪い結果を招くということがはっきり分かっていたからなのである。それだけに、国内でグラスノスチや政治改革が始まり、国外でソ連が東ヨーロッパ諸国にたいする覇権を次第に放棄するにつれて、各共和国内部での期待は高まった。ひと度そのような状況になれば、民族的独立を支持する際の損益勘定が変化するのも当然であった。

したがって、ゴルバチョフの改革プログラムの中でもっとも前向きな要素は、逆説的な効果を招いたわけである。つまり、民族的緊張関係を政治生活の表面に登場させ、その意味で民族問題を激化させてしまったということである。第一に、自由化のおかげで、人々は過去において自民族が受けた不正義について発言するようになった。そうしても懲罰を気にする必要が少なくなったからである。第二に、マスメディアにおけるグラスノスチのおかげで、ソ連のなかで自民族全体（あるいは、政治家や知識人など民族の代表）が受けた迫害が明るみに出され、広く知られるようになった。第三に、民主化のおかげで、これまで想像もできなかったような機会が与えられた。すなわち、民族の大義を代弁する候補者に投票することができるようになったのである。

ソ連にたいする帰属意識

右に述べたことと関連するが、ソ連が一九九一年やや唐突に崩壊したことを理由に、ソビエト・アイデンティティは存在しなかったと主張する論者は少なくない。ソビエト・アイデンティティとは、ロシアとかウクライナ、アルメニアなど個別の民族意識とは別の、ソ連の一員であるという帰属意識を指す。しかし、右の主張はほぼ確実に間違いである。本格的な調査研究をしていれば、この議論に決着をつけることができたはずである。しかしそのような調査が可能になったのは、ソ連末期になってからだった。したがって、それ以前の時期に関しては、一定の推測は避けられない[29]。一般的に言って、個人のアイデンティティの焦点が複数になることはあり得る。むしろそれが普通である。その場合、大小両方の行政単位への帰属意識が両立する。たとえばウェールズと英国、カリフォルニアと米国、アルメニアとソ連のように。

一九九一年末のソ連市民の世論を単純に過去に投影させてはならない。そのようなことをしたところで、ソビエト・アイデンティティが決して存在しなかったという仮説を補強することはできない。言うまでもないことだが、「ソ連国民」を、ソ連のプロパガンダに描かれているような、諸民族から成る一個の幸せな家族に見立てるのは馬鹿げている。同様に、ソ連を誕生させ維持する上で、強制力が果たした役割を否定することもまた馬鹿げたことだ。しかし、ソ連に住んでいたほとんどの人々は、特定の民族（ロシア人、ウクライナ人、グルジア人等々）への帰属意識と並行して、ソビエト・アイデンティティを主体的に受け入れていたのである。

そしてそれは、ソビエト国家に住んでいるという客観的現実に付随していた。確かにソビエト・アイデンティティを拒否すれば厳しい制裁を科せられた（もっともこれはゴルバチョフ以前のことであったが）。しかし七〇年の間、圧倒的多数の住民はソ連以外の国に住むことがなかった。そのため、ソビエト・アイデンティティが当然視される状況が生まれていた。このようにソビエト・アイデンティティは、強制力もさることながら習慣の力であるとか、ほかに現実的選択肢がないという状況に支えられていたのである。もちろん民族によって大きな差があった。大部分のエストニア人、ラトヴィア人、リトアニア人がソ連国民になることを進んで受け入れたなどと考える根拠はいささかもない。それは確かである。

特にロシア人にとっては、自らをソ連と同一視することは造作ないことであった。ソ連は、その前身であるロシア帝国とほぼ同じ領域を占めていた。しかもソ連では、ロシア帝国ほどではなかったとはいえ、ロシア人が大半の支配的地位を占めていた。[30] しかし、ソ連との同一視は、ロシア人に限ったことではなかった。それはもっと広い範囲に及んでいたのである。たとえば、シャフナザロフはロシア化したアルメニア人である。アゼルバイジャンの首都バクーで生まれ、第二次世界大戦中は一兵卒としてウクライナ、ベラルーシ、リトアニアのドイツ占領地の解放作戦に参加した。シャフナザロフはこう言っている。自分や戦友たちは、これらの地域が（シャフナザロフが人生の大部分を過ごしたバクーやモスクワと同じように）自分の「祖国」以外の何物でもないと感じていた、と。[31]

戦時中のソ連市民の大半にとって真実だったことは、戦後の大方の時期においても真実だったように見える。ソ連は多大の犠牲を払って、侵略してきたナチス・ドイツ軍に勝利した。戦後も人々は、民族籍はさまざまでありながら、引き続きこの勝利を誇りに思ってきた。誇りに思ったのはそれだけではない。国土の再建もあった。また、世界初の有人宇宙飛行を目指す競争でもアメリカに勝った。[32] スポーツでの業績もあった（オリンピックの金メダリストたちがどこの民族出身かは、一番の関心事とはならなかった）。そして、最大の誇りは、ポスト・スターリン時代における超大国の地位と軍事力であった（ただし軍事力は、ゴルバチョフ期にその否定的側面が暴露されて以降、誇りとは言えなくなったが）。

このようにソ連市民は、ソ連の偉業を誇りに思い、だからこそ個々の民族とソ連に対する帰属意識が両立していたわけである。そのような誇りは、外の世界を知らなかったこともあって保たれていた。外部世界に対する無知は時代によって、また場所によって程度の差があった。いずれにせよ、ソ連国民はゴルバチョフ時代になって初めて、ソ連が生活水準の点でも個人の自由という点でもいかに西側に遅れているかを知るようになった。しかし、個々人の連邦に対する態度を大きく左右したのは、各自の属する民族全体の姿勢である。バルト諸国民は特にソ連国家への敵意が強い。確かに、戦間期に独立国家でありながら、一九四〇年に強制的にソ連に編入されたという経験が決定的に重要だった。だが、敵意の原因はほかにもあった。彼らは、自分たちの状況を近隣のスカンジナビア諸国と比べていたのである。ソ連はそれら北欧の民主主義諸国と比べても、（公共サービスを含む）生活スタイルや政治的自由の点でひどく見劣りがした。これに対して、ソ連の中央アジア諸国はどうだろう。中央アジア諸国も、同情すべき不満をかかえていた。それでも、アフガニスタンであれ中国であれ、近隣のアジア諸国をうらやむような理由はほとんどなかった（ただし、中国に関しては、ソ連時代のごく末期になると事情が違っていたという議論は成り立つかもしれない。しかし、そうした議論は中国の独裁制に目をつぶっており、一九八九年の天安門事件を無視している）。

ゴルバチョフ期になると、ソ連の失敗に対する認識が広がった。それに加えて、マルクス・レーニン主義の仮面がはがれた。この結果、一種のイデオロギーの真空状態が生じた。当然ながら、それをもっとも埋めやすい位置にいたのが民族主義だった。野望を持つ政治家が、民族主義的な感情を煽ったり操作したりすることもあった。そうした政治家のなかには、改革派としての経歴をまったくもたない共産主義者もいた。ソ連崩壊後のウクライナの初代大統領レオニード・クラフチュークは、その典型である。この連中は権力の座に居すわり続けるために、正統性の新たな基盤を民族主義に求めたのである。このようなノーメンクラトゥーラ民族主義は、地元の政治エリートの足場を支えるために、民族感情を道具として利用した。それらエリートは、モスクワよりむしろ地元の民衆のほうを恐れるようになっていたためである。

民族紛争と、錯綜する政治圧力

ゴルバチョフ期は六つの時期に分けることができる。最初の三期に関しては第六章で扱った。したがってこれまでのところ、一九九〇年夏の終わりまで話が進んだ形になっている。以下で扱うのは残りの三期である。この三期を通して重要な役割を演じたのは民族問題である。しかし、このソ連最後の一五カ月を検討する前に、民族紛争の展開を一瞥しておく必要がある。特に見ておきたいのは、一九九〇年の秋にいわゆるゴルバチョフの「右傾化」として知られる事態が発生するまでに起こった、多少なりとも暴力をともなう紛争である。ゴルバチョフは軍や内務省部隊の軍事力に訴えたとして、今でもしばしば批判されている。しかし実は、流血の直接的な責任はほとんど負っていない。確かに、間接的な責任については、議論の余地があるケースもある。特に、一九九〇年一月、バクーのアゼルバイジャン人に対して懲罰のために行使した暴力がそうである。それに先立ってアゼルバイジャン人は、アルメニア人に対するポグロム（集団虐殺）を犯していた。また、その一年後、ヴィリニュスで起こった事件も同様である。そのときソ連軍はテレビ局を占拠した。これらの事件に関してはのちほど触れることにしよう。[33]

それはともかくとして、一方で「ゴルバチョフはバクー、トビリシ、ヴィリニュス、そしてリガでの流血に直接責任を負っている」と論評する者がある。他方、自分の国家の一体性を維持するためなのだから力の行使は正当であり、生半可な平和主義を掲げて力の行使を躊躇《ちゅうちょ》したのが悪いと主張する者もある。これは、ゴルバチョフをめぐる議論にはよくあること。二つの批判は互いに相容れないが、ともに単純であり、しかも不十分な情報にもとづいているという点で同列である。

アルマ・アタからの警報

ゴルバチョフ期、最初の重大な民族主義的紛争は、カザフ共和国の首都アルマ・アタ（現アルマトィ）で起こった。一九八六年一二月のことである。ゴルバチョフはこの時点ですでに、ディンムハメド・クナーエフをカザフ党第一書記のポストから解任する段取りを整えていた。クナーエフは政治局員を兼任しており、政治局内ではブレジネフの盟友中の盟友だった。ただし、ゴルバチョフは政治局に、解任ではなく本人の自発的な辞表としてこの案件を上げた。[34]クナーエフはこの時すでに七十三歳だった。

しかし、クナーエフの後任はカザフ人ではなく、ロシア人のゲンナージー・コルビンだった。これは異例のことである。コルビンは一九七五〜八三年、グルジア党の第二書記を務めた人物である。当時のグルジア党第一書記は、エドアルト・シェワルナゼだった。コルビンはその間、シェワルナゼときわめて良好な関係を保っていた。本人の語るところによれば、コルビンはシェワルナゼから「多くのことを学んだ」という。[35] 一方コルビンにとって、ソ連外相から寄せられる支持は重要であった。シェワルナゼがゴルバチョフと近い関係にあるのを考えれば当然であろう。また、グルジアで何年か過ごした経験があるということは、コルビンが「民族問題」に精通しているということをも意味していた。しかし、ロシア人の人口がカザフ人のそれとほぼ拮抗しているこの共和国においてすら、コルビンの強みは、カザフ語を話せないというマイナスを打ち消す材料にはならなかった。

カザフ党第一書記に登用されたコルビンは、右に挙げた強みにもかかわらず、アルマ・アタでは暴動によって迎えられた。デモ隊からも警察側からも、多数の負傷者が出た。死者も何人か出た。死者の数については説が分かれている。しかし、一九九〇年にカザフスタンのある調査委員会が出した報告書によると、デモは当初平和裏に行われていた。ところがそれを解散させるために過剰な軍事力が使われたのだという。[36]

コルビンによると、ゴルバチョフは軍事力の行使を止めさせようとした。ゴルバチョフはデモがおこなわれている間、コルビンに何回か電話をかけてきた。そして、デモ隊に対して軍事力を行使すべきでないと迫ったという。[37] コルビンは「高圧放水銃を使った」ことに関してすら、ゴルバチョフから「断固たる」批判を浴びた。ゴルバチョフの言い分はこうだった。いかなるものであれ軍事力行使は除外されねばならない――。しかしながら、ややゴルバチョフに甘いこの説明を一から十まで額面通りに受け取ることはできない。というのも、ゴルバチョフ自身こう言っているからである。一九八六年アルマ・アタで自分は「全般的に言って、古いルールにもとづいて行動した」。「ペレストロイカがまだ黎明期《れいめいき》だったころ、我々はまだその後の我々とはまったく違っていたのだ」。[38]

コルビンは、この幸先《さいさき》のよくないスタートをなんとか乗り切った。そしてその後、地元民との関係を修復することに成功した。コルビンがアルマ・アタを離れ、モスクワに戻ったのは一九八九年夏のことである。それでもゴルバチョフは、コルビンを起用してカザフ党第一書記のポストに就けたのは大きな間違いだったと認めている[39]。

カザフ人以外の民族から党第一書記が抜擢されたことで、抗議する群衆を動員することが可能になった。しかしデモが起こったのは、クナーエフ一派の腐敗した巨大ネットワークに組み込まれていた人々の間に、不安が広がっていたせいでもあった。彼らは、これまで享受してきた特権やうまみのある関係を失うのではないかと不安に駆られたのである。間接的にではあるが、抗議を扇動したのはクナーエフ自身であった。カザフ人には、クナーエフの後任に関して合意は出来ていなかった。非カザフ人を党第一書記に選ぶようにとゴルバチョフにわざわざ進言したのは、ほかならぬクナーエフであった[40]。クナーエフは特に、「ヌルスルタン・ナザルバーエフを新第一書記に選出するのはやめるべきだ」と強硬に主張した。クナーエフは、ナザルバーエフの昇進に待ったをかける方向でモスクワの指導部を説得しようと、あらゆる手を打った[41]。

ナザルバーエフは当時カザフスタンの閣僚会議議長であった。そして、最終的には一九八九年六月、コルビンの後任となる。のちにナザルバーエフは全連邦レベルでも重要な政治的役割を担い、またカザフスタンにおいても最有力の人物となる。ナザルバーエフにたいしては、ゴルバチョフも大いに敬意を払った。しかし一九八六年の時点では、クナーエフは、ナザルバーエフが後釜にすわるのを先送りすることに成功した。それだけではない。非カザフ人が抜擢されたことを不満とする抗議デモを傍観し、それを鎮めるための手だてを何ら打たなかったのである[42]。

カザフ人のデモは、民族的な誇りが傷つけられているということを如実に示していた。しかしソ連指導部は、この事件からできるだけ多くのことを学ぶという姿勢を見せなかった。ゴルバチョフはこう述べている。アルマ・アタ暴動のあと、一二月二五日の政治局の会議は、この事件の真の原因を探ろうとはしなかった。以前と同様、「自然発生的な民族主義」の危険性にいかに対処すべきかに関心を向けていた[43]。

ゴルバチョフは、平和的な抗議行動に対してすら仮借のない対応をするソ連の伝統的やり方から脱却したいと思っていた。それを首尾よく示すことができたのは、翌年の夏、ほかならぬモスクワで、ペレストロイカが始まって以降初めての民族的なデモ行進がおこなわれときである。一九八七年七月、クリミア・タタール人が長年にわたる要求を掲げて赤の広場で行進したのである。第二次世界大戦末期に強制移住させられたタタール人は、その後一貫してクリミアへ帰還させてほしいと要求し続けていた。クリミア・タタール人がデモをおこなったときソ連の警察は、過去に例を見ないような自制を見せた。ただし、ザ・タイムズのモスクワ特派員は次のように書いている。「昨日『赤の広場』で取材した市民の声を総合してみると、こういうことが言えるだろう。すなわち、仮に警察が、必要と考えるあらゆる力を使ってデモ隊を蹴散らしていたとしても、民意はそれを支持したであろう」(44)。

タタール人の言い分を聞くために、九人のメンバーから成る調査委員会が立ち上げられた。議長はグロムイコである。当時グロムイコは最高会議幹部会議長であり、政治局の最長老でもあった。調査結果は、タタール人の主たる要求を満足させるものではなかった。その代わりに、居住地である中央アジアの各共和国においてタタール語やタタール文化を尊重するとの約束がなされた。そして、タタール人のクリミアへの帰還も、非常に細々としたものであったが続けられた(45)。全般的に言えば、グロムイコはミスター・ニェット(すべての案件に対してノーと言う男)の評判通りに行動したといえる。ソ連指導部は、クリミア内部にタタール人の集団的帰還に反対する声があることを考慮したのだ。別な不安もあった。それは、「タタール人の要求を受け入れたら、他の民族紛争地に好ましくない影響を及ぼすかもしれない」ということである。クリミアでも、かつてタタール人が居住していた地域に住宅を設けた人々との間で、問題が生じかねなかった(46)。

ナゴルノ・カラバフとアルメニア・アゼルバイジャン紛争

タタール問題は、ソ連の複数の共和国にまたがる問題であった。同時に、モスクワにとって容易に解決策が見つからない問題でもあった。これに輪をかけたようなのが、アルメニアとアゼルバイジャンの間のナゴルノ・カラバフ紛争であった。ナゴルノ・カラバフはアゼルバイジャンの中の、住民の大半をアルメニア人が占める飛び地である。これがアゼルバイジャン共和国政府の管轄になったという事実は、アルメニア人にとって長いこと不満の種になっていた。アルメニア人の憤激が表面化したのは何もゴルバチョフ期に限ったことではなかった。アルカージー・ヴォリスキーの発言を紹介しよう。ヴォリスキーは一九八八年、ソ連政府の特使としてナゴルノ・カラバフへ派遣されることになる人物である。ヴォリスキーが言うにはこうだ。ナゴルノ・カラバフ問題は、長きにわたってくすぶり続けてきた問題である。「一〇年から一二年に一度は噴火が起きていた」。ただ以前は、ゴルバチョフ期と異なって当局が、「短期間の作業で（中略）秩序の回復を果たしていた」[47]。逮捕される者もあれば、党から除名される者もあった。そして、「諸民族の偉大な友好関係に関する口先だけの甘い話」が延々と続くのが常だった。「それは一から十まで嘘っぱちだった」けれども[48]。確かに緊張の原因はずっと昔からあった。しかし一九八八年までに、ソ連には新しい政治的雰囲気が生じ、ゴルバチョフのもとで自由化が起こっていた。これを目の当たりにしてアルメニア人は大胆になった。そして、自分たちが「歴史に残る不正」と考えるものを是正しようと、断固立ち上がったのである。

ナゴルノ・カラバフのアルメニア人の不満には、もっともな理由があった。この地域は経済的に貧しく、アゼルバイジャン当局の搾取の対象にもなっていた。その一方で、アルメニア文化は抑圧されていた。アルメニアとの国境に近いにもかかわらず、ナゴルノ・カラバフの住民は、エレバンからのテレビ放送を受信することができなかった。学校では、アルメニアの歴史教育も禁じられていた。

しかし土地そのものに関しては、アゼルバイジャン人とアルメニア人の言い分が衝突していた。双方とも、ナゴルノ・カラバフは歴史的に自分たちの土地だと心底確信していた。ナゴルノ・カラバフ問題は、イスラエル人とパレスチナ人の紛争に匹敵する紛争であった。現在もそうである。双方とも、歴史的にも道義的にも自分たちに分があると強く信じており、したがってこの問題は、イスラエル・パレスチナ紛争と同じかそれ以上に解決が難しい。[49] しかも、根深い宗教上の対立が双方の主張に感情的要素を加えていた。アルメニア人は、他民族に先駆けてキリスト教を受容した民族である。一方、アゼルバイジャン人の圧倒的多数は、シーア派のイスラム教徒である。

一九八八年二月、ナゴルノ・カラバフがソ連政治における重大問題となり、アゼルバイジャン人とアルメニア人の緊張が沸点に達した。発端は、ナゴルノ・カラバフの地元議会《ソヴィエト》が出した要求にある。同ソヴィエトは、地域住民の八〇パーセントがアルメニア人であることを理由に、ナゴルノ・カラバフをアルメニア共和国の管轄に移すべきだと主張したのである。アルメニアの首都エレバンで、この要求を支持する大規模なデモがおこなわれた。

アゼルバイジャンではナゴルノ・カラバフ以外でも、少数民族であるアルメニア人がまとまって居住している地域において両民族間の緊張が高まった。緊張はエスカレートし、民族間の暴力が発生した。バクーの近くにスムガイトという工業都市がある。ここでは、少なくとも三二人が殺害された。そのうち二六人はアルメニア人であった。負傷したり、あるいは家屋を破壊されたり略奪されたりしたアルメニア人は、死者の数を大きく上回った。[50] これが波及して、今度はナゴルノ・カラバフやアルメニア本国で、アルメニア人によるアゼルバイジャン人への襲撃が起こった。さらに、恐怖に駆られて双方の住民が移動を始めた。バクーにはかなりの数のアゼルバイジャン人難民がなだれ込み、その結果バクーでは、民族感情が一層煽《あお》られた。[51]

アゼルバイジャンとアルメニア人の関係が悪化する中、ゴルバチョフの提案を受けて、政治局は双方に特使を送ることを決定した。バクーに派遣されたのはリガチョフであった。アゼルバイジャン共産党中央委員会と協議するためである。一方、アルメニア党中央委員会にはヤコヴレフが派遣された。モスクワの基本的立場は、「民族的、行政的境界は改定すべきではない」というものだった（この点はのちに一九九〇年四月採択の連邦離脱法によって一部否認されることになる）[52]。なぜならば、リガチョフの言葉を借りるなら、「この原則を破れば、際限のない流血の紛争に至る道が開かれることになる」からである[53]。モスクワは同時に、次のように考えていた。政治的解決を図る必要がある。そのためには、特定の民族グループの正当な苦情に対応しなければならない。ただし、これによって民族的排外主義を煽《あお》るようなことがあってはならない――[54]。

ゴルバチョフは本能的に、政治局内における意見の一致を良しとする傾向があった。それもあってゴルバチョフは、ヤコヴレフの提案を支持した。提案の主旨はこうである。ヤコヴレフ自身のエレバン訪問には保守的なドルギフを随行させ、他方、バクーに行くリガチョフには、改革志向の強いラズモフスキーを同行させる。しかし、結果はゴルバチョフの望んだとおりにはならなかった。リガチョフは、「共和国のすべての民族および民族体の合法的な要求」に注意を向ける必要があると発言した[55]ものの、現行の行政区分は不可侵だと強調した。したがってアゼルバイジャンは、「リガチョフは基本的にアゼルバイジャン人の側に立っている」と判断した。一方、ヤコヴレフはエレバンでの演説で、保守主義がペレストロイカをおびやかしていると強調した。しかし、民族・行政区分の変更を危険視するという政治局の方針を念押しするのを省いてしまった。そのためアルメニアは、ヤコヴレフが自分たちの民族的主張に同情してくれていると確信したのだった。

このように説得も外交も、紛争解決の役には立たなかった。そこでゴルバチョフは、ナゴルノ・カラバフをモスクワ直轄とする手段に出た。これは一時的な手段にすぎなかった。しかし、この措置は地元住民にとってそれ以前に比べ、一定の好条件を生んだ。このとき起用されたのが、アルカージー・ヴォリスキーである。ヴォリスキーは、アンドロポフおよびチェルネンコの元補佐官で、工業管理畑を歩んできた人物である。一九八五年から一九八八年にかけては、中央委員会の機械製作工業を管轄する部の責任者であった。その肩書きで、一九八八年三月に初めてナゴルノ・

カラバフを訪れている。それは、ナゴルノ・カラバフのプラントが軒並み操業を停止したためであった。[56] そのような経緯があったとはいえ、ゴルバチョフから呼び出され、「ナゴルノ・カラバフでは君の助けが必要だ」と説得されたとき、さすがにヴォリスキーも驚いた。

結局ヴォリスキーは、一九八八年七月から翌年の一一月までナゴルノ・カラバフでほぼ一年半を過ごした。一九八九年には特別行政委員会の議長に就任している。同委員会は、連邦中央の直接統治を実施する組織である。ヴォリスキーのおかげで改善された事項がいくつかある。具体的に言うと以下のとおりである。アルメニア語教科書の採用。アルメニアのテレビ放送の受信許可。学校におけるアルメニア史の教育の実施。アルメニア語での演劇を企画、上演する劇場のオープン。言うまでもなく、それらの措置はいずれも連邦中央の承認を得ていた。特別委員会は一九八九年一一月の末、連邦中央の判断で廃止され、ナゴルノ・カラバフの行政はふたたびアゼルバイジャンの管轄に戻った。[57]

しかしアゼルバイジャンおよびアルメニアの他地域においては、いずれの策も役に立たず、緊張を解くことはできなかった。アゼルバイジャン人は、「ゴルバチョフはアルメニアに肩入れしている」と確信した。一方アルメニア人は、当初こそゴルバチョフに協力的であったが、結局、「ゴルバチョフはアゼルバイジャン寄りだ」と確信するようになった。ゴルバチョフは、両者を対等に扱おうとした。それに加えて、地元指導者たちに接する際、時に激昂したり時に無神経だったりした。その結果ゴルバチョフは、両方の側から責められることになった。しかし、ゴルバチョフの最大の関心事は、基本的な秩序の維持と流血の防止にあった。それは、いったん殺戮の連鎖が始まり、激情が爆発すると、ほとんど不可能となってしまう。しかし、だからといって旗幟《きし》を鮮明にして一方の側に立ったとしても、この目標が達成されるはずもなかった。

ソ連内務省のロシア人の将軍数名が、アゼルバイジャン人武装グループの捕虜になったことがある。武装グループは、当局が拘束中のアゼルバイジャン人を五人解放しない限り、将軍たちを殺す構えを示した。ヴォリスキーはモスクワの指導部内の別々のところから、相互に矛盾する勧告を受けた。「突入して捕獲せよ。さもなくば交渉せよ」[58]。ゴルバチョフは断固、流血防止の側に立っていた（これが多数派でもあった）。ゴルバチョフはヴォリスキーにこう言ったという。「踏ん張ってくれ。流血を避けるのだ。どうかやってみてくれ」。しかし、ヴォリスキーがのちに語ったように、「将軍とごろつきを交換するなど大国の面目丸つぶれ」であった[59]。

一九九〇年一月、最悪の悲劇が起こった。バクーでアルメニア人に対する大量虐殺が起こったのである。少なくとも六〇人の死者が出た。当局はこの事件にたいし、数日後、対応策を講じた。だがそれは、バランスを欠く一方で、アルメニア人を救うには遅すぎる措置であった。矛先はアゼルバイジャン人民戦線の支援者に向けられた。この組織がアルメニア人たちの死にたいして道義的な責任があり、同時にソビエト国家の一体性を脅かす存在とも考えられたのである。ソ連軍の無謀な行動の結果、死者が出た。しかし、殺害された人々は、数日前のアルメニア人虐殺に個人的な責任があったのだろうか。そう信じる理由は何もない。この報復措置による死者は、公式発表によると八三人。しかしアゼルバイジャン民族主義者たちの主張によれば、死者は数百人にも及んだという[60]。

強硬手段を講じてアゼルバイジャン人民戦線を抑え込む必要がある――ゴルバチョフにそう進言したのはエヴゲーニー・プリマコフであった。プリマコフは一月一四日、バクーに到着していた。アルメニア人が虐殺された翌日のことである。しかし、続いて行われた無差別攻撃の責任は、現地のソ連軍高官にある[61]。ゴルバチョフは大量の死者が出たことを悼《いた》んだ。しかし、バクーに非常事態を宣言したこと、また、それにともなって軍隊を導入したことについては、やむを得なかった、と繰り返した。そして、こう主張した。もし残虐行為を押しとどめる行動を取らなかったとしたら、犠牲者の数はもっと多くなっていたはずだ[62]。ゴルバチョフは一九九五年一月、「軍隊を導入せざるを得ない」状況というものがある、と述べている[63]。バクーにおける仮借《かしゃく》のない措置は、ロシアの民主派知識人の目から見ても、アルメニア人に対する迫害への対抗策と思えた。だから、前年にソ連軍がトビリシで引き起こした殺人や、その翌年にヴィリニュスで起こした殺人とくらべて、さほど大きな憤激を招くことはなかった。

トビリシの悲劇

ソ連崩壊後のロシアでは、ゴルバチョフは次第に非難されるようになった。ソ連の一体性を保つために軍事力の行使が過剰だったというのではない。むしろそれが不足していた、というのが非難の理由であった。しかし、暴力的抑圧は逆効果を招く。一九八九年四月、ソ連軍がトビリシで軍事力を行使したとき、それは瞠目すべき実例となった。少なからぬ若者がグルジアの民族運動に引き寄せられていた。そして、グルジアの民族運動は決意を固めた。ソ連からの自立性の獲得を目指し、同時にアブハジアにはグルジアからの独立を許さない、と。数日にわたって、数千人が参加する平和的なデモ行進が行われた。しかし四月八日から九日にかけての夜、デモ隊はソ連軍の容赦のない攻撃を浴びた。一九名が死亡し、他に数百人の負傷者が出た。[64] 死者の大半は若い女性であった。主たる死亡原因は、ガス弾から放出された化学薬品を吸ったことによる窒息であった。[65] 地元の警察や軍当局には、銃を使わないという合意があったようである。しかし、実際に使われた兵器は、毒ガスと磨《と》いだ鋤《すき》だった。[66] それは、銃以上の凶器であった。デモに参加した若者が殺戮《さつりく》されたことから、グルジアの世論は激昂し、ソ連からの完全な独立を目指す政府が一気に勢いづいた。

この結果、ズヴィアト・ガムサフルジアが表舞台に登場する道が開かれた。かつて反体制派の立場にあったガムサフルジアは、狂信的な民族主義を掲げ、一九九〇年にグルジアの反共的な政府の代表となった。一九九一年五月にはグルジア大統領に選出された。ガムサフルジアは圧倒的多数の支持を得て、民主的に選出された。だが、ひとたび大統領になると、独裁的傾向をあらわにすると同時に、「偏執狂的な感情、陰謀好きの思考回路、憎悪に満ちた反共主義、自己賞賛の傾向」を示すなど、国内を分裂に追い込んだ[67]。一九九二年、ガムサフルジアは打倒される。代わりに政権に就いたのは、元ソ連外相で、それ以前はグルジア共産党第一書記を務めていたエドアルト・シェワルナゼであった。このように一九八九年四月のトビリシ事件は、あることを示していた。それは、露骨に軍事力に訴えれば、ソ連当局が意図するものとは逆の効果を招きかねない、ということである。市民が期待感を募らせ、精神的にも大胆になるなど、すでに環境が変わっていたためである。

トビリシの事件はまた、国内外のゴルバチョフの敵が意図的に、あるいは事実を知らなかったために、情報をゆがめた典型的な例でもある。ゴルバチョフの敵は、トビリシでの殺戮《さつりく》の責任はゴルバチョフにあると主張した。ところが現実には、ゴルバチョフは「断固として次のように主張していた。トビリシの状況は政治的手段と対話を通じて解決しなければならない[68]」。これこそが、ゴルバチョフの立場だったのである。それは前から明らかであったが、今では一目瞭然である。回想録やインタビューという証拠がふんだんに出てきたからである。その中には、シェワルナゼやソプチャークの証言も含まれている[69]。そのほかに、ソ連人民代議員大会が創設した調査委員会の報告書もある。委員会の議長はソプチャーク、事務局長はスタンケーヴィッチであった。この二人は、地域間代議員グループのメンバーであった。したがって政治的にはゴルバチョフよりもむしろエリツィンに近かった。にもかかわらず報告書は、ゴルバチョフには責任なし、と断定しているのである[70]。

トビリシの事件に先立つ一九八九年四月七日、ゴルバチョフとシェワルナゼはロンドン経由でモスクワ入りしていた。到着したのは、深夜零時になる直前であった。イギリス訪問の直前にはキューバ訪問を終えたばかりであった。空港には政治局の代表団が出迎えに来ていた。その中にはリガチョフとチェブリコフがいた。当日、政治局と書記局から選ばれたメンバーが、グルジアでの事態を検討するために臨時会合を開いていた。この会合の議長を務めたのはリガチョフであったが、空港で状況説明をおこなったのはチェブリコフのほうである。チェブリコフは、ゴルバチョフとシェワルナゼの外遊中にトビリシで起こったデモや緊張状態について説明した[71]。

シェワルナゼは回想録に、このときのことを綴っている。それによると、ゴルバチョフは次のように断言したという。「何が起こったにせよ、事態は政治的手段で打開せねばならない」[72]。ゴルバチョフはただちに、政治的解決を図るべくシェワルナゼとラズモフスキーをトビリシに派遣することを提案した[73]。グルジア党指導部は人心を失う一方であったが、シェワルナゼの権威は依然として絶大であった。グルジア人は、シェワルナゼが世界の桧舞台で活躍しているのを誇りに思っていたからである。シェワルナゼは当時、事態の行き詰まりを平和的に打開するのに最適の人物と考えられていた。ラズモフスキーも指名された。彼はゴルバチョフの盟友だった。同時に、党中央委員会書記局において連邦レベルの党人事を担当しており、パチアシヴィリ・グルジア党第一書記を上回る権威をそなえていたからである。

シェワルナゼはパチアシヴィリに電話を入れた。しかし、まずいことにシェワルナゼはこう聞かされた。事態はすべて掌握している。トビリシに急行してもらう必要はまったくない――。シェワルナゼは、長い外国出張から帰ったばかりであった。しかも、四月一〇日にはベルリン入りしなければならなかった。ワルシャワ条約機構の外相会議が予定されていたのだ。したがってシェワルナゼは、パチアシヴィリの報告を聞いていくらか安堵したはずである。

だが結局、シェワルナゼはベルリン訪問を果たせなかった。四月九日の未明トビリシで事件が発生し、その直後グルジアに急行したからである。しかしそれは、遅きに失した。シェワルナゼが食い止めるべき悲劇は、すでに起きたあとだった。ソプチャークによれば、シェワルナゼはグルジア人であるだけに、事件そのものもさることながら、別の展開もあり得たのではないかという後悔に心を揺さぶられた。ソプチャークは次のように述べている。「仮に、シェワルナゼが四月七日にロンドンではなくモスクワにいたとしよう。そして、ゴルバチョフの提案どおり八日の夜にグルジアに向けて出発していたとしよう。そうしておけば、政府庁舎前の殺戮《さつりく》は避けられていたであろう。それは明白である」。[74]

仮にシェワルナゼが四月七日の昼間、モスクワにいたとしたらどうか。シェワルナゼは間違いなく、ゴルバチョフの指示にもとづき、パチアシヴィリ・グルジア党第一書記の電報の取り扱いをめぐる協議に参加したはずである。パチアシヴィリの電報は、過激派を弾圧する非常手段を要請していた。また、事態は制御不能になりつつあると訴えてもいた。パチアシヴィリが特に要請していたのは、内務省部隊および正規軍部隊の導入と、夜間外出禁止令の発令であった。[75] ゴルバチョフとシェワルナゼは不在であった。リガチョフが議長を務めた会合は、パチアシヴィリの要請を受け入れると返答した。リガチョフは四月八日、休暇を取っていた。他方、ゴルバチョフは自分の別荘《ダーチャ》で一日を過ごした。したがって、パチアシヴィリに対応したのはチェブリコフであった。リガチョフもチェブリコフも、そのあと引き続いて起こった事態にたいし、何らかの政治的責任がある。ヤゾフ国防相もしかりだ。しかも、ヤゾフの責任はもっと重い。鎮圧作戦の指揮をイーゴリ・ロジオノフ将軍に執らせるとの決定を下したからである。ロジオノフは、強硬派の中でも特に強硬派として知られる人物で、ザカフカス軍管区司令官であった。[76]

デモ隊を解散させるために容赦ない手段が使われ、死者が出た。直接的責任（ソプチャーク委員会の言葉を使えば、個人的責任）は、ロジオノフと、合同で現地部隊の指揮を執った二人の将軍、コチェトフとエフィモフにあった。[77] 他方、ソプチャーク委員会は、「一九八九年四月九日にトビリシで起きた事件の悲劇的結果」の主たる「政治的」責任は、「グルジア共産党書記だったパチアシヴィリとニコリスキーにある」との判断を下した。[78] 委員会が報告書を出したのは一九八九年末である。その時までにパチアシヴィリは第一書記から解任されていた。第二書記であったニコリスキーも同様である。またチェブリコフは政治局員のポストから解任され、年金生活に入っていた。一方、ロジオノフ将軍も国防省によって異動を命じられていた。しかし、ロジオノフに対する処遇は寛大であった。ザカフカス軍管区司令官のポストからは解任されたが、代わりにソ連軍参謀本部大学学長に任命されたのである。

連邦からの離脱と憲法

連邦からの離脱を要求する声が高まっていた。その点で、ゴルバチョフに最も厄介な問題を突きつけたのはバルト諸国である。ソ連憲法は紙の上では連邦構成共和国に離脱の権限を与えていた。本来の連邦制としては変則的である（しかも、これは甚だしく誤解を招きやすい規定だった。実際にはソ連は高度に中央集権化された単一国家なのだから）。一九八〇年代の後半を迎えるまでは、この権利の行使は問題外であった。連邦からの離脱を開始するための法的手段は、何も定められていなかった。それに連邦からの離脱を目標に掲げようものなら、たちまち「反ソ的プロパガンダ」との烙印を押される。なにしろゴルバチョフ以前には、反ソ的プロパガンダはそれ自体、刑法上の犯罪とされていた。そもそも離脱の権利を実質的なものとするためには、離脱法が必要であった。分離を目指す共和国指導部にしてみれば、それが整って初めて、取るべき手続きが規定されるわけである。

一九八九年九月、遅きに失したとはいえ、民族問題に関する党中央委員会総会が開かれた。共産党指導部がこの問題を、それにふさわしい真剣さを以って扱い始めたことは、ここにも表れている。もっともゴルバチョフはこの時、ソ連国民は「まだ正真正銘の連邦制を体験したことがない」と主張するなど、踏み込みが甘かった。特に、バルト諸国の要求を受け入れる意思は毛頭なかった。(79)

中央委員会総会よりも意味のある動きは「連邦離脱法」の公布である。それはようやく一九九〇年四月になって実現した。その狙いは、特にバルト諸国で強まっていた独立要求に対処することにあった。また同時に、独立要求のプロセスを鈍らせる意図もあった。離脱法の公布によってゴルバチョフは、その年の一月、三日間にわたるリトアニア訪問の際に交わした約束を守った形になった。だが、ゴルバチョフのリトアニア訪問は相互理解の点では成果を上げることはなかった。(80)法律の規定では、連邦から離脱するためには、共和国における住民投票で有権者の三分の二の賛成を集める必要があった。さらに五年の移行期間と、最終的にはソ連議会の承認が必要であった。[81] しかも、連邦構成共和国の中の民族的下位単位に関する規定もあった。いわゆる自治共和国や自治管区のことである。グルジアのアブハジアや南オセチア、アゼルバイジャンのナゴルノ・カラバフがこれに当たる。投票の結果如何によっては、これら下位単位は連邦構成共和国の連邦離脱には加わらず、ソ連邦の中に留まる権利が与えられた。ということは、分離を目指す共和国は独立によって領土を失うかもしれない、ということになる。

別の規定もあった。それによると、「ソ連加入時（自国に）属していなかった領土の地位」については、当事者間で合意を得なければならないとされていた。早速、ベラルーシ最高会議幹部会が声明を出し、「万が一、リトアニアがソ連から離脱するなら、かつてベラルーシの一部であった土地の返還を要求する」と主張した。[82] バルト諸国は翌年、クーデター未遂に大いに刺激され、実際に独立を果たした。その際、離脱法を一顧だにすることはなかった。まして、領土を失うこともなかった。しかし、ゴルバチョフにしてみれば離脱法は、それまで長いことソ連憲法上、名目的でしかなかった権利に法的な仕組みを与えようとするくわだてであった。他方、時間を稼ぐ便法でもあった。その間に、「だれひとり離脱を望まないソ連邦を作る」ことができるはずであった。しかし、結局これはむなしい努力に終わった。[83]

「右翼」の立場にある国内の敵対勢力は、「東ヨーロッパ諸国を失った」との見方をしていた。それは明らかである。ゴルバチョフにとって最も願い下げにしたかったのは、東ヨーロッパの喪失に続いて、ソ連の一部を喪失するという筋書きである。ソ連は従来、ワルシャワ条約諸国をソ連の覇権の下にとどめるためには軍事力の行使も辞さないとする姿勢を貫いてきた。だがゴルバチョフは、それを拒否した。その結果、東ヨーロッパに次々と、非共産主義体制が生まれた。軍部や保守勢力からの政権批判は激しさを増す一方であったが、ゴルバチョフはそれをしのいで、政権に踏みとどまっていた。

とはいえゴルバチョフは、次のように考えていた。ソ連邦そのものの一部が脱落していくのを放任するなら、ロシアの同時代人にも、将来の世代の人々にも許してはもらえないだろう、と。[84] 同世代に関して言えば、そうした懸念は見当はずれではなかった。ソ連邦崩壊からさほど日を経ずして、ほかならぬソ連国家の解体こそが、ゴルバチョフ批判の第一の理由となった。しかし、これは決して公平な批判ではない。アレクサンドル・ヤコヴレフは、ゴルバチョフが権力の座に就いてから一〇年を迎えたのを機に、次のように指摘している（この時までに、ヤコヴレフとゴルバチョフの関係はすでに緊張したものになっていたにもかかわらず）。「現在、ミハイル・セルゲーヴィッチ（ゴルバチョフ）は、連邦を崩壊させたと非難されている。しかし、これは不当な批判だ。ミハイル・セルゲーヴィッチはあらゆる手を尽くし、国家の統一を保とうとした。それでいて、国家を刷新しようとした」[85]。

ゴルバチョフは連邦を維持しようと努めた。その間、軍事力の行使を避ける努力もした。武装部隊を用いざるを得ないようなケースも稀にあったが、その場合は、軍事力の行使がエスカレートしないように努めた。つまり、ゴルバチョフは連邦を無傷のまま維持しようとしながら、過去において使われた露骨な鎮圧手段を使うことには消極的であった。したがってゴルバチョフの政策は、連邦をめぐって対立する双方のいずれをも失望させることを避けられなかった。一方の側は、連邦を離脱して独立国家となるための絶対的権利があると主張する人々である。もう一方は、ソビエト国家の統一と一体性を維持するためなら、いかなる手段も正当化できると信じている人々である。ゴルバチョフは「連邦の維持が望ましい」と、本心から確信しており、それを繰り返し力説した。政権を追われたあとですらそうだった。ただゴルバチョフは、自分が受け継いだ国家の国境を維持しなければ政権転覆の危険にさらされるということにも気がついていたのだ。

ゴルバチョフは、民族問題に対処するのが遅すぎた。ゴルバチョフ本人も、ゴルバチョフを批判する者も、この点では一致している。しかし、批判する者は二つに分かれる。一方は、もっと早い段階で新しい自発的な連邦条約を目指すべきであったと主張する。もう一方は、民族主義の兆候をもっと早く厳重に取り締まるべきだったと主張する。

確かに、分離主義を防ぐにあたって、ゴルバチョフのやり方はむしろ対症療法的だった。事を予期して先手を打つというものではなかった。しかしゴルバチョフの対応は、ソ連憲法の枠を超えることはなかった。ゴルバチョフは前任者たちと異なり、憲法をまじめに考えていた。そして暴力的な鎮圧ではなく政治的手段で対応しようとしたのである。たとえば、リトアニアが連邦離脱をくわだてたとき、政治局は一連の対応策を承認した。そのときの政治局員には、ゴルバチョフ、シェワルナゼ、ヤコヴレフが含まれていた。リガチョフとスリュニコフは欠席していた。[86] 対応策の中には、リトアニア領域内のソ連資産を保護するという措置が盛り込まれていた。また、マスメディアを活用すべしという提案も含まれていた。後者はある意味、伝統的共産主義的手法への逆行とも言える。そこには、ソ連から離脱した場合、「リトアニア住民にもたらされる経済その他の否定的な結果」を強調しようという狙いがあった。[87]

連邦の維持に失敗した責任を過去にさかのぼってゴルバチョフに帰する人々は、批判の焦点を次第に変化させてきた。在任期間中の軍事力行使に批判が向けられることは、まれになった。むしろ逆に、連邦からの離脱を阻止するために十分な軍事力を使わなかったことに焦点が当てられるようになっている。たとえば一九九五年春、ロシア議会の機関誌は、ペレストロイカが一九八五年四月の党中央委員会総会で公式に発進してから一〇年になるのを記念して特集を組み、その中である論文に最大のスペースを与えた。その論文は次のように不満を述べている。一九八八年末にエストニアが主権宣言をしたのに対して、ゴルバチョフは単に、「これはソ連憲法に反する」と言ったのみであり、それ以上の非難も行動も起こさなかった──。[88] ソ連崩壊後のロシアでは、自他ともに認める民主派でありながら、ゴルバチョフがソ連を維持するため不十分な強制力しか使わなかったとして非難を強めている者もいる。たとえば、ゴルバチョフ財団が一九八五年四月の党中央委員会総会から一〇年になるのを記念して開いた会合で、著名な政治分析家であるアンドラニク・ミグラニャンはこの文脈でゴルバチョフを直接批判している。「なぜあなたはソ連崩壊を止めなかったのか。ソ連共産党書記長だったのだから、必要であれば、力を行使すべきだったのではないか。今や、いたる所で戦争が起こり、難民、つまり祖国を追われた人々が右往左往している。なぜこうなることを予見しなかったのか。私はアルメニア人だからこのことがよくわかる[89]」。これに対してゴルバチョフは簡潔に答えた。「そうだね。神に感謝しよう。アンドラニク・ミグラニャンがソ連共産党書記長でなかったことを[90]」。

ゴルバチョフの「右傾化」

ゴルバチョフの「右傾化」として知られる時期は、一九九〇年一〇月から一九九一年三月までのことを指している。ゴルバチョフはその冬、指導部チーム内の勢力バランスを保守的な方向に変えた。そのための一法となったのが、人事異動である。ゴルバチョフはまた、それまで政治、経済変革を強硬に提唱してきた人々と面談する機会を減らすという手も使った。このシフトに関するゴルバチョフ自身の説明は、これまでに幾分変化してきている。それぞれの説明の時期の政治的環境を反映したものともいえよう。たとえば、一九九一年秋のインタビューについて言うと、これは八月クーデターのあとにおこなわれたのであるが、ゴルバチョフはまだソ連の大統領として現役であった。このインタビューにおいてゴルバチョフは、一九九〇～九一年の冬の政治的事件に言及し、次のように語っている。「いずれの側も、確かに態度が完璧だったわけではない。こう言わせていただこう」。「民主派は心から変化を望んでいた。ただ、残念なことに、民主派は時としてバリケードのあちらとこちらに別れて陣取ることがあった[91]」。ゴルバチョフは「中道を行くべく舵を取ろうとした」。しかし、しっかりと一方の立場に立たねばならない時に、そのチャンスを逃した。ゴルバチョフはこの時期と一九九一年四月以降の時期とを対比し、次のように述べている。「もちろん、のちには私も立場を決めた。しかし、これが人生というものだ。人生は、あとから編集し直すわけにはいかない[92]」。その後、ゴルバチョフの態度はいくらか変化する。ヴィリニュスやリガでのソ連軍の暴力行為に対する責任は否定する一方、いくつかの人事で失敗を犯したことは認める。それでもゴルバチョフは、その冬の間の行動――法の執行に重きを置き、ソ連の一体性を守ろうとくわだてたこと――を正当化した。ゴルバチョフは一九九五年に回想録を出している。この頃には、ゴルバチョフはある程度ロシア国内の雰囲気に反応するようになっていた。ロシアでは、ソ連邦や秩序の復活を望むノスタルジアが漂っていた。その結果、この冬（一九九〇〜一九九一年）の行動に対する反省は、一九九一年末と比べて、幾分影を潜めるようになったといえる。一九九一年末は保守派クーデターが失敗した直後であり、一九九五年とは政治的雰囲気がずいぶん違っていたのである。(93)

ゴルバチョフの「右傾化」は戦術的な後退であり、本人の受けていた圧力を考えれば理解できる動きだった――。外部から観察している者は、このような評を妥当と思うだろう。しかし、ゴルバチョフの選択は誤りであった。なぜならその結果、政治上の盟友を失うことになったからである。どのような形の連邦にせよ、とにかく連邦の維持にとって前述の五〇〇日計画が脅威になると考える勢力がいた。それは、政府内の反対派と軍・KGB・党機関である。そして、最終的にはゴルバチョフ自身もそれに与《くみ》した。危惧の最大の理由は、同計画によって連邦中央が租税徴集の権限をはなはだしく奪われるという点にあった。当時、ゴルバチョフは「左派」を当面の脅威であるにせよ、「右派」ほどの大きな脅威とは見ていなかった。左派とは、急進的民主派やバルトの民族主義者であり、右派は、保守派や連邦維持派である。そのような見方をしていたからこそゴルバチョフは、右派への譲歩が必要だと考えたのである。ゴルバチョフは（バルトも含めて）ソ連邦を維持する必要があると心から信じていた。だから、なおさら譲歩は当然であった。

ただしゴルバチョフは、いかなる犠牲を払っても構わないと考えていたわけではなかった。時計の針を戻し、あらゆる抑圧手段を行使してソ連邦を維持するというやり方に立ち戻るというのは、ゴルバチョフにとって不本意なことであった。そのようなことをすれば、同時に民主化プロセスもそこなわれたであろう。また、国際舞台においてゴルバチョフが尽力して達成したプラスの変化は、ことごとく無に帰したことであろう。ゴルバチョフと連邦維持派は一九九〇年末から一九九一年初めにかけて手を結んだが、両者の間には、まさに右の点で相違があったのである。

しかし、保守的な勢力に接近することでゴルバチョフ自身が保守派の虜《とりこ》となる危険があった。このシフトによって民主派との関係が一層悪化しただけに、なおさらであった。ゴルバチョフ自身は、いかなるグループの人質になる危険もないと考えていた。実際、一九九一年の春、彼はノヴォオガリョヴォ・プロセス（後述）を開始する。これは、ゴルバチョフの、しがらみを振りほどいて自由に行動する能力をよく示している。この時ゴルバチョフの行動を縛ろうと躍起になっていたのは、党・国家最高指導部内の多数派であった。しかし、ゴルバチョフはその一方で、指導部内の民主派の信頼を失うという代償を払っていたのである。そして迂闊《うかつ》なことに、民主派の第一人者の座を、もっとも危険なライバル、ボリス・エリツィンに明け渡していた。これは決定的に重要な点であった[94]。

両極化の一途をたどる社会の内部では、圧力が強まる。言うまでもなく、こうした強い圧力にさらされると、いかなる政治的選択も難しいものになる。ゴルバチョフは、国防産業の支配人や軍の幹部と会談するたびに激しく攻撃された。そして、これ以上の民主主義は無用であり、伝統的なソ連の規範に戻るべきだとの要求を突きつけられた。他方、一九九〇年末までに国民は全体として、ゴルバチョフ時代に獲得したものを当たり前のものと見なすようになっていた。ゴルバチョフ時代の成果とは、言論・集会・出版の自由、競争的選挙、そして冷戦の終焉である。今や関心は別のことに移っていた。一九九〇年の一年間に、民族問題が深刻化していた。経済状況も悪化していた。指令経済の仕組みが機能不全に陥る一方で、市場経済がまだほとんど生まれていなかったからである。

これまで論じてきたのは、伝統的な共産主義体制からの移行におけるさまざまな側面である。その相互関係はすこぶる密接であったので、民主化ですら、経済的困難をさらに悪化させる要因になった。地域の当局者がおのれの地位を保てるか否かは、かつては中央の意向次第であった。しかし今では、鍵を握るのは地元選挙民の意向である。その結果地方では、連邦中央当局の経済的要求に対する反応は次第に鈍くなっていた。具体的に言うと、物資を地元にため込むようになり、ほかの地域、たとえば大都市に対する供給には消極的になったのである。指令経済のもとでは、モスクワにおける物資の供給状況は、地方よりも常に良好であった。しかし、それも一九九〇～九一年までには変化していた。モスクワよりも一部の地方都市のほうが、製品や食料品を手に入れるのが楽になっていた。

この間に、ゴルバチョフの人気は急激に落ち込んだ。確かに、ゴルバチョフは在任中（つまり、就任後六年半後の時点でも）、一九九五年初めのエリツィンと並ぶような低い支持率に甘んじたことはない。ちなみに一九九五年というのは、エリツィンが大統領に選出されてから三年半後、ソ連崩壊から三年あまり経った時期である。だが、一九九〇年五月から一九九一年一二月にかけての時期では、支持率の点でゴルバチョフはエリツィンに追いつかれ、大差をつけられるに至った。一九八九年一二月、ゴルバチョフの活動に「大いに満足している」と答えた者はロシアで四九パーセント（ソ連全土では五二パーセント）。これに加えて、「部分的に満足している」と回答した者が、ロシアにおいてもソ連全体でも三二パーセントいた。ところがこのような支持率は一九九〇年夏の間に大きく落ち込む。一九九〇年一二月までには「大いに満足している」はロシアで一四パーセント、ソ連全体で一七パーセント。「部分的に満足している」も、ロシアで三八パーセント、ソ連全体で三九パーセントとなった[95]。クーデター未遂のあと、ロシアの最有力の世論調査研究所がロシアだけを対象として調査を実施している（というのも、すでにソ連邦は解体しつつあったから）。その九月の調査が、ゴルバチョフ在任中最後のものとなる。それによると、ゴルバチョフの立場は幾分回復している。しかし、ゴルバチョフの人気はエリツィンのそれにははるかに及ばなかった。この一九九一年九月の調査によると、「ゴルバチョフの活動に「大いに満足している」は一八パーセント、「部分的に満足している」は四五パーセントであった[96]。

民主派をもって自任する人々は、ゴルバチョフ在任の最初の四～五年、ゴルバチョフのリーダーシップこそ民主化運動の最も重要な保証だと考えていた。だが彼らは、次第にゴルバチョフを見限って、エリツィン支持に鞍替えしていった。その間エリツィンは、新たに知遇を得たリベラル派や民主派の知識人の影響を受けて、ものの見方を改めた。エリツィンは一九八九年人民代議員に選出されてから、それら知識人との付き合いができたのである。したがって、ゴルバチョフが「右傾化」したのは、「左派」に見放されたと感じたせいでもあった。もちろん、保守派に譲歩すればするほど、かつての支持者を遠ざけることになり、これによって問題はますます悪化した。

こうして、この冬の不本意な戦術的な後退は、戦略的失敗となった。それは左右どちらの側も満足させることはできなかった。モスクワの権力中枢にいる大多数の人間はゴルバチョフにたいし、連邦の維持のために心を鬼にすること、覚悟を決めて進むことを望んだ。しかし、ゴルバチョフは決して積極的にそうしようとはしなかった。彼らのうち多くの者は、一九九一年四月以前の時期においてすら、ゴルバチョフにたいして失望を覚えた。一九九一年四月、ゴルバチョフは改革路線に復帰し、以後、保守派は冷遇された。それまでの六カ月間、急進的改革派がそうであった以上に。

保守強硬派を骨抜きにしたのか、勢いづかせたのか

こうしたジグザグはある程度必要だったかもしれない。なぜなら、権力を保持する者と狙う者との間に、さまざまな点で意見対立があったからである。ソ連国家にふさわしい国境とは何か。どのような種類の政治的経済的システムを持つべきか。これらの問題に関して、両者は根本的に対立していた。また、民主派の強さという点についても、ゴルバチョフが自信を持てなかったのはもっともであった。ソ連の権力機構が敵に回り、特に、万一ゴルバチョフからの自立性を強めた場合、果たして民主派はそれに打ち勝つことができるほど強力だろうか。ゴルバチョフはさまざまな時点で、軍やKGBなど組織利害を抱える強力な機関に対し、政治的に必要と考える譲歩を繰り返してきた。ゴルバチョフはそうすることによって、「保守強硬派を骨抜きにした」のかもしれない。しかもそれが十分に長い期間に

及んだからこそ、保守派は、いざ攻撃に出たときにほとんど無力になっていたのかもしれない。したがってこう主張することも可能である。ゴルバチョフの「右傾化」は戦術的かつ一時的だったのだから、ソ連の共産主義からの移行にとって有益であったと。実際、この移行において、旧体制の牙城とロシア内部の変化を求める勢力の間で暴力的衝突は起こらなかった。

しかし、一九九〇~九一年の冬に行われた人事と政治的妥協が強硬派を勇気づけたのも確かである。彼らは、自分たちの圧力に屈してゴルバチョフが重大な妥協をするのを、初めて目の当たりにするようになった。しかも個人的にもゴルバチョフは、この戦術的後退を通じて得をすることはなかった。なぜなら保守派は、春になるや否や切り捨てられたことを恨んで、二度とゴルバチョフを許そうとはしなかったからである。それでいて民主派のほうでも、ゴルバチョフに好感を持ち続けている者は、ほんの一握りになってしまっていた。民主派はゴルバチョフが最高指導者になって以来ほとんどの期間、温かい感情や感謝の念を以ってゴルバチョフに接してきたのだが。

一九九〇年の夏、第二八回党大会で共産党を割ることは、その気になれば可能だったろう。リスクはともなったかもしれないが、その方が良かったのはほぼ確かである。現実には、ゴルバチョフは党の分裂は共産党の第二九回党大会で起こるものと想定していた。次期党大会は数年予定を繰り上げて、一九九一年一一月に開催される予定になっていた。[97] しかし、クーデターが起こり、それに続いて共産党は活動停止を宣告された。この結果、第二九回党大会は開催されないままに終わったのである。ゴルバチョフは次のように論じていた。基本的に社会民主主義的な党綱領の草案が、自分の全面的な承認のもとですでに用意されている。これを契機として、一九九一年夏までに根本的な党の分裂が起こる。この綱領を支持する党員は数百万人に上るはずであり、それ以外の者は別の綱領を採択するであろう。「そうなれば、当然別々の党ができる」——[98]。

しかし、一九九一年一一月までにソ連共産党はすでに消滅していた。したがって、今から思えばゴルバチョフが共産党を離れるのが遅すぎたのは確かである。もっと早い段階で、社会民主主義タイプの社会党を選ぶのか、それとも伝統的共産主義規範に固執する政党を選ぶのか、旗幟《きし》を鮮明にするよう党員に迫ることができたはずである。しかしそうだとすれば一九九〇年こそ、そうするべき時であった。一九八五年から一九八九年まで、ゴルバチョフは全体的に政治的変化の先頭に立っていた。特に一九八八年までは、断固として変化を先導し、促進していた。ところが一九九〇～九一年、事態の流れに遅れをとってしまったのだ。党を分割することは、競争的政党システムを導入する有望な方法の一つだったはずである。だがゴルバチョフは、党の分割を一九九一年末まで延期した。そして結局、党大会は幻に終わった。ゴルバチョフはこの時期、もっと大胆になるべきだったにもかかわらず過度に慎重になっていた。党分割の遅れは、その一例にすぎない。

確かに政治的圧力は大きかった。そのため、いかなる改革派指導者であっても完全に一貫した政策を追求するのは無理だったであろう。しかしゴルバチョフの場合、別の要因もわざわいした。それは個人的な気質である。ゴルバチョフは、時に慎重になりすぎることもあったが、なんといっても自信の強さに特徴があった。敵が何者であろうと、策略でも議論でも相手に勝てると確信していた。ゴルバチョフと息の合う協力者だったシャフナザロフは、遠回しにこう評している。「自分の能力をもってすれば、どんな問題に関しても、説得できない相手はいない」と固く信じている男だ[99]、と。

ゴルバチョフが収めた成果は偉大である。民主派が今では当然視している事柄も、考えてみれば、そのわずか五年ほど前には、反体制派ですら遠い将来のユートピア的希望と見なしていたのである。したがって、ゴルバチョフの自信過剰も理解できないではない。もっとも、ゴルバチョフはその楽観主義や自信を、改革を始めた後で発揮するようになったのではない。それは昔から（現在に至るまで）ゴルバチョフの個性の重要な特徴であった。これは、一九八五年から一九九一年の時期全体を考えた場合、むしろ有益だった。自信や勇気のない指導者、あるいは悲観論に傾きがちな指導者は、ソビエト体制の改革など決して始めはしなかったであろう。また、体制の限界に直面したとき、あえて一歩踏み込んで真の変革に手をつけることなどしなかったはずである。

自分が任命した人間は自分に忠誠を尽くすはずだ――ゴルバチョフはこうも信じていた。確かにある者はそうだった。しかし、一九九一年八月の事件がきわめて劇的に示したとおり、ゴルバチョフの信頼を裏切った者もいた。ゴルバチョフの人事については、すでに第四章で述べた。しかし第四章では、特に政権初期に焦点を絞った。ヤコヴレフ、シェワルナゼ、チェルニャーエフ、シャフナザロフといった中心的な改革派が重要ポストに任命されたのはこの時期である。一九八五～八八年には、保守的な人物もやはり昇格しているが、それでもこの期間は、ゴルバチョフの最良の人事がおこなわれた時期である。[100] 最悪の人事がいくつか行われたのは一九九〇～九一年の冬であった。ゴルバチョフが在任中に中道派となったのは、おそらくこの半年だけであろう。中道派とは、両極端の主張に対してほぼ等距離の立場を取ったという意味である。中道派をはさんで一方の極には、急進的民主派や民族主義者がいた。もう一方の極は、党=国家マシーンの内部にあって「伝統的な秩序を回復したい」と考えていた勢力である。

ゴルバチョフは書記長就任後の数年間、急進的改革を主導した。一九八八年にはさらに決定的な一歩を踏み出し、伝統的な共産党支配と袂を分かった。その上、一九八九年の丸一年と一九九〇年の大半の期間は、「中道左派」でもあった。政治勢力の分布図においてゴルバチョフは、党機関や政府全体にくらべれば常に、改革派寄りの立場を占めていたといえる。確かに、新たに出現した急進派にくらべれば、改革志向の色合いは薄かったけれども。新手の急進派は全連邦レベルと共和国レベルの議会選挙の結果、体制の一角に足場を築き、ソビエト政治において発言権を獲得した人々である。ゴルバチョフはしばしば、一九九〇年秋のずっと前から中道派だったと評されることがある。しかしこれは、誤解である。もっともゴルバチョフ自身は、自分の立場が曖昧な方がよいと思っていた。第一に、舞台が政治局であるか、それとも大統領評議会であるかを問わず、本気でコンセンサスの形成を試みていたからである。第二に、戦術的理由もあった。公平な立場を保ち、いつでも指導部内のリベラル派と保守派の両方の意見を聞く用意があるという印象を与えておいたほうが、何かと好都合だったのだ。

しかし一九九〇〜九一年の冬、ゴルバチョフの中道路線は本物であった。ゴルバチョフの立場が「中道右派」であるように見えることもあった。しかし、この時期のゴルバチョフのリーダーシップの特徴は、ジグザグである。ゴルバチョフは、両極化の一途をたどる政治勢力の間で、駆け引きをしていたのである。おそらくゴルバチョフの在任中、この時ほど緊張と困難が高じた時期はなかったであろう。ただし八月クーデターから一九九一年一二月のソ連崩壊までの時期を別とすれば、の話であるが。ゴルバチョフは左右双方から強い圧力を受けていた。左には、急進的民主派や、連邦からの離脱を唱える民族主義勢力があった。右に位置していたのは、政府、党機関、軍、ＫＧＢ。また、最高会議において過半数を占める保守派。それに、「ソ連政治の多元化が行き過ぎた」と感じ、「連邦の解体の脅威が迫っている以上、すべてが呑み込まれる前に手を打たねばならない」と考えている人々であった。

一九九〇年八月、シャターリン＝ヤヴリンスキー・グループが五〇〇日計画という市場経済への短期移行計画を作成しつつあったとき、ゴルバチョフはその作業を支持した。これによってエリツィンとの協力の時期が始まった。しかし、この協力関係は比較的短命に終わった。ゴルバチョフが、この戦略のうち、もっとも急進的な部分を切って捨てたからである。ゴルバチョフは、シャターリンら市場志向の経済学者に、ルイシコフとアバルキンの政府市場化計画を批判させた。一方、政府側にも、五〇〇日計画のアプローチを批判させた。そして、両方の言い分を聞きつつ立場を変えたのだ。それは、政治的に慎重だったせいでもある。確かに、行政府全体――たとえば、閣僚会議議長（首相）、経済関係の省庁、軍、ＫＧＢ、大部分の党機関――が急激な市場化計画に反対していた。だが、ゴルバチョフが態度を変えた理由はそれにとどまらない。ゴルバチョフは、政府案と経済的急進派の計画の両方に弱点があると、心底確信するに至ったのである。

当時を振り返ってみると、市場化を志向する経済学者の中にすら、五〇〇日計画を非現実的だとみる者は少なからずいた。パーヴェル・ブーニチはそうした経済学者の一人だった。ちなみに彼は、ゴルバチョフにはまったく好感をもっていなかった。ブーニチは一九九五年、五〇〇日計画のことを、「計画《プログラム》と呼べるような代物ではなく、初心者向けの入門講義のようなもの」と評し、さらに次のように付け加えた。もし五〇〇日計画が実施されていたとしたら、その結果は、「おそらく現在よりひどいことになっていたであろう」。ブーニチによればそれは、市場化を主張している連中が音頭を取っていることを別とするなら、スターリン時代におこなわれていた五カ年計画の達成期間短縮キャンペーンと同断だという。[101] ゴルバチョフはきっと、五〇〇日計画をめぐる賛否両方の意見の間で揺れ動いたはずである。そして、それぞれの側に集結した政治勢力の比重を勘案したはずだ。当時、圧倒的な勢力があったのはシャターリン＝ヤヴリンスキー側ではなく、国家当局側であった。これが決定的だったかもしれない。強硬に反対したのは行政府ばかりではなかった。議会も反対に回った。議会は今や無視できない組織になっていた。ゴルバチョフは、「五〇〇日計画はソ連最高会議の承認を得られまい」と確信したのである。[102]

組織改編

話は変わるが、一九九〇年三月、共産党の指導的役割に関する文言が憲法から公式に削除されたとき、共産党諸機関はそれをすんなり受け入れたわけではなかった。政治局の構成はその年の夏、第二八回党大会で根本的に変えられた。政治局入りしたのは、連邦構成共和国の党組織の第一書記全員と、新任のウラジーミル・イワシコ副書記長であった。しかし、それまでと異なって、閣僚会議議長（首相）、外相、国防相、KGB議長は政治局のメンバーとはならなかった。政治局に入らなかったルイシコフ、シェワルナゼ、ヤゾフ、クリュチコフ、アレクサンドル・ヤコヴレフは全員、大統領評議会のメンバーであった。しかも政治局の会議はめったに開催されなくなった。このことは当然ながら政治局側の疑念を呼んだ。政治局は、せいぜいのところ、大統領評議会に次ぐ二番手の位置に降格されたのだろうか。やがて政治局員たちは次のように確信した。ゴルバチョフは、政治局より大統領評議会の見解に関心があるにちがいない。もっとも大統領評議会は、つい最近まで政治局がもっていた政策執行のための実権も手段もそなえてはいなかった。

民族主義者や急進的民主派の自己主張が強まる中、党の正統派イデオロギーも党官僚も次第に、多くのマスメディアによって嘲笑の対象になっていった。その分、ゴルバチョフに対する反発が強まった。軍部も新しい政治局も、ゴルバチョフにたいする要求を強めた。早く特別大権を行使して、中央集権化した大統領支配の体制を作れ、と。要求した側では、それが実現すればゴルバチョフは民主主義の立場に立つ盟友からさらに遠ざかるだろうと見込んでいたのである。アレクサンドル・ヤコヴレフが当時を回想して次のように述べている。地域の有力党書記のグループが第二八回党大会のためにモスクワに集まった。このとき、あることで合意が成立している。それはゴルバチョフを、ヤコヴレフやシェワルナゼから引き離すことが特に重要だという点であった。(103) 結局、彼らの狙いは一九九〇年夏には実現しなかったが、冬になって、部分的にだが達成された、ということになる。

一九九〇年一一月一六日、ゴルバチョフは最高会議である演説をした。しかし、期待した効果が上がらなかったため、翌日、一連の新提案を発表した。今度は非常に好意的に迎えられた。その内容は、大統領評議会を廃止し、その代わりに連邦評議会に実権を与えるというものだった。連邦評議会とは、連邦構成共和国の首脳をメンバーとし、一九九〇年初め大統領評議会と同時に創設された組織である。ゴルバチョフの提案は、連邦評議会の政策形成上の権限を格段に強化するものであった。これによって、連邦評議会は影響力を強めた。だが実は連邦評議会は、ゴルバチョフがメンバー構成を自由に変えられる組織ではなかった。政治局については、ゴルバチョフはメンバー構成の決定に大きな影響力をふるっていた。もちろん、すべてを完全に統制していたわけではないが。一方、大統領評議会については、ゴルバチョフの人事決定権は完璧であった。ところが、ゴルバチョフは今や、寄せ集めの組織である連邦評議会との協力をせまられることになった。そこに送り込まれてくるのは、各共和国で選出された代表である。その意味で、ゴルバチョフの権限はいちじるしく低下したといえる。しかし、連邦評議会を利用する利点は、別のところにあった。連邦評議会のメンバーは、各共和国において政策を遂行するための権力を握っている。このことは、連邦を維持するのに有効な手段のようにも見えたのである。

このときゴルバチョフは、別の重要な変更も発表した。それは、新しい政府の形成である。従来の閣僚会議に代わって、内閣を設けることになったのである。また、安全保障会議も創設されることになった。安全保障会議には、大統領評議会のメンバーである有力政治家の大半が入った（ただし大統領評議会と異なって、無役の知識人が加わることはなかった）[104]。また、副大統領のポストも設けられた。ゴルバチョフが新提案をおこなう気になった要因としては、一一月一六日の最高会議での反応が挙げられる。ゴルバチョフの演説ははなはだしく否定的に受け止められた。そればかりではない。ゴルバチョフは同じ日の政治局会議でも、一一月一三日の軍の代表との会合でも、激しいあからさまな敵意に迎えられていた。それでもゴルバチョフは、方向転換は共産党の圧力の結果ではなかったと、強く主張している[105]。あらゆる方面からの批判が重なったことは、確かに影響したであろう。しかし、ゴルバチョフが特に気にしていたのは最高会議の支持であった。憲法の規定をまじめに受け止めていたからである。立法府はもはや迂回して通ることが許されるような組織ではなかった。党の場合とは違っていたのである（ゴルバチョフが書記長にとどまっていた間は、党を迂回することはひどく不都合であったにしても）。

その上、組織改編に関する多くの提案については、ゴルバチョフはすでに一部の補佐官との間で事前の検討を済ませていた。提案の一つが、大統領評議会の廃止であった。ゴルバチョフはそれらの案を翌月の人民代議員大会で提起するつもりでいた[106]。これらの提案を一一月一六日の演説に盛り込むよう勧めていたのは、なんとシャフナザロフであった。もっとも、「ほかの連中は、急ぐ必要はないと反対していた」が。[107]ゴルバチョフは、最高会議における「演説の反応が否定的だと感じた」。そこで「我々（シャフナザロフとゴルバチョフ）にとって既知のこと」を翌日持ち出すことにした。[108]いわば土壇場の決定であった。ゴルバチョフは政治的雰囲気を読んで発表のタイミングを変えたのである。しかし、組織改編の案そのものは降って湧いたものではなかった。[109]シャフナザロフ自身、以前から大統領評議会の廃止を主張していた。シャフナザロフはその理由として、メンバー構成が「きわめて折衷的」であるために大統領評議会が「混成チーム」になっている。当初からうまく機能していなかったためだと指摘している。[110]

それとは対照的に、アレクサンドル・ヤコヴレフは大統領評議会の突然の廃止に不意を突かれた。大統領評議会のメンバーだったヤコヴレフは、同評議会の廃止によって公的な地位を失うことになる。残るのは、大統領顧問というかなりあやふやな肩書きのみであった（大統領顧問という資格でクレムリンに残留することはできたが）。のちにヤコヴレフは、大統領評議会の廃止は間違いだったとの思いを明らかにしている。なぜなら大統領評議会は、「実態として機能し始めていた」。しかも、そのおかげで国家は市場経済の導入に向けて一歩前進していたからだという。[111]ところで、なぜヤコヴレフは大統領評議会の廃止に驚いたのであろうか。ひとつには、一九九〇〜九一年の冬ゴルバチョフから相談を受けることが次第に少なくなっていたためである。その背景には、政策上の不一致があった。最大の問題は五〇〇日計画の一件である。ヤコヴレフはこれを熱烈に支持し続けていたが、ゴルバチョフは過去二カ月の間に、同計画から手を引いた。それと並行して、ヤコヴレフからもやや距離を置き始めていたのである。[112]以後、ゴルバチョフはヤコヴレフとの間で、政権初期のころのような、政治的に親しい関係を回復することはもはやなかった。もっとも、冬の終わりを迎えるころゴルバチョフが保守派との頼りない火遊びに終止符を打つと、ふたたびヤコヴレフは表舞台に部分的に復帰することにはなるのだが。

人事異動

ところでこの間に、ゴルバチョフは重要な盟友を失い、一方で新たな、しかしきわめて怪しげな同志を得た。ゴルバチョフはまず、圧力に屈してリベラル派の内相、ワジム・バカーチンを――政治家として尊敬していたにもかかわらず――解任した。ゴルバチョフはバカーチンを高く評価していた。それは、解任人事の後バカーチンが、もはや閣僚ではないにもかかわらず、新設の安全保障会議のメンバーに任命されたことからも窺える。バカーチンの後任はボリス・プーゴであった。どちらかと言えば強硬派に属するラトヴィア人で、ラトヴィア共和国のコムソモール、KGB、共産党でトップを歴任してきた。同じような守旧派で、アフガニスタン駐留ソ連軍の元司令官、ボリス・グロモフが第一内務次官に納まった。ただしグロモフは、少なくともプーゴよりは良識があり、一九九一年八月のクーデター一派に全面的に加担することはなかった。当時、犯罪の撲滅や秩序の回復を求める声が高まっており、ゴルバチョフはグロモフを起用することによってそのような要求に応えようとしたのである。

新設の副大統領ポストには、ゲンナージー・ヤナーエフが就任した。ヤナーエフは、コムソモールと官製の労働組合で活動してきた経歴の持ち主である。ゴルバチョフはヤナーエフのことをよく知らなかったが、にもかかわらず支持した。信頼のおける配下になるだろうとの思惑があった。ゴルバチョフはまた、ヤナーエフは改革派としての経歴がないからこそ、「右翼」反対派を骨抜きにするのに役立つとも考えたのである。結局、これは重大な誤算であった。同様の誤算はほかにもあった。一九九一年一月三日、連邦評議会の会合のあとに発表された決定である。それは、閣僚の人選を任されたグループを、ヤナーエフの管轄下に置くというものであった。[113] その後すぐに、ワレンチン・パヴロフがニコライ・ルイシコフに代わって首相に任命された。パヴロフはそれまで財務相として、シャターリン＝ヤブリンスキー・チームの作業を全力で阻止しようとしてきた人物である。具体的に言うと、政府歳出に関する基本的情報を出すことを拒んできたのである。[114] ゴルバチョフはヤナーエフの意見にも耳を傾けたのかもしれない。もっとも、ゴルバチョフは非常に多くの人物に相談しながら、相手の進言を受け入れないことがあったが。

ゴルバチョフが話を聞きに行った相手には、ルイシコフも含まれている。ルイシコフは当時、まだ心身ともに後遺症が癒《い》えていなかった。後遺症の原因は、首相のポストから解任されたことによるショックと、心臓発作であった。ルイシコフの見方は月並みだった。「パヴロフは優秀な財政専門家だ」というのである。しかしルイシコフは、パヴロフを首相にするという案にたいしては明らかに気乗りしない様子であった。ルイシコフに言わせれば、「パヴロフは工業の知識を欠いていて、しかも大酒飲み」であった。[115] ゴルバチョフは、もうひとりの首相候補としてオレーグ・バクラーノフの名前も挙げた。それに対するルイシコフの反応はもっと否定的であった。バクラーノフは軍産複合体を代表しており、のちにパヴロフ同様、一九九一年八月のクーデターに加担することになる。

ゴルバチョフはその冬の数カ月間、ソビエト政治の分布図の中央あたりに軸足を移動させた。その結果、改革派チームとの間に間隙が生じた。このおかげで、ゴルバチョフにたいする影響力がかつてないほど強まった政治家がいる。あるいはゴルバチョフは、この人物の助言に耳を傾けることが多くなっていたかもしれない。その政治家とはアナトーリー・ルキヤノフである。かつて、ルキヤノフとゴルバチョフはモスクワ大学のコムソモール仲間であった。[116] 今では、ルキヤノフも最高会議議長として、自前の権力基盤を握っていた。ルキヤノフは持論を通すためにそのような権力基盤と、学生時代からのゴルバチョフとのつき合いを利用した。ルキヤノフは持論のひとつとして、ソ連の現存の国境を維持しようと並々ならぬ決意を固めていた。最高会議の会派の中では、「ソユーズ」への肩入れが目立った。ソユーズとは、連邦という意味である。この会派は六〇〇人ほどのメンバーを擁し、しばしば過激な言葉でソ連領土の一体性を主張していた。

一九九〇年一一月、内輪の話し合いの席上で次のようなことがあった。ゴルバチョフの補佐官であるニコライ・ペトラコフが、それとなくルキヤノフを批判した。ゴルバチョフはそれを一蹴して、「偏った情報を持って来る補佐官はいらない」と述べ、さらに次のように付け加えた。ルキヤノフは「常に真実のみを報告している」[117]。ちなみに、その年の末までにペトラコフは自発的に辞任している。ゴルバチョフは慰留を試みたが無駄だった。ただし、八月クーデターが失敗に帰したあと、ペトラコフは顧問の資格でゴルバチョフ・チームに復帰している。

ゴルバチョフは、首相の選任にルキヤノフが関与したことを示唆している。ゴルバチョフはこう述べている。首相の選任について「連邦評議会およびソ連最高会議幹部会において（強調はブラウン）、長い時間をかけて議論し」、そのあとで、パフロフの名を首相候補として最高会議の本会議に提出することになった[118]。ゴルバチョフは首相の選任にあたって、できるだけ多くの共和国の支持を得ようとした。そのため、主要候補については連邦評議会にも諮《はか》った。この時点での候補者には、パヴロフとバクラーノフに加えてユーリー・マスリューコフも含まれていた。その点については、ゴルバチョフが一月一四日に最高会議に報告している。マスリューコフはゴスプランの議長で、バクラーノフと同じく軍需産業出身であった[119]。連邦評議会での議論においては、パヴロフに対して「批判的評価」を下す向きもあったという。それでも連邦評議会は、「大方の合意にもとづいて」パヴロフを首相候補に選んだ[120]。

シェワルナゼの辞任

一九九〇～九一年冬の昇格人事と降格人事を通じて鮮明になったことがある。それは、ゴルバチョフ・チーム内の自覚的な「新思考派」の比重が低下したということである。特に劇的で、しかも社会全体にとっての損失となったのは、シェワルナゼ外相の辞任である。それは、一九九〇年一二月二〇日のことであった。シェワルナゼは、回想録の中で明らかにしているように、ゴルバチョフとの間で長年にわたってすこぶる良好な関係を保ってきた。両者は、一九八五年以前の党要人にしては異例の率直さを以って語り合ってきた。ソ連生活にともなう不条理な事柄のうち、多くのことが話題になった[121]。一九八五年以降シュワルナゼは、ゴルバチョフの外交政策を実行に移した。しかも、首尾よく。成功の陰では、西側の交渉相手と信頼関係を築くシェワルナゼの能力が重要な役割を果たした。だが、それと同様に重要だったのは、ゴルバチョフとシェワルナゼの意見が完全に一致していたという事実であった。ただし、シェワルナゼの辞任直前、イラクのクェート侵攻をめぐって両者の足並みは乱れた。アメリカがイラクに対して軍事力の行使を考えたとき、シェワルナゼはゴルバチョフよりも積極的にアメリカを支持したのである（この点は第七章で述べた）。一般的な点でも、シェワルナゼは不満を感じていた。シェワルナゼはソ連国内で強硬論者から攻撃を受けていた。ところが、一九九〇年夏以降、ゴルバチョフはシェワルナゼを擁護するのに二の足を踏むようになっていたのだ。もっともこの時までには、ゴルバチョフ自身も名指しで攻撃を受けるようになっていたのであるが。

シェワルナゼは第四回ソ連人民代議員大会での演説で辞任を表明した。この演説の中でシェワルナゼは、具体的な名前を挙げずに軍出身のふたりの代議員を非難した（シェワルナゼの念頭にあったのは、アルクスニス、ペトルシェンコ両大佐である）。両名が内相（バカーチン）を排除してのけたと自慢したことと、「外相に対して報復するときが来た」と広言したことが、非難の理由であった。[122]シェワルナゼとソ連軍の関係は、ゴルバチョフとソ連軍の関係以上に悪かった。シェワルナゼは、西側諸国との間で合意の精神を作り上げてきた。ところが国防省の行動には、時としてこれに矛盾するやり方が見られたためである。シェワルナゼはこれに腹を立てていた。しかも、もっと腹立たしいことに、それを西側の消息筋から聞かされて初めて知る有様であった。[123]

シェワルナゼの抗議声明は、一般的な趨勢にも向けられていた。つまり、保守派が勢力を増しゴルバチョフの外交や内政に対して巻き返しを図っているという状況に抗議したのである。シェワルナゼは、自分に対する激しい批判ばかりでなく、「ゴルバチョフ派」への攻撃が高まっていることにも言及した。シェワルナゼは、民主派が「ばらけた」せいで独裁制への道を開いてしまったと非難した。「この独裁制がどのような形態になるのか、だれが独裁者になるのか、だれにもわからない」。そう言ってシェワルナゼは辞任を公表した。そして、最後にこう付け加えた。「私の望みは、辞任がお役に立つことだ。あるいはこう言ったほうが良ければ、辞任が独裁の開始に対する抗議声明となることだ[124]」。

この演説はソ連内外で衝撃を以って迎えられた。過去数年の間に起こった大きな変化に揺り戻しがあるかもしれない。世界中で、こうした意識が喚起された。ゴルバチョフにとってシェワルナゼの辞任表明はまったく予想外のことであった。シェワルナゼが事前にこのことについて相談してくれなかったことにひどく心を傷つけられた[125]。ゴルバチョフはこの突然の打撃に動揺した。それでもいち早くシェワルナゼと話をする機会をとらえ、後任が任命されるまであと一カ月、外相職に留まるよう説得した。後任は、職業外交官のベススメルヌィフであった。一九九一年一月二六日、ゴルバチョフは新外相の就任式のため外務省を訪れた。このとき、出席していたシェワルナゼに温かい賛辞を捧げている。シェワルナゼが何よりもありがたいと思った一節はこうである。「常に彼（シェワルナゼ）は私の味方でいてくれた。また、だれよりも親密な同志であった。じかも、いかなる困難な状況のもとでも。そして、何よりも重要なことに、あの選択を決断したときも[126]」。ペレストロイカを始めた「あの選択」は、一九九一年一月の時点ですら、二人にとって最も重要な事であった。ただゴルバチョフはこのとき、エリツィンの的を射た言い方を借用するなら、「両立不可能なことを両立させ」ようとして、両極に分化した政治勢力の間を策動していたのである。

シェワルナゼの辞任の理由は、本人が説明しているとおりである。しかし、それに加えてシェワルナゼは、「ゴルバチョフは深い敬意を寄せくれているが、にもかかわらずみずからの発意によって外相更迭の挙に出るのではないか」との不安を抱いていたのかもしれない。一九九〇年、ゴルバチョフは非公式な会談の席で、ソ連の首相または副大統領になり得る人物としてシェワルナゼの名前に何度か言及したことがある。シェワルナゼはすぐれた外交手腕の持ち主であり、しかも民族籍はグルジアであった。この二つの要素を兼ね備えている以上、一見したところ、ソ連内部での民族《ネイション》間の調和を推進する可能性を秘めているように思われた。実際、シェワルナゼはそれまで海外では国家《ネイション》間の調和を首尾よく追求してきた。だが、一九九〇～九一年の冬までに、シェワルナゼにたいして首相のポストが打診される見込みはなくなった（ただし、副大統領のポストとなると話は別だった。これは日常の活動という点では首相ほど重要ポストではない）。ソ連エリート層の内部から激しい抵抗が予想されたからだ。他方、シェワルナゼを外相ポストから外し、重要度で劣るポストに異動させれば、ソ連の保守派をいくらか懐柔できるという小手先の利点があった。したがってシェワルナゼには、本人が挙げた純粋な理由に加えて、先手を打って自分から辞任を言い出すという願望が起こったのかもしれない。シェワルナゼは、強硬論者の勢力や自己主張が強まっていることに抗議した。だが、保守派を宥和しようとするゴルバチョフに対しても、暗黙のうちに抗議を表明していたのだ。当時、ゴルバチョフは一連の人事交代をおこなうなど、保守派と民主派の間で中道的立場を取ろうとしていたからである。

辞任後すぐにシェワルナゼは初期のゴルバチョフと一九九〇～九一年冬のゴルバチョフとを比較することになった。まず、ゴルバチョフが「以前ほどはっきり物を言わなくなった」のはなぜかという点について、シェワルナゼは理解を示し、「政治家は現実の状況や勢力バランスを勘案しなくてはならないものだ」と述べている。しかし、にもかかわらず次のように主張している。「ペレストロイカの初期の頃も反対派の存在はあった。それを知りながらも（ゴルバチョフは）、反発を買うことを恐れず、国民に訴え、支持を取りつけた。また、知っていたからこそなおのこと大胆に新思考という信条を作り上げ、実行に移したのだ」[127]。しかし今はどうだろうと、シェワルナゼは述べる。「民主主義と革新が決定的に必要だ。かつてはこう言って党と国家を納得させた練達の論客が、沈黙し続けている」。もっとも、シェワルナゼは別のところではこうも発言している。「（ゴルバチョフの）立場はどれほど複雑であろうか。また、どれだけ多くの方面から、どれだけ錯綜した圧力がゴルバチョフにかかっていることだろう。私は、そのことを一瞬たりとも忘れたことはなかった」[128]。

バルト諸国での流血事件

ソビエト体制内の保守勢力は、一九八八年以降に起こった変化を後退させようとした。また、表面化した民族主義の動きをことごとく無差別に弾圧するよう、ゴルバチョフに強要した。一九九一年初め、このようなくわだては不吉な展開をみせた。シェワルナゼの警告どおり、独裁体制の出現が一層現実味を帯びてきた。地元司令官がモスクワの上層部の一部を後ろ盾として、行き過ぎた暴力に訴えた事例もある。それら司令官の狙いは次の点にあった。紛争を激化させること。国内の民主派や西側の支持者に、ゴルバチョフの威信が落ちたと思わせること。そして、ゴルバチョフに圧力をかけ、バルト諸国に大統領直轄体制を導入させることなどであった。ゴルバチョフも、すでに直轄統治を選択肢の一つとして検討しており、一月一〇日の演説ではリトアニア人に対し、直轄統治があり得ると明白に警告を発している。だが、実際に実施することはなかった。しかし、ボルジンはこの選択肢が日の目をみるよう最大限の努力をしていた。そしてゴルバチョフにたいし、一方的で、しかも間違った情報を流し続けた。ボルジンの手配により、ラトヴィア、リトアニア、エストニアに住むロシア人（およびロシア全土のさまざまな組織や、各企業の従業員集団）が送った電報や手紙が、ゴルバチョフの机の上に日々山のように積まれた。それらの電報や手紙は、バルト諸国のロシア人にたいして報復行為が行われていると訴えていた。そして、ただちに秩序を回復しなければならない、さもなければ内戦の危険がある、と警告を発していたのである。[129] 一月一四日、最高会議でゴルバチョフは、リトアニア問題をテーマとして演説をおこなった（当日、パヴロフを首相に推挙する演説もしたが、それとは別）。演説の中で、しきりに送られてくるこれらの電報に言及し、「最近では」大統領直轄支配を導入しないことに不平を述べた電報もある、と述べた。[130] 議長を務めていたルキヤノフは、途中で口を差しはさんでこう付け加えた。最高会議もやはり「数千通の電報」を受け取っている、と。[131]

バルト住民に対する何回かの暴力行為のうち、もっとも激しい抗議を呼んだのは、一九九一年一月一二日深夜から一三日未明にかけての事件である。ソ連軍がヴィリニュスのテレビ局を占拠するため移動した際に、一四人が殺され、大勢の人々が負傷したのである。ソ連の有力マスメディアは自由主義の立場からこの行為を批判した。一月二〇日、モスクワではバルト諸国での弾圧を批判する大規模なデモが行われた。参加者は推計で一〇万人に達した。ゴルバチョフはそれまで、リトアニア人やほかのバルト諸国の民族主義者にたいし警告を発したり威圧的な言葉を用いたりしていた。その前年に公布された連邦離脱のための法的手続きに従うよう促すためである。しかし、それにたいする回答はこうだった。自分たちは意志に反してソ連に併合されたのだから、連邦離脱の許可を求める必要はない――。もちろん、リトアニア人は連邦編入から五〇年、その大半の期間はソ連の法律に服してきた。それが変化したのは、ゴルバチョフ時代を迎えて数年たってからのこと。すなわち、服従しなかった場合の制裁が、過去とくらべてはるかに軽減されたと思えるようになってからである。

しかしこの時期、ゴルバチョフ自身の表現はしばしば昔のソ連に逆戻りした感があった。たとえば一月一〇日、ゴルバチョフはリトアニアにおける「ブルジョワ的秩序の復興」の試み云々という言い方をしている。ゴルバチョフ自身がもたらした政治の多元化に照らすなら、この発言は無意味である。(132) それは、保守勢力の方向への意識的な傾斜であった。ゴルバチョフは、弱体化が進み、統率が利かなくなってきた連合の中に保守派をなんとかつなぎとめようとしていたのである。ありとあらゆる勢力が文字どおり大挙してゴルバチョフに圧力をかけ、連邦の維持を最優先するよう迫っていた。もちろん連邦の維持は、ゴルバチョフにとってもきわめて優先順位の高い課題ではあった。だが、違いがある。ゴルバチョフはこの課題を、暴力に訴えることなく、法を尊重して達成したいと願っていたのである。シャフナザロフは、ゴルバチョフと交わした会話（一九九〇年一〇月五日）を詳しく記録している。ゴルバチョフは、それに先立って「アフガンツィ（元アフガニスタン帰還兵）の指導者」と会談したという。その人物は、「秩序を維持するために必要とあらば、いかなる手段をも辞するべきではない。この点、軍を当てにしてもらって結構だ」と述べた。それに対してゴルバチョフの答えはこうだった。「それは私の選択肢ではない。我々は別の道を行くつもりだ」[133]。

ヴィリニュスの事件で重要な役割を果たしたように思われるのは、ワレンニコフ将軍とアチャロフ将軍である[134]。ワレンニコフはこのあと、一九九一年八月のクーデターの主要人物となる。アチャロフも、ゴルバチョフを追い落とすためクーデターに積極的に参加した者の一人であった。そして一九九三年一〇月には、エリツィンにも刃向かう。ヴィリニュスの事件は、ゴルバチョフの意志に反していただけではない。それは、ソ連全般に「秩序」をもたらすためのほんの手始めとして意図されていたのである[135]。このあとに起こったリガの暴力沙汰も同様だった。なにしろ、憲法に違反したやり方でゴルバチョフを大統領職から引きずり下ろそうとした連中である。クーデターに数カ月先立つこの時点でも、分離主義的な民族主義者たちにたいして許可なく暴力を行使することなど、お手の物だった。ゴルバチョフの耳を独占し、ゴルバチョフの周辺からリベラル志向の側近を遠ざけるべく、保守派はたゆまぬ努力を続けた。ただ何もかもうまくいったというわけではない。ゴルバチョフの報道官ヴィターリー・イグナテンコの場合は失敗だった。保守派は、イグナテンコの解任をゴルバチョフに迫った。しかし、ゴルバチョフはイグナテンコを擁護し、留任させた。あとになってイグナテンコは、自分の電話がその数カ月の間盗聴されていたことに気がついたという[136]。

ヴィリニュスで緊張が極致に達したその日（一月一三日）は、日曜日であった。ランズベルギス・リトアニア大統領は、未明の殺害事件についてゴルバチョフに報告しようと、電話をかけた。だが、電話はゴルバチョフの別荘につながらなかった。しかもゴルバチョフには、ランズベルギスから電話があったという事実すら伝わらなかったのである[137]。それどころかその日ゴルバチョフに伝えられた欺瞞的な情報はこうだった。ヴィリニュスで「ちょっとした暴力行為」があった。それは「民族主義者たちが挑発のために準備、実行したのである」[138]。ヴィリニュスで死者が出たことは、保守派の意図どおり[139]、ゴルバチョフにとっては直接のダメージとなった。ゴルバチョフ支持の立場を保っていた民主派に影響が出たのである。ゴルバチョフ側近の民主派の中には、辞任を考える者まで出た。たとえばチェル

ニャーエフやイグナテンコがそうであった。(140)

チェルニャーエフが補佐官および外交政策顧問としてゴルバチョフに仕えるようになって、すでに丸五年が経っていた。そのチェルニャーエフがゴルバチョフに、直近の事態の展開を非難し、辞意を伝える手紙を書くまでに至ったのである。チェルニャーエフは手紙をこう締めくくっている。ブレジネフやチェルネンコの時代に（党中央委員会国際部で）勤務していたころとは違って、ゴルバチョフとともに仕事をするようになってからは、「ソ連指導部の政策に、耐えがたい恥」を感じたことなど一度もなかった。「それなのに！」と、チェルニャーエフは付け加えた。「そのようなことが今起こるとは」(141)。だがチェルニャーエフは、ゴルバチョフとこのような形で訣別する踏ん切りがなかなかつかなかった。秘書兼アシスタントのタマーラ・アレクサンドロワの抵抗がなかったら、チェルニャーエフの辞任は現実のものとなっていたであろう。アレクサンドロワはチェルニャーエフの自覚を求めたのだ。辞めて何の得になるというのか。どうしてゴルバチョフを窮地に捨て置くことができるのか。なぜこんな時に彼を侮辱することができるのか、云々(142)。彼女は、チェルニャーエフが書いた長文の手紙をタイプすることを拒否した。チェルニャーエフの手紙は、本人の回想録の中で、小さな活字で三ページ半にも及んでいる(143)。仕方なしにチェルニャーエフは手書きで書き始めた。タマーラ・アレクサンドロワは見るに見かねたのであろう。タイプすることにした。しかし、タイプし終わるとそれを自分用の金庫に入れ、鍵をかけてしまった。翌日彼女は出勤してこなかった。チェルニャーエフはあきらめて、抗議と辞意が書かれた手紙をゴルバチョフに渡すのを少し待つことにした。ところがタマーラ・アレクサンドロワはなんと一週間も出勤しなかったのである。その間にチェルニャーエフも、彼女の方が正しいと確信するに至ったのだという(144)。

ゴルバチョフは事件に先立つ日々、リトアニア人にたいして強硬路線を採り、大げさな言辞を弄した。また、事件後は、殺害を公式に非難するのが遅れた。こうした点でゴルバチョフは批判をまぬかれない。たしかにゴルバチョフも、事件にショックを受け、憤慨した。その証拠はある。[145]だが最高会議での演説でヴィリニュス事件について触れた際、ゴルバチョフは国家当局側の暴力行為を直接非難することをあえて避けたのである。この演説には、ゴルバチョフ・チームの民主派もさることながら、社会一般の民主派もいたく失望した。

それでも、「今はゴルバチョフを見捨てる時ではない」と主張する者もあった。事件後、保養先からクレムリンの執務室に戻ったアレクサンドル・ヤコヴレフも、そのひとりであった。[146]ヤコヴレフ、バカーチン、プリマコフ、チェルニャーエフ、シャフナザロフ、イグナテンコは、会合を繰り返した。そして、この政治危機を脱するための最善策はゴルバチョフがリトアニアに飛ぶこと。そしてランズベルギスに会い、暴力行為とは無関係であることを明確にすることだと、結論づけた。[147]ゴルバチョフに直接この提案をしたところ、同意が得られた。そしてゴルバチョフから、資料をととのえるようにとの要請もあった。そこでイグナテンコとヤコヴレフは、ゴルバチョフが翌日ヴィリニュスに発つものと確信した。

しかし、そうはならなかった。リトアニア人との決定的対決を望んだ人々には確かな同調者、協力者がいたのだ。それは、ユーリー・プレハーノフとその上司クリュチコフである。プレハーノフはKGB第九局の局長であった。KGB第九局は、ソ連の最高指導者の警護を担当する部局である。ゴルバチョフの側近の中でもっとも開明的な人々が、ゴルバチョフのヴィリニュス行きを期待したまさにその当日のこと。ゴルバチョフはイグナテンコに向かって、「今は行かない」と告げた。そして、「多くの同志が反対している。大統領の身の安全を保証できないからだ」と説明した。[148]イグナテンコは、ゴルバチョフの立場を考えればもっともなことだと思った。ゴルバチョフは、警護責任者の意見を考慮する立場にあったからである。

しかし、ゴルバチョフがためらった理由はそれだけではなかったろう。この段階でヴィリニュスに飛んでいたら、中道路線を進もうと舵を操っているというのに、またも片方の側に偏ることになる。そして、軍、KGB、内務省、政府、さらには当然ながらソ連共産党の有力者の大半の見解を拒否することになっていたはずである。ゴルバチョフは人命の損失を悼《いた》んだ。しかし、軍や内務省を「公然と」と断罪する気にはなれなかった。これまで懐柔してきた当の権力組織を敵に回すのを恐れたのだ。それからちょうど一年余りのち、イグナテンコはこの一週間のことを回顧し、次のように述べている。ゴルバチョフは、ヴィリニュスで戦車や軍事力を使う決定に関わっていなかった。これは疑いのないことである。しかし、殺害事件のあと、ゴルバチョフは決然たる行動を取らず、責任者を解任しなかった——[149]。

「民族主義的な動きをことごとく暴力的に弾圧する陣営に、ゴルバチョフを引き入れたい。いや、いっそのことゴルバチョフの信用を傷つけ、政権を不安定化させよう。そして、喜んで軍事力を使う人間をゴルバチョフの後釜に据えよう」。そのような決意を固めていた連中が一月二〇～二一日の夜、今度はラトヴィアでふたたび攻勢に出た。ラトヴィアの首都リガでＯＭＯＮ（内務省の特殊部隊）が四人を殺害したのである[150]。翌一月二二日、ゴルバチョフは記者会見の席上、一週間前に言うべきだったことをようやく述べた。その中には悔やみの言葉も含まれていた。ゴルバチョフは、「先《せん》だってはリトアニアでの対立、そしてこの数日はリガでの対立に端を発する悲劇的展開」に見舞われた遺族に対して、哀悼の意を表した。ゴルバチョフは、こう付け加えた。「ヴィリニュスとリガでの事態は、言うまでもなく、大統領権力が貫いてきた方針の表れではない。大統領権力は、このような目的のために樹立されたのではない。したがって、この点に関するあらゆる憶測・疑念・中傷を、私は断固拒否する」[151]。ゴルバチョフは同時に、「各共和国には連邦から離脱する憲法上の権利がある」ことを確認した。ただし、と彼は続けた。「この件については、専横を許すわけにはいかない。たとえ選挙で選ばれた組織の行動であっても、である」。ソ連憲法に則って、ソ連法が規定する住民投票とプロセスにもとづくのでない限り、連邦からの離脱は許されない——[152]。

ヴィリニュスとリガの悲劇はいずれも、一日限りの出来事だった。ゴルバチョフが事態に気づくとただちに、暴力の停止を呼びかけたからである。この事実は、ソ連崩壊後のロシアにおけるエリツィンのケースとははっきりと異なっている。エリツィンは、暴力行為に直接的な責任があった（この点については折に触れて既述してきた）。ロシア連邦内でもっとも強く独立を主張してきたチェチェン共和国を相手に、エリツィンは仮借のない内戦を断行した。しかも、一九九四年一二月に戦争が始まったあと、チェチェンでは毎月、多数の死者を出した。ゴルバチョフ時代に各共和国においてソ連軍と内務省軍によって殺害された者を合計しても、チェチェンの毎月の死亡者数には遠く及ばない[153]。

それでいて、連邦構成共和国の一方的離脱を防がなかった場合に政権が倒れる危険は、三、四年後のエリツィンよりもゴルバチョフのほうがはるかに深刻であった。ゴルバチョフが公に言うことのできなかったことを、補佐官のシャフナザロフがインタビューで代弁している。それは、一九九一年一月二一日にドイツ誌に掲載された。主旨はこうである。民主化と国際社会への統合という二つの目標を追求してきた「まさにこの人物が、ソ連の崩壊に甘んじる」ような事態が万一生じるなら、「失脚はまぬかれないだろう[154]」。「無思慮で野放図なソ連解体は、破局を招くことになる」。シャフナザロフはそう信じていた。行き着く先は「軍事独裁だ。そこには議会も、民主主義を保証する仕組みもない。メディアには、大統領を批判する権利すらなくなるであろう[155]」。一九九一年の八月クーデターが成功していたとしたらどうだろう。クーデター首謀者は、その行動の論理からして間違いなく独裁の方向に進んだことであろう。幸運なことに彼らは無能であった。ということはすなわち、少なくとも短期的には、シャフナザロフの予測は悲観的すぎたと言える。ただし一九九一年初めの状況においては、シャフナザロフの予測は十分説得力があった。

しかしその年の一月を迎えるころまでに、シャフナザロフはゴルバチョフの気持ちを読み取っていた。ゴルバチョフは、バルト諸国が遅かれ早かれソ連から離れるということを、本音としても認める気になれなかったのである。ゴルバチョフがそのような成り行きを受け入れたのは、おそらく一九九一年の春以降のことである。シャフナザロフはこう言っていた。「私は固く確信しているが、バルト諸国は憲法にもとづいてソ連を離れることを許されるであろう。

その際、大した問題は生じまい[156]」。ゴルバチョフもこの立場を基本的に追認した。しかし、力点の置き方が若干違っていた。ゴルバチョフは次のように述べた。自分の目的は、あらゆる政治的手段を講じてリトアニアの連邦離脱を防ぐことにある。しかし、これが失敗に終わり、リトアニアの住民が私の狙いとは異なる決定を下した場合には、まず交渉をおこない、次いで法的離婚の手続きを進めなければならない――[157]。

高まる圧力

ゴルバチョフは一九九〇〜九一年の冬、次第に包囲されつつあると感じた。そこで、従順なレオニード・クラフチェンコを起用し、ソ連中央テレビ・ラジオの総裁に任命した（ちなみに、クラフチェンコはあまりに従順だった。八月には、ゴルバチョフを一時的に退陣させた連中の言いなりになった）。この人事の目的は、次第に手厳しくなる批判のうねりを抑えることにあった。批判の標的にされたのは、ゴルバチョフ自身と連邦中央当局である[158]。クラフチェンコはゴルバチョフの期待に応えるために、次のように発表した。「国営テレビには、国家指導部の批判をおこなう権利はない」。さらに、視点《ヴズグリャード》という、当時ソ連随一の人気を誇った時事番組の放映を停止した[159]。ゴルバチョフは一九九一年一月、ヴィリニュスの殺戮《さつりく》事件後いくつかの新聞から容赦のない攻撃を浴びる中、一時的な激情に駆られた。そして、出版法も一時停止する必要があるかもしれないとまで示唆した[160]。しかし、重要な点は第一に、実際にはそうしなかったということである。ゴルバチョフは「ほとんど即座に」この提案を取り下げた[161]。第二に、検閲に終止符を打ち、初めて出版の自由を制度化したこの民主的な法律は、そもそもゴルバチョフが許可して成立したのであった。

いや、もっと言うなら、出版法を強引に成立させたのは、ゴルバチョフの英断によるものであった。法案の準備作業が始まったのは一九八九年。施行は一九九〇年六月のことであった。この法律は出版の自由を擁護する一方で、自由をある程度制限する条項も含んでいた。これは基本的に、多くの西側諸国の法律にも見られる。たとえば国家の暴力的転覆を唱道したり、人種・民族・宗教にもとづく差別を宣伝したりすることは、禁止事項になっていた。[162] 党政治局は、マスメディアを操作する共産党の梃子《てこ》を失ってなるものかと、ゴルバチョフに強い圧力をかけた。しかしゴルバチョフは、シャフナザロフに法案の準備作業をゆだねた。シャフナザロフは議会において、「憲法関連法制に関する小委員会」の議長を務めていた。シャフナザロフはその資格で、出版法の草案作成を全般的に監督した。出版法が突破口となり、「事実上、反共産主義的な意見を表明することが合法化された」[163]。同法は、「活字メディアへの影響という点では（中略）ペレストロイカ時代の最も効果的な法律の一つとなったのである」[164]。

一九九一年の二月と三月、まだ緊張は和らいでいなかったが、一月にバルト諸国で起こった暴力事件がふたたび繰り返されることはなかった。とはいえ、一月の事件の結果、米ソ首脳会談が延期された。それは、ゴルバチョフとジョージ・ブッシュ（父）との間で二月におこなわれる予定になっていた。二月、パヴロフがまのぬけた演説をおこなった。西側の金融機関がソ連経済を不安定化させようとしていると非難したのである。二月一九日にはエリツィンが、テレビの生放送でのインタビューを利用して、ゴルバチョフの辞任を呼びかけた。

こうした中、ゴルバチョフはひるむことなく、新連邦への支持を問う国民投票の計画を進めた。この国民投票は三月一七日に実施されている。その結果については、本章の初めのほうに述べた。国民投票の実施に同意したのは九共和国。いずれの共和国でも、ゴルバチョフの立場にとって有利な結果が出た。しかし、いくつかの共和国は独自の質問を追加していた。特にロシアでは、きわめて重大な質問項目が含まれていた。それは、「ロシア大統領を選ぶ直接選挙を六月に実施することを望みますか」という質問だ。エリツィンはその前年の夏以来、ロシア最高会議議長を務めていた。しかし、もしロシア共和国の住民全体による選挙によって大統領に選出されれば、政治的立場は一層強化されるだろう。エリツィンやその顧問たちは、この点に気がついていた。[165] 国民投票に参加した者のうち、直接選挙による大統領制を望むと回答した者は、七〇パーセントに及んだ。

経済が悪化する中、ふたたび炭鉱労働者のストライキのうねりが起こった。一九八九年の炭鉱労働者の関心は、主として経済問題にあった。しかし、一九九一年の要求事項に盛り込まれていたのは、ゴルバチョフの辞任であり、また職場から共産党組織を排除することであった。[166] こうした圧力に直面していただけに、ゴルバチョフは依然としてクリュチコフ、プーゴ、ボルジンたちの情報をやすやすと信じる傾向を見せた。ゴルバチョフはこう聞かされた。過激派がデモを予定している。そして、最後にクレムリンを襲撃する予定だと。ゴルバチョフはそのような報告を必要以上に信じた。アレクサンドル・ヤコヴレフは、ゴルバチョフの誤解を解こうとしたが無駄だった。[167] 内閣は、三月二六日から四月一五日までモスクワでのデモを禁止した。これは明らかにゴルバチョフの承認を得ていた。エリツィンはエリツィンで、これをはったりと見て、三月二八日にデモを実施すると発表した。[168] 少なくとも二五万人の人々がこの集会に参加したと見られている。デモの監視のために、警察と内務省部隊が約五万人動員された。[169] しかし、デモは平穏のうちに終わった。ゴルバチョフも、ソ連国民一般も胸をなで下ろした。デイヴィッド・レムニクの言葉を借りるなら、それは「危機が迫っているとは思えないほど退屈な」ものであり、「政治的には引き分け」だった。[170]

ゴルバチョフ宛ての手紙や電報は、ボルジンの執務室でふるいにかけられた。統計上のデータ、新聞・雑誌の切り抜きや「そのほかの情報源」からの資料（明らかに情報機関を含む）も同様であった。[171] ボルジンは、ほかならぬこの書類の流れをコントロールする長官室の中に、自分自身の情報部を設けていたのだ。そうすることによって、多くの問題に関してゴルバチョフの認識に致命的なゆがみを与えていた。[172] チェルニャーエフや大統領報道局長であるイグナテンコがこのことに気がついたのは、なんと一九九一年三月になってからであった。シャフナザロフはこう言っている。ボルゴルバチョフはボルジンを信用していた。そのためこの大統領府長官には「実際上、無制限の権力が与えられた。ボルジンはこれをぜいたくに使ったのだ」。[173] ゴルバチョフが下した最悪の決定のうち幾つかは、間違いなく、特定の人間を誤って信頼したことに原因がある。そもそもこうした連中は、責任ある地位につけるべきではなかった。また、ゴルバチョフが自分の足場となっている政府組織にたいして十分な注意を払わなかったことにも問題があった。

シャフナザロフはゴルバチョフを尊敬していた。にもかかわらずゴルバチョフのことを、ソ連大統領としては「組織運営のやり方に無頓着」だったと評している。[174] もちろんゴルバチョフは、共産党機関の中でいかに働くべきかを心得ていた。共産党機関は、ソ連の大半の組織と比べても比較的効率的であった。書類の処理および決定の履行についてはそう言える。しかし、ソ連大統領になったときゴルバチョフは、どのようにすれば組織の土台を確保できるのかという点について、経験や知識がまったくなかった。組織の土台がしっかりしていなければ、大統領というポストは真の行政権力を持つことができない。もっとも、付け加えねばならないことがある。それは、ゴルバチョフが超人的とも言える仕事量をこなしていた、ということである。外遊していないときは、朝早くから夜遅くまで、少なくとも夜一〇時までは執務室にいた。仕事の続きを自宅ですることもあった。そんな時は午前一時、二時まで、補佐官たちから届けられる書類に目を通すのが常だった。[175]

ゴルバチョフは、以下の二つの条件をともに満たす大統領府長官を是非とも必要としていた。だが、結局、手にすることはできなかった。それは第一に、組織運営の能力があること。第二に、この先進的な変革を心から支持していること。この変革こそゴルバチョフ率いる指導部に、明確な目的と重要な存在意義を与えていたのであるから。戦術的な後退を重ねたり、時には戦略的失敗を犯したりすることがあったにもかかわらず、である。

ノヴォオガリョヴォ・プロセス

言うまでもないことだが、世界最高の統治機構ですら、ソビエト社会内部の根本的な政治的紛争を解決することは無理であったろう。長い歴史のある共産主義体制が、共産主義以外の体制に一変しようとしていた（まさにこのことが起こったのだということについては、最終章においてあらためて述べる)。また、多民族国家が分裂の脅威にさらされていた(このこと自体、高度に権威主義的な体制を民主化したことの、意図せぬ結果であった)。この二つの要因が重なっていたため、いずれ何らかの決着の時が来るのは必至であった。ゴルバチョフの在任期間中、一九九〇年一〇月から一九九一年三月の六カ月間は、最も期待はずれだった時期である。この点、ゴルバチョフを批判する余地はある。しかしゴルバチョフは、旧体制を擁護する人々から不承不承であったにせよ長期間にわたって支持を寄せられてきたのである。その驚くべき事実を考慮するなら、ゴルバチョフにたいする批判は手加減されてしかるべきである。ソ連国家の存在自体が問題になったとき、事態は危機的状況に陥った。それは驚くにはあたらない。一九九一年を迎えるまでに(連邦の維持が可能だとして)どのような連邦を維持するのかが、次第に主たる問題になっていった。いかなる政治、経済体制を創出するのかは、二の次になっていた。

ゴルバチョフは、保守派や強硬派にたいして譲歩を続けた。しかし同時に、危機に対処するためのもっと建設的な方法にも注意を向け始めていた。一九九一年初めの数カ月、ゴルバチョフは依然、保守派の好ましからぬ助言に耳を傾け、時にはそれに従いもした。しかしこの時期にはすでに、圧力をかけてくる者の中に「大統領としての自分を窮地に陥れようとする」者がいるということを理解していた[176]。

そのためゴルバチョフは、三月からは次第に別の人々の方へ顔を向けるようになった。それは全体として、ゴルバチョフの顧問や補佐官のうちの最良のメンバーと重複している。彼らはふたたび、非公式の討議グループを形成するようになった。そこではだれもが、目の前の並々ならぬ困難な状況について自由に自分の考えを述べた。このグループの常連は次のような人々であった。アレクサンドル・ヤコヴレフ、メドヴェージェフ、シャフナザロフ、チェルニャーエフ、プリマコフ、イグナテンコ。そして、チェルニャーエフいわく、「もちろん、ボルジンも」含まれていた(ボルジンはこのグループで唯一、八月クーデターを支持した人物である)[177]。議論の結果、ゴルバチョフは、ふたたびイニシアチブを取ること、そしていわゆるノヴォオガリョヴォ・プロセスに着手することを決めたのだ。[178]

ノヴォオガリョヴォという名称はゴルバチョフが共和国首脳と議論をし、交渉を行ったモスクワ郊外の別荘の名前に由来する。それが建てられたのはフルシチョフ時代のことで、造りは十九世紀の地主貴族の邸宅を模していた。[179] ここでゴルバチョフは、連邦構成共和国や自治共和国の首脳との交渉を開始した。出席する用意のある首脳は全員受け入れられた。結局、一五の連邦共和国の内、九カ国が話し合いに参加した。参加を拒否したのはバルト三国のほか、アルメニア、グルジア、モルドワである。ノヴォオガリョヴォ・プロセスは四月二三日に開始されている。この日初めての9＋1会合が開かれた。もちろんゴルバチョフが「1」である。もっとも、公式会合には必ず、ルキヤノフがソ連邦最高会議議長として出席した。決定的に重要だったのは、ゴルバチョフがエリツィンとクラフチュークを説得して参加させたことである。なぜならロシアとウクライナの参加なしでは、何も達成できなかったからである。予定では新しい連邦条約を二、三カ月以内に完成させることになった。新連邦条約は、連邦中央と共和国のそれぞれの権限と権利を、自由意志にもとづいて取り決める手はずになっていた。

ゴルバチョフがノヴォオガリョヴォ・プロセスに着手したのは、ソ連共産党中央委員会総会の前日のことであった。中央委総会（四月二四～二五日）では、ゴルバチョフは保守派によって激しく攻撃された。発言者の大半が、ゴルバチョフ率いる共産党指導部を手厳しく批判した。見たところ、この一斉攻撃はあらかじめ計画されたものであって、ゴルバチョフの息の根を止めるための協調行動のようであった。ゴルバチョフは腹を決めた。書記長としての職権を継続できるのか、できないのか。それを争点に据えることにしたのだ。ゴルバチョフは本気で辞意を示唆した。採決となれば、過半数の中央委員はほぼ確実に別の書記長を良しとしたはずである。だが、彼らの方には、与えられた機会をつかむ十分な決意が欠けていた。

その時、舞台裏では死に物狂いの活動が行われていた。七〇人以上ものゴルバチョフ派がゴルバチョフを支持する文書に署名したのである。このような圧力のもと、党指導部が公然と分裂する脅威を感じた党政治局は、中央委員会総会の休憩中に緊急会合を開いた。そして、中央委総会に対して以下のような提案を出した。「国家、国民、そして党の利益のために」ゴルバチョフの書記長退任問題は議題からはずすこととする。この動議は圧倒的多数で可決された。このことはゴルバチョフにとっては短期的にはプラスとなった。しかし長期的にはマイナスとなるのであった。(180)

エリツィンの姿勢

いずれにせよ、この議決はある意味を持った。ゴルバチョフはノヴォオガリョヴォ・プロセスに集中できることになったのである。交渉の目標は、何らかの形で連邦を維持し、「共通経済圏」を存続させることにあった。交渉不参加の六共和国は共通経済圏から自動的に除外されるはずであった。のちに連邦参加を希望すれば別であるが。この交渉の遠因となったのは、バルト諸国との紛争よりも、むしろロシアとソ連邦の間の「法律戦争」だった。一九九〇年六月ソ連は、最終的な解体へ向けて大きく突き動かされた。ロシア最高会議が、エリツィンを議長として迎えた約二週間後のこと、政治的主権宣言をおこなったのである。同時に、ロシア法が連邦法に優先するとの宣言もおこなわれた。以後の二、三カ月の間、ほかの共和国もロシアの例にならった。六月と一〇月の間に、ウズベキスタン、モルドワ、ウクライナ、ベラルーシ、トルクメニスタン、タジキスタン、カザフスタンが主権宣言を行った。すでに主権宣言をしていたアルメニアはさらに一歩進んで独立を宣言した。中央アジア諸国の場合、これを完全な独立への一歩とすることを望んでいた様子はない。正確に言うなら、ロシアとくらべて、連邦にたいする主権要求の意欲において遜色はなかった、というところであろう。そのような姿勢を取ったのは、従来ロシア共和国とソ連邦の関係が癒着していたという印象があったからである。しかし、一九九〇〜九一年の冬、エリツィンは政治上の勇を鼓《こ》した。バルト諸国の独立要求を擁護したのである。そのためロシアと連邦中央との関係はさらに悪化した。それを象徴的に示したのはエリツィンのゴルバチョフ辞任の要求であった。それはノヴォオガリョヴォ・プロセス開始のちょうど二カ月前のことである。

エリツィンは次第に連邦を拒否するようになっていった。急進的な政策を推進する構えでいたからである。しかし、それ以上に大きな理由があった。連邦当局、とりわけゴルバチョフの存在がじゃまになったのである。それが立ちふさがっていたためにエリツィンは、ロシアにおける完全な権力と権威、さらには象徴的な意味をもつクレムリンを手に入れられずにいた。とはいえ、一九九〇年、あるいはそれ以前には、ゴルバチョフとエリツィンが政治的同盟を組めば、保守派の反撃に対する最善の防衛策となっていたであろう。ちなみに、一九九〇年八月の五〇〇日計画をめぐる協力関係は一時的で、きわめて短命なものに終わった。もっと恒久性のある同盟が必要だ——ゴルバチョフを支持する改革派にも、そう考える者が多かった。シャフナザロフはわざわざエリツィンのために、ソ連邦副大統領ポストを創設するという提案をした。しかし、第六章ですでに触れたように、ゴルバチョフはこの提案を非現実的として斥けた。[181]

ゴルバチョフとエリツィンの間には相互不信があった。それでも、ゴルバチョフはいかにもプラグマチストらしく、一九九〇〜九一年の晩冬までには次のことを認識していた。三月一七日の国民投票で過半数のソ連国民が賛成した「新しい連邦」は、エリツィンの協力が得られない限り達成の見込みがない。その上、三月二八日にモスクワで大規模なデモが行われたとき、ゴルバチョフは、首都が内戦の泥沼に陥る瀬戸際にあると感じた。そして、政治的な新機軸が必要だ、と結論づけたのである。

エリツィンの側では、連邦崩壊の責めを負いたくないという気持ちがあった。実際、連邦崩壊に関してはゴルバチョフよりはるかに直接的な影響を与えたにもかかわらず、エリツィンはのちに、非難の矛先をゴルバチョフのほうに誘導するのに成功する。それはソ連解体後、連邦崩壊に対する反動が強まった時期のことである。というわけで、エリツィンもゴルバチョフの呼びかけに応じ、ノヴォオガリョヴォ・プロセスに参加することになったのである。

連邦から共和国への権限の委譲

新たな連邦条約起草の試みは、これが最初というわけではなかった。全部で四つの草案がそれぞれ一九九〇年一一月、一九九一年三月、六月、八月に公表されている。そのうちあとの二案だけが、ノヴォオガリョヴォ・プロセスの交渉の生み出した成果である。この交渉では、各共和国が文書の内容の決定に全面的に関与した。四つの案をくらべると、あとの案になるほど各共和国への権限委譲が大きくなっている。クーデターのタイミングを左右したのは、最後の案である。それが公表されたのは八月一四日であった。調印は目の前に差し迫っていて、八月二〇日に予定されていた。(182)

草案にかかわる細かい作業や会合の準備は、きわめて厄介であった。それを遂行したのは、ゴルバチョフが選んだ驚くほど小人数の人々であった。それらの中心的な四名の人物は、シャフナザロフ、レヴェンコ、クドリャフツェフ、トポルニンである。シャフナザロフは洞察力の鋭い政治家であり、政治評論家でもあった。大学では法律を専攻していた。レヴェンコはウクライナ人である。工学教育を受けている。これは、党官僚としては一般的な学歴であった。レヴェンコは、ウクライナのコムソモールと党機関の階段を上ってきた。巧みな組織運営能力を発揮し、ゴルバチョフの信頼を得た。ちなみに、クーデター後はボルジンに代わって大統領府長官に抜擢されている。また、一九九二年にはゴルバチョフ財団に移った。同財団を立ち上げたゴルバチョフと行動をともにしたのである。クドリャフツェフは著名な法学者で科学アカデミー副総裁であった。かつて、モスクワにある「国家と法研究所」の所長を務めたこともある。そして四人目は、「国家と法研究所」の所長トポルニンであった。(183)

ゴルバチョフはノヴォオガリョヴォ・プロセスを、共産党との協議を経ずに独断で始めた。この点がこのプロセスの最も重要な側面である。実際の交渉は、ソ連共産党や、イワン・ポロスコフ率いるロシア共産党の頭越しにおこなわれたのである。また、連邦構成共和国の議会も無視された。[184] 疎外されていると感じたのは、今度は強硬派のほうであった。特に、連邦中央の行政府の連中がそうだったが、立法府においても同じことだった。クリュチコフKGB議長はフョードル・ブルラツキーにこう言った。ゴルバチョフに面会して、連邦の存続が危機に瀕していると伝えたいのだが、それがだんだん難しくなっている、と。[185] ちなみにクリュチコフとブルラツキーは、アンドロポフの下で党中央委員会社会主義諸国部に勤務して以来の、旧知の仲であった。ソ連崩壊後、保守派がゴルバチョフに向けた非難の一つは、彼がノヴォオガリョヴォ・プロセスを開始したということ。プロセスを通して連邦中央が握っていた特権を共和国に引き渡してしまったということであった。実際には双方とも交渉で譲歩を行ったのであるが。

しかし、統一国家の維持を目指す一派の心配は、杞憂《きゆう》ではなかった。新条約では、中央は歳入の点であまりに各共和国の善意に依存することになっていた。各共和国は、鉱床も含めて、領内で産出される天然資源の所有権を与えられた。にもかかわらずこの条約は、自由意志にもとづいて合意を取りつけるための、現実味のある最後の頼みの綱であった。この条約が成立すれば、連邦構成共和国も、ソ連邦内に居住する諸民族も、大半は束ねられるはずであった。一九二二年以来、ソ連（ＵＳＳＲ）はソビエト社会主義共和国連邦を意味していた。条約案では、ＵＳＳＲの三文字目のＳは、社会主義（Socialist）ではなく主権（Sovereign）を意味することになった。[186]

ソ連邦大統領のポストは、一九九〇年三月にゴルバチョフのために設けられたときには行政府の最高指導者のポストだったのに、新条約では、欧州連合（ＥＵ）の欧州委員長のようなものになるはずであった。それでも、それはやはり重要なポストになるはずであった。ＥＵの例が示しているように、そのポストには、きわめて重要な外交および調整の役割が託されたことであろう。しかも、ソ連大統領が直接選挙で選ばれるようになれば、そのポストに就いた人物は、ＥＵの委員長にはない政治的な強みを得たであろう。ちなみに、ＥＵ加盟国はそのような選挙を拒んでいる。

そうなれば、選挙の勝者が今以上に独立した立場を確保してしまうからである。一九九一年八月の連邦条約草案にはソ連大統領選出の規定があった。それによれば、ソ連大統領は連邦全体の国民によって選ばれることになっていた。この事実によって、ソ連大統領の職に就く者には、連邦の領土全体に及ぶ権威が与えられるはずであった。ロシアの大統領を始め各共和国の大統領は、自分の共和国の外では、このような権威には対抗できなかったはずである。

ノヴォオガリョヴォ自体では、何らかの連邦の維持という方向で合意を形成するために、進んで妥協を図ろうとする気運があった。これは、冬に見られた対決の政治からの訣別であり、期待のもてる動きであった。そして、ゴルバチョフとエリツィンとの意見交換の調子も、丁寧さを取り戻した。交渉に参加した大統領の中では、カザフスタンのヌルスルタン・ナザルバーエフが特に建設的な役割を果たした。シャフナザロフはこう言っている。ナザルバーエフのおかげで、特定の事項について合意が得られることがしばしばあった。というのは、エリツィンもクラフチュークも、ナザルバーエフの主張に注意を払ったからだ。[187]ゴルバチョフとエリツィンにはライバルとしての過去があったが、一九九一年の夏の数カ月、ふたりが合意に達するのはむしろ容易であった。合意に達するのが難しかったのは、ふたりの背後に控えている多くの人々であった。[188]ゴルバチョフとその側近たちは、数カ月前には肩で風を切っていた党＝国家機関の有力者たちから、もっと断固たる態度を取れと圧力をかけられた。「何をやってるんだ、おまえたちは」。シャフナザロフはある政治局員から、こう言われたという。「おまえたちのせいで、権力がソ連邦ともども投げ捨てられたではないか[189]」。

一方エリツィンは、エリツィン派を自称する過激な連中と、エリツィン派の中で特に野心的な連中から、果敢な路線をとれ、妥協はするなと助言されていた。[190]確かに、これは権力や序列をめぐる闘争であった。だが、トップのふたりばかりではなく、それぞれのチームも闘争に参加していたのである。エリツィン・チームにはさらに二つのグループがあった。一方は、連邦の政治エリート層と袂を分かってきた人々。もう一方は、ペレストロイカ期に初めて政治活動を始めた人々である。もっとも後者は、ほどなく前者によって完全に追い出されることになる。しかも、ロシアがソ連の承継国となって二年以内に。エリツィン・チームの面々は、エリツィンと同じように野心的だった。エリツィンがゴルバチョフに取って代わりたいと願っていたのと同様に、彼らは、ゴルバチョフのかたわらで権力と影響力を行使している人々の席を占めたいとうずうずしていた。そして、エリツィンこそロシアでナンバー1の政治家だということをだれの目にも明らかにできれば、自分たちの利益にかなうと考えていた。

エリツィン、ロシア大統領選挙を制す

ノヴォオガリョヴォ・プロセスとは別のところで、エリツィンは、ナンバー1であることを示すという目標に向けて大躍進した。六月一二日に実施されたロシア大統領選挙で、エリツィンは五人の対抗馬を圧倒した。その結果、国民の意思を正統性の根拠とする史上初のロシア大統領となったのである。ちなみにこの選挙は、一九九一年三月の国民投票で承認されたのを受けて実施された。思い返せば、ゴルバチョフとその側近の多くが一九九〇年三月にミスを犯したことは、なおさら明白となった。彼らは当時こう決めた。ソ連大統領は最初だけ人民代議員大会で選出する。次回以降、大統領を選ぶときは、国民の選挙を実施する――。しかし、二回目のチャンスは二度とめぐって来なかった。

エリツィンは直接選挙でロシア大統領に選出され、これでゴルバチョフに対して決定的に優位に立った。選挙の投票率は七四・六六パーセント。エリツィンの獲得票は総投票数の五七・三〇パーセントであった。過半数を超えたので決選投票の必要はなかった。次点は元閣僚会議議長、ルイシコフであった。第三位は、大げさな言辞を弄し過激な人気取りに走るジリノフスキーであった。ジリノフスキーはこの選挙でロシア政界へのデビューを果たした。重要なことは次の点にあった。第一に、八月クーデターをくわだてた勢力の見解を代表していた有力な人物、すなわち極めつ

きの強硬派であるマカショフ将軍が、わずか三・七四パーセントの得票率にとどまった。第二に、ゴルバチョフが内心推していたに違いないバカーチンも、不人気だった（もっともゴルバチョフはだれに投票したか公表しなかったが）。バカーチンは、得票率三・二四パーセントで、なんと最下位だった。[191] バカーチンは、人を引きつける魅力の持ち主であり、リベラルな改革派でもあった。しかし、まだ共産党にとどまっていた。この事実は、旧秩序を拒否する有権者層に訴えかけようとする候補者にとって、きわめて深刻なマイナス材料となった。

エリツィンは知名度もあり、人気絶頂であった。前年に共産党を離れており、旧体制に反対する有権者の大半を取り込んでいた。直近の冬には、バルト諸国に対するソ連軍の暴挙を勇敢に批判していた。このことで有権者が心証を悪くしたとは思われない。その上エリツィンは、改革支持の有権者層を超えて民心をつかんでいた。エリツィンが勝利したのは、強いリーダーのイメージにぴったり合っていたからでもある。それは、ロシア人が伝統的に好むイメージである。また、副大統領候補としてルツコイ大佐（のちに少将）を選んだことも、勝利の一因であった。ルツコイはアフガニスタンでの従軍経験のある退役軍人であった。ロシア議会において、「民主主義を支持する共産主義者」という会派を形成していた。[192] エリツィンは、ある意味では、ルツコイのおかげで候補者名簿のバランスを取ることができた。当時のルツコイは、のちのルツコイとくらべれば、まだそれほどナショナリストぶりを発揮していなかった。だがそれでも、エリツィンの急進主義に懸念を覚えていたかもしれない有権者に、何がしかの安心感を与えた。

不満を募らせる保守派

大統領選挙の五日後のこと、ゴルバチョフの権力を弱めようとする注目すべき動きが見られた。しかも、エリツィン陣営ではなく、ほかならぬゴルバチョフ政権の内部において。それは、八月の事件の前触れだった。パヴロフ首相が、前もって大統領に相談することなく、最高会議を説得して内閣の権限を強化し、特に、首相とそのほかの閣僚の立法発議権を確保しようとしたのである[193]。パヴロフの主張はこうだった。経済の悪化に対処する唯一の方法は、大統領の権限ではなく、政府の権限を強化することである。なぜならゴルバチョフの執務時間は一日一四時間に及んでいる。単に時間の制約に妨げられて手つかずになっている仕事がたくさんある――。この主張は本来、説得力がないわけではない。しかし、権限の拡大を享受するのは、新しい政府でもなければ、新しい首相でもない。パヴロフなのである。そのような権限がソ連経済の立て直しに役立つなどと考えるのは、道理に合わない話であった。パヴロフの演説は海外では「流産した合憲的クーデター」と解釈された。もっともなことである。というのもこの決定は五日後、ゴルバチョフによって却下されたからだ。ゴルバチョフは最高会議で演説をした。議員を説得して、パヴロフに与えられた権限を取り戻すことに難なく成功した。ゴルバチョフのパヴロフにたいする批判はいたって控えめだった。ゴルバチョフはこう述べたにすぎない。「首相はやりすぎた。なぜなら発言の内容を事前に吟味しなかったからだ」。そして、こう付け加えた。「自分たちの関係は危機といったものではない[194]」。だが結局、ゴルバチョフは憲法上の権力を取り戻した。パヴロフの権力も強化されずに済んだ。実のところゴルバチョフは、パヴロフを任命してすぐに気づいていた。この人物を長期間首相の座にとどめておくわけにはいかない[195]。しかし、連邦条約調印までは後任を提案する余裕がなかった。調印した後には、連邦と共和国との結びつきを強化できる人物を首相にすえたかった。意中の人物はナザルバーエフであった[196]。

翌月には政治対立が激しくなった。その一因は、ノヴォオガリョヴォ交渉が大詰めを迎えていたこと。そして、連邦当局の権力がさらに削減される見込みが出てきたために、保守勢力が死に物狂いになったことにある。エリツィンも保守派の不満を増幅するのに一役買った。七月二〇日、大統領令を出し、ロシア全国で職場に政党の組織を置くことを禁止したのだ。もちろん、エリツィンの念頭にあったのは共産党である。共産党の初級組織は、居住地域ではなく職場を単位としていた。前年、ソ連憲法は共産党の「指導的役割」を削除していた。したがってエリツィンの措置は、それ自体としては、合理的な駄目押しであったとも言える。[197] アレクサンドル・ヤコヴレフはエリツィンの行動を「正常なアプローチ」と評した。もちろんこの当時、ゴルバチョフはまだソ連共産党書記長であったが、それでもエリツィンの動きに冷静に反応し、次のように述べた。「エリツィンの動きをソ連大統領令によって無効にすることはできる。だがそれは、憲法監査委員会が非合法の判断を下した場合に限る」[198]。クーデターが起こった時も同委員会はまだこの件を検討中だった。結局、クーデターが失敗に終わったことによって一件落着となった。

体制を変革することに抵抗しようとしていた人々、特に共和国への権力の移譲を拒んできた人々は、次第に国家の重要性や愛国心を強調するようになった。マルクス・レーニン主義は二の次となった。七月二三日、保守系ソヴェツカヤ・ロシア紙に掲載された公開書簡も、その種の主張を展開していた。この書簡の題名は「国民に告ぐ」で、署名をしていたのはボンダレフ、プロハノフ、ラスプーチンを始めとする民族主義的な作家たちであった。ラスプーチンはその前年、ゴルバチョフの大統領評議会のメンバーだった人物である。しかしそのほかにも、政府の高官がふたり署名していた。ひとりは、グロモフ内務第一次官。もうひとりは、ワレンニコフ国防次官であった。

書簡は、「国家を『隷属と服従』へと貶《おとし》めようとしている連中を相手に武器を取れ」と呼びかけているのに等しかった。名指しこそしないものの、「共産党指導者の中に党を破壊している者がいる」と指弾し、「やつらは権力を『軽《けい》佻《ちょう》浮《ふ》薄《はく》な議員たち』に明け渡そうとしている」と攻撃した。書簡の執筆者たちはゴルバチョフを指していることを匂わせて、どうして国は、「海の向こうに助言や賛同を求める」連中を権力の座につけたのかと、問いかけた。ちなみにこの書簡は、ゴルバチョフのロンドン到着のちょうど一週間後に発表された。ゴルバチョフが訪英したのは、G7首脳と会談するためであった。会談で各国首脳は、ソ連を世界経済に迎え入れるために力を貸すと約束した。しかし、具体的な形でただちに援助してくれるのか思いきや、そのようなことはほとんど何も提案してくれなかった。これにはゴルバチョフも落胆させられた。公開書簡は何よりも不吉なことに、次のような所信を表明していた。軍は祖

国の破壊を許さない。軍は、「安全を揺るぎなく保証し、社会のすべての健全な勢力を支える立場で」行動する。(199)

ゴルバチョフは、パヴロフもさることながらグロモフやワレンニコフをも、連邦条約を調印したあとで時機を見計らって解任しようと考えていた。しかし、このような書簡に署名したということは、即時解任に値する行為であった。ゴルバチョフが彼らの留任を許したことは、弱さの印のように見えた。驚くには当たらないが、公開書簡の文言は共産党の最高指導部の間で大きな反響を呼んだ。そのことは、七月二五〜二六日に開催された党中央委員会総会の場で十分に明らかになった。ふたりの改革派中央委員、すなわちアンドレイ・グラチョフとオットー・ラツィスがはっきりと「国民に告ぐ」を批判したところ、壇上で野次り倒されたのである。野次はあまりにひどく、登壇者の声がかき消されるほどだった。(200) 出席者たちは、共産党の初級組織の活動禁止に関するエリツィンの決定にも激怒していた。ゴルバチョフがこの総会に提出していた党綱領草案の社会民主主義的性格も批判の対象になったが、エリツィンの決定にたいする非難のほうが上回っていた。

ゴルバチョフ、共産主義と訣別する方針を打ち出す

ゴルバチョフは中央委員会総会で、一一月か一二月に新党綱領を採択する目的で臨時党大会を開催する方針を打ち出し、合意を取りつけた。前述したように、ゴルバチョフはその大会で党を割るつもりであった。党は、本質的に社会民主主義的な方向性を受け入れることのできる者と、できない者との間で分裂するはずであった。党大会の早期開催の決定が承認されたのはなぜか。理由の一つとして、中央委員のうち多くの者が、党大会の場で新しい党書記長を選出し、新指導部のもとで綱領草案を廃棄することを期待していたということが挙げられる。(201) ゴルバチョフは中央委員会総会演説においても、中央委の多数派意見（と考えて間違いないもの）にたいしてほとんど譲歩しなかった。ゴルバチョフはノヴォオガリョヴォ・プロセスを擁護した。過去を直視し、こう言った。「党は専制の歯止めにならず、全

体主義の道具として使われてしまった。この事実に対してわが党は、議論の余地のない責任を負っている」[202]。党内には、「原理主義的な共産主義」の党を「社会民主主義」の党にするという案に懸念を示す人々がいる。ゴルバチョフはそうした人々をも批判した[203]。ゴルバチョフが指摘したのは以下のことである。政治の前衛としての共産党という古い考え方は、意味を失った。共産党は、党員を権威あるポストに就けるためには、政治的説得を通じて選挙戦を制するしかない。昔は、大衆が自らの境遇を改善するには、バスチーユ監獄や冬宮に突撃するしかなかった。しかし、そうした時代ははるか昔のこと。もはやこのことを受け入れるべき時が来たのだ[204]。

提案中の党綱領において、共産主義という目標を非現実的なものと位置づけ、事実上、放棄することになる——。ゴルバチョフは大胆にもこの事実に触れ、党中央委総会の注意を引きつけた。ゴルバチョフは次のように論じた。マルクス・レーニン主義は、「権威ある文献からの引用文の寄せ集め」に堕している。「社会主義思想」は、「世界の社会主義的、民主主義的思想」によって補わなければならない。「文明が全体的に発展する」状況の中で実現しなければならない。確かに党綱領の中で、「共産主義」という用語には、本筋から離れたところでしか言及していない。その理由はこうだ。「予見しうる将来、この目的が現実に達成可能だと考える根拠はない。それを示しているのは、我々の経験だけではない」——[205]。

ゴルバチョフは、建国の父祖と自分の現在の思想を結びつける必要があった。そこで、文句のつけようのない出典から、自分が強調していること（自由および民主主義と不可分な関係にある社会主義）と矛盾しない印象的なフレーズを引用した。そうした著書（マルクス＝エンゲルス著『共産党宣言』）を示すことは、ゴルバチョフにとって造作《ぞうさ》のないことであった。ゴルバチョフが「共産主義思想」と称することに決めたのは、次の一節であった。「各人の自由な発展が、全員の自由な発展の条件である」。ゴルバチョフいわく、これは依然として全人類にとって魅力的な目標である[206]。

だがゴルバチョフは共産主義という目標を放棄するだけでは満足しなかった。極めつきのリバータリアニズム（自由至上主義）の思想家でも反対できないような有名な右のマルクスの言葉を引用しただけではない。それに加えて、党が野に下ることもあり得るという事実を直視するよう、中央委員たちにあえて求めた。そして、選挙で負けた場合は「建設的な野党」とならねばならない、と述べた。建設的野党とは、当局の決定が有意義であると考えればそれを支持するけれども、決定に反対することが「勤労人民の利益を守るのに」必要であれば反対を貫くという党である。[207] ソ連の知識人の多くは一九九〇〜九一年までにこの種の結論を出していた。しかし、ソ連共産党書記長が同様の結論に達し、ましてそれを公に提起することははるかに難しいことだった。なにしろ、そのような結論を突きつけられる側は、「歴史は完全に自分たちの味方であり、共産主義の勝利は不可避である」との信念にもとづいて支配権を正当化していたのだから。

遠くない将来に向けて、もっと地道な準備も進んでいた。七月末、ゴルバチョフはノヴォオガリョヴォでエリツィンとナザルバーエフを相手に重要な会談をおこなった。議題は、連邦条約調印後の政府改造である。指導部の中で真っ先に更迭の候補に挙がったのはパヴロフ首相、クリュチコフKGB議長、ヤゾフ国防相であった。パヴロフの後任にナザルバーエフをすえるという案は、エリツィンが提起した。ゴルバチョフもそれに同調した。ナザルバーエフ自身は、態度を保留した。この件と連邦政府全体の布陣については、連邦条約を調印したあとで再検討することで合意が成立した。[208] エリツィンは、「この会話は、KGBに録音されているのではないか」と疑った。根拠のないことではなかった。ゴルバチョフとナザルバーエフは、その場ではエリツィンの疑いを一蹴したが、のちに「エリツィンは正しかった」と認めている。[209] クーデター失敗後、クレムリン内のボルジンの金庫から、会話の録音テープやそのほかの多くの品物が見つかったのである。[210] クリュチコフがこの秘密会合から伝わった情報に刺激され、特に、クーデターをくわだてる際に指導的役割を果たす気になったということは、十分にあり得ることであった。[211]

八月四日、ゴルバチョフはクリミア海岸のフォロスにある別荘に向けて出発した。[212] モスクワに戻るのは八月一九日の予定であった。翌日、連邦条約の調印式に臨むためである。[213] 当時の改革派のムードはまちまちであった。その少し前に設立された改革派の圧力団体「民主的改革のための運動」が、八月一七日に会合を開いた。その席上、シェワルナゼ、ヤコヴレフらは、「右翼のクーデターの脅威が切迫している」という見方で一致した。[214] 具体的な証拠があるわけではなかった。あるとすれば、たとえば次のような動きである。ソ連共産党の中央統制委員会が少し前に、ヤコヴレフを党から追放しようとしたこと。それから、公開書簡「国民に告ぐ」に込められたような公然たる対決姿勢である。[215] これと対照的態度を示していたのがアナトーリー・ソプチャークである。ソプチャークはすでにレニングラード市長に選挙で選出されていた。ちなみにレニングラードはその後まもなくしてサンクト・ペテルブルクに改称される。ソプチャークは八月一四日、予定される連邦条約の調印について語ったとき、将来を楽観的に見ていた。ソプチャークは条約の調印を「歴史的事件」と称し、次のように述べた。「私が見届けたいと思っているのは、我々の条約が米国の独立宣言のごとく長く残ること、また同様にこの条約が、刷新された連邦の信頼できる政治的、法的な基礎となることである[216]」。しかし、クーデターが起こされた。首謀者は、連邦条約の調印という「歴史的事件」が確実に無に帰するよう手を尽くすつもりだったのである。

クーデターからソ連崩壊まで

ここでクーデターの詳細な経緯を説明するつもりはない。それについてはすでに多数の文献がある（もっとも、それらの文献は必ずしも森と木の区別ができているわけではないが[217]）。しかも、本書の焦点はゴルバチョフにある。しかしゴルバチョフは、クリミア海岸にある大統領専用の休暇用の別荘に引っ込んでいた。したがってゴルバチョフは、ソ連の最高指導者となってからは異例のことであったが、舞台の袖にいたわけである。舞台の中央にいたのはエリツィンであった。

モスクワでクーデター首謀者に対する抵抗活動が始まったとき、エリツィンは指導的役割を果たした。にもかかわらず重要なのは、反ゴルバチョフ・クーデターをくわだてた首謀者たちが手始めに、ゴルバチョフを唆《そそのか》すか、あるいは隔離する必要があると考えたということである。ゴルバチョフには世界的な名声がある。そのため彼らは、公然とゴルバチョフを打倒するのをためらった。したがって、クーデターが始まったのはゴルバチョフとその家族にとっては八月一八日であり、エリツィンやそのほかの国民にとっては八月一九日だった。首謀者たちは、ゴルバチョフを威嚇して非常事態を宣言させようとした。それに失敗すると、今度は彼を軟禁した。そして世界に向けて嘘をついた。ゴルバチョフは病気が重く、大統領としての職務を続けることができない、と。

非常事態宣言にもとづいて統治するという発想は、新しいものではない。それまでゴルバチョフは、政権内の強硬派を相手に数々の議論を重ねてきたが、そのような席で大統領直轄統治または非常事態を宣言するべきだとの要求を突きつけられたことがあった。いずれも、「秩序」の回復を目的として抑圧的手段に訴えるという含みである。しかし、ゴルバチョフはその都度そのような宣言を出そうとはせず、クリュチコフを始めとする強硬派を失望させた。実際、ゴルバチョフはリトアニアで非常事態を導入する可能性を公表する構えを見せたことがある。その目的は、バルト諸国の完全独立に向けた運動のペースを鈍らせ、しかも「強硬派をおとなしくさせる」ことにあった。

しかし、ゴルバチョフは原則として、非常事態の導入にもとづく統治には反対だった。クーデターが起こるほんの二、三日前、ゴルバチョフは、フォロスに来ていたチェルニャーエフの助けを借りて、長大な論文を完成させた。論文は連邦条約を調印した後すぐに出版するつもりだった。その中で、ゴルバチョフは特に次のように分析している。「非常事態の導入が危機脱出の一法と考える者がいる。しかも、ペレストロイカの支持者の中にすら。言うまでもなく、独裁のイデオロギーを説く連中ならなおさらだ。しかし、それは破滅的な動きであり、内戦への一里塚である。率直に言って、非常事態の要求の背後にある動きを探り当てることは難しいことではない。それはペレストロイカ以前に存在していた政治体制へ逆行しようとする動きである」[218]。

フォロスで何が起こったのか

何か異変が起こりつつある。ゴルバチョフが最初にそれに感づいたのは八月一八日午後五時一〇分前、護衛隊長であるKGBのウラジーミル・メドヴェージェフ将軍が最初の一報を伝えてきたときのことである。メドヴェージェフの報告によれば、数人のグループがフォロスに到着し、面会を求めているとのことであった。メドヴェージェフ自身、陰謀に加担していなかったので、招かれざる客の訪問にゴルバチョフと同じように驚いていた[219]。なぜゲートの中に彼らを入れたのかとゴルバチョフが尋ねたところ、プレハーノフが一緒にいるので、という答えが返ってきた。前述したように、プレハーノフはソ連の要人警護を担当するKGBの局長である[220]。その時ゴルバチョフは、フォロスのオフィスで執務中であった。その少し前に電話でシャフナザロフと話したところであった。シャフナザロフは海岸沿いに二、三マイル行ったところに、やはり休日を過ごすために来ていた。電話をかけたのは、八月二〇日予定の連邦条約調印式に向けて準備を進めていた演説のことで意見を聞くためだった。シャフナザロフが翌日のモスクワ行き飛行機に同乗するかどうかも話題となっていた[221]。さて、一体だれが予定にない訪問者を送ってよこしたのか。ゴルバチョフはそれを知ろうと、オフィスに並んでいる電話のところに行った。そこには特別政府専用回線や、戦略上重要な衛星通信回線、それに通常の外線とフォロス別荘内の内線電話があった。しかし、いずれの回線もすでに切断されていた[222]。

現在の状況と思われることと、それが明らかにきわめて深刻であることを、ゴルバチョフは最初に妻に伝えた。それから娘と娘婿に伝えた。この事件は、その発生時点では、青天の霹靂《へきれき》であった。少なくとも、ゴルバチョフに関する限りは。ただしゴルバチョフは、それまでしばしばフルシチョフの運命について考えたことがあった。したがって、反ゴルバチョフ・クーデターがありうることも認識していた。特に政権初期の段階ではそうだった。それはまだ大衆が政治化する前のことである。だがゴルバチョフは家族にこう告げた。自分は「いかなる恫喝《どうかつ》にも屈しない。いかなる威嚇や圧力にも、だ」[223]。実際ゴルバチョフはその方針を貫いた。ということは、チェルニャーエフがのちに指摘したように、クーデターは初日から失敗していたということにほかならない。クーデター首謀者たちはモスクワの街頭に戦車を出動させることはできた。しかし、次に打つべき手が分からなかった[224]。彼らが好ましいと考えたシナリオはこうだ。まずゴルバチョフを脅して非常事態を導入する。その間しばし自由に「汚れ仕事」をさせてもらう。そのあとでゴルバチョフはモスクワに帰る（あるいは、帰るよう命令される）[225]。

この発言をしたのは、オレーグ・バクラーノフであった。バクラーノフは、ゴルバチョフを議長とする国防会議において筆頭格の副議長を務めており、政権内で軍産複合体を代表する人物としては最上位の立場にあった。バクラーノフはまるで一行の団長気取りであった[226]。フォロスを訪れたグループの中にはほかに、シェニン政治局員、ボルジン大統領府長官、ワレンニコフ国防次官、そしてプレハーノフがいた。ゴルバチョフのほうから、会いに来るよう指示を出したわけではなかったので、一行はしばし待つことにした。この時間をゴルバチョフは利用した。まず電話をかけようとしたが、無駄であった。そこで、次に家族と話し合った。そのうちにとうとう一行は勝手に執務室のほうへ押しかけてきた。そして、招かれもしないのにドアの所までやって来た。ゴルバチョフがあとで述懐しているように、それは「前代未聞の無礼な態度」であった[227]。

ゴルバチョフはまず、プレハーノフに向かって部屋の外に出るよう命令した。プレハーノフを外に出すと、今度はほかの者たちに、だれの差し金でここに来たのかと尋ねた。国家非常事態委員会の指示で来たという答えが返ってきた。「私も最高会議も、そのような委員会は設置していない」。ゴルバチョフがそう指摘すると、返事の代わりに要求が突き付けられた。非常事態導入の大統領令を発出していただくか、あるいは権力を副大統領に移譲していただくか、二つにひとつだ。話をかわすうちにワレンニコフは、ゴルバチョフに辞任を要求した。これに対してゴルバチョフはこう言った。「いずれの要求にも応じられない。君たちを送ってよこした連中にそう言い給え」。ゴルバチョフは、本人の回想によれば、会話のしめくくりにこう言った。「彼らに、どこへ行くべきか教えてやった。このような状況でロシア人が必ず吐き出すこの上なく痛烈な言い回しを使って。会見はそれで打ち切りになった[228]」。

事件後の取調べの際、あろうことかワレンニコフは、この件について取調官に不満を打ち明けたほうが得策だと判断した。ワレンニコフは、自分を含む代表団のメンバーはゴルバチョフから暴言を浴びせられたと述べたのである[229]。ゴルバチョフ自身による説明は、ロシア検察当局がクーデター参加者を個々に尋問した際に裏づけが取れている。もっとも、のちにクーデター首謀者たちは――予想されたことではあったが――自己弁護のために馬鹿げた戦術に訴えた。すなわち、こう主張したのである。ゴルバチョフは反ゴルバチョフ・クーデター（！）に進んで参加したのだ、と[230]。

非合法な非常事態宣言のタイミングは、八月二〇日の連邦条約調印の阻止を狙って設定されていた。それは、クーデターの調査の過程で、いやそれどころか、フォロスを訪れた一行がゴルバチョフとかわした会話の中ですでに十分に明らかにされていた。条約の調印後、数々の具体的な措置が矢継ぎ早に講じられる予定になっていた。内閣改造もその一つである。ゴルバチョフはすでに連邦評議会を召集する準備を済ませていた。召集は連邦条約の調印式の翌日に予定されていた。間近に迫った連邦条約の調印。それにゴルバチョフがモスクワを離れていたこと。クーデターの日時は、それらの要因に左右された。だが、クーデター決行の理由はそれに尽きるわけではない。国家非常事態委員会の各メンバーは、ゴルバチョフを大統領から解任するか、あるいは同委員会の統制下に置くことが自分たちの個々の利益にかなうと考えていた。ちなみに、ゴルバチョフに対するそのような処遇は一時的、部分的な執行猶予にすぎなかったであろう。ゴルバチョフはいずれ完全に放逐され、ほぼ確実に投獄されるか、あるいはそれより悪い運命をたどったはずである。なにしろ国家非常事態委員会の面々は、ゴルバチョフのせいでソビエト体制とソビエト国家が破壊されかかったと考えていたのだから[231]。

国家非常事態委員会メンバーの組織上の利害

国家非常事態委員会のメンバーは八名いた。ゴルバチョフを訪問した一行のうち、同委員会のメンバーだったのはバクラーノフだけである。委員会のほかのメンバーは以下のとおりである。クーデターをくわだてた中心人物、クリュチコフKGB議長。ヤゾフ国防相。パヴロフ首相。プーゴ内相。ヤナーエフ副大統領。スタロドプツェフ農民同盟議長。農民同盟とは、集団農場を擁護し私営農業に反対する圧力集団である。そして最後に、国営企業一般を代表するチジャコフ。チジャコフは、ある国防関連のコンビナートの支配人を務めていた。前述の公開書簡「国民に告ぐ」には、スタロドプツェフとチジャコフも名を連ねていた。ゴルバチョフを訪ねた一行のうちのひとりワレンニコフ将軍も同様であった。

ゴルバチョフにとって特に大きな衝撃だったのは、クリュチコフとヤゾフがクーデターに参加していたことである。ボルジンの加担については言うまでもない。ゴルバチョフはその全員をうかつにも信頼していたのである。[232] クーデターに関しては、ゴルバチョフにも罪があった。ゴルバチョフは拙劣な人事を繰り返し、信頼する相手を間違えた。パヴロフ、プーゴ、ヤナーエフを選んだのは重大な誤りであった。ただ、もっと前におこなったヤゾフとクリュチコフの昇任人事は理解できなくもない。このふたり（特にクリュチコフ）に関して言うとゴルバチョフの失敗は、真剣な改革者たちがヤゾフとクリュチコフの本性を見抜いたあとでも、ずるずると信頼を続けたという点にある。このふたりは実のところ、ソ連が一九八九年から着手した、体制の変革につながるような類の政治の変化にたいして敵対的だったのである。

しかし、である。ヤゾフが国防相に任命されたのは一九八七年で、クリュチコフがチェブリコフの後任となったのは一九八八年である。それぞれの時点でそのポストにふさわしそうに見えた候補者は、それがだれであっても、いずれ組織利益の擁護に傾いたことであろう。しかし、ゴルバチョフは非常に長い間、ヤゾフとクリュチコフの助言や抗議を憲法の大枠からはみ出さないよう抑え続けた。ある意味では、何よりもこの事実こそ驚異的であった。ゴルバチョフは軍産複合体を無駄のない規模に縮小しようとしていた。軍産複合体がこの動きを見て恐慌をきたすのはほぼ必至であった。東ヨーロッパ全体からのソ連軍の撤退と、その行き着く先に予想された統一ドイツのＮＡＴＯ加盟については、言うまでもない。ＫＧＢにしても、東ヨーロッパの子分格の組織を失う事態を憂慮しないわけにいかなかった。ソ連内の民主化や多元化のプロセスも懸念材料だった。これによって国内における政治的な監視と統制の機能が大部分非合法化されるからだ。連邦中央（ＫＧＢ中央も含まれる）の権力が共和国に分散することも不安の種であった。なにしろ、すでにいくつかの共和国は独立すると言い出していたのである。

「どのような立場を取るかは、どのようなポストに座るかによって左右される」[233]。これが官僚政治の基本法則のひとつだとすると、次のように述べるのが妥当であろう。軍とＫＧＢを率いるそれぞれの人物がクーデターに参加したのは、組織的な動機によるのであって、純粋に個人的、あるいは個別的な事情に衝き動かされたからではない。しかもゴルバチョフは、国防相あるいはＫＧＢ長官を任命したとき、決して自由裁量を許されていたわけではない。まだソ連大統領になっていなかっただけになおさらである。ゴルバチョフは一九九〇年三月人民代議員大会によって大統領に選出され、そのとき初めて、共産党中央委員会や政治局から独立した権威を獲得したのである。一九八〇年代には、ゴルバチョフはまだ党中央委員会や政治局に対して、もっと重い説明責任を負っていた。ソ連の支配層はまだ文民の国防相を迎える用意はなかった。ＫＧＢ議長のほうは、しばしば党機関から抜擢されて任命されることもあった。しかしその人物は、就任するや否やたちまち「郷に従う」。そして、ＫＧＢの利益を代表するスポークスマンになるのが常だった。

クリュチコフを任命した時、ゴルバチョフは「この選択はＫＧＢを味方につなぎとめる最上の策だ」と思った。クリュチコフほど熱心に党書記長の歓心を買おうとする者はいなかった。クリュチコフは、自分こそペレストロイカを揺るぎなく支持していると自称していた。その点では、チェブリコフと対照的である。一方ゴルバチョフのほうでも、次のことを利点と考えた。クリュチコフは頭脳明晰であるし、アンドロポフに高く評価されていた。それにKGBでは、国内での弾圧に従事しておらず対外諜報畑にいた。ヤゾフはどうかというと、明らかにクリュチコフほど知的ではなかった。「スピノザのたぐいではない」――ヤコヴレフはこう皮肉を込めていったことがある。(234) しかしゴルバチョフは、ヤゾフは信頼が置けるし、忠実だと信じていた。ところがヤゾフは、クリュチコフが接近してきたため板挟みに陥った。一方では、基本的に保守的な信条と、軍の組織上の利益と考えられるものを守らなければならなかった。他方では、ゴルバチョフや憲法的権威にたいして忠誠を尽くさなければならなかった。だが結局、ヤゾフは保守的な信条と軍の利益を優先したわけである。

ゴルバチョフ、クーデターの正統性を否定

ゴルバチョフが軟禁されていた間、配下のボディーガードたちが、「古いラジオ受信機に放送局の電波が届くのを発見した。すぐにアンテナを立て、外国放送を受信することに成功した」。一方、ゴルバチョフの娘婿アナトーリーは、「ポケットサイズのソニーでどうにか西側の放送を聞くことに成功した」。(235) こうしてゴルバチョフは、BBCやラジオ・リバティー、さらにはVOAを始めとする海外の放送局から情報を得た。ソ連のラジオやテレビに頼るよりも、事態の推移がよく分かった。なぜなら、ソ連の放送は八月一九日の朝から国家非常事態委員会の指示に従って、クラフチェンコが厳しく検閲していたからである。プレハーノフKGB第九局長は、次長のゲネラーロフ将軍を置いて現地を後にした。ゲネラーロフが、新たにフォロスに到着したKGB派遣部隊の責任者となった。ゲネラーロフはチェルニャーエフとは旧知の間柄であった。しかし、チェルニャーエフにたいして「連邦条約の調印はおこなわれない。だれもフォ

ロスを離れることはできない」と言い放った。チェルニャーエフのほうも、「自分は議員だ。その資格でこの建物を離れる権利がある」と主張した。実際、チェルニャーエフはゴルバチョフの補佐官であると同時に、ソ連人民代議員大会の議員でもあった。しかしそのような主張は、何の効果もなかった。[236] 八月一九日、ゴルバチョフは電話回線を直ちに復旧すること、またモスクワに帰還するための飛行機を用意することを要求し、それはゲネラーロフに伝えられた。だがこちらも、なしのつぶてだった。[237]

ゴルバチョフの大統領専用車には高性能の電話通信機能が付いていた。大統領専用車はガレージに置いてあったが、そこにはゲネラーロフ指揮下の武装警備員が立ちはだかっていた。[238] チェルニャーエフはシャフナザロフと同じく、フォロスから海岸沿いに二、三マイル離れた場所にある別荘地に滞在していた。ただしシャフナザロフと違って、クーデターが始まったとき、たまたまフォロスに来ていたのである。チェルニャーエフばかりか、地元に住む別荘のスタッフも全員、施設から離れることを許されなかった。それは、四八時間に及んだ。[239]

クーデター首謀者たちの主張はこうだった。ゴルバチョフは病気が重く職務を遂行できない、そのため、ヤナーエフが代わって大統領の職務を引き受けた。それを知ったゴルバチョフは、ビデオカメラを持っていた娘婿の助けを借りて、自分の声明を録画することにした。ゴルバチョフはその中で、自分の健康についての偽情報を非難し、目下の事態は「クーデター以外のなにもの」でもないと述べた。したがって、それ以降のすべての行為は非合法となった。なぜなら、大統領も人民代議員大会もヤナーエフにたいし、本人が自称するような権威を付与していなかったからである。ゴルバチョフはルキヤノフに、ソ連邦の最高会議と人民代議員大会を緊急召集するよう求めた。事態を検討するためだ。一方で、国家非常事態委員会の活動を即時停止するよう要求した。[240] 彼はこのメッセージを四回録画した。そしてフィルムは四分割された。別々の人間がそれぞれのフィルムを持ち出せるようにするためである。[241] しかし、実際に部外者がフィルムを見たのは、クーデター首謀者たちが逮捕された後のことであった。それほど急速にクーデターは破綻したのである。

のちに国家非常事態委員会の面々はこう主張した。ゴルバチョフは事実上、いつでも好きなときにフォロスを離れることができた。したがって、彼の軟禁は自発的なものだった。急進的な民主派の中にも、同様の見方をする者がいる。彼らは、「ゴルバチョフを更迭して後釜にエリツィンを据えたい、二人の協力はもう願い下げだ」と思っていたのだ。この見解は本質的に馬鹿げたものだ。しかし外国の観察者の中には、うぶであるか、あるいはゴルバチョフに好意的でない人々もいた。そのような人々は、右の説を額面どおりに受け取った。しかしゴルバチョフも、ゴルバチョフに忠実な人間も、クーデターが失敗に終わるまでフォロス近辺を離れることを許されなかった。その証拠は十分にある。それだけではない。そもそも、新指導部を自称する連中がゴルバチョフの自由な行動を喜んで許すことなど、あり得たであろうか。あり得たと考えるなら、それは正常な知性を侮辱しているに等しい。自由の身になっていたらゴルバチョフはモスクワに登場し、「新指導部を名乗る連中が世界に向かって言ったことは嘘八百だ、自分の重病説は特にそうだ」と発表したはずである。

エリツィンがクーデターの数年後に書いた二巻本の回想録がある。エリツィンはその中で、自分を誇示しゴルバチョフを矮小化するために、何かにつけて事実を潤色している。[242] にもかかわらず、エリツィンは同書において、ゴルバチョフがクーデターの犠牲者であることを認めている（もっとも、人事でミスを犯し、クーデターに先立って優柔不断な態度を取ったという点でゴルバチョフにも責任があるとしているが）。[243] しかも、エリツィンはあらゆる関連情報を閲覧できる立場になってからそのような記述をしているのである。エリツィンは一九九一年一二月、ゴルバチョフの大統領文書を引き継いでいた。また、一九九一年八月、クーデターの直後に早くも最初の文書を押収するのだが、その中の一つはスターヴロポリ地方党組織の文書だった。[244]

ゴルバチョフとその家族にとってクーデターは、掛け値なく大きなショックだった。特にゴルバチョフ夫人ライサは心に深い傷を負った。八月一九日、クーデターが二、三日で終わるなどと予想する者はどこにもいなかった。仮にソ連大統領の家族がそのような予想を立てたとするなら、考えが甘いと言われてもしかたがない。もっともゴルバチョフ自身は、本人が常々語っているところによれば、陰謀は成功しないと信じていたという。しかし、自暴自棄になった人間は、自暴自棄の手段に訴えるかもしれなかった。ゴルバチョフ夫妻が「自分たちは長期にわたって拘束されるかもしれない。あるいは生命も危ういかもしれない」と信じたとしても無理はなかった。

緊張が頂点に達したのは、まさにクーデターが失敗に終わろうとしていた八月二一日のことだった。その最後の日、戦車はモスクワの街頭から撤退した。ロシアのホワイトハウスでも緊張が解けた。エリツィンはそこを舞台とし、ロシア国内外に、抵抗のシンボルとしての自分を印象づけていた。その日、ルツコイ・ロシア副大統領を団長とするロシア議会の代表団がフォロスに向けて出発した。代表団の中には、ゴルバチョフの著名な盟友バカーチンとプリマコフもいた。ところが時を同じくして、クーデター側の有力者の一団もフォロスに向かっていたのである。どちらのグループも、先にゴルバチョフに会おうと必死だった。

ゴルバチョフは次のように書いている。「BBCはこう報道していた。クーデター首謀者の一団が現地に向かっている。その目的は恐らく、ロシア議会代表団やソ連国民、そして広く一般にたいしゴルバチョフの病状を示すことにあると見られる――。それを聞いた時、我々は皆、連中が背信行為をたくらんでいるに違いないと思った。その時だった。ライサ・マクシモヴナが、激痛の発作に見舞われたのだ。痛みから回復するにはしばらく時間がかかった」(245)。ライサ・マクシモヴナを襲ったのは、神経衰弱と局所的な麻痺であった。彼女は放送を聞いてこう信じたのだ。クーデターの首謀者たちが面会を求めてこちらに向かっているということは、これまでの説明に合わせるために、夫を本当の病気にしてしまうつもりなのだ、と。かつて、政治犯が精神病院に幽閉され、注射を打たれるのは決して珍しくなかった。そのような注射をされると、しばらくの間無気力状態になる。あるいは、まったくの廃人になってしまうこともしばしばあった。この慣行が中止されたのは、ゴルバチョフ時代になってからのことであった。[246]

ゴルバチョフ自身は、持ち前の活力でクーデターの試練を乗り越えた。精神的にも肉体的にも無傷だった。しかし、政治的には壊滅的な打撃をこうむっていた。ゴルバチョフがそのことに気づくのにしばし時間がかかった。ゴルバチョフが拘束されていた間、世界の指導者と連絡をとっていたのはエリツィンであった。それだけではない。エリツィンはロシア国民との関係においても立場を強めていた。ロシア議会には、エリツィンに対してどちらかと言えば敵対的な態度をとっていた議員もいた。彼らは、一九九〇年の最高会議議長の選挙でエリツィンに票を入れなかったし、一九九三年には、エリツィンに反旗を翻すことになる。その彼らですら、エリツィンを勝者と認めた。そして、八月二一日以後の数週間、恭順の意を示した方がよいと考えたのである。その上、エリツィンとその側近たちは、この大きな政治的勝利をうまく利用する構えでいた。仮にゴルバチョフがフォロスから戻ってきた直後このモスクワの雰囲気の変化にもっと早く適応していたとしよう。その場合、権力闘争は避けられただろうか。はなはだ疑わしい。いずれにせよ、新しい環境のもとでは、エリツィンの勝算が大であった。

自由意志にもとづく経済的、政治的連邦の範囲をできるだけ広くする。このことを目的として、ゴルバチョフとエリツィンが協力し、積極的に妥協していたら、それは、大多数のソ連国民の利益にかなっていたであろう。これはソ連最後の数カ月に限ったことではない。実際のところ、ゴルバチョフはエリツィンよりも協力に前向きだった。一方エリツィンの側は、ゴルバチョフに権力の一部すら渡すのをいやがるようになっていた。なぜか。まず、クーデター首謀者が打倒された。しかも、それら首謀者はゴルバチョフが任命した人間たちだった。[247] その事実ゆえにエリツィンは政治的資本を確保したためである。いずれにせよ、ふたりの関係には過去の因縁があった。両者にとって過去を水に流すのは難しいことだった。その上、シャフナザロフが鋭く指摘するとおり、「寛大さはエリツィンの柄ではないし、謙虚さはゴルバチョフの質《たち》ではな」かったのである。[248]

クーデター自体の失敗には多くの原因があった。間違いなく次のような事実が挙げられる。第一に、エリツィンが抵抗勢力の集合点となったこと。エリツィンは、選挙によってロシア大統領に選ばれてからそれほど月日が経っておらず、その点で正統性に支えられていた。一方相手は、急速に手から滑り落ちそうになっている権力を回復しようと、強制力に訴えようとしていた。第二に、何十万人もの人々が国家非常事態委員会の命令を無視し、危険覚悟でモスクワやレニングラードの街頭に繰り出した。この結果、同委員会が軍事行動に出た場合の政治的代償が大きくなっていた。第三に、クーデター首謀者の中に、いかにも指導者らしい指導者がいなかった。人気のある指導者はもっと少なかった。しかも、彼らは優柔不断であった（皮肉なことである。というのもこのことは、彼らがゴルバチョフを批判する理由になっていたからである）。第四に、外国ラジオ放送に対する受信妨害工作がすでに停止されていた。やめさせたのはゴルバチョフである。そのためソ連国民も、クーデターに関する外国の客観的な情報を遠慮なく手に入れることができた。そして、第五に、ゴルバチョフやエリツィンに強力な国際的支持があったことも大きかった。第六に、数年間の自由と民主化の成果に勇気づけられたロシアのジャーナリストが、地下出版の新聞を発行した。そして、「向こうにいる」一握りの人間にふたたび政治的運命を牛耳られるような事態を許すなと、多くの市民をリードした。

しかし、何より重要だったのはゴルバチョフの態度である。ゴルバチョフはクーデターの指導者たちにたいし、正統性は一片たりとも与えなかった。そのおかげで、軍やＫＧＢは内部で割れることになった。チェルニャーエフは次のように述べている。八月一八日、ゴルバチョフは「クーデターにたいし本質的に決定的な打撃を与えた」けれども、「裏切り者たちの『犬馬の労』を拒絶したため、八月二一日夕刻までに、「彼自身の権力のうち残っていた部分まで失ってしまった」。ゴルバチョフの「悲劇」はこの点にある——[249]。

ゴルバチョフと連邦当局の権力が侵食される

モスクワに戻った直後、ゴルバチョフは二つの政治的誤りを犯した。もっとも、フォロスに軟禁されていたのだから、それは無理もなかった。たしかに外国放送は聞くことができた。だからといって、首都の雰囲気の変化を実感することなどできようはずもなかったからである。第一の失敗は、八月二一～二二日の夜、モスクワに戻った直後のことである。ゴルバチョフはその足でロシアのホワイトハウスに直行すべきだった。しかるに、実際にそうしたのは翌二三日のことであった。その時までにエリツィンはもう腹を決めていた。この事態から政治的利点を最大限に搾り取ってやろう。ロシア議会の議員から何らかの対応を引き出してやろう、と。ちなみにロシア議会は、やや熱狂的で、やや迎合的な態度であった。

もしゴルバチョフがモスクワ到着後、ホワイトハウスを最初の立ち寄り先としていたとしたらどうだろう。ほぼ間違いなく、もっと同情をもって迎えられたであろう。なぜならこの建物こそ、物理的にも象徴的にも、抵抗の中心だったからである。それにしても、フォロスの解放に出向いたロシア代表団の中に、それを提案した者や、ホワイトハウスで人々が待っているかもしれないと示唆した者がいなかったことは注目に値する。ロシア代表団は、すでに大統領専用機が使える状態にあったにもかかわらず、自分たちが乗ってきた飛行機にゴルバチョフを乗せてモスクワに帰ったのであるが。[250]

ところで、クーデター首謀者のうち、クリミアに向かった連中はどうなったのか。彼らは確かにロシア代表団より早くフォロスに到着した。ところが到着したときには、それ以上ばかなまねを続ける意志を失っていた。ただ単に言い訳と説明のために一番乗りしたいとは考えていたようである。つまり、反クーデター派の見解がゴルバチョフの耳に入る前に面談したかったというわけである。しかし、ゴルバチョフは彼らに会うのを拒否した。そして、議員としての不逮捕特権を有する者以外は、逮捕され、モスクワに連れ戻された。ちなみに、この不逮捕特権ものちに法的に無効と宣言された。
ゴルバチョフの第二の誤りはもっと重大であった。モスクワに戻って最初の記者会見の席上、おなじみのテーマに回帰し、共産党の「刷新」の必要性を説いたのである。[251]ゴルバチョフはしばらく前から、共産党が昔の意味での支配政党であるべきだとの考えを捨てていた。それどころか、共産党を次第に無視するようになっていた。ゴルバチョフが見たいと望んだのは、改革された党、すなわち数百万党員を擁する社会民主主義政党が古い共産党の殻を破って誕生することだった。ゴルバチョフは、自分の政治基盤として強力な政党を欠いていたし、また必要ともしていた。そして、当初はこう信じたのである。クーデターで強硬派が面目を失った以上、党の大多数の支持を集めるのはたやすくなったはずだ、と。[252]
ゴルバチョフはクーデターの直後、共産党そのものが、残っていた信用をすっかり失ったということに気づいていなかった。党の指導的ポストにいた者はほぼ全員、クーデターを支持したか、さもなければまったく抵抗しなかったかのいずれかであった。したがって国民も政治活動家も、大半は、共産党は救いようがないと見た。それら政治家の中には、たとえばアレクサンドル・ヤコヴレフのような、党の高官も含まれていた。いきおい共産党に関するゴルバチョフの発言は、一部の人々の誤解を招いた。ゴルバチョフは「まだ心の底から共産党員」なのだと、勘違いされたのである。実際には、共産主義体制を解体するにあたって紛うかたなき最大の貢献をしたのは、ゴルバチョフその人であった。しかし、大抵の人々は単に共産党がお払い箱になることを期待していた。よりによってそのようなときに、ゴルバチョフは党の改革を主張した。それがゴルバチョフにとって政治的ダメージとなったことは疑いない。ヤコヴレフはゴルバチョフに個人的にこう言ったという。党の「刷新」を云々するのは、「死体に向かって救急措置を申し出るようなものだ」と。[253]
一九九一年の残りの数カ月間、ゴルバチョフの権力はますます侵食された。ソ連の中央当局に残されていた権力も同様だった。八月二三日、ゴルバチョフはロシア議会で演説し、こう主張した。共産党は一枚岩の組織ではない。したがって、党員が集団で指導部の罪にたいして責任を負うべきではない（ゴルバチョフはこのときには、それまでよりも指導部の罪をよく認識していた）。確かにゴルバチョフの言うとおりであった。にもかかわらずエリツィンは、ただちにロシア共産党の活動を停止させ、ソ連共産党の資産を差し押さえるという趣旨の大統領令を発した。ゴルバチョフはヤコヴレフを始めとする仲間から説得され、またエリツィンから圧力をかけられたこともあり、翌日、共産党書記長を辞任した。そして、ソ連共産党中央委員会の解散を呼びかけた。

ゴルバチョフは八月二三日、ロシア議会で演説をおこなった。その際エリツィンがまたしても要求を突きつけてきた。八月一九日の閣議の議事録を読み上げよというのである。この議事録から、閣僚がほぼ全員クーデターを支持していたことが分かった。理由はまちまちであった。信念をもって支持した者もあれば、臆病風に吹かれた者もあった。また、のちに一部閣僚が主張したように、情報が欠如していたために支持に回った者もいた。エリツィンは主張した。これらの閣僚は全員、ゴルバチョフ自身が任命した連中ではないか、と。ゴルバチョフはそれを否定しなかった。もっとも、エリツィンの主張が真実だったのは、もっぱら形式的な意味においてである。大半の閣僚（そのうち過半数は経済の各部門の責任者）はルイシコフが選んだのである。そして、それよりあとになって、連邦評議会と協議してゴルバチョフが再任したのである（そのとき新規に任命された閣僚も何名かいる）。連邦評議会は、それぞれの連邦構成共和国の首脳から成る。その中のひとりは、言うまでもなくエリツィンであった。

クーデターの有力支持者のうち、自殺した者が何人かいる。八月二二日にはプーゴ。そしてアフロメーエフ元帥。アフロメーエフはその日、ゴルバチョフ宛ての堂々とした遺書を残している。自分が人生を捧げたものがことごとく破壊されようとしている——遺書は、なぜアフロメーエフがそう信じたかを説明していた。「私は一九九〇年以降の事態の進展状況に深く心を痛めていた。今やすべては失われた。したがって、今これから実行しようとしている最後の手段に代わる名誉ある選択肢はない」[254]。

ほかの多くの連中は単に職を失った。クーデター首謀者たちは、期間の違いこそあれ、それぞれ獄中で過ごした。しかし、最終的には全員、裁判で罪に問われることもなく釈放された。国家非常事態委員会の共謀者として投獄された者もいる。ルキヤノフがそうだ。ルキヤノフは実際、クーデター前日にクリュチコフらとの話し合いに参加していた。その時ルキヤノフは、すぐにも調印されようとしていた連邦条約を攻撃する側に立つことを選択したのだ。条約の交渉には、ルキヤノフ自身も参加していたにもかかわらず、である。一言付け加えると、一九九〇年代の中頃までに風向きは変わった。一九九一年八月クーデターに参加した連中は、ソ連崩壊後のロシアの保守層から英雄扱いを受けるまでになった。

一方、歓迎すべき人々も戻ってきた。一九九〇～九一年の冬までゴルバチョフに近しかった人々が、要職に復帰した。すぐにアレクサンドル・ヤコヴレフが首席顧問として復帰した。さらに重要だったのは、バカーチンがＫＧＢ議長に任命されたことである。クーデター前であれば、そのような人事を阻もうとして、激しい抵抗が起こったであろう。この人事の目的は以下の点にある。ＫＧＢの組織を民主的な政治の統制下に置くこと。クーデター派を支持していた勢力のうち、特に積極的な連中を排除すること。ＫＧＢの機能をいくつかの組織に分割し、その力を抑え込むこと。バカーチンにはＫＧＢでの経験はなかった。そこで、顧問としてカルーギンをともなうことにした。カルーギンはＫＧＢの将軍（退役）であった。一九八〇年代末に民主派と運命を共にすることを決めたために解任され、以後ずっと監視されてきた。カルーギンは八月一九日、モスクワのホワイトハウス防衛に参加した。当日の朝六時二〇分、クーデターの発生を知らせるためにアレクサンドル・ヤコヴレフをたたき起こしたのはカルーギンだった。実は、カルーギンとヤコヴレフは一九五八～五九年、ソ連がニューヨークのコロンビア大学に送り込んだ留学生グループのメンバーだった。ヤコヴレフは、すでに三十歳代半ばだったが純然たる学生としての留学だった。カルーギンは、若きＫ

GB工作員として留学生グループに加わっていた。[255]

他方、ベススメルヌィフは外相ポストから解任された。クーデターを非難しなかったからである。後任は当初、パンキンであった。駐チェコスロヴァキア大使からの昇格である。各国駐在のソ連大使の中で、クーデター首謀者を公然と批判したのは事実上パンキンだけであった。しかしパンキンは、いささか精彩を欠いていた。一一月になると、パンキンに代わってほかならぬシェワルナゼが外相になった。古巣に戻ってきたわけである。シェワルナゼは、自分がふたたび代表しようとしている国家が翌月の末に消滅するとは、予想もしていなかった。それは明らかである。

今やゴルバチョフは、閣僚や顧問を選択するにあたって、強硬派から制約を受けることはなくなった。ようやく最強チームを集結できるようになったのである（その中には、それまでロシアの首相を務め、新たにソ連首相となったシラーエフも含まれていた）。しかし、皮肉なことに、まさにその時、ゴルバチョフの権力はすっかり名ばかりになってしまっていた。クーデター前の数カ月とくらべてすら、そうだった。言うまでもなく、一、二年前とは比べようもなかった。ソ連邦とロシアの力のバランス、そしてソ連大統領とロシア大統領の力のバランスが変わってしまっていたのである。このことは、KGB議長や外相などの重要ポストの人事に反映されていた。それらの人事に関しては、ゴルバチョフと並んでエリツィンの承認も必要となった。もっとも、シェワルナゼの外相復帰にはエリツィンも反対できなかった。シェワルナゼの経歴が物を言ったのである。しかしエリツィン・チームにも懸念があったのは確かである。ひょっとするとゴルバチョフは連邦中央の威信を回復しつつあるのではないか、という懸念である。[256]

加速された連邦解体

いずれにせよエリツィンとロシア政府は、ゴルバチョフ政権と権力を分け合うのはいやだ、ゴルバチョフ政権に代わって政権の座を占めたい——そう願っていた。ほかの共和国の独立傾向にはずみがつくにしたがって、この願望は一層強くなった。クーデターは二つの決定的な点でソ連解体の促進剤となった。第一に、クーデターはこういうメッセージを発していた。まだモスクワが古い抑圧的支配を課そうと試みる可能性がある。したがって、大半の共和国がすでに得ている「事実上」の独立という建前が再び取り消されるかもしれない。第二に、エリツィンがロシア大統領の資格で、全連邦的意味をもつ多くの決定を行った。主権に対する侵害に神経質になっていたそれぞれの共和国指導部は、この点も心配し始めていた。

クーデター後、ソ連邦によって公式に承認された最初の独立は、バルト諸国の独立であった。バルト諸国は九月六日に独立を果たした。四日後、アルメニアが独立を宣言した。モルドワとグルジアは、自分たちの共和国の独立を既成事実と考えていた。実はこの時点で、ゴルバチョフはすでにノヴォオガリョヴォ・プロセスを再発進させるのに成功していた。しかし、今や状況は前よりずっと不利になっていた。中央アジアの各共和国とカザフスタンが先頭に立って、連邦の維持を強く主張した。またしてもナザルバーエフが、連邦維持の急先鋒となった。エリツィンもまた、国家連合や共同市場といった構想を支持しているように見えた。つまり、エリツィンの念頭にあったのは、八月二〇日調印予定だった連邦条約草案にある「ソビエト主権共和国連邦《ユニオン》」ではなく、「主権国家連合《ユニオン》」であった。クーデターから連邦崩壊まで、数カ月あった。この間ゴルバチョフとエリツィンは、なんと、クレムリンを共有していた。しかし、エリツィンがこの状態を一時的なものと考えていたのは明らかである。確かにエリツィンは、ノヴォオガリョヴォ・プロセスに参加するポーズはとっていた。しかし舞台裏では、側近たちとともに、ロシアにおいて全面的に権力を握ろうと画策していた。権限分割など眼中になかった。たとえ権限分割の相手が、以前よりはるかに弱体化した連邦当局であっても、である。[257]

ソ連国家の維持こそ、クーデター首謀者たちの主要目的のはずだった。皮肉なことに彼らの活動によって、その可能性は大幅に低下した。それでもゴルバチョフは、頼みの綱としてEUに似た政治的統一体を受け入れようとしていた。ただ、直近の経緯からしても、過去の歴史からしても、これが成功する見込みは薄かった。連邦の維持にとって決定的な打撃の一つとなったのは、一二月一日におこなわれたウクライナの国民投票と大統領選挙である。三月の国民投票では、ウクライナ国民の大多数が「刷新された連邦」に賛成票を投じていたのに、今回は約九〇パーセントが独立を支持した。果たして賛成と答えた住民は全員、本当にロシアおよび連邦からの完全な分離を望んでいたのだろうか。あとになっても疑問が残った。いやそれどころか、エリツィン・チームのメンバーがウクライナ指導部にたいし、「連邦からの離脱こそ自分たちの望んでいることだ」と明言するようけしかけた証拠すらある。[258] それでも確かに、独立支持へ向けて世論が大きくシフトしたのも確かだった。それは過去数カ月の政治的動向、特に八月の事件の結果であった。

ウクライナ抜きでは連邦は考えられない。ゴルバチョフとエリツィンはこの点では一致していた。しかし、その理由は別だった。ゴルバチョフはウクライナには連邦にとどまってほしいと願っていた（ウクライナ人向けのテレビ・アピールでゴルバチョフは、自分はウクライナ系だと強調したことがある）。[259] しかし、それだけではなかった。ウクライナが最終的にロシアとの歴史的な結びつきを絶つなどということが信じられなかったのだ。信頼する仲間を話相手にするときですら、ゴルバチョフは「ウクライナの国境はロシアのいる連邦の中でのみ安全である」と語っていた。ゴルバチョフには持ち前の説得力がある。必ずしも議論の相手全員の納得を得られなくても、ゴルバチョフ自身が自己暗示にかかっていた。イグナテンコの後任の大統領報道官であるアンドレイ・グラチョフによればこういうことは少なからずあったという。[260]

他方、エリツィンはもっと現実的だった。エリツィンの確信はこうだった。ウクライナは真に独立を望んでいる。したがって、ウクライナ抜きの連邦が不可能だという点で意見が一致しているということは、ソ連大統領もろとも連邦の残骸を一掃できるということだ。

連邦の維持にたいする最終的な打撃は、一二月八日にやって来た。この日ロシア、ウクライナ、ベロロシア（ベラルーシのロシア語名）の三人の大統領が会談した。三人とは、エリツィン、クラフチューク、シュシュケーヴィッチのことである。会合はベロロシアのブレストの近くで行われ、彼らは次のような声明を出した。ソ連邦は存在を停止する。その代わりに、独立国家共同体を設立する。ゴルバチョフは激怒した。この決定は憲法違反だし、一方的すぎる。自分も、連邦に残っているほかの共和国首脳も、事前の相談を受けていない！　ナザルバーエフも同様に腹を立てた。決定から締め出されたからである。しかし、何が起ころうとナザルバーエフは、カザフスタンの大統領のままである。だがゴルバチョフの場合は違う。間もなく、ゴルバチョフが大統領を務める国家は存在しなくなる。このことが明らかとなったのだ。政権にとどまれる期間はあと数週間となった。ゴルバチョフもそのあいだに、大統領を辞めなければならないという現実を徐々に受け入れた。そして、「共同体」を有意義なものにするために、それに見合った組織を形成するべきだと論じた。実際、少なくともしばらくの間は、それらの組織はきわめて脆弱なものにとどまるはずであった。

ゴルバチョフは一二月一八日、連邦から共同体への移行が完了すればただちにソ連大統領の職を辞すると発表した。一二月二一日には、アルマ・アタで会合が開かれた。ゴルバチョフはこの会合に招かれなかった。共同体への加盟を希望する国は次第に増えていた。その数はこの会合で一一カ国に達した。バルト三国とグルジアを除き、すべての旧ソ連邦共和国が共同体への参加を希望したわけである。ゴルバチョフは一二月二五日、大統領令に署名して辞任した。大統領令の趣旨は、ソ連大統領としての権限を放棄する、軍最高司令官としての権限をエリツィンに引き渡す、同時に核管理の権限も返上する——というものであった。核兵器の管理権限を引き継いだのはロシアであった。ソ連の承継国家の中で最大だったからであるが、理由はそれにとどまらない。最大であるという点に加え、国連安全保障理事会の議席をもっているという点で、「継続国家（continuer state）」を自認していたからである。

一二月二五日の夕刻、ゴルバチョフの辞任演説はテレビ中継された。その中でゴルバチョフは国民に語りかけた。「各民族の独立および各共和国の主権を守り、同時に連邦を維持しようと、その両立に努めてきた。このたびのソ連の分解は受け入れがたい」。ゴルバチョフはまた、次のように残念がった。「新しい体制を発進させる前に、旧来の体制が崩壊してしまった。八月クーデターが、それでなくても深刻化していた危機をさらに悪化させ、致命的なことに、『国家の解体』を促した」。ゴルバチョフは多くの間違いを犯したことを認め、もっと手際よくやれたはずのことも少なくないと述べた。同時に、「移行期」の成果も列挙した。ゴルバチョフが挙げたのは、冷戦を終わらせたこと、「全体主義体制」を一掃し、民主的改革への突破口を開いたこと、人権が何よりも重要だということを認めたこと、市場経済へ向かって前進したことなどであった。

同じ日、ソ連国旗がクレムリンからおろされた。代わりにロシアの三色旗が掲揚された。その後、一二月二七日、ゴルバチョフは机の整理をするためにクレムリンに戻った。しかし、行ってみると、執務室はすでにボリス・エリツィンが使っていた。ゴルバチョフは、使用権限は一二月三〇日までだと思っていたのである。だがこれは、エリツィンの勝利に終わった政治抗争の中の、些細なエピソードにすぎない。対立の過程で、つまり、わずか七年足らずの間に、はるかに重大な事態が起こっていた。この間に一つの巨大な国家が、そして世界の少なからぬ部分が、計り知れないほど変わってしまったのである。このような結末の原因は、どこまでゴルバチョフに帰することができるのであろうか。それがここまでの主要テーマであった。それでは、ゴルバチョフ政権にたいしていかなる評価を下すべきだろうか。この点は次の、結論となる章で分析することにしたい。

第9章　結　論

ゴルバチョフは政治家として成功したのか、それとも失敗したのか？

ゴルバチョフは政治的落第者であった。こう考えるのが今日のロシアではきわめて普通のことである。西側の一部でもそうである。[1] 表面的には、そのような考え方はごく妥当であるようにみえる。一九八五年の時点では、ソ連が消滅するなどという事態は、ゴルバチョフの頭の中には毛頭なかった。ゴルバチョフは逆に、ソ連が「偉大な繁栄した大国として」次の千年紀を迎えるのを見たいと望んでいた。[2] また、ソビエト体制を改革したいと望んでいたのであって、破壊したかったわけではない。特に達成したいと願っていたのは、経済実績の質的改善であった。というわけで、これらのきわめて重要な点で、結果はゴルバチョフの意図からかけ離れていたのである。

このように、ゴルバチョフを失敗者と見なす主張は、何よりも二つの事柄の比較を論拠としている。すなわち、ゴルバチョフがソ連共産党書記長となった時に立てた目標と、その在任中に現実に起こったこととの比較である。しかし、そのような基準に照らしたとしても、判断はそれほど容易ではない。すでに述べたとおり、ゴルバチョフは一九八四〜八五年という早い時期からすでに真剣に改革に取り組んでいた。当時一般に考えられていた以上にそうだった。この点、ソ連においても西側においても過小評価がある。

ゴルバチョフが関心をもっていたのは経済改革だけではない。グラスノスチにも関心があった。もっとも、グラスノスチは当時、それ自体が目的だったわけではなく、改革の道具として考えられていた。ゴルバチョフはまた、政治体制の自由化にも関心を寄せていた（ゴルバチョフは自由化の意味で「民主化」という用語を使ったが、改革の中身がその言葉どおりになったのはようやく一九八八年になってからのことである）。関心事はほかにもあった。外国の共産党や体制を抑えつけるのをあきらめ、代わりに協力を推進すること。軍産複合体の規模やその政治的比重を減らすこと。ソ連軍部隊をアフガニスタンから撤退させること。そして、東西冷戦を終わらせることである。これらの目標の達成は決してたやすいものではなかった。しかし、ゴルバチョフはこれらを実現させているのである。[3]

しかし、である。根本的には、こう問うことができよう。なぜゴルバチョフの成功・不成功は、特定の時点、すなわち他ならぬ書記長就任時における本人の政治的限界を基準にして判断せねばならないのか。なぜ一九八五年なのか。なぜ一九八八年ではいけないのか。一九八八年の夏までに、ゴルバチョフは競争的選挙の必要性を受け入れていた。また、第四章および第六章で示したとおり、ソ連における政治的多元主義を発展させるための土台も構築済みであった。さらには、マルクス・レーニン主義イデオロギーのうち多くものをすでに放棄していた。社会主義のビジョンについては、社会民主主義の方向に接近しようとしていた。ゴルバチョフが悟ったのは、ロシアでも最終的には共産党がその他の政党と競争しなければならなくなる、ということであった。ゴルバチョフは次第に、自分が考えるところの西ヨーロッパの政治・経済体制を高く評価するようになっていった。それに比例して、ソ連型共産主義の遺産には批判的になっていた。

ゴルバチョフはまた、ソ連の対外関係の本質をすでに包括的に再考していた。そしてレーガン米大統領をモスクワに迎えた。レーガンはこれに応えて、もはや自分はソ連を「悪の帝国」などとは考えていないと述べた。一九八八年の末までにシュルツ米国務長官も、冷戦は終わったと確信していた。[4] 確かに、冷戦は終わり、そのことは翌一九八九年の末までに一層はっきりした。東ヨーロッパの大半の諸国が次々に共産主義体制を拒否し、ソ連とのつながりも絶ったのである。ゴルバチョフは、軍事干渉や抑圧政治への回帰を好まなかった。むしろ、いわゆるソ連圏の消滅を望んでいた。しかし、ゴルバチョフが第一九回党協議会や国連で演説し、東ヨーロッパ諸国の独立に道を開いたのは、前年の一九八八年のことである。ゴルバチョフはそれらの演説において、主権国家が政治・経済体制を「選択する自由」を承認していたのである。

第五章から八章にかけて考察した四つの変革を考えてみよう。それらの変革は、ソ連がきわめて抑圧的な共産主義体制から何らかの形の民主主義および市場経済への移行を遂げるために必要なものであった。このうちの二つは、一九八〇年代の末までにすでに成功を収めていたのである。しかもそれは、ゴルバチョフ政権発足時にソ連の反体制派や西側の最も楽観的な観察者が抱いていた夢を凌駕していたほどである。政治体制は本質的に多元化した。部分的には民主化も進んだ。一方、国際関係はそれ以上に包括的に変革されていた。

どちらの場合も、イニシアチブはゴルバチョフがとったのである。確かに、西側の指導者も全体として、ソ連の内外政策が劇的に大きく変化したことに好意的に対応した。レーガン政権二期目の態度は、一期目の態度とはいちじるしく異なっていた。だがこれは、モスクワから与えられた根本的に新しい課題と機会に対応したものである。ブッシュ（父）政権の初期の懐疑的な態度もほどなく変化し、「ゴルバチョフがソ連外交を根本的に変えた」と認識するようになった。西側各国の政府はそれまで長い間、次のように思い込んでいた。東ヨーロッパ諸国の共産主義体制が良くなることはあるかもしれない。だがソ連が、第二次世界大戦の勝利の成果（すなわち大なり小なりモスクワの言うことを聞く東ヨーロッパ諸国の共産主義政権）に関して交渉に応じるわけがない――。しかし、これもまたすでに変化していた。

これとは対照的に、経済改革と民族政策はどちらかと言えばうまく行かなかった分野である。それに、拙劣きわまりない幾つかの人事も付け加えて良いだろう。しかし、経済体制ですらいくつかの重要な点（すなわち第五章で論じた点や、以下で強調するような点）で変化した。ゴルバチョフは、連邦中央から連邦構成共和国への権力の大幅な移譲を黙認した。そのあとで、権限委譲のプロセスがゴルバチョフの言う「制御不能」の状態に陥り、ソ連邦の解体に至ったのであった。しかし、前章（第八章）で指摘したように、ソ連邦より小さな別の連邦が維持された可能性はないではなかった。それを妨げたのは、一九九一年八月のクーデターの前後におけるエリツィン派の動きである。もっと決定的だったのは、クリュチコフやその仲間の自滅的な活動であった。確かに当時、自由化と部分的な民主化が進んでいた。したがって、ゴルバチョフが前任者から引き継いだ領土全体を対象として連邦を保持することは、ほぼ不可能になっていた。だがソ連邦の全面的な崩壊については、ゴルバチョフよりも、むしろエリツィンと、言うまでもなくクーデター首謀者たちが責めを負うべきなのである。(5)

エリツィンは、ゴルバチョフの作った政治空間に参入してきた人物である。ゴルバチョフの改革がなかったとしたらどうか。彼は名も知れぬウラルの共産党官僚のままであったろう。しかしエリツィンは、与えられた機会を効果的に使った。ソ連もさることながら、とりわけロシアの平和的な変革に向けて時にきわめて前向きな貢献を果たした。しかし、エリツィンにとって重要だったのは、個人的な権力の追求であった。新しい連邦ないし国家連合の建設は、二の次だったのである。

ソ連国家の崩壊は、きわめて多くの要因による。しかし、アレグザンダー・ダリンが述べているように、エリツィンは「崩壊の最終的な触媒」であった。そう見るのが妥当であろう。(6) もちろん根本的には、ソ連が解体した原因は別にあった。事実上、克服することのできない困難に見舞われたのが原因だった。そのような困難は、体制を一気に、しかも四重に変革しようとしたことによって生じたのである。それでは、体制の変革は別々に順を追って行うべきだったのだろうか。現実には、それは不可能だった。四つの変革は、相互に関連し合っていたのだから。

したがって、ゴルバチョフが政治家として成功したのか、それとも失敗したのかは、ソ連が一五の独立国家に道を明け渡したという事実だけを尺度にして単純に判断すべきではない。ゴルバチョフは連邦解体を望まなかったし、それを避けるために精力的な政治的努力を傾けた。一九九〇〜九一年までに、ソ連全体を維持する手段はたった一つだけになっていた。それは大規模かつ継続的な鎮圧行動である。しかし、ゴルバチョフはそのような手段に訴えることを拒んだ。これは、まったくゴルバチョフの功績だと言える。

しかも民族問題に関してすら、ゴルバチョフの見解は進化を遂げた。これに関しては前章（第八章）で見てきたとおりである。ノヴォオガリョヴォのプロセスでゴルバチョフが交渉の対象としていた連邦条約は、各共和国に対して非常に重要な権力を与えていた。一九九一年八月、少なからぬ連邦中央の高官がゴルバチョフに反旗を翻し、ゴルバチョフの妥協的な政策を元に戻そうとしたのは、何よりもこの条約のせいであった。

ゴルバチョフが進めた改革、下した決断

ゴルバチョフの成功・不成功を判断するにあたって特定の時点での考え方を基準にするとしても、やはり反論が可能である。これはもっと基本的な反論である。すなわち、ゴルバチョフは革命的というより漸進的であり、しかもそれは信念にもとづいていた、ということだ。ゴルバチョフは主義として、ユートピアン的なグランド・デザインを拒絶する人間だった。プラグマチストであって、イデオローグではなかった。改革派の気質と、驚くほどの学習・適応能力を併せもつ政治家であった。あるロシアの作家はゴルバチョフのことをこう表現している。「ロシア史上きわめてまれな人物である。すなわち、原則にもとづいた漸進主義者である」[7]。

同じ著者は次のことも強調している。「ゴルバチョフは長きにわたって、クーデターを起こしかねない連中を抑えてきた中心勢力だった」と[8]。ソ連の指導者になってからほぼ五年間、ゴルバチョフはずっと改革の先頭に立っていた。と同時に、その継続を保証してきた。それとは対照的に一九九〇～九一年になると、ゴルバチョフは防御に回った。避けようとしてきた政治の分極化に襲われたためである。しかしその時ですら、支配権を再確立するために伝統的な共産主義的手法に訴えることはしなかった。一九九〇年一二月、シェワルナゼは「独裁制が布《し》かれようとしている」と警告した。だがゴルバチョフがその独裁者になったかもしれない、と考えるならば、それは本質的に馬鹿げている。なぜなら独裁的手法は、彼の人格と知的信念のいずれとも無縁だったからである[9]。

ゴルバチョフは実際のところ、政治においては目標と同様に手段も重要だということに気づいていた。これがゴル

バチョフの特徴的な点であった。共産党のどの前任者たちとも違う。事実上の後継者、エリツィンとも違っている。ゴルバチョフの思考様式は、ボリシェヴィキ流の「クトー・カヴォー（だれがだれをやっつけるか）」とは無縁だった。政治をゼロサム・ゲームとは見なしていなかったのだ。外交と内政のいずれにおいても、ゴルバチョフは合意形成をしながら、次第に本格化する変化をさらに推し進めていった。すでにこれまでの各章で論じたように、ゴルバチョフはソビエト体制の改革者から変革者へと転身した。そして政権の後半になると、きわめて意識的に共産主義の支柱を取り外すことを目指したのである。この点は後でふれる。

ゴルバチョフは一九八五年、比較的若くして共産党書記長に就任した。そのおかげで、組織上の権力に与《あずか》るほかの連中よりも、視野が広かった。ソビエト体制が直面する深刻な諸問題を、容易に概観できたのである。下級党組織の官僚・経済閣僚・KGB・軍産複合体はいずれも、独自の組織利害を持っていた。それにくらべて党の指導者にして事実上の最高行政官であるゴルバチョフは、自分の国家をどのように定義するにせよ前進させることに、一般的な関心を持っていた。なにしろ、ゴルバチョフの握っていたポストには、ソ連における最高の権力と責任がかかっていたのだから。かつてフルシチョフとアンドロポフは、そのような一般的な責任を受け入れていた。もっとも、両者が企図した変化は、ゴルバチョフが進んで受け入れようとした変化とくらべると、根本的と言うにはほど遠いものであった。もちろんブレジネフのようにすることも可能だった。徐々に進む国内的衰退を管理しながら、権力とポストの利得を享受するのだ。

ゴルバチョフがチェルネンコの後継者となったとき直面したのは、国家のゆっくりとした衰退である。末期的な危機ではなかった。以下のような事態は想定できるだろうか。一九八〇年代半ば、ゴルバチョフに代わる者がいたとしよう。その人物がこの衰退を逆転させるために、マルクス・レーニン主義にたいする姿勢を改め、自分の国家も国際システムも根本的に変える。その衰退は、体制にも彼自身にも切迫した脅威を与えていないにもかかわらず――。そのようなことを想定するに足る根拠はまったくない。ラジャン・メノンはこう述べている。「世界の政治地図をざっと見渡すだけでも、次のことがわかる。あらゆる種類の抑圧的で非効率的な体制も結局、驚くべき存続能力をもっているものだ。衰退と崩壊は全く別物である」[10]。

ソ連共産党書記長たる者にたいしては、その人物の如何を問わず、期待できないことがある。それは、現存の体制を別の種類の何かにしてしまうほど大胆な改革を行うことである。ゴルバチョフの改革もあらゆる勢力の抵抗を招いた。彼らの既得権益が改革によって脅かされたからである。そのとき、ゴルバチョフは選択を迫られた。原状回復をするか、あるいは先に進むか。前進を続ければ、体制変容につながる変化を引き起こす危険があった。ゴルバチョフは、それを冒して後者のコースを選んだのである。この点に関しては、永く評価されるべきなのだ。なにしろ、一九八八年にゴルバチョフが下した決断は、決定的な動きだったのだから。それがなかったとしたらソビエト体制は、本質的に変わることはなかったであろう。その決断とは、「競争的選挙を導入し、真の権力をもつ立法府を創設する」というものであった。念のために言っておくと、この時点ではまだ、根本的変化を要求する大衆の圧力は発生していなかった。エリツィンも国家建設委員会にいて、まだ傍観者にすぎなかったのである。

共産主義体制の解体

ソ連の政治体制はゴルバチョフの下で根本的に変化した。この事実は疑いようもない。しかも、少なくとも一九八八年の夏以降、ゴルバチョフには意識的な目標ができた。体制を変革するという目標だ。もっともゴルバチョフは、いつも自分の好きなような早さで進むことができたわけではない。時には、もどかしい思いをしたこともある。もっとスピードが遅い方がよかったこともある。それどころか、特に政権最後の二年になると、ゴルバチョフは受け身にならざるを得なかった。制御不能な圧力や事件に対応するばかりだったのだ。もっとも、こうした圧力や事件は多くの場合、新たに得られた自由の結果だった。そして、その自由への扉を開いたのはゴルバチョフ自身だったのである。

一般にソ連の共産主義体制が終わったとされる時点は――いずれにしても一九九一年のことであるが――二つある。一つは、エリツィンがロシアにおいて共産党の活動を停止させた時である。エリツィンの命令は一九九一年八月二三日、クーデター失敗を受けて発せられた。もう一つは、ソ連国旗がクレムリンからおろされた時である。それは、同じ年の一二月二五日のことであった。この日ゴルバチョフは辞任し、正式に権力をエリツィンに引き渡した。そして、ロシアはソ連の主たる承継国となった（ただし、ロシア当局者の呼び方に従うなら、「継続国家」。これは、他の一四の承継国と差別化を図る言い方である）。

確かにソ連共産党は一九九一年八月まで存在していた。また、その書記長は大統領を兼任していた。しかし、実は同党は一九九一年八月より前の時点ですでに、ソ連史はじまって以来ずっとそうであったような意味での支配政党ではなくなっていた。中央では明らかにそうだ。中央の何人かの指導的人物がクーデターを起こしたのは、党が書記長に対するコントロールを失い、それとともにソ連の運命に対する決定的な影響力も失ったからである。もっとも農村部では、特に地方党組織のボスが依然強い勢力を持つ地域が多かった。それでもソ連を共産主義体制と表現することは、一九八九年春からはほとんど意味をなさなくなっていた。その時までにマルクス・レーニン主義の教義の大部分が放棄されていた。しかも、放棄したのは他ならぬ党書記長だったのである。

それだけではない。共産主義体制には、その体制を定義づけるようないくつかの特徴がある。それは構造上のものもあれば、イデオロギー上のものもある。そのうち最重要の特徴が、この時までに当てはまらなくなっていたのだ。もとよりこれは急進的改革期に導入された政策の結果である。改革は一九八七年に真剣に開始され、一九八八年には本格的なものになっていた。

もちろんこういう疑問が出るであろう。共産主義体制とは何か。あるいは何であったのか。私の考えでは定義となるような特徴が五つある。それらが合わさって、共産主義体制の特殊性が形成される。この特徴ゆえに、共産主義体制は他の権威主義的、あるいは全体主義体制から区別される。また、社会民主主義タイプの社会主義政党が政権に就くことを許容する多元主義的体制とは、もっと根本的に異なっていると言える。これらの特徴とは、以下のようなものである。

(1) 共産党が最高権威と揺るぎない覇権を握っている。「党の指導的役割」は、これを表す公式の婉曲な言い回しであった。

(2) 党は高度に中央集権化され、厳格な規律をもつ。党内論争の権利は極めて狭く規定されている。「民主集中制」の実態的な意味はこれである。

(3) 生産手段が国有であるか、あるいはそうでないとしても非個人所有となっている。農業に関しては時々例外があったが、工業生産に関しては、例外はない。

(4) 究極的な（自己正当化のための）目標として共産主義建設を宣言している。

(5) 国際共産主義運動に属している（あるいはソ連の場合、これを指導している）という意識をもっている。

一九八九年六月、第一回ソ連代議員大会の第一会期が閉会した。右に挙げた特徴はこの時までに、ほとんど姿を消していたのである。

党の指導的役割

党の一枚岩的あるいは「指導的役割」に対して、たとえばバルト諸国における人民戦線のような新しい運動が、新たに異議を唱えるようになっていた。当初は、ゴルバチョフもこれを歓迎した。ペレストロイカの前衛勢力になりうると考えたからだ。しかしそのような運動は、ゴルバチョフのおかげで生じた政治空間を埋めるようになり、やがて、分離主義的見解を抱くようになってからも活動を続けた。こうなると、書記長にとっても受け入れるのは容易ではなくなる。政治局の多数派にとっては、なおさらであった。党の「指導的役割」あるいは権力の独占は、一九八九年までに拡大していた文化的自由とも相容れなかった。文化的自由が拡大する中、ジョージ・オーウェルの『動物農場』や『一九八四年』を始めとする反共的な論文や書籍が多数発行されるようになっていた。

確かに、共産党はまだ大政党だった。新しくできた政党を全部束ねたとしても、共産党には遠く及ばない。それでも一九九〇年三月にソ連憲法が修正され、第六条からソ連共産党の「指導的役割」の規定が削除された。その結果、新しい政党が作られ合法的に活動できるようになった。これは歴史的な大転換であった。さらに、そのような新党の結成以上に重要なことがあった。それは、「民主ロシア」と呼ばれる広汎な基盤を持つ運動である。これが創設されたのは一九九〇年一〇月である。一九九一年になるとボリス・エリツィンがロシア大統領に当選する。民主ロシアはこの選挙戦において重要な役割を果たした。この団体は全体としてゴルバチョフに批判的であった。しかし民主ロシアの存在自体、あることを物語っていた。憲法修正の結果、共産党は権力を独占する資格を失ったわけであるが、現場ではそれに見合った政治的な変化が起こっていたということである。

民主集中制

共産主義体制の第二の特徴は、「民主集中制」である。そのようなものは、そもそもあったとしても、第一の特徴以上にすっかり損なわれてしまった。というのも一九八九年、新しい立法府が選出され、そこでは共産党の代議員が良心に従って自由に発言し、投票することが許されたからである。その結果、厳格な党規律は事実上、正式に放棄された。共和国党組織が一九八九年以降、次第に独自の基本方針を設定するようになり、集中制は消滅していった。他方で（ごく内輪での政治論争を別とすれば）公開の場で政治論争はおこなわないという党内活動の特徴が失われ、党員の間に意見の衝突が起きるようになった。しかも、基本的に重要な問題に関しても。当然、保守的な党員はしばしば（そして、ゴルバチョフ自身も稀に）、党が論争社会に代わってしまったと不満を訴えるようになった。

共産党の改革派は一九八〇年代末までに、概念としての民主集中制も放棄していた。民主集中制はもっぱら、ゴルバチョフ以前の秩序への復帰を望む人々のスローガンになっていた。実際のところ、民主集中制という概念はそれまで、党官僚が党内の異論や真に自由な議論を抑えつけるための白紙委任状になっていた。しかし、こうしたやり方は事実上、一九八八年に終わったのである。その時までに党員は、マスメディアや党内の討議の場ではげしく対立する意見を表明するようになっていた。それは特に、同年夏の第一九回党協議会において顕著だった。翌年、実は共産党内にあらゆる政治的意見が内包されているということが、第一回人民代議員大会やそれに続く新設の最高会議において、次々と明らかになっていった。

しかし、もちろん党機構内部での古い伝統はなかなか廃《すた》れない。ゴルバチョフを直接攻撃したり、あるいはゴルバチョフが党や国家を導こうとする方向性に対して強い懸念を公の場で口外したりするのは憚《はばか》られた。そのようなことをする党官僚が少なからず出現したのは、ようやく一九九〇年になってからであった。(11)

ゴルバチョフは以前から、党内でも社会内でも論争を奨励していた。そして、ゴルバチョフが一九八七年に初めて取り上げた「意見の多元主義」が勝手な成長を始めたのである。共産党は、非党員の目から見ても、一枚岩の政党ではなくなった。その後まもなく、独占的な政党でもなくなった。それまでは実際のところ、党は社会の中で権力を独占していた。だからこそ、潜在的に爆発しかねない多様な政治傾向の対立を封じ込めていたのである。そしてそのような多様性をかろうじて統制し、党全体を一つに保つことができたのは、レーニン主義的規律を守り、派閥と分派をあくまでも敵視したおかげだった。したがって、民主集中制の消滅は、共産党ばかりか政治体制全体や社会全般にも影響を及ぼした。党内の正真正銘の多様性は、一九八七年までに公然化した。それは一九八八年以降、もっと明白になった。その頃になると平党員も、基本的に重要な問題について公然と異論を述べ始めた。特に、知識人がそうだった。

一九八九年には競争選挙が導入される。その結果、人事権をつうじて党官僚や活動家を統制する余地が完全になくなった。地元の選挙で敗退した党書記は、すぐに排除されねばならない厄介者となった。このように事実上、党員ではない選挙民の過半数が望めば――連邦レベルの議会であれ、州や市の議会《ソヴィエト》であれ、選挙で落選の憂き目に遭った場合――彼は、[12]党ポストから解任されることになった。

ソ連の大抵の新聞・雑誌は、編集者もスタッフも党員であった。にもかかわらず、当時の主要な問題点に関する路線はきわめて多様であり、ロシア民族主義から社会民主主義、果てはネオ・リベラルまで、まちまちであった。このようなことは、どこから見ても民主集中制からのはなはだしい逸脱であった。ペレストロイカの初期、この概念を再定義しようという試みもあった。民主主義的要素を強調するためである。しかし共産主義の政治的論議のなかで、この概念の意味合いはあまりに揺るぎなく確立されていた。したがってそのような試みは、民主化の過程における単なる通過点に終わってしまった。[13]

民主集中制に致命的な打撃を与え、自由と民主主義へ向けて大きな弾みをつけたのは、ほかならぬゴルバチョフであった。ゴルバチョフは、人民代議員大会の代議員（大半は共産党員）を前にしてこう言ったのだ。それぞれの思いどおりに発言し、投票してかまわない。党議拘束はない、と。大多数の代議員は、ほかの共産党員との選挙戦を経て議席を確保していたのであり、中には、政治的見解が恐ろしく異なる競争相手を下して当選を果たした者もあった。したがって、「党は一体性を保つべきだ」という伝統的な主張に皆が従うという状況は、見込めそうになかった。それでもゴルバチョフの声明は、大胆な連中を除く全代議員にとって重要だった。この発言からわかることは、ゴルバチョフの意志である。ゴルバチョフは新しい立法府を真の議会にしたいと願っていた。またそれを、従来の最高会議とまったく異なるものにしたいとも考えていた。改革前の最高会議は単なるお飾りで、盲判を押す機関にすぎなかった。こうしてゴルバチョフの声明は、民主集中制とは別物の民主化を進める上で、強力な刺激剤となったのである。

生産手段の国有

右に概説した共産主義体制の第三の特徴は、「生産手段の国有」である。これは一九八九年までの時期、あるいはソ連崩壊時までの時期を対象としても、一番変化が少なかった部分である。しかし協同組合《コーペラチフ》が創設され、それを通じて、明らかに混合経済への動きが起こっていた。協同組合は多くの場合、純粋な協同組合ではなく、むしろ私営企業に近かった。いずれにしてもそれらは国営企業ではなかった。協同組合の大部分は、レストラン・小売店・理髪店・車の修理店などのサービス分野か、さもなければ小規模な貿易に偏っており、製造業にはあまり見受けられなかった。製造業は、圧倒的に国有に留まっていた。共産主義からの移行という点で、経済は遅れた分野であった。それでも、経済活動に対する党=国家の独占的支配が崩れたことの意味は大きい。もっとも、こう言うこともできよう。ゴルバチョフ期以前ですら、さまざまな闇市場や灰色市場を擁する「第二経済」の活動のせいで独占はすでに崩れていた、と。だが一九八九年までに起こったことは、これとは違う。違いは、国営以外の経済活動が合法化されたという点にある。これは協同組合法を始めとする法律の結果であった。私的セクターも含む混合所有経済の原則が一九九〇年までに受け入れられていた。そしてそれは、実践されようとしていた。確かに規模は小さかったが。

その上、ゴルバチョフは当初、五〇〇日計画を受け入れていた。この計画は、伝統的な共産主義経済の秩序を全面的に拒否するものであった。社会主義という言葉には一言も言及せず、その一方で迅速な市場化を約束していた。にもかかわらずゴルバチョフは、五〇〇日計画を嫌悪するとか、伝統的イデオロギーに訴えたりするとかの反応は示さなかった。確かに、のちにゴルバチョフは妥協的な計画を立案するよう要請した。シャターリン＝ヤヴリンスキー・グループが要求していた強硬な決定のうちいくつかの項目は、先送りされることになった。しかしゴルバチョフがそのような要請をおこなったのは、正しかったにせよ間違っていたにせよ、実践的な理由からであった。イデオロギー上の理由でそうしたのではなかったのである。

共産主義を建設するという目標

共産主義体制の第四の特徴は、「共産主義建設という目標を宣言していること」である。ここでいう共産主義とは、もはや国家組織を必要としない自治的な共産主義社会のことである。おそらく一九七〇年代までには、この目標を掲げることは指導者にとって、すでに儀式化していたかもしれない。国家が死滅すると心から信じていた最後の指導者は、多分フルシチョフである。もっともフルシチョフとて、すこぶる現実的な人間であった。専門的な政府機関や官僚が必要なくなると想定するマルクスのユートピア的な未来像を、ことごとく鵜《う》呑《の》みにしていたわけではない。それでもフルシチョフは「国家」組織を廃止し、その機能を「党」組織に移行させることにより、このプロセスを促進しようとした。ただ、国家を広義に、かつ実態に即して理解するなら、党組織はそれ自体国家機構の一部だったのである。フルシチョフはそのことを必ずしも十分には理解していなかったようだ。したがって、フルシチョフの試みには自己欺瞞の要素がある。国家を党と言い換え、機能を移しただけでは、国家が死滅しつつあることにはならないからだ。

ゴルバチョフの下では、ソ連の政治的議論の性格は変化した。この点は第四章で述べた。改革派の有力者は次第に、「共産主義」ではなく、改良された別の「社会主義」について語るようになった。さらに一九九〇年までには、改革派のうち多くの者は、社会主義も放棄してしまった。一方、ゴルバチョフは社会主義をあまりに大胆に再定義した。そのためそれは、ソ連型の社会主義とは本質的に別のものになっていた。ゴルバチョフが一九八五年三月に党書記長に選出された時は、まさにそのソ連型の社会主義を擁護するよう期待をかけられていたのであるが。

共産主義を建設するという目標は、ソ連の日常生活においては、すでに論じた三つの構造的特徴にくらべると重要性が低い。しかしそれは、マルクス・レーニン主義の一要素であり、理論的な意味をもっていた。このような要素も手伝って、共産主義体制（なかんずくソビエト体制）は、民主的な社会主義政党が政府を形成するような社会から区別されたのである。民主的な社会主義政党が導入を目指していたのは、社会主義の一形態である。平たく言えば、格差を最小化する公正な社会である。それ以上でも以下でもなかった。

将来像として共産主義を見据えているということは、共産党の「指導的役割」を究極的に正当化するきめ手ともなった。仮に、政治活動が成り行き任せの営為だとしよう。マイケル・オークショットの言葉を借りればこうだ。政治活動を営む際、「人類は際限のない、底なしの海を航海するのであって」、そこには「避難する港も、錨《いかり》を降ろす海底もない。出発地もなければ目指す目的地もない[14]」。もし政治活動をそのように見なすなら、ある政党が羅針盤をもっているとか、ましてや海図をもっているなどということを根拠として支配権を主張することはとてもできない。しかし、共産主義理論家はこう主張する。目指すべき目的地は確かに「存在する」。それは共産主義という目的地だ——。このような主張に支えられているからこそ、共産党に「指導的役割」を永久に担わせることが正当化できるのである。なぜなら、市民にはこの目標達成のための用意がない。共産党だけがこうした市民を導く知識と経験を持っているから、というわけである。

ゴルバチョフも政権の座に就いて間もないころには、共産主義に言及することもあった。ただしそれは、全員にとっての目標となる社会という意味での共産主義であった。もっともゴルバチョフはそれを、歴代の党書記長が考えたよりもはるかに遠い将来のことと想定していた。かつて、フルシチョフの主張はこうだった。ソ連は「共産主義の本格的建設」の時期に入った。ブレジネフはもっと慎重で、自分たちは「発達した社会主義」の段階にあると述べた。ゴルバチョフの主張はさらに控えめだった。特に政権発足から間もない時期、国家は「発達しつつある社会主義」の段階にある、と主張したのだった。これは第四章で指摘したとおりである。

　ゴルバチョフは一九八五年になってもまだ共産主義概念に言及することがあった。限られた範囲の党員を相手とする場合でも例外ではなかった。たとえば一九八五年四月六日、ゴルバチョフは政治局の会議でこう述べた。今日の重大な社会問題、すなわちアルコール中毒および酒浸りを解決しなければ、共産主義をないがしろにすることにつながりかねない[15]。しかしゴルバチョフは、この概念を使うことが次第に少なくなっていった。そして大衆の面前では、主として演説の効果を上げるために使うだけになった。最後にゴルバチョフがこの概念を額面通りに使ったのは、恐らく一九八八年六月二八日である。それは、第一九回党協議会において、矛盾した事柄を弁舌巧みに両立させたときのことである。ちなみに前章（第八章）で指摘したように、ゴルバチョフは一九九一年七月、党中央委員会総会の演説でもこの言葉を使っている。しかしそれは、「共産主義は現実的な目標ではない」と説明する文脈においてであった。

　一九八八年の演説でゴルバチョフは、社会主義という用語が何を指しているのかを非伝統的な表現で論じた（ただし、この時点ではまだ社会主義に対する理解は社会民主主義的ではなかった。一九九〇年夏の第二八回共産党大会までには、そうなったが）。ゴルバチョフはさらに言葉を継いでこう述べた。「共産主義に向かう重要な一歩として、社会の備える質的に新しい条件について論じるとき、我々が念頭に置くのは、まさしくそのような民主的で人道的なタイプの社会主義なのだ[16]」。ただ、この発言は実際のところ、ほとんど意味をなしていなかった。意味があったとすれば、出席していた代議員たちに対する気休めである。彼らは、「古い信条を全面的に放棄したわけではない」と聞かされて安堵した。代議員の中には、ゴルバチョフの改革提案の過激さに動揺していた者が少なくなかったのである[17]。

現実には、一九八八年はゴルバチョフにとって画期であった。ゴルバチョフはこの時期を境に、ますます社会民主主義タイプの社会主義に惹《ひ》かれるようになった。それは、ソ連型共産主義の政治組織の規範とはもちろんのこと、来たるべき共産主義社会の幻想的目標とも、まったく相容れないものであった。ゴルバチョフの思考におけるこのような変化は、一九八九〜九〇年までにさらに発展した。

ゴルバチョフの敬愛する創造力旺盛な作家の一人に、チンギース・アイトマートフがいる。第六章で述べたが、アイトマートフは一九八九年の第一回人民代議員大会で注目を浴びた。実態的にソ連よりもはるかに優れた社会主義の実例として、一連の西側諸国を名指ししたのである。アイトマートフはこう言った。諸外国に対するソ連の偉大な貢献は、社会主義建設を行わない方法を示した点にある。[18] このような演説は昔だったら、少なくとも強制収容所一〇年の刑に相当したであろう。しかし、アイトマートフに与えられた報いはそうではなかった。その九カ月後、ゴルバチョフが大統領に就任したとき、アイトマートフは指名されて大統領評議会のメンバーとなったのである。

国際運動への帰属意識

共産主義体制の第五の特徴は、「国際運動への帰属」意識であった。ソ連の場合は、国際運動を指導しているという意識、ということになる。共産主義のこの側面は、ビロード革命とともに崩壊した。ビロード革命とは、一九八九〜九〇年、東ヨーロッパにおける共産主義体制が公然たる非共産主義体制へ急速に移行したことを指す。これは、ソ連の外交政策における変化の直接的な帰結だった。最初は東ヨーロッパの指導者たちが、そして次に大衆が、「ソ連はもはや東ヨーロッパにおける不人気な体制を支えるために軍事介入をすることはない」ということを理解したのである。ゴルバチョフ期以前、東ヨーロッパの人々は次のような現実的な認識をもっていた。ソ連は、「大祖国戦争の成果」を守るためなら軍事力行使の用意はいつでもできている——。もしこのような認識がなかったとしたらどうだろうか。東ヨーロッパの共産主義体制の大半は、もっと早く消滅していたはずだ。

ゴルバチョフは一九八八年の末までに、国際関係を東西二陣営の対立と見るアプローチを公に放棄した。同年一二月、国連で重要な演説を行っている。これに関しては、本書で一再ならず言及してきた。この演説は、東ヨーロッパ諸国にとって特別な意味をもった。この中でゴルバチョフは、各国が政治体制を選択する権利をもつということを強調したばかりか、外交政策の道具として武力を行使する可能性を排除したのである。ゴルバチョフはこうも付け加えた。ソ連は、「無謬《むびゅう》の真実」を独占するふりはしない（これまではそうだったが、という含みである）。そして、他の諸国と協力して、全人類に共通の思想を受け入れ、普遍的な基礎に立って文明の生命力を守りたい、と。[19]

文明は一つであり、ソ連もその一部であるべきだ。また、国際経済システムは一つであり、ソ連もそれに参加することを望む――。このような考え方は、ゴルバチョフの思想や演説に顕著に表れるようになった。それは、政権後期のことである。こうした考え方は、東ヨーロッパにおいて共産主義が崩壊する以前から表明されていた。そして、実際崩壊の促進剤となった。いわゆるソ連陣営において現実に起こったことは、次のことを追認していたにすぎない。もはや、名実相伴う国際共産主義運動で、しかもソ連が参加しうるような運動、まして支配できるような運動はもう存在していない。というのも、残された共産主義国の中で最重要の中国は、ゴルバチョフのもとでのソ連の動きを警戒し、嫌悪していたからである。

ゴルバチョフがもたらした劇的な変化は、ソ連の政治体制を大きく変えた。劇的な変化は思惑どおりの結果も生み出したが、もちろん意図せざる結果も招いた。ともあれ、ソ連の政治体制は、一九八五年にゴルバチョフが引き継いだ政体とは本質的に違うものになってしまった。一九八九年春の時点でも、すでにそれは明らかだった。しかしそのことは、一年後にさらに明白になった。確かに、完全な民主的政体とはとても言えなかった。しかし、競争選挙が導入され、比較的自立的な政治組織が生まれた。こうした組織の活動は国家当局ですら止めることはできなかった。止めようとすれば、それ相当の代償を覚悟しなくてはならない。ゴルバチョフ指導部の下ではその用意はなかった。[20]この結果、政体は多元主義的にはなっていたのである。そこには、一定のレベルの政治的自由があった。政治的な（そして宗教上の）寛容もあった。これらは以前のソ連では未知の事態である。エリツィンは、ゴルバチョフがクレムリンに構えていた執務室や、旧中央委員会ビルを接収した。しかし、実際、そのはるか前にソビエト体制はすでに共産主義ではなくなっていたのである。

歴史におけるゴルバチョフの位置

ソビエト体制について言えることは、ゴルバチョフ自身にはもっとよく当てはまる。リチャード・パイプスの評ほど、実態からかけ離れたゴルバチョフ像はあるまい。パイプスは一九九五年初め、ゴルバチョフのことをこう描写している。「ソビエト・ノーメンクラトゥーラの典型的な産物。今日にいたるまで共産主義の理念を信じていることを肯定している男」[21]。

元ソ連閣僚会議議長ニコライ・ルイシコフの意見はどうか。たしかにルイシコフも、ゴルバチョフを批判してはいる。いわく、「保持している権力を十分に使いこなす積極性がなかった。決定を下す前にあまりにも多くの意見や議論を聞くなど優柔不断だった」[22]。しかし、ルイシコフは鋭く次のように指摘しているのである。「ゴルバチョフは、議会政治タイプの指導者だった。しかも、わが国特有の議会ゲームがまだ何ひとつ始まらないうちから。党＝官僚システムの中にありながら、ゴルバチョフという人物はいかに形成されたのか。神のみぞ知る、である。とにかく、ゴルバチョフはそのような人間だったのである。大学卒業後コムソモールや党の伝統的なキャリアの階段を上ってきたにもかかわらず[23]」。

パイプスの見解に反してゴルバチョフは、ソビエト・ノーメンクラトゥーラの生み出したきわめて稀少な産物だった。また、党書記長の地位にありながら、共産主義のもっとも顕著な特徴を拒否するようになった唯一の党指導者であった。ゴルバチョフ自身は非常に的確な自己分析をしている。「自分はまさしくノーメンクラトゥーラの産物であった。しかし同時に、ノーメンクラトゥーラに引導を渡した。つまり、いわばノーメンクラトゥーラの『墓掘人』となったのだ[24]」。

もちろん、ゴルバチョフは一人では何も達成することはできなかったであろう。ゴルバチョフが行動を起こすことができたのは、ソビエト体制に強く不満を持つ人々が体制内にいたからである。それは研究所の専門家であったり、党機関の要職を占める少数派高官であったりした[25]。後者としてはたとえば、ヤコヴレフ、シェワルナゼ、チェルニャーエフ、シャフナザロフといった、ゴルバチョフ時代の政界の主要登場人物が挙げられよう。

また、ソ連社会においては以前から重大な変化が起こっていた。その結果、ゴルバチョフが政権に就いたときソ連は、スターリンが亡くなった直後とはまったく違う国になっていた。この点は第一章で述べた。もっとも一九八五年になっても、ソ連社会は依然として市民社会とはかけ離れていた。たとえばポーランドでは、社会内の自立的な勢力が党=国家権力に対して闘争を挑んだ。ポーランドにおける政治の変化は、おおよそこうした闘争の結果だった。しかし、ソ連における変化のきっかけはこれとは違う[26]。

社会の変化もあったし、党官僚のうち開明派（および数で優る非開明派）に頼ることも可能であった。にもかかわらず、根本的な改革を熱望する人々にとって頼みの綱は、党のトップの変化だった。というのも、政治権力は中央委員会ビルにいちじるしく集中しており、政治生活の基調は、驚くほど党書記長によって左右されていたからである。このようなわけで、改革派予備軍には不満が鬱積《うっせき》していた。フルシチョフ失脚からチェルネンコの死に至る約二〇年間には特にそうだった。なぜなら、ソ連では公式の場での政治的発言が厳格に制限されており、また、政治活動の許容範囲も狭かったからである。ゴルバチョフが改革派を必要とした以上に、未来の改革派の方がゴルバチョフを必要としていたのだ。

たとえば、アレクサンドル・ヤコヴレフを取り上げてみよう。ヤコヴレフは今日、改革派の重鎮と見なされている。その見方は妥当である。しかしヤコヴレフは、ゴルバチョフがいなかったら、ロシア史に何の足跡も残せなかったであろう。ゴルバチョフの引きがあればこそヤコヴレフは、権力の中枢部に陣取り、政策に対して影響力を行使する機会をふんだんに得たのである。ヤコヴレフ自身も一九九五年三月、それを認めている。しかもその頃までに、エリツィンのさまざまな行動に対する評価で対立し、ゴルバチョフと疎遠になっていたにもかかわらず。いわく、「私見では、ゴルバチョフは今世紀におけるもっとも偉大な改革者だ。ロシアでこの偉業を成し遂げたのだからなおさらである。なにしろ、ロシアでは古来、改革者の運命は過酷だったからである[27]」。

政治指導者の手に大きな権力が集中している政治体制においては、システムの頂点にいる人間の性格・知性・勇気・精神の柔軟性が、決定的に重要となる。しかしソ連の指導者は、体制に脅威を与えるような行動を起こさないという条件のもとで巨大な権力を与えられているのである。これは本書でも一貫して主張してきた点である。まさにそのような脅威を及ぼすようになった以上、ゴルバチョフはいつ排除されてもおかしくなかった。ところが、ゴルバチョフは体制を変革しながら七年間近く生き残ることができた。この事実は、ゴルバチョフのすぐれた政治手腕を証明している。今からほぼ三〇年前、サミュエル・ハンチントンはこう書いている。

革命家は社会の諸勢力を二極化する能力が求められるのに対し、改革者は諸勢力を操作する能力を求められる。したがって、改革者は革命家にくらべて、はるかに質の高い政治的技巧を備えていなければならない。改革が滅多に行われないのはなぜか。それは、改革を実現するのに必要な政治的能力を持つ政治家が滅多にいないという一事だけでも説明がつく。革命家が成功を収めるためには、優れた政治家である必要はない。だが、成功を収める改革者は、必ず優れた政治家である。(28)

右の言葉は、ソ連およびロシアの文脈では特に説得力がある。一九八五年、改革派の人物が政権に就いた。社会科学者は、その際に作用した偶然や特殊性などの要素を強調することに抵抗を感じるかもしれない。そして、ゴルバチョフを歴史の婢女《はしため》、すなわち時代の社会勢力が具現化したものと解釈する見方に誘惑される。それによると、こうである。一九八四年一二月に死んだのが、ウスチーノフではなくゴルバチョフだったとしよう。その場合、社会勢力は一九八〇年代中頃、別の指導者を推挙することになったであろう。しかし、その人物の政策は大まかにはゴルバチョフのそれと同じものとなり、似たような結果を生んだはずだ——。しかし、このような俗耳《ぞくじ》に入りやすい見方には抵抗すべきだ。なぜならこれは、後知恵的な決定論にほかならないからである。(29)

一九八五年の時点で、その後の事態の流れを予測できた学者はいない。現実には、ソビエト体制は改革され、次いで変容を強いられた。そしてその結果、ソ連国家そのものが崩壊した。確かにこのような事態は、次のような見解を補強する証拠となる。つまり、改革共産主義(リフォーム・コミュニズム)というのは不安定で一時的な処置にすぎない、という見解だ。しかしそれでは、ソ連で根本的改革を始めるのは無意味なことだったのだろうか。決してそうではない(改革を始めることだけでも、ゴルバチョフがそうする前には、大部分の観察者にとって非現実的なことに見えたかもしれないが)。それどころか、時とともに急進化する改革のプロセスは、特に、共産主義の組織や規範が深く根づいているソ連の場合、共産主義体制を平和裡に変革する「唯一の」道だったのだ。それは、東ヨーロッパ諸国との大きな違いである。とはいえ、ソビエト体制の改革は次のどちらに転んでもおかしくなかった。一つは、もっと徹底的な変化に至る途中の段階である。その先にあるのは、民主主義とは限らなかった。もしかすると、非共産主義的な権威主義体制だったかもしれない。もう一つは、つかの間の自由化の後すぐに、もっと伝統的な共産主義的な規範が復活するというシナリオである。ソ連国家終焉のタイミングにせよ、ゴルバチョフ指導部の下で体制を変革するやり方にせよ、必然的なことは何ひとつなかったのである。

さまざまな間違いやいくつかの疑いようのない失敗もあった。しかし、立ちふさがる障害は、ほとんど乗り越えがたいものだったのである。これらの事柄をすべて考慮に入れるならゴルバチョフは、ロシア史上もっとも偉大な改革者の一人であり、二〇世紀後半の世界史に最大の影響を与えた人物である。そのような評価を受ける資格が十分にある。

ゴルバチョフは東ヨーロッパ諸国が自由になり、独立するのを許すのに決定的な役割を果たした。東西冷戦を終わらせるにあたって、他のだれよりも多く貢献した。ゴルバチョフは、政治を根本的に再検討することを支持、奨励し、重要な事柄に関してみずから行動に移した。政治の再検討とは、受け継いだ政治経済体制とそれに代わる望ましい体制を改めて問うということである。しかも、ソ連の尺度に照らすなら大胆なまでに固定観念を払拭して。ゴルバチョフは言論・出版・結社・信教・政治運動について自由の導入を決め、促進した。そしてロシアを、ロシア史上前例のない自由な国家にしたのだ。

オルガ・チャイコフスカヤにとって、ゴルバチョフは「唯一の偉大なロシアの改革者」であった。チャイコフスカヤは、ほかならぬ自由の拡大に対する貢献度に焦点を当てて論ずる。ピョートル大帝やエカテリーナ大帝はもちろん、アレクサンドル二世とくらべてもゴルバチョフのほうが勝《まさ》っている、と。確かにアレクサンドル二世も、「自由に至る道を飛躍的に前進した」。しかし、チャイコフスカヤが言うように、ゴルバチョフは成功を収めたのである。つまり、「瀕死の奴隷の国家を」受け継いで、それを「生き返らせ、自由にした」のであった。[30]

同様に、アレクサンドル・ツィプコもこう力説している。ゴルバチョフのおかげで、「不安が消えた。つまり、考えたり語ったりすることを恐れる必要がなくなった」。おかげで人々は、七〇年ぶりに自分の信念を声高に唱えることができるようになった。おそらく、ゴルバチョフの業績のなかでもっとも偉大なものはそれだ――[31]。

ロシアの知識人の中には、別の考え方をする者もある。自尊心のささやきに従うなら、自由というものは自分で勝ち取るべきだ。だがそれは、ゴルバチョフから与えられた。だからゴルバチョフを許せない、というのである。同様に、ソ連共産党書記長が共産主義体制を解体する上で決定的な役割を果たしたという筋書きも、多くの西側の専門家にとっては気に入らないものであった。彼らは、これを書き換えるべく最大限の努力をした。

しかし、ゴルバチョフという要因《ファクター》こそ、あらゆるもののなかで決定的に重要であった。ゴルバチョフに対する評価は、本人が置かれていた政治的状況に照らして下すべきである。言葉と思考が完全に一貫しているか否かというような純粋に学理的な事柄を判断の基準にすべきではない。ゴルバチョフは、きわめて抑圧的な体制のなかで最高権力ポストを受け継ぎながら、共産主義体制の手段と目標をともに放棄したのである。そのようなことをやってのけた人間として評価されるべきなのだ。

ゴルバチョフ自身の言葉を引用しよう。自分が「率いていたのは巨大な軍事力、秘密警察と諜報機関、そして国家である。国家は、万物を支配する唯一の偉大な支配者であった」。しかし、「私が着手したのは、それらのものを一つ残らず解体することであった。それは、権力を放棄することにほかならなかった。そして今や、ロシアは別の国になった」[32]。だがロシアは、大混乱をくぐり抜けたばかりである。したがって、ゴルバチョフの歴史的な役割を遺憾なく評価することは、のちの世代の課題となろう。

(24) Meeting with M.S.Gorbachev, 'Perestroyka—desyat' let spustya'（討論クラブ「自由な言葉」における会合（1995年1月20日、モスクワ）の速記録）, 80.

(25) この点はゴルバチョフも明確に認識していた（ibid.)。

(26) ディン（X.L. Ding）は「市民社会対国家という二分法による概念化」が多くの共産主義国家における政治変化の過程を理解する上で邪魔になっている、としている（ディン自身の主たる焦点は中国に置かれている）。ディンは代わりに一方の党=国家と、他方にある社会との間の「相互浸透」を伝えるために「組織的二重性」の概念を提起している。ディンは最近の共産主義においては「国家=社会関係は高度に相互浸透的で絡み合っている」として、この組織的二重性を理解することが移行過程の力学を解釈する上で重要な助けとなると主張している。以下を見よ。Ding, 'Institutional Amphibiousness and the Transition from Communism: The Case of China', *British Journal of Political Science*, 24/3（July 1994）, 293-318, esp.315, 317-18.

(27) Alexander Yakovlev, 'Eto krupneyshiy reformator', *Ogonek*, 11（Mar.1995）, 45.

(28) Samuel P. Huntington, *Political Order in Changing Societies*（Yale University Press, New Haven, 1968）, 345.

(29)「後知恵的決定論」というフレーズは、ベンディクス（Reinhard Bendix）のものである。以下を見よ。*Nation-Building and Citizenship*（John Wiley, New York, 1964）, 13, cited by Dallin, 'Causes of the Collapse of the USSR', 297.

(30) Olga Chaykovskaya, 'Dostoinstvo vyshe politiki', 11.

(31) *Nezavisimaya gazeta*, 6 Apr.1995, p.3. 詳細な史的比較分析としては以下を見よ。W.E.Mosse, *Alexander II and the Modernization of Russia*（updated edn., I.B.Tauris, London, 1992）; W.E.Mosse, *Perestroika under the Tsars*（I.B.Tauris, London, 1992）; and W.Bruce Lincoln, *The Great R*eforms: Autocracy, Bureaucracy and the Politics of Change in Imperial Russia（Northern Illinois University Press, De Kalb, Ill., 1990）.

(32) ゴルバチョフのインタビュー（*La Repubblica* (Rome), 14 Oct.1992, pp.1-3)。これは以下に翻訳され再録されている。FBIS-SOV-92-204, 21 Oct.1992, pp.18-20（at p.18）.

pomoshchnika（Rossika Zevs, Moscow, 1993）, 147）。あまり目立たなかったが、やはりゴルバチョフの補佐官であったウラジーミル・エゴロフ（Vladimir Yegorov）も、ゴルバチョフについて次のように書いている。「性格的に彼は独裁的手法を使うことができない人間だった。それだけではなく、強硬な行政的手段に訴えることもできなかった」（Vladimir K.Yegorov, *Out of a Dead End into the Unknown: Notes on Gorbachev's Perestroika*（edition q, Chicago, 1993）, 125）。以下も見よ。Nikolay Ryzhkov, *Perestroyka: Istoriya predatel'stv*（Novosti, Moscow, 1992）, 364.

（10）Rajan Menon, 'Post-Mortem: The Causes and Consequences of the Soviet Collapse', *Harriman Review*, 7/10-12（Nov.1994）, 1-10, at p.8.

（11）これについては、たとえば、以下を見よ。Shakhnazarov, *Tsena svobody*, 347.

（12）筆者は意図的に「彼」とした。実際、書記は全員男性だったからである。

（13）そのような論考は特に『ソ連国家と法』誌で見ることができた。当時の編集長はミハイル・ピスコーチン（Mikhail Piskotin）であったが、彼自身かつて著書『社会主義と国家行政』（*Sotsializm i gosudarstvennoe upravlenie*（Nauka, Moscow, 1984））の中で「民主集中制」について、集中の要素同様、民主的要素を重視する試みをしていた。この本はゴルバチョフが政権に就く前年に出版されたものである。特に209-32頁を見よ。以下も見よ。D.D.Tsabriya, 'Demokraticheskiy tsentralizm: Nekotorye voprosy teorii i praktiki', *Sovetskoe gosudarstvo i pravo*, 1（1986）, 30-7; D.A.Kerimov and N.G. Kobers, 'XXVII s"ezd KPSS i razvitie sotsialisticheskoy demokratii', *Sovetskoe gosudarstvo i pravo*, 4（1986）, 3-10; and M.P.Lebedev, 'Nekotorye tendentsii i perspektivy razvitya politicheskoy sistemy sotsializma', ibid.14-21（esp.15）.

（14）Michael Oakeshott, *Political Education: An Inaugural Lecture delivered at the London School of Economics and Political Science on March 6, 1951*（Bowes & Bowes, Cambridge, 1951）, 22.

（15）A.S. Chernyaev, *Shest' let s Gorbachevym: po dnevnikovym zapisyam*（Kultura, Moscow, 1993）, 39.

（16）Gorbachev, *Izbrannye rechi i stat'i*, vi.397.

（17）しかしながら、ドクトリンの変化の程度は、ソ連で出版されたゴルバチョフの『演説・論文集』全7巻のうち、第7巻のみが索引に「共産主義」という用語を入れていないという事実に表れている。第7巻が収録しているのは1988年10月1日から1989年6月9日に至る時期のものである。

（18）*Izvestiya*, 4 June 1989, p.2.

（19）M.S. Gorbachev, 'Vystuplenie v organizatsii ob Nedinennykh natsiy', 7 Dec.1988, in Gorbachev, *Izbrannye rechi i stat'i*, vii, 185-202, esp.187-9.

（20）筆者はロバート・ダール（Rober Dahl）に従って、政治的多元主義を、相対的に自立的な政治組織が存在する体制と理解する。ダールはさらに相対的自立性を以下のように定義している。「ある組織の行動が、(a)別の組織によって有害と見なされながら、(b)政府を含むいかなる他の組織も、利得以上のコストを覚悟しない限り、それを防止できない場合、その組織は相対的に自立的である」。以下を見よ。Dahl, *Dilemmas of Pluralist Democracy.Autonomy vs.Control*（Yale University Press, New Haven, 1982）, 26.

（21）Richard Pipes, 'Misinterpreting the Cold War: The Hard-Liners Had it Right', *Foreign Affairs*, 74/1（Jan.-Feb.1995）, 154-60, at p.158.

（22）Ryzhkov, *Perestroyka: Istoriya predatelistv*, 364-5.

（23）Ibid.365.

(257) Grachev, *Dal'she bez menya*, 184.
(258) Ibid.180.
(259) *The Times*, 9 Dec.1991, p.10.
(260) Grachev, *Dal'she bez menya*, 13.

第9章

(1) ロシアでのこうした見解の例は枚挙にいとまがない。その支持者は、自由市場を目指す急進派から、ロシア・ナショナリストや新しい事態に適応できないでいる共産主義者にまで及んでいる。このうち後者の2グループの信念は共通している。何よりも重要なのはソ連国家の保全であり、民主主義や人権といったその他すべての価値はこの目標に従属すべきだという信念である。たとえばヴィクトル・アルクスニス（Viktor Alksnis）大佐はゴルバチョフが暴力の使用を忌み嫌うことを愚弄する。アルクスニスは最高会議の院内会派ソユーズの指導的メンバーであり、ゴルバチョフ批判の急先鋒であった人物である。彼は、もしゴルバチョフがトルストイ主義者になりたいのならこれはなんら問題ではないが、政治家としてはだめだと主張している（以下よりの引用。Mark Galeotti, *The Age of Anxiety: Security and Politics in Soviet and Post-Soviet Russia*（Longman, London, 1995）, 192）。ガレオッティ（Mark Galeotti）はさらに次のように述べている。「過去のロシアやソ連の指導者たちは暴力の行使に尻込みすることはほとんどなかった。行使を拒んだことで、ゴルバチョフは善人になれたかもしれないが、政治家としては失敗者となった」（ibid.）。また、アメリカのソ連社会専門家、ブッシュネル（John Bushnell）はもっと手厳しく次のように書いている。「国家指導者でミハイル・ゴルバチョフほど見事に失敗したものはない。1985年、ゴルバチョフはソ連社会の蘇生に着手し、1991年末までに戦争に訴えることもなくソ連国家を破壊し、3世紀以上にもわたってロシアが獲得した領土を失ったのである」。以下を見よ。Bushnell, 'Making History out of Current Events: The Gorbachev Era',（*Slavic Review*, 51/3（Fall 1992）, 557-63, at p.557）.
(2) このフレーズはゴルバチョフが1984年12月、モスクワのイデオロギー会議でおこなった演説のなかで使ったものである。以下を見よ。M.S. Gorbachev, *Izbrannye rechi i stat'i*（Politizdat, Moscow, 1987）, ii, 75-108, at p.86.
(3) これらはロシアのリベラルな知識人たちの期待と同等か、あるいはそれを越えてすらいた。たとえば、作家オルガ・チャイコフスカヤ（Olga Chaykovskaya）はゴルバチョフがソ連の指導者となったときに考えたことを、こう書いている。自分が「この人間に求めていたことは、サハロフを解放してくれること、アフガニスタンでの戦争を終わらせてくれること。それだけだった」（'Dostoinstvo vyshe politiki', *Literaturnaya gazeta*, 21 Nov.1992, p.11）。
(4) このようなレーガンやシュルツの反応は第7章で引用し、論じている。
(5) Alexander Dallin, 'Causes of the Collapse of the USSR', *Post-Soviet Affairs*, 8/4（1992）, 279-302, esp.299.
(6) Ibid.
(7) Valery Surikov, 'Soyuz, Gorbachev, Rossiya', *Nezavisimaya gazeta*, 17 Oct.1991, p.5.
(8) Ibid.
(9) シャフナザロフはゴルバチョフのそばにいて、鋭く彼を観察した人物である。そのシャフナザロフも次のように言っている。「粗暴で、独裁的な手法はゴルバチョフの性格には合わなかった」（*Tsena svobody: Reformatsiya Gorbacheva glazami ego*

ている証言からいっても、トビリシでの死者に関する限り、エリツィンの主張は事実とは正反対であることが立証されている。エリツィンもこのことを認識すべきであった。しかも、エリツィンはこれを9人と書いているが実際は19人である（p.114）。バクーでの弾圧行動についてはゴルバチョフも責任があったし、本人もこれを否定していない。ただし、無差別な発砲行動に関しては別である。他方、バルト諸国での殺傷事件は別の範疇に入る。これらは、ゴルバチョフが煽動ないし承認した国家暴力行為というよりは、ゴルバチョフの名誉を傷つけること、そして、これら諸国にたいする全般的弾圧にゴルバチョフを巻き込むことを目的として仕組まれたものでもあった。

(243) ゴルバチョフの軟禁を含む、クーデターに関するエリツィンの解説については以下を見よ。*The View from the Kremlin*, 50-103.

(244) スターヴロポリの党公文書の押収については以下を見よ。FBIS-SOV-91-167, 28 Aug.1991, p.81.

(245) Gorbachev, *The August Coup*, 29.

(246) ゴルバチョフがクリュチコフ、バクラーノフらとの危険な共謀のゲームに関わっていたかもしれないという馬鹿げた考えをする人々は、ゴルバチョフが妻ライサを熱愛していたこと、テレビ・インタビューでも認めているように、ゴルバチョフがライサと「何でも」話し合っていたという事実（これについてはすでに指摘した）をちょっとでも考えてみるがよい。そもそも、クーデター首謀者たちはゴルバチョフの歴史的な達成事を脅かし、彼が1988年以降追求してきた政策のほとんどすべてを逆行させようとしていたのである。そのなかには、とりわけ連邦条約があった。クーデターに先立つ数カ月の間、ゴルバチョフが没頭していたのはこの条約であった。ほとんどとりつかれていたと言っても良い。こうした基本的な事実に加えて、ゴルバチョフが何らかの架空の政治的利得のためにライサを、実際、1991年8月の18日から21日の間に彼女が耐えた不確実性やストレス、苦痛にさらすなどということは考えられない。こののち、ライサの健康は2度とふたたび、それ以前の状態には戻らなかったのである。

(247) 皮肉なことに、エリツィンは1993年9-10月に、彼自身が任命した、あるいは昇進させた人々の反乱に遭遇する。そのなかには副大統領、ロシア最高会議議長、ロシア保安庁（KGBの後継機関）長官が含まれていた。事態は、2年前にはエリツィン自身が守ったロシア・ホワイトハウスへの襲撃で結末を迎える。この時の死亡者数は1991年8月クーデター時の3人（モスクワ）よりもはるかに多かった（犠牲者は主にエリツィンに敵対する側に出ている）。

(248) Shakhnazarov, *Tsena svobody*, 176.

(249) Chernyaev, *Shest' let s Gorbachevym*, 487.

(250) Ibid.489.

(251) *Pravda*, 23 Aug.1991, p.2.

(252) 以下を参照。Gorbachev, *The August Coup*, 46-7; and Grachev, *Dal'she bez menya*, 8-9.

(253) Remnick, *Lenin's Tomb*, 495.

(254) アフロメーエフの自殺の理由を述べた、ゴルバチョフ宛手紙の全文は以下に掲載されている。Stepankov and Lisov, *Kremlevskiy zagovor*, 240-2.

(255) 以下を見よ。Oleg Kalugin, *Spymaster*（Smith Gryphon, London, 1994）.

(256) ソ連最後の数カ月のハイ・ポリティクス（およびロー・ポリティクス）に関する詳細な解説としては以下を見よ。Grachev, *Dal'she bez menya*. 以下も見よ。Mikhail Gorbachev, *Dekabr'-91: Moya pozitsiya*（Novosti, Moscow, 1992）.

下のように言っている。「とりわけ、ソ連人民代議員大会が当初、副大統領の選出を拒否したことは正しかったと考える。しかし私は自説を通した。これは私のミスであり、ミスはこれだけではなかった。今それがわかる。率直に言って、私は特にヤゾフとクリュチコフを信用していたのである」(*Pravda*, 23 Aug.1991, p.2)。

(233) シードマン（Harold Seidman）は以下の自著のなかで、政治分析に「マイルズの法則」を導入している。*Politics, Position and Power: The Dynamics of Federal Organization*, first published in 1970. この考え方の元となったのは元米国保健・教育・福祉省の行政担当次官補のマイルズ（Rufus Miles）の発言だという。シードマンが使っている実際の言葉は以下の通りである。'Where one stands depends on where one sits'（*Politics, Position and Power*, 3rd edn.,（Oxford University Press, New York, 1980）, 21）.

(234) 以下で引用されている。Remnick, *Lenin's Tomb,* 455.

(235) Gorbachev, *The August Coup*, 27.

(236) Chernyaev, *Shest' let s Gorbachevym*, 483.

(237) Ibid.

(238) Ibid.

(239) Ibid.

(240) Gorbachev, *The August Coup*, 25.

(241) Ibid.24.

(242) Boris Yeltsin, *Against the Grain: An Autobiography*（Jonathan Cape, London, 1990）; and Yeltsin, *The View from the Kremlin.* たとえば、エリツィンは1985年、党中央委員会建設産業部長としてモスクワに招かれたときに、ゴルバチョフが自分に会おうともしなかったことに驚き、不満を感じたとしている（*Against the Grain*, p.76）。しかし、中央委員書記として、エリツィンの直接の上司に当たるドルギフ（Vladimir Dolgikh）は明確に、エリツィンが回想録の中で述べていることは「真実ではない」としている。エリツィンが初めてモスクワに来たとき、ドルギフが個人的にエリツィンをゴルバチョフに紹介し、3人は懇談した、というのである（ドルギフのインタビュー。*The Second Russian Revolution* の筆記録による）。ちなみに、エリツィンはドルギフのことを「中央委員会のなかではもっとも仕事のできる有能な書記の一人」としていた（p.121）。また、エリツィンはこうも言っている。1991年8月のクーデターの間、ゴルバチョフの運命が危うくなったがゆえに、「たった1時間で、これまでの改革期全体よりもゴルバチョフの人気は上昇した」(*The View from the Kremlin,* pp.75-6)。確かにゴルバチョフの人気はクーデター後やや上昇した。しかし、このときがゴルバチョフ人気の最高潮であって、それ以前の人気はたいしたことがなかったというエリツィンの主張は、恐ろしく的はずれなものである。初期のころの逸話的な証拠も、全露世論調査センター（VTsIOM）の調査データもともに、政権の座にあった大半の時期、ゴルバチョフの人気が高かったことを示している。すでに指摘したとおり、ゴルバチョフは在任中、人気が落ちたときですら、1995年の初め頃のエリツィンのような不人気ぶりを経験したことはなかったのである。ゴルバチョフに関する場合、いかにエリツィンが事実関係に不用意であるか、もう一つの例を挙げるだけで十分であろう。エリツィンはこの章で扱ったトビリシ、バクー、ヴィリニュス、リガでの殺傷事件について以下のように書いているのである(*The View from the Kremlin*, 114-15)。「絶対にゴルバチョフはこれらすべての行動について知らざるをえない立場にあったはずである」(強調はブラウン)。ソプチャーク報告に照らしても、またシェワルナゼらが公にし護衛隊長を責めることはなかった（彼の顔は外の世界にはよく知られていた。名前は知られていなかったが、何千と撮られた写真、特に海外で撮られた写真の中で、ゴルバチョフの陰に付き添う彼の顔が見られていたからである）。というのは、メドヴェージェフにとって上官の命令に従わない、ということは事実上不可能だったからである。しかし、クーデター後、ゴルバチョフは最終的には自分の命令に従う大統領警護隊を創設した（エリツィンはすでにそうしていた）。大統領警護隊は、もはやKGBの一部ではなくなった。メドヴェージェフは別として、ゴルバチョフの警護員たちは、フォロス監禁中ずっとゴルバチョフのそばに残り、武装を解くことなく、忠誠を貫いた。しかし、彼らはプレハーノフによって送り込まれたKGBの追加派遣隊によって取り囲まれ、その監視下に置かれていた。

(221) Gorbachev, *The August Coup*, 17-18; and Shakhnazarov, *Tsena svobody*, 262. 電話で話した時間について、ゴルバチョフとシャフナザロフの推測は30分から40分の違いがある。ゴルバチョフは、それは「午後4時40分」であったと言うが（*The August Coup*, 17）、シャフナザロフは「15時50分」であったと述べている。もっとも、数ページ先、8月21日のロシア最高会議で自分がおこなった演説を引用した場所では、ゴルバチョフとの電話は16時であったと述べている（*Tsena svobody*, 262, 266）。

(222) フォロスの電話交換手はのちに以下のように語っている。ゴルバチョフの電話をシャフナザロフにつないだ直後、1人のKGB将校が彼女の後ろに立っているのに気づいた。会話が終わるとすぐにデメンテイ（Nikolay Dementey）ベラルーシ最高会議議長がゴルバチョフの電話に答えて、返事の電話をかけてきた。将校はそれに出て、電話を切るように、これ以上電話をかけてきて大統領を煩わせないようにと命令した。そのあとに、回線が切られたのである。以下を見よ。Shakhnazarov, *Tsena svobody*, 270-1 and Gorbachev, *The August Coup*, 18.

(223) Ibid.18-19.

(224) 筆者の、チェルニャーエフとのインタビュー（30 Mar.1992）。

(225) Gorbachev, *The August Coup*, 28.

(226) Stepankov and Lisov, *Kremlevskiy zagovor*, 13.

(227) Gorbachev, *The August Coup*, 19.

(228) Ibid.20-3.

(229) Stepankov and Lisov, *Kremlevskiy zagovor*, 14. ボルジンですら以下のことを確認している。ゴルバチョフはプレハーノフに外に出るように命じ、それからバクラーノフにたいして、またワレンニコフにはさらに一層、攻撃的な態度に出ていた、と。以下を見よ。Boldin, *Ten Years that Shook the World*, 26-7.

(230) それについては以下を見よ。Stepankov and Lisov, *Kremlevskiy zagovor*; Shakhnazarov, *Tsena svobody*, 270-6; and Chernyaev, *Shest' let s Gorbachevym*, 477-88.

(231) ソ連崩壊後のロシアの強硬保守派系新聞には、ゴルバチョフを反逆罪の罪で裁判にかけることを要求する非常に多くの論文が掲載された。特に『デーニ』とその後継新聞である『ザーフトラ』にはそうした論文が多かったが、双方とも編集者はアレクサンドル・プロハノフ（Alexander Prokhanov）であった。彼は「国民に告ぐ」の中心的執筆者の一人である。

(232) Stepankov and Lisov, *Kremlevskiy zagovor*, 12; and Chernyaev, *Shest' let s Gorbachevym*, 484-5. ゴルバチョフはヤナーエフを、特に親しい関係にはなかったにもかかわらず、副大統領に任命した。これは、もう一つのゴルバチョフの重大な誤りであった。8月22日、すなわちモスクワ帰還の翌日の記者会見で、ゴルバチョフは以

(202) *Pravda*, 26 July 1991, pp.1-2, at p.2.
(203) Ibid.
(204) Ibid.
(205) Ibid.
(206) Ibid. 以下も見よ。Karl Marx, *Communist Manifesto*（100 周年記念版。 Harold J.Laski 序文。Allen & Unwin, London, 1948）, 146.
(207) *Pravda*, 26 July 1991, p.2.
(208) ヌルスルタン・ナザルバーエフとのインタビュー。聞き手はキーラ・ウラデナ（Kira Vladena）。以下を見よ。*Nezavisimaya gazeta*, 28 July 1993, p.5.
(209) Ibid.
(210) この会話については以下を見よ。Boris Yeltsin, *The View from the Kremlin*（HarperCollins, London, 1994）, 38-9; Pavlov, *Avgust iznutri*, 95. ナザルバーエフのインタビュー（*Nezavisimaya gazeta*, 28 July 1993, p.5）。ゴルバチョフのインタビュー（*The Second Russian Revolution* の筆記録）。
(211) エリツィン自身はこの会合が「1991 年 8 月クーデターの引き金となった」とまで言い切っている（*The View from the Kremlin*, 39）。
(212) *Komsomol'skaya pravda*, 6 Aug.1991, p.1.
(213) たとえば以下を見よ。Shakhnazarov, *Tsena svobody*, 262-3; and Mikhail Gorbachev, *The August Coup*（HarperCollins, London, 1991）, 17.
(214) Remnick, *Lenin's Tomb*, 449.
(215) 8 月 16 日のインタビュー（ただし発表されたのはクーデターが終わった後のこと）で、「国民に告ぐ」が本質的に「ゴルバチョフ打倒のアピール」を含んでいたかどうかと聞かれたヤコヴレフは、「もちろんイエスだ」と答えている。以下を見よ。*Literaturnaya gazeta*, 34, 28 August 1991, p.2.
(216) FBIS-SOV-91-158, 15 Aug.1991, p.27.
(217) クーデターに関するもっとも豊富な資料に基づいた本は 1992 年にモスクワで出版されている。犠牲者側であれ、首謀者側であれ、クーデターに関係した人間すべてに対して検察がおこなった聞き取り調査からの大量の抜粋が原文どおりに、当時のロシア検事総長ワレンチン・ステパンコフと総長代理エヴゲーニー・リソフによって出版されたのである。検察トップの人間が裁判開始前に調査対象に関する人気本を出版するのは、控えめに言っても驚きではあるが、この本はきわめて興味深い情報を載せている。以下を見よ。Stepankov and Lisov, *Kremlevskiy zagovor*（Ogonek, Moscow, 1992）. クーデターに関する英文での最も優れた解説としては以下がある。Remnick, *Lenin's Tomb*, 439-90.
(218) Gorbachev, *The August Coup*, 111. ゴルバチョフとチェルニャーエフがクーデターの 2-3 日前に完成させた論文は、同書に付録 C として所収されている。以下を見よ。Gorbachev, *The August Coup*, pp.97-127.
(219) このエピソードに関するウラジーミル・メドヴェージェフ（Vladimir Medvedev）の解説については彼の回想録を見よ。*Chelovek za spinoy*（Russlit, Moscow, 1994）, esp.274-87.
(220) Gorbachev, *The August Coup*, 18; cf.Stepankov and Lisov, *Kremlevskiy zagovor*, 9; and Medvedev, *Chelovek za spinoy*, 276-7. プレハーノフ（Plekhanov）は KGB 第 9 局の局長であり、メドヴェージェフの上司であった。プレハーノフは自身がフォロスを離れる前に、メドヴェージェフにも退去するよう命じ、メドヴェージェフはこれに従った。これに関して、このときも、また後になってもゴルバチョフは自分の元

Power, 183-200, esp.184, 192-7.

(183) Shakhnazarov, *Tsena svobody*, 225. この4人のほかに、数人の若いコンサルタントが手助けをした。特に積極的に動いたのはバトゥーリンである。

(184) Ibid.237.

(185) 筆者によるフョードル・ブルラツキーのインタビュー（14 May 1992）。

(186) *Sovetskaya Rossiya*, 15 Aug.1991, p.3.

(187) Shakhnazarov, *Tsena svobody*, 233.

(188) Ibid.224-5.

(189) Ibid.225.

(190) Ibid.

(191) 6人の候補者全員の得票数と得票率については以下を見よ。FBIS-S0V-91-119, 20 June 1991, pp.56-7. 本文で触れなかった候補者は第4位のアマン・トゥレーエフ（Aman Tuleev）で、その得票率は6.81パーセントであった。

(192) ポスト・ソ連のロシアでは時を経ずして、エリツィンとルツコイの間に緊張が起こった。これが最終的には1993年のホワイトハウス（モスクワ）での行政府と立法府の対決劇に至ったのである。この時、ルツコイはロシア最高会議と運命をともにした。10月4日、エリツィン側についた部隊によってホワイトハウスは攻撃を受け、ルツコイは逮捕される。1994年2月、拘置所から解放されるとほぼすぐに、彼はナショナリスト志向の綱領を掲げ、次のロシア大統領選を目指して政治キャンペーンを旗揚げした。

(193) このエピソードに関する有益な解説としては以下を見よ。Dawn Mann, 'An Abortive Constitutional Coup d'Etat?', *RFE/RL Report on the USSR*, 3/27（5 July 1991）, 1-6.

(194) 1991年6月21日の最高会議でのゴルバチョフ演説の原稿は前文以下に掲載されている。FBIS-SOV-91-121, 24 June 1991, pp.36-7.

(195) Gorbatschow, *Erinnerungen*, 565-6.

(196) Valentin Pavlov, *Avgust iznutri.Gorbachevputch*（Delovoy mir, Moscow, 1993）, 95; and Shakhnazarov, *Tsena svobody*, 233. シャフナザロフは、ゴルバチョフがもっと早くナザルバーエフに全連邦レベルの重要ポストを与えるべきであったと付け加えている。

(197) この件の政治的文脈についての優れた解説としては以下を見よ。Elizabeth Teague and Julia Wishnevsky, 'El'tsin Bans Organized Political Activity in State Sector', *RFE/RL Report on the USSR, 3/33*（16 Aug.1991）, 21-5.

(198) Ibid.23, 25.

(199) *Sovetskaya Rossiya*, 23 July 1991, p.1.

(200) アンドレイ・グラチョフとのインタビュー（25 Jan.1992）。以下も見よ。*Pravda*, 29 July 1991, p.1.

(201) アンドレイ・グラチョフは以下のように言っている（interview of 25 Jan.1992）。ルキヤノフは1991年7月の中央委員会総会で非常に暖かく迎えられていた。したがって明らかに彼が将来の指導者であり、書記長となる可能性が高いと見られていた、と。グラチョフからすれば、中央委員会が党綱領草案に暫定的承認を与えた唯一の理由は、それを実施する気がなかったからであった。煽動的な公開書簡「国民に告ぐ」を攻撃したのがグラチョフとラツィスのたった2人であったこと、そしてそれを受けて場内が手荒に反応したこと。このことが総会の雰囲気をよく示していた。

1992), 23; and Stephen White, *After Gorbachev* (Cambridge University Press, Cambridge, 1993), 131.

(161) Wedgwood Benn, *From Glasnost to Freedom of Speech*, 23.

(162) Shakhnazarov, *Tsena svobody*, 55.

(163) Wedgwood Benn, *From Glasnost to Freedom of Speech*, 18-21, at p.18.

(164) Miller, *Gorbachev and the End of Soviet Power,* 98-100, at p.100. シャフナザロフはこの法律の成立過程がときに大荒れに荒れたこと、またこれに関してゴルバチョフと話し合ったことについて回想録の中で触れている。以下を見よ。*Tsena svobody*, 54-60. ゴルバチョフの補佐官になる前の数年間、シャフナザロフは中央委員会組織で働きながら、同時に「国家と法研究所」の政治体制理論部の部長をつとめていた。出版法の草案（修正や、異議が出されたが、これが新法の基礎となった）を作成した若手3人の学者のうち2人は、シャフナザロフがこの部から引き抜いた者たちである。それはバトゥーリン（Yury Baturin）とエンチン（Vladimir Entin）である。バトゥーリンは、のちにシャフナザロフの補佐官としてクレムリン入りし、さらにその後、つまりソ連崩壊後、ボリス・エリツィンの大統領補佐官となる。3人のうちのもうひとりはフェドートフ（Mikhail Fedotov）である。フェドートフは1993年に、ロシア政府で新聞情報相となる。この作業の前年、グラスノスチ法案を起草したのもこの同じ3人である。

(165) 以下を見よ。Remnick, *Lenin's Tomb,* 420.

(166) M. Steven Fish, *Democracy from Scratch: Opposition and Regime in the New Russian Revolution* (Princeton University Press, Princeton, 1995), 48.

(167) 実際、ゴルバチョフはクレムリンを去った後も、デモ隊が制御不能に陥る危険は大いにあり得ると信じていた。ゴルバチョフのインタビュー（*Literaturnaya gazeta*, 8 July 1992, p.11）を見よ。

(168) Remnick, *Lenin's Tomb*, 420-2.

(169) Ibid.; and Richard Sakwa, *Russian Politics and Society* (Routledge, London, 1993), 9.

(170) Remnick, *Lenin's Tomb*, 422.

(171) Chernyaev, *Shest' let s Gorbachevym*, 434.

(172) Ibid.

(173) Shakhnazarov, *Tsena svobody*, 144.

(174) Ibid.145.

(175) たとえば以下を見よ。Ibid.54 and 290. シャフナザロフは、ゴルバチョフは「いつものように朝10時から、夜は10時か11時まで働いていた」と書いている（p.290）。

(176) ゴルバチョフとのインタビュー（*Literaturnaya gazeta*, 8 July 1992, p.11）。

(177) Chernyaev, *Shest' let s Gorbachevym*, 432-3.

(178) *Literaturnaya gazeta*, 8 July 1992, p.11; and Shakhnazarov, *Tsena svobody*, 221-39.

(179) Ibid.225.

(180) 中央委員会4月総会については以下を見よ。*Izvestiya TsK KPSS*, 6 (1991), 10-11; Medvedev, *V komande Gorbacheva*, 184-6; and FBIS-SOV-91-082-S, Daily Report Supplement, 'Soviet Union: CPSU Plenum', 29 Apr.1991.

(181) Shakhnazarov, *Tsena svobody*, 164.See also pp.155-6.

(182) 1991年8月20日調印予定であった連邦条約草案は8月14日のモスクワ・ニュース紙（露語版）と、8月14日のソヴェツカヤ・ロシア紙に掲載された。連邦条約の内容の変化については以下が詳しい。Miller, *Gorbachev and the End of Soviet*

撃に戦車が使われた事実については何も知らなかった。ほかにも、ゴルバチョフに与えられていた情報には、重大な欠陥があった。「最初に攻撃を仕掛けたのは分離主義者、過激派の方なのだから、何らかの対抗措置をとる必要がある、とゴルバチョフは信じていた。考えていた被害者の数も実際より少なかった。死亡者はたった2人と信じていたのである。私の情報ではそれは12人であった」(ibid.)。

(152) FBIS-SOV-91-015, 23 Jan.1991, p.3.

(153) エリツィンは以前(1990年8月)タタール人に対して、自分たちの「自治共和国」が対処しうるあらゆる権力を我が手にせよ、と言っていた。チェチェンへの行動はそれに反していた(*Pravda*, 9 Aug.1990, p.2)。

(154) シャフナザロフのインタビュー(*Der Spiegel*, 21 Jan.1991, pp.131-4; 英語版は以下を見よ。FBIS-SOV-91-015, 23 Jan.1991, pp.30-3(p.31))。

(155) Ibid.

(156) Ibid. シャフナザロフは次のように付け加えている。「カフカスの共和国はアジアの共和国と同じように、おそらくロシアと密接な関係を保つことを望むであろう。われわれがうまくすべての人々に自由の感覚を与え、同時にこちらの経済状況を改善できれば、強力で、将来性のある地域としてのロシアの魅力はきわめて強いものとなり、他の共和国も遠ざかるのではなく、再びロシアに近づくはずである」。1990年すでに再独立を目指していたバルト諸国の動きへのゴルバチョフの反応について、チェルニャーエフは次のように書いている。ゴルバチョフはバルト諸国がソ連邦から出るということに対して、どうしても心理的に適応することができないでいた。彼はまじめに信じていたのである。もし独立をすれば、それは「とりわけこれら諸国の人々にとって大きな痛手になる」であろうと(*Shest' let s Gorbachevym*, 339)。

(157) Gorbatschow, *Erinnerungen*, 1019. リトアニア指導部は離婚という言葉を拒否していた。なぜなら自分たちはロシアと関係をもち、ソ連邦の一部になったのは強制されたからだというのだ。シャフナザロフはこれに対して1991年1月中旬のシュピーゲル紙のインタビューで次のように言っている。「リトアニア人たちのいうことが正しいと仮定してみよう。その場合、次のような例えを挙げさせていただきたい。ある男がある女を無理矢理一緒に住むようにさせた。半世紀後、彼らには家庭があり、子どもたちがいて、共通の親戚がいる。隣人との付き合いもしている。(中略)こうなれば必然的に一定の義務が生じる。これを解決するには法的な基礎に立つしかない」(FBIS-SOV-91-015, 21 Jan.1991, p.30)。

(158) クラフチェンコは8月クーデター首謀者たちに協力したあと、解任された。国営テレビ・ラジオ(Gostelradio)社長としての彼の後任はモスクワ・ニュース紙の自主性の強い編集長エゴール・ヤコヴレフ(Yegor Yakovlev)であった。

(159) Remnick, *Lenin's Tomb*, 392. クラフチェンコは(Kravchenko)のちに次のように主張している。時事解説番組、視点(ヴズグリャード)にたいする「ゴルバチョフの不満」が、この番組の打ち切りに一役買った。ゴルバチョフは番組の打ち切りを直接要求するわけにはいかなかったが、しかし、自分(クラフチェンコ)はそうするようきわめて明確な指示を「若干下のランクの人々から」受け取った——。ゴルバチョフのために働く人々の個性や見解はまちまちであったため、この特定の番組を終わらせたのがゴルバチョフの意志だったのかは不明なままである。クラフチェンコとのインタビューを見よ(*Novyy vzglyad*, 16(1992), 1)。

(160) David Wedgwood Benn, *From Glasnost to Freedom of Speech: Russian Openness and International Relations*(Pinter, London, for the Royal Institute of International Affairs,

(142) Ibid.412.

(143) Ibid.408-11.

(144) Ibid.408-12. このエピソードに関しては以下も見よ。 Ignatenko, 'Ot Vil'nyusa do Forosa', 26. タマーラ・アレクサンドロワ（Tamara Alexandrova）は長年、チェルニャーエフのもとで働いていた。

(145) 1月14日、イグナテンコらがゴルバチョフにたいし、週末ヴィリニュスで現実に起こったことを解説した（イグナテンコらは事の詳細を元内務相バカーチンから聞いたのである）。そのとき、イグナテンコの言葉を借りれば、「ゴルバチョフはショックを受けていた」（'Ot Vil'nyusa do Forosa', 26）。1991年初めにおこなわれたアレクサンドル・ヤコヴレフとのインタビューも見よ（*The Second Russian Revolution* の筆記録）。ヤコヴレフは以下のように言っている。「この1月にヴィリニュスで起こった悲劇的事件」のとき、私は休暇を取っていたが、ゴルバチョフは翌日自分に電話をかけてきた。彼は「とても悲しんでいた」。また、ヤコヴレフは同じインタビューでこうも言っている。流血の回避こそがゴルバチョフが常に考えていたことであった、と。アンドレイ・グラチョフ（1993年1月14日の筆者とのインタビュー）はこう言っていた。ゴルバチョフにとっては血を流したくないということが、彼の政治への関与の基準であるばかりではなく、その必要条件であった。ゴルバチョフ自身は回想録の中で次のように書いている。1月12-13日の夜、ヴィリニュスで起こったことに怒りを感じた。クリュチコフ、プーゴ、ヤゾフに説明を求めたが、皆命令を下したことを否定した、と。ゴルバチョフはそれに加えて、「そのときは、私はヤゾフを信用していた」とも述べている（Gorbatschow, *Erinnerungen*, 1021）。ゴルバチョフのインタビューも見よ。*Moskovskiy komsomolets*, 28 June 1995, p.2

(146) Ignatenko, 'Ot Vil'nyusa do Forosa', 26.

(147) Ibid.; Chernyaev, *Shest' let s Gorbachevym*, 414-15. シャフナザロフのインタビュー（*The Second Russian Revolution* の筆記録）。筆者によるアンドレイ・グラチョフとのインタビュー（14 Jan.1993）。

(148) Ignatenko, 'Ot Vil'nyusa do Forosa', 26.

(149) Ibid.

(150) 回想録のなかですら、ゴルバチョフは攻撃を挑発したとして「急進的分離主義者たち」を非難しているが、攻撃自体は遺憾に思っていた。とりわけ彼は軍隊の使用を禁じていた。当日の行動は現場で決定されたように思われる。以下を見よ。Gorbatschow, *Erinnerungen*, 1023-5.

(151) Gorbachev news conference of 22 Jan., FBIS-SOV-91-015, 23 Jan.1991, pp.3-4, at p.3. 1月16日掲載の新聞インタビューで、ワジム・バカーチンは以下のように言っている。自分は日曜の晩と月曜に（1月13日と14日）ゴルバチョフと話をしているが、「ヴィリニュスで起こったことはいずれも彼にはまったくの驚きであった」。さらにバカーチンはこう付け加えている。2年間、自分は法執行分野でゴルバチョフときわめて近しく仕事をしてきたが、常にゴルバチョフはもっとも複雑なケースですら、「法にもとづかない不必要な暴力行為は避ける」よう努めていた。したがってバカーチンは、ゴルバチョフが事件発生後ソ連最高会議への最初の声明で、ヴィリニュスでの抑圧行動には自分は関係ないと明確にしなかった点については、驚きと不満をもっていた（*Komsomol'skaya pravda*, 16 Jan.1991, p.1）。その後のインタビューで（*The Second Russian Revolution* の筆記録）、バカーチンは次のようにも言っている。1月13日の日曜日、事件後初めて電話をしたとき、ゴルバチョフは、攻

時点で、「たとえ強い言い回しであっても、リトアニア最高会議への警告に他ならないもの」に留めることを決定していた（FBIS-SOV-91-010, 15 Jan.1991, p.23)。

(131) Ibid.

(132) 以下を参照。Miller, *Mikhail Gorbachev and the End of Soviet Power*, 172-3.

(133) Shakhnazarov, *Tserza svobody*, 17-18.

(134) 以下を見よ。Stephen Foye, 'Russia's Fragmented Army Drawn into the Political Fray', *RFE/RL Research Report*, 2/15（9 Apr.1993), 1-7, at p.5; David Remnick, *Lenin's Tomb: The Last Days of the Soviet Empire*（Random House, New York, 1993), 307; and FBIS-SOV-91-010, 15 Jan.1991, p.21. 同様に直接責任を負っていた人物は、ヴィリニュス守備隊司令官のウスホプチク少将（Major General Uskhopchik）であった（Miller, *Gorbachev and the End of Soviet Power*, 173)。

(135) まったく違う立場からのゴルバチョフ批判としては以下を見よ。Medvedev, *V komande Gorbacheva*, 176-7.

(136) Ignatenko, 'Ot Vil'nyusa do Forosa', 25.

(137) Ibid.25-6. 以下を参照。Chernyaev, *Shest' let s Gorbachevym*, 407. ゴルバチョフが最初にリトアニア事件について受けた説明は、ソ連軍の行動を強く擁護する情報源からのものであった。報告はリトアニア人の犠牲者数をきわめて低く見積もっていた。ゴルバチョフのランズベルギスとの関係は、ブラザウスカス（Algirdas-Mikolas Brazauskas）元リトアニア共産党第1書記との関係にくらべてきわめて悪かった（ブラザウスカスこそ、リトアニア独立に向けて顕著な役割を果たしていたにもかかわらず、である）。したがって、日曜のランズベルギスの電話が何らかの違いを生んだかどうかは定かではない。ゴルバチョフは実際、翌日（1月14日の早朝）ランズベルギスと電話で話しており、この会話のことを「きわめて非生産的」であったと述べている（FBIS-SOV-91-010, 15 Jan.1991, p.21)。ランズベルギスは、分離志向の強いソ連構成共和国の中でゴルバチョフが出会った対話の相手としてはもっとも難しい人間の部類に入る。バルト政治に詳しいアナトール・リーヴェン（Anatol Lieven）によれば、ランズベルギスの「国父」になるという野望は「リトアニア文化への健全な帰属意識を持っていることと同時に、彼の個人的な強い虚栄心」から来ていた。リーヴェンは、「ランズベルギスのナショナリズムには美しい面と大いに醜い面があった」とも考えている。以下を見よ。Lieven, *The Baltic Revolution: Estonia, Latvia and Lithuania and the Path to Independence*, 2nd edn.（Yale University Press, New Haven, 1994), 259, 274.

(138) Ignatenko, 'Ot Vil'nyusa do Forosa', 26. 1991年1月のヴィリニュスでの暴力事件と、同年バルト諸国で起こったその他の人命喪失につながった抑圧行為に関しては以下の二つの有益な解説を見よ。Lieven, *The Baltic Revolution*, 244-55; and Steele, *Eternal Russia,* 189-202.

(139) 以下を見よ。Grachev, *Dal'she bez menya*, 261-2.

(140) 以下を見よ。 Chernyaev, *Shest' let s Gorbachevym*, 405-15; and Ignatenko, 'Ot Vil'nyusa do Forosa', 26. チェルニャーエフとイグナテンコによれば、アンドレイ・グラチョフは国際部次長の職を辞して、大統領組織を強化するためにゴルバチョフのスタッフに加わるよう要請された。しかし、彼は電話口で今はその気がない、「1968年と1979年だけでたくさんだ」と言ったという（Chernyaev, *Shest' let s Gorbachevym*, 407-8; Ignatenko, 'Ot Vil'nyusa do Forosa', 26)。もちろんグラチョフが言ったのはチェコスロヴァキアとアフガニスタンへのソ連侵攻のことである。

(141) Chernyaev, *Shest' let s Gorbachevym*, 408-11, esp.411.

ては以下を見よ。Vadim Medvedev, *V komande Gorbacheva. Vzglyad iznutri*（'Bylina', Moscow, 1994）, 173-4.

(113) *RFE/RL Report on the USSR*, 3/2（11 Jan.1991）, 31.

(114) Roxburgh, *The Second Russian Revolution*, 198.

(115) Ryzhkov, *Perestroyka: Istoriya predatel'stv*, 14-17, esp.16. ゴルバチョフはだれを首相にすべきかについて、次のように言っている。補佐官のチェルニャーエフとシャフナザロフの意見を討議する過程で、「多くの」人間がパヴロフを推薦した、と。チェルニャーエフとシャフナザロフが挙げた中には、レオニード・アバルキン、アナトーリー・ソプチャーク（彼なら橋渡し的連立を作れるという利点があると、チェルニャーエフが主張した）、アルカージー・ヴォリスキー（ゴルバチョフは「私の方が君たちより彼のことはよく知っている」と言って、即座に退けた）の名があった。以下を見よ。Chernyaev, *Shest' let s Gorbachevym*, 404-5.

(116) 1991年1月、モスクワ滞在中、筆者が話したゴルバチョフの側近たちに接点をもつ多くの政治家や専門家たちは、ゴルバチョフに対するルキヤノフの影響力が拡大していることを指摘していた。

(117) Chernyaev, *Shest' let s Gorbachevym*, 396.

(118) ソ連最高会議での新内閣組閣についてのゴルバチョフ演説は、そのまま以下に掲載されている（モスクワ中央テレビから録音されたもの）。FBIS-SOV-91-010, 15 Jan.1991, pp.16-19. 最高会議幹部会と連邦評議会への諮問については、17頁を見よ。

(119) Ibid.18.

(120) Ibid.17.

(121) Shevardnadze, *The Future Belongs to Freedom*, esp.23-6, 37-40.

(122) Shevardnadze's 'Resignation Speech to Congress', FBIS-SOV-90-245, 20 Dec.1990, pp.11-12, at p.11. 演説はそのままシェワルナゼの回想録（*The Future Belongs to Freedom*, 201-4）に付録として付けられている。ペトルシェンコ大佐は演説を聞くと、辞任の発言をまじめに受け取らず、それを「政治的駆け引き」として、次のように言った。「シェワルナゼはきっとゴルバチョフの命令に従っているのだ」（FBIS-SOV-90-245, 20 Dec.1990, p.14）。

(123) Shevardnadze, *The Future Belongs to Freedom*, p. xvi.

(124) FBIS-SOV-90-245, 20 Dec.1990, p.12.

(125) Shevardnadze, *The Future Belongs to Freedom*, 199; and Vitaly Ignatenko, 'Ot Vil'nyusa do Forosa. Samye trudnye dni Gorbacheva', *Novoe vremya*, 12（Mar.1992）, 22-6, at p.23.

(126) Shevardnadze, *The Future Belongs to Freedom*, 198.

(127) Ibid., p.xviii.

(128) Ibid., pp.xviii, 192.

(129) Ignatenko, 'Ot Vilinyusa do Forosa'. 筆者によるアンドレイ・グラチョフのインタビュー。シャフナザロフも、ゴルバチョフが「バルト諸国に大統領統治導入を要求する山のような手紙、電報、その他の要請に埋もれていた」と述べている（*The Second Russian Revolution* の筆記録所収のインタビュー）。ゴルバチョフ側近の中の急進的改革派に対するボルジンの態度については以下を見よ。Chernyaev, *Shest' let s Gorbachevym*, 402-3.

(130) FBIS-SOV-91-010, 15 Jan.1991, pp.19-23, at p.20.1月14日の最高会議議事の休憩中、記者団に対してゴルバチョフは次のように言っていた。リトアニアに「大統領直轄統治そのものを導入することはしたくない」。ゴルバチョフはすでに数日前の

1993).

(96) *V kakoy mere vy odobryaete deyatel'nost' M.S.Gorbacheva* (VTsIOM survey). レワダ教授の好意による。

(97) Gorbatschow, *Erinnerungen*, 1089.

(98) M. Gorbachev, 'Novaya politika v novoy Rossii', *Svobodnaya mysl'*, 13(1992), 3-19, at p.14. 以下も見よ。Gorbatschow, *Erinnerungen,* 1089. アンガス・ロクスバーとのインタビューで（BBC Newsnight programme on 6 Aug.1992）、ゴルバチョフは基本的に同じ点を主張している。このインタビューのすべてを収録したビデオテープを提供してくれたBBCに謝意を表したい。

(99) Shakhnazarov, *Tsena svobody*, 147. アンドレイ・グラチョフは次のように書いている。ゴルバチョフは政権にいた間、政治的奇跡を起こす自分の能力をあまりにも見事に全世界に信じこませてしまったため、しまいにはおそらく自分自身でもそれを信じるようになったのであろう」(Grachev, *Dal'she bez menya... Ukhod Prezidenta* (Kultura, Moscow, 1994), 3)。しかし、経済学者のパーヴェル・ブーニチ（Pavel Bunich）はゴルバチョフの自信過剰についてはまったく敵意むき出しに、「秘密主義的であり自己満足的だ」と述べている（*Argumenty i fakty*, 12（Mar.1995), 3)。

(100) この一般化に対する唯一の例外は、1991年8月クーデター後の数カ月の時期である。この時期、ゴルバチョフは自分の側近に大胆な変化を主張する人々を呼び戻すことができた。他方で、初めて党組織、軍、KGB、官僚組織内の保守派の圧力から解放されることになった。党機関は消滅し、その他のすべての組織に新しい指導部が成立していた。このときの政治的な雰囲気は、現状維持派の勢力が著しく後退し、ゴルバチョフにとって唯一の（ただし決定的に重要な）脅威は、エリツィン・チームと、ヨーロッパ地域のソ連構成共和国内の分離派傾向だけ、というものであった。

(101) Bunich, *Argumenty i fakty*, 12（Mar.1995), 3.

(102) Chernyaev, *Shest' let s Gorbachevym,* 376.

(103) Alexander Yakovlev, *Muki, prochteniya, bytiya.Perestroyka: nadezhdy i real'nosti* (Novosti, Moscow, 1991), 348.

(104) ボルジンの回想録は、偏向していて全般的に信頼できない。しかし、そのなかで彼は正確に以下のように述べている。安全保障会議のメンバーはバカーチン、ベススメルトヌィフ、クリュチコフ、パヴロフ、プーゴ、プリマコフ、ヤゾフ、そしてヤナーエフである、と。しかし、ボルジンはゴルバチョフがもうひとりの人間、他ならぬワレーリー・ボルジンをメンバーに推薦したこと、ソ連最高会議がそれを拒否したことには触れていない。以下を見よ。Boldin, *Ten Years that Shook the World: The Gorbachev Era as Witnessed by his Chief of Staff* (Basic Books, New York, 1994), 263.

(105) Gorbatschow, *Erinnerungen*, 562.

(106) シャフナザロフとのインタビュー（*The Second Russian Revolution* の筆記録)。

(107) Ibid.

(108) Ibid.

(109) Ibid.

(110) Ibid.

(111) A.N. ヤコヴレフとのインタビュー（*The Second Russian Revolution* の筆記録)。

(112) ゴルバチョフとヤコヴレフの間の対立が深まっていたこと、またそれを保守派、急進的民主派双方にいるゴルバチョフの敵対者たちが煽っていたことについ

(75) *Istoricheskiy arkhiv*, 3 (1993), 95-6.
(76) Roxburgh, *The Second Russian Revolution*, 132.
(77) Ibid.117.
(78) Ibid.116.
(79) 以下を見よ。John Miller, *Mikhail Gorbachev and the End of Soviet Power* (Macmillan, London, 1993), 156-7; and Richard Sakwa, *Gorbachev and his Reforms, 1985-1990* (Philip Allan, London, 1990), 262-3.
(80) Ann Sheehy, 'Supreme Soviet Adopts Law on Mechanics of Secession', 2-5, at p.3. 以下も見よ。Jonathan Steele, *Eternal Russia: Yeltsin, Gorbachev and the Mirage of Democracy* (Faber & Faber, London, 1994), 206-9.
(81) Sheehy, 'Supreme Soviet Adopts Law on Mechanics of Secession', 3-4.
(82) Ibid., at pp.4-5.
(83) Ibid.5.
(84) Chernyaev, *Shest' let s Gorbachevym*, 410. 以下も見よ。Shakhnazarov, *Tsena svobody*, 196, 348.
(85) アレクサンドル・ニコラエヴィッチ・ヤコヴレフとのインタビュー (*Argumenty i fakty*, 11 Mar.1995, p.3)。
(86) リトアニアの独立への動きを阻止する、あるいはそのスピードを抑えるための一連の提案をしたのは以下の人々であった。ギレンコ (1989 年 9 月以降、中央委員会書記、ウクライナ人)、マスリューコフ (ゴスプラン議長、政治局員)、ワジム・メドヴェージェフ (政治局員、当時、イデオロギー担当中央委員会書記)、ラズモフスキー (中央委員会書記、政治局員候補、党人事担当)。以下を見よ。*Istoricheskiy arkhiv*, 1 (1992), 3-5.
(87) Ibid.
(88) Alexander Utkin, 'Pyat' rokovykh shagov Gorbacheva', *Rossiyskaya federatsiya*, 7 (1995), 4-8, at p.8. ウトキンはエストニアの主権宣言が出されたのは 1988 年 10 月だと述べているが、実際にはその年の 11 月である。
(89) 以下の記事より。John Lloyd 'Gorbachev Shivers in his Own Shadow', *Financial Times*, (24) Apr.1995, p.17.
(90) Ibid.
(91) ゴルバチョフとのインタビュー (*The Second Russian Revolution* の筆記録)。
(92) Ibid.
(93) 以下を参照。ゴルバチョフとのインタビュー (*The Second Russian Revolution* の筆記録)。Gorbatschow, *Erinnerungen*, 561-70.
(94) 2 つの有益な資料集がある。一つはゴルバチョフ=エリツィン関係そのものに焦点を当てたもの。もう一つはこれにかなりのスペースを割いているものである。以下を見よ。M.K. Gorshkov, V.V. Zhuravlev, and L.N. Dobrokhotov (eds.), *Gorbachev-Yel'tsin: 1500 dney politicheskogo protivostoyaniya* (Terra, Moscow, 1992); and B.I. Koval (ed.), *Rossiya segodnya: politicheskiy portret v dokumentakh, 1985-1991* (Mezhdunarodnye otnosheniya, Moscow, 1991), 393-511 (for the period Dec.1990-Apr.1991, pp.487-509).
(95) ゴルバチョフの活動に対してどの程度国民が支持していたかについて、VTsIOM (全露世論調査センター) がおこなった 12 の世論調査結果 (1989 年 12 月から 1992 年 1 月) を同センター所長ユーリー・レヴァダ教授に提供していただいた。ここに謝意を表したい。ゴルバチョフとエリツィンの比較に関しては、以下も見よ。*Reytingi Borisa Yel'tsina i Mikhaila Gorbacheva po 10-bal'noy shkale* (VTsIOM, Moscow,

(58) ヴォリスキーとのインタビュー（*The Second Russian Revolution* の筆記録）。
(59) Ibid.
(60) Roxburgh, *The Second Russian Revolution*, 167. 以下も見よ。Suny, *The Revenge of the Past*, 137.
(61) Roxburgh, *The Second Russian Revolution*, 167-8.Cf.A.S.Chernyaev, *Shest' let s Gorbachevym: po dnevnikovym zapisyam*（Kultura, Moscow, 1993）, 326.
(62) Gorbatschow, *Erinnerungen*, 500-1.
(63) ゴルバチョフがこれを発言したのは、1995 年 1 月 20 日、モスクワ知識人のクラブ「自由な言葉」(Svobodnoe slovo) が開催した会合での質問に答えてのことである。以下を見よ。*Perestroyka?desyat' let spustya: vstrecha s M.S.Gorbachevym*（Stenographic Report, Svobodnoe slovo, Moscow, 1995）, 62.
(64) 死亡者の数はソプチャーク調査委員会が報告したものである。以下を見よ。*Istoricheskiy arkhiv*, 3（1993）, 115.
(65) Ibid.116.
(66) 以下を見よ。Roxburgh, *The Second Russian Revolution*, 132.
(67) 以下を見よ。 Stephen Jones, 'Georgia: A Failed Democratic Transition', in Bremner and Taras（eds.）, *Nations and Politics in the Soviet Successor States*, 288-310, esp.305.
(68) Roxburgh, *The Second Russian Revolution*, 132.
(69) 以下を見よ。ソプチャークとのインタビュー（*The Second Russian Revolution* の筆記録）。Eduard Shevardnadze, *The Future Belongs to Freedom*（Sinclair-Stevenson, London, 1991）, 192-7; and Anatoly Sobchak, *Khozhdenie vo vlast': Rasskaz o rozhdenii parlamenta*（Novosti, Moscow, 1991）, 79-104.
(70) 以下を見よ。*Istoricheskiy arkhiv*, 3（1993）, 102-22. この雑誌の同じ号は、その当時のグルジア共産党第 1 書記、パチアシヴィビリ（D.I. Patiashvili）がソ連共産党中央委員会書記局宛に送った電報を掲載している（pp.95-102）。
(71) リガチョフはすでに自分がしたい放題にはできない、ということに気がついていた。難しいことではあるが、自分がまだあらゆる分野の政策に関与しているかのように見られないよう努めなくてはならない、と考えていた。リガチョフは次のように言っている。「1989 年春以降、私はどうしてもという場合を除いて、農業分野以外には首をつっこまないようにした。もっともいつもそうできたわけではないが。（中略）しかし、空港でチェブリコフが情報を提供すべきだと、チェブリコフと私がなぜ合意したか。それははっきりしていると思う」(Ligachev, *Inside Gorbachev's Kremlin*, 161-2)。
(72) Shevardnadze, *The Future Belongs to Freedom*, 193.
(73) ゴルバチョフは、シェワルナゼとラズモフスキーはトビリシに行くべきだと強く主張した。このことは、4 月 7 日夜遅く空港での話し合いに参加した多くの者が証言している。以下を見よ。Nikolay Ryzhkov, *Perestroyka: Istoriya predaterstv*（Novosti, Moscow, 1992）215; Ligachev, *Inside Gorbachev's Kremlin*, 162, 191-5; and Shevardnadze, *The Future Belongs to Freedom*, 193（もっとも、シェワルナゼはゴルバチョフから、4 月 8 日、つまり翌日にトビリシに飛ぶよう要請された事実については曖昧にしている）。国防相ドミートリー・ヤゾフはソプチャーク委員会への証言で、モスクワの空港での話し合いに触れて次のように言っている。「同志ラズモフスキーとシェワルナゼをあらゆる問題を解決するためにそこ（トビリシ）に派遣する決定が下された」(Sobchak, *Khozhdenie vo vlast'*, 98)。
(74) Ibid.97.

（42）以下を見よ。Roxburgh, *The Second Russian Revolution*, 54. クナーエフはデモ隊を鎮めることを拒否して、ナザルバーエフに次のように言った。「これは君の仕事だ。君が解決しろ」。そしてラズモフスキーに対してこう言った（ラズモスフスキーは党人事担当の中央委員会書記で、コルビンの選出を監督するためモスクワから来ていたのだった）。「あなたは今私を解任した。私にはもはや責任はない」。

（43）Gorbatschow, *Erinnerungen*, 481.

（44）Mary Dejevsky, 'Glasnost and the Tatars', *The Times*, 27 July 1987, p.10. 1カ月後、バルトの諸都市でもデモが行われた。その後で、デジェフスキー（Dejevsky）は次のように書いている。「ソ連社会をもっと民主的にしようとするなら、他の意見を容認して、聞く耳を持つことが必要であった。そしてこのことを学ばねばならなかったのは中央当局だけではなかった。ロシア大衆もそうである。（中略）タタール人たちのデモ行進の間、警察はデモ隊を統制するだけではなく、見物の群衆をも抑制せねばならなかった」（Mary Dejevsky, 'When Dogma Comes Up Against Demo', *The Times*, 25 Aug.1987, p.8）.

（45）Edward J. Lazzerini, 'Crimean Tatars', in Graham Smith（ed.）, *The Nationalities Question in the Soviet Union*（Longman, London, 1990）, 322-38.

（46）Ibid.335-6.

（47）ヴォリスキーとのインタビュー（*The Second Russian Revolution* の筆記録）。

（48）Ibid.

（49）ポスト・ソ連期には、すでに隣のアルメニアがナゴルノ・カラバフを支配下に置いていた。この紛争を解決するというやっかいな使命は欧州安全保障協力機構（OSCE）に託された。1995年4月27日、OSCE代表団がバクーに到着した時、アゼルバイジャン大統領ゲイダール・アリエフは彼らがアルメニアを糾弾していない、と激しく非難した。アリエフは、こうも言っている。OSCEは1992年、カラバフ紛争を解決しようと始めたその時以来、「侵略や死傷者の発生」を防ぐという点では何も達成していない。以下を見よ。 'Armenian-Azerbaijani Conflict', BBC SWB, 29 Apr.1995, SU/2290 F/1.

（50）Nora Dudwick, 'Armenia: The Nation Awakes', in Bremner and Taras（eds.）, *Nations and Politics in the Soviet Successor States*, 261-87, esp.277. 以下も見よ。Suny, *The Revenge of the Past*, 132-8; and Roxburgh, *The Second Russian Revolution*, 81-3.

（51）Shireen T. Hunter, 'Azerbaijan: Search for Industry and New Partners', in Bremner and Taras（eds.）, *Nations and Politics in the Soviet Successor States*, 225-60, at p.248.

（52）この法律は連邦からの分離の仕方を制度化するものであったが、その主眼は分離プロセスの歩調を遅くし、共和国に分離を思いとどまらせることにあった。そのため、次のような規定も含まれていた。共和国内の自治共和国あるいは地方（たとえばアゼルバイジャンのナゴルノ・カラバフやグルジアのアブハジア）は、たとえ共和国のその他の部分が分離国家を選好した場合も、ソ連内に留まることを選択する権利を有する。以下を見よ。Ann Sheehy, 'Supreme Soviet Adopts Law on Mechanics of Secession', *Radio Liberty Report on the USSR,* 2/1.7（27 Apr.1990）, 2-5.

（53）Yegor Ligachev, *Inside Gorbachev's Kremlin*（Pantheon, New York, 1993）, 172.

（54）Gorbatschow, *Erinnerungen*, 484; Ligachev, *Inside Gorbachev's Kremlin,* 172.

（55）Ibid.173.

（56）ヴォリスキーとのインタビュー（*The Second Russian Revolution* の筆記録）。

（57）Tamara Dragadze, 'Azerbaijanis', in Smith（ed.）, *The Nationalities Question in the Soviet Union*, 163-79, at p.177.

こったソ連崩壊以外の変化に対する幻滅感を説明する上で、最重要の要因のひとつはソ連崩壊にたいするかなり広範な否定的な態度である、と。1994年9月までには、現在よりも1985年以前の時期を選好する人々の割合は、センターが調査を開始して（1991年）以来、最高レベルに達していた（58パーセント）。以下を見よ。 L.A. Sedov, 'Peremeny v strane i v otnoshenii k peremenam', *Ekonomischeskie i sotsial'nye peremeny: monitoring obshchestvennogo mneniya*（VTsIOM, Moscow）, 1（Jan.-Feb.1995）, 23-6, esp.23.

(31) Shakhnazarov, *Tsena svobody*, 208.

(32) 1995年5月、モスクワ州コロムナで行われたロシア下院（ドゥーマ）の補欠選挙で、なるほどと思わせるような勝利を収めたのは、宇宙に2番目に行った男、ソ連の元宇宙飛行士、ゲルマン・チトフ（German Titov）であった。ロシア連邦の共産党候補として出馬したチトフは、7人の対抗馬をやすやすと退けている。チトフはレーニン勲章を2度受賞、ソ連邦英雄であった。1961年に共産党に加入し、党員証を捨て去ることはついになかった。以下を見よ。*Moscow News*, 19（19-25 May 1995）, 1, 3.

(33) ゴルバチョフ期の約7年間で流された血は、ソ連崩壊後のそのおよそ半分の時期に旧ソ連内で流された血よりはるかに少なかった。この点は指摘する価値があろう。

(34) ヴォロトニコフとのインタビュー（*The Second Russian Revolution* の筆記録）。

(35) コルビンとのインタビュー（*The Second Russian Revolution* の筆記録）。

(36) Angus Roxburgh, *The Second Russian Revolution*（BBC Books, London, 1991）, 54, 208.

(37) コルビンとのインタビュー（*The Second Russian Revolution* の筆記録）。

(38) Ibid. ゴルバチョフとのインタビュー（*Moskovskiy komsomolets*, 28 June 1995, p.2）。コルビンはインタビューに答えて、放水銃に関しては若干矛盾する説明をしている。この程度の軍事力の使用ですらゴルバチョフは自分を非難したと述べた後に、コルビンはこう言っている。「しかし実際には水は放出されていなかった。放水銃は作動しなかった。できなかったのだ。それなのに、ゴルバチョフは私がそうすべきでなかったと言う」。ところが少し後にはこうも言っている。「いかなる暴力も使われなかった。放水銃は例外であり、これに対して私は強く叱責された」。

(39) Gorbatschow, *Erinnerungen*（Siedler Verlag, Berlin, 1995）, 480.

(40) このことはこのエピソードを書いてきた人々の大多数が見逃してきた点である。例外はロクスバーである（*The Second Russian Revolution*, 54）。以下も見よ。コルビン、ラズモフスキー、ヴォロトニコフとのインタビュー（*The Second Russian Revolution* の筆記録）。コルビンはクナーエフに、外に出てデモ隊の群衆をなだめてくれと頼んだが、クナーエフはこれを断った。群衆はそのとき、車を焼き、建物を壊し始めていた。この騒動の間に、クナーエフが以前の同僚たちとの関係をこじらせていたことが明らかになった。コルビンは次のように考えていた。「おそらくまさにそのために彼（クナーエフ）は後任にロシア人を要請したのであった。カザフスタンの外から来るだれかを、である。彼は対立している、要するに政治闘争をしている相手の登場を望まなかったのである」。当時政治局員だったヴォロトニコフは、クナーエフがカザフスタンには後任になるような人物はいないと言っていたことを回想している。ヴォロトニコフによれば、「クナーエフは次のようにすら言っていた。このような場合、後任にはカザフ人よりも、だれかロシア人の適任者を送り込んでくれるようにと」。

(41) Gorbatschow, *Erinnerungen*, 480.

Cambridge, 1956), 56 (cited by Rustow, 'Transitions to Democracy', 351).

(18) Whelan, 'Democratic Theory and the Boundary Problem', 40.

(19) Zbigniew Brzezinski, *The Grand Failure: The Birth and Death of Communism in the Twentieth Century* (Collier Books paperback edn., New York, 1990), Epilogue, p.278.

(20) Ibid.274.

(21) ソ連全体のなかでの、少数民族という意味である。彼らは実際、特定の共和国では多数派を占めていた。

(22)「最適単位の問題に関しては、いかなる特定の具体的、実現可能な代替案であれ、ほぼ確実に、結局のところある特定の国民の利益に有利となる」(Dahl, *Democracy and its Critics*, 209)。

(23) 以下を見よ。*Pravda*, 27 Mar.1991, pp.1-2. ソ連の中央アジア諸国ではいずれも「刷新された連邦」を支持する割合は90パーセントを超えていた。しかし、カザフスタンでは共和国最高会議によって設問が結果に影響しうるような形で変更されている。設問は以下の通りであった。「あなたは平等な主権国家の連合として、ソ連邦を維持することが必須であると考えますか」。にもかかわらず、カザフ当局は自分たちのこの設問への回答をソ連国民投票の全体数字の中に入れるよう要求した。実際、カザフスタン大統領ヌルスルタン・ナザルバーエフはソ連の完全解体をもっとも雄弁に反対していた論者のひとりであった。

(24) *Pravda*, 27 Mar.1991, pp.1-2.

(25) イアン・ブレムナー (Ian Bremner) とレイ・タラス (Ray Taras) は次のように述べている。政権初期の頃にはゴルバチョフは諸民族間の関係をまるで一つの統一された問題かのように話していた。それが「1991年までには、ゴルバチョフの声明は一貫して諸民族間の違いに焦点を当てるようになった。特に強調していたのはバルト情勢の特異性であった」(以下の著書の序文。*Nations and Politics in the Soviet Successor States,* p.xxi)。

(26) 1991年9月17日のシェワルナゼとのインタビュー (*The Second Russian Revolution* の筆記録)。

(27) 以下を見よ。A. V. Veber, V.T.Loginov, G.S.Ostroumov, and A. S. Chernyaev (eds.), *Soyuz mozhno bylo sokhranit': belaya kniga dokumenty i fakty o politike M.S.Gorbacheva po reformirovaniyu i sokhraneniyu mnogonatsional'nogo gosudarstva* (Gorbachev Foundation, Moscow, 1995).

(28) Ronald Grigor Suny, *The Revenge of the Past: Nationalism, Revolution and the Collapse of the Soviet Union* (Stanford University Press, Stanford, Calif., 1993), 130.

(29) 1988年以前では、このような微妙な政治問題に関する質問がされることはほとんどなかった。たとえされたとしても、そのような調査研究の結果はあまり価値がなかったであろう。ゴルバチョフ期以前では回答者は自分たちの見解がたまたま党=国家当局が聞きたいと思うようなことと一致していない限り、率直に答えようとする誘因が働かなかったからである。

(30) ロシア民族主義の多くの構成要素のなかには反ソというものもあった。また、1990-1年のエリツィンもロシアは「中央」から搾取されているという考え方で支持を得ることができた。しかし、大半のソ連期、あるいは実はソ連崩壊後の数年においても、これは広く流布していた考えとは言えない。全露世論研究センターの調査によれば、1994年9月までにロシア人口の70パーセントがソ連崩壊を嘆いていた（ただしソ連が再建されうると考えていたのはごく少数であった）。この分野の第一人者セドフ (L.A.Sedov) は、次のように言っている。過去10年に起は……。相手はどんな種類のテロリストというのであろうか」。ゴルバチョフはさらに続けてこうも言っている。「この血塗られた試みの悲劇的な結果」の一つは「ロシアが国家としての威信を喪失したこと」である。そして1993年12月に採択されたロシア憲法にも問題がある。なぜならこれによって、「大統領も政府も制御不能に」なってしまったからである。彼らはもはや世論を気にする必要のない権力を手にしたのだ。以下を見よ。Mikhail Gorbachev, 'Crisis Exposes Social Ills', *Moscow News*, 1 (6- (12) Jan.1995), 3.

(8) Dunkwart A. Rustow, 'Transitions to Democracy: Toward a Dynamic Model', *Comparative Politics*, 2/3 (Apr.1970), 337-63, at pp.350-1.

(9) ラストウは次のように主張している (ibid.351)。民族的統一性のための「環境条件」がもっともよく満たされるのは、それが「考えることなく受け入れられる」、あるいは静かに当然視される場合である。「ナショナリズムのレトリックの大半は自分の民族的アイデンティティに一番不安を感じている人々の口から語られてきた」。19世紀のドイツ人、イタリア人や、「現在のアラブ人やアフリカの人々の場合がそうであって、イギリス人、スウェーデン人、日本人は決してそうではなかった」。もちろん、ここでいう「イギリス人Englishmen」という言葉の使い方は論点を巧みに避けた言い方である。というのも英国の政体の境界は議論の余地無しとは言えないからである。特にラストウがこの本を書いたあとの25年間にはそうであった (こう言い添えるのが公平である)。北アイルランドをめぐる対立に加え (これには過去4半世紀の大半の時期、テロリズムがともなっていた)、スコットランドには平和的な民族主義運動があった。ここではスコットランド人のかなり大きな少数派が英国国家を拒否し、完全な独立を選好している。

(10) フアン・リンスとアルフレッド・ステパンは次のように述べている。「フランコ時代の1968-75年、あるいは移行期の1975-77年、バスク武装闘争で軍将校が殺害された例は1件もなかった。しかし、1978年から83年の選挙実施後の民主的支配期になると、実に37人の軍将校が死亡している」。以下を見よ。Linz and Stepan, 'Political Crafting of Democratic Consolidation or Destruction: European and South American Comparisons', in Robert A. Pastor (ed.), *Democracy in the Americas* (Holmes & Meier, New York, 1989), 41-61, at p.49.

(11) Ibid.

(12) Robert A. Dahl and Edward R. Tufte, *Size and Democracy* (Stanford University Press, Stanford, Calif., 1973), 138. その上、「国民にとって効率的であり、同時に体制として能力をもつという双子の目標を達成するのに、一つの形態、あるいは一つの大きさの政治単位が最適となることはない」。

(13) Robert A. Dahl, *Democracy and its Critics* (Yale University Press, New Haven, 1989), 209. したがって、「民主主義的思想の完璧主義にもかかわらず、達成可能な最適単位というのは特定の市民にとっては次善のものにすぎない」。

(14) 以下を見よ。J. Roland Pennock and John W. Chapman (eds.), *Liberal Democracy* (New York University Press, New York, 1983), esp.Frederick G. Whelan, 'Prologue: Democratic Theory and the Boundary Problem', 13-47; Robert A.Dahl, 'Federalism and the Democratic Process', 95-108; and David Braybrooke, 'Can Democracy be Combined with Federalism or with Liberalism?', 109-18.

(15) Dahl, *Democracy and its Critics*, 209.

(16) Whelan, 'Democratic Theory and the Boundary Problem', 41.

(17) W. Ivor Jennings, *The Approach to Self-Government* (Cambridge University Press,

第8章

(1) Robert Conquest, Foreword to Ian Bremner and Ray Taras (eds.), *Nations and Politics in the Soviet Successor States* (Cambridge University Press, Cambridge, 1993), p.xvii. 以下を参照。Georgy Shakhnazarov, *Tsena svobody: Reformatsiya Gorbacheva glazami ego pomoshchnika* (Rossika Zevs, Moscow, 1993), 348.

(2) Mark Galeotti, *The Age of Anxiety: Security and Politics in Soviet and Post-Soviet Russia* (Longman, London, 1995), 192-3.

(3) これはソ連に関する西側の多くの解説者がとっていた暗黙の立場である。同時にソ連邦最後の数年におけるロシアの急進的自由主義者でももっとも大胆な人々、たとえばエレーナ・ボンネル、ガヴリール・ポポフ、ガリーナ・スタラヴォイトワ(Galina Staravoytova)の見解にも近い(以下を参照。Shakhnazarov, *Tsena svobody*, 193)。

(4) モスクワ・ニュース掲載のある論文の著者たちが一つの共和国、すなわちチェチェンについて次のように指摘している。「かつて『鎮定された』チェチェンはロシア内に132年留まっている。これはまさにポーランドの場合と同じ長さであるが、そのポーランドも独立の喪失を堪え忍ぶことを拒否した。そしてこれは旧ソ連領の他の多くの国々がロシアの下で過ごした年月よりはるかに短いものなのである。そうした国々の独立はすでに国際的な承認を受けている」。この論文の著者のひとりは、ロシア首相ヴィクトル・チェルノムイルジン(Viktor Chernomyrdin)の元経済顧問であり、現在はモスクワの経済分析研究所の所長であるイラリオノフである(Andrei Illarionov and Boris Lvin, 'Should Russia Recognize Chechnya's Independence?', *Moscow News*, 8 (24 Feb.-2 Mar.1995), 4)。

(5) 驚いたことに、ソ連期の弱小民族の苦境を重要な数冊の著書のなかで扱ってきたロバート・コンクェストですら、この点を見落としているように見える。コンクェストは次のように書いている。「ソ連(そしてユーゴスラヴィア)の分裂は現在の独立国家の分厚い名簿にたった20かそこらを付け加えるだけであろう」(以下の著書への序文。Bremner and Taras, *Nations and Politics in the Soviet Successor States*, p.xvii)。

(6) したがって、中央アジアの諸共和国はソ連末期、他の共和国が一つまた一つと独立を目標とし始めたときでも引き続き親連邦主義の立場に留まった。この点、少なくともエレーヌ・カレール=ダンコース(Hélène Carrère d'Encausse)のよく知られた著書『崩壊した帝国:ソ連における諸民族の反乱』(Flammarion, Paris, 1978. 邦訳、高橋武智訳、藤原書店、1990年)はその著書名ほど洞察力に富んだものではなかった。というのもこの本の中心的テーマはロシア欧州部に比べソ連中央アジアの人口増加が早いことが、イスラム教の高まりとも相まって、ソ連国家生き残りへの主要な脅威となるというものだったからである。

(7) イラリオノフ(Illarionov)とリヴィン(Lvin)は「現在の『冬戦争』」を、1939年12月にソ連が始めた冬戦争にたとえている。そして、ヘルシンキの住宅地区への空爆を、グローズヌィでの似たような住宅街への攻撃と対照させている。両人はさらに続けて次のように述べている。「チェチェン領内で完璧に無実の市民数千人を皆殺しにした行為は間違いなく国際法・国内法によってジェノサイドと性格づけられるものである」('Should Russia Recognize Chechnya's Independence?', 4)。ロシアの新聞・雑誌においてチェチェン戦争を非難した者は多かったが、ゴルバチョフもそのひとりであった。彼は次のように問いかける。「あらゆる兵器、戦車、空軍力、火砲を駆使して、しかも平和な都市の領内で闘いを挑まねばならないと

(206) ゴルバチョフとジフコフの会談の逐語的筆記録は以下に収録されている。*Sovershenno Sekretno,* 4 (1992), 19.

(207) Ibid.

(208) たとえば以下の論文を見よ。General Albert Makashov, 'Doktrina predatel'stva', Colonel Viktor Alksnis, 'Udary v spinu armii', and General Mikhail Titov, 'Ostalis' bez oruzhiya', in *Den'*, 7-13 June 1992, p.2. チトフは特に軍縮でゴルバチョフが一方的に譲歩していることを厳しく非難し、「そのような犯罪的行為をしている」のであるから、「国民の前で申し開き」すべきであると結論づけている。

(209) Zdeněk Mlynář, *Night Frost in Prague: The End of Humane Socialism* (Hurst, London, 1980), 163; and G.A. Arbatov, *Zatyanuvsheesya vyzdorovlenie* (*1953-1985 gg.*): Svidetel'stvo sovremennika (Mezhdunarodnye otnosheniya, Moscow, 1991), 147.

(210) 以下を見よ。Gorbatschow, *Erinnerungen,* 863-78*; Shakhnazarov, Tsena svobody*, 101; and Medvedev, *Raspad*, 89.

(211) 以下を見よ。Pravda, 'Soviet Policy towards Eastern Europe in Transition: the Means Justify the Ends', 19. プラウダによると、変化はハンガリーの党自体の内部で管理されていたが、モスクワの承認も受けていた。プラウダは次のように付け加えている。「ゴルバチョフの見解ではグロースは改革を継続する潜在力を、そしてもっと重要なことには制限された形でそれを行う権力基盤をもっているようにみえた」。

(212) この点はプラウダが指摘している (ibid.)。

(213) 東ドイツの党公文書館を利用したアドマイト (Hannes Adomeit) が、以下の文献で引用。Adomeit, 'Gorbachev, German Unification and the Collapse of Empire', 210.

(214) アドマイトは、これはゴルバチョフが旧東独のドイツ社会主義統一党指導部に影響を与えようとしたものではなかったと主張している (ibid.212-13)。この主張に際し、アドマイトはドイツの公文書資料を引用している。それによると、ゴルバチョフはのちに、この発言をしたときには実は自分自身について語ったのだと述べているという。実際のところ、ゴルバチョフは幾分内密の自己批判をしたのかもしれないが、彼はあくまでも自分の発言がどのように解釈されるか知り尽くした炯眼な政治家である。これがホーネッカーにたいする戦術的批判であったことを疑う理由はない。

(215) Robert Legvold, 'Observations on International Order: A Comment on MacFarlane and Adomeit', *Post-Soviet Affairs*, 10/3 (1994), 270-6, at p.274.

(216) セント・アントニーズ・カレッジでのゴルバチョフの外交政策決定に関するセミナーでのチェルニャーエフの発言 (15 Oct.1994)。以下も見よ。Gorbatschow, *Erinnerungen*, 842-3; and Vadim Medvedev, *Raspad*, 15-16.

(217) Pravda, 'Soviet Policy towards Eastern Europe in Transition: The Means Justify the Ends', 17-18. 以下も見よ。Alex Pravda, 'Relations with Central and South-Eastern Europe', in Malcolm (ed.), *Russia and Europe*, 123-50, at p.134.

(218) ここで引用したアレックス・プラウダの2つの章のうち最初の章のタイトルとして、「移行期におけるソ連の対東欧政策――手段が目的を正当化する」がそう主張している。

(219) Ibid.31.

(220) Medvedev, *Raspad*, 393-4.

(221) Ibid.395.

(198) Adomeit, 'Gorbachev, German Unification and the Collapse of Empire', 224-5.
(199) Ibid.224.
(200) 当時、こうした変化がどのように見えたか、東欧、東中欧からの真に迫る解説として特に以下を見よ。Timothy Garton Ash, *The Magic Lantern: The Revolution of '89 Witnessed in Warsaw, Budapest, Berlin and Prague* (Random House, New York, 1990), and Mark Frankland, *The Patriots' Revolution: How East Europe won its freedom* (Sinclair-Stevenson, London, 1990). ゴルバチョフのもとでのソ連=東欧関係の変化について包括的に扱っているものとしては以下を見よ。Alex Pravda (ed.), *The End of the Outer Empire: Soviet-East European Relations in Transition, 1985-90* (Sage, London, 1992), especially Pravda's perceptive chapter, 'Soviet Policy towards Eastern Europe in Transition: The Means Justify the Ends', 1-34; and Neil Malcolm (ed.), *Russia and Europe: An End to Confrontation* (Pinter, for the Royal Institute of International Relations, London, 1994), esp. chs.1, 6, and 7. 以下も見よ。Ralf Dahrendorf, *Reflections on the Revolution in Europe* (Chatto & Windus, London, 1990).
(201) 以下を見よ。Zbigniew Brzezinski, *The Grand Failure: The Birth and Death of Communism in the Twentieth Century* (Collier Books, New York, 1990).
(202) ゴルバチョフとソ連の変化が決定的に重要である（チェコスロヴァキアの共産党体制を終わらせるための必要かつほとんど十分な条件）ということを最初に認識することになるのは、チェコスロヴァキアの反体制運動にもっとも積極的に関わっていた人々であった。彼らは、数的にはさほど多くはない。国家固有の「革命」と、ゴルバチョフという要因（ファクター）の相対的重みについて、（筆者との会話のなかで）何らの幻想も抱いていなかった人々の中には、次のような人物がいる。ポスト共産主義のチェコスロヴァキアにおいて初代駐米大使を務めた故クリモワ（Lita Klímová）と初代首相を務めたピトハルト（Petr Pithart）。両者とも憲章77およびビロード革命（ビロード革命はヴァツラフ・ハヴェルの言葉である。チェコスロヴァキアで共産体制が倒された時期、彼の通訳を務めたクリモワを通して英語の語彙となった）で活動した。
(203) Brzezinski, *The Grand Failure*, 42. ブレジンスキーはゴルバチョフについて、一般的に鋭い理解を示している。ゴルバチョフが1988年までには、「既成のソ連ドクトリンにたいする根本的諸問題」に関して、「修正主義への進歩的転向」(p.63)をおこなったことを認めている。しかしブレジンスキーは、ゴルバチョフが政権に就いた時までには、ソ連エリートもソ連社会もすでに変化していたとも主張している。これはもっともである。しかし、ブレジンスキーは、ゴルバチョフが書記長になったときのソ連政治局の実際の顔ぶれを検討していない。したがって、その政治局には、ほかに改革派はひとりもいなかったこと、真剣に改革を考えている別の書記長候補はそれ以上にいなかったことなど、不都合な事実には触れずに通ってしまっている。1985年3月前はもとより、その後の、これら政治局の同僚たち（ゴルバチョフは彼らを政治的な慎重さを維持しながらも、できる限りすみやかに更迭した）の行動をみれば、次のことがわかる。すなわち、ゴルバチョフの昇進がさほど「椿事」でなかったとしたら（ブレジンスキーはそうではなかったと主張する）、急進的改革が（ゴルバチョフのいない状況で）もう10年、あるいはそれ以上に先送りされても不思議ではなかった。
(204) Chernyaev, *Shest' let s Gorbachevym*, 49-51.
(205) Alex Pravda, 'Soviet Policy towards Eastern Europe in Transition: The Means Justify the Ends', 21.

(181) アンドレイ・グラチョフは（筆者との会話で）、ゴルバチョフが将来起こる事態をそのように想定していたと主張する者の一人である。

(182) Vyacheslav Dashichev, 'On the Road to German Reunification: The View from Moscow', in Gabriel Gorodetsky (ed.), *Soviet Foreign Policy, 1917-1991: A Retrospective* (Cass, London, 1994), 170-9, at p.172.

(183) ファーリンとリガチョフを同じ範疇に入れるべきかどうかはきわめて疑わしい。ドイツ再統一に関して、ファーリンが反対していたのはそのスピード、方法、対価であって、リガチョフが反対していたのは再統一というアイデア自体だったからである。

(184) Ibid.173, 174.

(185) Chemyaev, 'Gorbachev and the Reunification of Gewiany: Personal Recollections', in Gorodetsky (ed.), Soviet Foreign Policy, 1917-1991, 158-69, at p.161.

(186) Ibid.162. 以下も見よ。Chernyaev, *Shest' let s Gorbachevym*, 261-2.

(187) Dashichev, 'On the Road to German Reunification', 176.

(188) これに関しては以下を見よ。Kornienko, *Nezavisimaya gazeta*, 16 Aug.1994, p.5; and Adomeit, 'Gorbachev, German Unification and the Collapse of Empire', *Post-Soviet Affairs*, 10/3 (July-Sept.1994). 筆者はアンドレイ・グラチョフにインタビューしたとき（14 Jan.1993)、国際部指導部（特にファーリン）の当時の見解に関心を向けるよう注意喚起された。ファーリンらは、ゴルバチョフとシェワルナゼは局面打開を望んでいるから、ドイツの再統一交渉であれ、軍縮問題であれ、「いかなる代価を払ってでも合意」を求めるだろうと見ていたという。

(189) ユーゴスラヴィアはもちろん長いことソ連圏の外にいた。そしてチャウシェスク（Nicolae Ceauşescu）政権下のルーマニアは、ソ連圏の一匹狼で、そのほかの諸国にくらべ、より抑圧的でもあり、同時に、モスクワからの影響には門戸を閉ざす傾向が強かった。

(190) もとよりドイツ再統一プロセス、あるいはそこにおけるゴルバチョフの役割ですら、詳細な分析をしようと思えば、一章のほんの一部ではとても間に合わない。より十分な解説を望む場合には、以下を見よ。ただし、以下の著作が書かれたのちに新資料（この章で使用したものもある）が利用可能になっている。Adomeit, 'Gorbachev, German Unification and the Collapse of Empire'; and in Garton Ash, *In Europe's Name*. ドイツ再統一外交における米国の役割（これはゴルバチョフ=コール直接会談ほど重要ではないが、重要ではある）については以下を見よ。Beschloss and Talbott, *At the Highest Level.*

(191) 以下を見よ。Adomeit, 'Gorbachev, German Unification and the Collapse of Empire', and Garton Ash, *In Europe's Name*.

(192) Beschloss and Talbott, *At the Highest Levels*, 219-20.

(193) Ibid.231.

(194) Adomeit, 'Gorbachev, Geinian Unification and the Collapse of Empire', 220.

(195) *Materialy plenuma Tsentralinogo Komiteta KPSS 11, 14, 16 Marta 1990 g.*, pp.91-2.

(196) Adomeit, 'Gorbachev, German Unification and the Collapse of Empire', 220. これ以前の1990年6月5日、シェワルナゼはすでにコペンハーゲンでのベーカー米国務長官との会談で、ソ連はその年の年末までにドイツ再統一が行われることに（ドイツ人が望むならNATO加盟も）同意できると語っていた。以下を見よ。Beschloss and Talbott, At the Highest Levels, 230.

(197) Garton Ash, *In Europe's Name*, 354-5.

のように分析している。ウィルソンは1975年、「まだ自分自身のことを、ロシアとも米国とも同等に、また効果的に意思疎通ができる唯一の人間と考えていた」(Philip Ziegler, *Wilson: The Authorised Life of Lord Wilson of Rievaulx* (Weidenfeld & Nicolson, London, 1993), 46l)。しかし、ゴルバチョフが政権につく前には、ソ連書記長の信頼を獲得するのはいかなる西側指導者であれ、ほとんど不可能なことであった(いずれにしてもウィルソンの会談相手はコスイギンであって、より権力のあるブレジネフではなかった)。その上、ウィルソンにはサッチャーと違って、ワシントンで完全には信頼されていなかったという不利な点があった。ウィルソンがヴェトナム戦争で米ソの仲介を試みながら失敗に終わった経緯に関しては以下を見よ。Ben Pimlott, *Harold Wilson* (HarperCollins, London, 1992), 382-94.

(169) サッチャーとレーガンが、後継者であるジョージ・ブッシュ(父)やジョン・メージャーに比べてイデオロギー的な保守主義者であったことは、しばしば論評されてきた。そしてそれは一般論としては筋が通っている。しかし、ゴルバチョフ率いるソ連との関係というのは、両人がともに、次第に現実主義を発揮するようになる一分野であった。サッチャーの場合、ロシアの現実が変化していることを注意深く判断した結果、ゴルバチョフを強く支持するようになった。英国や米国の彼女の支持者の中にいた、時代に適応できない冷戦の闘士は、これを受け入れることはできなかった。同じことは大枠レーガンにとっても、またレーガン陣営の支持者たちの反応にも当てはまる。ただし、レーガンの場合、ソ連の変化については漠とした、もっと印象的な知識しかなかったが。にもかかわらず、極右派の批判は幾分控えめであった。というのも偏執狂的な連中ですら、サッチャーやレーガンを「共産主義に対して軟弱」であると批判することはむずかしかったからである。

(170) この主張の最初の部分に関する証拠は、チェルニャーエフの、1987年モスクワのゴルバチョフ=サッチャー会談の解説(時に一字一句そのまま)に見ることができる(*Shest' let s Gorbachevym*, 131-40)。レーガンのサッチャー評については以下を見よ。Reagan, *An American Life*, esp.204, 350-2, 609, 635.

(171) Gorbatschow, *Erinnerungen*, 748.

(172) Chernyaev, *Shest' let s Gorbachevym*, 140.

(173) Ibid.

(174) Ibid.140-1.

(175) Ibid.140.

(176) Ibid.141.

(177) Garton Ash, *In Europe's Name*, 108. ガートン=アッシュは続けて以下のようにも言っている。「ワイツゼッカーは、このとき『あるいは、多分50年では?』と口をはさみ、ゴルバチョフから同意の意志を得たと回想している。というわけで、50パーセント削減を交渉したと、ワイツゼッカーは頓珍漢なことを言っている。しかし、重要な点はゴルバチョフが『絶対にない』とは言わなかったということなのである」。

(178) Gorbachev, *Perestroika*, 200.

(179) Chernyaev, *Shest' let s Gorbachevym*, 154.

(180) これに関しては以下も見よ。Garton Ash, *In Europe's Name*, 109, 494. ガートン=アッシュは、セント・アントニーズ・カレッジでのランチ(29 Jan.1992)の席で投げかけられた質問にたいするヤコヴレフの答えを引用している。この時は筆者も同席しており、このヤコヴレフの驚くべき発言を証言できる。

員会国際部次長）と筆者が出演したことがある。その直前にこれを引用したところ、もっともではあるが、グラチョフが「シナトラ・ドクトリン」とは何かと質問した。説明を受けた後、この「新概念」の中味に賛同しながらも、彼はこう言った。「ゲラシモフは米国文化にあまりに精通しているため、時々我々を煙に巻く」。

(153) Beschloss and Talbott, *At the Highest Levels*, 165.

(154) Chernyaev, *Shest' let s Gorbachevym*, 302-3.

(155) Ibid.302.

(156) Beschloss and Talbott, *At the Highest Levels*, 166.

(157) Ibid.223-4.

(158) Ibid.222-3. ベシュロスとタルボットはサミット全体のきわめて有益な解説を書いている（pp.215-28）。

(159) Beschloss and Talbott, *At the Highest Levels*, 412-13. 以下も見よ。Barbara Bush, *Barbara Bush: A Memoir*, 427-8.

(160) 以下を見よ。L.A. Sedov, 'Peremeny v strane i v otnoshenii k peremenam', *Ekonomicheskie i sotsial'nye peremeny: monitoring obshchestvennogo mneniya*, 1（Jan.-Feb.1995）(VTsIOM, Moscow), 23-6.

(161) Beschloss and Talbott, *At the Highest Levels*, 448-9. ゴルバチョフはこの声明を「ウクライナの分離主義を促進する」試みと見た。ジェームズ・ベーカー（James Baker）は個人的にはゴルバチョフの不満はもっともな面もある、米国が「フライングをした」のは誤りであった、と認めている（ibid.449）。

(162) ベシュロスとタルボットからの引用（ibid.418）。両人はさらに次のようにも言っている。ブッシュがこの発言をしたときに特に念頭に置いていたのは、グルジア大統領に選出されてから日の浅い狭量な民族主義者、ガムサフルジア（Zviad Gamsakhurdia）のことであった。しかしこれは、民族主義者の行きすぎた行為に煽られて我を忘れることのないように、というウクライナ人に対する警告でもあった。

(163) この演説はゴルバチョフの著作・演説集に収録されていない。該当する巻（第3巻）は1987年になってやっと出版されてはいるが。しかし、その要約は外務省の雑誌に掲載されている（演説が行われてから1年もたってからのことである）。以下を見よ。*Vestnik MID*, 5 Aug.1987, pp.4-6. 演説そのものは最初、以下に掲載された（その時ですら削除部分があったが）。*Gody trudnykh resheniy*, 46-55.

(164) *Vestnik MID*, No.1, 5 Aug.1987, p.6; *Gody trudnykh resheniy*, 48.

(165) *Vestnik MID*, No.1, 5 Aug.1987, p.6; *Gody trudnykh resheniy*, 54.

(166) *Vestnik MID*, No.1, 5 Aug.1987, p.5. ゴルバチョフの東ヨーロッパに関する演説の一節は、演説および外国指導者との会談の筆記録集（ガルキンとチェルニャーエフが編集した *Gody trudnykh resheniy*）に収録されたものの中でも、もっとも大きく削除の手を加えられている。

(167) マクミラン（Macmillan）は、アイゼンハワーともケネディとも非常に良好な関係を保っていたし、気まぐれなフルシチョフとも決して悪い間柄ではなかった。しかし、当時、ソ連の政策に影響を与えられる機会はきわめて限られていた。マクミランが東西関係にもっとも大きな影響をもったのは1962年キューバ・ミサイル危機の時、ケネディにとっての適切な助言者として、また、翌1963年、核実験禁止条約の積極的な推進論者として、であった。これらのプロセスについては以下を見よ。Alistair Home, *Macmillan, 1957-1986*, vol.ii of the Official Biography (Macmillan, London, 1989), 362-85, 503-12, 518-26.

(168) ウィルソン（Harold Wilson）の公式伝記作家ツィーグラー（Philip Ziegler）は次

(127) Kornienko, *Kholodnaya voyna*, 200-7; and Chemyaev, *Shest' let s Gorbachevym,* 271-2.
(128) Yakovlev, BBC SWB, SU/1266, 31 Dec.1991, p.A3/3.
(129) Shultz, *Turmoil and Triumph*, 987.
(130) Ibid.
(131) たとえば以下を見よ。ibid.751-80, esp.774-6.
(132) Ibid.776.
(133) Shevardnadze, *The Future Belongs to Freedom,* 89.
(134) Shultz, *Turmoil and Triumph*, 1006.
(135) Ibid.1007-8.
(136) Ibid.1015.
(137) Shultz, *Turmoil and Triumph*, 1005. レーガン大統領のスケジュールがどの程度レーガン夫人のサンフランシスコの占星術師（夫人は頻繁に電話で連絡を取っていた）によって決定されていたかについては、レーガンのホワイトハウス大統領府長官ドナルド・リーガン（Donald T. Regan）が回想録で暴露している。Donald T. Regan, *For the Record: From Wall Street to Washington*（Hutchinson, London, 1988）, esp.73-4, 367-8.
(138) Fred Halliday, *The Making of the Second Cold War,* 2nd edn.（Verso, London, 1986）.
(139) 1993年、全露世論調査センターのゴルバチョフ支持レベルに関する記録からこれらのデータを提供していただいたことに、所長であるユーリー・レヴァダ教授に謝意を表したい。
(140) *Obshchestvennoe mnenie v tsifrakh*（All-Union Centre for the Study of Public Opinion）, 6（13）（Feb.1990）, 14.
(141) Oberdorfer, *The Turn*, 294.
(142) Ibid.
(143) Beschloss and Talbott, *At the Highest Levels*, 9.
(144) Shultz, *Turmoil and Triumph*, 1103-4.
(145) Cf.Beschloss and Talbott, *At the Highest Levels*, 9.
(146) Shultz, *Turmoil and Triumph*, 1138. シュルツはこうも述べている。「早い時期にスコウクロフト（Brent Scowcroft）が国家安全保障会議の顧問に任命されていた。彼が影響力をもつであろうことはわかっていた。スコウクロフトはINF条約に反対し、将来のSTART条約に強い疑念を表明していた。ソ連と東欧の変化の現実についてもきわめて懐疑的であった。（中略）レーガン大統領も私もまさに弾みのついた動きを相手にしていた。私は勢いが失われないようにと願っていた」。
(147) これについては以下を見よ。Chernyaev, *Shest' let s Gorbachevym*, 288, 290-1.
(148) Beschloss and Talbott, *At the Highest Levels,* 469.
(149) バーバラ・ブッシュ（Babara Bush）は回想録で、ゴルバチョフのことを「力強くて、きわめて有能な人間、でも同時にとても魅力的である」と評している。彼女はさらに続けて次のように述べている。「デクエアル（Perez de Cuellar）国連事務総長が前にこう言っていました。ゴルバチョフは『世界一偉大な俳優か、正直者かどちらかである』。ジョージも私も彼は真剣なのだと思いました。彼は賢く、しっかりとした人間でした。でもすばらしいユーモアのセンスももっていました」（*Barbara Bush: A Memoir*（Charles Scribner's Sons, New York, 1994）, 344）。
(150) Beschloss and Talbott, *At the Highest Levels*, 121.
(151) Ibid.135.
(152) 1990年初め、英国のTV討論番組にアンドレイ・グラチョフ（当時、党中央委

(112)オーバードーファー（Oberdorfer）の『転機』（*The Turn*、特に189-205頁）は、レイキャビク会談についてきわめて優れた解説をしている。彼は主として米国高官を情報源にしているが、そのほかにシェワルナゼを含むソ連側の参加者からもインタビューを取っている。しかし、この本の出版後、ソ連側からの計画の立案・準備に関するより多くの情報が入手可能になった。特に、ゴルバチョフの外交顧問チェルニャーエフの回想録が情報を提供している。彼はレイキャビクでのソ連側公式代表団の一員であった。以下を見よ。*Shest' let s Gorbachevym*, 105-20.

(113) Oberdorfer, *The Turn*, 206.

(114) Ibid.

(115) Chernyaev, *Shest' let s Gorbachevym*, 114-15.

(116) Ibid.115.

(117) Ibid.

(118) Reagan, *An American Life*, 707. ほかにもレーガンは、ゴルバチョフについて肯定的な評価をしているが、その中でも次のような発言がある。「ゴルバチョフ自身の理由はともあれ、彼は共産主義がうまく機能しないということを認める知性をもっていた。変化のために戦う勇気をもっていた。そして最終的に民主主義、個人の自由、自由な企業経営を導入する知恵を持っていた」（ibid.508）。

(119) Reagan, *An American Life*, 707.

(120)チェコスロヴァキアの改革を終わらせるためにおこなわれたソ連の軍事干渉は、相対的にソ連のアフガニスタン介入よりも西ヨーロッパに与えた影響は大きかった。理由の一つは、それがヨーロッパの中心部で起こったためであった。また、1968年8月、ソ連の戦車がプラハに進軍する前、数カ月にわたって、西ヨーロッパのマスメディアがチェコスロヴァキアの事態の推移に密着していたためでもある。しかし、米国にとっては逆であった。1979年のアフガニスタン介入のほうが、11年前のチェコスロヴァキア侵攻よりも鋭い反応を引き起こした。というのも、1968年、米国にとってはベトナム戦争が依然突出した最大の外交問題であった。それに加え、チェコスロヴァキアの改革が共産党指導部によって（厳密に言うと、そのごく一部の人々によって）始められたという事実が、米国の関心を減じていたように思われる。ある意味では、「プラハの春」は小規模であれ、ペレストロイカ期初期に起こることが期待された市民的、政治的自由拡大のさきがけであった。1968年1月から8月までの間、チェコスロヴァキアの改革者たちは、ソ連の場合にくらべ国内的な障害は少なく、1986年から1988年初めまでの間にゴルバチョフやその改革派仲間たちが踏破したのとほぼ同じ程度前進することができた。

(121) Chernyaev, *Shest' let s Gorbachevym*, 41.

(122) Ibid.57-8.

(123) Shultz, *Turmoil and Triumph*, 895.

(124) Ibid.910.

(125) 'Discussion of Struggles within the Politburo on Withdrawal from Afghanistan', Central Television interview with A.N.Yakovlev of 27 Dec.1991, in BBC SWB, SU/1266, 31 Dec.1991, p.A3/3. 政治局委員会は、政治局員のほかに非局員も含んでいた。アフガニスタン委員会のことはゲオルギー・コルニエンコ（Georgy Kornienko）も論じている。しかし、コルニエンコの回想録は、アフガニスタンからの早期撤退を討議した顔ぶれについて、ヤコヴレフとは異なる説明をしている。以下を見よ。Kornienko, *Kholodnaya voyna*, 200-8.

(126) Yakovlev, BBC SWB, SU/1266, 31 Dec.1991, p. A3/3.

疑的であった。ゴルバチョフと会談後すぐに、サッチャーは米国に飛び、レーガン大統領に会っている。特に次期ソ連書記長となるであろう男の印象を伝えるためであった。レーガンは回想録でこの時のことに触れている。それによると、サッチャーがゴルバチョフの発言として「SDIに対してソ連が強い懸念をもっていること」を伝えたという。それだけではなく、レーガンは彼女が「ゴルバチョフの懸念を共有しているように見えた」と記している。以下を見よ。Ronald Reagan, *An American Life: The Autobiography*（Simon & Schuster, New York, 1990）, 609.

(97) 変化する米ソ関係に関するもっとも詳細で綿密な解説としては以下を見よ。Raymond Garthoff, *The Great Transition: American-Soviet Relations and the End of the Cold War*（Brookings Institution, Washington, 1994）.

(98) チェルニャーエフとのインタビュー（30 Mar.1992）。

(99) Chernyaev, *Shest' let s Gorbachevym*, 214.

(100) たとえば以下を見よ。Thatcher, *The Downing Street Years*, 462-3, 465-6, 470-2, 482-3.

(101) これはジョージ・シュルツがレーガン大統領に送ったメモからの引用である。メモはシュルツが1988年夏、モスクワ近郊の別荘におけるレーガン=シュルツとゴルバチョフ=シェワルナゼの非公式な夜会での自分の考えをまとめたものであった。全文は以下を見よ。Reagan, *An American Life*, 710-11.

(102) M.S. Gorbachev, 'U perelomnoy cherty', in Gorbachev, *Gody trudnykh resheniy*, 46-55, at p.54. この演説は1986年5月23日におこなわれたものである。ここで述べたゴルバチョフの1993年出版の本からの引用文は、以下に掲載された演説要旨には含まれていない。*Vestnik MID*, 5 Aug.1987, pp.4-6.

(103) Chernyaev, *Shest' let s Gorbachevym*, 105.

(104) Ibid.105-6.

(105) レイキャビク会談に関してシュルツ米国務長官は以下のように書いている。アメリカのソ連専門のアドバイザーたちは、アフロメーエフがアイスランドに同行してはいても、ゴルバチョフ=レーガンの直接会談で扱う諸問題を練り上げる作業グループに参加することはないだろうと考えていた。しかし、現実には「アフロメーエフが議長として話をまとめ、実際、すべての討論をおこなった」(Shultz, *Turmoil and Triumph*, 763)。

(106) Chernyaev, *Shest' let s Gorbachevym*, 110.

(107) Oberdorfer, *The Turn*, 194.

(108) Beschloss and Talbott, *At the Highest Levels*, 438.

(109) Sagdeev, *The Making of a Soviet Scientist*, 273.

(110) Shultz, *Turmoil and Triumph*, 772. シュルツは次のように言っている。「私はレイキャビクのあと、ロナルド・レーガンが核兵器廃絶の提案をするのを『制止しなかった』と批判された。しかし、私はこう答えた。レーガン大統領はその立場を選挙の前後に、公にも私的な場でも何度も表明していた。大統領が深く信じ、唱道していたこの立場を止めることはだれにもできないとわかっていた、と」。

(111) ガーソフ（Raymond L. Garthoff）はゴルバチョフがどの程度、政治局の指針によって、実際におこなった以上の行動を制約されていたかについての興味深い議論を展開している（*The Great Transition*, p.289）。政策決定過程に参加した人間の間ですら、交渉においてゴルバチョフに何らかの独自に動きうる余地があったのか、意見は対立している。ゴルバチョフの通訳を務めていたパーヴェル・パラシチェンコは、ゴルバチョフは「書記長であって、皇帝」ではなかったとして、その余地はなかったと確信している。

(91) *Istochnik*, 0/1993, P.74.
(92) Ibid.
(93) その上、英国世論や英国首相に感銘を与えたのはゴルバチョフの個性、知性、そして風格であった。公式的なソ連政策からのなにがしかの逸脱、ではなかった。サッチャー首相（当時）は回想録で次のように書いている。「もしこの段階でゴルバチョフ氏の発言内容にのみに注意を向けていたとしたら、私は彼が通常の共産主義者の鋳型で作られた人物、との結論を出さざるを得なかったであろう。しかし、彼の個性は平均的なソ連の党官僚（アパラチキ）の木製の腹話術の人形とはあまりにも異なっていた。彼はほほえみ、笑い（中略）議論を完全にフォローし、そして鋭い論客であった。（中略）彼の議論の道筋は私の予想と違わないものであった。彼の風格（中略）に引き付けられて、気がつくと私は彼を好ましく思っていた」。（Thatcher, *The Downing Street Years*（HarperCollins, London, 1993), 461）。
(94) ナンシー・レーガン（Nancy Reagan）は 1988 年の夫とミハイル・ゴルバチョフとの首脳会談について次のように語っている。「（レーガンとゴルバチョフの）4 回の首脳会談を通してお互い尊敬の念と好意をもつようになっていました。（中略）同時に、お互い、相手がこの時期に政権にいてくれたこと、核戦争の脅威を引き下げるよう協力ができることに深く感謝していたと信じています」（*My Turn: The Memoirs of Nancy Reagan*（Dell, New York, 1989), 370-1）。
(95) したがって、リチャード・パイプス（Richard Pipes）が、「なぜレーガンの反共主義に対して政治局はペレストロイカや軍縮を約束する人間を選んだのか」を問う場合、彼の前提は誤ったものだったのである。筆者がこの章でも、第 3 章でも論じたように、政治局員たちは自分たちが選んでいる人間が急進的な改革論者、軍縮論者だということに、おめでたいことに気がついていなかったのである。パイプスの以下の論評を見よ。'Misinterpreting the Cold War: The Hard-liners Had It Right', *Foreign Affairs*, 74/1（Jan.-Feb.1995), 154-60, at p.158. レーガンは在任期間の最後の 3 年間、原則的には反共主義を堅持する一方で、実際面では、ゴルバチョフが外交・国内政策の上でもたらした変化に対して比較的同情的、現実主義的アプローチで臨んだ。その点に、レーガンの際立った貢献がある。実際、レーガンの対応は、敵対者が予想したより、また支持者が望んだ以上に実際的であった。そしてこれが、国際関係の環境改善に重要な役割を果たしたのである。この面でレーガンをよく助けたのがシュルツ国務長官であった。あまり助けにならなかったのは、ワインバーガー国防長官である。1987 年 11 月のワインバーガーは辞任するが、彼はレーガン政権内部で、ソ連の内外政策にゴルバチョフがもたらした違いの程度を認識するのがもっとも遅かった高官であった。
(96) マーガレット・サッチャーはソ連の変化における SDI の意義を必要以上に大きく見た人物の一人である。これは特に、回想録の次の一節に見て取ることができる。「レーガン大統領の戦略防衛構想（SDI）に対して、ソ連人やゴルバチョフはすでに強い警戒感をもっていた。SDI こそが冷戦における西側の勝利をもたらした核心であった。（中略）振り返ってみると、SDI に関するロナルド・レーガンのそもそもの決定こそ、彼の在任中、唯一最も重要な事であったということがわかる（*The Downing Street Years*, 463）。しかし、これはマーガレット・サッチャーの当時の見解ではなかった。彼女は、公にコメントすることについては比較的慎重であった。それでも 1984 年 12 月 14 日、筆者も参加したダウニング街 10 番地（首相公邸）での会合（これはゴルバチョフが英国訪問をする前夜のことである）のときのことをはっきりと覚えているが、彼女は個人的には SDI に対してきわめて懐マイケル・R・ベシュロスとストローブ・タルボットはこの点について、正確で的を射た指摘をしている。「政権当初の4年間、ゴルバチョフは事件を作り出す指導者であった。彼は1985年、ソ連生活の組織原則としての恐怖を「現実の政治」に変えようと決意して、書記長となった。ゴルバチョフは1988年の終わりまで、自分が大胆に動かし始めた変化の力にたいして、一定の統制を維持していた」(Beschloss and Talbott, *At the Highest Levels*, 467)。

(75) Sagdeev, *The Making of a Soviet Scientist*, 273.

(76) 時に西側で、そしてそれ以上にソ連では、「軍産複合体」という表現はソ連の文脈では不適当であるということが指摘されてきた。なぜなら、軍と軍需産業は二つの別々の存在だからというのである。しかし、筆者が1992年3月、サグデーエフに質問したとき、彼は次のことを強調していた。個人的な経験から言って、自分は一方の軍、他方の軍需産業と科学が、きわめて密に関連し合っていたことをよく知っている。したがって、軍産複合体という概念がソ連の条件に完全に合致していた、と。サグデーエフは回想録(*The Making of a Soviet Scientist*)で丸一章分を軍産複合体に当てており、そのなかで閣僚会議に軍産問題委員会が存在していたことを指摘している(pp.186-7)。これはドミートリー・ウスチーノフ(Dmitry Ustinov)が創設したものであった。サグデーエフはこう言っている。「そのような名称をもっているのに、どうしてソ連の宣伝活動家たちが自分たちの軍産複合体の存在を否定できるのか理解に苦しむ」。

(77) Strobe Talbott, *Deadly Gambits* (Picador, London, 1985), 317-21.

(78) Oberdorfer, *The Turn*, 55. 以下も見よ。Alexander Dallin, *Black Box: KAL 007 and the Superpowers* (University of California Press, Berkeley, 1985).

(79) Howe, *Conflict of Loyalty*, 350. 以下も見よ。Oleg Gordievsky, *Next Stop Execution* (Macmillan, London, 1995), 271-3.

(80) Dallin, *Black Box*, 104-5.

(81) Howe, *Conflict of Loyalty*, 350.

(82) Ibid.

(83) Gordievsky, *Next Stop Execution*, 272-3.

(84) ハウは次のように言っている。「マーガレットも私も(ゴルジエフスキーの警告に)強く印象づけられた」。「二人とも機会あるごとに同盟国や友人たちに、ソ連の恐怖感が本当であることを警告した」(Howe, *Conflict of Loyalty*, 350)。

(85) Christopher Andrew and Oleg Gordievsky, *KGB: The Inside Story of its Foreign Operations from Lenin to Gorbachev* (Hodder & Stoughton, London, 1990), 504.

(86) Michael MccGwire, *Perestroika and Soviet National Security* (Brookings Institution, Washington, 1991), 392.

(87) マクガイヤ(Michael McGwire)は次のように分析している(ibid.)。「米国の政策における戦争の危険性はまるで戦争の危険などないような政策の遂行の仕方にある、と言われてきた。これが何よりも顕著に見みられたのがレーガン政権第1期のことである」。

(88) アンドレイ・グラチョフとのインタビュー(14 Jan.1993)。

(89) しかし、前の章で指摘したように、ソ連のアフガニスタンへの軍事介入の決定がなされた直後、ゴルバチョフはシェワルナゼ(1985年3月の時点でもまだ政治局員候補で、投票権はなかった)にこの決定に反対であることを伝えていた。

(90) Volkogonov, *Lenin: Politicheskiy portret*, ii.123. ヴォルコゴーノフは、閲覧権をもっていた政治局議事録から引用している。

共産党保守層の中で表だった勢力を結集することになる。こうして、ソ連外務省での演説（省内職員や国際問題の専門家といった主として国内向けの演説）において、シェワルナゼは初めてこの問題に関わることになった。彼は「平和共存」は「特定の形態の階級闘争」であるという考えは「誤っている」のみならず、「反レーニン的」でもある、と指摘したのである。もっとも「反レーニン的」という点については印刷時に削除されている。印刷されたものというのは、演説そのものの要約版である。以下を見よ。Shevardnadze, speech of 25 July 1988, 'XIX vsesoyuznaya konferentsiya KPSS: vneshnyaya politika i diplomatiya', *Vestnik Ministerstv Inostrannykh Del*, 15（15 Aug.1988）, 27-46, esp.34.

(64) Chernyaev, *Shest' let s Gorbachevym*, 152-3.

(65) 以下を見よ。Dmitry Volkogonov, *Lenin: Politicheskiy portret*, 2 vols.（Novosti, Moscow, 1994）, esp.ii.124, 166. もとよりゴルバチョフが表明するのが賢明だと判断した見解は、戦術的打算によるものでもあり、また在任中に漸進的に進化したものでもあった。したがってヴォルコゴーノフは、1987年の政治局でゴルバチョフが「階級としてのクラークの廃絶」(ibid.) の原則を支持していたとする発言を引用することができる。しかし、ゴルバチョフはスターリンが使った手法を嘆いていたし、2年後にはこの原則自体も疑問の余地なく拒絶していた。ヴォルコゴーノフのレーニンに関する大著（本題からの逸脱が多数含まれている）は縮約英語版で読むことができる。英語版は、シュックマン（Harold Shukman）が優れた翻訳、編集をしている（Volkogonov, *Lenin: A New Biography*, The Free Press, New York, 1994）。

(66) Rigby, 'Some Concluding Observations', in Brown（ed.）, *New Thinkin in Soviet Politics*, 102-10, at p.109.

(67) M.Gorbachev, 'Sotsializm i perestroyka', *Pravda*, 26 Nov.1989, pp.1-3.

(68) Ibid.2.

(69) Ibid.1.

(70) Ibid.2.

(71) Ibid.

(72) Gorbachev, report of the Central Committee to the Nineteenth Party Conference（28 June 1988）in XIX Vsesoyuznaya konferentsiya Kommunisticheskoy Partii Sovetskogo Soyuza, i.18-92, at p.43.

(73) Gorbachev, 'Vystuplenie v Organizatsii Ob"edinennykh Natsiy', *Izbrannye rechi i stat'i*, vii（1990）, 184-202, at p.188.

(74) その点で筆者は、アドマイト（Hannes Adomeit）の主張には同意できない。彼は全体としては啓発的で調査の行き届いた論文のなかで、「1988年までには」ゴルバチョフは「制御できなく」なった事態に対して後手に回るばかりになっていた、と主張している。実際、東中欧では1989年中にそのような事態が起こった（だが、そのときですら、ゴルバチョフは選択肢を握っており、たとえばリガチョフではなくゴルバチョフが書記長であるという事実が大きな違いをもたらしていたが）。しかし、1988年にはまだ概して国内でも国際舞台においてもゴルバチョフが政治課題を設定していた。確かにこの年（特に6月の第19回党協議会や、12月の国連での演説で）ゴルバチョフが始めた大きな変化が、ある力を解き放った。これが、続く2-3年の間に、ゴルバチョフが考えていた以上に、そしてまた多くの場合、彼が意図したのとはまったく違う方向に動いてしまった。しかし、これはまったく別の話である。以下を見よ。Hannes Adomeit, 'Gorbachev, German Unification and the Collapse of Empire', *Post-Soviet Affairs*, 10/3（July-Sept.1994）, 197-233, at pp.22576.

(50) Mikhail Gorbachev, 'Za bez"yadernyy mir, za gumanizm mezhdunarodnykh otnosheniy', in Gorbachev, *Izbrannye rechi i stat'i*, iv (1987), 376-92.

(51) 以下を見よ。*XIX Vsesoyuznaya konferentsiya Kommunisticheskoy Partii Sovetskogo Soyuza, 28 Iyunya-1 Iyulya 1988 g.: Stenograficheskiy otchet,* 2 vols. (Politizdat, Moscow, 1988), especially Gorbachev's report to the conference, i.19-92, at pp.40-5.

(52) 国連演説は以下に収録。 Gorbachev, *Izbrannye rechi i stat'i*, vii (1990), 184-202.

(53) ソ連が外国放送に対する妨害を再開したのが 1980 年 8 月であった（放送妨害は 1975 年のヘルシンキ合意に先立つ時期に中止されていた。ただし、「ラジオ・フリー・ヨーロッパおよびラジオ・リバティー（自由欧州放送）」は対象外であった）。それはポーランド労働者の活動に関する情報がソ連労働者に届くのを最小限に抑えようとしたためである。このことは「社会主義兄弟国家」で自発的な労働者階級運動が出現したことに対するソ連指導部の懸念の表れであった。

(54) 以下を見よ。Alexander Dallin, 'New Thinking in Soviet Foreign Policy', in Archie Brown (ed.), *New Thinking in Soviet Politics* (Macmillan, London, 1992), 71-85, esp.72.

(55) Legvold, 'Soviet Learning in the 1980s', in Breslauer and Tetlock (eds.), *Learning in U.S.and Soviet Foreign Policy*, 684-732, at 710.

(56) Gorbachev, *Perestroika: New Thinking for our Country and the World* (Collins, London, 1987), 147.

(57) 以前のソ連指導者たちは時折グローバルな問題の存在を認めていた。それでも彼らは、それらの問題を伝統的な「階級の枠組み」のなかに位置づけようと試みた。1984 年チェルネェンコは次のように言っている。「戦争と平和の諸問題はすべてのグローバルな問題と同様、それ自体では存在しない。それらは世界の社会的矛盾や階級闘争の発展と不可分である」（以下より引用。*Textual Analysis of General Secretary Mikhail Gorbachev's Speech to the Forum 'For a Nuclear-Free World, for the Survival of Mankind', Moscow, February 16, 1987*, Washington, 1987. これを用意したのは米ソ関係に関する米国委員会のスタッフであり、主に執筆したのはヘルマン（Joel Hellman）である）。

(58) *Literaturnaya gazeta*, 5 Nov.1986, p.2.

(59) Stephen Shenfield, *The Nuclear Dilemma: Explorations in Soviet Ideology* (Routledge, for the Royal Institute of International Affairs, London, 1987), 45-6.

(60) Ibid.47.

(61) Gorbachev, *Perestroika,* 145.

(62) 以下を見よ。Sakharov, *Progress, Coexistence and Intellectual Freedom* (Deutsch, London, 1968); Burlatsky, 'Filosofiya Voprosy filosofii, 12 (1982), 57-66; and Shakhnazarov, 'Logika politicheskogo myshleniya v yadernuyu eru', *Voprosy filosofii*, 5 (1984), 62-74. 外交政策についての新思考の知的起源に関する解説としては以下も見よ。*Textual Analysis of General Secretary Mikhail Gorbachev's Speech to he Forum 'For a Nuclear-Free World, for the Survival of Mankind', Moscow, February 16, 1987*; Stephen Shenfield, *The Nuclear Dilemma*; Neil Malcolm, *Soviet Policy Perspectives on Western Europe* (Routledge, for the Royal Institute of International Affairs, London, 1989); Dallin, 'New Thinking in Soviet Foreign Policy', in Brown (ed.), *New Thinking in Soviet Politics*; and Breslauer and Tetlock (eds.), *Learning in U.S. and Soviet Foreign Policy,* chs.17 and 18 (by Franklyn Griffiths and Robert Legvold).

(63) シェワルナゼも 1988 年には、階級的アプローチを軽くみることはレーニンの教えからの逸脱であるという潜在的な批判を気にしていた。この批判は時を経ずに、

のゴルバチョフ外交に対する総括的批判に関しては以下を見よ。'Zakonchilas' li "kholodnaya voyna"?: Razmyshleniya ee uchastnika', *Nezavisimaya gazeta*, 16 Aug.1994, p.5. チェルニャーエフの対応も見よ。Anatoly Chernyaev, 'Dlya nego kholodnaya voyna deystvitel'no ne zakonchilas', *Nezavisimaya gazeta*, 3 Sept.1994, p.4.

(35) アンドレイ・グラチョフとのインタビュー（14 Jan.1993）。以下も見よ。Medvedev, *Raspad*, 26.

(36) 以下を見よ。*Nezavisimaya gazeta*, 16 Aug.1994, p.5. コルニエンコの回想録も見よ。*Kholodnaya voyna: svidetel'stvo ee uchastnika*（Mezhdunarodnye otnosheniya, Moscow, 1994）. このなかでコルニエンコは以下のように主張している（pp.260-1）。「新思考」は実際のところ「ソ連の国益に対する裏切り」となった、と。

(37) アナトーリー・チェルニャーエフとのインタビュー（30 Mar.1992）。

(38) アンドレイ・グラチョフとのインタビュー（14 Jan.1993）。

(39) Ibid.

(40) この点は1970年代初め、ウィリー・ブラント（Willy Brandt）の東方政策以降のことのように思われる。西側が確立したソ連との関係改善以前においては、ソ連の指導者たちは（レーニンやスターリンの例にならって）、社会民主主義者を保守派よりはるかに危険な敵と考える傾向があった。社会民主主義者は労働者階級の支持を取り付ける上でのライバルと見られた。しかも自由選挙において常により好成績を収めていたライバルであった。同様に、社会民主主義政党の主流派の側にも、一般的に共産主義者に対する不信感や嫌悪感があった。その原因は、戦後のソ連の東ヨーロッパ政策だけではない。それは西欧労働組合運動において、一方を社会民主主義政党や労働党とし、他方を共産主義者やトロツキストとする2派間の闘争の中での直接的な経験にもとづいていた。こうした初期の反共主義への反動とも言えたが、「西独社民党がソ連に安全保障上の安心感を与えようとして、ソ連の東ヨーロッパ支配に対して過度に寛容になっていた」とするしっかりとした根拠に基づく主張がある。以下を見よ。Timothy Garton Ash, *In Europe's Name: Germany and the Divided Continent*（Jonathan Cape, London, 1993）, esp.Ch.6.

(41) この点はアンドレイ・グラチョフも以下のように指摘している（筆者とのインタビュー、13 Jan.1993）。ドブルイニンは国際部の活動の主要課題を扱うことに興味をもてなかった。また、ドブルイニンは中央委員会組織内で強力な政治的人物と見なされてもいなかった――。ワジム・メドヴェージェフも、多くの小政党を扱うことはドブルイニンには向いていなかったと指摘するとともに、以下のようにも言っている。「新しい国際部は自らの使命を見失っていた」（*Raspad*, 26）。

(42) チェルニャーエフとのインタビュー（30 Mar.1992）。

(43) Ibid.

(44) Ibid.

(45)（特に）ファーリンの見解については以下を見よ。Hannes Adomeit, 'Gorbachev, German Unification and the Collapse of Empire', *Post-Soviet Affairs*, 10/3（1994）, 197-230. コルニエンコの批判については以下を見よ。*Nezavisimaya gazeta*, 16 Aug.1994, p.5; and Kornienko, *Kholodnaya voyna*, 234-57.

(46) 以下を見よ。Gorbachev, *Izbrannye rechi i stat'i*, iii（1987）, 180-280, esp.243-58.

(47) General Albert Makashov, 'Doktrina predatel'stva', *Den'*, 7-13 June 1992, p.2.

(48) しかしながら、ゴルバチョフは注意深くすぐに以下のことを付け加えた。「しかし、もちろん米国との関係の状態、性質は大変重視している」。

(49) Gorbachev, *Izbrannye rechi i stat'i*, iii, 247.

Shevchnko）はゴルバチョフ期以前の、イデオロギー色の強い国際部と、より現実的な外務省とを対比している。しかし、こうも言っている。ポノマリョフは「専門知識の価値を鋭く認識」していた。彼は国際部に「有能な人材をリクルートすることに精力的」であった、と。以下を見よ。Shevchenko, *Breaking with Moscow*（Knopf, New York, 1985）, 188-91, esp.189.

(28) セント・アントニーズ・カレッジ（オックスフォード）でのセミナーでのアンドレイ・グラチョフ（1989-91年、国際部次長）の発言（10 Oct.1994）。

(29) シェフチェンコは、ゴルバチョフの書記長就任直前に書いた回想録のなかで、次のように書いている。最初に「ザグラジンと出会ったのはモスクワ国際関係大学（MGIMO）時代のことであった」。やがて、「ザグラジンが出世するのを賞賛と嫌悪感の混じった眼差しで見つめていた」。シェフチェンコは次のような見方をしている人間の一人である。すなわち、ザグラジンは1956年の第20回党大会後、「ソ連の日常や政治に見られる時代遅れとなったものを変える可能性を純粋な気持ちで熱心に探っていた」。そして、ポスト・スターリン期初期の「理想主義のうねり」に乗って、ザグラジンや仲間たちは共産党の仕事に就くことになった。しかし、シェフチェンコはこう付け加えているのだ。「十字軍的な熱意として始まったものが（中略）出世に変質してしまった」（Shevchenko, *Breaking with Moscow*, 190）。

(30) ペトラコフの後任、オレーグ・オジェレーリエフはかつてレニングラード大学の経済学部長であった。しかし、ペトラコフと違って、その後彼は中央委員会組織で働いた（ワジム・メドヴェージェフの部下であり、その秘蔵っ子でもあった）。ワレーリー・ボルジンはプラウダ（当時、プラウダはその党内の地位ゆえに事実上中央委員会の付属機関となっていた）からゴルバチョフのもとに来た。しかし、もっと以前には中央委員会組織で働いていたことがある。その時の上司はフルシチョフ時代の中央委員会宣伝部の反動的な部長、レオニード・イリイチェフ（Leonid Ilichev）であった。そのころ、ボルジンの同僚にはアレクサンドル・ニコラエヴィッチ・ヤコヴレフがいた。ボルジンはヤコヴレフとは（2人称単数、すなわちトゥィで呼び合う）親しい間柄であった。

(31) この会合に参加したある学者からの個人的な情報。この人物はサダム・フセインが撤退期限に従わない場合には、イラク侵攻に対する軍事的対処を全面的に支持すべきだと主張した。

(32) アンドレイ・グラチョフは、ゴルバチョフとシェワルナゼの立場が同じではなかったことを裏づけている（筆者との個人的な情報交換による。6 Jan.1995）。シェワルナゼのほうがゴルバチョフよりも、米国の立場に近く、軍事的解決を支持していた。ゴルバチョフのほうは、ソ連時代のアラブ友好国に対する全面的な攻撃は避けたいと考えていた。同時にソ連外交の自律性も強調しようとしたのである。1990-1年の湾岸危機における政策決定に関する詳細な解説としては以下を見よ。同書は（特に）ワシントンと、モスクワ双方の当事者へのインタビューをベースにしている。Beschloss and Talbott, *At the Highest Levels*, 244-344. 以下も見よ。Garthoff, *The Great Transition*, 435.

(33) Beschloss and Talbott, *At the Highest Levels*, 270-80.

(34) イラクへの軍事行動の問題で、のちにゴルバチョフ、そして（それ以上に）シェワルナゼに対して公に批判を展開した者のなかに、ゲオルギー・コルニエンコがいた。コルニエンコは1988年11月、ゴルバチョフによって年金生活入りを命じられるが、それまでは党中央委員会国際部の第1次官であった。これはゴルバチョフが国際部を主流からはずしたもう一つの例といえる。コルニエンコ

ムイコの差は「息をのむほど」であったと表現している。さらに加えて次のように言っている。「シェワルナゼは笑い、約束をし、会話をすることができた。彼には人を説得し、そして人の説得に応じる能力があった」。シェワルナゼに関するシュルツ、ハウ、そしてデュマ仏外相（Roland Dumas）のコメントについては以下も見よ。Howe, *Conflict of Loyalty*, 438-9, 548; and Don Oberdorfer, *The Turn.How the Cold War Came to an End: The United States and the Soviet Union, 1983-1990*（Jonathan Cape, London, 1992）, 123. シュルツ米国務長官の後任であるジェームズ・ベーカーはシェワルナゼとの間で、前任者と同じように温かい関係をもった。シェワルナゼが1990年12月、外相を辞任した後、ベーカーは次のように言っている。「彼が私に言ったことで真実ではなかったことは何一つなかった」（Michael R.Beschloss and Strobe Talbott, *At the Highest Levels: The Inside Story of the End of the Cold War*（Little, Brown, London, 1993）, 296）。

（21）Andrei Gratchev（Grachev）, *La Chute du Kremlin: L'Empire du non-sens*（Hachette, Paris, 1994）, 78.

（22）Oberdorfer, *The Turn*, 123.

（23）Shultz, *Turmoil and Triumph*, 702-4. シュルツは1986年1月、国務省の彼のチームに次のようにも言っていた。「我々が今相手にしているのは大胆かつ鋭敏なソ連指導者である。彼は前任者達のだれよりもタフで、我々にとっては大きなチャレンジである」（ibid.704）。「ソ連人は劣等感をもっている」という場合のように、「ソ連人」（the Soviets）という言葉が地方自治体の組織というより国民に対して使われるとき、たいていは、それで何かが明らかになるというよりも曖昧になることの方が多い。「ソ連人」についての一般化がソ連のすべての民族に適応するのか、あるいはロシア人だけなのか。あるいはもっと限定的にソ連の役人についてなのか、あるいはもっと狭い支配層だけについてなのか。こうしたことを知る必要がある。それでも実際、多くの役人は劣等感をもっている。したがってシュルツが引用した「米国政府内のソ連専門家」はまったく間違っているわけではない。たとえ、シュルツが主張するように、ゴルバチョフがその原則からの極めつけの例外であったとしても、である。

（24）ここで引用した発言をシュルツがした頃、筆者は米国を訪れている。その際、元駐ソ米国大使がテレビで次のように言っているのを聞いた。ゴルバチョフは前任者のだれよりもはるかに危険である。なぜならば「頭が良く」、「魅力」があり、「柔軟」だから。したがって、とりわけヨーロッパ人を思い通りにするという意味で、特に警戒すべき人物だというのである。なぜならヨーロッパ人は誘惑に簡単にのるので有名だからだという。しかしその後数年間に起きたことでヨーロッパ人、さらに言えば米国人にとって、ソ連指導者が愚かで、粗野で、柔軟性がなかったとしたら、得をしたであろうという主張を裏付けるようなことは何もなかった。

（25）同様の指摘をハズラム（Jonathan Haslam）がしている。以下を見よ。'Soviet Policy Toward Western Europe', in George W.Breslauer and Philip E.Tetlock（eds.）, *Learning in U.S.and Soviet Foreign Policy*（Westview, Boulder, Colo., 1991）, 469-503, esp.497-8.

（26）アダミシンはその要職を1990年まで務めて、同年、駐イタリア大使に転出している。ポスト・ソ連時代のロシアになってからは第1外務次官に昇進し、その後1994年、駐英大使となっている。ペトロフスキーは1991年8月まで外務次官に留まり、同月ソ連第1外務次官となっている。1992年、彼は国連事務次長となっている。

（27）ソ連の外務省高官でありながら1978年米国に亡命したシェフチェンコ（Arkady

biografii (Politizdat, Moscow, 1989); Fedor Burlatsky, *Vozhdi i Sovetniki: O Khrushcheve, Andropove i ne tol'ko o nikh* (Politizdat, Moscow, 1990); Roy A. Medvedev, *Khrushchev* (Blackwell, Oxford, 1982); William J. Tompson, 'The Fall of Nikita Khrushchev', *Soviet Studies*, 43/6 (1991), 1101-21; and Tompson, *Khrushchev: A Political Life* (Macmillan, London, 1995).

(11) グロムイコは1939年ソ連外務省が粛清を受けた直後に入省している。チェルニャーエフによると（1994年10月15日のセント・アントニーズ・カレッジでのセミナー）、グロムイコは自分が外相であった間に行われた外交政策はすべて正しかったという見解を常にとっていた。彼は回想録でもこの見解をとっている。したがって、グロムイコが外相に留まる限り、ゴルバチョフは新しい考え方を導入するのがきわめて難しいと感じたのであろう。

(12) アナトーリー・チェルニャーエフとのインタビュー（30 Mar.1992）。

(13) ワジム・バカーチンが回想録で書いているように、ベススメルトヌィフは1991年8月のクーデターを非難する書簡に署名するのを拒否した。まだゴルバチョフがクリミヤの別荘で軟禁されている時のことである。書簡に署名したのは、バカーチン、エヴゲーニー・プリマコフとアルカージー・ヴォリスキーである。以下を見よ。Bakatin, *Izbavlenie ot KGB* (Novosti, Moscow, 1992), 14-15.

(14) これはサー・ジェフリー・ハウの自発的な発言である。1988年10月27日、ハウがオックスフォード大学での毎年恒例のシリル・フォスター記念講義で講演した後、夕食会での筆者との会話で語ったことである。以下も見よ。Geoffrey Howe, *Conflict of Loyalty* (Macmillan, London, 1994)の特に以下の頁。437-42頁、563頁。

(15) チェルニャーエフとのインタビュー（30 Mar.1992）。

(16) Ibid.

(17) ゴルバチョフとレーガンの5回のサミット会談は以下の通り。ジュネーブ（19-21 Nov.1985）、レイキャビク（11-12 Oct.1986）、ワシントン（8-11 Dec.1987）、モスクワ（30 May-2 June 1988）、ニューヨーク（7 Dec.1988）。ゴルバチョフとブッシュの4回のサミットはマルタ沖の海上（2-3 Dec.1989）、ワシントン（31 May-3 June 1990）、ヘルシンキ（9 Sept.1990）、モスクワ（29 July-1 Aug.1991）であった。これらすべてのサミット会談についての貴重な文献としては以下を見よ。Raymond L.Garthoff, *The Great Transition: American-Soviet Relations and the End of the Cold War* (Brookings Institution, Washington, 1994).

(18) 日本政府の目立った領土キャンペーンがもっとも賢明な外交路線だったかどうかは疑問がある。ゴルバチョフは日本指導部との会合で、見習うべきものとしてドイツの例を考慮に入れるよう示唆した（筆者のアンドレイ・グラチョフとのインタビュー、モスクワ、18 Sept.1992）。第2次世界大戦直後の4半世紀、ドイツほどソ連を恐れ、不信感を抱いていた国はなかった。しかしウィリー・ブラント首相時代に始まり、ドイツ人は次第にソ連指導部との良好な関係を築き、ソ連国民の対独イメージを大きく改善した。結局、ゴルバチョフは日本指導部に、このことが2-3年前には想像すらできなかったドイツ統一につながったことを想起させたと言われる。北方領土への含意は明かであった。

(19) ゴルバチョフ後期におけるソ連のアジア政策に関する有益で簡潔な解説としては以下を見よ。Coit D. Blacker, *Hostage to Revolution: Gorbachev and Soviet Security Policy, 1985-1991* (Council on Foreign Relations, New York, 1993), 135-9.

(20) 以下も見よ。 George P. Shultz, *Turmoil and Triumph: My Years as Secretary of State* (Macmillan, New York, 1993), 702. このなかで、シュルツはシェワルナゼとグロ

Shest' let s Gorbachevym（Kultura, Moscow, 1993）. そしてシャフナザロフは同様に価値の高い綿密かつ詳細な回想録を残している。*Tsena svobody*（Rossika Zevs, Moscow, 1993）. それに比して、シェワルナゼの回想録は急いで書いた様子が見て取れる。それでも、もちろん価値がないわけではない（*The Future Belongs to Freedom*, Sinclair-Stevenson, London, 1991）。ドブルイニンも回想録を書きあげているが、現在印刷中で入手はできなかった。

(5) アナトーリー・チェルニャーエフとのインタビュー（30 Mar.1992）。シャフナザロフはこうした情報は国際部だけではなく中央委員会社会主義諸国部にも回っていたと指摘している。内容的には外交電報や KGB あるいは軍諜報部の報告である。しかし、回覧は部内のみに限られていたとも言う。部長、次長が目を通し、適当だと考えるものについては部内の担当課長に見せることもあった。以下を見よ。Shakhnazarov, *Tsena svobody*, 52.

(6) チェルニャーエフとのインタビュー（30 Mar.1992）.

(7) Medvedev, *Raspad*, 26.

(8) Ibid.

(9) 筆者はこの点について、サイカル（Amin Saikal）とマレー（William Maley）の、この点以外では価値の高い以下の著作での主張には反対する。彼らは次のように書いている。「国際部はほとんど確実にソ連の外交政策形成に関わる唯一のもっとも重要な官僚組織であった」。この一般化にはゴルバチョフ期も含まれているようであるが、特にゴルバチョフとシェワルナゼとの近しい関係を考えると、国際部が外務省にまさる力をもっていたと考えるのは難しい。サイカルらの一般化は、レナード・シャピロの以下の論文に依拠している（'The International Department of the CPSU: Key to Soviet Policy', *International Journal*, 32/1（Winter 1976/7）, 41-55）。しかし、この論文でシャピロは 1973 年、グロムイコが政治局員に昇格したことで外相及び外務省の政治権力が増大したとことを認めてはいない。シャピロは国際部が第三世界と同様に西側を管轄していることを強調する。これは正当である。にもかかわらず、彼は例証を、主として同部と西欧の主要共産党との関係からとっている。そして実はこれが同部の直接的な職務であって、これより重要な西欧政府との国家間関係はそうではなかったのである。この点に関しては以下を見よ。Medvedev, *Raspad*, 26. ブレジネフ時代にグリフィス（Franklyn Griffiths）は , 次の点を明らかにしている。1971 年の第 24 回党大会への書記長報告の国際関係部分を作成するのに主要な役割を果たしたのは IMEMO（世界経済国際関係研究所のこと。これは科学アカデミーの研究所であるのと同様に国際部の監督下に入っていた）であったが、1976 年、第 25 回党大会への報告の当該部分起草でより大きな役割を果たしたのは外務省の国際関係局（Department of General International Relations）であった。グリフィスは次のようにも言っている。「このような変化は、1973 年の A.A. グロムイコの政治局員昇格後、外務省の権威が増大したことと、他方で IMEMO の所長が 25 回党大会で中央委員候補から昇進することができなかったこととまさに軌を一にしていた」。以下を見よ。Griffiths, 'Ideological Development and Foreign Policy', in Seweryn Bialer（ed.）, *The Domestic Context of Soviet Foreign Policy*（Westview, Boulder, Colo., 1981）, 19-48, at p.20. ゴルバチョフ以前の外相及び外務省の役割については、以下も見よ。Archie Brown, 'The Foreign Policy-Making Process', in Curtis Keeble（ed.）, *The Soviet State: The Domestic Roots of Soviet Foreign Policy*（Gower, Aldershot, for the Royal Institute of International Affairs, 1985）, 191-216, esp.206-9, 216.

(10) たとえば以下を見よ。Yu.V. Aksyutin（ed.）, *Nikita Sergeevich Khrushchev: Materialy k*

下を参照せよ。Shakhnazarov, *Tsena svobody*, 13.

(258) 変革を目指す指導者としてのゴルバチョフに関する優れた解説としては、以下を見よ。George W. Breslauer, 'Evaluating Gorbachev as Leader', *Soviet Economy*, 5/4(Oct.-Dec.1989), 299-340.

第7章

(1) それはゴルバチョフが米国と並んで、二つの軍事超大国の一つという地位を放棄したいと考えていたというわけではまったくない。十中八九、軍への言及にはリップサービスの要素があったはずであるが、書記長に選出された政治局会議での閉会の辞で、ゴルバチョフはソ連の経済・軍事力を増強し、人民の生活を改善する新しい決定が必要であると述べていた（この政治局会議の速記録については以下を見よ。*Istochnik*, 0/1993, 66-75）。ゴルバチョフがソ連の軍事力強化にいかなる関心を抱いていたとしても、あるいはいなかったとしても、彼がもっと関心を寄せていたことは国際的な緊張の発生源を減らし、軍事予算を削減することであった。アナトーリー・チェルニャーエフによれば、1984年12月、マーガレット・サッチャーに会うために初めて英国を訪問したときまでには、ゴルバチョフは「ソ連は現状のような巨大な軍産複合体を持ち続けることはできない」との見解をもつようになっていたという（オックスフォード大学、セント・アントニーズ・カレッジでおこなわれたゴルバチョフ期に関する特別セミナーでのチェルニャーエフの発言。15 Oct.1994）。ソ連宇宙研究所の前所長サグデーエフ（Roald Sagdeev）はペレストロイカ初期に、科学問題担当としてゴルバチョフの顧問団に加えられていた。そのサグデーエフは次のように明察している。「やがてゴルバチョフの関心は、国際安全保障や軍拡の方向に向けられるようになった。欧州戦域での中距離核ミサイル交渉での膠着状態を打破しようとしたのである。もっともだと思われる一般的な戦略的打算の他に、ゴルバチョフはある機会を望んでいたのだ。それは国家を経済的に再生させるための計画の一環として将来の軍事予算を削減する機会であった」。以下を見よ。Roald Z. Sagdeev, *The Making of a Soviet Scientist: My Adventures in Nuclear Fusion and Space from Stalin to Star Wars* (John Wiley, New York, 1994), 267.

(2) ソ連の軍産複合体の仕組みに関する興味深い関係者の解説として、サグデーエフの回想録を見よ。*The Making of a Soviet Scientist*, 特に以下の頁（45, 164-6, 185-200, 240-3, 325-7）。

(3) チェルニャーエフは次のように見ていた（セント・アントニーズ・カレッジでのセミナー、15 Oct.1994）。中央委員会は全員一致で、ゴルバチョフが推挙したシェワルナゼに、迷うことなく賛成票を投じた。しかし、彼らが虚をつかれたのは確かである。西側はおろか、ソ連国内の情報通ですら、グロムイコの後任としてシェワルナゼの名を挙げた者はいなかったからである。

(4) これらの人々6人全員が回想録を書いていることが役に立つ。ヤコヴレフは回想録を3冊出版している。*Muki prochteniya bytiya.Perestroyka: Nadezhdy i real'nosti* (Novosti, Moscow, 1991); *Predislovie, Obval, Posleslovie* (Novosti, Moscow, 1992); and *Gor'kaya chasha: Bol'shevizm i Reformatsiya Rossii* (Verkhne-Volzhskoe knizhnoe izdatelstvo, Yaroslavl, 1994). ワジム・メドヴェージェフは2冊の有益な回想録を出している。*V komande Gorbacheva.Vzglyad iznutri* ('Bylina', Moscow, 1994); and *Raspad: Kak on nazreval v 'mirovoy sisteme sotsializma'* (Mezhdunarodnye otnosheniya, Moscow, 1994). チェルニャーエフは内容の濃い詳細な以下の本を出している。

フナザロフとのインタビュー。*The Second Russian Revolution* の筆記録による)。シャフナザロフも自身、代議員として自発的にゴルバチョフに投票すべきだと周囲の人間を説得しようとした。しかしゴルバチョフは、いかなる舞台裏の工作をもしようとしなかった。「彼を支持するための組織的な努力は何もなかった」。これはブレジネフの場合と対照的である。ブレジネフのもとでは、各中央委員会総会の前にあらゆることが、詳細な事柄に至るまで、計算されていた。

(238) Sobchak, *Khozhdenie vo vlast'*, 189.

(239) Roxburgh, *The Second Russian Revolution*, 175.

(240) Sobchak, *Khozhdenie vo vlast'*, 199-200.

(241) ロシアのテレビでのA.N. ヤコヴレフとのインタビュー(24 Aug.1991)。全内容は以下で見られる。FBIS-SOV-91-166, 27 Aug.1991, pp.40-9(quotation from p.49).

(242) Roxburgh, *The Second Russian Revolution*, 187. ロクスバーは第28回党大会に関する最も生き生きとして、洞察力のある解説のひとつを提供している(186-92頁)。

(243) Ibid.189.

(244) Shakhnazarov, *Tsena svobody*, 253-4.See also Roxburgh, *The Second Russian Revolution*, 193.

(245) 以下を見よ。*Izvestiya TsK KPSS*, 1(1990), 9.

(246) 以下を見よ。*Izvestiya TsK KPSS* , 7(1990), 7-9; and Roxburgh, *The Second Russian Revolution*, 182-3.

(247) 以下を見よ。*Izvestiya TsK KPSS*, 8(1990), 129-32.

(248) *Izvestiya*, 4 June 1989, p.2.

(249) Ibid.

(250) たとえばシャターリン(Shatalin)は当初、大統領評議会メンバーになることに熱意を示した。メンバーになれば一定の実権を行使できると勘違いしたためである。以下を見よ。筆者の、シャターリンとのインタビュー。*Moscow News*, No.14, 8 Apr.1990, p.6.

(251) 1990年8月、大統領評議会の大半のメンバーに質問したところ(当時、メンバーの数はゴルバチョフを入れて17名であった)、彼らはこの組織の本質についてばらばらの考えをもっていることが明らかになった。これが純粋な諮問機関なのか、あるいは何らかの行政権をもっているのかという質問にたいしてすら見解は一致していなかった。以下を見よ。*Moskovskie novosti*, 33(1990), 8-9.

(252) これは、社会の中で省の権力がかつてと同じぐらい強かったということではない。自発的な経済活動が——協同組合の体裁をとっているにせよ、あるいは公然たる私的活動であるにせよ——このような旧来の行政的資源配分体制を破壊してしまっていたからである。

(253) Shakhnazarov, *Tsena svobody*, 164.

(254) Ibid.142. シャフナザロフは、ゴルバチョフに「大統領評議会」という名称を提案したのは自分だと言っている。

(255) シャフナザロフはボルジンを「感じの良くない(中略)究極の官僚」で、チェルネェンコ(Konstantin Chernenko)を彷彿とさせると表現している(*Tsena svobody*, 140-1)。

(256) Chernyaev, *Shest' let s Gorbachevym*, 334.

(257) チェルニャーエフによると、ゴルバチョフは2月25日のデモ行進に動揺し、1990年3月2日の政治局会議では新思考派というよりもむしろ党指導者のような口調であったと言う。以下を見よ。Chernyaev, *Shest' let s Gorbachevym,* 335-6. 以

(225) Ibid.; *Izvestiya TsK KPSS*, 11（1990）, 9; and *Izvestiya TsK KPSS*, 1（1991）, 9.
(226) *Izvestiya TsK KPSS*, 2（1991）, 10-11; *Izvestiya TsK KPSS*, 6（1991）, 11; and *Pravda*, 27 July 1991, p.1.
(227) Yakovlev, *Gor'kaya chasha*, 417.
(228) *Izvestiya TsK KPSS*, 9（1990）, 19, 21.
(229) Ibid.19.
(230) ゴルバチョフの近しい顧問や盟友たちの「狭い」サークル・集団に関しては以下を見よ。Chernyaev, *Shest' let s Gorbachevym*, 66 and 432-3; and Shakhnazarov, *Tsena svobody*, 144.
(231) *Reytingi Borisa El'tsina i Mikhaila Gorbacheva po 10-barnoy shkale*（VTsIOM, Moscow, 1993）.
(232) ゴルバチョフ・チームのなかでアンドレイ・グラチョフも1990年、大統領職の創設とその選挙を民選とすることが望ましいと主張した一人であった。1990年1月政治局へ提出した覚え書きの中で（そのコピーを提供してくれたグラチョフ博士に謝意を表する）、グラチョフは、全連邦選挙による国民の委託を基礎に、行政権とゴルバチョフの権威を固める必要があると主張した。そのほかにグラチョフが作成した興味深い文書が2点ある。ひとつは1990年1月10日付のアレクサンドル・ヤコヴレフ宛の覚え書き。この中でグラチョフは、共産党を別の種類の政党とする必要があると主張していた。もうひとつは、大統領としてのゴルバチョフの、最初の数カ月用の行動計画草案（3月作成）である。いずれもグラチョフが書いた2冊目の政治的回想記の、フランス語版（ロシア語版には未収録）の付録に収録されている。以下を見よ。Andrei Gratchev, *La Chute du Kremlin: L'Empire du non-sens*（Hachette, Paris, 1994）, 225-43.
(233) Medvedev, *V komande Gorbacheva*, 111.
(234) 以下を見よ。Gale Stokes, *The Walls Came Tumbling Down: The Collapse of Communism in Eastern Europe*（Oxford University Press, Oxford, 1993）, 132-6. ハンガリー共産党に敵対する民主反対派の中の急進諸政党は大統領の直接選挙に反対し、刷新された議会が大統領を選出するべきだ、と主張した。その理由は原則的なもの、すなわち、直接選挙で選出される大統領は生まれたばかりの民主主義にとって健全な程度を越えて強力になる可能性が高い、というものだけではなかった。戦術的な考慮もあったのである。というのも1989年というハンガリーにとって民主主義の画期となった年には、圧倒的人気をもつ政治家、そして、そのような選挙で一番勝利を収めそうな人物は共産党指導部内の急進改革派、イムレ・ポジュガイ（Imre Pozsgay）だったからである。ハンガリーの自由民主派や青年民主派といった政党は、この問題を国民投票に持ち込むことに成功した。その結果、きわめて僅差で、「議会選挙をおこない、次に国民全体ではなく議会が大統領を選出する」という手順が決められた。旧共産党（当時すでにハンガリー社会主義労働者党からハンガリー社会党に党名を変更していた）は選挙で敗北したため、ポジュガイの「大統領になる望み」は打ち砕かれたのである。
(235) Sobchak, *Khozhdenie vo vlast'*, 182.
(236) 第3回人民代議員大会の全議事録については以下を見よ。*Vneocherednoy tretiy s"ezd narodnykh deputatov SSSR, 12-15 marta 1990 g.: Stenograficheskiy otchet*（Izdanie Verkhovnogo Soveta SSSR, Moscow, 1990）, 3 vols. 以下も見よ。Sobchak, *Khozhdenie vo vlast'*, 159-206; and Roxburgh, *The Second Russian Revolution*, 171-5.
(237) Sobchak, *Khozhdenie vo vlast'*, 189. シャフナザロフは以下のように言っている（シャ

Wightman）に謝意を表したい。

（209）Gorbachev, 'Ya ne znayu schastlivykh reformatorov……'. これは以下の本の序章である。*Gody trudnykh resheniy*, 12.

（210）Anatoly Sobchak, *Khozhdenie vo vlast': Rasskaz o rozhdenii parlamenta*（Novosti, Moscow, 1991）, 175.

（211）以下を参照。Christopher Young, 'The Strategy of Political Liberalization: A Comparative View of Gorbachev's Reforms', *World Politics*, 45/1（Oct.1992）, 47-65. ヤングは、ゴルバチョフの遠大な改革が「政敵の権力の組織的基盤を崩し、他方で自らの派閥の利益を守るためにきわめて意図的に構築されたものである」と主張している。しかし、この主張は説得力を欠く。ゴルバチョフが「政治的・行政的権力源としての共産党をなくす」ことを提案したのは、「リガチョフやその追随者たちが党組織に集まっている」ためであって、彼らを経済改革実施の責務から遠ざけておく必要があったからだという考え方は以下の点を見落としている。(1) 1989年以降、通常書記長に付与されている議論の余地のない権威をゴルバチョフが享受できなくなったのは、ほかでもない、ゴルバチョフが経済・政治を自由化する政策を追求した結果だった。(2) もしゴルバチョフが従来のゲームのルールに従っていれば、リガチョフを政治局から排除することはさしてむずかしくなかったはずである。それどころか、多元化する前のソ連体制では政治生命を絶つこともできた。リガチョフは、スースロフとは違う（スースロフはブレジネフが政治局入りする前にすでに政治局員であり、党中央委員会の書記局や機関にたいして多大の影響力をふるっていた）。リガチョフはゴルバチョフ自らが政治局員に任命した人間である。彼の存在は常に書記長の厚意に依存していたのである。

（212）炭鉱夫ストライキに関する簡潔だが優れた解説としては以下を見よ。Roxburgh, *The Second Russian Revolution*, 147-8. もっと全面的に論じたものとしては、以下を見よ。Donald Filtzer, *Soviet Workers and the Collapse of Perestroika: The Soviet Labour Process and Gorbachev's Reforms, 1985-1991*（Cambridge University Press, Cambridge, 1994）, esp.94-122.

（213）Filtzer, *Soviet Workers and the Collapse of Perestroika*, 100-1.

（214）シャフナザロフとのインタビュー（*The Second Russian Revolution* の筆記録）。

（215）Shakluiazarov, *Tsena svobody*, 137-8.

（216）1991年初めから閣僚会議議長は正式に首相に、閣僚会議（Council of Ministers）は内閣（Cabinet of Ministers）となった。この時同時に、ルイシコフ（Nikolay Lyzhkov）に代わってパヴロフ（Valentin Pavlov）がソ連政府の長（つまり首相）に任命されている。

（217）Shakhnazarov, *Tsena svobody*, 73.

（218）シャフナザロフとのインタビュー（*The Second Russian Revolution* の筆記録）。

（219）Medvedev, *V komande Gorbacheva*, 74,

（220）Shakhnazarov, *Tsena svobody*, 137-8.

（221）もとよりそれがゴルバチョフの唯一の正式な役職というわけではない。1988年、彼は（まだ改革される前の）最高会議幹部会議長になっている。しかし、これは当時、独立した権力基盤ではなかった。

（222）Ligachev, *Inside Gorbachev's Kremlin*, 110.

（223）Ibid.111.

（224）以下を見よ。*Yezhegodnik Bol'shoy Sovetskoy Entsiklopedii 1986*（Sovetskaya Entsiklopediya, Moscow, 1986）, 15-16; and *Izvestiya TsK KPSS*, 9（1990）, 17.

下も見よ。Shakhnazarov, *Tsena svobody*, 74-80.

(186)放送された大会の視聴率についての調査結果と、回答者の反応については以下を見よ。*Izvestiya*, 31 May 1989, p.7; and *Izvestiya*, 4 June 1989, p.1.

(187)*Izvestiya*, 26 May 1989, p.4.

(188)この段落を含め、前節（1989年の選挙）およびこの節（第一回人民代議員大会）のいくつかの段落は、筆者自身の以下の論文に依拠している。'Political Change in the Soviet Union', *World Policy Journal*, 6/3（Summer 1989）, 469-501.

(189)*Izvestiya*, 27 May 1989, p.4.

(190)ソビエト・テレビ（29 May 1989）。以下に収録。BBC Summary of World Broadcasts, SU/0475C/3-C/6, 6 June 1989.

(191)シャフナザロフとのインタビュー（*The Second Russian Revolution* の筆記録）。

(192)Ibid.

(193)Ibid.

(194)Ibid.

(195)シャフナザロフは次のように考えていた。見たこともない若手の代議員がゴルバチョフと論争をし、時に長口舌をふるっている。一方、ゴルバチョフはといえば静かにこれを受け入れ、忍耐強く自分の見たままの状況を説明している。こうした光景がロシアの国家元首にあった権威のオーラというものを損なうことになったのだ、と。以下を見よ。Shakhnazarov, *Tsena svobody*, 77-8.

(196)Gorbatschow, *Erinnerungen*, 463-5.

(197)Ibid.466-7.

(198)Ibid.464-5.

(199)筆者の、チェルニャーエフとのインタビュー（30 Mar.1992）。

(200)ラプテフとのインタビュー（*The Second Russian Revolution* の筆記録）。

(201)この点に関しては、たとえば以下を見よ。Shakhnazarov, *Tsena svobody*, 139.

(202)Ryzhkov, *Perestroyka: Istoriya predatel'stv*, 291.

(203)Ibid.

(204)Ibid.292. ルイシコフによるこれらの所見は、彼がレーニンのスローガンからとって名付けた「全権力をソヴィエトへ」という章で読むことができる。実際には、議会（ソヴィエト）の権力の画期は、1989年という遅い時期になった。ソ連時代のはるかに長い時期とは対照的に、ソヴィエトが大きな権力を行使したのはソ連時代の最後の3年間と、そしてポスト・ソ連時代のロシアの最初の2年だけであった。

(205)そうした人々の中にはチェルニャーエフ、シャフナザロフ、ペトラコフ（Petrakov）、シメリョフ、ゲオルギー・アルバートフ（Georgy Arbatov）がいた。以下を見よ。Chernyaev, *Shest' let s Gorbachevym*, 352, 356.

(206)Shakhnazarov, *Tsena svobody*, 118.

(207)Chernyaev, *Shest' let s Gorbachevym*, 345, 356.

(208)クドルノワ（Anastázie Kudrnová）に、大統領とソ連共産党書記長の双方を兼任し続けることは実際的なことと考えるのかと聞かれ、ゴルバチョフは次のように答えている。「原則的に党と国家のポストを分離するよう目指すべきである。しかし、現在、議会（ソヴィエト）はまだ強力ではなく、権力と党は変化を遂げつつある。このような移行期に、両ポストを分離すれば不必要な闘争に関わることになる。それではペレストロイカを終わりにさせたい連中の思うつぼになるだろう（*Lidové noviny*, 5 July 1990）。筆者はこの引用を教示してくれたワイトマン（Gordon

いたのはせいぜい準多党制にしかすぎなかった。政党の大半は大なり小なり人気のある指導者を支持するために臨時に組織された集団であった」。

(174) 公式の投票率は54パーセントであった。選挙民は同時に新憲法にたいする国民投票にも参加していたことを考えれば、これはきわめて低い数字である。しかし、この統計値はおそらく実際の投票率を誇張していた。当選した候補者の多くものちに、この公式投票率(憲法上有効とされるには50パーセント以上の投票率が必要とされていた)は、彼ら自身が目の当たりにした現実とは違っていたと、不平を鳴らすことになる。にもかかわらず、ヘルシンキ委員会は公式結果を受け入れている。ただし、同委員会の報告書はさまざまな点で結果にたいする一定の失望感を表明している。報告書によると、「1993年12月12日、ロシアの選挙民は広く報道されているとおり、アパシーとシニシズムのなか、議会選挙と憲法の国民投票に出向いた。中央選挙管理委員会はのちに、投票率はわずか54パーセントであったと報告した。しかし、これで国民投票が有効となる50パーセントは越えたことになる」(Commission on Security and Cooperation in Europe, *Russia's Parliamentary Election and Constitutional Referendum, December 12, 1993* (Washington, 1994), 1)。これは1989年、1990年、1991年のソ連末期の競争的選挙と比較して、投票率が大きく落ち込んだことを示している。しかし、(特に1989年と比較して)ひとつの重要な継続性もあった。それは双方のケースにおいて、選挙を支配するルールは、政府と野党間の合意によるというよりは、政治権力を持つ側の人間が決めていたということである。もちろん、1988年に競争的な国政選挙に移行する決定が採択されたときには、めぼしい政治的反対勢力がいたわけではない。しかし、1989年の選挙を支配したルールがゴルバチョフと彼の支持者達によって決められたのとまさしく同様に、1993年の選挙のルールもエリツィンとその側近たちによって決められていたのである。ルールは主要な政治プレーヤー間の約束や了解の結果ではなかった。これに関しては以下を見よ。Michael Urban, 'December 1993 as a Replication of Late-Soviet Electoral Practices', *Post-Soviet Affairs*, 10/2 (Apr.?June1994), 127-58.

(175) 1989年3月の選挙は、「創設選挙」の評価基準のすべてを満たしているわけではないが、確かにその後のロシアになってからの選挙にはない形で、いくつかの基準は満たしている。たとえば、オドンネル(O'Donnnel)とシュミッター(Schmitter)が指摘しているように、「創設選挙は大きなドラマの瞬間である。投票率はきわめて高いものである」(*Transitions from Authoritarian Rule: Tentative Conclusions about Uncertain Democracies*, 62)。

(176) この点は以下を見よ。Medvedev, *V komande Gorbacheva*, 75-6; and Shakhnazarov, *Tsena svobody*, 72.

(177) 以下を参照。ibid.76.

(178) 以下を見よ。Kolosov, Petrov, and Smirnyagin, *Vesna 89*, 107; and Stephen White, *After Gorbachev*, 3rd edn. (Cambridge University Press, Cambridge, 1993), 50-64.

(179) White, *After Gorbachev*, 50-1.

(180) *Izvestiya*, 21 Apr.1989, p.3.

(181) *Pravda*, 27 Apr.1989, p.6.

(182) Ibid.4.

(183) Ibid.

(184) *Pravda*, 10 June 1989, p.14.

(185) シャフナザロフとのインタビュー(*The Second Russian Revolution* の筆記録)。以

(155) Ibid.

(156) ラプテフによれば、ゴルバチョフは紙片を読み上げているとき、緊張しているように見えたという。「彼（ゴルバチョフ）はこうするのを先延ばしにすることもできたのではないか、と感じているようにも見えた」(Roxburgh, *The Second Russian Revolution*, 101 からの引用)。ゴルバチョフの動きの素早さについては以下も見よ。Medvedev, *V komande Gorbacheva*, 78.

(157) ラプテフとのインタビュー（*The Second Russian Revolution* の筆記録）。

(158) Ibid.

(159) この覚え書きは 1989 年初めに刊行を開始した新しい党機関誌に掲載された。この機関誌は直近のものから過去のものまでソ連の公式文書を載せた有益な資料源となっている。以下を見よ。*Izvestiya TsK KPSS*, 1/1（Jan.1989）, 81-6.

(160) Ibid.86.

(161) 以下を見よ。Whitefield, *Industrial Power and the Soviet State*, 127-9, 211-13.

(162) Ibid.224.

(163) ホワイトフィールドは以下のように述べている（226 頁）。「各省は（中略）みずから商会・法人・協会を興したり、協同組合・合弁会社・民営企業に出資したりする可能性が開けたのを利用しようとした。しかし、そうしたのは旧秩序の利点を維持し、もし旧秩序が復活した場合には生き残ろうとしたまでのことであった」。

(164) *Izvestiya TsK KPSS*, 1/1（1989）, 86.1988 年 10 月の中央委員会組織再編後に残ったその他の 8 つの部は以下の通りである（括弧内は部長名）。党建設・人事部（G.P. ラズモフスキー）、イデオロギー部（A.S. カプト）、社会経済部（V.I. シムコ）、農業部（I.I. スキーバ）、国防部（O.S. ベリャコフ）、国家・法務部（A.S. パヴロフ）、総務部（V.I. ボルジン）、事業部（主として財務を管轄、N.E. クルチナ）。

(165) Ligachev, *Inside Gorbachev's Kremlin*, 109-10.

(166) Medvedev, *V komande Gorbacheva*, 80.

(167) ヤコヴレフとのインタビュー（*The Second Russian Revolution* の筆記録）。

(168) しかしながら、ゴルバチョフはチェブリコフを二段階に分けて排除したという点で慎重すぎたのかもしれない。チェブリコフはワジム・メドヴェーデフによれば KGB 議長から中央委員会書記への転任を聞いて「上機嫌」だったという。「もっと悪いこと」を予期していたからである。以下を見よ。Medvedev, *V komande Gorbacheva*, 80.

(169) *Izvestiya TsK KPSS*, 5（1989）, 45-6.

(170) 総会での離任挨拶で、フェドセーエフ（Fedoseev）は「社会主義多元主義」の概念を、見かけ上は褒めておいて内実は非難し、党のイデオロギー的統一を呼びかけた。以下を見よ。*Pravda*, 27 Apr.1989, p.4.

(171) V.A. Kolosov, N.V. Petrov, and L.V. Smirnyagin（eds.）, *Vesna 89: geografiya i anatomiya parlamentskikh vyborov*（Progress, Moscow, 1990）, 109.

(172) たとえば以下を見よ。O'Donnell and Schmitter, *Transitions from Authoritarian Rule: Tentative Conclusions about Uncertain Democracies*, 61-4; and Juan J.Linz and Alfred Stepan, 'Political Identities and Electoral Sequences: Spain, the Soviet Union, and Yugoslavia', *Daedalus*, 121/2（Spring 1992）, 123-39.

(173) Obolonsky, 'Russian Politics in the Time of Troubles', in Saikal and Maley（eds.）, *Russia in Search of its Future*, 25. オボロンスキーは以下のように書いている。「1993 年の選挙戦には驚くほど多くの政党や選挙ブロックが参加しているが、当時存在して

的決定の過程で獲得されるものである」。この一般化はソ連にも適応可能であるが、ただし、「少なくとも……側の」という部分を「少なくとも……の一部によって」と置き換える必要がある。

(145) Giuseppe di Palma, *To Craft Democracies*, 82.

(146) Ibid.

(147) シャフナザロフとのインタビュー（*The Second Russian Revolution* の筆記録）。

(148) Ibid. 以下も見よ。Medvedev, *V komande Gorbacheva*, 74.

(149) 以下を参照。Shakhnazarov, *Tsena svobody*, 74. リガチョフとヤコヴレフはもし共産党のリストに載ることに失敗したとしても、それぞれ（特にヤコヴレフは）ほぼ確実に地区選挙区から返り咲くことができた。リガチョフの場合はより保守的な農村部の選挙区であり、ヤコヴレフの場合はより改革志向の都市部の選挙区からである。

(150) 政治的民主化への第一歩が、単なる自由化とは違っていかに大きいものであるか。この点は、これをゴルバチョフの下で民主化に先立って行われた大幅な自由化措置と比較すればもっとはっきり見て取ることができる。自由化措置とはたとえばグラスノスチの到来であり、宗教的寛容の増大、一定の市民参加の進展や 1986-7 年からの小規模な独立した協会や集団の形成という変化であった。しかし、ここに含まれていないのは、有権者あるいは議会が行政府に説明責任を要求する機会であった。ゴルバチョフ時代の初期における自由化の成果については以下を見よ。Geoffrey Hosking, Jonathan Ayes, and Peter J.S.Duncan, *The Road to Post-Communism: Independent Political Movements in the Soviet Union 1985-1991*（Pinter, London, 1992）, esp.ch.1 by Hosking, 'The Beginnings of Independent Political Activity', pp.1-28. 1988 年改革がそれ以前に行われたことにくらべて、いかに大きな前進であったかは、ポスト・スターリン期における緊張緩和の第一段階を振り返ることによって、さらに明確になる。ロバート・ダール（Robert Dahl）はポスト全体主義の権威主義体制について論じて、次のように言っている（これをダールは「完全な覇権主義体制」と呼んでいる）。「完全な覇権主義体制では最初の一歩はまさしく次のことを理解することに他ならなかったのかもしれない。すなわちこれからは支配集団内の闘争で、敗者が死、投獄、追放あるいは完全な貧困化によって罰せられることはない、ということである。この点、ソ連において、スターリンの覇権から、ポスト・スターリン体制への変化は自由化へのとてつもなく大きな一歩だったのである」。以下を見よ。Robert A. Dahl, *Polyarchy: Participation and Opposition*（Yale University Press, New Haven, 1971）, 218.

(151) イワン・ラプテフとのインタビュー（*The Second Russian Revolution* の筆記録）。

(152) Ibid.

(153) 以下を見よ。Roxburgh, *The Second Russian Revolution*, 101-2. ロクスバーは次のように指摘している。党協議会の公式議事録はゴルバチョフが用いた早業をとらえていない。議事録は最終セッションの議長を務めていたリガチョフがその決議を投票にかけたとしており、その点で正確ではない。実際には、とロクスバーは次のように述べている。「ゴルバチョフはこう締めくくった。『私の言うことは以上です。……（決議文を書いたのは自分だと認めた上で）異議はありますか？では、これを投票にかけます』」（ibid. 102）。

(154) この点（註 153 を見よ）、ソ連の公式議事録より正確な議事録としては、BBC monitoring がソ連のテレビ放映からとったゴルバチョフ演説がある。以下を見よ。BBC SWB SU/0194 C/44, 4 July 1988.

競争的選挙を発表し、制度化した時点では、彼は依然大衆よりも、またエリートの見解よりも先を進んでいたということである。ゴルバチョフが第19回党協議会にこの決定を通すまで、社会からはそうした選挙を望む真剣な要求はなかったのである。以下を見よ。Juan J. Linz and Alfred Stepan, 'Political Identities and Electoral Sequences: Spain, the Soviet Union and Yugoslavia', *Daedalus*, 121/2 (Spring 1992), 123-39, esp.131.

(139) 本章のはじめの方で論じた1988年3月13日付ソヴェツカヤ・ロシア紙掲載のニーナ・アンドレーエワ論文のことである。

(140) 第19回党協議会の前ですら、見解の相違はソ連の指導的政治家がおこなう演説や報道の行間から見て取ることはできた。しかし、1988年の春や夏以降は、ソ連エリート内の意見対立は一層明白に、露骨になった。そして、大量発行部数をもつ新聞や専門雑誌の紙上での分析の対象となった。実際のところ、ソ連のエリートが改革をめぐって、分裂するなどということがあり得るとは想像だにできない。しかもその改革とは過去70年間続いた体制を本質的に別の何かにしようとするものであり、新体制では新しい敗者と新しい勝者が生まれるのである。ただもっと重大なことは、ポスト・ソ連のロシアで、エリートが民主的なゲームのルールをめぐって引き続き分裂していたということである。ちぐはぐな統治のおこなわれる無秩序な体制の内部で、このことは民主的な要素の定着にとって吉兆とは言えなかった。合意の形成、民主的な制度の構築、法の支配の尊重——いずれもポスト・ソ連指導部にとっては優先順位が低い。これは、ロシアがポスト・ソ連期最初の数年で、1991年までに確立された民主主義を定着させるための基礎を築くことに失敗した、ということを意味する。失敗の原因は第一にロシア大統領、ボリス・エリツィン（Boris Yeltsin）にあった。もっとも、最高会議議長ハズブラートフ（Ruslan Khasbulatov）にも責任がある（最高会議は1993年秋、エリツィンによって解体された）。ハズブラートフは、民主主義の定着にとって必須である交渉による妥協を拒否したからである。この点に関する一般論については、以下を見よ。John Higley and Richard Gunther (eds.), *Elites and Democratic Consolidation in Latin America and Southern Europe* (Cambridge University Press, Cambridge, 1992). ソ連崩壊から間もない時期のロシアの体制移行に関しては以下を見よ。Archie Brown, 'Political Leadership in Post-Communist Russia', in Amin Saikal and William Maley (eds.), *Russia in Search of its Future* (Cambridge University Press, 1995), 28-47.

(141) Guillermo O'Donnell and Philippe C.Schmitter, *Transitions from Authoritarian Rule: Tentative Conclusions about Uncertain Democracies* (Johns Hopkins Press, Baltimore, 1986), 23.

(142) ゴルバチョフとフルシチョフの類似点については以下を見よ。Ligachev, *Inside Gorbachev's Kremlin*, 123-4, 127-8.

(143) もとより、法の支配や君主を抑える議会の権利など、英国の民主主義の基盤は（制度としての議会制民主主義とは違って）、はるかに長い期間をかけて発達してきた。

(144) O'Donnell and Schmitter, *Transitions from Authoritarian Rule*, 44.「分割払い」という表現はラストウ（Dunkwart Rustow）から借用した。ラストウは重要なある論文の中で以下のように書いている（'Transitions to Democracy: Toward a Dynamic Model', *Comparative Politics*, 2/3, April 1970, 337-63, at p.356)。「民主主義は1907年のスウェーデンのように一括で入手されるかもしれない。あるいは英国のように分割払いで入手されるかもしれない。いずれであれ、少なくとも最高政治指導部の側の意識すむはずであった。以下を見よ。*XIX Vsesoyuznaya konferentsiya Kommunisticheskoy Partii Sovetskogo Soyuza*, ii.58.

(130) これらの決議、およびそれら決議を用意した委員会議長の演説については以下を参照。*XIX Vsesoyuznaya konferentsiya Kommunisticheskoy Partii Sovetskogo Soyuza*, ii.105-75.

(131) 筆者は、ソ連の場合には「政策コミュニティー」とか「争点ネットワーク」という言葉より「政策ネットワーク」がよいと考える。モスクワやノボシビルスクの専門家たちを同じコミュニティーに属していると見るのはいささか誇張にすぎるであろう。(特定の事案で)同じネットワークの一部となっていると見る方がまだ誇張が少ない。また、これらネットワークを存続させていたものは単一の争点に関わる職業というよりは広い範囲の政策分野に関わる職業である。これら政策に関しては同じ意見を共有する人々の間の公式・非公式のつながりがあった。それはたとえば、雑誌や新聞に掲載される論文や会議、セミナー、時には友人関係を通したコミュニケーションの形をとった。ただし、「政策ネットワーク」の概念はキングドン(John Kingdon)の政策コミュニティー、ヘクロ(Hugh Heclo)の争点ネットワーク、この双方の概念にもとづいている。キングドンは *Agendas, Alternatives and Public Policies*, HarperCollins, New York, 1984 を米国政治の文脈で書いているのであるが、その分析枠組みのなかにはゴルバチョフ時代のソ連の政策革新に当てはまる論点がある(もちろん、大きな相違点もある)。争点ネットワークのほうは、用語は別としても政策コミュニティー概念と多くの共通点がある。やはり米国政治の研究を通して提起された概念である。これに関しては以下を参照。Hugh Heclo, 'Issue Networks and the Executive Establishment', in Anthony King (ed.), *The New American Political System* (American Enterprise Institute, Washington, 1978), 87-124, esp.102-4.「単なる技術的専門家という以上に、ネットワーク内の人々は争点を通してお互いを知り合っている政策活動家である」とヘクロは書いている(130頁)。このようなネットワークはソ連にも存在した。ゴルバチョフ期には、その重要性は増してもいた。ただし、少なくとも1988年までは、現実の政策に意味のある影響を与えようとすれば、彼らは党の最高指導部、特にゴルバチョフの意向に多くを頼らねばならなかった。

(132) See Gorbachev, *Gody trudnykh resheniy*, 98-110.

(133) *XIX Vsesoyuznaya konferentsiya Kommunisticheskoy Partii Sovetskogo Soyuza*, ii.138.

(134) Ibid.139-40.

(135) *Izvestiya*, 3 Dec.1988, pp.1-2.

(136) これに関しては以下も見よ。*Shakhnazarov, Tsena svobody*, 72.

(137) これらの変更は、新しいソ連憲法に組み込まれることになっていた。ただ新憲法に関する作業は開始されていたが、完成を見ることはなかった。他方、人民代議員大会を廃止することと、最高会議民族院の代わりに共和国会議(ソヴィエト)を創設することは、1991年までにはすでに連邦条約草案に盛り込まれていた。この文書の方が、ゴルバチョフにとっては新憲法よりも優先順位が高くなっていた。要するに、これがソ連のすべて、あるいは大半を包摂する何らかの連邦を維持するという彼の取り組みの主眼点だったのである。

(138) リンスやステパンといった洞察力の鋭い比較研究者ですら、「最初の選挙は実際、全連邦レベルのものであった」が、それでも「多くの限界」をもっていたという事実に幾分不満であったようである。ふたりは続けて、そうした限界を列挙している。しかし重要な点は、1988年、ゴルバチョフが大きな一歩を踏み出して

(112) Gorbachev, 以下よりの引用。Shakhnazarov, ibid.

(113) Medvedev, *V komande Gorbacheva*, 72. メドヴェージェフはボルジン（Boldin）、シタリャン（Sitaryan）、モージン（Mozhin）の名も挙げている。

(114) Chernyaev, *Shest' let s Gorbachevym*, 209.

(115) Ibid.

(116) Ibid.210.

(117) Ibid.

(118) これらは5月23日の党中央委員会総会で承認されたものである。以下を見よ。*Pravda*, 27 May 1988, p.1.

(119) Shakhnazarov, *Tsena svobody*, 48.

(120) Ibid.

(121) *Pravda*, 27 May 1988, pp.1-3, at p.3.

(122) Shakhnazarov, *Tsena svobody*, 48.

(123) Ibid.

(124) 以下を参照。Stephen White, 'Communists and their Party in the Late Soviet Period', *Slavonic and East European Review*, 72/4（Oct.1994）, 644-63.

(125) Shakhnazarov, *Tsena svobody*, 46.

(126) *XIX Vsesoyuznaya konferentisya Kommunisticheskoy Partii Sovetskogo Soyuza, 28 Iyunya-1 Iyulya 1988 goda: Stenograficheskiy otchet*（Politizdat, Moscow, 1988）, i.269-70; and ii.56.

(127) たとえば以下を見よ。*XIX Vsesoyuznaya konferentsiya Kommunisticheskoy Partii Sovetskogo Soyuza*, ii.121-35.

(128) この一般化が適用できるのはスターリン、フルシチョフ、ブレジネフ、そしてゴルバチョフ（ただし、1989年春、新立法府への競争的選挙の導入によって特徴づけられるソ連体制の質的変化まで）である。アンドロポフとチェルネェンコ時代は時期が短すぎる上、彼らの健康不良の影響が大きすぎたため、有意な考察対象とすることができない。この一般化についての議論に関しては、たとえば以下を参照。Archie Brown, 'The Power of the General Secretary of the CPSU', in T.H. Rigby, Archie Brown, and Peter Reddaway（eds.）, *Authority, Power and Policy in the USSR: Essays Dedicated to Leonard Schapiro*（Macmillan, London, 1980）, 135-57, esp.136; Valerie Bunce, *Do New Leaders Make a Difference? Executive Succession and Public Policy under Capitalism and Socialism*（Princeton University Press, Princeton, 1981）; Philip G. Roeder, 'Do New Soviet Leaders Really Make a Difference? Rethinking the Succession Connection', *American Political Science Review*, 79/4（Dec.1985）, 958-76; Valerie Bunce and Philip G. Roeder, 'The Effects of Leadership Succession in the Soviet Union', *American Political Science Review*, 80/1（Mar.1986）, 215-24; and Thane Gustafson and Dawn Mann, 'Gorbachev's First Year', *Problems of Communism*, 35/3（May-June 1986）, 1-19, esp.1-2.「それぞれの書記長は前任者ほど、政策にたいする個人的な権力を有してはいない。しかし、在任している間に、書記長の同僚にたいする権力は増大する」。これは筆者が1980年に提起した一般化であるが、このうち前半部分が適応可能なのはブレジネフ政権までである。というのも、ゴルバチョフはフルシチョフ後の前任者のだれよりも、より大きな権力を有していたからである（それは古参の同僚や主要な組織の利害に反する決定を採択するという意味でのことである）。

(129) 第19回党協議会でエリツィンがおこなった革新的かつ建設的な提案のひとつは、新書記長の選出とともに政治局員も一新すべきである、というものであった。これによって、新書記長は前任者の政治的な遺産受取人たちとともに働なくても

立って挑戦しようとする者は実際、ほとんどいなかった」。
(96) Remnick, *Lenin's Tomb*, 76-7.
(97) Chernyaev, *Shest' let s Gorbachevym*, 203-4.
(98) Gorbachev, 'Potentsial kooperatsii — delu perestroyki', in *Izbrannye rechi i stat'i*, vi (1989), 141-73.
(99) ゴルバチョフはチェルニャーエフとの会話の中で、論文を最初に賞賛したのがヴォロトニコフであったこと、次にリガチョフ、グロムイコ（Gromyko）、ソローメンツェフ（Solomentsev）がそれに続いたことを述べている。ワジム・メドヴェージェフはそれに加えて、もう一人の政治局員、ニコノフ（Nikonov）、それに将来クーデターに参加することになるバクラーノフ（Baklanov）の名前も挙げている。以下を見よ。Chernyaev, *Shest' let s Gorbachevym*, 203-4; and Medvedev, *V komande Gorbacheva*, 68.
(100) この政治局会議2日目の議論について、筆記録からまとまった量の抜粋が初めて出版されたのは、以下においてである。M.S. Gorbachev, *Gody trudnykh resheniy* (Alfa-Print, Moscow, 1993), 98-110（'O stat'e N. Andreevoy i ne tol'ko o ney'）.
(101) Medvedev, *V komande Gorbacheva*, 69.
(102) Chernyaev, *Shest' let s Gorbachevym*, 206.
(103) Medvedev, *V komande Gorbacheva*, 71.
(104) Ibid.68-71; and Roxburgh, *The Second Russian Revolution*, 86.
(105) ワジム・メドヴェージェフが言うように、アンドレーエワ事件は日増しに強まる保守派の抵抗という点では「氷山の一角」にすぎなかった。メドヴェージェフによれば、ゴルバチョフは「彼らしく」、政治局でのアンドレーエワに関する議論を個人の問題とはせず、またリガチョフも責められるべき人間として名指しされることはなかった（Medvedev, *V komande Gorbacheva*, 71）。
(106) ヤコヴレフでさえ、アンドレーエワ論文に対して独自に政治的な対応をすることができなかった。論文がリガチョフの賛同の下に出版されたことを知ったからである。政治局が最初に同論文を議論したのは、なぜ、ヤコヴレフがモンゴルから帰国してしばらくたってからであったのか。こう聞かれてヤコヴレフは次のように答えている。「第1に、ミハイル・セルゲーヴィッチ（ゴルバチョフ）が帰国しなければならなかった。それがいの一番に重要なことであった」。ヤコヴレフは最終的に開かれた政治局の議論では、さまざまな見解やニュアンスの違いが出され、会議は「2日間続いた」ということも確認している（A.N. ヤコヴレフとのインタビュー。*The Second Russian Revolution* の筆記録による）。
(107) Gorbachev, *Gody trudnykh resheniy*, 106.
(108) Ibid.106-7.
(109) Chernyaev, *Shest' let s Gorbachevym*, 208.
(110) 政治局がアンドレーエワ論文に関して議論をおこなったあと、初めて開かれた中央委員会書記局の会合はゴルバチョフ自身が議長を務めた。しかし、その後はリガチョフが再び書記局の長としての地位を取り戻している（書記局は、政治局の決定を日常的に執行する責務を負っている）。リガチョフがその権限を失うのは第19回党協議会後、書記局自体が組織として格下げとなったときである。以下を見よ。Chernyaev, *Shest' let s Gorbachevym*, 208.
(111) 以下を見よ。Gorbachev, 'Revolyutsionnoy perestroyke — ideologiyu obnovleniya', speech to the Central Committee plenum, 18 Feb.1988, in *Izbrannye rechi i stat'i*, vi, 58-92; and Shaknazarov, *Tsena svobody*, 45.

時、ヤコヴレフは記者会見をして、その前日、ゴルバチョフがおこなった記念演説の重要性を解説した。エリツィン事件について聞かれると、ヤコヴレフは黙り込み、嘘までついた。(中略)西側の報道陣は反感を感じた。多くの記者は、「これが『ミスター・グラスノスチ』なら、何をかいわんや、だ」と、頭を振りながらホールを後にした」。その後、ヤコヴレフは1994年の視点から、最新の回想録で1987年10月総会を振り返り、次のように述べている。7年前、エリツィンは基本的には正しかった。しかし、戦術的には誤りを犯した。このような性格の演説をする前にはもっと慎重に攻防の拠点を整えるべきだった、と。1994年までには、ヤコヴレフはモスクワのオスタンキノ・テレビの理事長となっていた(ヤコヴレフは1993年末、このポストをエリツィンから拝命したのであるが、1995年3月には辞任している)。以下を見よ。Yakovlev, *Gor'kaya chasha*, 217.

(86) 以下を見よ。*Pravda*, 14 Nov.1987, pp.1-3; Yeltsin, *Against the Grain*, 153-5; Roxburgh, *The Second Russian Revolution*, 76-8; and John Morrison, *Boris Yeltsin* (Penguin Books, London, 1991), 70-3.

(87) Morrison, *Boris Yeltsin*, 71-2; and Roxburgh, *The Second Russian Revolution*, 77-8.

(88) 急進改革派経済学者のシメリョフ(Nikolay Shmelev)も、1988年初めの保守派の反撃に注意を呼びかけていたひとりである。彼は「保守派勢力の抵抗が強まっているのが見える」と警鐘を鳴らしていた。また「抵抗勢力の力は今、過小評価されている」との懸念も示していた(*Moscow News*, 1 (3 Jan.1988), 3)。

(89) ユダヤ人への言及を政治的自由主義攻撃と結びつけながら(スターリンの「コスモポリタニズム」の侮蔑的使い方から始めて)、アンドレーエワは次のようにも書いている。「戦闘的なコスモポリタニズムは今や社会主義を否定する拒否主義(レフューズニキズム)と結びついている」(*Sovetskaya Rossiya*, 13 Mar.1988, p.3)。

(90) ヴォロトニコフ(Vorotnikov)とのインタビュー(*The Second Russian Revolution* の筆記録)。

(91) イグナテンコ(Vitaly Ignatenko)とのインタビュー(*The Second Russian Revolution* の筆記録)。

(92) Andrey Grachev, *Kremlevskaya khronika*, 122-9; イグナテンコ、ラプテフ、アレクサンドル・ヤコヴレフ、エゴール・ヤコヴレフとのインタビュー(いずれも、*The Second Russian Revolution* の筆記録)。

(93) ニーナ・アンドレーエワ事件については以下を見よ。Grachev, *Kremlevskaya khronika*; David Remnick, *Lenin's Tomb: The Last Days of the Soviet Empire* (Random House, New York, 1993), 70-85; Roxburgh, *The Second Russian Revolution*, 83-7; and William and Jane Taubman, *Moscow Spring* (Summit Books, New York, 1989), 146-60.

(94) アンドレイ・グラチョフはイワン・ラプテフを説得して、アンドレーエワの手紙にたいする返答を掲載させようとした。ラプテフはすでにイズヴェスチヤ編集長として比較的リベラルな評判をもっていた。イズヴェスチヤは特に共産党の機関紙というわけではないのだから、ためらう理由はないではないかと言ったのである。ところが、ラプテフはこう答えた。「いいや、我々はリガチョフにたいしては無力だよ」(Grachev, *Kremlevskaya khronika*, 126)。

(95) Remnick, *Lenin's Tomb*, 76-7; Roxburgh, *The Second Russian Revolution*, 85-6; and Andrei Melville and Gail W. Lapidus (eds.), *The Glasnost Papers: Voices of Reform from Moscow* (Westview Press, Boulder, Colo., 1990) このなかでメルヴィル(Andrei Melville)は次のように書いている。メルヴィルは当時アルバートフが所長をしていたアメリカ・カナダ研究所の部長であった。「丸3週間もの間、この保守的な声明にあえて表

(62) この党中央委員会総会の完全な速記録は事件の 18 カ月後に公開されている。なかんずくエリツィンがその正確さを証言している。以下を見よ。*Izvestiya TsK KPSS*, 2 (Feb.1989), 209-87.

(63) アンドレイ・グラチョフの筆者との会話より (29 Mar.1995)。

(64) *Izvestiya TsK KPSS*, 1 (1989), 239-41.

(65) Ibid.242.

(66) Ibid.249.

(67) A.N. ヤコヴレフとのインタビュー (*The Second Russian Revolution* の筆記録)。

(68) *Izvestiya TsK KPSS*, 1 (1989), 254-7. エリツィンをスヴェルドロフスクからモスクワに呼ぶことが良いことなのか。ルィシコフはそのゴルバチョフの疑念をさらに補強する主張をした。しかしリガチョフの強い主張が通ってしまった。以下を見よ。*Moskovskiy komsomolets*, 28 June 1995, p.2.

(69) *Izvestiya TsK KPSS*, 1 (1989), esp.256-7.

(70) Boris Yeltsin, *The View from the Kremlin* (HarperCollins, London, 1994), 179.

(71) *XIX Vsesoyuznaya konferentsiya Kommunisticheskoy Partii Sovetskogo Soyuza, 28 Iyunya-1 Iyulya 1988 goda: Stenogaficheskiy otchet* (Politzdat, Moscow, 1988), ii.61-2.

(72) Ibid.

(73) *Izvestiya TsK KPSS*, 2 (1989), 280.

(74) Ibid.282.

(75) Chernyaev, *Shest' let s Gorbachevym*, 174-5.

(76) A.N. Yakovlev, *Gor'kaya chasha: Bol'shevizm i Reformatsiya Rossii* (Verkhne-Volzhskoe knizhnoe izdatelstvo, Yaroslavl, 1994), 216. その 3 年前のインタビューで、ヤコヴレフは次のように言っていた。1987 年 10 月総会において、エリツィンにたいして批判的な演説をするようゴルバチョフを仕向けたのは、エリツィンがゴルバチョフとの合意を破ったからだと。さらにこう付け加えた。「この点を彼 (エリツィン) に言ったところ、彼はそんな合意などなかった、と言った。もっとも、それを証明することはできないし、そのつもりもない」(ヤコヴレフとのインタビュー。*The Second Russian Revolution* の筆記録による)。

(77) Vadim Medvedev, *V komande Gorbacheva* ('Bylina', Moscow, 1994), 64.

(78) Yakovlev, *Gor'kaya chasha*, 216; ヤコヴレフとのインタビュー (*The Second Russian Revolution* の筆記録)。

(79) Medvedev, *V komande Gorbacheva*, 66-7.

(80) Ibid.66. リガチョフとエリツィンの気性が似ていることは、ふたりを知り、筆者がインタビューをした人々の何人もが証言していた。

(81) Ibid.

(82) *Izvestiya TsK KPSS*, 2 (1989), 283.

(83) ゴルバチョフは 1988 年 7 月 1 日の第 19 回党協議会の閉幕演説のなかで、次のことを認めている。1987 年 10 月総会でのエリツィンの演説の内容をその時点で公にしなかったのは誤りであったと。もしそうしていたら「その後の流れは実際とは異なっていただろう」との含みである。以下を見よ。*XIX Vsesoyuznaya konferentsiya Kommunisticheskoy Partii Sovetskogo Soyuza, 28 Iyunya-1 Iyulya 1988 goda: Stenograficheskiy otchet* (Politizdat, Moscow, 1988), ii.184.

(84) Roxburgh, *The Second Russian Revolution*, 73-4.

(85) Ibid.75-6. ロクスバー (Roxburgh) は次のように付け加えている (p.76)。「11 月 3 日には保守派が大勝利を収め、急進派を追いつめたことが明らかとなった。その

(46)サハロフは回想録に以下のように記している。「私はこういった。『改めてありがとうございます。さようなら』。儀礼に反して、私が会話を終わらせたのだ。ゴルバチョフではなかった。私は緊張して、言い過ぎてしまうかもしれないことを、おそらく無意識に恐れたのに違いない。ゴルバチョフにはほぼ選択の余地はなかった。そこで彼もこう言ったのだ。『さようなら』と」(ibid.616)。

(47) Chernyaev, *Shest' let s Gorbachevym*, 126.

(48)総会が数回延期されたという事実を初めて公にしたのはゴルバチョフである。総会翌月に開催された第8回ソ連労働組合大会での演説で言及している。以下を見よ。*Pravda*, 26 Feb.1987, p.1.

(49) M.S. Gorbachev, 'O perestroyke i kadrovoy politike partii', in Gorbachev, *Izbrannye rechi i stat'i*, iv, 299-354, at p.302.

(50) Ibid.317.

(51) Ibid.323.

(52) Ibid.354.

(53)ドルギフのインタビュー(*The Second Russian Revolution* の筆記録)。

(54) Chernyaev, *Shest' let s Gorbachevym*, 163-6.

(55)たとえば以下を見よ。E.K. Ligachev, 'Nam nuzhna polnaya pravda', *Teatr*, 8(Aug.1986), 2-7.

(56) 'Oktyabr' i perestroyka: revolyutsiya prodolzhaetsya', in Gorbachev, *Izbrannye rechi i stat'i* (Politizdat, Moscow, 1987-90), v (1988), 386-436.

(57) Ibid.436.

(58)以下を見よ。Stephen F. Cohen, *Bukharin and the Bolshevik Revolution: A Political Biography 1888-1938* (Wildwood House, London, 1974). 1987年夏、補佐官のフロロフ(Ivan Frolov)がこの本のロシア語訳をゴルバチョフに夏休みの読み物として送った。ゴルバチョフはこれを読んだだけではなく、たいそう感銘を受け、影響も受けている(Angus Roxburgh, *The Second Russian Revolution* (BBC Books, London, 1991), 68)。1987年11月の革命記念日演説の段階では、まだ保守派の力が強く、単にブハーリンの名誉回復への道を開くことしかできなかった。ゴルバチョフはこの演説で、ブハーリンのことを否定的ではなく、肯定的に言及したのである。しかし、まもなくこの作業を完成させている。ブハーリンは1988年2月、完全に名誉を回復された。奇しくもそれは彼の100回目の誕生日であり、処刑50周年の日に当たっていた。これでブハーリンの未亡人、アンナ・ラーリナ(Anna Larina)の、夫の死後名誉回復を求める長年にわたる嘆願活動に遅まきながら終止符が打たれたことになる(当時、彼女はまだ存命で、自分の努力が最終的に報われたことを見ることができた)。同時に、スターリンの腹心によるブハーリンの告発が嘘八百であったことも認められた。

(59)古参ボリシェヴィキという用語は1917年革命以前に党員であった人々を指す。革命運動がまだ帝政国家に敵対し、かつその迫害を受けていた時期に、レーニン率いるボリシェヴィキ派に加わった人々のことである。西側では時に誤って拡大解釈をし、これに高齢の党官僚を含めることがある。理由は明らかに、彼らが十分高齢で共産党員であるということにすぎない。たとえば(ばかげたことに)チェルネェンコ(Konstantin Chernenko)が含められることがある。ちなみに彼は1911年生まれである。

(60) Gorbachev, *Izbrannye rechi i stat'i*, v, 402.

(61) Ibid.

1988); and William Sweet, *The Nuclear Age: Atomic Energy, Proliferation, and the Arms Race*, 2nd edn. (Congressional Quarterly Inc., Washington, 1988).

(28) David R. Marples, *The Social Impact of the Chernobyl Disaster* (Macmillan, London, 1988), 114. 以下も見よ。Grigori Medvedev, *The Truth about Chernobyl* (Basic Books, New York, 1991).

(29) 生々しい記録としては、以下を見よ。Grigori Medvedev, *No Breathing Room: The Aftermath of Chernobyl* (Basic Books, New York, 1993).

(30) ゴルバチョフとのインタビュー（*The Second Russian Revolution* の筆記録）。この点を特に強調しているのがシャフナザロフである。彼はチェルノブイリが「秘密マニアの連中に決定的な一撃を与え、国を世界に開くよう導いたのだ」と主張している（*Tsena svobody*, 53）。

(31) 以下を見よ。*Kommunist*, 12 (Aug.1986), 3-10; and 13 (Sept.1986), O. Latsis, 'Po novomu vzglyanut'' 32-41; and T. Zaslayskaya, 'Chelovecheskiy faktor razvitiya ekonomiki i sotsial'naya spravedlivost'' 61-73.

(32) これら変化の詳細については以下を見よ。Riitta H. Pittman, 'Perestroika and Soviet Cultural Politics: The Case of the Major Literary Journals', *Soviet Studies*, 42/1 (Jan.1990), 111-32.

(33) ヴォロノフ（Voronov）は仕事を始めて間もない頃には党中央と衝突したこともあったが、1986 年夏に党中央委員会文化部長になっている。その直前には『ズナーミャ』の編集長であった。その後 1988 年 12 月、作家同盟の週刊『文学新聞』の編集長になった。1990 年 3 月、後任のブルラツキー（Fedor Burlatsky）と交代している。ブルラツキーはリベラル系の政治学者であるが、編集長としての経歴は 1991 年 8 月クーデターで終わる。本人によると、同紙にたいして敵対者が起こした「小クーデター」の犠牲者となったという。ヴォロノフについては、彼の副編集長を務め、後にゴルバチョフの補佐官となる人物の書いた以下の本を見よ。Vladimir K. Yegorov, *Out of a Dead End into the Unknown: Notes on Gorbachev's Perestroika* (edition q, Chicago, 1993), esp.15.

(34) クリモフ（Klimov）とのインタビュー（*The Second Russian Revolution* の筆記録）。

(35)「文化的ルネッサンス」についてもっと知りたければ、以下を見よ。Alec Nove, *Glasnost' in Action: Cultural Renaissance in Russia* (Unwin Hyman, London, 1989); and Julian Graffy and Geoffrey Hosking (eds.), *Culture and the Media in the USSR Today* (Macmillan, London, 1989).

(36) A.S. Chernyaev, *Shest' let s Gorbachevym: po dnevnikovym zapisyam* (Kultura, Moscow, 1993), 125-6.

(37) アンドレイ・グラチョフが回想録の一節（標題は「オオカミとの踊り」）でこのプロセスについて興味深い解説をしている。下を見よ。Grachev, *Kremlevskaya khronika* ('EKSMO', Moscow, 1994), 94-104, esp.95-7.

(38) Ibid.96-7.

(39) Ibid.96.

(40) Ibid.97.

(41) Ibid.

(42) Ibid.97-8.

(43) Chernyaev, *Shes' let s Gorbachevym*, 25.

(44) Andrei Sakharov, *Memoirs* (Knopf, New York, 1990), 615.

(45) Ibid.612, 615-16.

(19) もし中央委員候補から、あるいは中央統制委員から中央委員への昇進者を除外するとすれば、もっと違いは鮮明になる。1981 年にはそのような完全な新参者は 319 名中、41 名であったが、1986 年ではそれは 307 名中、95 名にも上っていた。

(20) すでに言及したが、リガチョフは党中央委員会書記局で党組織を監督していた。したがって、新中央委員会を選出する際、党大会に提出する候補者リストを作成する上で、大きな発言力をもっていた。

(21) 筆者は政治局会議に出席したことのある人々にインタビューをおこなった。その多くは正規の出席者であれ、オブザーバーであれ、この点を指摘していた。チェルニャーエフによれば、ゴルバチョフは首をかしげながら、エリツィンほど政治局で物を言わない人間はいなかったと、言っていたという。1987 年末、エリツィンが指導部と対立して結局ポストを追われたあとのことである（ただし彼は中央委員の資格は維持していた）。同じ点はルイシコフ、リガチョフ、ヴォロトニコフも強く指摘している。これは 1987 年 10 月総会でエリツィンが予定にない演説をしたあと、彼ら 3 人が登壇し、行った演説の中でのことである。以下を見よ。*Izvestiya TsK KPSS*, 2（1989）. 総会議事録の速記録については特に以下を見よ。pp.242, 257, 259.

(22) エリツィンは党の役職にとどまっていた間、ヒエラルキー上の地位にとてもこだわっていた。この点についてはエリツィン自身、1 冊目の回想録に吐露している。以下を見よ。Boris Yeltsin, *Against the Grain: An Autobiography*（Jonathan Cape, London, 1990）, 72, 76, 82.

(23) *Izvestiya TsK KPSS*, 2（1989）, 242, 257, 259, 274, 286. 以下も見よ。A.N. Yakovlev, *Gor'kaya chasha: Bolshevizm i Reformatsiya Rossii*（Verkhne-Volzhskoe knizhnoe izdatelstvo, Yaroslavl, 1994）; and Shakhnazarov, *Tsena svobody*.

(24) たとえば以下を見よ。Shakhnazarov, *Tsena svobody*, 53.

(25) Gorbatschow, *Erinnerungen*, 291.

(26) ヤコヴレフのインタビュー（*The Second Russian Revolution* の筆記録）。

(27) 政府による原発事故の隠蔽工作の初期の例は、1950 年代に英国で起こっている。この時期、マスメディアや世論もまだ放射能汚染の危険になじんでいなかったことも一因となった。1957 年 10 月 10 日、カンブリア、ウィンドスケール原子炉で大火災が起った。時の首相、ハロルド・マクミランは大胆にも、ウィリアム・ペニー卿（Sir William Penney）による事故原因や結果についての詳細報告を政府内の小集団内のみに留めようとしたのである。「事実、マクミランは原子力公社に対してペニー報告の漏洩を防ぐよう指示した。政府刊行物出版局から入手した印刷物はすべて廃棄され、印刷機によって使われた活字まで廃棄されるに至った」（Alistair Horne, *Macmillan 1957-1986*, vol.ii of the Official Biography（Macmillan, London, 1989）, 54）。チェルノブイリ事故ほどの大悲劇を生みはしなかったが、ウィンドスケール事故はホーンが指摘するように、「1979 年世界中にショックを与えた米国スリーマイル島での炉心溶解による死の灰よりも、はるかに生命を危険にさらした事故であった」（ibid.53-4）。マクミランがウィンドスケールでの安全基準からの重大な逸脱に関する情報を隠した主な理由は、これによって「英国に核機密を伝授しようとする米国の動きを阻害するのではないか」と恐れたためであった（ibid.）。以下も見よ。Tony Hall, *Nuclear Politics: The History of Nuclear Power in Britain*（Penguin, Harmondsworth, 1986）; and（米国の、より前向きな情報開示の例としては）Peggy M. Hassler, *Three Mile Island: A Reader's Guide to Selected Government Publications and Government-Sponsored Research*（The Scarecrow Press, Metuchen, NJ,

らの移行に必要な最初の三つの要素について、ソ連が必要とする三重の変革という形で書いた。ヤーギン（Daniel Yergin）とグスタフソン（Thane Gustafson）も同様の指摘をして、ロシアの課題には三重の移行が含まれている、と論じている（*Russia 2010 and What it Means for the World*（Nicholas Brealey Publishing, London, 1994）, 4-6）。しかし、「4世紀にわたる古い帝国から国民国家へ」の移行を語る時、ヤーギンらは最後の点（つまり三つ目の民族問題）を曖昧にした。非ロシア人はソ連の人口の50パーセント弱にのぼっていたが、ロシアでは人口の20パーセントにしかすぎなかった。たとえそうであっても、ロシアは十分に多民族国家である。多くの民族は自分たちが歴史的故郷とする土地に住んでいる。したがって「国民国家」という概念は適切ではない。唯一、ロシアが民主的に統治されうる方法は、多民族国家であるということを認識し、政治・社会の現実に配慮した制度を作ることであろう。ともあれ本文で述べたように、ソ連では（そして程度に差はあるがポスト・ソ連時代のロシアにおいても）、相互に関連する四重の変革が必要であった。私の初期の、三重の変革という考え方は、よりよい理解のために捨てなくてはなるまい。

(11) Paul Kennedy, *The Rise and Fall of the Great Powers: Economic Change and Military Conflict from 1500 to 2000*（Unwin Hyman, London, 1988）, 513-14.

(12) Ibid.513. ケネディは続けて次のように言っている。「ソ連が直面したような矛盾から逃れられる見込みは多くはない」。もちろんその点、ケネディは確かな根拠に立脚していた。いかにゴルバチョフが大方の（ケネディを含む）人々の予想を上回ったとしても、軍や巨大な軍需産業ロビーが立ちふさがっていたからである。彼らは、ゴルバチョフが（外交政策上の同志、シェワルナゼやヤコヴレフとともに）強要しようとする変化に最後まで徹底抗戦をしようとしていた。そして最終的にゴルバチョフを打倒するのに寄与したのである（皮肉なことに、同時にソ連も崩壊させてしまったが、これは彼らの意図から最も遠いことであった）。

(13) Anatoly Chernyaev, seminar talk on 'Soviet Foreign Policy-Making under Gorbachev', St Antony's College Oxford, 17 Oct.1994.

(14) Georgy Shakhnazarov, *Tsena svobody: Reformatsiya Gorbacheva glazami ego pomoshchnika*（Rossika Zevs, Moscow, 1993）, 42.

(15) ゴルバチョフ期の政治改革に関する最良かつ最も学問的な解説を3冊挙げるとすると以下のようになる（それぞれ、別々の強みをもっている）。John Miller, *Mikhail Gorbachev and the End of Soviet Power*（Macmillan, London, 1993）; Richard Sakwa, *Gorbachev and his Reforms 1985-1990*（Philip Allan, London, 1990）; and Stephen White, *After Gorbachev*, 3rd edn.（Cambridge University Press, Cambridge, 1993）.

(16) 旧ソ連における独立した政治社会の発達に関して有益な本を著したフィッシュ（M. Steven Fish）は次のように見ている。「多くの点で、一九八九年はロシアにおける自立的な政治活動にとって決定的な離陸段階となった」（Fish, *Democracy from Scratch: Opposition and Regime in the New Russian Revolution*（Princeton University Press, Princeton, 1995）35）。ただし著者は、ゴルバチョフに関してははるかに情報が少なく、実際、その分析はきわめて正確さを欠いている。

(17) この概念上の革新については、国内的側面は第4章で、また、国際的側面は第7章で扱っている。

(18) 党指導部に女性がいたのはフルシチョフ期が最後である。エカテリーナ・フルツェワ（Yekaterina Furtseva）が政治局員を務めていた（ちなみに、1957年から1961年までは、政治局は中央委員会幹部会と呼ばれていた）。

必要だとの考えに動かされ、気がつくとチェコスロヴァキアと同じ改革の道を歩んでいた、ということであろう。モスクワ大学時代からの古い友人であるズデネク・ムリナーシを含むチェコスロヴァキア共産党の改革派が自分と似た政策（党書記長に就任して最初の3年間の政策）を追求している――ゴルバチョフがそう気づくのはのちのことである。ワジム・メドヴェージェフによれば（1993年3月22日の筆者とのインタビュー）、1985年にペレストロイカを始めたときには、ゴルバチョフにも、彼の同志たちにも、外国のモデルが念頭にあったわけではない。しかし、1988年以降、状況は大きく変わる。指導部内の改革派も、またそれ以上に、党=国家組織の外から助言を提供する急進的な改革派知識人も、ソ連の政治経済体制の変革に利用できそうな外国の経験を、広く目配りをして探すようになったのである。

(5) デモクラチザーツィヤを静的な概念ととらえるカーナン（Brendan Kiernan）は、ゴルバチョフにとって、それとデモクラタイゼーションは同じものではないとして、次のように言っている。「デモクラチザーツィヤの前提には、『再活性化をするゴルバチョフ』と『民主化をするゴルバチョフ』とは全く別物、という解釈がある。もとより両者とも、急進的変化を意味する。しかし方向性が違う」（Kiernan, *The End of Soviet Politics: Elections, Legislatures, and the Demise of the Communist Party* (Westview, Boulder, Colo., 1993), 212)。ゴルバチョフ政権最初の2年間、デモクラチザーツィヤは「再活性化」といってもおかしくはなかった（もっとも自由化の方がもっと適切であるが）。なぜならゴルバチョフが「再活性化」しようとした組織の一部、たとえば議会（ソヴィエト）は、これまで一度たりとて、さして活力をもったことがなかったからである。しかし、1989-9年までには民主化プロセスが進行した。そしてその時までにはデモクラチザーツィヤはゴルバチョフにとってまさしく英語の「デモクラタイゼーション（民主化）」に訳せるようなものになったと言える。この場合、デモクラタイゼーションはプロセスであり、完全な民主主義と同じではないということに留意していただきたい。もっとも現実に存在する民主主義を完全なものと見なす限りにおいて、であるが。

(6) 体制移行過程における自由化と民主化の違いについては以下を見よ。Guillermo O'Donnell and Philippe C. Schmitter, *Transitions from Authoritarian Rule: Tentative Conclusions about Uncertain Democracies* (Johns Hopkins University Press, Baltimore, 1986), 7-11. 以下も見よ。Giuseppe di Palma, *To Craft Democracies: An Essay on Democratic Transitions* (University of California Press, Berkeley, 1990), esp.80-3.

(7) 憲法や党規約のような文書の原文や、それらの注釈については以下を見よ。Robert Sharlet, *The New Soviet Constitution of 1977: Analysis and Text* (King's Court Communications, Brunswick, Oh., 1978); Aryeh L. Unger, *Constitutional Development in the USSR: A Guide to the Soviet Constitutions* (Methuen, London, 1981); and Graeme Gill, *The Rules of the Communist Party of the Soviet Union* (Macmillan, London, 1988).

(8) Yegor Ligachev, *Inside Gorbachev's Kremlin* (Pantheon, New York, 1993), 296.

(9) リンス（Juan Linz）とステパン（Alfred Stepan）はポスト全体主義体制と、一度も全体主義を経験していない権威主義体制とを区別している。以下を見よ。'Political Identities and Electoral Sequences', *Daedalus*, 121/2 (Spring 1992), 123-39, esp.132. 以下も見よ。Juan Linz, 'Transitions to Democracy', *Washington Quarterly* (Summer 1990), 143-64, esp.144-5.

(10)「ソ連の体制移行に手本はない」という論文（'No Role Models for Soviet Transition', *Los Angeles Times*, 2 Apr.1991, p.B7）で、私は、ここで論じているソ連の共産主義か

(114) Ryzhkov, *Perestroyka: Istoriya predatel'stv*, 324-5 およびルイシコフのインタビュー（*The Second Russian Revolution* の筆記録）。
(115) ペトラコフとシャターリンのインタビュー（*The Second Russian Revolution* の筆記録）。
(116) *Perekhod k rynku: Chast' 1. Kontseptsiya i Programma*（Arkhangelskoe, Moscow, 1990）.
(117) ペトラコフのインタビュー（*The Second Russian Revolution* の筆記録）。
(118) たとえば、以下を見よ。Abalkin, *Neispol'zovannyy shans*, 206-7, and Ryzhkov, *Perestroyka: Istoriya predatel'stv*, 328-31 and 339 およびルイシコフのインタビュー（*The Second Russian Revolution* 筆記録）。
(119) それはたとえば、アレクサンドル・ヤコヴレフの見解である（ヤコヴレフのインタビュー。*The Second Russian Revolution* の筆記録による）。ゴルバチョフ・チームの中には、もっと懐疑的だった者もある。一例を挙げると、ゴルバチョフの英語の通訳を務めたパラシチェンコ（Pavel Palazhchenko）がそれである。パラシチェンコは次のように確信していた。ひとたび新たな政策が効果を発揮し始めたら、エリツィンはゴルバチョフと訣別する手立てを見つけ、急速な市場化の帰結のひとつとして起こることをまぬかれない困窮を理由に、ゴルバチョフを非難したであろう（筆者とのインタビュー）。
(120) アバルキンのインタビュー（*The Second Russian Revolution* の筆記録）。
(121) Gorbatschow, *Erinnerungen*, 553-4.
(122) たとえば、以下を見よ。Stanislav Shatalin, '"500 dney" i drugie dni moey zhizni', *Nezavisimaya gazeta*, 2 Apr.1992, pp.5 and 8. シャターリンは、ゴルバチョフが 500 日計画から撤退したことにたいして非常に批判的であるが、にもかかわらず同じ記事において、ゴルバチョフのことを「知的である」と評したばかりか、（ソ連崩壊後に過去を振り返りつつ）ロシア史における最も偉大な政治家のひとりであると述べている（p.8）。
(123) ゴルバチョフによるパヴロフの任命に関しては、第 8 章で詳しく論ずる。
(124) Gorbatschow, *Erinnerungen*, 565-6.
(125) Cf. interviews with Gorbachev and Yavlinsky, *Russia & CIS Today: TV & Radio Monitoring*（RFE/RL Research Institute）, 22 Aug.1994, No.0592, pp.4-15.
(126) これらの経緯については、第 8 章で詳しく論ずる。

第6章

(1) これを示す証拠はすでに提示してきた。特に、ゴルバチョフがチェルネンコの後継者となる 3 カ月前、1984 年 12 月 10 日に開催されたイデオロギーに関するモスクワ大会でおこなった演説の議論に見て取れる。以下を見よ。*Zhivoe tvorchestvo naroda*（Politizdat, Moscow, 1984）.
(2) 権威主義から民主主義への移行に関する議論の文脈で、アダム・プシェヴォルスキ（Adam Przeworski）は、「自由化は本質的に不安定である」、自由化は下からの、より急進的な要求や社会内の自立的組織の形成を促す、と主張している。以下を見よ。Przeworski, *Democracy and the Market: Political and Economic Reforms in Eastern Europe and Latin America*（Cambridge University Press, Cambridge, 1991）, 58-9.
(3) Gorbatschow, *Erinnerungen*（Seidler Verlag, Berlin, 1995）, 438-9.
(4)「プラハの春」へ批判的態度をとることは、1968 年のソ連介入のとき以来、党員にとっては忠誠を試すテストとされてきた。したがって、ゴルバチョフがチェコスロヴァキアの例を念頭においていたというわけではない。むしろソ連でも変化が

(94) *Izvestiya TsK KPSS*, 1/1 (Jan.1989), 81-6.
(95) *Pravda*, 30 June 1988, pp.3-4, at p.3; and Leonid Abalkin, *Neispol'zovannyy shans: poltora godu v pravitel'stve* (Politizdat, Moscow, 1991), 8-10.
(96) Abalkin, *Neispol'zovannyy shans*, 10 and 19.
(97) Ibid.19-20.
(98) 筆者によるニコライ・ペトラコフとの(上述の)インタビュー(1991年6月18日)。
(99) ニコライ・ペトラコフとのインタビュー(*Stolitsa*, 18 (24)(1991), 1-5, at pp.1-2)。
(100) Ibid.5. ペトラコフは次のように付け加えている。「今になって、『自己資金調達』のような単語がブルジョア的と見なされたことを思い出すと、滑稽ですらある」。ペトラコフによれば、中央数理経済研究所にとどまることができたのは、同研究所の所長で科学アカデミーの会員であるニコライ・フェドレンコ(Nikolay Fedorenko)のおかげであった。フェドレンコは、ペトラコフを擁護してくれたという。
(101) 筆者によるペトラコフとのインタビュー(1991年6月18日)。
(102) 同上および1990年秋のペトラコフのインタビュー(*The Second Russian Revolution* の筆記録)。
(103) ペトラコフのインタビュー(*The Second Russian Revolution* の筆記録)。
(104) 筆者によるペトラコフとのインタビュー(1991年6月18日)。
(105) ペトラコフのインタビュー(*The Second Russian Revolution* の筆記録)。
(106) ペトラコフとシャターリンも、経済に関する着想や分析を吸収するゴルバチョフの能力を高く買っている。ペトラコフは1991年6月、私にこの点を大いに強調した。その時点ではすでにゴルバチョフ・チームを離れていたにもかかわらず。ペトラコフがゴルバチョフ・チームから去ったのは、ゴルバチョフが1990～91年の冬、「右旋回」したためである。ペトラコフはインタビューの時点でも、ゴルバチョフが急速な市場化を進める必要を頭では支持していたということをゆめゆめ疑っていなかった。以下も見よ。ペトラコフとシャターリンのインタビュー(*The Second Russian Revolution* の筆記録)。
(107) ゴルバチョフが500日計画とルイシコフ政府案との間で妥協を見出そうと努力していたまさにそのときに、スタニスラフ・シャターリン(Stanislav Shatalin)は次のように述べた。「彼はすべてを理解していると思う。私が述べても差し支えないことであっても、彼には、それをことごとく述べる権利がないというだけのことである。しかし、彼の見解は教条的というにはほど遠い。彼は固定された、あるいはアプリオリな図式を好まない。あらゆる種類の着想を受け入れる度量がある。ただし、それらの着想がしっかりと実証されていることが必要である。つまり、裏づけがなければならない」(シャターリンのインタビュー。*The Second Russian Revolution* の筆記録による)。.
(108) バカーチンのインタビュー(*The Second Russian Revolution* の筆記録)。バカーチンは言葉を継いで、念頭に置いていたのが共産党機関、軍、軍産複合体であったことを明らかにした。
(109) 筆者によるペトラコフとのインタビュー(1991年6月18日)。
(110) ペトラコフのインタビュー(*The Second Russian Revolution* の筆記録)。
(111) Ibid.
(112) *Reytingi Borisa Yeltsina i Mikhaila Gorbacheva po 10-bal'noy shkale* (VTsIOM, Moscow, 1993).
(113) ペトラコフのインタビュー(*The Second Russian Revolution* の筆記録)。

表した）世論調査では、次のような質問が設定されていた。「問：市民にたいする土地の譲渡は、目下、どのような形にするのが最も正しいと思いますか」。回答は以下のとおり。「答：国家から長期にわたって貸与してもらう形がよい…回答者の25.1パーセント。相続する権利があって、売買する権利のない終身所有権がよい…32.6パーセント。相続権と売買権がある私有がよい…わずか21.1パーセント。いかなる形にせよ個人にたいする土地の譲渡に反対…10パーセント。質問がむずかしくて答えられない…14.6パーセント」。以下を見よ。*Obshchestvennoe mnenie v tsifrakh*, 4 (1 1) (Feb.1990) (VTsIOM, Moscow).

(77) たとえば、以下を見よ。Gorbachev speeches of 17 Sept. and 28 Nov.1990, reported in *Pravda*, 18 Sept.1990, 1 Dec.1990, and 18 Dec.1990.

(78) *Informatsionnyy byulleten' monitoringa: Ekonomkheskie i sotsial'nye peremeny* (VTsIOM, Moscow), 3 (May-June 1994), 14.

(79) Åslund, *Gorbachev's Struggle for Economic Reform*, 163-7.

(80) *Zakon Soyuza Sovetskikh Sostsialisticheskikh Respublik o kooperatsii v SSSR* (Izvestiya sovetov narodnykh deputatov SSSR, Moscow, 1988). 協同組合法とそれをめぐる議論を巧みに説明したものとしては、以下を見よ。Åslund, *Gorbachev's Struggle for Economic Reform*, 167-80.

(81) Ibid.169-70.

(82) V. Kudryavtsev, 'Pravovaya sistema: puti perestroyki', *Pravda*, 5 Dec.1986, p.3.

(83) Gorbachev, *Izbrannye rechi i stat'i*, v, 183.

(84) 以下を見よ。A.Yu. Kabalkin, 'Zakon ob individual'noy trudovoy deyatel'nosti — vazhnyy rychag osushchestvleniya sotsial'no-ekonomicheskoy politiki', *Sovetskoe gosudarstvo i pravo*, 3 (1987), 12-21, at p.17; V.V. Laptev, 'Zakon o predpriyatii i kodifikatsiya khozyaystvennogo zakonodatel'stva', *Sovetskoe gosudarstvo i pravo*, 12 (1987), 67-75, at p.69; and Åslund, *Gorbachev's Struggle for Economic Reform*, 170.

(85) ルイシコフのインタビュー（*The Second Russian Revolution* の筆記録）。

(86) Gorbachev, *Izbrannye rechi i stat't*, ii (1987), 269.

(87) Ibid.272.

(88) アガンベギャンのインタビュー（The Second Russian Revolution の筆記録）。

(89) ボゴモロフのインタビュー（*The Second Russian Revolution* の筆記録）。

(90) *Pravda*, 1 July 1987, pp.1-4.

(91) アガンベギャンのインタビュー（*The Second Russian Revolution* 筆記録）。すべての経済政策の帰結がゴルバチョフの意志によってもたらされたかのように想定する見解の実例となっているのは、ウラジーミル・コントロヴィッチ（Vladimir Kontorovich）である。コントロヴィッチはある論文の中で、良識もふんだんに発揮していながら、以下のように想定することによって、誤った道に迷い込んでいる。ゴルバチョフが実際に形成することに失敗した5カ年計画は大いに「ゴルバチョフの真の目的を反映していたのであり」、「それ以外のことは口先だけのことである」。以下を見よ。Kontorovich, 'The Economic Fallacy', *The National Interest*, 31 (Spring 1993), 35-45, at p.43.

(92) ニコライ・ペトラコフ（Nikolay Petrakov）は *The Second Russian Revolution* の筆記録の中で、ゴルバチョフは1989年の半ばにふたたび身を入れて経済問題に取り組み始めたと述べている。ゴルバチョフは経済学者を招いて面談したり、ペトラコフら経済学者が発言する会議に出席したりした。

(93) アガンベギャンのインタビュー（*The Second Russian Revolution* の筆記録）。

革」でともにゲスト・スピーカーを務めたときのことである。シメリョフは翌年に発表した重要な論文の中でそれらの論点を詳述し、その中で、特にアルコール消費の抑制がインフレをもたらす副作用にも触れた。以下を見よ。Shmelev, 'Novye trevogi', *Novy mir*, 4（1988）, 160-75.

(66) Shmelev, '*Novye trevogi*', 162（cited by Tarschys, The Success of a Failure', 21）.

(67) タールシュス（Tarschys）はこの点を重視し、たとえば次のように述べている。「ソビエト社会の骨格全体が弛緩する中、（中略）旧来の指令システムを動員することによってウォツカにたいする根強い嗜好を一掃しようとしても、成功の見込みはほとんどなかった」（'The Success of a Failure', 23）。1988年以前においても、共和国ごとにかなり違いがあったように思われる。1987年にグルジアとアルメニアに行ったとき、トビリシの商店ではワインを自由に買うことができた（しかも、モスクワの場合と違って、行列に並ぶ必要はなかった。モスクワでは、酒類の販売店は減らされており、しかも営業時間も制限されていたが）。また、トビリシでも地方でも、レストランでアルコール飲料を出してもらうことは可能だった。アルメニアではグルジアにくらべると、普通のやり方ではアルコール飲料にありつくことは難しかったが、各ホテルのカウンターの下には置いてあるようだった。そして、持込みという形にして、食事代の領収証を要求しなければアルコールを出してもらうことは可能であった。

(68) ガティ（Charles Gati）教授に感謝申し上げる。同教授はこの話を、1985年にコロンビア大学で同僚となったときに教えてくださった。同教授は、ゴルバチョフにその質問を投げかけたハンガリー党中央委員会書記（農業担当）から直接この話を聞いたとのことである。ゴルバチョフがハンガリーの農業改革を賞賛していたこと、またゴルバチョフがソ連においてそれと似たようなことを追求したがっていたことは、アレクサンドル・ニコノフから裏づけが取れている（筆者によるニコノフのインタビュー、1994年4月20日）。

(69) ザスラフスカヤのインタビュー（*The Second Russian Revolution* の筆記録）。

(70) これは、オスルントが *Gorbachev's Struggle for Economic Reform*, 31-2, 60-1 で指摘している。

(71) ゴルバチョフが1985年3月党書記長になった直後、農業担当の党中央委員会書記のポストは空席になった。党大会は1986年初めまで開催される予定はなかった。党中央委員会の新メンバーを選び、その人物を、党中央委書記局入りを狙う候補者群に加えることができるのは、党大会だけであった。アレクサンドル・ニコノフが在職中の研究ポスト以外の職務を切望したと考えるに足る根拠はいささかもない。なぜなら、ニコノフはその研究職に就いているおかげで、ゴルバチョフに助言することのできる立場を保証されていたらからである。いずれにせよ、アレクサンドル・ニコノフはヴィクトル・ニコノフのことを、「テクノクラートであって、真剣な改革者ではない」と評している（筆者によるA.A. ニコノフとのインタビュー、1994年4月20日）。

(72) Gorbachev, *Izbrannye rechi i stat'i*, iii（1987）, 211.

(73) Interview with A.A. Nikonov, 24 Apr.1994.

(74) アレクサンドル・ニコノフは次のように付け加えている。当時もそれ以前も、政治局においてニコノフの意見は、ゴルバチョフには受け入れてもらいながら、ルイシコフの反対に遭うことがしばしばあった。

(75) Ibid.

(76) 全ソ世論調査センターが1990年1月に実施し（翌月に簡略な形で調査結果を公

そこでのゴルバチョフの役割を慎重に検討しており、貴重である。著者はソビエト政治の実態を現実主義的な立場で説明している。だが、第2版で付け加えられた（1991年1月脱稿の）最後の2つの章では、イデオロギー上のこだわりがゴルバチョフのジレンマを理解するのを妨げている。たとえば著者は、資本主義の勝利を宣告しない限り、体系的な変化の道を拓くことはできなかったと主張している（p.230）。一連のロシアの知識人はすでにそのような理念を表明済みだったので、恐らく、そうするのを怠ったという点ではソ連共産党書記長に落ち度があったということになろう。しかしながら、1991年1月においてすら、仮にゴルバチョフがそのようなことを宣言していたら、民主制と、市場を主とする経済への移行は、確実に（少なくとも数年間）行く手をさえぎられたであろう。エリツィンはまだロシア大統領として選出されていなかったし、変化に抗する勢力は、旧体制に復帰する口実を探し求めていた。それだけに、それら勢力にとっては、強い猜疑心の種となっている最高指導者がそのような公然たる背信行為を働けば、思う壺であったろう。

(52) Gorbachev interview, *Der Spiegel*, No.3, 18 Jan.1993, p.127.

(53) Hewett, *Reforming the Soviet Economy*, 349.

(54) Ibid.350-3.

(55) Ibid.352.

(56) Michail Gorbatschow, *Erinnerungen*（Seidler Verlag, Berlin, 1995）, 330.

(57) たとえば、以下を見よ。*The Second Russian Revolution* の筆記録に所収の、ルイシコフ、シェワルナゼ、シャフナザロフのインタビューおよび Nikolay Ryzhkov, *Perestroyka: Istoriya predatel'stv*（Novosti, Moscow, 1992）, 93-5. 以下も見よ。Eduard Shevardnadze, *The Future Belongs to Freedom*（Sinclair-Stevenson, London, 1991）, 3-4.

(58) Ryzhkov, *Perestroyka: Istoriya predatel'stv*, 95.

(59) 以下を見よ。Daniel Tarschys, 'The Success of a Failure: Gorbachev's Alcohol Policy, 1985-88', *Europe-Asia Studies*, 45/1（1993）, 7-25. タールシュスはロシアの社会政策および比較社会政策を専門とする傑出したスウェーデン人研究者である。右に掲げた著書では、次のように指摘している（p.10）。「1979年に支払われた税金は、所得税が230億ルーブル、消費物資にかかる売上税が650億ルーブルであった。売上税のうち、アルコール飲料が占める割合は254億ルーブルであった。つまり、アルコールにかかる間接税は、所得税の合計を上回っていたのである」。

(60) ライサ・ゴルバチョワは自分の弟について、テープに録音した回想の中で、次のように語っている。「弟は天賦の才に恵まれていた。けれども、その潜在的能力は実際に発揮される運命にはなかった。弟の才能は受け入れてもらえなかった。そして、破綻をきたした。弟はお酒を飲んでは、病院で何カ月も過ごす。弟の運命は、両親にとって悲劇であり、私にとっては絶えざる苦痛の種である。私は30年以上、そのような痛みを胸の中で押し殺してきた。弟の悲劇は私に深い悲しみをもたらした。子どものころ大の仲良しだっただけになおさらである」（*I Hope*（HarperCollins, London, 1991）, 26）。

(61) Shevardnadze, *The Future Belongs to Freedom*, 3-4.

(62) Tarschys, 'The Success of a Failure', 22-3.

(63) Ibid.23.

(64) Ibid.

(65) シメリョフがこれらのことを指摘するのを、私が初めて聞いたのは1987年12月、メキシコシティーの El Colegio de Mexico での国際会議「ソ連における政治改家である。私はボンとミュンヘンで、あなた方が自分たちの利害をどのように調整しているのか、自分の目で見た」。

(43) たとえば、以下を見よ。Gorbachev, *Izbrannye rechi i stat'i*, vi, 54, 344, 395.

(44) 1992年12月3日のロシア人民代議員大会でのガイダールの演説（reported from Russian radio in BBC Summary of World Broadcasts, Part 1, Former USSR, 5 Dec.1992, pp.C1/3-C1/4, at p.Cl/4）。

(45) フリーマン（John R. Freeman）がその著書 *Democracy and Markets: The Politics of Mixed Economies*（Cornell University Press, Ithaca, NY, 1989）で使っている「混合経済」は、この意味である。

(46) Robert A. Dahl, 'Why All Democratic Countries Have Mixed Economies', in John W. Chapman and Ian Shapiro（eds.）, *Democratic Community*（New York University Press, New York, 1993）, 259-82, esp.259, 280.

(47) ダールは次のように指摘している。「どの民主主義国にも市場経済が存在するというのは真実である。だが、次のことも真実である。すなわち、それぞれの民主主義国に存在するのは、政府の介入によって修正された市場経済である。このような混合経済の形態はさまざまである。たとえば、スカンジナビア諸国やドイツ、オーストリア、オランダのようなコーポラティズムの体制もあれば、イギリスやアメリカのように断片化した体制もある。しかも、介入の程度や形態は、国ごとにまちまちであるばかりか、時代によっても異なる」(ibid.278)。

(48) Ibid.

(49) Gorbachev, 'K global'nomu gumanizmu', in *Gody trudnykh resheniy*, 330-3, at p.333. 参考までに言っておくと、ダールは、「共産主義と社会主義指令経済の崩壊の結果、民主主義と市場の魅力が急上昇した」と指摘したあと、それに続けて次のように言葉を継いでいる。「確かに、民主主義と市場経済は相互補完関係にあると見られることが多い。だが、ここでの私の狙いは、歴史的経験と理論的考察はともにこの仮定と矛盾しているということを示すことにある」(Why All Democratic Countries Have Mixed Economies', 259-60)。制約されない市場が人間の発達を促す最適の作用剤であるという見解にたいする包括的な反駁としては、以下の重要な学際的研究を見よ。Robert E. Lane, *The Market Experience*（Cambridge University Press, Cambridge, 1991）.

(50) E.K. Ligachev, 'Nam nuzhna polnaya pravda', *Teatr*, 8（Aug.1986）, 2-7, at p.3.

(51) Åslund, *Gorbachev's Struggle for Economic Reform: The Soviet Reform Process, 1985-88*. 1991年に出版された同書の第2版（副題なし）において、同じ著者は、ゴルバチョフが1990年の夏、物議をかもした500日計画への支持を引っ込めたことを手厳しく批判している（500日計画については、本章のあとの部分と第8章で論ずる）。ゴルバチョフは500日計画にたいして賛否いずれの態度をとるか、決心がつかなかった。そして、同計画にたいして最初承認する意向だったのに、それを撤回するよう圧力をかけられていた。そうであったにせよ、ゴルバチョフが500日計画にたいする支持を引っ込めたのは恐らく過ちであったろう。だが、そうだとしても、以下のようなオスルントの雑な判断は妥当性を欠いている。「ゴルバチョフは、自国民を救おうとする努力すら怠った。そのような目に余る怠慢を犯したのだから、ゴルバチョフは自分の国や歴史において寛大な扱いしてもらうことはほとんど期待できない」(強調はブラウン、2nd edn.（1991）, 221)。同書の第2版には長所がないわけではない。最初の7つの章は、1988年10月脱稿の初版の材料を組み込んでおり、若干の改訂が加えられているだけである。改革をめぐる議論と、

(34) しかし、これが急進的な経済改革とどれほど両立可能だったかというと、疑問である。市場化を志向する経済学者の中には、たとえ共産党主導の経済体制を移行させる過渡期であっても、一般の労働者が支配人を選挙するという方法には賛成できない、と考える者は少なくなかった。たとえば、以下を見よ。Kornai, *The Road to a Free Economy*, 99-100. フィルツァー（Donald Filtzer）の指摘によれば、1988年末までに、選挙で選ばれた工場支配人は少数派とはいえ、約20パーセントというかなり高い率にのぼっていた。また、国営商店の店長や現場の責任者で、選挙で選ばれた者は、5～8パーセントであった。しかし、「1989年末、ペレストロイカがもっと『ラジカルな』市場志向の段階に突入すると、ソ連政府はこのような選挙を完全に廃止した……」（Filtzer, *Soviet Workers and the Collapse of Perestroika: The Soviet Labour Process and Gorbachev's Reforms, 1985-1991*（Cambridge University Press, Cambridge, 1994）, 83）。

(35) Dyker, *Restructuring the Soviet Economy*, 185.

(36) 第3章で示したように、この用語は、ゴルバチョフが1984年12月の演説で用いた。話を聞かせてくれた経済担当の顧問たちは、その用語が意味していたのは「市場」だということにまったく疑念を持っていなかった。当時の政治局員にとっては、「商品=貨幣関係」という用語を使うことすら比較的大胆な行動であった。1984年、当時まだIMEMOの所長だったヤコヴレフは、ふたりの社会科学者に「商品=貨幣関係」に関する論文を書かせようともくろんだが、不首尾に終わった。ヤコヴレフによると、「ふたりとも科学アカデミーの会員で、進歩的であったが、そのような論文は決して書こうとはしなかった。不安をぬぐえなかったからである。世論をそのような概念に慣らし、最後には『商品=貨幣関係』という用語を使っても違和感が生じないようにするためには、一足飛びに事を運ぶのではなく、論文を一つひとつ発表し、演説を一つひとつこなしていかなければならなかった」（ヤコヴレフのインタビュー。*The Second Russian Revolution* の筆記録による）。

(37) 1987年の政治局の筆記録の興味深い抜粋を読むと、当時のゴルバチョフの経済に関する思考を推し量ることができる。以下を見よ。Gorbachev, *Gody trudnykh resheniy*（Alfa-Print, Moscow, 1993）, 67-86.

(38) Gorbachev, *Izbrannye rechi i stat'i*, v（1988）, 163. しかも、1986年初頭の第27回党大会で、「社会主義市場」という用語を使った唯一の登壇者は、ゴルバチョフの息のかかった人物で、スターヴロポリ時代からの同僚ムラホフスキー（Vsevolod Murakhovsky）であった（*Pravda*, 3 Mar.1986, p.3 を見よ）。ムラホフスキーはゴルバチョフの全面的な了解を得て、しかもゴルバチョフの名代として、そのような発言をおこなった、と見るのが自然であろう。ゴルバチョフ自身は、まだ政治局全体で受け入れられていない用語を使うことはできなかった。もしそのような用語を使えば、ソ連指導部が市場化を公式に支持していることを暗示することになるからである。

(39) Gorbachev, *Izbrannye rechi i stat'i*, vii, 113.

(40) Ibid.573.

(41) Ibid.594.

(42) Gorbachev interview, *Der Spiegel*, No.3, 18 Jan.1993, p.127. ゴルバチョフは次のように言葉を継いでいる（pp.127-8）。「私はあなたの国を理想化するつもりはない。だが、私が良しとするのは、その種の国である。すなわち、社会保障が整っている国家、法の支配にもとづき議会制が機能する国家である。しかもそれは、基本的に独立した連邦構成国（*Länder*）から成り、強力な中央を戴く連邦制を体現している国

Order: The Writings of B.P.Kurashvili', *Detente*, 8 (Winter 1987) および Anders Åslund, *Gorbachev's Struggle for Economic Reform: The Soviet Reform Process, 1985-88* (Pinter, London, 1989), esp.112-14. クラシヴィリは1980年代初めから実質的におのれの見解を変えていない。その点で、興味深い例外的な事例となっている。クラシヴィリはその見解ゆえに、かつてはきわめて大胆な改革派と位置づけられた。しかるに、のちにはまさにその同じ見解ゆえに、1990年以降のソ連およびロシアの経済情勢の新展開にたいして「保守派の」立場から反対する形になる。クラシヴィリは元KGBの大佐である。KGB高等学院で教鞭を執っていたが、持論があまりにも改革的であるとして退職を余儀なくされ、1970年代初め、「国家と法研究所」にやって来た。1980年代初め、クラシヴィリについて「国家と法研究所」の同僚のひとりが語ってくれたところによると、「わが研究所には、クラシヴィリ以上に勇気のある人物はいない」とのことであった。クラシヴィリは「社会主義市場経済」の価値を心底信じており、それを支持していた。しかし彼は、市場への移行に肩入れしていたのと同じように、「社会主義」という要素に肩入れしていた（力点は、私有ではなくて多様な公有に置かれていた。私有化なき脱国家化というのが、1990年のプラウダ紙上でクラシヴィリが使った表現である）。クラシヴィリは1993年までに、気がついてみると、ソ連共産党を擁護するという奇妙な立場に立たされていた。それは、エリツィン政権が共産党を相手取って民事訴訟を起こしたときのことである。結果的に、（クラシヴィリはソ連においてだれよりも早く複数政党制を公然と唱道した人々のひとりでもあったのに）筋金入りの保守派共産党員の仲間になった。その5年前は、急進派（いや、10年前であれば、急進派の中でも勇気のある人々）を盟友としていたのだが。反動的な共産党員や民族主義者の中には、過去10年の間に自己の見解を大幅に変えることはなかったと見られる者もあるが、その激動の期間に公私いずれの立場においても物の見方を変えなかった正真正銘の改革者を見つけ出すことは非常にむずかしい。「国家と法研究所」が生み出すことになる、経済改革論議にたいする貢献度の高い著作の中には、以下のものがある。B.P. Kurashvili, 'Gosudarstvennoe upravlenie narodnym khozyaystvom: perspektivy razvitiya', *Sovetskoe gosudarstvo i pravo*, 6 (1982), 38-48; Kurashvili, 'Ob"ektivnye zakony gosudarstvennogo upravleniya', *Sovetskoe gosudarstvo i pravo*, 10 (1983), 36-44; Kurashvili, 'Kontury vozmozhnoy perestroyki', *EKO* (June 1985), 59-79; Kurashvili, 'Osnovnoe zveno khozyaystvennoy sistemy', *Sovetskoe gosudarstvo i pravo*, 10 (1986), 12-21; Kurashvili, *Ocherk teorii gosudarstvennogo upravleniya* (Nauka, Moscow, 1987); Kurashvili, 'Pravye i levye, ili gde iskat' optimal'nuyu put' v ekonomike?', *Pravda*, 4 Oct.1990, pp.3-4; and Kurashvili, *Strana na rasput'e... (Poteri i perspektivy perestroyki)* (Yuridicheskaya literatura, Moscow, 1990); M.I. Piskotin, *Sotsializm i gosudarstvennoe upravlenie* (Nauka, Moscow, 1984; rev.and expanded edn., 1988); A.V. Obolonsky, 'Mekhanizm regulirovaniya sluzhebnykh mezhlichnostnykh otnosheniy v gosudarstvennom apparate', *Sovetskoe gosudarstvo i pravo*, 9 (1985), 58-66; Obolonsky, 'Byurokraticheskaya deformatsiya soznaniya i bor'ba s byurokratizmom', *Sovetskoe gosudarstvo i pravo*, 1 (1987), 52-61; Obolonsky, *Chelovek i gosudarstvennoe upravlenie* (Nauka, Moscow, 1987); Obolonsky, 'Mekhanizm tormozheniya: chelovecehskoe izmerenie', *Sovetskoe gosudarstvo i pravo*, 1 (1990), 80-7; V.P. Rassokhin, *Mekhanizm vnedreniya dostizheniy nauki: politika, upravlenie, pravo* (Nauka, Moscow, 1985); and Rassokhin, 'Vedomstvennost' kak istoricheskiy fenomen sovetskoy ekonomiki', in F.M. Borodkin, L.Ya. Kosals, and R.V. Ryvkina (eds.), *Postizhenie* (Progress Moscow, 1989).

Grachev）から口頭で裏づけが取れている。

（26）私は、ブレジネフが 1964 年から 1982 年まで党の最高指導者であった間の肩書きを「党書記長」としているが、厳密に言うとブレジネフは最初の 18 カ月、党中央委員会第 1 書記であった。党第 1 書記という用語は、フルシチョフ時代に導入され、1953 年から 1966 年の第 23 回党大会まで使われた。同大会で共産党は、スターリン時代に使われていた党書記長という用語をふたたび用いるようになった。

（27）ブレジネフとコスイギンの政治的な物の見方と両者の結びつきに関する興味深い観察については、以下を見よ。Georgy Arbatov, *Zatyanuvsheesya vyzdoravlenie（1953-1985 gg.）: Svidetel'stvo sovremennika*（Mezhdunarodnye otnosheniya, Moscow, 1991）, 102-48, esp.119-20.

（28）コスイギン改革とゴルバチョフの改革の政治的文脈に、このような違いやそのほかの異同があることを、私が初めて指摘したのは、以下の論文においてである。Soviet Political Developments and Prospects', *World Policy Journal*, 4/1（Winter 1986/7）.

（29）ペトラコフ（Nikolay Petrakov）は、1990 年の 1 年間、ゴルバチョフの経済担当の補佐官を務めた。それ以前は非公式な顧問であった。そのペトラコフによれば（筆者とのインタビューは 1991 年 6 月 18 日）、ゴルバチョフは在任初期の数年間、ルイシコフ（Ryzhkov）に信頼を置いていたという。しかし、ゴルバチョフは 1989 年の末までに、もっと徹底的な行動が必要であること、そして、ルイシコフがそのようなラジカルな改革には反対するだろうことを悟った。

（30）党機関と経済改革に関しては、以下を見よ。Rutland, *The Politics of Economic Stagnation in the Soviet Union*, esp.207, 223. 国防産業に関しては以下を見よ。Julian Cooper, *The Soviet Defence Industry: Conversion and Reform*（Pinter, in association with the Royal Institute of International Affairs, London, 1991）, chapter on 'The Defence Industry as a Political Force', 70-88, esp.77-8.

（31）Ibid.

（32）これらの文筆家の論文は特に重要だった。理由のひとつは、筆致に説得力があり（特にシメリョフ）、大勢の知識人が読んでいる雑誌に掲載されたという点にある。それらの論文は、既存のソ連経済体制を従来以上に包括的に拒絶する方向で意見を集約するのに役立った。それらのうち特に興味深いものを挙げると、以下のとおり。Shmelev, 'Avansy i dolgi', *Novy mir*, 6（June 1987）, 142-58; Shmelev, 'Novye trevogi', *Novy mir*, 4（Apr.1988）, 160-75; Popov and Shmelev, 'Anatomiya defitsita', *Znamya*, 5（May 1988）, 158-83; Popov, 'S tochki zreniya ekonomista: o romane Aleksandra Beka "Novoe naznachenie"', *Nauka i zhizn'*, 4（1987）; Selyunin, 'Eksperiment', *Novy mir*, 8（Aug.1985）, 173-94; Selyunin and Khanin, 'Lukavaya tsifra', *Novy mir*, 2（Feb.1987）, 181-201; and Selyunin, 'Rynok: khimera i real'nost'', *Znamya*, 6（June 1990）, 193-205. これらの専門性の高い雑誌とは別に、経済思想を急進化させる方向で重要な貢献を果たしたものとしては、ラツィス（Otto Latsis）の一連の論文がある。それは、党機関誌コムニスト（*Kommunist*）に発表された。

（33）ペレストロイカ時代にも、あるいはその前の時代にも、経済改革に関する旧思考からの訣別の仕方がきわめて決然としていた事例は、モスクワの「国家と法研究所」の法学者と政治学者の中に見られる。これらの学者のうち 3 人、すなわちピスコーチン（Piskotin）、クラシヴィリ（Kurashvili）、オボロンスキー（Obolonsky）の業績については、以下の論文で触れている。Archie Brown, 'Political Science in the USSR', *International Political Science Review*, 7/4（1986）, 443-81. クラシヴィリの著作に特段の注意を払っているものとしては、Ronald Amann, 'Towards a New Economic

Foreign Affairs, 64/3 (1986), 605-44, esp.608-13; Marshall Goldman, 'Gorbachev and Economic Reform', *Foreign Affairs*, 64/1 (Fall 1985), 56-73, esp.72; and Philip Hanson, 'The Economy', in Martin McCauley (ed.), *The Soviet Union under Gorbachev* (Macmillan, London, 1987) 97-117, esp.115. ゴールドマンは1985年、次のような見方を示した。「ゴルバチョフは恐らく、根本的な経済改革というビジョンにこだわり続けるであろう。しかし、公算としては、ゴルバチョフは、かなり徹底性に欠けた改革を甘受せざるを得ないであろう」。このような見方は必ずしも非現実的というわけではなかった。ところが実際には、ゴルバチョフの経済政策は1990年までに、ゴールドマンの予期を超えて急進化した。一方、ハンソンは次のような疑いを表明していた。ゴルバチョフは、カーダール(Kádár)のハンガリーが企てたような経済改革のほうへ移行するのではないだろうか。場合によっては、「人目につかないようにしてでも」。

(17) Mikhail Gorbachev, Perestroika: *New Thinking for our Country and the World* (Collins, London, 1987), 1988年2月までにゴルバチョフは、1980年代の初期をもっと暗く描くようになっており、「国民所得は1980年代の初め、絶対値において純減した」と発言している(Gorbachev, *Izbrannye rechi i stat'i,* vi (1989), 77)。

(18) David Dyker, *Restructuring the Soviet Economy* (Routledge, London, 1992), 42には、ソ連経済のスローダウンを示す図表が掲載されている。ソ連の公式統計とアメリカの推定値の両方を見ることができて便利である。

(19) Abel Aganbegyan, *The Challenge of Perestroika* (Hutchinson, London, 1988), 2-3.

(20) この点は、ハリソン(Mark Harrison)が 'Soviet Economic Growth since 1928: The Alternative Statistics of G.I. Khanin', *Europe-Asia Studies*, 45/1 (1993), 141-67において指摘している。ハリソンの結論は、ハニンの研究(たとえば、1991年にノボシビルスクで出版された *Dinamika ekonomicheskogo razvitiya SSSR*)を注意深く検討した結果にもとづいている。

(21) Vasily Selyunin and Grigory Khanin, 'Lukavaya tsifra', *Novy mir*, 2 (Feb.1987), 181-201; and Alec Nove, *Glasnost' in Action: Cultural Renaissance in Russia* (Unwin Hyman, London, 1989), 214. ハニンの名はGirshだが、ロシア風に表記するとGrigoryになる。

(22) たとえばハリソンは次のように述べている。「過去、論敵はハニンの研究を一蹴することが可能であった。また、同情的な懐疑論者は、ハニンの資料と手法は十分には利用できないとの論拠を持ち出して、留保条件をつけることが可能であった」。しかし1991年に *Dinamika* が出版されたことにより、そのような留保条件は(全部ではないにしても)ほとんど無効になった。現在入手できるものから判断すると明らかなとおり、ハニンの推定値は大部分、信頼に値するし、首尾一貫しており、根拠もしっかりしている('Khanin's Economic Growth Statistics', 159)。

(23) ソ連の改革を中国の改革と比較していて有益なものとして、以下を見よ。Włodzimierz Brus, 'Marketisation and Democratisation: The Sino-Soviet Divergence', *Cambridge Journal of Economics*, 17/4 (Dec.1993), 423-40.

(24) 1968年から1988年にかけてのハンガリーの改革を、その欠陥に強い力点を置いて説明した貴重な報告については、以下を見よ。Włodzimierz Brus and Kazimierz Laski, *From Marx to the Market: Socialism in Search of an Economic System* (Clarendon Press, Oxford, 1989), 61-86. 以下も参照せよ。János Kornai, *The Road to a Free Economy. Shifting from a Socialist System: The Example of Hungary* (Norton, New York, 1990).

(25) 警鐘は、党中央委員会機構の内部の高官にも伝わった。このことは、1980年代の前半に党中央委員会国際部において専従の顧問だったグラチョフ(Andrey

いる。「1991年の石油生産の低下は11パーセント、化学製品の生産の落ち込みは10-15パーセント、石炭は11パーセント、軽工業および食品産業は11-12パーセント。国家の買い付けも低下した。すなわち、食肉は18パーセント、牛乳は14パーセント、穀物は24パーセントそれぞれ低下した」(ibid.)。

(4) 党中央委員会国際部を見落とすつもりはない（国際部は、第4章と7章の両方で議論の対象となっている）。しかし同部は、ソ連の外交政策の実行を任されていなかった。特に、国家間の関係に関しては。ある点では、政権を握っている共産党との連絡に関して責任を負っていた部（一般的には社会主義諸国部として知られている部）のほうが、国際部よりも政策の履行に関与している度合いは高かった。特に、東ヨーロッパ諸国に関してはそうである。国防省およびKGBも、外交政策にたいして影響力をふるっていた（あるいは、ふるおうと努力していた）。しかしゴルバチョフ時代においては、外交政策の実行プロセスにおける国防省とKGBの役割は、外務省のそれにくらべれば格下であった。

(5) これは、Stephen Whiteneld, *Industrial Power and the Soviet State*（Clarendon Press, Oxford, 1993）の中心的なテーマである。工業関係の省庁に関しては、以下も見よ。Julian Cooper, *The Soviet Defence Industry: Conversion and Reform*（Pinter, for the Royal Institute of International Affairs, London, 1991）, esp.6-11.

(6) Alexander Yakovlev, *Predisiovie, obval, posleslovie*（Novosti, Moscow, 1992）, 138.

(7) Whitefield, *Industrial Power and the Soviet State*, 180.

(8) Ibid.

(9) Ibid.

(10) Cf. Jerry F. Hough, *The Soviet Prefects: The Local Party Organs in Industrial Decision-Making*（Harvard University Press, Cambridge, Mass., 1969）; and Peter Rutland, *The Politics of Economic Stagnation in the Soviet Union: The Role of Local Party Organs in Economic Management*（Cambridge University Press, Cambridge, 1993）.

(11) Boris Yeltsin, *Against the Grain: An Autobiography*（Jonathan Cape, London, 1990）, 58.

(12) Rutland, *The Politics of Economic Stagnation in the Soviet Union*, 212.

(13) この点に関しては、以下を見よ。Ed A.Hewett, *Reforming the Soviet Economy: Equality versus Efficiency*（Brookings Institution, Washington, 1988）, 20; and Gorbachev, 'O zadachakh partii po korennoy perestroyke upravleniya ekonomikoy', *Izbrannye rechi i stat'i*（Politizdat, Moscow, 1988）, v, 129-85, at p.182.

(14) 以下を見よ。George W. Breslauer, 'Soviet Economic Reforms Since Stalin: Ideology, Politics, and Learning', *Soviet Economy*, 6/3（1990）, 252-80. 経済改革の文脈から学習を考察する論文がもうひとつある。James Clay Moltz, 'Divergent Learning and the Failed Politics of Soviet Economic Reform', *World Politics*, 45/1（Jan.1993）, 301-25である。こちらは説得力が弱い。それは、ゴルバチョフが市場化を目指す改革に関心をいだいているという証拠をを検討していないからでもあり、また、経済体制のウスカレーニエ（加速化）から「外国の資本主義」の採用に至るまでの間にある経済改革の類型または段階の実態を明らかにしていないからでもある。

(15) ソ連時代の末からポスト・ソ連時代の初めにかけて出現した銀行システムを対象とする興味深いケーススタディとして、以下を見よ。Joel S. Hellman, 'Bureaucrats vs. Markets? Rethinking the Bureaucratic Response to Market Reform in Centrally Planned Economies', in Susan Gross Solomon（ed.）, *Beyond Sovietology: Essays in Politics and History*（M.E.Sharpe, Armonk, NY, 1993）, 53-93.

(16) 以下を見よ。Seweryn Bialer and Joan Afferica, 'The Genesis of Gorbachev's World',

Conceptual Change (Cambridge University Press, Cambridge, 1989), esp.2, 30.

(178) *Pravda*, 15 July 1987, pp.1-2, at p.2.

(179) ゴルバチョフが多元主義という言葉を使った初期の例としては、たとえば、以下を見よ。*Pravda*, 30 Sept.1987, p.1; and Gorbachev *Perestroika*, 77.

(180) *Pravda*, 6 Feb.1990, pp.1-2, at p.1.

(181) ここで述べていることは一部分、以下の見解との間に共通性がある。Joseph Schull, 'The Self-Destruction of Soviet Ideology', in Susan Gross Solomon (ed.), *Beyond Sovietology: Essays in Politics and History* (M.E. Sharpe, New York, 1993), 8-22. しかしこの立論には、私の意見と異なる部分もある。というのもそれは、ゴルバチョフの公的発言が一貫性を欠いていることを理由にして、変化の主導という点でゴルバチョフが果たした決定的な役割を何がしか割り引く必要があると確信している様子だからである。議論の都合上、仮にゴルバチョフが1985年または1986年に、政治的多元主義の原則を公式に受け入れていたとしよう。そうであったとしても、その原則を首尾一貫して堅持しているということを示す機会はなかったであろう。というのも、そのようなことをすれば24時間以内に解任されていたであろうから。その場合、ソビエト体制は十中八九、今日に至るまでそのままであったろう。なぜなら、体制を変化させようとする大衆運動は、ゴルバチョフがそのような運動を可能にする余地を整えて初めて存在するようになったのだから。ソ連のような状況において完全な一貫性を堅持できるのは、反体制派と完全なノンポリだけである。ちなみに反体制派の運動は、ゴルバチョフが政権を握る前にほぼ壊滅状態に追い込まれていた。極端な、そして高度にイデオロギー的な権威主義から離れようとする運動を率いている政治家にとっては、タイミングがすべてである。そして、間違った方向に一歩でも余計に進めば、以前の状態に逆戻りすることになりかねない。そのような立場に置かれている政治家にたいして言語の首尾一貫性を求めるのは、やや不毛の行為である。

(182) たとえば、以下を見よ。*Pravda*, 6 Feb.1990, p.1.

(183) リガチョフ (Yegor Ligachev) は回想録の中でそのような実例をひとつか二つ挙げ、「急進派の新聞・雑誌が、いらだたしくなるほど何でも許されている」ことを責めている。リガチョフに言わせれば、それは、「民主主義が最高度に表出したもの」であった。以下を見よ。*Inside Gorbachev's Kremlin*, 125.

(184) Keith Michael Baker, *Inventing the French Revolution* (Cambridge University Press, Cambridge, 1990), 7.

(185) Ibid.6.

(186) Gorbatschow, *Erinnerungen*, 391-2, 402-3, 412, 419, 423, 437-9, 445.

第5章

(1) Andrey Grachev, *Dal'she bez menya...Ukhod Prezidenta* (Kultura, Moscow, 1994), 136.

(2) Ibid.

(3) ソ連が完全に崩壊したあと、生産はさらに急低下した。だが生産は、すでにゴルバチョフ在任中の最後の年に劇的に低下しつつあったのである。バーター取引が「1991年の経済取引において次第に標準的になっていった。それは、商業の妨げとなる政治的な障害が出現し、連邦構成共和国や州、そして都市までもが相互に孤立したためである」(Richard E. Ericson, 'The Russian Economy Since Independence', in Gail W. Lapidus (ed.), *The New Russia: Troubled Transformation* (Westview Press, Boulder, Colo., 1995), 37-77, at p.37)。エリクソン (Ericson) は次のように指摘して下のとおりである。ニコライ2世36パーセント、レーニン44パーセント、スターリン25パーセント、フルシチョフ39パーセント、ブレジネフ29パーセント、エリツィン30パーセント）。以下を見よ。Yu. A. Levada, ' "Chelovek sovetskiy" pyat' let spustya: 1989-1994（predvaritel'nye itogi sravnitel'nogo issledovaniya）', *Ekonomicheskie i sotsial'nye peremeny: monitoring obshchestvennogo mneniya*, VTsIOM, 1（Jan.-Feb.1995）, 9-14, at p.10.

（163）*Pravda*, 26 Feb.1986, p.5.

（164）Mikhail Gorbachev, *Perestroika: New Thinking for Our Country and the World*（Collins, London, 1987）, 49-50.

（165）Yakovlev interview with Kira Vladina, *Nezavisimaya gazeta*, 10 Aug.1994, p.5.

（166）Nove, In his contribution to the symposium 'What's Happening In Moscow?', *The National Interest*, 8（Summer 1987）, 15.

（167）Quoted by Nove, Ibid.

（168）*Voprosy razvitiya politicheskoy sistemy sovetskogo obshchestva*（Politizdat, Moscow, 1977）, 315に再録された1974年6月14日のブレジネフ演説。私はブルラツキー（Fedor Burlatsky）から、それらの言葉をブレジネフに語らせたスピーチライターはボーヴィン（Alexander Bovin）だと、1980年代の初めに聞いている。ボーヴィンは当時、イズヴェスチヤ紙の政治評論員で、現在はイスラエル駐在ロシア大使を務めている。ヤコヴレフ（Alexander Yakovlev）はそれとは対照的に、1973年以前、つまり党中央委員会宣伝部の第1次長だった頃、「グラスノスチ」をブレジネフの演説に書き入れようとして失敗したことがあるという（ヤコヴレフは1992年1月オックスフォードで、内々にこの話を教えてくれた）。党の内部にいる人間はそれぞれの政治的性向に従って、指導者の演説を開明的なものにするか、それとも正統的なものにするかをめぐって綱引きをしていたわけである。しかしブレジネフ時代においては、ゴルバチョフ時代と異なり、そのような努力は意外にも、政治体制の現実の働きにはほとんど違いをもたらさなかったのである。

（169）Gorbachev, *Izbrannye rechi i stat'i*, i, 88.

（170）As noted by David Wedgwood Benn, *From Glasnost to Freedom of Speech: Russian Openness and International Relations*（Pinter, in association with the Royal Institute of International Affairs, London, 1992）, 12.

（171）Gorbachev, *Zhivoe tvorchestvo naroda*, 30.

（172）Wedgwood Benn, *From Glasnost to Freedom of Speech*, 12-13. See also Vladimir Lakshin, 'From Glasnost to Freedom of Speech', *Moscow News*, 15（1989）, 4.

（173）Gorbachev, *Zhivoe tvorchestvo naroda*, 30.

（174）Ibid.30. ゴルバチョフが党書記長になってから数年間、職場における民主主義の拡大と「自主管理」にも大いに力点が置かれた。しかしのちになると、それは二の次になった。優先されたのは、政治制度の徹底的な改革と、市場化志向の経済改革を求める一派の要求であった。「企業の民主化という偽りの約束」に関しては、以下を見よ。Donald Filtzer, *Soviet Workers and the Collapse of Perestroika: The Soviet Labour Process and Gorbachev's Reforms, 1985-1991*（Cambridge University Press, Cambridge, 1994）, 82-8.

（175）Gorbachev, *Zhivoe tvorchestvo naroda*, 16.

（176）私は、1984年12月のゴルバチョフ演説のまさにその面を、同演説の執筆に参加した人々——特にワジム・メドヴェージェフ——と議論したことがある。

（177）See Terence Ball, James Farr, and Russell L. Hanson（eds.）, *Political Innovation and*

スカレーニエという言葉は、索引に示されたページ（395-7）のどこにもない。現実には、ゴルバチョフが「ウスカレーニエ」を最後に使ったのは、1988年4月13日のようである。以下を見よ。Gorbachev, *Izbrannye rechi i stat'i*, vi（1989), 195. 第2巻の索引は、ゴルバチョフが初めて加速化という概念を用いた場を1985年3月11日党中央委員会総会で党書記長に選出されたあとの演説としており、その点でやはり間違っている。実際には、ゴルバチョフは1984年12月のイデオロギー会議における演説で、「社会経済発展の加速化（ウスカレーニエ)を推進するための巨大な可能性」について述べ、それは、「大衆のイニシアチブと自己発生的な活動を、科学の基盤および喫緊の問題の解決にたいする創造的なアプローチと結びつけること」の成否にかかっているとしている。以下を見よ。Gorbachev, *Zhivoe tvorchestvo naroda*, 10.

(154) たとえば、以下のゴルバチョフ論文を見よ。'Novomu metody — shirokuyu dorogu', *Ekonomicheskaya gazeta*, 9（1978), repr.in Gorbachev, *Izbrannye rechi i stat'i*, i, 154-9; and his article, 'Prodovol'stvennaya programma i zadachi ee realizatsii', *Kommunist*, 10（1982), repr.in *Izbrannye rechi i stat'i*, i, 302-20（at p.315). 前者の中でゴルバチョフは、「心理的なペレストロイカ」の必要性を2度強調している。

(155) Gorbachev, *Zhivoe tvorchestvo naroda*, 26.

(156) Gorbachev, *Izbrannye rechi i stat'i*, ii.269.

(157) Ibid.iii.326-58, esp.330-1.

(158) Medvedev, *V komande Gorbacheva*, 35-6.

(159) Gorbachev, *Izbrannye rechi i stat'i*, iii, 330.

(160) 1987年1月の党中央委員会総会におけるゴルバチョフ演説（ibid. iv, 299-354)。

(161) 1987年2月25日の第18回労働組合大会におけるゴルバチョフの演説（ibid. 424-43, at p.428)。

(162) ペレストロイカという言葉はまた、ゴルバチョフが権力の座にあった時期の後半もさることながら、ソ連崩壊後の時期になるとますますロシア国民全体にとって不人気な用語となった。全露世論調査センター（VTsIOM)が1994年11月に実施した世論調査によれば、歴史におけるゴルバチョフの役割を肯定的に見る回答者は、歴史時代としてのペレストロイカを肯定的に見る回答者の2倍以上にのぼる。この明らかな矛盾は、ゴルバチョフを評価する際、ゴルバチョフがグラスノスチや政治的自由、競争選挙を導入したということを思い出す人が多いのにたいし、ペレストロイカが経済再建の失敗や、不人気なソ連崩壊を含む激動を意味しているという事実から生ずるように思われる。ロシア連邦を対象とするこのVTsIOMの調査によれば、ソ連史におけるもっとも人気の高い時期は、ブレジネフ時代である。この時代を肯定的に評価する回答者は36パーセントである（恐らく、その時代が安定していて先行きが読める時代だったという理由が大きいと思われる)。一方、ペレストロイカをどちらかと言えば肯定的に見る者は、わずか16パーセントであった。スターリン時代ですら、それ以上の数字（18パーセント)を得ている。もっともスターリン時代には、否定的な評価も寄せられている（すなわち、57パーセントの回答者が、どちらかと言えば悪かったとしている。ペレストロイカに関して同様の回答をしているのは47パーセント)。ペレストロイカとくらべるとスターリン時代のほうが、どちらでもないという回答が少なかった。いずれにせよ、この1994年11月の調査で、歴史におけるゴルバチョフの役割を肯定的に評価する回答者は33パーセントであった（この点に関して20世紀のロシアのほかの指導者がどのような数字を得たか、参考までに挙げると以

(134) ゴルバチョフは、「社会主義の理念」を「人間の夢、すなわち自由・公正・平和・民主主義など、要するに正真正銘の人間的な社会」と結びつけたあと、次のように付け加えた。「一方、思考と実践のリベラルな潮流は人類に多大のものをもたらした」。ゴルバチョフによれば、その理由の一つは、社会主義者から着想を拝借し、それを「社会主義者よりも巧みに」利用したというところにある（*Svobodnaya mysl'*, 17（1992）, 21）。

(135) Kuchmaev, *Kommunist s bozh'ey otmetinoy*, 61.

(136) Gorbachev interview with Jonathan Steele, *Guardian*, 24 Dec.1992, p.19.

(137) Ibid.

(138) Smirnov interview in Cohen and vanden Heuvel（eds.）, *Voices of Glasnost.*

(139) インタビューにおける論点のひとつは、過去形で述べても、1989 年春に実施されたソ連人民代議員大会の選挙には当てはまる。

(140) Yakovlev interview in Cohen and vanden Heuvel, *Voices of Glasnost*, 39-40.

(141) レーニンの思想の、基本的に非民主主義的な性格を見事に説明したものとしては、以下を見よ。A.J. Polan, *Lenin and the End of Politics*（Methuen, London, 1984）.

(142) たとえば、以下を見よ。Archie Brown, 'Political Power and the Soviet State', in Neil Harding（ed.）, *The State in Socialist Society*（Macmillan, London, 1984）, 51-103; and Jerry F. Hough, *The Struggle for the Third World: Soviet Debates and American Options*（The Brookings Institution, Washington, 1986）.

(143) Stephen Padgett and William E. Paterson, *A History of Social Democracy in Postwar Europe*（Longman, London, 1991）, 263. ゴルバチョフは、「ウィリー・ブラントは社会的な公正、民主主義、自由などの概念にたいして忠実な姿勢を保つことと、自由主義の潜在性を尊重すること」を両立させることに成功したと、賛意を込めて書いている（*Svobodnaya mysl'*, 17（1992）, 21）。ゴルバチョフはこのとき、社会主義と自由主義の間に起こった収斂の程度を指摘していたようにも見える。

(144) Cf. Gorbatschow, *Erinnerungen*, 391-2, 401-3, 412, 419, 423.

(145) マーティン・メイリアには失礼ながら、ゴルバチョフがレーニンに敬意を払っていたとしても、だからといって、ゴルバチョフが「指導者としての自分の役割に関して徹底的に共産主義的な考え方を」していたということにはならない。それは間違いない。以下を参照せよ。Malia, *The Soviet Tragedy*, 431.

(146) Gorbachev interview with Jonathan Steele, *Guardian*, 24 Dec.1992, p.19.

(147) Ibid.

(148) Gorbachev, *Zhivoe tvorchestvo naroda*（Politizdat, Moscow, 1984）, esp.6, 10, 11, 12, 14, 18, 20, 30, 40, 41-2.

(149) この演説が物議をかもしたこと、さらには保守層の中で批判を引き起こしたことについては、すでに第 3 章で述べた。

(150) Nikolay Ryzhkov, *Perestroyka: istortya predatel'stv*（Novosti, Moscow, 1992）, 70-1.

(151) Ibid.72.

(152) Gorbachev, *Izbrannye rechi i stat'i*, ii（1987）, 251.

(153) 7 巻から成るゴルバチョフの『演説・著作集』がある。スターヴロポリ時代から 1989 年 6 月までが対象となっているこの『演説・著作集』は、1987 年から 1990 年にかけてモスクワで出版された。全 7 巻の中で、索引にウスカレーニエという用語がまったく載っていないのは第 1 巻と第 7 巻だけである。第 6 巻の索引から推定できるのは、ゴルバチョフが演説の中でこの用語を最後に使ったのは、1988 年 6 月の第 19 回党協議会のときだったということである。しかし実際には、ウ

(115) Ibid.

(116) それらの会談のうちの一つ（1990年10月26日にマドリードでおこなわれた会談）に関しては、かなりの抜粋が、ゴルバチョフが退陣してから2年後に公になっている。以下を見よ。*Gody trudnykh resheniy*, 234-53.

(117) Ibid.239.

(118) Ibid.246-7; and Michail Gorbachev, *Erinnerungen*（Seidler Verlag, Berlin, 1955）, 761.

(119) Interview with Andrey Grachev, 11 Mar.1992.

(120) Gorbatschow, *Erinnerungen*, 760.

(121) Ibid.639.

(122) See Chernyaev, *Shest' let s Gorbachevym*, 134-41; and Margaret Thatcher, *The Downing Street Years*（HarperCollins, London, 1993）, 478-85, esp.481-3.

(123) Chernyaev, *Shest' let s Gorbachevym*, 138, 140-1.

(124) Ibid.141.

(125) Gorbachev, *Gody trudnykh resheniy*, 24.

(126) Chemyaev, *Shest' let s Gorbachevym*, 75-6.

(127) Cf.Stephen F.Cohen, introduction to Ligachev, *Inside Gorbachev's Kremlin*, pp.vii-xxxix, at pp.xxix-xxx.

(128) マーティン・メイリア（Martin Malia）は、全編にわたって洞察力鋭い指摘にあふれる著書を、まず次のような認識を明らかにするところから始めている。「ひと口に『社会主義』と言っても、人によってその意味はまちまちである」。次いで、やや躍起になって、その中心的な論点をぼかしている。以下を見よ。Malia, *The Soviet Tragedy: A History of Socialism in Russia, 1917-1991*（The Free Press, New York, 1994）.

(129) Alec Nove, 'New Thinking on the Soviet Economy', in Archie Brown（ed.）, *New Thinking in Soviet Politics*（Macmillan, London, 1992）, 29-38, at 35-6.

(130) Interview with Gorbachev, *Kuranty*, 13 Oct.1992, pp.4-5. これをスチュアート・ハンプシャー卿の見解と比較するのは興味深い。スチュアート卿は、ウォドハム・カレッジ（オックスフォード）の学長で、哲学者にしてイギリス流の社会民主主義者である。『社会主義の理念』と銘打った共編著において、次のように述べている。「私にとって社会主義は、理論というよりもむしろ、道徳的な指令をひとまとまりに束ねたものである。それは私にとって、明らかに正しく、かつ理性的には妥当なことのように見える。第1に、貧困を排除することは、国防に次いで政治の最優先課題であるはずだ。第2に、さまざまな社会集団の間で富の不公平が大きくなると、権力と行動の自由における不公平が拡大するので、それは一般的に言って不正であり、政府の行動によって是正すべきである。第3に、民主的に選ばれた政府はその経済体制の枠内で、財とサービスの総量のうちいくらかのものを犠牲にしてでも、人間の基本的な必要を最優先するよう手はずを整えるべきである。（中略）現在、社会主義が必要としているのは、さまざまな証拠や、道徳的信条をともなった寛大さ、そして一元的な理論を疑うことである」。以下を見よ。Hampshire's 'Epilogue' to Kolakowsi and Hampshire（eds.）, *The Socialist Idea: A Reappraisal*（Weidenfeld & Nicolson, London, 1974）, 249.

(131) FBIS-SOV-90-231, 30 Nov.1990, 43-8, at p.44 に所収の、ゴルバチョフ演説の放送番組の筆記録。

(132) Ibid.

(133) 'Sotsialisticheskaya ideya i revolyutsionnaya perestroyka', *Pravda*, 26 Nov.1989, pp.1-3.

ソ連最高会議幹部会議長に横滑りすると発表した（グロムイコの28年に及ぶ外相時代の劇的な終焉であった。諸外国がこのことを知ったのは7月2日、最高会議のセッションにおいてである）。チェルニャーエフはこの総会のことを日記に綴っている。「結局、外交政策におけるグロムイコの『奉仕』については一言もなし。皆がそのことに注意を向け、互いにささやき合った」（*Shest' let s Gorbachevym*, 48-9）。

（100）ポノマリョフの反応は、正確にはこうである。「『新思考』とは何か？　我々の思考は正しい！　思考を変えるなら、アメリカ人が変えればよい」（Chernyaev, *Shest' let s Gorbachevym*, 61から再引用）。

（101）ゴルバチョフといっしょに仕事をしたことのある経験者のうち、私のインタビューに答えて（あるいは、*The Second Russian Revolution*の筆記録における一連のインタビューにおいて）、ゴルバチョフのこのような特質に言及する人は少なくない。ゴルバチョフは複数の仲間から、「仕事中毒」と評されている。

（102）スターヴロポリ時代のゴルバチョフが、研究職の専門家にたいして尊敬の念を払っていたことについては、以下を見よ。Boris Kuchmaev, *Kommunist s bozh'ey otmetinoy*（Yuzhno-Russkoe kommerchesko-izdatel'skoe tovarishchestvo, Stavropol, 1992）, 68.

（103）Ibid.88.

（104）Gorbachev interview with Jonathan Steele, *Guardian*, 24 Dec.1992. ゴルバチョフは次のように述べている。「戦争で前線にいるような感じであった。私は人生をいくつも切り抜けた。どうやって生き残ったのか分からない」。

（105）Interview with Yakovlev, *Literaturnaya gazeta*, 25 Dec.1991, p.3.

（106）長年にわたって改革を目指してきた人々ですら、1990～1991年の変化は劇的なものに感じられたであろう。たとえば、1991年6月にボゴモロフの研究所で懇談したとき、エフスチグネーエフ（Ruben Yevstigneev）は次のように述べた。一年前に書いたことを振り返ってみると、その間に自分の意見がかくも変化したことがとても信じられない。

（107）Author's interview with Shakhnazarov, 16 Dec.1991.

（108）ゴルバチョフは、1961年の第22回党大会においてフルシチョフのひどく楽観的な、そしてややユートピア的な党綱領に賛成票を投じたとき、それを心から信じていたという。一年後にそう述べている。以下を見よ。Vadim Pechenev, *Gorbachev: k vershinam vlasti*（Gospodin Narod, Moscow, 1991）, 24.

（109）Andrey Grachev, *Kremlevskaya khronika*（'EKSMO', Moscow, 1994）, 247.

（110）Mikhail Gorbachev, 'Delaet li chelovek politiku? Delaet li chelovek istoriyu? Razmyshleniya o nasledii Villi Brandta', *Svobodnaya mysl'*, 17（1992）, 17-21, at p.21.

（111）Ibid, and 'M.S. Gorbachev-V.Brandt: Iz arkhiva Gorbacheva', *Svobodnaya mysl'*, 17（1992）, 22-9.

（112）Gorbachev, 'Delaet li chelovek politiku? Delaet li chelovek istoriyu?', 17. 好感情を抱いていると説得されやすい。そのような相関は社会心理学で広く解明されている。たとえば、以下の文献を参照せよ。R.P. Abelson, D.R. Kinder, M.D. Peters, and S.T. Hske, 'Affective and Semantic Components in Political Person Perception', *Journal of Personality and Social Psychology*, 42/4（1982）, 619-30, esp.619, 624.

（113）Grachev, *Kremlevskaya khronika*, 247.

（114）Ibid. グラチョフは次のように付け加えている。「ゴルバチョフはフェリペを評価していただけではない。気に入っていたのである」。

(88) Cf. ibid.88-90; and Medvedev, *V komande Gorbacheva*, 66.

(89) エリツィン演説の全文については、以下を見よ。*Izvestiya TsK KPSS*, 2 (1989), 239-41, 279-81.

(90) たとえば、以下を見よ。Robert Legvold, 'Soviet Learning in the 1980s', in George W. Breslauer and Philip E. Tetlock (eds.), *Learning in U.S.and Soviet Foreign Policy* (Westview, Boulder, Colo., 1991), 684-732, esp.694-7, 704-7.

(91) ボゴモロフ率いる研究所は 1980 年 1 月 20 日、「しかるべき当局」に宛てて覚書を送り、その中で、ソ連のアフガニスタン軍事介入は「徒労であり、かつ有害である」と述べた。ボゴモロフが初めてこの覚書にたいする注意を促したのは、『文学新聞』の記事 (*Literaturnaya gazeta*, 16 Mar.1988) においてである。その記事は、以下で引用されている。Andrei Melville and Gail W. Lapidus, *The Glasnost Papers: Voices on Reform from Moscow* (Westview Press, Boulder, Colo., 1990), 295-6.

(92) O. Bogomolov, 'Ne mogu snyat' s sebya vinu', *Ogonek*, 35 (1990), 2-3.

(93) ボゴモロフの研究所の出身で、1985 年以降、アイデアや分析の蓄積に重要な貢献を果たした人々を挙げると、以下のとおり。外交政策の専門家 (のちにロシア最高会議外交問題委員会議長を経て、現在、メキシコ駐在ロシア大使) であるアンバルツーモフ (Yevgeny Ambartsumov)。政治学者のクリャムキン (Igor Klyamkin)、シェフツォワ (Lilia Shevtsova)、ミグラニャン (Andranik Migranyan)、ツィプコ (Alexander Tsipko)。若手の憲法理論家で社会民主党を創設したルミャンツェフ (Oleg Rumyantsev)。経済学者のラツィス (Otto Latsis)、リシーチキン (Gennady Lisichkin)、エフスチグネーエフ (Ruben Yevstigneev)。ボゴモロフの研究所を出身母体とするもっとも傑出した改革派のうち何人かは、プラハで (*World Marxist Review* 誌の編集にたずさわって) 何年か過ごした学者出身の政治家の人脈を成している。たとえば、アンバルツーモフやラツィスがそれである。急進経済改革派に属するシメリョフ (Nikolay Shmelev) も、研究者としての履歴の多くをボゴモロフの研究所で積んだ。シメリョフのきわめて優れた論文は、1987 年以降、政治の基本方針を設定するのに役立った。ただしシメリョフは 1982 年、アルバートフ (Arbatov) の研究所に移籍している。

(94) アファナシエフ (Viktor Afanasev) は、毛色としては共産党保守派に属する。学者出身のジャーナリストで、1976 年から 1989 年にかけてプラウダの編集長を務めた。ゴルバチョフにたいしてかなり辛口の批判を繰り返していたが、そのアファナシエフですら、次のように指摘している。ゴルバチョフは「学者、作家、ジャーナリストを非常に高く買っていた」。以下を見よ。Afanasev, *Chetvertaya vlast' i chetyre genseka*, 100。

(95) 社会科学研究所には、有力な政治分析家であるブルラツキー (Fedor Burlatsky) のほかにも、自己の見解によって当局の政策を左右する人物が何人かいた。たとえば、ガルキン (Alexander Galkin) や、所長のクラシン (Yury Krasin) がそうであった。

(96) 同研究所の有力人物であるアレクセーエフ (Sergey Alekseev) はペレストロイカ時代を迎えると、次第に影響力を増すことになる。

(97) Jeff Checkel, 'Ideas, Institutions, and the Gorbachev Foreign Policy Revolution', *World Politics*, 45/1 (Jan.1993), 271-300. このタイプの分析に関するもっと一般的な問題に関しては、以下を見よ。Legvold, 'Soviet Learning in the 1980s', especially the section 'The Perils of Parsimony', 720-6.

(98) Checkel, 'Ideas, Institutions, and the Gorbachev Foreign Policy Revolution', 294.

(99) 1985 年 7 月 1 日の党中央委員会総会でゴルバチョフは、グロムイコが外相から

トニーズ・カレッジで設けられた昼餐会の席でおこなわれた。昼餐会に先立って、同カレッジでヤコヴレフの講演がおこなわれている。それは、ヤコヴレフの著書 *Predislovie, Obval, Posleslovie* の最終章に当たる。

(73) *Yezhegodnik Bol'shoy Sovetskoy Entsiklopedii* 1981（Sovetskaya Entsiklopediya, Moscow, 1981), 9-10.

(74) Yegor Ligachev, *Inside Gorbachev's Kremlin*（Pantheon, New York, 1993), 95-7. ヤコヴレフの側では、リガチョフが党人事にたいする影響力を含め過剰な影響力を発揮していることを嘆いていた。

(75) Chernyaev, *Shest' let s Gorbachevym*, 49.

(76) Eduard Shevardnadze, *The Future Belongs to Freedom*（Sinclair Stevenson, London, 1991), 38.

(77) Ibid.39.

(78) Ibid.

(79) ゴルバチョフが党書記長に就任してからの3年間の人事については、Archie Brown（ed.), *Political Leadership in the Soviet Union*（Macmillan, London, 1989）に収めた拙稿（締めくくりの二つの章、162-231頁）でもっと詳しく論じた。同書において（ch.2, p.48)、リグビー（T.H. Rigby）は次の点を指摘している。ゴルバチョフは就任から1年以内に揺るぎない地位を築いた。すなわち、前政権から生き残った政治家で、ゴルバチョフの占める最高指導者の地位を脅かす可能性のある者をすべて排除していたのである。リグビーはさらに言葉を継いで、次のように述べている。「そのような地位を確保するのにかかった年数は、スターリンの場合、レーニンの死後6年。フルシチョフの場合、スターリンの死後4年。ブレジネフともなると、フルシチョフ失脚のあと10～12年かかっている」。

(80) ロマノフ（Romanov）以外に、これらの党書記を挙げると、以下の面々である。テクノクラートであるドルギフ（Vladimir Dolgikh)。ソ連の標準に照らしても例外的に高齢だった、外交政策の専門家クズネツォフ（Vasily Kuznetsov)。老練なイデオロギー理論家で、ゴルバチョフ時代の初期に党中央委員会国際部の首脳部を追われたポノマリョフ（Boris Ponomarev)。プラウダの反動的な元編集者で、宣伝担当の党書記ジミャーニン（Mikhail Zimyanin)。党中央委員会の社会主義諸国部の保守的な部長ルサコフ（Konstantin Rusakov)。ルサコフは1986年初めに解任された時点ですでに健康を害していた。以上の党書記の解任の日付に関しては *The Yezhegodnik Bol'shoy Sovetskoy Entsiklopedii*（Sovetskaya Entsiklopediya, Moscow, 1984-90）の各年版を、また、ここに挙げた政治家の履歴に関しては、Archie Brown（ed.), *The Soviet Union: A Biographical Dictionary*（Weidenfeld & Nicolson, London, 1990; and Macmillan, New York, 1991）を見よ。

(81) ワジム・メドヴェージェフは1986年の第27回党大会の直後に党中央委員会書記になり、1988年まで社会主義諸国部の監督責任を負った。1988年の第19回党協議会のあとを受けて、メドヴェーデフは党書記を兼ねたまま政治局員に昇格した。

(82) Yeltsin, *Against the Grain*, 72.

(83) Ibid.76.

(84) Ibid.

(85) Gorbachev interview, *Moskovskiy komsomolets*, 28 June 1995, p.2; see also *Pravda*, 2 July 1988, p.11; and Vadim Medvedev, *V komande Gorbacheva*（'Bylina', Moscow, 1994), 66.

(86) Chernyaev, *Shest' let s Gorbachevym*, 202.

(87) Yeltsin, *Against the Grain*, 90.

フにいかなる知的影響を与えたのかという点から問題を論じることにする。
(59) Frolov interview, *Zhurnalist*, 5 (May 1994), 46.
(60) Ibid.
(61) 公刊された党綱領草稿については、以下を見よ。*Nezavisimaya gazeta*, 23 July 1991, p.2. ギダスポフ（Boris Gidaspov）レニングラード州党第1書記は7月25日モスクワのテレビで、「社会民主主義的な綱領どころか、正真正銘のリベラルな綱領になってしまった」と嘆いた。以下を見よ。FBIS-SOV-91-144, 26 July 1991.
(62) Conversation with Alexander Chubaryan at St Antony's College, Oxford, 16 May 1994.
(63) Interview with Alexander Nikonov, 20 Apr.1994.
(64) Valery Boldin, *Ten Years that Shook the World* (Basic Books, New York, 1994). 同書にたいする私の書評（'The Traitor's Tale）は、以下に掲載されている。*The Times Literary Supplement*, 20 May 1994, p.6.
(65) 以下を見よ。Chernyaev, *Shest' let s Gorbachevym*, 201-2.
(66) ヤコヴレフを見事に、しかも大いに共感をもって描いているものとしては、以下を見よ。David Remnick, *Lenin's Tomb: The Last Days of the Soviet Empire* (Random House, New York, 1993), 290-305. ヤコヴレフと同じ政治的グループに属する事情通の同僚が、あまり共感を寄せずに描いたヤコヴレフ像としては、Chernyaev, *Shest' let s Gorbachevym*。
(67) ソビエト体制が終焉を迎えようというときになってようやくヤコヴレフは、この1985年の覚書の存在を公にした。たとえば、以下を見よ。Yakovlev, *Predislovie, Obval, Posleslovie*, 127-8. ヤコヴレフは同書（1992年刊）において、次のように言葉を継いでいる。1985年に提案をおこなったとき、それは「社会主義の向上」と完全に両立するし、「民主主義を目指す」ソビエト社会主義の第一歩になる、と思った——。ヤコヴレフはのちに、原文の抜粋を、別の本にもとづく新聞掲載論文の中でふんだんに引用した。また、その本、つまり新たな回想録の中で、抜粋を（もっと完全な形で）引用した。以下を見よ。*Obshchaya gazeta*, 28 Jan.-3 Feb.1994, p.9; and Yakovlev, *Gor'kaya chasha: Bolshevizm i Reformatsiya Rossii* (Verkhne-Volzhskoe knizhnoe izdatelstvo, Yaroslavl, 1994), 205-13.
(68) その時点まで、ヤコヴレフは異端の考え方をゴルバチョフとの内輪の会話に備えて取っておいたか、あるいは秘密の覚書の中に封じ込めておいた。それを活字にして公表したことはまったくなかった。しかし、ひとたび党中央委員会書記になると（1986年）、ソビエト体制にたいする手厳しい批判を強め、それを公然と表明するようになった。
(69) ヤコヴレフの覚書において二党体制と競争選挙がもっとも劇的な新しい要素であったとしても、それは、政治改革のための一連の提案のごく一部にすぎなかった。以下を見よ。*Obshchaya gazeta*, 28 Jan.-3 Feb.1994, p.9.
(70) 控えめに言うなら、エリツィン政権にたいしてヤコヴレフは、ゴルバチョフよりはるかに協力的であった。特に、エリツィンが1993年10月にロシア連邦の最高会議と人民代議員大会を解散させたとき、ヤコヴレフがそれを支持したのにたいし、ゴルバチョフは難局をもたらした政治的愚行を理由に挙げて、ロシア大統領と立法府の指導者の両方を批判した。1993年の末、ヤコヴレフはエリツィンの誘いを受けて、オスタンキノ・テレビの理事長に就任し、ゴルバチョフ財団を離れた。ゴルバチョフ財団では、ソ連崩壊以来、副総裁を務めていたのだったが。
(71) *Obshchaya gazeta*, 28 Jan.-3 Feb.1994, p.9.
(72) 私も参加したこの会話は、1992年1月29日、ヤコヴレフを迎えてセント・アン

エフ。ルサコフは社会主義諸国部の部長を兼ねる党書記で、ジミャーニンは宣伝担当の党書記であった。アファナシエフはプラウダの編集長であり、その資格で政治局の会議に出席する資格を有していた。以下を参照のこと。Chernyaev, *Shest' let s Gorbachevym*, 49-51.

(48) 詳しくは、以下を見よ。Archie Brown, 'Political Science in the Soviet Union', *International Political Science Review*, 7/4 (1986), 443-81.

(49) G.Kh. Shakhnazarov, *Sotsialisticheskaya demokratiya: nekotorye voprosy teorii* (Politizdat Moscow 1972).

(50) G.Kh. Shakhnazarov, 'Logika politicheskogo myshleniya v yadernuyu eru', *Voprosy filosofii*, 5 (1984), 62-74, esp.72-3.

(51) ペレストロイカ時代の初期、モスクワの「国家と法研究所」でシャフナザロフと懇談したことがある。そのときシャフナザロフは、1968年にソ連がチェコスロヴァキアに介入したのは誤りだったと認めた。1991年12月16日にクレムリンでインタビューしたとき、シャフナザロフは、自分の物の見方は1960年代の初めから社会民主主義的だったとまで述べている。指摘しておかなければならないが、このような物の見方は、すこぶる巧みに偽装されることがしばしばであった。また、そうせざるを得なかった。もっとも、仮にシャフナザロフが党中央機関における身分を捨てて、反体制派として弾圧される身になることを覚悟するのであれば、話は別であるが。ゴルバチョフの物の見方が海外旅行の影響もあって変化したのと同じように、シャフナザロフの世界観も、ゴルバチョフに先立つ海外旅行によって影響をこうむったという。

(52) これは、1991年12月16日にインタビューしたときにシャフナザロフが言及したことである。しかし、それより1カ月早く、シャフナザロフは同じことをすでに活字の形で詳述していた。以下を見よ。*Izvestiya*, 18 Nov.1991, p.4.

(53) M.S. Gorbachev, 'Sotsialisticheskaya ideya i revolyutsionnaya perestroika', *Pravda*, 26 Nov.1989, pp.1-3.

(54) これについては、以下を見よ。Archie Brown and George Schopflin, 'The Challenge to Soviet Leadership: Effects in Eastern Europe', in Paulo Filo della Torre, Edward Mortimer, and Jonathan Story (eds.), *Eurocommunism: Myth or Reality?* (Penguin, Harmondsworth, 1979), 249-76.

(55) *Izvestiya*, 18 Nov.1991, p.4.

(56) エコノミスト誌のゴルバチョフ評は引用に値する。なぜならそれは、事を単純化するあまり歪曲してしまう書き方の、典型中の典型だからである（'Gorbachev or Yeltsin? The Lords of Misrule', 6-12 Apr.1991, p.17）。同誌は次のように書いている。「何よりもまず、彼は、国民の大部分がすでに共産主義という宗旨に背を向けた国にあって、エリツィン氏と異なり、依然として忠実な共産主義者である」。同じ記事に、次のような記述もある。「彼がさまざまな成果を上げたにもかかわらず、1991年のソ連は1985年のソ連よりも状態が悪い」。言論および集会の自由、競争選挙、反体制派にたいする弾圧の中止、海外旅行（ないし国外移住）の自由、法治の開始など、さまざま功績を上げたというのに、その挙句がこの評価である！

(57) *Izvestiya*, 18 Nov.1991, p.4.

(58) リガチョフは、サンクトペテルブルグのテレビ局の『600秒』という番組においてこの発言をおこなった。私はそれをたまたま1992年3月31日、モスクワで見た。ゴルバチョフと社会民主主義の問題には本章のあとのほうでもう一度立ち返る。その際、ゴルバチョフが西側の政治家との間でおこなった討論がゴルバチョかけてBBCのモスクワ特派員を務めていたブリジット・ケンドール（Bridget Kendall）と話をしたことがある。ケンドールによれば、モスクワに赴任した1989年の7月の時点になっても、前任者がスパイ容疑でソ連から追放されたのを穴埋めするのが着任の経緯だったという。また、「非公式の」友人たちは依然として、彼女の住んでいるアパートの構内に入ることを許されなかった。一言付け加えておかなければならないが、その頃までには、ソ連を訪問する研究者にとって、ソ連市民と接触することは格段に容易になっていた。また、それ以前の段階でも、ジャーナリストほどの苦労はなかった。もっとも、電話は当然ながら盗聴されていたが。

(33) この点については、以下も参照のこと。Alexander Rahr, 'Gorbachev's Personal Staff', Radio Liberty Research（RL 216/88), 30 May 1988.

(34) Interview with Alexandrov-Agentov, *Argumenty i fakty*, 20（May 1993), 6.

(35) Andrei S.Gratchev（Grachev), *L'Histoire vraie de la fin de L'URSS: Le Naufrage de Gorbatchev*（Editions du Rocher, Paris, 1992), 292.

(36) Ibid.

(37) Interview with Andrey Grachev, 14 Jan.1993.

(38) Interview with Anatoly Chernyaev, 30 Mar.1992.

(39) Chernyaev, *Shest' let s Gorbachevym*, 63.

(40) Interview with Smirnov in Stephen F. Cohen and Katrina vanden Heuvel, *Voices of Glasnost: Interviews with Gorbachev's Reformers*（Norton, New York, 1989), 76-96, at p.77.

(41) Ibid.76.

(42) Interview with Ivan Frolov, *Zhurnalist*, 5（May 1994), 43-7, at p.44.

(43) Ibid.45.

(44) Ibid.

(45) 早くも1987年11月、チェルニャーエフはゴルバチョフ宛の覚書の中でわざわざ次のように述べている。革命的な変革期において、プラウダがソ連の新聞の中でもっとも保守的な新聞となるとは不名誉なことである。チェルニャーエフは以下のように述べて、この発言をリガチョフ批判と結びつけた。「編集長のヴィクトル・アファナシエフ（Viktor Afanasev）は政治局内部（つまり、特にリガチョフ）からの支援があるおかげで消極的な姿勢を保つことができる」。以下を見よ。Chernyaev, *Shest' let s Gorbachevym*, 201-2. また、V. アファナシエフの回想録も参照のこと。Viktor Afanasev, *Chetvertaya vlast' i chetyre genseka*（Kedr, Moscow, 1994). 同書の中で、アファナシエフはゴルバチョフを、その「優柔不断ぶり」と人事政策や外交政策を理由に挙げて批判している（p.100）。しかし、にもかかわらずゴルバチョフを、「快活で、精力的で、博識であり」、「相手が労働者であろうと学者であろうと、また一兵卒であろうと元帥であろうと、さらには平凡な店員であろうと外国の大統領であろうと、はつらつと対話に入っていく能力がある」と評している（ibid.）。

(46) Frolov, *Zhurnalist*, 5（May 1994), 43-4.

(47) ソ連指導部内のラフマーニン（Rakhmanin）の影響力は、ゴルバチョフが政権を握って以降、そう長い間は続かなかった。ラフマーニンがいつものペンネームでプラウダ（1985年7月21日付）に論文を発表し、ハンガリーと東独の改革を批判したとき、ゴルバチョフは次の政治局会議で憤然としてラフマーニンの記事を攻撃した。そして、ラフマーニンばかりか、出席者のうち以下の3名を批判した。ルサコフ（Konstantin Rusakov）、ジミャーニン（Mikhail Zimyanin）、V. アファナシ

ニコノフ（Alexander Nikonov）にとってもきわめて歴然としていた。それはブレジネフ時代のことである。当時、ニコノフはスターヴロポリでゴルバチョフと緊密に交際していたという（interview, 20 Apr.1994）。

（10）以下を見よ。M.S. Gorbachev, *Izbrannye rechi i stat'i*, iii（Moscow, 1987）, 154-70, at p.162.

（11）Ibid.

（12）M.S. Gorbachev, *Gody trudnykh resheniy*（Alfa-Print, Moscow, 1993）, 24.

（13）Raymond Taras（ed.）, *The Road to Disillusion: From Critical Marxism to Postcommunism in Eastern Europe* にたいするローネ（Loone）の書評。以下を見よ。*Soviet Studies*, 45/4（1993）, 741-2, at p.742.

（14）実例をひとつ挙げる。フランスのソ連研究者とイギリスの政治学者が共著で出したブックレットがある。それが刊行された 1988 年は、ゴルバチョフが、レーニン主義にもとづく政治組織を掘りくずすために決定的な措置を講じた年である。このブックレットには、以下の一節が含まれている。「優秀なマルクス・レーニン主義者として、ソ連の指導者はレーニンの教義を講釈すると同時に実践しなければならない。したがって、レーニンを理解することは、今日のソ連の指導者を理解することにつながる。ゴルバチョフとその政策に関しては、特にそうである」。以下を見よ。Françoise Thom and David Regan, *Glasnost, Gorbachev and Lenin: Behind the New Thinking*（Policy Research Publications, London, 1988）, 41

（15）Yakovlev, *Predislovie, Obval, Posleslovie*, 267.

（16）Ibid.

（17）Boris Yeltsin, *Against the Grain: An Autobiography*（Jonathan Cape, London, 1990）, 113-14.

（18）「内部からの革命」という用語の詳しい説明と、その用語を好む理由については、以下を見よ。John Gooding, 'Perestroika as Revolution from Within: An Interpretation', *Russian Review*, 51/1（Jan.1992）, 36-57.

（19）Gorbachev, in an interview with Jonathan Steele, *Guardian*, 24 Dec.1992, p.19.

（20）A.S.Chernyaev, *Shest' let s Gorbachevym: po dnevnikovym zapisyam*（Kultura, Moscow, 1993）, 89.

（21）Yakovlev, *Predislovie, Obval, Posleslovie*, 267-8.

（22）1985 年の 4 月総会に触れて、エリツィンは 2 冊の回想録のうち最初の回想録の中で、次のように述べている。「正しい方向を目指す飛躍的な一歩であった。しかしもちろん、それは上からの（中略）革命であった」（Yeltsin, *Against the Grain*, 114）。

（23）Yakovlev, *Predislovie, Obval, Posleslovie*, 268.

（24）Ibid.268-9.

（25）Gooding, 'Perestroika as Revolution from Within', 56.

（26）Ibid.36-7.

（27）ゴルバチョフの自己評（*Gody trudnykh resheniy*, 25）。

（28）Chernyaev, *Shest' let s Gorbachevym*, 89.

（29）Yakovlev, *Predislovie, Obval, Posleslovie*, 266.

（30）Interview with Mikhail Gorbachev by Colin Greer, *Austin-American Statesman*/*Parade Magazine*, 23 Jan. 1994, pp.4-6, at p.4. ゴルバチョフはさらに続けて次のように述べた。「したがって、私のリーダーシップを支える理念の進化は、たやすいプロセスではなかった。それは一夜にして起こったわけではない」。

（31）Gooding, 'Perestroika as Revolution from Within', 38.

（32）1993 年 11 月 19 日セント・アントニーズ・カレッジで、1989 年から 1993 年に

Gorbachevym, 30-1.
(187) A. A. グロムイコの演説（*Materialy vneocherednogo plenuma tsentral'nogo komiteta KPSS 11 Marta 1985 goda*, 6-8）。
(188) 以下を見よ。*Istochnik*, 0/1（1993）, 68-75; and *Kommunist*, 5（Mar.1985）, 3-11.
(189) Ryzhkov, *Perestroyka: istoriya predatel'stv*, 79.
(190) Ibid.50.
(191) Ibid.361.
(192) 1993 年 1 月 16 日にオックスフォードで懇談した際の、アンドレイ・グラチョフのゴルバチョフ評。

第４章

(1) 第 1 章で引用したデータが示しているとおり、1989 年の時点でもロシア人は、依然としてレーニンを史上もっとも偉大な人物と見なしていた（1989 年というと、世論調査に正直に回答するのを抑制するような契機はもはや働いていなかったのだが）。右のデータに限ったことではない。1989 年 12 月になっても、もっとも傑出した学者または科学者としてレーニンの名を挙げたソビエト市民は 72 パーセント（！）にのぼる。このリストには 18 人の名前が記載してあり、その中にはダーウィン、ニュートン、アインシュタイン、マルクス、メンデレーエフらの名前が含まれていた。回答者は複数回答を可とされていたが、レーニンが群を抜いて一位であった。次点はメンデレーエフ（53.5 パーセント）、その次はマルクス（51.4 パーセント）。以下を見よ。*Obshchestvennoe mnenie v tsifrakh*（All-Union Centre for the Study of Public Opinion）, 3/10（Jan.1990）, 7.
(2) Alexander Yakovlev, *Predislovie, Obval, Posleslovie*（Novosti, Moscow, 1992）, 125.
(3) Seweryn Bialer, *The Soviet Paradox: External Expansion, Internal Decline*（Tauris, London, 1986）, 169-70.
(4) Georgy Shakhnazarov, *Tsena svobody*（Rossika Zevs, Moscow, 1993）, 579.
(5) Ibid.
(6) Bialer, *The Soviet Paradox*, 16. ビアラーは次のように言葉を継いでいる。「あるいは、そのような勢力は存在していながら冬眠状態にあるのかもしれない。そして外部には、そのような勢力の存在を確認し（中略）その範囲を定めることができるほど十分に体制の中に食い込んでいる観察者がいないということかもしれない。しかし、多分そうではあるまい」。
(7) Stephen F. Cohen, *Rethinking the SovietExperience: Politics and History since 1917*（Oxford University Press, New York, 1985）, 129. もっと言うならコーエンは、この核心を衝く指摘を、1980 年出版の共著本に寄稿した重要な論文の中で示している。以下を見よ。Cohen, Alexander Rabinowitch, and Robert Sharlet（eds.）, *The Soviet Union since Stalin*（Indiana University Press, Bloomington, 1980）, 11-31.
(8) 1985 年から 1988 年にかけてスターリン問題が公の場で政治的討論に付されるようになった。デイヴィス（R.W.Davies）はそれを、自著 *Soviet History in the Gorbachev Revolution*（Macmillan, London, 1989）において追究している。
(9) ゴルバチョフは反スターリン主義者だった——それは、1979 年 6 月に私と初めて話をしたときズデネク・ムリナーシが強調したポイントのひとつであった。当時、「スターリン主義」とか「反スターリン主義」といった用語はすでにソ連の政治的な議論から追放されていた（言うまでもなく、ムリナーシの母国チェコスロヴァキアでも同様であった）。ゴルバチョフの反スターリン主義はアレクサンドル・

スターエフによれば、グリシン自身は最高のポストを狙う気持ちはないと否定していたにもかかわらず、政治局内部にはグリシンを「チェルネンコからロマノフへの中継ぎ」と見るメンバーがいた可能性はあるという（*Den'*, 14（July 1991), 4)。
(160) Chazov, *Zdorov'e i vlast'*, 210.
(161) アルバートフのインタビュー（*The Second Russian Revolution* の筆記録)。
(162) このときのグリシンの積極性については、以下も参照のこと。Ryzhkov, *Perestroyka: istoriya predatel'stv*, 74; and Ligachev, *Inside Gorbachev's Kremlin*, 57, 62.
(163) *Pravda*, 4 Jan.1985, pp.1-2.
(164) *Pravda*, 21 Feb.1985, p.2; *Pravda*, 22 Feb.1985, p.2; and *Pravda*, 23 Feb.1985, pp.1-2.
(165) *Pravda*, 1 Mar.1984, p.2; *Pravda*, 2 Mar.1984, p.2; and *Pravda*, 3 Mar.1984, pp.1-2.
(166) ドルギフのインタビュー（The Second Russian Revolution の筆記録)。
(167) Chazov, *Zdorov'e i vlast'*, 210.
(168) Ibid.
(169) Ibid.211.
(170) アンドロポフが自分の代理として暫定的にゴルバチョフに政治局の舵取りを任せるべきだと勧告したところ、それはもみ消された。そのことに関しては、本章の冒頭で述べた。それに加えて、以下も参照のこと。Ligachev, *Inside Gorbachev's Kremlin*, 39-41, 67-8.
(171) ゴルバチョフの元補佐官であるボルジンは、次のように主張しているが、それはまったくの間違いである。シチェルビツキーは、「チェルネンコの葬儀に出席すべくアメリカからとんぼ返りすることは差し控え、そうすることによって、恐らく、ゴルバチョフを助けた（強調はブラウン）(Boldin, *Ten Years that Shook the World*, 60)。
(172) ヴォロトニコフのインタビュー（*The Second Russian Revolution* の筆記録)。
(173) レゴスターエフが引用するグリシン発言（*Den'*, 14（July 1991), 4)。
(174) Ibid.
(175) Chernyaev, *Shest' let s Gorbachevym*, 29 から再引用。チェルニャーエフもグリシンを党書記長の候補と見る考え方に否定的である。
(176) 以下を見よ。Yeltsin, *Against the Grain*, 89, 112, 121.
(177) Ligachev, *Inside Gorbachev's Kremlin*, 57.
(178) Ibid.34.「もちろん」と、リガチョフは大いに皮肉を込めて付け加えている。「ボリス・エリツィンが当時勤務していたスヴェルドロフスクにおいて、クレムリン内部の事態を我々以上によく知っていた可能性はある」。
(179) Chernyaev, *Shest' let s Gorbachevym*, 31.
(180) ペチェネフのインタビュー（*The Second Russian Revolution* の筆記録)。
(181) ゴルバチョフを党書記長に選出した政治局会議の議事録全文は、以下の文献に公表されている。*Istochnik*, 0/1（1993), 68-75.
(182) 以下を参照せよ。*Ligachev, Inside Gorbachev's Kremlin*, 66-82; and Ryzhkov, *Perestroyka: istoriya predatel'stv*, 78-82, esp.79. また、ドルギフのインタビューとヴォロトニコフのインタビューを見よ（*The Second Russian Revolution* の筆記録)。
(183) ドルギフのインタビュー（*The Second Russian Revolution* の筆記録)。
(184) Chernyaev, *Shest' let s Gorbachevym*, 29. ペチェネフもインタビューで同じ4人の名前を挙げている（*The Second Russian Revolution* の筆記録)。
(185) Gorbachev, *Izbrannye rechi i stat'i*, ii, 129-33, esp.130-1.
(186) 以下を見よ。Ligachev, *Inside Gorbachev's Kremlin*, 72-9; and Chernyaev, *Shest' let s*

ように1985年時点でも本格的だったと示唆しているわけではない。しかし、最高のポストに上り詰める直前の数年間、海外旅行や、側近や盟友との会話を通じて物の見方が進化するにつれて、ゴルバチョフの不満の種は、ソ連の経済状況だけではなくなった。1995年にプラウダ紙のインタビューを受けたルキヤノフは、「ゴルバチョフは1985年の段階ですでに『社会主義体制の解体』に着手する計画を準備済みだったのか」と尋ねられて、次のように答えた。「ゴルバチョフの言葉に関する限り、最高権力の座に就いたときの三つの目標は、社会主義の発達の加速、科学技術の進歩の強化、民主主義の拡充であった」。しかも、政治局はゴルバチョフが「社会主義から逸脱すること」を許さなかったであろう。だからこそゴルバチョフは、政治局の顔ぶれを入れ替えなければならなかったのである。そして、間もなくゴルバチョフはヤコヴレフ、シェワルナゼ、ワジム・メドヴェージェフ、プリマコフらを引き入れて政治局の陣容を整え始めた（*Pravda*, 20 Mar.1995, p.4）。言うまでもないことだが、ゴルバチョフとルキヤノフでは、「社会主義」や「民主主義」にあてる意味が異なっている。そこから複雑な問題が多数生じた。

(148) Alexander Yakovlev, *Muki prochteniya bytiya.Perestroyka: nadezhdy i real'nosti*（Novosti, Moscow, 1991）, 32.

(149) Ibid.

(150) 1990年11月28日の文化活動家にたいするゴルバチョフの演説。掲載紙は *Izvestiya,* 1 Dec.1990, pp.1, 2, 4（at p.4）。

(151) Shevardnadze, *The Future Belongs to Freedom*, 37.

(152) ゴルバチョフ夫人ライサによれば、ゴルバチョフが使った言葉は、'tak dal'she zhit' nel'zya'（*Ya Nadeyus'*,（Kniga, Moscow, 1991）, 13）。同書の英語版（Raisa Gorbachev, *I Hope,* 5）の訳者であるフロイド（David Floyd）は、この部分を次のように訳している。'We just can't go on like this'. ロクスバー（Angus Roxburgh）は、1990年1月16日に開かれたモスクワ大学法学部の同窓会（ロクスバーも出席）でおこなわれたゴルバチョフの即興のスピーチを直接引用している。ロクスバーによれば、ゴルバチョフは党書記長に就任する前夜に語った言葉を次のように再現したという。'We cannot go on living like this, we must change'（*The Second Russian Revolution*, 9）.

(153) ゴルバチョフが権力の座に就いたとき、ドルギフ（Vladimir Dolgikh）は、党書記を兼ねる政治局員候補であった。ドルギフがのちに認めているところによると、当時「ゴルバチョフはソビエト体制の大改革を導入する」ような「素振りを見せる」ことはまったくなかった。以下を見よ。Roxburgh, *The Second Russian Revolution*, 9.

(154) Shevardnadze, *The Future Belongs to Freedom*, 23-6, esp.26. ピツンダでおこなわれたゴルバチョフとシェワルナゼの会話は、ゴルバチョフが内密の青写真をもっていたことの証拠ではないかと、ルキヤノフは1995年に語っている（*Pravda*, 22 Mar.1995, p.4）。

(155) ゴルバチョフに関するシチョロコフの発言については、ゴルバチョフのインタビュー（*Moskovskiy komsomolets*, 28 June 1995, p.2）を見よ。シチョロコフの軍籍剥奪に関する発表については、以下を見よ。*Vedomosti verkhovnogo soveta SSSR*（Moscow）, 46（14 Nov.1984）, 860.

(156) Chazov, *Zdorov'e i vlast'*, 206-7.

(157) Ibid.207.

(158) Ligachev, *Inside Gorbachev's Kremlin*, 62.Cf. ibid.32-4, 80; and Yeltsin, *Against the Grain*, 112.

(159) この点は、リガチョフの元補佐官であるレゴスターエフが指摘している。レゴ

The Second Russian Revolution の筆記録）。

（130）M.S. Gorbachev, *Zhivoe tvorchestvo naroda*（Plitizdat, Moscow, 1984）．ゴルバチョフがソ連の最高指導者になって間もなく、私は自分の発表した論文の中で、プラウダが省略した部分から広く、かつ独占的に引用をおこなった。以下を見よ。Archie Brown, 'Gorbachev: New Man in the Kremlin', *Problems of Communism*, 34/3（May-June 1985）, esp.18-21. ゴルバチョフ演説に関しては、ロバート・カイザー（Robert Kaiser）が有益な説明をしている。以下を見よ。*Why Gorbachev Happened: His Triumphs and his Failures*（Simon & Schuster, New York, 1991）, 75-80. しかし、カイザーの研究助手の最大の手柄は、ゴルバチョフの1984年12月の演説の全文を、議会図書館で通常の検索に失敗したあと、図書館の奥まった所で見つけたことだという。これは驚きである（ibid.458）。10万部も出版されているのだから、稀覯書というほどのものではないし、この演説はゴルバチョフの『演説・著作集』に再録されている。削除されている部分もあるが、それはごく些細なものにとどまっている。以下を見よ。M.S. Gorbachev, *Izbrannye rechi i stat'i,* ii（Politizdat.Moscow, 1987）, 75-108.

（131）Gorbachev, *Zhivoe tvorchestvo naroda*, 11.

（132）Ibid.8.

（133）Pechenev, *Gorbachev: k vershinam vlasti*, 93.

（134）Gorbachev, *Zhivoe tvorchestvo naroda*, 15, 16, 17, 27, 30.

（135）Ibid.8, 10, 26.

（136）Ibid.12-13.

（137）特に、以下を見よ。Tatyana Zaslavskaya, 'The Novosibirsk Report', *Survey,* 28/1（Spring 1984）, 88-108. これは、1983年におこなわれた非公開セミナーでザスラフスカヤが配布した文書の英訳である。文書が西側に流出したため、ザスラフスカヤと勤務先の研究所の所長であるアベル・アガンベギャンは、党から譴責された（ただし、文書を西側に流したのはザスラフスカヤではない）。1980年代の前半にソ連の研究者が執筆した論文で進取の気性に富むものとしては、アガンベギャン、ピスコーチン、クラシヴィリ（Boris Kurashvili）のものが注目に値する。それらの論文の影響は、ゴルバチョフの1984年12月の演説に窺える。

（138）Gorbachev, *Zhivoe tvorchestvo naroda*, 14.

（139）筆者の、ワジム・メドヴェージェフとのインタビュー（1993年3月22日）。同じ点を指摘してくれた人はほかにもいる。特に、経済問題担当のゴルバチョフの補佐官だったペトラコフとオジェレーリエフがそうだった。

（140）ペチェネフのインタビュー（*The Second Russian Revolution* の筆記録）。

（141）ネナーシェフのインタビュー（*The Second Russian Revolution* の筆記録）。

（142）筆者がワジム・メドヴェージェフにたいしておこなったインタビュー（1993年3月22日）。

（143）同上。

（144）Boris Yeltsin, *Against the Grain: An Autobiography*（Jonathan Cape, London, 1990）, 112.

（145）アルバートフのインタビュー（*The Second Russian Revolution* の筆記録）。

（146）Ibid.

（147）だからといって、ゴルバチョフにとって政治改革の優先順位が1987年1月以降、党書記長に就任した当初よりも高くなったということを否定するものではない（当初は政治局の陣容が陣容だっただけに、そのような改革を推進することは不可能であったろう）。また、変化を目指す構想が1988年に本格化したのと同じとを「骨の髄まで共産主義者」であると自任するグロムイコのこの一節については、以下を見よ。Andrei Gromyko, *Memories*（Hutchinson, London, 1989）, 340-4.

(119) この点を私に指摘してくれた人々の中には、ゴルバチョフの補佐官を務めたチェルニャーエフとシャフナザロフ、そして政治局のメンバーだったワジム・メドヴェージェフがいる。

(120) Gorbatschow, *Erinnerungen*, 249, 639, 641.

(121) サッチャー女史が 1990 年の末に辞任を余儀なくされた直後、レーガン大統領は述懐した。「ゴルバチョフはクレムリンのほかのいかなる指導者とも異なっている。彼女（サッチャー首相）からはそのように聞かされていた。彼女は、大きく前に踏み出すチャンスが開けたと確信していた。言うまでもなく、彼女の予想はまったく正しかったわけである」(*Newsweek*, 3 Dec.1990, p.37)。

(122) Ronald Reagan, *An American Life*（Simon & Schuster, New York, 1990）, 609; and George P. Shultz, *Turmoil and Triumph: My Yean as Secretary of State*（Charles Scribner, New York, 1993）, 508-9.

(123) Ibid.509.

(124) *Financial Times,* 22 Dec.1984, p.26.

(125) 1987 年 2 月 27 日、チェカーズでソ連に関する別のセミナーが開催され、私もそれに出席した。セミナーに引き続いておこなわれた同地の首相官邸での昼餐会で、サッチャー首相はゴルバチョフについて、自分が会ったことのあるソ連の政治家の中で唯一、実りのある議論ができる相手だと評した。註の 122 で引用したレーガンとシュルツのそれぞれの回想録は、サッチャーがマスメディアの目が届かないところでも、ゴルバチョフにたいして好意的な発言をしていたことを示す多数の証言のうちの二例にすぎない。

(126) 引用文は、ゴルバチョフ訪英からわずか 2 カ月の 1985 年 2 月に、ゴルバチョフについて私が（当時の）リフキンド外相（Malcolm Rifkind）と交わした会話。リフキンドはまた、次の事実にも言及している。ゴルバチョフはイデオロギーにとらわれず、台本にもこだわらなかった。投げかけられたいかなる問題にたいしても、進んで反応した。宗教の問題を問われたときは、子ども時代に洗礼を受けたことがあると述べた。読んだことのある英語の本としては、『パーキンソンの法則』とC.P. スノウ（Snow）の『権力の回廊』(*Corridors of Power*) があることが分かった。この 2 冊はいずれもブレジネフ時代にロシア語に翻訳されている。

(127) Medvedev, *V komande Gorbacheva*, 22.

(128) ヤコヴレフもメドヴェージェフも私にたいして、自分たちが作業に加わったことを個人的に認めている。ビッケニンの参加については、以下を見よ。Vadim Pechenev, *Gorbachev: k vershinam vlast'*, 92. 一般的に言って、チェルネンコの側近だったペチェネフの回想録のも有益な点の一つは、だれがどの文書を担当していたのかに関する情報を含んでいるというところにある。しかしながら、1984 年 12 月の演説そのものの内容に関する説明は、皮相的で、読み手に誤解を与える。ボルジンによれば、経済学者のシタリャン（Stepan Sitaryan）と党中央委員会宣伝部のスミルノフ（Georgy Smirnov）も、演説の草稿の準備に参加した。以下を見よ。Valery Boldin, *Ten Years that Shook the World: The Gorbachev Era as Witnessed by his Chief of Staff*（Basic Books, New York, 1994）, 49.

(129) 党内の改革派であるオットー・ラツィス（Otto Latsis）によれば、チェルネンコに近い人々は、演説の重要性をことさらに過小評価してみせた。プラウダ紙はゴルバチョフの許可を得ることなく、あちこち省略した（ラツィスのインタビュー。

(93) Arbatov, *Zatyanuvsheesya vyzdorovlenie* (*1953-1985*), 336-7.
(94) *The Second Russian Revolution* の筆記録に所収のアガンベギャンとアルバートフのインタビューおよび Arbatov, *Zatyanuvsheesya vyzdorovlenie* (*1953-1985*), 336-7。
(95) Ibid.
(96) Ibid.
(97) Ligachev, *Inside Gorbachev's Kremlin*, 53.
(98) Ibid.53-4.
(99) *Materialy vneocherednogo plenuma tsentral'nogo komiteta KPSS 11 Marta 1985 goda* (Politizdat, Moscow, 1985), 6.
(100) Ligachev, *Inside Gorbachev's Kremlin*, 54.
(101) Ibid.54-5.
(102) Ibid.56-7, 61-2; and Ryzhkov, *Perestroyka: istoriya predatel'stv*, 77.
(103) Ibid.
(104) Ligachev, *Inside Gorbachev's Kremlin*, 56-7.
(105) *Moskovskiy komsomolets*, 28 June 1995, p.2 掲載のゴルバチョフのインタビューおよび Raisa Gorbachev, *I Hope*, 4-5。
(106) この短い一節は、主として私自身がおこなったインタビューと懇談にもとづいている。相手は、ヤコヴレフ（Alexander Nikolaevich Yakovlev）自身を始めとする一連の人々である。また、以下も参照のこと。Smith, *The New Russians*, 73-4.
(107) ヤコヴレフのインタビュー（*The Second Russian Revolution* の筆記録）。
(108) Joseph LaPalombara, *Democracy, Italian Style* (Yale University Press, New Haven, 1987), 237-8.
(109) Chernyaev, *Shest' let s Gorbachevym*, 15-16.
(110) Ibid.33.
(111) Ibid.
(112) もっと興味深い例のうち 2 つについては、以下を見よ. *Observer*, 23 Dec.1984, p.4 掲載のローレンス・マークス（Laurence Marks）および *Financial Times*, 22 Dec.1984, p.26 掲載のデーヴィッド・ブキャナン（David Buchan）による評価。
(113) Raisa Gorbachev, *I Hope*, 125. 同じページで彼女が述べているところによると、「コンスタンチン・チェルネンコの許可を得て」夫に同行したのであり、「代表団の旅行はきわめて興味深く、充実しており、好結果をもたらすものとなった」。
(114) ライサ・ゴルバチョワ自身、次のように綴っている.「ソ連の新聞・雑誌も報道したが、イギリスとアメリカの報道の方がもっと行き届いていた」(Ibid.)。
(115) チェルニャーエフもアンドレイ・グラチョフも、私と話を交わした際、確信をもって次のように述べた。「グロムイコは数カ月のちに、チェルネンコの死去を受けて党書記長のポストにゴルバチョフを強く推したとき、自分の方が年上であるにもかかわらず、依然として主に自分の経歴の点から事を考えていた」。
(116) *Materialy vneocherednogo plenuma tsentral'nogo komiteta KPSS 11 marta 1985 goda, 7.*
(117) Ibid.8.
(118) グロムイコは回想録の中で、ゴルバチョフについて非常に興味深く、かつ肯定的に書いている。もっとも回想録の後半部分は、ソビエト外交に関して幾つかのあからさまな虚偽を繰り返しているが。ゴルバチョフ時代のグラスノスチはすでにそのことを、それなりに暴露しつつあった。グロムイコは、1989 年 4 月に党中央委員から解任され、同年 7 月に亡くなる。亡くなる時点では、1985 年にゴルバチョフにたいして賛辞を呈したことを後悔していたかもしれない。自分のこ

(79) ドルギフ（Dolgikh）は 1972 年から 1988 年に解任されるまで党中央委員会書記であった。また、1982 年 5 月から 1988 年まで政局員候補であった。したがって、ドルギフが主たる昇進をかち得たのはいずれもブレジネフ時代のことだったわけである。ゴルバチョフ時代になると、ドルギフの地位はもうそれ以上は上昇しなかった。
(80) ドルギフのインタビュー（*The Second Russian Revolution* の筆記録）。
(81) この政治局の会議に関しては、さまざまな説明がなされている。それについては以下を見よ。*The Second Russian Revolution* の筆記録に所収のアリエフ、リガチョフ、ペチェネフ、ルイシコフ、ヴォロトニコフとのインタビュー。このほかに、Ligachev, *Inside Gorbachev's Kremlin*, 30-1; and Ryzhkov, *Perestroyka: istoriya predatel'stv*, 57-60。その会議に出席していたワジム・メドヴェージェフも会議の様子を語ってくれた（1993 年 3 月 22 日のインタビュー）。リガチョフの補佐官を務めていたレゴスターエフは次のように断言している。3 人の政治局員、すなわちグリシン、ロマノフ、チーホノフはゴルバチョフが党内ナンバー 2 に昇進することにたいして異議を唱えた。また、ウクライナ党の第 1 書記であるシチェルビツキーとカザフ党第 1 書記のクナーエフもゴルバチョフ支持に回らなかった（*Den'*, 14 (July 1991), 4）。政治局の会議に出席していたチェルネンコの補佐官ペチェネフも、次のように述べている。チーホノフ、グリシン、ロマノフはゴルバチョフが書記局の議長を務めることにたいして反対意見を表明した。ペチェネフの補足説明によると、ウスチーノフは「私（ペチェネフ）の知るところでは、特にゴルバチョフびいきというわけではなかったが」、チェルネンコの提案を支持した（Pechenev, *The Second Russian Revolution* の筆記録）。
(82) Ryzhkov, *Perestroyka: istoriya predatel'stv*, 60.
(83) ウスチーノフが亡くなった結果、この点に関してロマノフの立場が強化されたと論じているのは、リガチョフの補佐官を務めたことのあるレゴスターエフである。ただしレゴスターエフは次の点を指摘している。ウスチーノフが亡くなったことにより、年長の政治局員グループが脆弱化した。レゴスターエフは次のことも示唆している。すなわち、ウスチーノフ死去にともなって、「ゴルバチョフの眼前に好機が開けた」（*Den'*, 14（July 1991), 4）。リガチョフ自身はこの件に関し、「ウスチーノフが 1985 年 3 月にまだ生きていたらゴルバチョフが党書記長に就任することを支持したであろう」との確信を明らかにする意見を述べた（*Inside Gorbachev's Kremlin*, 77）。クレムリンの権力中枢にいた者で、そのような意見を唱えているのは事実上、リガチョフだけである。
(84) 以下を見よ。*Deputaty Verkhovnogo Soveta SSSR: Desyatyy sozyv*, 379.
(85) Ryzhkov, *Perestroyka: istortya predatel'stv*, 60-1.
(86) Ibid.60-3.
(87) たとえば、Mikhail Shatrov, 'Neobratimost' peremen', *Ogonek*, 4（1987), 4-5, at p.5 および Shatrov, *Suomen Kuvalehti*（Finland), 11（13 Mar.1987), 2-7, at p.2 ならびに 1988 年の第 19 回党協議会の演説におけるリガチョフの示唆（*Pravda*, 2 July 1988, p.11）を見よ。
(88) *Kommunist*, 3（Feb.1984), 14; and *Partiynaya zhizn'*, 5（Mar.1984), 12.
(89) Ryzhkov, *Perestroyka: istortya predatel'stv*, 73.
(90) Ibid.
(91) Ligachev, *Inside Gorbachev's Kremlin*, 47.
(92) アガンベギャンのインタビュー（*The Second Russian Revolution* の筆記録）。

(55) Ligachev, *Inside Gorbachev's Kremlin*, 1 7.
(56) Ibid.20.
(57) Ibid.26.
(58) Ibid.28-9.
(59) これに関しては、たとえば以下を見よ。*Ryzhkov, Perestroyka: istoriya predatel'stv*, 42; Chazov, *Zdorov'e i vlast'*, 180; and Arbatov, *Zatyanuvsheesya vyzdorovlenie*（*1953-1985*）, 334.
(60) Chazov, *Zdorov'e i vlast'*, 184; Volsky interview in *The Second Russian Revolution* transcripts; and Kira Vladena 's interview with Volsky in *Nezavisimaya gazeta*, 18 June 1993, p.5.
(61) これは、アンドロポフの死後発表された容態報告において指摘されている。以下を見よ。*Pravda*, 11 Feb.1984, p.1.
(62) Ryzhkov, *Perestroyka: istoriya predatel'stv*, 51.
(63) リガチョフが党中央委員会書記に選出されたほか、ヴォロトニコフ（Vitaly Vorotnikov）とソローメンツェフ（Mikhail Solomentsev）政治局員候補から正政治局員へ昇格した。また、KGB 長官のチェブリコフ（Viktor Chebrikov）は , 政治局員候補になった。
(64) Roxburgh, *The Second Russian Revolution*, 17.
(65) Ibid.
(66) ボゴリューボフ（Bogolyubov）については、Ligachev, *Inside Gorbachev's Kremlin*, 39-43 を見よ。ボゴリューボフはゴルバチョフ時代、屈辱のうちに党中央委員会機構からはずされ、ソ連共産党から放逐された。
(67) この一節は、Roxburgh, *The Second Russian Revolution* および *The Second Russian Revolution* の筆記録に収められたヴォリスキーのインタビューのテキスト全文にもとづいている。
(68) David Remnick, *Lenin's Tomb: The Last Days of the Soviet Empire*（Random House, New York, 1993）, 192.
(69) ヴォリスキーのインタビュー（*The Second Russian Revolution* の筆記録）。
(70) 1991 年秋のゴルバチョフのインタビュー（*The Second Russian Revolution* の筆記録）。
(71) Ibid.
(72) 情報源はワジム・メドヴェーデフ（Vadim Medvedev）自身である（ゴルバチョフ財団でのインタビュー、1993 年 3 月 22 日）。
(73) Roxburgh, *The Second Russian Revolution*, 17.
(74) ゴルバチョフとの懇談にもとづく。同じことは、ワジム・メドヴェーデフも筆者とのインタビュー（1993 年 3 月 22 日）で指摘している。
(75) Ibid.
(76) Chazov, *Zdorov'e i vlast'*, 185; see also p.123.
(77) Ligachev, *Inside Gorbachev's Kremlin*, 30.
(78) Roxburgh, *The Second Russian Revolution*, 18. ヴォリスキーは立ち聞きしたことについて、微妙に違う別の説明もしている。それによると、ゴルバチョフにたいするウスチーノフの気持ちはもっと冷ややかだったようだ。ゲオルギー・アルバートフ（Georgy Arbatov）が回想録の中で引用した 1990 年 7 月 4 日付 *Literatumaya gazeta* 掲載のインタビューにおいてヴォリスキーは、ウスチーノフが次のように述べたとしている。「コースチャは、あの……よりも話がわかるだろう」。アルバートフによれば、コースチャはチェルネンコのことで、「あの……」はゴルバチョフのことだという（Arbatov, *Zatyanuvsheesya vyzdorovlenie (1953-1985)*, 334。

であったにもかかわらず、最終版から削除された。

(34) *The Second Russian Revolution* の筆記録。ゴルバチョフの修辞的な疑問は, アンガス・ロクスバー (Angus Roxburgh) も以下で引用している。*The Second Russian Revolution* (BBC Books, London, 1991), 11.

(35) Vadim Medvedev, *V komande Gorbacheva* ('Bylina', Moscow, 1994), 24. このことは, 強烈な皮肉となった。というのもメドヴェージェフが述べているように、ブレジネフの70歳の誕生日に、「ソ連では70歳という年齢は掛け値なしに人生の全盛期である」旨示唆したのはキリレンコだったからである。ブレジネフと同様キリレンコも1906年生まれであったが。70歳を過ぎてからブレジネフ以上に急速に知力が衰えた。

(36) ゴルバチョフにとって直視すべき実例があった。しかもそれは、それほど以前のことではない。1977年、党中央委員で社会主義諸国部長のカトゥシェフ(Konstantin Katushev, 1927年生)が解任され、その後任にルサコフ (Konstantin Rusakov, 1909年生) が据えられた。翌1978年、マズロフ (Kirill Mazurov, 1914年生) が政治局から追われ、その後釜にニコライ・チーホノフ (Nikolay Tikhonov, 1905年生) が座った。チーホノフは最初、政治局員候補になり、1979年に正政治局員になった。

(37) Chernyaev, *Shest' let s Gorbachevym*, 9.

(38) Ibid.10.

(39) ジョン・クリスタル (John Chrystal) はまた、「これまで会談したことのあるソビエト政界のどの要人と比較してもゴルバチョフのほうが優れている」と述べた。クリスタルは、おじのロズウェル・ガースト (Roswell Garst) の仲介でフルシチョフと知り合いになったのを皮切りとして、以後、そのような会談を重ねたのであった。私は、1988年2月24日にミネアポリスで開催されたゴルバチョフに関する会議で講師を務めたときにクリスタルと懇談したことがある。クリスタルからゴルバチョフに関する右の感想を聞いたのは、そのときのことである。

(40) Chazov, *Zdorov'e i vlast'*, 159 (see also p.164).

(41) Yegor Ligachev, *Inside Gorbachev's Kremlin* (Pantheon, New York, 1993), 35.

(42) Chazov, *Zdorov'e i vlast'*, 166-9. チェブリコフ、フェドルチューク、シチョロコフについては以下を見よ。Archie Brown (ed.), *The Soviet Union: A Biographical Dictionary* (Weidenfeld & Nicolson, London, 1990; and Macmillan, New York, 1991), 66, 92, 335-6.

(43) Yu.V. Andropov, *Izbrannye rechi i stat'i*, 2nd edn. (Politizdat, Moscow, 1983), 194.

(44) Ibid.

(45) Ibid.195.

(46) Nikolay Ryzhkov, *Perestroyka: istoriya predatel'stv* (Novosti, Moscow, 1992), 41.

(47) Ibid.

(48) Ibid.42.

(49) ルイシコフのインタビュー (*The Second Russian Revolution* の筆記録)。

(50) 同上。

(51) これらの人々は、ルイシコフの回想録 (*Perestroyka: Istoriya predatel'stv*, 46) において、また *The Second Russian Revolution* の筆記録に挙がっている名前の中に含まれている (後者の方が、挙げている人数は少ない)。

(52) Ed A. Hewett, *Reforming the Soviet Economy: Equality versus Efficiency* (Brookings Institution, Washington, 1988), 266.

(53) Ryzhkov, *Perestroyka: istoriya predatel'stv*, 47.

(54) Ibid.

りの間ではまれなことではない（ただし、ヤコヴレフがその種の発言をするのは少々驚きであるが。ヤコヴレフは養子として迎えられたからこそモスクワ市民になれたのであって、もともとはゴルバチョフと同じように農民の家庭の生まれである）。モスクワのインテリのうち、ゴルバチョフと政治的に袂を分かったあと、首都に住む者の文化人気取りを発揮し、ゴルバチョフが田舎の出身でロシアの南部なまりがあると嘲笑した者は少なくない。しかしヤコヴレフは、ゴルバチョフがコンプレックスを持っていたとする点で特異である。少なくともヤコヴレフと同程度に緊密な立場でゴルバチョフに協力した人々は、それとは異なる見方をしており、ゴルバチョフは正真正銘の自信家だったと確信している。しかも、なるほど私がインタビューした大勢の人々は、時がたつにつれてゴルバチョフは饒舌になり、人の話にあまり耳を傾けなくなったという点で同意している（ヤコヴレフとの意見の一致ぶりはその程度）けれども、ゴルバチョフの聞く能力に関する多数の発言は 1990 年から続いている（その中には、ソプチャークの発言も含まれる。上記の文献と、*The Second Russian Revolution* の筆記録に所収のインタビュー）。したがって、ヤコヴレフの発言はかなりの誇張であるように思われる．それはまた、10 年の間にゴルバチョフとの政治的、個人的関係が温かいものから目立って冷ややかなものへと変化したことを反映してもいる．興味深いことに、ゴルバチョフとともに働いた大勢の人々がゴルバチョフの党書記長在任中に見られたとしているパターンを、1970 ～ 1978 年にスターヴロポリ地方党第 1 書記としての活動を見聞きしたボリス・クチマエフも指摘している．クチマエフの説明するところによると、ゴルバチョフは当初、スターヴロポリの農村地域を広く旅行し、農民と対話し、相手の話に大いに耳を傾け、自分は多くを語らなかった。だがのちには、「饒舌になり、人の話をあまり聞かなくなった」(Kuchmaev, *Kommunist s bozh'ey otmetinoy: dokumentarno-publitsisticheskiy ocherk* (Yuzhno-Russkoe kommerchesko-izdatelskoe tovarishchestvo, Stavropol, 1992) 96)。ゴルバチョフのスタイルに見られるこのような変化は、首都モスクワばかりか地方においても、ある役職の在任期間が長くなるにつれ起こった。したがって、ヤコヴレフがゴルバチョフの行動パターンを田舎者の心理に起因すると説明しているのは、ますます合点がいかない。

(28) Stephen F. Cohen and Katrina vanden Heuvel（eds.）, *Voices of Glasnost*（Norton, New York, 1989）, esp.117-18 に所収のザスラフスカヤのインタビュー。以下も見よ。*The Second Russian Revolution* の筆記録に所収のザスラフスカヤのインタビュー。

(29) 以下を見よ。Tatyana Zaslavskaya, *The Second Socialist Revolution: An Alternative Soviet Strategy*（Tauris, London, 1990）, 2-3; and Cohen and vanden Heuvel, *Voices of Glasnost*, 118. 後者においてザフラフスカヤは、ゴルバチョフにはたかだか 7 回か 8 回しか会っていないと述べている。私が 1988 年 11 月にザフラフスカヤと話をしたとき、彼女はゴルバチョフとの「7 回か 8 回の面談」に言及した。

(30) アガンベギャンは、最初にゴルバチョフに取り次いでくれたのはザスラフスカヤだということを、1987 年 11 月の私との面談の際に述べている。

(31) Cohen and vanden Heuvel, *Voices of Glasnost*, 118 所収のザスラフスカヤのインタビュー。

(32) ザスラフスカヤのインタビュー（*The Second Russian Revolution* の筆記録）。

(33) 同上。アレクサンドル・ニコノフからも，次の点について裏づけが取れている（1994 年 4 月 20 日のモスクワでのインタビュー）。すなわち、ニコノフと研究仲間が「食糧計画」に挿入しようとしていた急進的な論点は、ゴルバチョフがそれに好意的によるインタビュー（1993年1月16日）。

(17) ソビエト体制の根幹がミハイル・ゴルバチョフの改革によって掘りくずされようとしているという不満は、早い時期から見られる。以下を見よ。Vyacheslav Gorbachev, 'Perestroyka i podstroyka', *Molodaya gvardiya*, 7 (1987), 220-47. 民族主義的ロシア紙デーニ（*Den'*）は、ゴルバチョフを敵視する時代遅れの共産主義志向の勢力に同調し、1992年の第8号（23-9 Feb.1992）から23号（7-13 June 1992）にかけて 'The Case of Gorbachev' のタイトルで批判記事を連載している。連載最後の号はロシアの検事総長ワレンチン・ステパンコフ（Valentin Stepankov）にたいし、同紙に寄稿した人々が詳述したゴルバチョフの「反人民的、反国家的活動」を念頭に置いて、ゴルバチョフの刑事訴訟手続きを進めることを要求していた。寄稿者たちの言い分は、要するに、ゴルバチョフがソビエト体制とソ連を破壊したということに尽きる。

(18) シャフナザロフ（Shakhnazarov）はクレムリンで私のインタビューに答え、このことに言及している（1991年12月16日）。

(19) Arkady Vaksberg, *The Soviet Mafia* (Weidenfeld & Nicolson, London, 1991), 210-11.

(20) 以下を見よ。Alec Nove's chapter on 'Agriculture' in Archie Brown and Michael Kaser (eds.), *Soviet Policy for the 1980s* (Macmillan, London, 1982), 170-85, esp.173-5; and V.P. Gagnon, Jr., 'Gorbachev and the Collective Contract Brigade', *Soviet Studies*, 39/1 (Jan.1987), 1-23, at p.2.

(21) 1983年3月18日のベオグラードにおける演説（*Pravda*, 20 Mar.1983, p.2, and in M.S. Gorbachev, *Izbrannye rechi i stat'i*, i (Politizdat, Moscow, 1987), 352-64, esp.356-7）。

(22) 以下を見よ。Nove, 'Agriculture', in Brown and Kaser (eds.), *Soviet Policy for the 1980s*, esp.173-7; and Gagnon, 'Gorbachev and the Collective Contract Brigade', esp.3-5.

(23) V. チーホノフ（Tikhonov）のインタビュー（*The Second Russian Revolution* の筆記録）。

(24) Ibid.

(25) 筆者との懇談における科学アカデミー会員ボリス・トポルニン（Boris Topornin）の発言。

(26) Anatoly Sobchak, *Khozhdenie vo vlast': Rasskaz o rozhdenii parlamenta* (Novosti, Moscow, 1991), 198.

(27) トポルニンやソプチャークと同じように（私とのインタビューまたは懇談において）ゴルバチョフの聞き手としての能力を力説している者に、チェルニャーエフ、シャフナザロフ、ペトラコフ、アンドレイ・グラチョフ、ピスコーチン、故ウラジーミル・チーホノフ、ザスラフスカヤがいる. 良き聞き手、また話のしやすい相手としてのゴルバチョフについては、シャターリン、ソプチャーク、ザスラフスカヤのインタビューも見よ（*The Second Russian Revolution* の筆記録）。それに対してサグデーエフ（Roald Sagdeev）は私に、ゴルバチョフのことは良き聞き手だとは思っていないと述べた（1992年3月）。評価は主観的である。ゴルバチョフが話し相手のアイデアや提案をどの程度受け入れるかによって影響されるからである。たとえば、アレクサンドル・ヤコヴレフ（Alexander Nikolaevich Yakovlev）は1995年にゴルバチョフおよびペレストロイカに関して答えたインタビューにおいて、党書記長就任後2年間のゴルバチョフを絶賛した。しかしヤコヴレフはそれを、ゴルバチョフがまだ自分自身を田舎者と感じており、それゆえコンプレックスがあったからだとしている（*Argumenty i fakty*, 11 (Mar.1995), 3）。ヤコヴレフは、最初の頃ゴルバチョフの仕事のスタイルを大歓迎したが、のちにすべてが変わったと述べた。ゴルバチョフを田舎者扱いするのは、モスクワのインテ

(169) 以下を見よ。ibid.91-2; Doder and Branson, *Gorbachev: Heretic in the Kremlin*, 39-40; and Arbatov, *Zatyanuvsheesya vyzdorovlenie (1953-1985)*, 303.

第3章

(1) ゴルバチョフのインタビュー。聞き手はジョナサン・スティール（Jonathan Steele）（*Guardian*, 24 Dec.1992, p.19）。

(2) Ibid.

(3) Yevgeny Chazov, *Zdorov'e i vlast': Vospominaniya 'Kremlevskogo vracha'*（Novosti, Moscow, 1992）, 86-7.

(4) Ibid.86.

(5) 以下を見よ。Nikolay Ryzhkov, *Perestroyka: Istoriya predatel'stv*（Novosti, Moscow, 1992）, 36.

(6) アルバートフ（Georgy Arbatov）とブルラツキー（Fedor Burlatsky）は1960年代、党中央委員会内部におけるアンドロポフの顧問グループの筆頭格であった。アルバートフとブルラツキー次のように指摘している（このような指摘をしているのは二人に限ったことではない）。「スースロフはアンドロポフにたいして警戒心を抱き、アンドロポフを党中央委員会から遠ざけておこう願っていた」。たとえば、以下を見よ。Arbatov, *Zatyanuvsheesya vyzdorovlenie*（*1953-1985 gg.*）*: Svidetel'stvo sovremennika*（Mezhdunarodnye otnosheniya, Moscow, 1991）, 307; and Burlatsky in Stephen F. Cohen and Katrina vanden Heuvel, *Voices of Glasnost Interviews with Gorbachev's Reformers*（Norton, New York, 1989）, 183. ブルラツキーは最近出版した書物の中で1960年代のスースロフ=アンドロポフ関係を論じ, 次のように述べている。「スースロフはアンドロポフのことが好きではなかった。そして、アンドロポフが政治局におけるスースロフのポストを狙っているのではないか、と疑っていた」（*Burlatsky, Khrushchev and the First Russian Spring*（Weidenfeld & Nicolson, London, 1991）, 136; see also p.215）。内輪の情報を得るのに恰好の位置にいたチャゾフ（Chazov）は、次のように述べている。「アンドロポフとスースロフは物の見方が違っていた。したがって、スースロフが生きていたら、アンドロポフが党の最高指導者になるのは非常に難しかったであろう」（Chazov, *Zdorov'e i vlast'*, 146, 176）。

(7) Ibid.119-22.

(8) Ibid.132-3.

(9) ゴルバチョフとのインタビュー（*The Second Russian Revolution* の筆記録）。

(10) 以下を見よ。Arbatov, *Zatyanuvsheesya vyzdorovlenie (1953-1985)*, 229; Eduard Shevardnadze, *The Future Belongs to Freedom*（Sinclair-Stevenson, London, 1991）, 26; A.S. Chernyaev, *Shest' let s Gorbachevym: po dnevnikovym zapisyam*（Kultura, Moscow, 1993）; and interview with former KGB General Oleg Kalugin, *Moscow News*, 25（1990）, 13.

(11) Chernyaev, *Shest' let s Gorbachevym*, 38.

(12) Shevardnadze, *The Future Belongs to Freedom*, 26.

(13) Sergey Parkhomenko, 'Afganskiy sled', *Nezavisimaya gazeta*, 10 Oct.1992, p.2. 以下も見よ. David Remnick, *Lenin's Tomb: The Last Days of the Soviet Empire*（Random House, New York, 1993）, 510.

(14) Vadim Pechenev, *Gorbachev: k vershinam vlasti*（Gospodin Narod, Moscow, 1991）.

(15) Valery Legostaev, 'Demokrat s radikal'nymi vzglyadami', *Den'*, 14（July 1991）, 4.

(16) このような政策決定パターンは、アンドレイ・グラチョフ（Andrey Grachev）から裏づけが取れる。グラチョフは当時、党中央委員会国際部の高官であった。筆者

(157) アルバートフ（Arbatov）とのインタビュー（Cohen and vanden Heuvel（eds.）. *Voices of Glasnost*, 307-27, at p.312）。

(158) *Literatumaya gazeta*, 4 Dec.1991, p.3. ライサ・ゴルバチョワの回想録（*I Hope*）とゴルバチョフ回想録のドイツ語版（*Erinnerungen*）の両方に、スターヴロポリ郊外で2人がアンドロポフと一緒に写っている写真が掲載されている。

(159) Chernyaev, *Shest' let s Gorbachevym*, 28.

(160) The Press Trust of India のモスクワ特派員グプタ（S.P.K. Gupta）とのインタビュー（1985 年 5 月 17 日）。引用元は、Dev Murarka, *Gorbachev: The Limits of Power*（Hutchinson, London, 1988）, 76。

(161) Gorbatschow, *Erinnerungen*, 127.

(162) アンドロポフが 1967 年に党中央委員会書記局からＫＧＢ議長に転出したのは、スースロフの要請によるものであった。私は、'Andropov: Discipline and Reform?'（*Problems of Communism*, Jan.-Feb.1983）において、以下の点を指摘した。第 1 に、「アンドロポフが 1967 年に書記局からはずされたのは、スースロフにとって歓迎できないことではなかった」。第 2 に、アンドロポフはＫＧＢ議長として 15 年過ごしたあと、「1982 年にスースロフが亡くなる前ではなく、亡くなった後の最初の党中央委員会総会において」書記局に復帰することになったが、これは偶然ではない（p.24）。この点は、当時アンドロポフに近かった人々から裏づけを得られる。第 3 章の註 6 を見よ。

(163) Gorbatschow, *Erinnerungen*, 186.

(164) これについては、以下を見よ。Jerry F. Hough, 'Soviet Succession: Issues and Personalities', *Problems of Communism*, 31/5（Sept.-Oct.1982）, 20-40, at p.37; and Marc D. Zlotnik, 'Chernenko Succeeds', *Problems of Communism*, 33/2（Mar.-Apr.1982）, 17-31, at p.20.

(165) Gorbatschow, *Erinnerungen*, 155. プラウダ紙がクラコフの死について類語を連ねるような説明の仕方をしたことから、モスクワ市民の間で、クラコフは実は自殺だったのではないかという憶測が流れた。同紙は、クラコフが突然亡くなったこと、60 歳だったこと、以前から健康状態がすぐれなかったことなどに触れたあと、さらに次のように伝えた。「直接の死因は急性の心不全および突然の心停止であった」（*Pravda*, 18 July 1978）。また、「赤の広場」でのクラコフの葬儀にブレジネフ、コスイギン、スースロフが出席しなかったも、異常なことと考えられた。もっとも、そのほかの有力な党指導者は多数葬儀に出席した。その中には、キリレンコ、アンドロポフ、グロムイコ、ウスチーノフ、ロマノフ、マズロフらが含まれる。グラチョフ（Andrey Grachev）によれば、党中央委員会の仲間内では、クラコフが癌に冒されていると信じられていたという（筆者のインタビュー、1993 年 1 月 16 日）。ボルジン（Valery Boldin）はこの件に関して聞こえのよい説明をしている。それによるとクラコフは、「胃の手術の後、回復しつつあったが、アルコールを過剰に服用したために死んだ」（Boldin, *Ten Years that Shook the World*, 175）。ゴルバチョフはこれを直接には認めていない。しかし、如才なく次のように示唆している。「癌ではなかったかもしれない病気が回復に至らなかった一因は、クラコフの生活スタイルにある」（*Erinnerungen*, 155）。ゴルバチョフは、ブレジネフが休暇を切り上げるのを嫌って葬儀に出席しなかったことを、非難すべきことと見なしている（ibid.）。

(166) *Pravda*, 20July 1978, 1-2.

(167) この点については、以下を見よ。Medvedev, *Gorbachev*, 92-3.

(168) Ibid.90.

1987), 123-33, 201-12 に再録されている。

(132) これについては以下を見よ。V.P. Gagnon, Jr., 'Gorbachev and the Collective Contract Brigade', *Soviet Studies*, 39/1 (Jan.1987), 1-23.

(133) Ruge, *Gorbachev*, 78-9.

(134) Smith, *The New Russians*, 63-4.

(135) Zhores Medvedev, *Gorbachev* (Blackwell, Oxford, 1986), 81-7. 以下も見よ。Kuchmaev, *Kommunist s bozh'ey otmetinoy*, 139-42.

(136) Medvedev, *Gorbachev*, 84-6.

(137) Ibid.85-6.

(138) 'O nekotorykh merakh posledovatel'nogo osushchestvleniya agrarnoy politiki KPSS na sovremennom etape', from the transactions of the Central Committee of the CPSU, May 1978, in Gorbachev, *Izbrannye rechi i stat'i*, i.180-200.

(139) Ibid.181.

(140) Ibid.199.

(141) Ibid.200. 以下を参照のこと。Archie Brown, 'Andropov: Discipline and Reform?', *Problems of Communism*, 32/1 (Jan.-Feb.1983), 18-31, at p.30 に引用したソ連共産党中央委員会でのアンドロポフ演説(1982 年 11 月 22 日)。

(142) Gorbachev, *Izbrannye rechi i stat'i*, i.200.

(143) Cohen and vanden Heuvel (eds.), *Voices of Glasnost*, 118-19.

(144) Donald Morrison (ed.), *Mikhail S.Gorbachev: An Intimate Biography* (Time Books, New York, 1988), 103.

(145) See *Bol'shaya Sovetskaya Entsiklopediya*, xiii (Sovetskaya Entisklopediya, Moscow, 1973), 581; and *Bol'shaya Sovetskaya Entsiklopediya*, xxix (Sovetskaya Entsiklopediya, Moscow, 1978), 84.

(146) G.A. Arbatov, *Zatyanuvsheesya vyzdorovlenie (1953-1985 gg.): Svidetel'stvo sovremennika* (Mezhdunarodnye otnosheniya, Moscow, 1991), 80.

(147) ソ連科学アカデミーの研究所。当初は、単にアメリカ研究所と呼ばれていたが、1975 年にアメリカ・カナダ研究所に改称。ibid.381 を参照。

(148) Ibid.297-333. 以下も見よ。Roy Medvedev, *Gensek s Lubyanki: Yu. V.Andropov.Politicheskiy portret* (Leta, Nizhny Novgorod, 1993), 157-8.

(149) 彼らについては、第 4 章で詳述。

(150) ブルラツキーはみずからの回想録 *Vozhdi i sovetniki* (Politizdat Moscow, 1990) の中でアンドロポフの顧問団について、また自分自身とほかの顧問との(必ずしも円滑ではなかった)関係について、かなりのページ数を割いて述べている。同書はのちに、別の題名で英語版(訳者は Daphne Skillen)が出版されている。以下を見よ。Fedor Burlatsky, *Khrushchev and the First Russian Spring* (Weidenfeld & Nicolson, London, 1991).

(151) 顧問団については以下を見よ。Burlatsky, *Vozhdi i sovetniki*, 249-58; and Arbatov, *Zatyanuvsheesya vyzdorovlenie (1953-1985)*, 81.

(152) A.D. Sakharov, 'Neizbezhnost' perestroyki', in Yury Afanasev (ed.), *Inogo ne dano* (Progress, Moscow, 1988), 122-34, at p.125.

(153) *Literaturnaya gazeta*, 4 Dec.1991, p.3.

(154) Arkady Vaksberg, *The Soviet Mafia* (Weidenfeld & Nicolson, London, 1991).

(155) Gorbatschow, *Erinnerungen*, 150.

(156) Arbatov, *Zatyanuvsheesya vyzdorovlenie (1953-1985)*, 303.

夫妻を相手におこなわれた。ゴルバチョフはそのインタビューの中で、「3組の夫婦が3台の車に乗って」フランス中を旅行したと語っている。ライサは、その年を1978年だったとしている。ゴルバチョフがそのようなフランス旅行をすることができたとすれば、それは1966年よりもむしろ1970年代の後半であったろう。その頃ゴルバチョフは、アンドロポフから信頼を寄せられ、押しも押されぬスターヴロポリ党書記となっていた。チェルニャーエフによると、ゴルバチョフが初めて西側を訪れたのは、1972年のベルギー訪問団に参加したときだという(*Shest' let s Gorbachevym*, 8)。

(115)インタビューしたのはウニタ紙(*L'Unità* on 18 May 1987)。このインタビューは、M.S. Gorbachev *Izbrannye rechi i stati*, v (1988), 53-82に再録されている。

(116)Ibid.53.

(117)この点に触れたのは、チェルニャーエフとシャフナザロフ。いずれも、筆者のインタビュー(既出)での発言である。なおこれに関しては、ゴルバチョフ財団におけるインタビュー(1993年3月22日)において、メドヴェーデフからも裏付けが取れている。

(118)Ruge, *Gorbachev*, 204. しかしルーガ(Ruge)は、1975年のシュツットガルト滞在が「ゴルバチョフの初めての西側訪問」だったと述べており、その点で不正確である。

(119)Kuchmaev, *Kommunist s bozh'ey otmetinoy*, 59.

(120)Ibid.

(121)ニコノフ(Alexander Nikonov)。インタビューの場所はモスクワ(1994年4月20日)。

(122)Ibid.

(123)Ibid.

(124)Ruge, *Gorbachev*, 126-8. ニキータ・フルシチョフを評価するため、その生誕100周年の年にゴルバチョフ財団でゴルバチョフを議長として会議(筆者も出席)が開催された際、ゴルバチョフは75歳になるニコノフにたいして非常に礼儀正しい態度を取った。ニコノフはフルシチョフの農業政策について講演した。

(125)Ruge, *Gorbachev*, 127.

(126)この一節は、ニコノフにたいする筆者のインタビュー(1994年4月20日)と、1991年に出版されたチャヤーノフ選集にニコノフが寄せた序文にもとづいている。後者は公式的である。ニコノフはその中でゴルバチョフの役割に言及していない。A.V. Chayanov, *Izbrannye trudy* (Kolos, Moscow, 1993)と、特に、ニコノフの序文('Nasledie A.V. Chayanova' by A.A. Nikonov, pp.6-17, esp.13-15)を見よ。

(127)Mlynář, *L'Unità*, 9 Apr.1985, p.9.

(128)Ibid.

(129)アンナ・プガチ(Anna Pugach)によるインタビュー(*Komsomol'skaya pravda*, 19 Aug.1993, pp.1-2, at p.2)。

(130)これらの引用は、フルシチョフに関する会議(1994年4月18日)におけるゴルバチョフの開会の辞を私自身が書き取ったノートから抜粋した。

(131)ゴルバチョフはスターヴロポリ地方の党書記だったころに書いた2本の論文の中で、このアプローチを支持すると声明している。しかもそれを、実践の場で採用している。以下を見よ。M.S. Gorbachev, 'Sel'skiy trudovoy kollektiv puti sotsial'nogo razvitiya', *Kommunist*, 2 (1976), and 'Peredovoy opyt — vazhnyy rezerv', *Kommunist*, 14 (1978). いずれの論文も、M.S.Gorbachev, *Izbrannye rechi i stat'i*, i (Politizdat, Moscow,

Yefremov）も、ゴルバチョフにたいして大いに好意をもっていた。以下を参照のこと。Kuchmaev, *Kommunist s bozh'ey otmetinoy*, 87-8.

（95）Gorbachev, 'Legacy of a Monster', in *Guardian*, 27 Feb.1993.

（96）この用語は当初、集合名詞として使われた。元々は、1860年代に社会問題を批判的に取り上げて話題になったロシアの思想家たちを指す。1世紀後、1960年代の批評家や改革派予備軍を指すようになった。

（97）情報源は、ゴルバチョフを補佐すると同時に緊密な協力関係にあったゲオルギー・シャフナザロフ（Georgy Shakhnazarov）。シャフナザロフにインタビューしたのは1991年12月16日で、場所はクレムリンであった。以下も参照のこと。Ruge, *Gorbachev*, 60-1.

（98）*Literaturnaya gazeta*, 4 Dec.1991, p.3.

（99）Vadim Pechenev, *Gorbachev: K vershinam vlasti*（Gospodin Narod, Moscow, 1991）, 24.

（100）Raisa Gorbachev, *I Hope*, 107.

（101）Ruge, *Gorbachev*, 55.

（102）Mlynář, *L'Unità*, 9 Apr.1985, p.9

（103）ジョナサン・スティール（Jonathan Steele）によるゴルバチョフのインタビュー（*Guardian*, 24 Dec.1992, p.19）。

（104）Gorbatschow, *Erinnerungen*, 159.

（105）*The Second Russian Revolution* の筆記記録に所収のドルギフ（Vladimir Dolgikh）のインタビュー（ロンドン・スクール・オヴ・エコノミクス付属図書館の特別文庫所蔵）。ゴルバチョフとリガチョフが初めて会ったのはチェコスロヴァキア訪問団に参加したときであることを、リガチョフは回想録の中で確認している。ただし、同書 *Inside Gorbachev's Kremlin*（Pantheon, New York, 1993）の本文（p.7）でリガチョフは誤ってこの訪問が「1970年代初め」だったとしている。しかし、ゴルバチョフとリガチョフがプラハで一緒に写っている同書掲載の写真のキャプションは、日付を正しく1969年11月としている。

（106）Ibid.

（107）Ruge, *Gorbachev*, 74.

（108）Ligachev, *Inside Gorbachev's Kremlin*, 7.

（109）チェルニャーエフ（Anatoly Chernyaev）とのインタビュー。場所は、モスクワのゴルバチョフ財団（1992年3月30日）。最近になってチェルニャーエフは回想録を出版した。その中で、ゴルバチョフとの最初の出会いに言及している。以下を見よ。A.S. Chernyaev, *Shest' let s Gorbachevym: po dnevnikovym zapisyam*（Kultura Moscow, 1993）, 8.

（110）チェルニャーエフとのインタビュー（1992年3月30日）。

（111）Chernyaev, *Shest' let s Gorbachevym*, 8.

（112）シャフナザロフ（Shakhnazarov）とのインタビュー（1991年12月16日）。

（113）Raisa Gorbachev, *I Hope*, 116.

（114）*Paris Match*, 19 Mar.1992, pp.48-53, at p.52. ミシェル・タトゥ（Michel Tatu）は、ゴルバチョフの訪仏が1966年、1975年、1976年におこなわれていることを示唆している。タトゥによると、ゴルバチョフは1987年のインタビューの際1966年のフランス旅行を認めたという。タトゥは、ゴルバチョフが「ルノーの車に乗ってフランスを旅行し、走行距離が5, 500キロメートルに達した」のはこのときだとしている（Michel Tatu, *Mikhail Gorbachev: The origins of Perestroika*, East European Monographs（Boulder, Colo, 1991）, 4）。*Paris Match* のインタビューはゴルバチョフナーシは、自分のそのような経歴にかんがみて、ゴルバチョフとの友情が注目を浴びた場合ゴルバチョフに累が及びかねないということを意識していた。ゴルバチョフがソ連共産党書記長になるまでは（なれたら、の話であるが）、ゴルバチョフに関して何も書くまいとムリナーシが決めたのは、したがって、考え抜いた上でのことであった。ゴルバチョフは1985年、そのような潜在的な危険性を公の席で進んで認めた。クラクシ（Bettino Craxi）イタリア首相（当時）から、「あなたの旧友であるムリナーシ氏が書いた非常に興味深い記事（4月9日付ウニタ紙の寄稿記事）を読んだところです」と言われたとき、ゴルバチョフは次のように反応した。「ズデネクですか。で、私にたいする態度は好意的でしたか」。クラクシ首相が「非常に好意的でしたよ」と答えると、ゴルバチョフは次のように述べた。「プラハの春に参加した知識人が、私にたいして非常に肯定的な評価を下したとなると、あれこれ取り沙汰されるかもしれませんね」。このやり取りについては、以下を見よ。Foreign Broadcast Information Service（Washington, DC— hereafter FBIS）, *Daily Report: Soviet Union*, 2 July 1985, p.87.

(79) Zdeněk Mlynář, *Night Frost in Prague: The End of Humane Socialism*（Hurst, London, 1980）, 27.

(80) Ibid.28.

(81) Raisa Gorbachev, *I Hope*, 66.

(82) ゴルバチョフとのインタビュー（*Komsomol'skaya pravda*, 7 Nov.1992, p.1）。

(83) Raisa Gorbachev, *I Hope*, 81.

(84) Ibid.81-2.

(85) ライサ・ゴルバチョワの記しているところによると、ペトゥホフ（B.N. Petukhov）は、1970年と1981年に出版された署名入りの自著2冊をゴルバチョフに贈呈したという（上記の註82）。

(86) Ibid.

(87) Andrei Sakharov, *Moscow and Beyond: 1986 to 1989*（Knopf, New York, 1991）, 10. この英語文献ではサハロフのファースト・ネームのローマ字表記が、Andreiとなっている。私が用いているのとは翻字の方式が異なっているが、ここではそれに従った。したがって、ここでは（そして、ほかでも）Andreiと表記する。

(88) Ibid.45.

(89) Arbatov in Cohen and vanden Heuvel（eds.）, *Voices of Glasnost*, 307-27, at p.312.

(90) Arkady Shevchenko, *Breaking with Moscow*（Knopf, New York, 1985）, 184-5.

(91) この一節は、しかるべき認識能力を持った西側の研究者の論文からの引用である。この論文は、本文に引用したたぐいのつまらぬ所見がところどころに見受けられるが、なかなかセンスの良いところもある。以下を見よ。Peter Rutland, 'Sovietology: Notes for a Post-Mortem', *The National Interest*, 31（Spring 1993）, 109-22, at p.109.

(92) *Yezhedgodnik Bol'shoy Sovetskoy Entsiklopedii 1981*（Sovetskaya Entsiklopediya, Moscow, 1981）, 573.

(93) Kuchmaev, *Kommunist s bozh'ey otmetinoy*, 63-A.

(94) スターヴロポリの記者クチマエフによると、ゴルバチョフがスターヴロポリ地方における最高の地位に就いたことは、地域住民にとって驚きと受け止められたという。このことは、おそらく、地域住民が外部の観察者ほどには体制の仕組みに関心をもっていなかったということを示している。しかし、クチマエフが指摘しているように、この決定は党中央委員会ビルで下されたのである。ゴルバチョフは党中央委員会において、クラコフの支持を得ていた。一方エフレモフ（Leonid

（50）Ibid.
（51）Kuchmaev, *Kommunist s bozh'ey otmetinoy*, 61.
（52）M.S. Gorbachev, *Zhivoe tvorchestvo naroda*（Politizdat, Moscow, 1984）, 11.
（53）Ibid.41.
（54）Mlynář, *L'Unità*, 9 Apr.1985, p.9.
（55）Yelena Lukyanova, 'On ne narushal zakon', *Literaturnaya gazeta*, 11 Oct.1991, p.2.
（56）Raisa Gorbachev, *I Hope*, 61-2; and Gorbatschow, *Erinnerungen*, 75.
（57）*Izvestiya TsK KPSS*, 5（May 1989）, 58; Raisa Gorbachev, *I Hope*, 14.
（58）Ibid.16-17.
（59）Gorbachev, 'Legacy of a Monster', *Guardian*, 27 Feb.1993. ゴルバチョフはスターリン死去 40 周年の直前に書いたこの論文において、本章の引用文（本書 87 ページ）の前段として、次のように述べている。「恐怖は絶えず再登場する」し、「ライサ・マクシモヴナの祖父の運命を我々が知ったのは数日前のこと」にすぎない。
（60）Raisa Gorbachev, *I Hope*, 19, 22.
（61）情報源は、彼女を出迎えたイギリス側当局者の 1 人。
（62）Valery Boldin, *Ten Years that Shook the World: The Gorbachev Era as Witnessed by his Chief of Staff*（Basic Books, New York, 1994）, 132. ボルジンは次のように付け加えている。「彼女のやり方のメリットは、議論の余地がある。もっとも、聞いたこともない文化遺跡を初めて目の当たりにするよりは確かにましであろう」。
（63）Raisa Gorbachev, *I Hope*, 78-80.
（64）情報源はアンドレイ・グラチョフ（Andrey Grachev）。グラチョフにインタビューしたのは 1993 年 1 月 13 日のことで、場所はオックスフォードであった。グラチョフは、ライサ・ゴルバチョワから聞いた話を引用した。
（65）Raisa Gorbachev, *I Hope*, 96.
（66）ムリナーシによると、ゴルバチョフが 1970 年代に（ブレジネフ時代ゆえに相対的に工夫の余地は限られていたが）スターヴロポリ地方で追求した革新的な農業政策に、彼女も一役買ったという。
（67）Raisa Maksimovna Gorbacheva, *Byt kolkhoznogo krest'yanstva: sotsiologicheskiy ocherk*（Knizhnoe izdatelstvo, Stavropol, 1969）.
（68）Ibid.136.
（69）Ibid.50.
（70）たとえば ibid.33-45。
（71）Ibid.71-2, 131-2, 134.
（72）Ibid.95-107.
（73）Ibid.88.
（74）Raisa Gorbachev, *I Hope*, 7; and Gorbachev interview, *Moskovskiy komsomolets*, 28 June 1995, p.2.
（75）*Izvestiya*, 20 Sept.1991, p.3.
（76）*Pravda*, 2 Dec.1987, pp.1-2, at p.2. ソ連のテレビと国内向けラジオが流したテキストについては、以下を見よ。BBC Summary of World Broadcasts, SU/0016 C/6, 3 Dec.1987. プラウダ紙のテキストは M.S.Gorbachev, *Izbrannye rechi i stat'i*（Politizdat, Moscow, 1988）, v. 486 にも再録されている。
（77）BBC SWB, SU/0016 C/6, 3 Dec.1987.
（78）ムリナーシは、プラハの春に参加した有名人である。また、フサク政権のチェコスロヴァキにおいて反体制派であり、政治亡命を果たした人物でもあった。ムリ

TsKKPSS, 5（May 1989）, 58.

（32）Gorbachev, 'The Legacy of a Monster that Refuses to Die', *Guardian*, 27 Feb 1993.

（33）Ibid.

（34）Doder and Branson, *Gorbachev: Heretic in the Kremlin*, 11. 別のインタビューでヤコヴレフは次のように述べている。「一般的に、私たち青年はスターリンにたいする絶対的な、100パーセントの忠誠心を抱いて出征した（中略）。スターリン時代、正真正銘の国民的熱狂が実在した。ソビエト国民は多大の努力を払った。たしかにあらゆる種類の恐ろしいことが起こった。また、社会主義が掲げる人間的な目標は実現しなかった。だが、私たちは心の底から、社会主義を全面的に信じていたのである」（Stephen F. Cohen and Katrina vanden Heuvel（eds.）, *Voices of Glasnost: Interviews with Gorbachev's Reformers*（Norton, New York, 1989）, 36-7）。

（35）Eduard Shevardnadze, *The Future Belongs to Freedom*（Sinclair-Stevenson, London, 1991）, 19.

（36）Ibid.17-19; Yegor Iigachev, *Inside Gorbachev's Kremlin*（Pantheon, New York, 1993）, 256-8.

（37）ゴルバチョフとのインタビュー（*Komsomol'skaya pravda*, 7 Nov.1992, p.1）。

（38）Ibid.; and Gorbatschow, Erinnerungen, 81.

（39）ルーガ（Ruge）はその著作（*Gorbachev*）において、これに関する証言を手際よく要約している（pp.41-3）。ルーガ以外の著者は、亡命後ゴルバチョフ批判を繰り返しているレフ・ユドヴィッチ（Lev Yudovich）を誤ってゴルバチョフの「級友」として描いている。ユドヴィッチはゴルバチョフの学生時代を知っていると自称しており、その発言はよく引用されている。しかし、ユドヴィッチがゴルバチョフを否定的に描き出した書物（*Soviet Analyst*、1984年12月19日刊行）によれば、ユドヴィッチがモスクワ大学法学部を卒業したのは1950年のことである。すなわち、ゴルバチョフの入学前である。ゴルバチョフのことをよく知っているという根拠薄弱な主張は、それ以後にモスクワ大学を「かなり頻繁に」訪れたという本人の説明にもとづいているにすぎない。

（40）ゴルバチョフとムリナーシの友情については、ゴルバチョフ回想録（Gorbatschow, *Erinnerungen*, 75）と同様、ライサ・ゴルバチョワ（Raisa Gorbachev）の回想記にも言及がある（*I Hope*（HarperCollins, London, 1991）, 49-50）。

（41）以下を見よ。Adam Ulam, *Stalin: The Man and his Era*（Allen Lane, London, 1974）, 736-7.

（42）Smith, *The New Russians*, 49; Ruge, *Gorbachev*, 41.

（43）Mlynář, *L'Unità*, 9 Apr.1985, p.9.

（44）Gorbatschow, *Erinnerungen*, 70-1.

（45）この情報は、ズデネク・ムリナーシ（Zdeněk Mlynář）と話をした際に聞いた。ゴルバチョフは政治史と法制史に特段の関心をもっていたという。

（46）初めてモスクワに短期留学したとき（1966年1～4月）、私はほかならぬケチェキャン（Stepan Fedorovich Kechekyan）教授の指導を仰ぐよう指定された。私は当時、18世紀ロシアの政治社会思想を研究していた。1967年9月にモスクワに戻ったとき、ふたたび共に研究ができるものと楽しみにしていたが、すでにケチェキャン教授は故人になっていた。

（47）Mlynář *L'Unità*, 9 Apr.1985, p.9.

（48）Ibid.

（49）Ibid.

のこと。

(16) 情報源はエレーナ・コレネフスカヤ（Yelena Korenevskaya）。コレネフスカヤは、マリヤ・パンテレーエヴナと会ったことがある。

(17) Zdeněk Mlynář, 'Il mio compagno di studi Mikhail Gorbaciov', *L'Unità*（Rome）, 9 Apr.1985, p.9.

(18) ソ連共産党内部では、労働者として働いた経歴があることが望ましいとされていた。したがって、ゴルバチョフが党書記長になる前も後も、ゴルバチョフの公式の伝記は通学が 1940 年代後半まで続いたことを明らかにしなかった。新聞や年鑑に載る短い経歴紹介は、1950 年代前半のモスクワ大学在学期間のことを記載しているが、1946 〜 50 年に関しては、もっぱら「コンバインの運転助手」という記述だけで済ませている。たとえば、*Yezhegodnik Bol'shoy Sovetskoy Entsiklopedii 1981*（Sovetskaya Entsiklopediya, Moscow, 1981）, 573 や、*Pravda*, 12 Mar.1985, p.l を見よ。

(19) Gerd Ruge, *Gorbachev*（Chatto & Windus, 1991）, 31.

(20) *Izvestiya TsK KPSS*, 5（May 1989）, 58 および Kuchmaev, *Kommunist s bozh'ey otmetinoy*, 28. セルゲイ・ゴルバチョフは、第二次世界大戦中に入党を認められたときには、36 歳になっていた。

(21) 以下を参照のこと。Sheila Fitzpatrick, *Education and Social Mobility in the Soviet Union 1921-1934*（Cambridge University Press, Cambridge, 1979）.

(22) Vera S. Dunham, *In Stalin's Time: Middleclass Values in Soviet Fiction*（Cambridge University Press, Cambridge, 1976）, 13.

(23) ゴルバチョフは常々、自分自身よりも妻の学業成績のほうを誇りにしている。1984 年のこと、つまりソ連共産党書記長になる以前に初めてイギリスを訪問したとき、レセプションの席で、「自分が学校を卒業するときにもらったのは銀メダルだったが、妻のは金メダルだった」ことも話題の一つにした。私（ブラウン）はこの話をレセプションの直後、出席していたイギリスのある閣僚から聞いた。

(24) ムリナーシは、この農作業が決め手となって地元当局はゴルバチョフをモスクワ大学に推薦する気になったのではないかと、述べている（Mlynář, *L'Unità*, 9 Apr.1985, p.9）。

(25) Kuchmaev, *Kommunist s bozh'ey otmetinoy*, 30-1.

(26) Smith, *The New Russians*, 39. 以下も参照のこと。Ruge, *Gorbachev*, 26-7.

(27) Michail Gorbatschow（Mikhail Gorbachev）, *Erinnerungen*（Seidler Verlag, Berlin, 1995）, 64. ゴルバチョフの回想録は他に先駆けてドイツで出版された。ロシア語版や英語版の出版よりも先であった（世界各国におけるゴルバチョフ回想録の版権は、the Bertelsmann publishing combine が一手に握っている）。ゴルバチョフ回想録が手に入ったのは、本書出版の直前であった。したがって、限定的な利用しかできなかった。

(28) Ruge, *Gorbachev*, 37.

(29) *Ibid*.26.

(30) Dusko Doder and Louise Branson, *Gorbachev: Heretic in the Kremlin*（Viking, New York, 1990）, 13-16; Ruge, *Gorbachev*, 40.

(31) 何らかの理由でヘドリック・スミスも（*The New Russians*, 47）、ロバート・カイザーも（*Why Gorbachev Happened*, 31）、ゴルバチョフの結婚した年を誤って 1954 年としている。だがゴルバチョフ自身は、ライサに初めて会ったのは 1951 年で、結婚したのは 1953 年であるとの情報を披露している。以下を参照せよ。*Izvestiya*

(71) Anatoly Sobchak, *Khozhdenie vo vlast': Rasskaz o rozhdenii parlamenta*（Novosti, Moscow, 1991）, 9.

(72) ソ連共産党内に封じ込められていた根深い意見対立——のちに表沙汰になり公然と議論されるようになる前の時期の意見対立——を論じた文献は多数ある。たとえば、Stephen Cohen, 'The Friends and Foes of Change', in Stephen F. Cohen, Alexander Rabinowitch, and Robert Sharlet（eds.）, *The Soviet Union since Stalin*（Indiana University Press, Bloomington, Ind., 1980）, 11-31; Cohen and vanden Heuvel, *Voices of Glasnost*; and Jerry F. Hough, *The Struggle for the Third World: Soviet Debates and American Options*（Brookings, Washington, 1986）. 以下のものも見よ。Archie Brown（ed.）, *New Thinking in Soviet Politics*（Macmillan, London, 1992）; and Brown, 'Political Science in the USSR', *International Political Science Review*, 7/4, 1986, 443-81.

(73) Sobchak, *Khozhdenie vo vlast'*, 9.

第2章

(1) T.H. Rigby, 'Concluding Observations', T.H. Rigby, Archie Brown, and Peter Reddaway（eds.）, *Authority, Power and Policy in the USSR: Essays Dedicated to Leonard Schapiro*（Macmillan, London, 1980）.

(2) ゴルバチョフの母親が 1993 年に（ゴルバチョフの知らないうちに）説得されて売却するまでおよそ 30 年間住んだプリヴォーリノエの家屋は、ゴルバチョフの生家ではない。ゴルバチョフは訪問客として来たことがあるだけである。ゴルバチョフの生家に関しては、ソ連最初の、そして最後の大統領を記念して博物館にするという話が持ち上がりかけたことがある。だが、イリーナ・マスティキナ（Irina Mastykina）記者の記事によると、その時にはもう手遅れだった。その数年前に、生家はすでに引き倒されていたからである。*Komsomol'skaya pravda*, 11 Aug.1993, p.3 を見よ。

(3) *Izvestiya*, 1 Dec.1990, pp.1-4, at p.4; シチェコチーヒン（Yury Shchekochikhin）によるゴルバチョフのインタビュー（*Literaturnaya gazeta*, 4 Dec.1991, p.4）。

(4) 同上（*Izvestiya* と *Literaturnaya gazeta* の両方）。

(5) ゴルバチョフとのインタビュー（*Komsomol'skaya pravda*, 7 Nov.1992, p.1）。

(6) *Izvestiya TsK KPSS*, 5（May 1989）, 58.

(7) *Izvestiya*, 1 Dec.1990, pp.1-4, at p.4.

(8) *Ibid.*

(9) Mikhail Gorbachev, 'The Legacy of a Monster that Refuses to Die', *Guardian*, 27 Feb.1993, p.21（article reprinted from *La Stampa*）.

(10) *Bol'shaya Sovetskaya Entsiklopediya*, 3rd edn., vol.xxiv（Sovetskaya Entsiklopediya, Moscow, 1976）.

(11) Hedrick Smith, *The New Russians*（Random House, New York, 1990）, 35.

(12) *Izvestiya TsK KPSS*, 5（May 1989）, 58.

(13) *Stavropol'skaya pravda*, 24 Feb.1976, p.3.

(14) Boris Kuchmaev, *Kommunist s bozh'ey otmetinoy: dokumental'no-publitsisticheskiy ocherk*（Yuzhno-Russkoe kommerchesko-izdatelskoe tovarishchestvo, Stavropol, 1992）, 16.

(15) ゴルバチョフはインタビューの中で、自身と妻がともにウクライナ人の血を引いていることに触れた。このインタビューは、タイムズ紙に掲載されている（*The Times*, 9 Dec.1991, p.10）。ゴルバチョフの血筋（ウクライナ系）については、*Moskovskiy komsomolets*, 28 June 1995, p.2 掲載のゴルバチョフのインタビューも参照

(62) 1960年代半ば調査研究のためモスクワを初めて訪れたとき、私にとって、内輪の会話と人前での会話とを隔てる溝ほど意外だった現象はない。それは、私がソ連に関して抱いていた全体主義のイメージにそぐわなかった。そうしたイメージは、スターリン亡き後のロシアの社会の実態よりも恐らく、ジョージ・オーウェルの『1984年』に負うところが大であった。ペレストロイカ以前の非公式な領域と公式の領域の懸隔を簡潔ながらも正確に描写したものとしては、Hosking, *The Awakening of the Soviet Union*, esp.12-13。

(63) T.H. Rigby, *The Changing Soviet System: Mono-Organisational Socialism from its Origins to Gorbachev's Restructuring*（Edward Elgar, Aldershot, 1990）, 215.

(64) この問題を扱った重要な議論としては、T.H. Rigby and Bohdan Harasymiw（eds.）, *Leadership Selection and Patron-Client Relations in the USSR and Yugoslavia*（Allen & Unwin, London, 1983）; John H.Miller, 'Putting Clients in Place: The Role of Patronage in Cooption into the Soviet Leadership', in Archie Brown（ed.）, *Political Leadership in the Soviet Union*（Macmillan, London, 1989）, 54-95; and T.H. Rigby, *Political Elites in the USSR: Central Leaders and Local Cadres from Lenin to Gorbachev*（Edward Elgar, Aldershot, 1990）.

(65) アンドロポフ（Andropov）とクーシネン（Kuusiinen）の側近だった2人の人物、フョードル・ブルラツキーとゲオルギー・アルバートフ（後者はプラハ勤務の経験あり）の回顧録は、こうしたネットワークを解明して興味深い。Arbatov, *Zatyanuvsheesya vyzdorovlenie*, and Fedor Burlatsky, *Vozhdi i sovetniki: o Khrushcheve, Andropove i ne tol'ko o nikh*（Politizdat, Moscow, 1990）. 以下も見よ。Stephen F.Cohen and Katrina vanden Heuvel, *Voices of Glasnost: Interview with Gorbachev's Reformers*（Norton, New York, 1989）; and Archie Brown, 'Andropov: Discipline *and* Reform?', *Problems of Communism*, 32/1（Jan.-Feb.1983）, 18-31.

(66) ゴルバチョフ時代、改革派の側を強く支持した党当局者と話をした経験から、私は彼らがどの程度反体制派のさまざまな著作に目を通しているかを知っている。反体制派の文献の一部を読んでいる者もあれば、まったく読んだことのない者もあった。アンドレイ・グラチョフの語ったところによると、ブレジネフ時代、海外にいた間に機会を得て、ソ連の反体制派の主要な著作を読んだとのことである（1993年1月16日のオックスフォードでのグラチョフとのインタビュー）。

(67) 以下を見よ。Geoffrey Hosking, *Beyond Socialist Realism: Soviet Fiction since Ivan Denisovich*（Granada, London, 1980）, esp.50-83.

(68) 該博な知識に基づいてこの問題を説明している文献としては、Alexander Yanov, *The Russian New Right: Right-Wing Ideologies in the Contemporary USSR*（Institute of International Studies, University of California, Berkeley, 1978）; and John B.Dunlop, *The Faces of Contemporary Russian Nationalism*（Princeton University Press, Princeton, 1983）. ただし、この2冊の見地は別々である。

(69) たとえば、Crozier, *The Gorbachev Phenomenon* や、同じ著者が最近になって出した *Free Agent: The Unseen War 1941-1991*（HarperCollins, London, 1993）を見よ。

(70) 東ヨーロッパにおける例外はアルバニアとユーゴスラヴィアである。チェコスロヴァキアは幾分どちらつかずのところがある。以下を見よ。Joseph Rothschild, *Return to Diversity: A Political History of East Central Europe since World War II*（Oxford University Press, New York, 1989）; and Archie Brown and Jack Gray（eds.）, *Political Culture and Political Change in Communist States*（Macmillan, London, 1977）, esp. Introduction, pp.15-16.

ソ連人のうち少なからぬ人々を念頭に置いて次のような皮肉なコメントを語ってくれた。「正真正銘の全体主義が存在していたときには、私たちはそれが民主主義であるかのように装っていた。ところが、全体主義が多元主義になったとき、だれもが『それは全体主義だ』と叫んだ」。全体主義体制および権威主義体制に関する議論でスターリン亡き後のロシアを「脱全体主義的」と見るものとしては、Ralf Dahrendorf, *The Modern Social Conflict: An Essay on the Politics of Liberty*（Weidenfeld & Nicolson, London, 1988）, 72-92, esp.85, 91 を見よ。

(51) 私は、ゴルバチョフ以前のソ連を言葉の本来の意味において多元主義的と見ることに反対する議論を、以下の書物の自分の分担した章で詳述した。'Political Power and the Soviet State: Western and Soviet Perspectives', in Harding（ed.）, *The State in Socialist Society*, 51-103, esp.57-66.

(52) このテーマで最近書かれた鋭い論文としては、Michael Ignatieff, 'On Civil Society: Why Eastern Europe's Revolutions Could Succeed', *Foreign Affaires*, 74/2（Mar.-Apr.1995）, 128-36.

(53) 以下を見よ。Michael Bourdeaux, *Gorbachev, Glasnost and the Gospel*（Hodder & Stoughton, London, 1990）, esp.1-21; and Michael Bourdeaux, chapter on religion in Archie Brown and Michael Kaser（eds.）, *The Soviet Union since the Fall of Khrushchev*, 2nd edn.（Macmillan, London, 1978）, 157-80.

(54) たとえば、Hugh Seton-Watson, *The Decline of Imperial Russia*（Methuen, London, 1952）; Jacob Walkin, *The Rise of Democracy in Pre-Revolutionary Russia: Political and Social Institutions under the Last Three Czars*（Thames & Hudson, London, 1963）; and Geoffrey Hosking, *The Russian Constitutional Experiment: Government and Duma 1907-1914*（Cambridge University Press, Cambridge, 1973）.

(55) Tibor Szamuely, *The Russian Tradition*, ed. with an introduction by Robert Conquest（Secker & Warburg, London, 1974）.

(56) Ibid., p.ix.

(57) ソ連市民が自分の国に関する新聞・雑誌の記事よりも外国に関する新聞・雑誌の記事の方に強い関心を寄せていることを示す証拠はかなりたくさんある。それに関連する世論調査のデータを手際良くまとめたものとしては、Shlapentokh, *Public and Private Life*, esp.139-52。

(58) ペレストロイカの社会的前提条件の一部をもっと踏み込んで議論したものとしては、David Lane, *Soviet Society under Perestroika*（Unwin Hyman, London, 1990）, esp. ch.5, 'The Changing Social Structure', 123-60; Gail W. Lapidus, 'State and Society: Toward the Emergence of Civil Society in the Soviet Union', in Bialer（ed.）, *Politics, Society and Nationality*, 121-47; Tatyana Zaslavskaya, *The Second Socialist Revolution: An Alternative Strategy*（Tauris, London, 1990）, esp.ch.1, pp.1-20; and Zaslavskaya, 'Perestroyka i sotsializm', in F.M. Borodkin, L.Ya. Kosals, and R.V. Ryvkina（eds.）, *Postizhenie*（Progress, Moscow, 1989）, 217-40, esp.224-6.

(59) Ellen Mickiewicz, *Split Signals: Television and Politics in the Soviet Union*（Oxford University Press, New York, 1988）, 3, 17.

(60) Archie Brown, John Fennell, Michael Kaser, and H.T. Willetts（eds.）, *The Cambridge Encyclopedia of Russia and the Soviet Union*（Cambridge University Press, Cambridge, 1982）, 407.

(61) ソ連という環境破壊空間を最も詳細に説明している文献としては、Murray Feschbach and Alfred Friendly, Jr., *Ecocide in the USSR*（Basic Books, New York, 1992）。

では、ハフと私の見解は異なっていた。ハフは後にゴルバチョフに関し、経済改革への肩入れに力点を置いて非常に詳しく論じた。しかしながら私見では、ハフは政治面での民主化に対するゴルバチョフの関心をひどく過小評価し、時にはゴルバチョフを独裁者と評することもあった。またそれ以上に事態を読み誤り、右派と左派の両方、その中でも特に独立を求める民族運動からゴルバチョフの権力に対して発せられる脅威を軽視した。ゴルバチョフをめぐる議論に論争の火付け役として貢献したハフの著作としては、Hough, *Russia and the West: Gorbachev and the Politics of Reform*, 2nd（Touchstone）edn.（Simon & Schuster, New York, 1990）; 'Gorbachev's Strategy', *Foreign Affairs*, 64/1（1985）, 33-55; 'The Politics of Successful Economic Reform', *Soviet Economy*, 5/1（Jan.-Mar.1989）, 3-46; 'Gorbachev's Endgame', *World Policy Journal*, 7/4（Fall 1990）, 639-72; and 'Understanding Gorbachev', *Soviet Economy*, 7/2（Apr.-June 1991）, 89-109.

(47) 在職中のゴルバチョフの「学習」については、George Breslauer, 'Soviet Economic Reforms Since Stalin: Ideology, Politics and Learning', *Soviet Economy*, 6/3（July-Sept.1990）, 252-80; and George Breslauer and Philip E. Tetlock（eds.）*Learning in U.S.and Soviet Foreign Policy*（Westview, Boulder, Colo., 1991）.

(48) 1989年の選挙の最も詳細な学術的説明（384ページからなる単行本）は、ロシアの研究者が生み出した。政治学の世界において同書は、ソ連時代に別れを告げる絶縁状となった。そこには、1989年の選挙そのものがソ連政治の従来型「現実世界」に突きつけた絶縁状と同様の清新さがあった。V.A. Kolosov, N.V. Petrov, and L.V. Smirnyagin（eds.）, *Vesna 89: Geografiya i anatomiya parlamentskikh vyborov*（Progress, Moscow, 1990）を見よ。

(49) ゴルバチョフが、嫌がる中央委員会を説得して受け入れさせた党綱領草案シリーズは、*Pravda*, 26 July 1991, pp.1-2, and *Pravda*, 8 Aug.1991, pp.3-4 に公表された。

(50) 現在ロシアでは、「全体主義的」という用語は、各歴史段階のソ連体制を評するのに自由かつ無差別に用いられている。スターリンのソ連は確かに全体主義的と呼ばれるにほぼ十分な、（西側の「理念型」の意味での）典型的な全体主義であった。ブレジネフ時代の「後期共産主義」とか「現存の社会主義」などは、鮮明度の薄いケースである。全体として、「高度なスターリン主義」の時代（1930年代初めから1953年のスターリンの死まで）と、フルシチョフからチェルネンコに至る脱スターリン時代との違いは相当に大きいので、両者を概念上区別するのは当然のことであるように思われる。「全体主義」および「権威主義」という用語（もちろん、さまざまな定義が可能であり、したがって分類の仕方もさまざまとなるが）を私なりに解釈するなら、スターリン亡き後、ゴルバチョフ登場以前の時代のソ連体制は、全体主義的というよりも高度な権威主義（脱全体主義時代の権威主義の特殊な範疇）の体制である。こうした論点の一部を詳細に論じたものとしては、Brown, *Soviet Politics and Political Science*（Macmillan, London, 1974）, 30-41; and Brown, 'Political Power and the Soviet State: Western and Soviet Perspectives', in Nell Harding（ed.）, *The State in Socialist Society*（Macmillan, London, 1984）, 51-103, esp.55-7. リベラル派のソ連の作家や政治家が「全体主義」という用語をゴルバチョフ時代のソ連体制にまで適用するのは、拡大解釈のし過ぎである。しかし、ソ連のマスメディアがこのようなレトリックを使うことについては歓迎するしかあるまい。というのもそれは、体制が事実上全体主義からはほど遠いものになったということを証拠付けるものだったからである。「国家と法研究所」（モスクワ）に付属する政治調査センターの所長ヴィリヤム・スミルノフ（William Smirnov）はゴルバチョフ時代の末、

Seweryn Bialer, 'The Yeltsin Affair: The Dilemma of the Left in Gorbachev's Revolution', in Bialer (ed.), *Politics, Society and Nationality Inside Gorbachev's Russia* (Westview, Boulder. Colo., 1989), 91-119. これまで出版されたエリツィンの伝記で最高のものは、John Morrison, *Boris Yeltsin* (Penguin, London, 1991)である。ジャーナリスティックな伝記としては、Vladimir Solovyov and Elena Klepikova, *Boris Yeltsin: A Political Biography* (Weidenfeld & Nicolson, London, 1 992); and Jonathan Steele, *Eternal Russia: Yeltsin, Gorbachev and the Mirage of Democracy* (Faber & Faber, London, 1994). 前者は無批判なエリツィン礼賛本で、後者はそれに比べると懐疑的な立場にある。

(39)引用しているインタビューの点で価値がある文献としては、Angus Roxburgh, *The Second Russian Revolution* (BBC Books, London, 1991); Hedrick Smith, *The New Russians* (Random House, New York, 1990); Robert G. Kaiser, *Why Gorbachev Happened: His Triumphs and his Failures* (Simon & Schuster, New York, 1991); and David Remnick, *Lenin's Tomb: The Last Days of the Soviet Empire* (Viking, London, 1993).

(40) 特に次のものを見よ。Stephen White, *Gorbachev and After*, 3rd edn. (Cambridge University Press, Cambridge, 1992); Richard Sakwa, *Gorbachev and his Reforms 1985-1990* (Philip Allan, London, 1990); and Harley D. Balzer (ed.), *Five Years that Shook the World: Gorbachev's Unfinished Revolution* (Westview, Boulder, Colo., 1991). この種の書籍で、ゴルバチョフ退陣後に完成したものとしては、John Miller, *Mikhail Gorbachev and the End of Soviet Power* (Macmillan, London, 1993)。同書にも幾つかの興味深いインタビューが掲載されている。

(41)例外に属する伝記としては、Dusko Doder and Louise Branson, *Gorbachev: Heretic in the Kremlin* (Viking, New York, 1990)。また、Gerd Ruge, *Gorbachev* (Chatto & Windus, London, 1991)も、特に著者本人(ゲアト・ルーガ)が行ったインタビューの点で有益である。ルーガはモスクワとスターヴロポリの両方においてゴルバチョフの友人、知人に幅広く取材している。この本は価値ある資料を含んでいるが、残念なことに、それと並んで事実誤認も多数見られる。ゴルバチョフ周辺での取材範囲の広さという点では、次の本も前掲書以上である。Gail Sheehy, *The Man Who Changed the World: The Lives of Mikhail S. Gorbachev* (HarperCollins, New York, 1990).

(42) Miller, *Gorbachev and the End of Soviet Power* は、最近のゴルバチョフ関連本では最高の部類に入るが、時としてこの落とし穴にはまり込んでいる。

(43)最後の見解は、フランソワ・トム(Françoise Thom)が自著 *Gorbachev Phenomenon: A History of Perestroika* (Pinter, London, 1989)で、またブライアン・クロウジャ(Brian Crozier)が自著 *The Gorbachev Phenomenon: 'Peace' and the Secret War* (Claridge Press, London, 1990)の中で能弁に表明している。

(44) 以下のものを見よ。Archie Brown, 'Gorbachev: New Man in the Kremlin', *Problems of Communism*, 34/3 (May-June 1985), 1-23; and Archie Brown, 'Can Gorbachev Make a Difference?', *Detente*, 3 (May 1985), 4-7.

(45) 1980年に行ったヘンリー・スティムソン記念講演で私がゴルバチョフに言及したことは、序文の中で触れた。ゴルバチョフを改革志向の将来の書記長として言及した私の発言で最初に出版されたものは、Archie Brown and Michael Kaser (eds.), *Soviet Policy for the 1980s* (Macmillan, London, 1982), 240-2, 244-5, 269-70.

(46) もう一人というのは、1982年、ゴルバチョフが改革の指導者となることはほぼ間違いないと論じたジェリー・ハフである。Hough, 'Changes in Soviet Elite Composition', in Seweryn Bialer and Thane Gustafson (eds.), *Russia at the Crossroads: The 26th Congress of the CPSU* (Allen & Unwin, London, 1982), esp.43-44. ほかの多くの点

問わず、あなたが最も傑出していると思う人物を3人挙げて下さい」と求められた。第1位はピョートル大帝（13パーセント）で、第2位はキリスト（11パーセント）だった。レーニンはアインシュタインと並んで第3位だった（それぞれ8パーセント）。それに続くのは、アンドレイ・サハロフ（6パーセント）と、3人の歴史上の人物、すなわちアレクサンドル・ネフスキー、ピョートル・ストルイピン、ナポレオン1世（いずれも5パーセント）であった。*Argumenty i fakty*, 39（Oct.1991）, 1を見よ。これとは別にボリス・グルシンのVox Populi研究所が1992年6月と7月に行った調査では、ロシア連邦全土の回答者に対して、「時代を問わずロシアの最も偉大な政治家を挙げて下さい」と求めていた。第1位はピョートル大帝で、その名を挙げた回答者は全体の44パーセントだった。しかし、第2位にはレーニン（ピョートル大帝には大きく水をあけられて15パーセント）が入り、第3位にはスターリン（6パーセント）が入った。Mark Rhodes, 'Russians Say Peter was Greater than Lenin', *RFE/RL Research Report*, 2/7（12 Feb.1993）, 54-5を見よ。

(35) Brown, 'Political developments', in Archie Brown and Michael Kaser（eds.）, *The Soviet Union since the Fall of Khrushchev*（Macmillan, London, l975）, 218-75, esp.255-62.

(36) すでに幾つかの注目すべき業績が出て、既存の研究の厚みを増すのに貢献している。例を挙げると、Timothy J. Colton, *The Dilemma of Reform in the Soviet Union*, rev.and expanded edn.（Council on Foreign Relations, New York, 1986）; Moshe Lewin, *The Gorbachev Phenomenon: A Historical Interpretation*（Hutchinson, London, 1988）; Geoffrey Hosking, *The Awakening of the Soviet Union*（Heinemann, London, 1990）; Vladimir Shlapentokh, *Public and Private Life of the Soviet People: Changing Values in Post-Stalin Russia*（Oxford University Press, New York, 1989）; Mary Buckler, *Redefining Russian Society and Polity*（Westview, Boulder, Colo., 1993）; Leslie Holmes, *The End of Communist Power: Anti-Corruption Campaigns and Legitimation Crisis*（Polity Press, Oxford, l993）; and Philip G. Roeder.*Red Sunset: The Failure of Soviet Politics*（Princeton University Press, Princeton, 1993）. 以下も参照せよ。Shlapentokh, *Soviet Intellectuals and Political Power*.

(37) ソ連の民族問題を刺激的に論じているものとしては、Alexander J. Motyl, *Sovietology, Rationality, Nationality: Coming to Grips with Nationalism in the USSR*（Columbia University Press, New York, 1990）; Motyl（ed.）, *Thinking Theoretically about Soviet Nationalities*（Columbia University Press, New York, 1992）; Bohdan Nahaylo and Victor Swoboda, *Soviet Disunion: A History of the Nationalities Problem in the USSR*（Hamish Hamilton, London, 1990）; Graham Smith（ed.）, *Nationalities Questions in the Soviet Union*（Longman, London, 1990）; Michael Mandelbaum（ed.）, *The Rise of Nations in the Soviet Union: American Foreign Policy and the Disintegration of the USSR*（Council on Foreign Relations, New York, 1991）; Gail W. Lapidus and Victor Zaslavsky（eds.）, *From Union to Commonwealth: Nationalism and Separatism in the Soviet Republics*（Cambridge University Press, Cambridge, 1992）; Ronald Grigor Suny, *The Revenge of the Past: Nationalism, Revolution and the Collapse of the Soviet Union*（Stanford University Press, Stanford, Calif., 1993）; and Ian Bremner and Ray Taras（eds.）, *Nations and Politics in the Soviet Successor States*（Cambridge University Press, Cambridge, 1993）.

(38) 長らく「エリツィン・ファクター」ないし「エリツィン現象」については、しかるべき研究がほとんど行われないままになっていた（ちなみに、『ゴルバチョフ現象』と銘打った書籍は少なくとも3冊ある）。しかし、エリツィンが1987年ソ連共産党上層部と訣別した事情を説明する初期のものとして、Timothy J. Colton, 'Moscow Politics and the El'tsin Affair', *The Harriman Institute Forum*, 1/6 June 1988）, 11; and

(Knopf, New York, 1991).

(27) Shlapentokh, *Soviet Intellectuals and Political Power*, 81. また、『文学新聞』の世論調査の概要については、*Literaturnaya gazeta*, 29 Mar.1989, p.12 を見よ。これらの世論調査は、ソ連で最も世評の高い 2 人の社会学者の音頭で行われた。『文学新聞』の世論調査を実施したチームの責任者はユーリー・レヴァダだった。この世論調査には不都合な点があった。それは、回答者の抽出方法が無作為ではなかったということである。『文学新聞』は 2 人の社会学者のアンケートを掲載し、読者に向かって回答を記入するよう呼びかけた。20 万人を下らぬ人々がアンケートに答えた！無作為抽出の世論調査の方は、ボリス・グルシン（Boris Grushin）が行った。当時、レヴァダとグルシンはザスラフスカヤの全ソ・世論調査センターに勤めていた。ちなみに両人とも、1960 年代に先駆的な社会学的調査を実施したことがある。レヴァダは現在、（全露）センターの所長を務めているが、グルシンは同センターを離れて、独自の世論調査センター、Vox Populi を設立した。

(28) ソ連人民代議員大会におけるサハロフの政治的盟友だったアナトーリー・ソプチャーク・サンクトペテルブルグ市長も、サハロフが多大の支持を得たのはようやくその死後になってからだったと述べている。Sobchak, *Khozhdenie vo vlast'* (Novosti, Moscow, 199l), 258 を見よ。しかし、サハロフに対する支持が 1989 年を通じて増大していったことは、ソ連人民代議員大会のメンバーの人気度についての調査結果に示されている。この調査は、ある週刊新聞に寄せられた郵送回答に基づいている（ただしこの調査結果は、全ソ世論調査センターの調査に見られるサハロフに対する控えめな支持レベルとは一致していない。全ソ世論調査センターのサンプル抽出方法の方が専門的であった）。サハロフは、1989 年 10 月の週刊新聞『論拠と事実』（第 40 号）に寄せられた読者の郵送回答に基づく人気順位表では首位だった。この世論調査の実施方法と公表の仕方は、ゴルバチョフと同紙の編集者ウラジスラフ・スタルコフ（Vladislav Starkov）との間で摩擦の種となった。

(29) *Obshchestvennoe mnenie v tsifrakh*, 6/13 (Feb.1990) (All-Union Centre for the Study of Public Opinion, Moscow.1990), 14.

(30) マーガレット・サッチャーを挙げたのは回答者の 16.8 パーセント。これは、次点となったエストニアの政治家マルッユ・ラウリスッティン（Maryu Lauristin）のちょうど 4 倍に当たる。

(31) Levada *et al.*, *Chelovek i legenda*, 13-14.

(32) Ibid.24.

(33) V.V. Dubin *et al.*, *Obshchesvennoe mnenie v tsivrakh*, 2/9 (Jan.1990) (All-Union Centre for the Study of Public Opinion, Moscow), 6. ソ連の各連邦構成共和国から抽出された全回答者 2, 696 人が挙げた人物名は 500 以上に上る。調査結果を伝える小冊子では上位 29 人だけが発表された（前掲書）。そのリストでは、全回答者の 3.5 パーセント以上の名指しがあった人物を網羅している。その当時、レーニンとゴルバチョフを別とすると、このような殿堂に名を連ねたソ連の政治家はもう 1 人、スターリンしかいない（14.9 パーセント）。

(34) その証拠は若干ある。ただし、それを示す世論調査は、前記の調査と直接比較することはできない。というのも前記の調査は 15 の連邦構成共和国（当時）のすべてを対象としているからである。しかしながら 1991 年 9 月 2 日、モスクワ、レニングラード（1991 年 10 月 1 日から公式に旧名のサンクトペテルブルグと改称）、キエフの市民を相手に、それと似た質問が行われた。回答者は、「時代と国とを

10 Apr.1990, p.3.

(13) *Reytingi Borisa Yel'tsina.*

(14) マーガレット・サッチャーが早くから、ゴルバチョフが前任の書記長たちとは違う種類のソ連指導者であるということを認識していたことは、よく実証されている。これに関するサッチャー自身の最も早い時期での説明については、娘のキャロル・サッチャー（Carol Thatcher）に対するインタビュー（'Thatcher on Gorbachev', in *Life*（Oct.1987), 32-4.）を参照のこと。以下も見よ。Margaret Thatcher, *The Downing Street Years*（HarperCollins, London, 1993), esp.450-3. デニス・ヒーリーがゴルバチョフから受けた初期の印象は1984年12月のゴルバチョフのロンドン訪問に基づいているが、それについては、Healer, 'Gorbachev Face to Face', *Newsweek*, 25 Mar.1985, p.15を見よ。ヘルムート・コールは、あるドイツの作家が「軽率な」と評したインタビューの中で、ゴルバチョフを「ゲッベルスばりの宣伝家（プロパガンディスト）」と評した（Gerd Ruge, *Gorbachev: A Biography*（Chatto & Windus, London, 1991))が、コールは後にゴルバチョフとの間で暖かさと信頼によって特徴付けられる関係を結んだ。ゲッベルスのエピソードとその後のゴルバチョフとコールの良好な関係の両方を議論したものとして、次の重要な文献を見よ。Timothy Garton Ash, *In Europe's Name: Germany and the Divided Continent*（Jonathan Cape, London, 1993), esp.l07, 118.

(15) *Izvestiya TsK KPSS*, 11（1990), 150-9.

(16) Ibid.155.

(17) Ibid.156.

(18) Alexander Shtromas, *Political Change and Social Development: The Case of the Soviet Union*（Peter Lang, Frankturt am Main, 1981), esp.67-82を見よ。

(19) Peter Reddaway, 'Dissent in the Soviet Union', *Problems of Communism*, 32/6（Nov.-Dec.1983), 1-15. を見よ。

(20) Ibid.14.

(21) Ibid.

(22) アマルリク（Amalrik, 1938-80）はソ連の反体制派で、亡命先のスペインで交通事故のため亡くなった。ジノヴィエフ（Zinoviev, 1922年生まれ）は反体制派ロシア人で、哲学者にして風刺作家。1977年以来ドイツ在住。

(23) Reddaway, 'Dissent in the Soviet Union'.

(24) 以下を見よ。Alexander Solzhenitsyn, 'Kak nam obustroit' Rossiyu?' in *Literaturnaya gazeta*, l8 Sept.1990, pp.3-6; *Komsomol'skaya Pravda*, 18 Sep.1990, pp.3-6. ソルジェニーツィンのこの論文は後に英訳され次のタイトルで出版された。*Rebuilding Russia: Reflections and Tentative Proposals*（Harvill, London, 1991). ロシアの文芸誌の編集者たちは、ソルジェニーツィンの初期の作品を競って掲載した。『収容所群島』は1989年、ノーヴィ・ミール誌の次の各号に掲載された。No.8, pp.7-94; No.9, pp.68-165; No.10, pp.25-149, and No.11, pp.63-175.

(25) 1991年に全ソ世論調査センターが実施した調査で、「ソ連における人権運動について何か聞いたことがありますか」との質問に対して「はい」と答えたのはわずか21パーセントだった。以下を見よ。Levada, *Chelovek i legenda: obraz A.D.Sakharova v obshchestvennom mnenii*（Data, Moscow, 1991), 13-14. 元反体制派、さらにはアンドレイ・サハロフに対する一般大衆の支持の広がりは、この調査から確認されるように、比較的のちの現象である。

(26) 前掲書を見よ。また以下のものを見よ。Sakharov, *Moscow and Beyond l986 to 1989*

間、優位に立った力を利用して近隣諸国に圧力を加え続けた。「初期の」ブレジネフはチェコスロヴァキアに進攻し、「後期の」ブレジネフはアフガニスタンに進攻した。以下を見よ。Yevgeny Chazov, *Zdorov'e i vlast'*（Novosti, Moscow, 1992）; and G.A. Arbatov, *Zatyanuvsheesya vyzdorovlenie l953-1985 gg. : svidetel'stvo sovremennika*, Mezhdunarodnye otnosheniya, Moscow, l991）.

(4) それらの文献に見られる不備は、ロナルド・アマン（Ronald Amann）が 'Soviet Politics in the Gorbachev Era: The End of Hesitant Modernization', *British Journal of Political Science*, 20/3（July1990）, 289-310, esp.291-3 で指摘している。セヴェリン・ビアラー（Seweryn Bialer）のような洗練された研究者ですら、その著書 *The Soviet Paradox: External Expansion, Internal Decline*（Taurus, London, 1986）の中で随所に洞察力の鋭い指摘をしながら、次のように述べている。「ソ連と米国の関係の緊張は予見できる将来、沈静化する見込みはほとんどない」(343 ページ)。経済改革に関してビアラーは次のように書いている。「新指導部がハンガリーの新経済メカニズムに似た社会主義市場経済に向けて経済改革に着手することは考えられないことではない。しかし、その可能性はきわめて低い」(128 ページ)。

(5) 私の書評論文 'Change and Challenge'（*Times Literary Supplement*, 27 Mar.1987, pp.313-l4）に対する反応の一部は、この範疇に入る。l987 年 5 月 15 日から 7 月 24 日にかけて *TLS* に掲載された一連の投書を見よ。

(6) ここでもビアラーの見解が代表格である。ビアラーは、ソ連が 1987 年までに「世界一興味深い国」になったと確信し、「改革のサイクルに対するゴルバチョフの個人的な重要性はどんなに強調しても強調し過ぎることにはならない」と論じた。次の文献を見よ。Seweryn Bialer and Michael Mandelbaum（eds.）, *Gorbachev's Russia and American Foreign Policy*（Westview Press, Boulder, Colo., 1988）, 231, 269. ソ連について論じる者が全員、ソ連の指導者が体制の改革に関して本当に真剣なのかもしれないと認める気になったわけではない。1987 年の夏に *The National Interest* 誌上で発表されたシンポジウムでは、多様な見解が発表された。その中には、ソ連体制における変化のいかなる証拠をも拒絶する極端な例もあった。それは Alain Besancon and Francoise Thom が共同で寄稿した論文（pp.27-30）に見られる。

(7) ロシア人で亡命社会学者のウラジーミル・シラペントフ（Vladimir Shlapentokh）も、第 1 回人民代議員大会を、ゴルバチョフと知識人層——特にリベラル派——との関係の転換点と見なす一人である。以下を見よ。Shlapentokh, *Soviet Intellectuals and Political Power: The Post-Stalin Era*（Princeton University Press, Princeton, 1990）, 268.

(8) この点にはビアラーが明示的に触れている。ビアラーは 1990 年 10 月、次第に「ゴルバチョフは悩みを解決する人物というよりも悩みの種と化している」と書いている。以下を見よ。 Seweryn Bialer, 'The Last Soviet Communist', *U.S.News and World Report*, 8 Oct.1990, pp.53-4. 以下も参照のこと。Robert G.Kaiser, *Why Gorbachev Happened: His triumphs and his Failures*（Simon a Schuster, New York, 1991）, 414.

(9) *Reytingi Borisa Yel'tsina i Mikhaila Gorbacheva po 10-bal'noy shkale*（All-Russian Centre for the Study of Public Opinion, Moscow, 1993）.

(10) 詳細については第 8 章を参照されたい。

(11)「全ソ世論調査センター」。所長は 1988 年の創立時からアカデミー会員のタチヤナ・ザスラフスカヤ（Tatyana Zaslavskaya）で、1992 年からはユーリー・レヴァダ（Yury Levada）教授。ソ連解体後、同センターは「全露世論調査センター（VTsIOM）」となる。

(12) Yury Levada, 'Chto zhe dal'she? Razmyshleniya o politicheskoy situatsii v strane', *Izvestiya*,

原　注

日本語版序文

（1）最近出版した以下の著書の中でそれを利用した。*Seven Years that Changed the World: Perestroika in Perspective*（Oxford University Press, Oxford, 2007）.
（2）Mikhail Gorbachev interview on BBC Radio Four, 3 June 2007.
（3）Michael Howard, 'Winning the peace: How both Kennan and Gorbachev were right', *Times Literary Supplement*, 8 January 1993, p.8.
（4）A.S. Chernyaev, 'Gorbachev i yaponskaya problema'[Gorbachev and the Japan question], *Novaya i noveyshaya istoriya*, No.3, May-June 2000, pp.141-156.
（5）Ibid., p.154.
（6）Ibid., p.156.
（7）Mikhail Gorbachev and Daisaku Ikeda, *Moral Lessons of the Twentieth Century: Gorbachev and Ikeda on Buddhism and Communism*（Tauris, London, 2005）, p.142.
（8）*Zasedanie Politbyuro TsK KPSS ot 16 noyabrya 1990 goda* [Meeting of the Politburo of the Central Committee of the CPSU, 16 November 1990], Hoover Institution Archives: Archives of the Communist Party and Soviet State, Fond 89, 1.003, opis 42, file 30, p.25.
（9）Ibid., p.6.
（10）Ibid., p.8.
（11）Ibid.
（12）Gorbachev and Ikeda, *Moral Lessons of the Twentieth Century*, p.33.

まえがき

(1) Oleg Gordievsky, *Next Stop Execution* (Macmillan, London, 1995), 312.

第1章

（1）多くの点で、こうした情勢を説明する文献で最高のものは依然として Leonard Schapiro, *The Communist Party of the Soviet Union*, 2nd edn.（Eyre & Spottiswoode, London, 1970）である。
（2）1980 年代後半からソ連およびロシアで入手できるようになった新資料（回顧録を含む）を利用するなど、事実関係を良く踏まえたフルシチョフ解任論としては、William Tompson, 'The Fall of Nikita Khrushchev', *Soviet Studies*, 43/6（1991）, 1101-21; and Tompson, *Khrushchev: A Political Life*（Macmillan, London, 1995）。
（3）ブレジネフ時代の相対的な安定性と単調さは、ソ連崩壊後のロシアの市民多数にとってかなりの魅力となっているが、西側の専門家はこうした短見を共有する必要はない。ブレジネフの侍医だったチャゾフやアメリカ・カナダ研究所の所長ゲオルギー・アルバートフを含め、回顧録を執筆した多数のロシア人は、初期の比較的精気に溢れていたブレジネフと後期の衰弱したブレジネフを区別し、前者にかなり高い評価を与えている。しかし、いずれのブレジネフもソ連経済の根本的問題に取り組むことはなかったし、ソ連の政治体制を自由化、多元化、民主化する企てにあえて着手することもなかった。ソ連は軍事力の増強を進め、その

〈解説〉ゴルバチョフの歴史的貢献——意図、方法、限界

木村　汎

〝ゴルバチョフ派〟vs〝エリツィン派〟

欧米——日本を含む——におけるロシア研究者は、二分される。ロシアの二人の指導者、ゴルバチョフとエリツィンを比べての評価にかんしてである。

〝ゴルバチョフ派〟は、ゴルバチョフに親近感を抱き、同書記長の貢献をことのほか高く評価する。そもそもゴルバチョフという人物がロシア政界に出現し、ペレストロイカ（立て直し）をはじめていなければ、その後にエリツィン大統領がつづくこともなかった。エリツィンの手によるラジカルな改革もありえなかった。はじめにゴルバチョフありき。極端にいえば、彼らはこう考える。

他方〝エリツィン派〟は、説く。ゴルバチョフは、所詮、共産主義の枠内でソビエト体制の立て直しを目指した人物にすぎない。同体制を根本的に改革し、ソ連邦を解体し、急進的な民主化や市場化を推進したのは、エリツィ

ンに他ならない。ゴルバチョフは、たとえばソ連邦大統領の選出方式にかんして民意を問う勇気を欠き、そのポストに人民代議員大会を通じて自らが選ばれる方法を採った。ところがエリツィンは、ロシア共和国大統領への選出を直接選挙方式によっておこなうこととし、自身そのポストに有権者の洗礼をうけて選出された。そればかりではない。共産党の（一時）活動停止、ＫＧＢ（国家保安委員会）の分割、ソ連邦の解体を敢行したのも、エリツィンその人だった。

最初に結論をのべるならば、この〝ゴルバチョフ派〟vs〝エリツィン派〟の論争は、まだ結着がついていない。その理由は、少なくとも三つある。

まず、その統治期間中のどの時期に注目するかによって、これら両指導者の評価は変わってくる。たとえばゴルバチョフのばあい、その政権末期に当たる一九九〇～九一年にかけて彼は急速に右傾化した（本書、第六章、三三六頁）。このことが、彼の統治全体の価値をいちじるしく下げる。が、ゴルバチョフがそれまでの時期におこなったことと照らし合わせると、それは一体どのくらいの減点となるのか。見る者によって、評価は変わってくる。

第二に、評価する側の要求水準や分野が異なること。例えば、ソ連／ロシアにたいしては他の何事にも増して北方領土返還を要求する日本人の立場からすると、ゴルバチョフよりもエリツィンのほうが若干得点が高い。ゴルバチョフが既に行ったことのうえにたって、エリツィンはさらに一歩前進して呉れたからである。一九九三年の訪日時にエリツィン大統領は、ゴルバチョフが九一年に日本側と合意したことをすべて承認した。加えて、日ロ間の領土交渉を律する三つの「公式」に合意した。今後の交渉は「歴史的・法的事実」、日ロ両外務省が作成した「合同資料集」、「法と正義」にもとづいておこなってゆくことに同意したのである。これは、日本側にとり大歓迎すべき事柄であった。

第三に、政治家の評価は棺を覆ってはじめて可能といわれるが、それでも未だ十分時を経たとはいいがたいケースがありうること。エリツィンは一昨年（二〇〇六・四・二三）に死去した。だが、エリツィン前大統領がおこなったことの最終的な評価は、彼の死亡時点においてすらまだ確定しえない。エリツィンは、プーチンという評価が分れる人物を己の後継者に指名したからである。はたして今後プーチン現大統領がロシア政界に事実上どのくらい長くとどまるのか。そして、ロシア内外政治をいったいどの方向に導いてゆくのか。このことによっても、プーチンを任命したエリツィンの責任（または功績）は大きく変わってくるであろう。

このように〝ゴルバチョフ派〟vs〝エリツィン派〟の論争の最終的結着は未だついていない。また、簡単にはつけがたい。そのことを別として、明らかなことがある。それは、本書の著者アーチー・ブラウンが〝ゴルバチョフ派〟に属する代表格、いや旗頭でさえあること。

ゴルバチョフがエリツィンに比べより一層偉大な政治家である。ただこのことを証明するためだけの目的で、もとより、本書は書かれたのではない。ゴルバチョフのすべてについてバランスがとれた叙述が明解かつ平易な言葉で語られている。しかも、独創性に満ち溢れている。再読、三読に価するゴルバチョフ論の決定版となっている。本書は、一九九六年英国スラブ東欧学会の「アレック・ノーブ賞」、英国政治学会の「W・J・M・マッケンジー賞」をダブル受賞する栄に輝いた。宣《むべ》なるかなといえよう。すでに汗牛充棟をなすといってよいくらい数百種のゴルバチョフ本が出版されている。そのなかで只一冊を選べといわれるならば、私個人はいささかも躊躇することなく本書を挙げる。刊行（一九九六年）直後から和訳が切望されたが、なにしろ大部（原文四〇六頁）であるために、誰も翻訳を試みようとせず、どの出版社も刊行を尻込みしていた。

ゴルバチョフが始め、エリツィンが引き継いだ

この小文において、改めてブラウンのゴルバチョフ論を要約し、紹介する紙幅も必要もないだろう。本書を熟読

してもらえば、それに勝る方法はないからである。したがって以下においては、本文の冒頭で言及したゴルバチョフ、エリツィン両指導者の比較を中心に据えてブラウン教授の一、二の主張を紹介し、検討を加えることに紙幅を用いたい。そのさい、本書ばかりでなく、同教授のその後の著作とくに『世界を変えた七年――ペレストロイカ眺望』(Archie Brown, *Seven Years That Changed World: Perestroika in Perspective*, Oxford University Press,2007,350pp)を、大いに参考にする。後者は、本書のほとんどの読者の眼にふれていないと考えるからである。

ゴルバチョフ、エリツィン――これら二人の両指導者がそれぞれはたした役割を、まず分かりやすく要約しよう。ゴルバチョフは、ソビエト体制改革の「創始者」だった(『ガーディアン』、二〇〇七年四月二六日紙上でのブラウン論文)。仮に一九八五年三月にソ連共産党書記長にゴルバチョフでなく、ゴルバチョフ以外の人物が就任したばあいを想定してみよう。たとえば、同じく当時政治局員だったヴィクトル・グリシン、グリゴーリー・ロマノフ、アンドレイ・グロムイコといった守旧的で旧態依然としたアパラチキ(党基幹幹部)がもしソ連のトップに選ばれていたとしたら、どうだったろう。

右の問に答えて、ロバート・レグヴォルド(コロンビア大学教授)は書く。「〔たしかに〕このような政治家たちもまた、ゴルバチョフ同様、改革を要請する国の内外からの圧力に直面していたかもしれない。それにもかかわらず、おそらく彼らはなにごとも学習しようとしなかったことだろう。彼らもまた、ゴルバチョフが実際におこなったと同一の反応をしめしたと結論しうる保障は、どこにもないのだ」。政治の世界では、指導者間に存在する個人差がはたす役割はそれほどまでに大きい。レグヴォルドはそう力説するのである。ソ連の社会学者のタチヤナ・ザスラフスカヤ女史も後に述懐している。「もしゴルバチョフが一九八五年に政治局の長になっていなかったならば、当時ロシアに存在していたものの半分は、その後十数年間にわたってそのままの状態でおそらく続いていたことだろう」。

では他方、エリツィンの貢献は、どの点にあるのか。ゴルバチョフによって実質的に「既に決定され、生み出されていた民主化過程の突破口《ブレークスルー》」(『世界を変えた七年』原書——以後略して『七年』——、三一三頁)を追認し、続行した。この点に、エリツィンの貢献が求められる。両指導者についての右のような一般的評価をブラウン自身は、具体例を引いて説明する。

たとえば、共産主義体制を破壊したこと。ブラウンによれば、「すでにゴルバチョフ時代の一九八九年に、ソ連はソビエト型共産主義体制であることを止めていた。〔つまり〕九一年八月のクーデター後にエリツィンがソ連共産党の活動の禁止令を出す以前の時期においてである」(『七年』、二一四頁)。

またたとえば、ソ連邦の解体。これをプーチン現大統領は「二〇世紀最大の地政学的な惨事《カタストロフィー》」と呼んだが、今しばしその善し悪しを横におくことにしよう。通説は、ゴルバチョフが「新連邦条約」という中途半端な提案をおこなったことを批判する。同条約は、モスクワ中央政府から多くの政権を各共和国へ移譲する。その代償と引き換えにして、連邦制の存続を承認させることを目的とする、一種の妥協案であった。この通説にたいしても、ブラウンは反論を試みる。エリツィンなどスラブ系三共和国(ロシア、ウクライナ、ベラルーシ)の三首脳が九一年一二月にベロヴェーシの森に集まってソ連邦解体を宣言した時、ましてや九一年一二月にソビエト国旗がクレムリンから降ろされた時——これら以前の段階で、ソ連は共産主義体制であることをすでに止めていた(『七年』、二一四頁)。すなわち、右のスラブ系三首脳は、ゴルバチョフ時代にすでに実際に発生していたものを、公的に追認したにすぎないのだ、と。

ゴルバチョフは理念、エリツィンは直観の人

右に紹介した部分から明らかなように、ブラウンは、政治家ゴルバチョフをエリツィンに比べて上位におこうとしている。その理由のひとつは、前者が確固とした信念、思想、アイディア(理念)をもっているのにたいし、後

者がそのようなものと無縁だったからである。ゴルバチョフは、政治家としては珍しく（?!）〝知〟を好む人物であった。

このことは知的能力に秀でたブレインや側近たちを己の周囲に集めた事実によっても証明される。アレクサンドル・ヤコヴレフ、エドアルト・シェワルナゼ、ゲオルギー・シャフナザロフ、アナトーリー・チェルニャーエフ、ワジム・メドヴェージェフ……などなど。すべて一騎当千の論客たちである。これは、エリツィンが身近に集めた人々と好対照をなす。エリツィンは「ピンク色のパンツをはいた子供たち」と揶揄《やゆ》される政治的に未熟な若者たちを己の周辺に集めた。エゴール・ガイダール、アナトリー・チュバイス、ボリス・ネムツォフ、セルゲイ・キリエンコ、など。その他は、「ファミリー」と呼ばれる身近な側近たち。たとえば、テニス仲間、ボディーガード（アレクサンドル・コルジャコフ）、娘（タチアナ・ジヤチェンコ）など。彼らは、どうみても知的能力の点で秀れた人々とはいえなかった。

おそらくそのような側近の顔ぶれや知的水準とも関係していたのであろう、ゴルバチョフ政権は、数々の新理念を打ち出した。「ペレストロイカ」、「グラスノスチ」、「ヨーロッパ共通の家」、「全人類的価値」、「新思考」……等々の概念である。他方それとは対照的に、エリツィン政権は、格別新しいアイディアやコンセプトを生み出そうとしなかった。エリツィンを弁護するならば、彼は理念の人というよりも直観によって行動する実務的な人間であった。ともあれ、ブラウンは記す。「エリツィンは、民主主義にかんしていかなる首尾一貫した考えも形成していなかった」（『七年』、三一三頁）。逆に「ボリス・エリツィンにとっては、アメリカのスーパーマーケットを初めて見るだけで、己を資本主義の信者へと転向するに充分なのであった」（『七年』、二九一頁）。

エリツィンの政治行動様式は、政治理念にもとづいていなかった。それだけならば、まだしもましだった。それは往々にして、自らが和解しがたい政敵とみなすゴルバチョフを追い落そうとする個人的な野心や心理的な動機にもとづいて決定された。ブラウンは、このようにさえ書く（『七年』、二二二、三一八頁）。私も同感である。たとえば、もしエリツィンがゴルバチョフ提案の「新連邦条約」に同意しておれば、ソ連邦はより緩《ゆる》やかで自発的な基礎のうえに維持されえていたかもしれない。だがそれでは、エリツィンはゴルバチョフからソ連邦大統領という帽子（肩書き）を奪うことができない。そのような己の「個人的野心」に促されて、エリツィンはソ連邦解体に賛同したのではなかろうか。

以上のような一般論を念頭において、次にゴルバチョフがおこなったことを内政と外交の二分野に分けて、もう少し詳しく検討することにする。

レーニン主義からの訣別

まず、内政面。旧ソビエト社会において民主主義を進展させる作業にかんして、ゴルバチョフがおこなおうとしたことは、中途半端な類のものだった。それは、一言でいえば、体制内（within the system）改革。ボリシェヴィキの頭領、レーニンがはじめた共産党独裁体制に部分的手直しを加えようとするだけで、ゴルバチョフはそれをけっして全面的に破壊しようとはしなかった——これが、ゴルバチョフが内政面でおこなったことにたいする最も手厳しい評価である。少くとも〝エリツィン派〟に属するロシア研究者たちが、こぞって〝ゴルバチョフ派〟に浴びせかける批判点といえよう。

〝エリツィン派〟からの右のような批判にたいして、ブラウンは、本書およびその他の著書のなかで、以下のように反駁する。ゴルバチョフを体制内改革者に過ぎないとみる見方は、ゴルバチョフが一九八九〜九〇年の時期に遂げた急速な変貌を看過《みすご》している、と（『七年』、二〇一〜二頁）。

ブラウンは、モスクワのゴルバチョフ財団の文書館内に保存されているゴルバチョフの未刊行著作を読む機会を得た。そのうちの一著作「ペレストロイカ――日記用ノート」（一九八九年三月）は、ゴルバチョフの主著に比べてはるかにラジカルな内容となっているという（『七年』、二八五頁）。ゴルバチョフの主著とは、一九八七年に出版されるや世界的なベストセラーとなった『ペレストロイカ――わが国および全世界のための新思考』を指す。

まず第一に、ゴルバチョフは――ブラウンによれば――、レーニンとレーニン主義を区別した。さらに細かくいうならば、レーニン主義の基本的精神とボリシェヴィズムの思想を峻別した。

改めていうまでもなく、レーニンとボリシェヴィズムとは不即不離の関係にあるはず。レーニンはボリシェヴィズムという呼称の考え方の創始者であり、レーニン自身がボリシェヴィキの第一号であり、「ナンバーワン」（『七年』、二八九頁）であった。つまり、レーニン主義＝《イコール》ボリシェヴィズムといってさえ過言ではない。ところが、ゴルバチョフはレーニン個人を尊敬し、たしかに己のほとんどの著作中においてレーニンの言葉を頻繁に引用した。しかし他方、ボリシェヴィズムの思想はいまや適用不可能なまでに時代遅れとなっている、と考えた。ゴルバチョフ時代は、レーニンが生きた時代とは異なるからである。このようにしてゴルバチョフは、ボリシェヴィキやボリシェヴィズムにかんして次第に否定的なニュアンスを込めて語るようになった。さらにゴルバチョフは、レーニンの精神や教えを守るならば、ソビエト体制を否定せねばならないことさえ示唆するにいたった。ブラウンがゴルバチョフ財団文書館で発見した右の「ノート」のなかで、ゴルバチョフは記している。「われわれは、現代に生きている。現代の子供たちである。もしわれわれが〔真の〕レーニン主義者となるべきであるとするならば、われわれの中に潜む過去を克服せねばならない」（『七年』、二八五頁）、と。

政権の座にのぼってからほどなくして、ゴルバチョフはボリシェヴィズムや共産主義の思想を捨て、いわゆる「社会民主主義」を信奉するようになった（『七年』、三三二ページ）。これが、ブラウンの解釈である。社会民主主義とは、社会主義の達成物を放棄することなく、しかも社会主義体制のなかで多元主義や民主主義を拡大してゆこうとするやり方。逆に、民主的社会主義とは、民主主義の果実を維持しつつ、社会保障などを充実させ、社会的、経済的格差を縮小してゆこうとするやり方を指す。親友ズデネク・ムリナーシとのあいだで胸襟を開いて語り合った会話のなかで、ゴルバチョフは次のようにのべた。ムリナーシは、ゴルバチョフがモスクワ国立大学で（一九五〇～五五年）机を並べた同窓生で、母国チェコスロヴァキアへ戻ったあとチェコ政治改革運動の中心となった人物。「その頃から私〔ゴルバチョフ〕が採った道は、基本的には社会民主主義の考え方だった。こう述べて差し支えないだろう」（ムリナーシ『ゴルバチョフとの会話』、英文、七九頁）。ゴルバチョフの政治的立場は、レーニン主義ではなく、修正マルクス主義の祖エドアルド・ベルンシュタイン、最近ではウィリー・ブラント（ドイツ社会民主党党首、ついで首相）の考え方に近い（『七年』、二八九頁）。これが、ブラウンの見方である。

漸進的な手法で改革可能

ソ連式共産主義は、「改革可能」（reformable）、しかも漸進的な方法によって可能である——このようなゴルバチョフの考え方は、ほとんどとうぜんのごとく左右両翼から批判されることとなった。

まず、西側の一部の者は、ソビエト・システムを「改革不可能」な体制とみなした。たとえば英国から米国へ移ったスターリニズムの研究家、ロバート・コンクェストは、およそ「ソ連」と「民主主義」とは二律背反の関係にあり、「民主的なソ連」とはまさに形容矛盾以外のなにものでもない、と説いた。

たしかに、当初ゴルバチョフは一党体制内での多元主義《プルーラリズム》を唱えていた。ブラウンが発見したゴルバチョフ文書館の未刊行の著述（一九八九年）のなかにおいてすら、そうであった。しかしゴルバチョフは、九〇年までにみずからのラジカルな思考改革を敢行した。その結果、多数政党制こそが真の民主主義の実現を保障する、と考えるにいたった——これが、ブラウンの解釈である。だが、ゴルバチョフはこのような体制の根本的な変革を、ラジカルでなく漸進的なやり方でおこなおうとした。

物事を変えるには、「革命」(revolution)と、「改革」(evolution)の二方法がある。前者は、急激かつ抜本的な変更、後者は前者に比べ穏健かつ漸進的な変化を目指す。ゴルバチョフは、後者のやり方を選んだ。ゴルバチョフの考え方は、ブラウンによれば、次の点でユニークである。己が狙っている「目標」にかんしては、まさに革命的な内容を目指す。だが、それを実施する「手段」にかんしては、改革的な方法を用いねばならない。ブラウンの次の言葉は、このことを表現しようとしたものに他ならない。ゴルバチョフは、「ペレストロイカが革命的な性格をもつ抜本的な改革」でなければならない、と考えた。だがそれは、あくまで「漸進的なやり方で達成されるべき革命」である、と(『七年』、二九一頁)。

案の定、このようなゴルバチョフによる漸進的な手法は、優柔不断、共産党一党独裁の破壊まで一気に踏み切ろうとしない、臆病で中途半端なやり方――〝エリツィン派〟に属する人々の眼には、このようなものとして映った。所詮ゴルバチョフも、共産主義エリートの教育をどっぷり受けて、けっしてその枠内から飛び出しえないボリシェヴィキに過ぎない。このように、ゴルバチョフの限界を指摘する酷評すら聞かれた。その代わりに、一挙に共産主義体制を打破することを叫んだエリツィンの大胆な姿勢やラジカルな手法に、〝エリツィン派〟は拍手喝采を送った。

エリツィンのあとを襲って政権の座に就いたプーチン大統領によって、今日、ソビエト時代への先祖返り政策と現象が――少なくとも部分的に――増々顕著となりつつある。しかも、それらは多くのロシア国民によって歓迎されている。なぜか? それは、ゴルバチョフ、エリツィン両政権下の改革や革命が彼らを混乱と不安定の極致へと投げ込んだからであろう。とりわけエリツィン政権下の急激な民主化や市場化は、そうであった。カーネギー・モスクワ・センター上級研究員、リリヤ・シェフツォーバ女史の卓抜な比喩を借用すると、それらは「実験室〔ロシア〕の社会学的、心理学的、政治的な諸状況をいっさい考慮に入れることなく試みられた」。もちろん、歴史の後知恵かもしれない。とはいえ、このような状況を見るとき、エリツィンの革命的手法よりも、ゴルバチョフの漸進的手法のほうが、ロシア国民や社会にマッチしたやり方だった。このようにいえるかもしれない。

新思考

内政面に劣らず、外交分野でのゴルバチョフの功績は大きい。ブラウンはこう考える。なぜか？ ゴルバチョフは発想の転換をおこなったからである。レグヴォルドは、それを「発想革命」（conceptional revolution）と名づける。ゴルバチョフは己の外交に「新思考」をもち込んだ。この後すぐ説明するその具体的内容は、欧米諸国でこそ当たり前の考え方のものではあったが、当時のソ連人にとっては驚天動地といえる発想の転換であった。ブラウンによれば、「新思考」は、レーガンが大統領に就任する（一九八一）以前の段階に、ゴルバチョフの心中ですでに形成されていたに違いない、という。ゴルバチョフの「新思考」形成を導いた要素は数多く存在し、かならずしもひとつではない。ブラウンは、そのなかでも、ゴルバチョフの対外世界観の変化を強調する。そして、その変化に少なからず貢献したのは、ゴルバチョフがおこなった頻繁な海外旅行、そして外国人指導者たちとの接触を通じてであったという（本書、第二章、一〇五―一〇六頁）。ゴルバチョフは、一九六〇年代に東欧、七〇年代には西ヨーロッパ、八〇年代には米国および西ヨーロッパ諸国を訪問する機会を得た。カナダではアレクサンドル・ヤコヴレフ、英国ではマーガレット・サッチャーと知り合った（本書、第三章、一六六頁、一七〇―一七二頁）。

一九八五年三月、党書記長に就くや、ゴルバチョフはアンドレイ・グロムイコ外相を直ちに罷免した。グロムイコは、二八年間もの長きにわたってソ連外相をつとめ、「ソ連外交の生き字引」とまで称された外交通。しかも、ゴルバチョフを政治局会議でソ連共産党書記長に推挙した人物でもあった。ゴルバチョフは、そのようなベテランかつ恩人を、外相ポストからはずし、ソ連最高会議議長という儀礼的ポストへと祭り上げたのである。

グロムイコの後継者として、ゴルバチョフが任命したのは、エドアルト・シェワルナゼ。外相任命のわずか一日まえに政治局員に昇格したばかりの無名の人物。この人事は、次の三つの目的を狙っていた。第一に、ソ連外交政策を「非グロムイコ化」する。第二に、ソ連外交の主導権を外務省から党書記長に移管する。第三に、己が決定した外交政策を忠実に履行してくれる人物に外交政策の執行を委ねる。そして何よりも注目すべきことは、この人事刷新のスピードであった。ゴルバチョフは、政権に就くはるか以前の段階からソ連外交の刷新を準備していた。これが、ブラウンの見方である。

ゴルバチョフの外交は、彼の内政に比べると、相対的により首尾一貫している。その理由はおそらく多岐にわたるだろうが、とくに次の点が重要である。内政に比べ、外交が保守派により介入されたり妨害されたりする可能性が少なかったこと。また、国内政策は種々様々な執行機関によって履行されるが、外交政策は主として一つの機関によって実施に移されたこと。とりわけ、ゴルバチョフみずからが任命した盟友のシェワルナゼ新外相の指導下に遂行されたこと。

「全人類的価値」の提唱

「新思考」の具体的内容について説明する。まず「全人類的価値」が、新思考の核心的地位を占める。ゴルバチョフの「全人類的価値」は力説した。地球上に生起する種々な問題の解決は、一国家の枠を超えたグローバルな観点からのアプローチを必要としている。別の言葉でいうと、階級や体制の対立を超えた全人類的な立場からの相互協力が不可欠である。たとえば、環境汚染、天然資源の枯渇、エイズ／ＨＩＶの伝染、宇宙開発、核兵器による人類滅亡の危機、地域紛争……といった諸問題が、そうである。「全人類的価値」の提唱から、ソ連の「ヨーロッパ共通の家」への参加意志が、ほとんど当然のようにみちびきだされる。ロシアは元々ヨーロッパ文明の一部であった。

今や、同文明と共通の「全人類的価値」観に立ってヨーロッパへの回帰を希望している。

ちなみに、右のようなゴルバチョフの考え方は、プーチン現ロシア大統領のそれと対蹠《たいせき》的な立場にたつ。プーチンは、むしろロシアの独自性のほうを力説する政治家だからである。エリツィン前大統領によって事実上彼の後継者に指名された直後に発表した有名な「ミレニアム論文」以来、プーチンはロシアが独自の道を歩むことを一貫して説いている。その最近の現れの一つは、「主権民主主義」論であろう。ロシア土着の民族、歴史、伝統にマッチした民主主義を、ロシアが追求するとの意志表明である。プーチン政権のイデオローグであるウラジスラフ・スルコフ大統領府副補佐官が発表し、プーチン大統領自身はその主張を一〇〇％支持する旨を明らかにしている。

ゴルバチョフの「新思考」は、独自のダイナミズムを得て、次第にエスカレートしていった。まず、それは、旧ソ連時代の対中・東欧政策の根幹である「ブレジネフ・ドクトリン」の放棄を招来させることとなった。かつて「ブレジネフ・ドクトリン」は唱えた。「共産主義」陣営に属するとみなされた国が「共産主義」を放棄したり離脱したりしようと試みるときには、他のメンバー諸国（事実上はソ連）は武力に訴えてでも介入し、そのような動きを阻止する権利・義務がある、と。同ドクトリンは、一九六八年にチェコスロヴァキアへの戦車による進攻を正当化するために用いられた。ところがゴルバチョフによると、ソ連は他の社会主義諸国の内政にもはや干渉しないというのである。これは、中・東欧諸国をしてそれぞれの道を歩む（going their way）ことを黙認するという。フランク・シナトラが「ゴーイング・マイウェイ」と歌っていることに因んで、ゴルバチョフの新しい姿勢は「シナトラ・ドクトリン」への転換を告げるものとみなされた（『七年』、四七〇頁）。

ゴルバチョフは、一九八六年七月、アフガニスタンからの撤兵を宣言し、八九年二月には撤退を完了した。最初のうちこそゴルバチョフによる「ブレジネフ・ドクトリン」の放棄を信用していなかった中・東欧諸国の住民たちも、やがてゴルバチョフ外交の変化が本物であることに気付くようになった。このようにして、同ドクトリンの放棄は、中・東欧の自由化、ベルリンの壁の崩壊をみちびいた。そして遂に、冷戦すらをも終了させることとなった。

冷戦を終わらせた

冷戦は、何時、そしてなぜ終焉したのか。この問は一義的には答えにくい大問題である。というのも、冷戦（cold war）は、そもそも学問的に厳密な用語ではなく、一種の比喩《メタファー》にすぎないからである（『七年』、二四〇頁）。

冷戦終結の理由にかんしては、ひとつ有力説がある。ソ連、とくにソビエト式経済は行き詰まり、極度に停滞していた。まさにそのような時にレーガン米政権がＳＤＩ（戦略防衛構想）をソ連にぶつけ揺さぶった。ソ連は、もはや米国との軍拡競争には堪えられぬと観念して、体制の部分的改革（「ペレストロイカ」）に乗り出すとともに、冷戦に終止符を打つことにも同意せざるをえなかった、と。この一般向けする説明法にたいして、ブラウンは次のように反駁する。

ロナルド・レーガン大統領がＳＤＩ構想を公表したのは、一九八三年三月。ソ連ではアンドロポフ政権期（八二―八四年）のことであった。同政権も、その跡を継いだチェルネンコ政権（八四―八五年）も、ＳＤＩの挑戦に屈伏して冷戦を終結させることなど、夢想だにしなかった。両政権は、ブレジネフ政権と同様に、米国からの軍事的脅威が増大するとみなすばあい、それにけっして屈伏しようとはせずに、むしろ果敢に対抗する姿勢をしめした。したがって、もしも八五年三月にゴルバチョフでなく、たとえばグリシン、ロマノフ、グロムイコがソ連のトップに選ばれていたとするならば、ソ連の外交政策は、内政と同様に、大して変化していなかったろう。彼ら守旧派によって指導されるソ連が冷戦終焉への動きを進めたとは、とうてい想像しえないからである（『七年』、二七二頁）。

つまり、まず、ゴルバチョフの登場なしには、東西冷戦の終了はありえなかったのだ。あるいは、冷戦終結は少なくとも後の時期へと遅延させられていたことだろう。さらにいうならば、冷戦終焉にかんし米国の大統領――レーガンであれ、ブッシュであれ――よりも、ゴルバチョフのほうがはるかに大きな役割をはたした。というのも、レーガンやブッシュの代わりの役目をはたすアメリカの大統領は他にも存在しえたであろう。が、ゴルバチョフに代わるソ連の指導者は他に存在しなかったからである（『七年』、二七四頁）。

己が唱える「新思考」が実施されるばあい、このような冷戦終結にまでつながる国際政治の大変動の引き金をひく。ゴルバチョフは、このことをはたしてどのていどまで前もって予測していたのか？　この問に答えるのはむずかしい。ゴルバチョフが、全体のプロセスを予め完全に理解していたとはいいえないであろう。事態は、ある段階以後、ゴルバチョフの思惑を超えて一人歩きをはじめ、「あれよあれよ」という間に東西ドイツの統一にまで突き進んだ――これが、おそらくことの真相だったのだろう。刑法に「未必の故意」という概念がある。己の行為から、ある事実が発生するかもしれないと思いながら、発生しても仕方がないと認めてあえてその危険をおかして、行為におよぶ心理状態を指す。わざわざそのような概念をもちだすまでもなく、政治は結果責任が問われる世界。このような国際政治上の地殻変動の原因を造った人物の責任（または功績）は――その善悪の判断を別として――、ひじょうに大きい。

――以上を要約して、ゴルバチョフの功罪を一覧表にまとめておこう。

まず、功績面。ゴルバチョフの国内分野における偉業は、何よりもペレストロイカの提唱とその実践。そのことによるレーニン主義、とりわけそのドグマ性の否定。次いで、グラスノスチ（公開性）の唱導による言論、信仰、集会、その他の自由の保障や拡大。たとえば、サハロフ夫妻の幽閉先ゴーリキーからの釈放。思想や意見の多元主義の承認は、やがては複数政党制をみちびくかもしれない萌芽を秘めていた。

外交分野におけるゴルバチョフの貢献は、さらに一層大きい。イデオロギー（共産主義）外交の停止。「新思考」外交の提唱。軍縮・軍備管理交渉の推進（部分的には、一方的な軍縮の実施）。中・東欧や第三世界への膨張や介入路線の修正。たとえば、アフガニスタンからのソ連軍の撤退。「ブレジネフ・ドクトリン」の放棄。その結果として中・東欧の自由化が促進され、東西両ドイツの統一が実現した。そして何よりも冷戦終結に貢献した。これらの功績により、ゴルバチョフはノーベル平和賞の栄誉に輝いた（一九九〇年）。

他方、ゴルバチョフは、次のような限界も露呈した。彼は、ロシア国民にたいして明確なグランド・デザインを示さなかった。譬えていうと、たしかに彼は沈みゆく難破船のソビエト型共産主義を見捨てて、大洋に飛び込む勇気をしめした。だが他方、泳ぎ着くべき目標地点もその手立ても提示しなかった。とくに、政権末期（一九九〇―九一年）のゴルバチョフは感心しない。自らがサーフィン・ボードから水中に落ちないことだけに腐心し、周囲の波の状況に己を合わせてゆくことに専念する保身政治家へと変質した。時として、保守派にすり寄ってまで政権の座に座りつづけようとした。ヤコヴレフやシェワルナゼのような朋友の忠告も容れようとせず、彼らの政権離脱を容認した。代ってゴルバチョフが任命した部下の多数は、なんと一九九一年八月クーデターの主要な首謀者となった。ヤナーエフ副大統領、パヴロフ首相、クリュチコフKGB議長、ヤゾフ国防相、プーゴ内相などである。

評価はプーチン次第

ゴルバチョフは重要な問題を提起した。それは、ロシアを超える普遍的な意味をもつ大問題である。それを最後に検討することにしよう。〈民主主義は、どのような国においても同一のものでなければならないのか〉という問である。

たしかに、民主主義の諸原則は万国共通のものであろう。たとえば、言論、結社の自由。統治者を選ぶためのオープンかつ公正な手続き、三権分立などは、誰もがどの国においても遵守せねばならぬ民主主義のABC。ところが他方、民主主義は、それが現実に適用される場（現代のばあい国家）の土着の文化、歴史、伝統、民族性によってあるていどまで影響をこうむる。このこともまた、たしかであろう。譬えていうと、欧米で開花した草花が他の異なる土壌に移植されるばあい、かならずしも同じ色の花が咲くとは期待しえない。ヨーロッパ型、日本型の民主主義が米国版のそれとは若干異なるように、ロシア型民主主義というものが存在する。このような主張それ自体は、けっして可笑しいものではない。

しかし右の問題提起にたいしては、直ちにひとつ重大な反論が提起される。では、民主主義が拠ってたつ諸原則からの逸脱ははたしてどの程度まで許容されるのか？　というのも、独自の民主主義推進の理由（口実？）のもとに民主主義の本来の精神が侵犯されてよいことにはならないからである。その意味で、形容詞や限定句がつけられた民主主義は、往々にしてまやかしと疑ってかかるべきであろう。たとえば、「指導される民主主義」、「管理される民主主義」、「主権民主主義」……等々。これらのなかに、自己流の民主主義を何が何でも正当化しようとする意図が感じられる。

右のことを念頭におきつつ、ゴルバチョフ版の社会民主主義を擁護しようとするブラウンの議論に耳を傾けてみよう。イギリス、ドイツ、フランス、北欧諸国には、社会民主主義の思想や伝統が存在する。そのことも手伝って、社会主義体制を一挙全面的に破壊するのではなく、その枠内で徐々に民主主義を拡大してゆこうとする。これが、社会民主主義、そしてゴルバチョフの主張の骨子である。このような漸進主義的アプローチを、ブラウンは理解し評価しようとする。ところが米国には、社会民主主義の伝統も、それを標榜する政党も存在しない。そのために、ロシアの政治的風土に合った最善の方法を見出そうとするゴルバチョフの苦肉の策を、米国人は理解しようとする寛容な態度が欠けている。ゴルバチョフに代ってエリツィンが登場した当初、米国人の多くが雪崩れを打つように〝エリツィン派〟となった背景には、このような事情が存在していた。日本人は、物事を白黒法の二項対立で捉えようとせず、灰色領域の存在を認めようとする。その意味で、ブラウンを筆頭とする〝ゴルバチョフ派〟の見解には、われわれ日本人が共鳴する部分が少なくない。

私個人がとくに感心したのは、ブラウンの柔軟な見方である。たとえば次の文章には全面的に賛成する。「ゴルバチョフの歴史的評価は、ゴルバチョフ政権のいったいどの分野を念頭におくかによって変わってくる」（『七年』三二五頁）。ブラウンのこの言葉につづけて、さらに次の一句を私個人は付け加えたい。プーチンが今後ロシアをどの方向にみちびいてゆくか——このことによっても、おそらくゴルバチョフの最終評価は変わってくるだろう、と。

（文中、敬称略）

訳者あとがき

原著者について。アーチー・ブラウンは一九三八年生まれ。ロンドン・スクール・オブ・エコノミクス（LSE）に学んだ。一九七一年から三十四年にわたって英オックスフォード大学のセント・アントニーズ・カレッジで政治学を講じ、現在は同大学の名誉教授となっている。ひと言で言えば、イギリスにおけるソ連・ロシア研究の泰斗である。現在も現役の研究者として精力的な活躍を続けており、最新の著書としては、二〇〇七年にオックスフォード大学出版会（OUP）から刊行された『世界を変えた七年間』（*Seven Years that Changed the World: Perestroika in Perspective*）がある。同書を始め多数の優れた著書があるが、不思議なことに邦訳はこれまで出版されたことがない。このあたりの事情を含め、ブラウンの業績については木村汎北海道大学名誉教授の解説に詳しいので、これ以上、屋上屋を架することは避けたいと思う。

底本と翻訳の分担について。凡例においても記したとおり本書の底本は、OUPが一九九七年にオックスフォードとニューヨークで同時に出版した *The Gorbachev Factor* である。翻訳は、第六章から第九章までを小泉直美が、それ以外の部分は角田安正が担当した。固有名詞や専門用語の訳語については訳者相互間で相談し、また木村教授を始め専門家（後述）のアドバイスを仰いだが、最終的な判断は角田に責任がある。全体の訳文の調整に関しても同様である。

翻訳の経緯について。二年前、木村教授から本書の翻訳を慫慂《しょうよう》していただいたのをきっかけとして翻訳にとりかかった。翻訳に着手したときは、意気込みと緊張がないまぜになった気持ちを感じた。意気込んだのは、言うまでもなく、名著の誉れ高い本書の翻訳にたずさわれることを、ロシア研究者として嬉しく思ったからである。もとより、ゴルバチョフを再評価しようとする原著者の姿勢は、訳者にとり大いに共感できるものであった。ゴルバチョフとその業績がしかるべく評価されないまま忘れかけられていくのは、何とも理不尽なことだ――以前からそのように感じていただけに、本書の翻訳はやりがいのある仕事に感じられた。

また、政治家としてのゴルバチョフとその業績を綿密に評価し、現代ロシア史においてしかるべく位置づけることは、新生ロシアの指導者とその政治の本質をあぶり出すという観点からも、必要不可欠な作業である。ロシア連邦の初代大統領であるエリツィンは、民主主義と市場経済の仕組みが必ずしも理解できなかった。また、エリツィンから政権を禅譲されたプーチン大統領は、強権的、権威主義的な政治運営を強化した。こうしたロシアの政治の動きを正確に理解するための補助線としても、ゴルバチョフの理念（の変化）や政治スタイル、その業績と失敗を改めて見直すことは非常に意義あることだと思う。

一方、翻訳にあたって緊張を感じたのはなぜか。原著者の重要な労作がわが国で受け入れられるか否かという点で、訳者の責任が重大であることを感じずにはいられなかったからである。しかも原著は大部な書物であり、その上、個々のセンテンスが（英語としては明晰であるにしても）とにかく長い。平易な日本語に訳すことは並大抵のことではないということが十分に予測された（この予測は当たった）。訳者としては、原文の意味をよく斟酌し、読者にとって分かりやすい日本語に置き換えるよう努めた。つまり、単なる逐語訳にならないように、しかし同時に、いわゆる豪傑訳に陥らないよう細心の注意を払ったつもりである。

固有名詞の発音や古典からの引用に関しては、木村教授を始め、荒井潔防衛大学校准教授、石井哲士朗東京外国語大学教授、井出万秀《まんしゅう》立教大学教授、志摩園子昭和女子大学教授、服部倫卓《みちたか》ロシアＮＩＳ貿易会調査役、村田真一上智大学教授のご教示をたまわった。また、政治用語に関しては木村教授に、経済用語に関しては田畑伸一郎北海道大学スラブ研究センター教授に、国際法の専門用語に関しては真山全《あきら》防衛大学校教授にそれぞれ助言を仰いだ。訳文が専門家の批判に耐えうるとすれば、それは右の皆様のおかげである。しかし、何か瑕疵があるとすれば、すべて訳者の責任であることは言うまでもない。

最後になったが、本書の価値を即座に見抜き出版に応じてくださった株式会社藤原書店の藤原良雄社長と、なかなか翻訳の作業がはかどらない訳者に辛抱強くつきあってくださった編集担当の西泰志氏に、この場を借りて特段の敬意と謝意をお伝えしたいと思う。

二〇〇八年三月

訳者

1985年

3月10日、チェルネンコ書記長死去。3月11日、ゴルバチョフ、党書記長に就任。経済の活性化を目指す。7月、ロマノフ政治局員解任。シェワルナゼ、外相に就任。9月、ルイシコフ首相に就任。10月、ゴルバチョフ、政治局にアフガニスタンからの撤退を提案（87年9月、米側に表明）。11月19日～21日、ジュネーブ米ソ首脳会談。12月24日、エリツィン、モスクワ市党第1書記に昇格。

1986年

2月25日～3月6日、第27回党大会、加速化（ウスカレーニエ）路線を承認。外交では、合理的十分性など「新思考」を打ち出す。4月26日、チェルノブイリ原発事故。6月16日、党中央委総会、ペレストロイカ路線を打ち出す。10月11日～12日、レイキャビク米ソ首脳会談。11月19日、個人営業法成立（施行は87年5月）。12月17日、アルマ・アタで暴動発生。

1987年

1月27日～28日、党中央委総会で党改革開始（党書記選挙の複数候補制導入）。6月30日、国有企業法成立、企業の自由裁量権が拡大。10月21日、党中央委総会でエリツィン、ペレストロイカの遅れを批判、11月11日、モスクワ市党第1書記の職から解任。12月8日、ＩＮＦ条約調印。

1988年

2月、ナゴルノ・カラバフ問題表面化。3月13日、ニーナ・アンドレーエワ論文事件（保守派の巻き返し）。4月14日、ジュネーブでアフガニスタン和平協定調印。5月26日、協同組合法。6月28日～7月1日、第19回党協議会で新議会の創設を決定。12月1日、憲法改正、2重構造の議会（人民代議員大会＋最高会議）の発足が決まる。

1989年

3月26日、連邦人民代議員大会の選挙を実施（初の競争的議会選挙）。4月9日、トビリシ事件。5月25日～6月9日、人民代議員大会第1会期、自由闊達な討論が展開される。11月9日、ベルリンの壁崩壊。12月2日～3日、マルタで米ソ首脳会談、冷戦終結。

＊1990年～91年、ソ連経済の収縮（ＧＮＰ、1990年は前年比2.4％減、91年は前年比13％減）。

1990年

2月5日～7日、党中央委、憲法第6条（党の指導的役割）の放棄を決定。3月12日～15日、第3回人民代議員大会、憲法を改正（第6条放棄、大統領制導入）、ゴルバチョフを大統領に選出。3月、漸進的経済改革案（アバルキン案）。5月29日、エリツィン、ロシア最高会議議長に。6月12日、ロシア共和国、主権宣言。7月2日～13日、第28回党大会。8月、ゴルバチョフ、急進経済改革案に傾斜（エリツィンと協力して「500日計画」の策定へ）。10月3日、ドイツ再統一、ＮＡＴＯ加盟。10月、ゴルバチョフの「右傾化」（～91年3月）。ゴルバチョフ、急進的経済改革案から後退、エリツィンと対立。12月20日、シェワルナゼ外相辞任。

1991年

1月、ゴルバチョフ、保守派を要職に据える（パヴロフ首相、ヤナーエフ副大統領）。リトアニアとラトヴィアで抗議行動、死者が出る。3月17日、連邦存続を問う国民投票（バルト、モルドワ、グルジアでは実施せず）、賛成票は76.4％。4月、新連邦をめぐる「９＋１」交渉、4月23日、新連邦条約の法的承認を求める合意書に調印（ノヴォオガリョヴォ合意成立）。7月、計画経済の撤廃（ゴスプラン解体）。エリツィン、ロシア共和国大統領に。8月18日～21日、ヤナーエフ副大統領ら、「国家非常事態委員会」を名乗り、クーデターを起こすも失敗に終わる。12月25日、ゴルバチョフ大統領辞任。ソ連邦崩壊。

ゴルバチョフ関連略年表（1931-1991）

1931 年
3 月 2 日、ゴルバチョフ、スターヴロポリ地方の農民の家庭に生まれる。
1941 年
6 月、独ソ戦始まる（～ 45 年 5 月）。
1942 年
8 月、スターヴロポリ地方、ドイツ軍に占領される（～ 43 年 1 月）。
1948 年
夏、ゴルバチョフ、農作業で殊勲を上げ、労働赤旗勲章を授けられる。
1950 年
ゴルバチョフ、モスクワ大学法学部に入学（～ 55 年卒業）。
1953 年
3 月 5 日、スターリン死去。ゴルバチョフ、ライサと結婚。
1955 年
ゴルバチョフ、出身地のコムソモール（青年共産同盟）に就職。
1956 年
2 月 14 日～ 25 日、第 20 回党大会開催。フルシチョフが「秘密報告」でスターリンを批判。ゴルバチョフ、スターヴロポリ市コムソモール第 1 書記（～ 58 年）。
1958 年
ゴルバチョフ、スターヴロポリ地方コムソモール第 2 書記、次いで第 1 書記（～ 62 年）。
1964 年
10 月 14 日、フルシチョフ第 1 書記解任される。後任はブレジネフ。
1965 年
前年首相に就任したコスイギンが経済改革に着手。
1966 年
ゴルバチョフ、スターヴロポリ市党第 1 書記。
1968 年
8 月 21 日、ソ連・東欧 5 カ国、チェコスロヴァキアに軍事侵攻、「プラハの春」を粉砕。ゴルバチョフ、スターヴロポリ地方党第 2 書記、次いで第 1 書記（～ 78 年）。
＊ゴルバチョフ、1970 年代に、イタリアおよびフランスを観光旅行。
1977 年
10 月 7 日、ブレジネフ憲法制定。
1978 年
11 月、ゴルバチョフ、党中央委書記に昇格。
1979 年
11 月、ゴルバチョフ、政治局員候補を兼任。
12 月 27 日、ソ連軍、アフガニスタンに軍事侵攻。
1980 年
10 月、ゴルバチョフ、党中央委書記兼任で正政治局員に昇格。
1982 年
11 月 10 日、ブレジネフ書記長死去。後任はアンドロポフ。
1984 年
2 月 9 日、アンドロポフ書記長死去、後任はチェルネンコ。12 月 10 日、ゴルバチョフ、「イデオロギー活動に関する会議」で演説、民主化やグラスノスチの拡大を提唱。また、ペレストロイカやウスカレーニエなどの概念を打ち出す。12 月 15 日～ 21 日、ゴルバチョフ、訪英。サッチャー英首相と会談し、好印象を与える。

——人　498, 537-538, 540-541, 620, 622
理念の力　11, 191-192, 205, 268, 415
リハチョフ　400-401
リフキンド　172, 695
リャボフ　232
リュビーモフ　134
リンス　630, 658, 667

ルイシコフ　145-149, 152, 154, 158, 160-162, 165, 183, 187, 190, 223, 226-227, 256, 283, 288, 290-292, 298, 301-302, 304-305, 307, 310, 312-313, 341, 349, 357, 369, 383-384, 388, 393, 407, 526-527, 531-532, 555, 577, 604, 652-653, 665, 668-672, 676, 697, 699
ルーズヴェルト　169
ルーマニア　382, 475, 634
——人　475
ルキヤノフ　85-86, 188, 348-349, 352, 379-380, 390-391, 407, 532-533, 537, 549, 570, 578, 618, 623, 693
ルキン　5
ルサコフ　415, 686, 688-689, 699
ルスト　173
ルター　200, 267
ルツコイ　556, 572, 618

冷戦　3, 298, 446, 458, 460, 462, 464, 520, 583, 587, 608, 635, 640, 734-736
レイン　25, 726
レヴァダ　19, 23, 39-40, 46, 625, 637, 717, 719
レヴェンコ　552
レーガン　41, 96, 121, 169, 171, 181, 351, 421-422, 438-443, 445-452, 455-458, 460-463, 470, 587-588, 613, 635, 637-641, 647, 695, 731, 734-735
レーニン　32, 48, 58-60, 80, 84-85, 177, 193, 201, 205, 212, 217, 250-254, 279, 289, 339, 431-433, 642-644, 653, 663, 680, 682, 686, 690-691, 716-717, 727-728
——主義　52-53, 63, 66, 77, 85, 88, 165, 167, 174, 192-193, 196, 198-200, 205, 212, 215, 217-218, 232, 240, 247, 251-254, 265, 268-269, 323, 326, 331, 370, 430-433, 444, 474, 481-482, 488, 500, 558, 560, 587, 591, 593, 596, 600, 690, 727-729, 735
レグヴォルド　26, 430, 724, 731
レゴスターエフ　131, 692-693, 697
レダウェイ　44
レニングラード　67, 101, 149, 159, 173, 231, 345-346, 373, 375-377, 400, 406, 449, 562, 574, 645, 687, 717
——軍管区　173
レムニク　154, 546
「連帯」　132, 282, 430
連邦
——条約　313, 326, 494, 516, 549, 552, 554, 557, 559, 561-564, 566, 569, 578, 580, 590, 614, 619, 658, 725, 727
——評議会　393, 408, 528-529, 531, 533, 566, 577, 623
——離脱法　507, 514

労働組合　58, 264, 282, 359, 408, 531, 644, 663, 681
ローネ　199, 690
ローマ法王　200, 267
60年代人　100-101, 331
ロクスバー　153, 344-345, 624, 628, 650, 656, 662, 693, 699
ロシア
——演劇労働者同盟　332
——共産党　406, 553, 577
ロジオノフ　513
ロック　87
ロマノフ　148-149, 157-160, 173, 180, 195, 230, 239, 329, 686, 692, 697, 703, 724, 734

ワ　行

ワイツゼッカー　472, 635
ワインバーガー　640
『若き親衛隊』誌　66
『わが同時代人』誌　66
ワクスベルク　24, 119, 134-135
ワルシャワ条約　382, 435, 464, 468, 476, 480, 483, 492, 512, 515
ワレンニコフ　454, 539, 558-559, 565-567, 616

693, 709-710
『――・ニュース』紙　619-620
モルグーン　341
モルドワ　493, 549-550, 580
モロトフ　33, 78, 422
モンゴル　347, 660

ヤ　行

ヤヴリンスキー　309-311, 314, 526-527, 599
ヤコヴレフ、アレクサンドル　22, 24, 65, 80, 96, 166, 169, 174, 178, 194, 199-203, 209, 211-212, 214, 221-229, 231-232, 236, 240-242, 251-252, 258, 261, 263, 276, 328, 332-334, 340-341, 343, 345, 347, 349-352, 354-355, 357, 364, 368, 374, 381, 391, 393-395, 402, 407, 415, 424-426, 437, 453-454, 473, 506-507, 516-517, 525, 527-528, 530, 541, 546, 548, 558, 562, 569, 576-578, 605-606, 617, 621, 624-625, 635, 638, 645, 649-651, 655-656, 660-662, 665-666, 668, 674, 680, 686-687, 693, 695-696, 700-701, 709, 726, 731, 736
ヤコヴレフ、エゴール　330-331, 620
ヤゾフ　407, 454, 513, 527, 561, 567-569, 615, 621, 624, 626, 736
ヤナーエフ　531, 567, 570, 616, 624, 736
ヤリン　408
ヤルゼルスキ　481
ヤング　652

ユーゴスラヴィア　185, 205, 347, 488, 631, 634, 712
ユーロコミュニズム　167
ユシコフ　83
『ユマニテ』紙　198

ヨーロッパ研究所　471
抑制と均衡（チェック・アンド・バランス）　269, 390
世論　19-20, 39, 42, 46-49, 89, 94, 144, 178, 193, 283-284, 369, 398, 422, 456, 460-462, 498, 510, 521, 581, 615, 625, 629-630, 637, 640, 665, 670-671, 674, 681, 691, 713, 717-719
――調査　→全ソ――センター, 全露――センター

ラ　行

ラーリナ　663
ライサ　77, 80, 86-93, 96, 102, 106-107, 139, 168, 292, 401, 571-572, 614, 672, 693, 696, 703, 705, 707-710
ラウリスッティン　717
ラクシン　331
ラズゴン　21, 23
ラストウ　490, 493, 630, 657
ラスプーチン　407, 558
ラズモフスキー　231, 369, 507, 512, 625-628, 655
ラツィス　23, 212, 331, 559, 618, 676, 685, 695
ラトヴィア　60, 107, 280, 324, 383, 467, 493-494, 537, 542
――人　107, 498, 531
ラ=パロンバラ　167
ラプテフ　23, 365-366, 382, 653, 655-656, 661
ラフマーニン　689
ランズベルギス　539, 541, 622

リーヴェン　622
リーベルマン　82-83, 86
リヴィン　631
リガ　501, 518, 539, 542, 615
リガチョフ　81, 103-105, 131, 144, 149-151, 153, 158, 162, 164-165, 180, 183, 186-187, 202, 208, 217, 221-223, 226-227, 232-234, 248, 276, 288, 292, 299, 307, 318, 338-341, 343-345, 347-350, 353-355, 357, 364, 367-370, 374, 391-393, 473, 476, 506-507, 511, 513, 517, 626, 634, 642, 652, 656, 660-662, 665, 679, 686, 688-689, 692-693, 697-698, 706
リグビー　62, 70, 434, 686
リソフ　617
リトアニア　31, 60, 324, 378, 383, 465-467, 493-494, 499, 514-515, 517, 537-539, 541-542, 544, 563, 620, 622-623, 625
――共産党　622

ボンネル　334, 631

マ　行

マイルズ　615
マカショフ　429, 556
マクガイヤ　641
マクミラン　470, 636, 665
マスメディア　2, 43, 60-61, 100, 103, 129-130, 168, 205, 222, 259, 266, 321, 329-330, 351, 358, 368, 375, 409, 451, 497, 517, 528, 538, 545, 596, 638, 665, 695, 714
マスリューコフ　407, 533, 625
マルクス　48, 85, 167, 205, 250, 289, 346, 560-561, 599, 691
マルクス主義　63, 84-85, 145, 174, 176, 210, 212, 215, 236, 260, 402, 729
——・レーニン主義　53, 63, 66, 85, 88, 165, 174, 200, 205, 215, 217-218, 232, 240, 253, 265, 268-269, 326, 331, 370, 430-433, 474, 481, 488, 500, 558, 560, 587, 591, 593, 600, 690
——研究所　212, 251
マルコフ　332
マルチェンコ　335
マレー　648
マレンコフ　33

ミグラニャン　23, 517-518, 685
密造酒　293-294
ミッテラン　41, 96, 244, 447, 469, 474
南オセチア　515
民主
——化　6, 10, 12, 18, 42, 59-60, 175, 197, 204, 259, 264-265, 269, 283-284, 316-317, 319-320, 322; 324-326, 332-333, 335-337, 354, 357-358, 362-363, 365, 374, 376, 381, 386, 398-399, 421, 486-487, 490, 492, 494, 497, 519-521, 543, 548, 568, 574, 586, 588, 597-598, 656, 667, 680, 714, 720-721, 725, 730
——綱領派　406
——集中制　318, 361, 594-598, 612
——主義　2, 46, 57, 94, 189, 193, 205, 210-211, 217, 245, 250-251, 253, 255, 264-265, 287-288, 317-323, 336-337, 352, 354, 360-362, 365, 376, 402-403, 414, 434-435, 477, 486-487, 490-493, 499, 520, 536, 543, 556, 560, 588, 597, 608, 613, 630, 638, 651, 657, 667-668, 673, 679, 682, 687, 693, 713, 726-729, 733, 736-737, 740
→社会民主主義
——制　2, 491, 672
——ロシア　372, 595
民族
——主義　16, 20, 65-66, 82, 133, 166, 267, 331, 372, 407, 425, 467-468, 494-496, 500-501, 503, 509-510, 516, 519, 525-526, 528, 537-539, 542, 558, 597, 629-630, 636, 675, 701
——政策　376, 588
——紛争　12, 500, 504
——問題　12, 38, 49, 272-273, 320, 322, 324-325, 397, 485-488, 490, 492, 494-497, 500, 502, 514, 516, 520, 589, 666, 716

ムラホフスキー　109, 295-296, 674
ムリナーシ　17-18, 21, 82-85, 91-92, 103-104, 109, 250, 667, 691, 707, 709-710, 729

メイリア　682-683
メドヴェージェフ、ウラジーミル　616-617
メドヴェージェフ、ジョレス　112, 123
メドヴェージェフ、ロイ　42, 45, 378
メドヴェージェフ、ワジム　22, 155, 174, 176-177, 188, 222, 231-233, 258, 343-344, 346, 349, 352, 368, 392, 395, 399, 407, 415, 417, 483-484, 548, 564, 625, 644-645, 649, 659-660, 667, 680, 686, 693-695, 697, 699, 726
メノン　592
メリニコフ　375
メンシェヴィキ　255

モスクワ
——国立国際関係大学　→ＭＧＩＭＯ
——大学　10, 17-18, 25, 76-79, 81, 83, 85-87, 91, 94, 104, 210, 379, 461, 532, 667,

『文学新聞』　46, 117, 134-135, 664, 685, 717
文化部（ソ連共産党中央委員会の）　332, 664

平均余命　61
米国　→アメリカ
——人　→アメリカ人
米ソ
——関係　12, 439, 446, 452, 456-457, 462, 468, 639, 643
——首脳会談　118, 351, 421, 451, 455-456, 545
ベーカー、キース・マイケル　268
ベーカー、ジェームズ　459, 462-465, 634, 636, 646
ヘーゲル　84
ヘーゼルタイン　172
ヘクロ　658
ベシロス　462
ベススメルトヌィフ　419, 624, 647
ペチェネフ　102, 131, 163, 175-176, 692, 694-695, 697
ベトナム戦争　638
ペトラコフ　22, 147, 288, 300, 306-309, 311, 313, 396, 409, 411, 424, 532-533, 645, 653, 668-670, 676, 694, 701
ペトルシェンコ　534, 623
ペトロフスキー　423, 646
ベラルーシ　494, 499, 515, 550, 582, 616, 725
ペリシェ　107
ベルギー　105-106, 491, 705
ベルゴロド　136
ヘルムズ　457
ベルリン　287, 484, 512
——の壁　462-463, 474, 734
ベルリンゲル　167
ペレストロイカ　2, 4, 6-7, 10, 41, 44, 47-49, 63, 90, 97, 113, 116, 148, 150, 161, 176-178, 192, 200-203, 215, 221-223, 234, 246, 251, 253, 256-261, 266, 269, 278-280, 283, 285, 288, 301, 305, 308, 317, 330, 336, 339-341, 344, 347, 357, 362, 376, 384-385, 388, 391-392, 406, 424, 432, 453, 464, 470, 472, 479, 486-487, 502, 504, 507, 517, 535-536, 554, 563, 569, 595, 597, 638, 640, 649, 653, 667, 674, 681, 701, 712-713, 721, 724, 726, 728, 730, 734-735
——時代　4, 6, 19-22, 35, 64, 80, 133, 138-139, 194, 210, 277, 293, 332, 545, 676, 685, 688
ベロロシア　582
ベンディクス　611

報道機関　350
法務委員会（ソ連共産党中央委員会の）　369
法律戦争　550
法治国家　268-269, 367, 369
ボーヴィン　117, 680
ホーネッカー　481, 632
ポーランド　48, 132, 281-282, 324, 430, 478, 481, 605, 631, 643
ボゴモロフ　65, 116, 147, 236-237, 302, 473, 670, 684-685
ボゴリューボフ　153-154, 184, 188, 698
ポジュガイ　651
ポストニコフ　111
ホッブズ　87
北方領土　4-5, 421, 647, 722
ポドゴルヌイ　42
ポノマリョフ　63-64, 130, 142, 168, 211, 235, 239-240, 371, 415-418, 426, 645, 684, 686
ポポフ　68, 284, 378, 631
ボリシェヴィキ　32, 107, 254-255, 339, 385, 591, 663, 727-728, 730　→古参ボリシェヴィキ
——革命　66, 193, 234, 338, 342, 344, 496
ボリシェヴィズム　249, 253-254, 728
→ネオ・ボリシェヴィズム
ボルジン　87, 218-220, 223, 391, 395-396, 407, 410-411, 537, 546, 548, 552, 561, 565, 567, 616, 623-624, 645, 650, 655, 659, 692, 695, 703, 708
ポロスコフ　7, 406, 553
ホワイトフィールド　275-276, 655
ボンダレフ　355, 558

ピョートル大帝　48, 202, 608, 716
ビリュコワ　327
ビロード革命　602, 633
ピンスキー　62

ファーリン　367, 371, 417, 427-428, 473, 476-477, 634, 644
フィッツウォーター　464
プーゴ　531, 546, 567, 577, 621, 624, 736
ブーニチ　527, 624
プーチン　2, 723, 725, 730, 733, 736, 738, 740
フェドレンコ　669
フェドセーエフ　371, 655
フェドルチューク　143-144, 699
フォロス　561, 563-566, 569-573, 575, 616-617
複数政党
——制　43, 68, 225, 372, 382, 396, 403-404, 675, 735
——選挙　372
フサク　82, 708
プシェヴォルスキ　668
フセイン　425, 645
ブッシュ（父）　3, 41, 244, 290, 421, 446, 456, 459, 462-467, 476, 545, 588, 613, 635-637, 647, 735
ブッシュ、ジョージ・W　3
ブッシュ、バーバラ　637
ブッシュネル　613
富農　→クラーク
ブハーリン　339, 663
フョードロフ　311
プラウダ、アレックス　25, 632
『プラウダ』紙　90-91, 117, 136, 160, 174, 182, 213, 216, 218, 250, 261, 331, 349-350, 434, 645, 675, 685-686, 688-689, 693-695, 703, 708
ブラコフ　372
ブラザウスカス　622
プラハ　17, 63, 83, 92, 103-104, 210, 212, 478, 484, 638, 685, 706, 712
——の春　18, 82, 89, 101, 103-104, 119, 167, 216, 281, 306, 316, 436, 453, 464, 480, 490, 638, 668, 707-708
フランス　26, 106, 389-391, 409, 447, 468, 651, 690, 705-706, 737
——共産党　198
ブラント　5, 96, 243-244, 253, 644, 647, 682, 729
フリードマン　289
プリヴォーリノエ　72, 74, 78, 111, 711
プリマコフ　65, 236, 395, 407, 425, 509, 541, 548, 572, 624, 647, 693
ブルガリア　214, 479
——共産党　479
フルシチョフ　33-35, 56, 58-59, 62-63, 72, 94, 97-102, 107-110, 126, 145, 196-198, 212, 218, 240, 279, 336, 339, 362, 371, 388, 405, 418, 421, 424, 430, 549, 564, 591, 599, 601, 605, 636, 645, 657, 659, 666, 676, 680, 684, 686, 699, 705, 714, 720
フルツェワ　666
ブルラツキー　23, 65, 117, 215, 379, 433, 553, 618, 664, 680, 685, 702, 704, 712
ブレジネフ　34-35, 42, 52, 58, 62, 70, 72, 79, 94, 97-99, 104, 110, 113-119, 121-124, 126-131, 134, 136, 140-146, 149, 152-153, 155-156, 159, 161, 166, 185, 188-190, 201, 207, 209, 236-237, 239, 262, 283, 292, 302, 308, 333, 350, 388, 417, 420-421, 424, 434, 480, 501, 540, 591, 601, 635, 650, 652, 659, 676, 680, 686, 699, 703, 719-720, 734
——時代　17, 40, 43, 64-66, 70, 97, 116-117, 119, 129, 131, 133, 141, 145, 152, 161, 174, 190, 198, 207, 215, 227, 257, 276, 280, 292, 327, 332, 350, 362, 378, 388, 392, 417, 442, 451, 648, 680-681, 690, 695, 697, 708, 712, 714, 720
——・ドクトリン　464, 483, 733, 736
ブレジンスキー　492, 633
ブレスト　582
プレハーノフ　541, 564-565, 569, 616-617
ブレムナー　629
ブローコー　90-91
プロハノフ　558, 616
フロロフ　212-215, 217-218, 331, 352-353, 395, 401, 663
文化基金　400

ネオ・ボリシェヴィズム　254
ネップ　→新経済政策
ネナーシェフ　177, 694

ノヴォオガリョヴォ　12, 326, 353, 520, 547, 549-555, 557, 559, 561, 580, 590
農業　60, 88, 97, 102, 107-113, 115, 122-123, 126, 134, 136-140, 146, 219-220, 231, 276, 282, 289, 291, 294-298, 567, 594, 626, 671, 705, 708
——委員会（ソ連共産党中央委員会の）　369
——省　111
——部（ソ連共産党中央委員会の）　98, 126, 137, 140, 218, 366, 418, 655
農村派　66
農民　61, 72-74, 76-77, 84, 88-89, 108, 110, 136, 273, 289, 295-297, 496, 567, 700
——同盟　567
ノーヴ　249, 262, 281
『ノーヴィ・ミール』誌　62, 100-101, 197, 280, 331, 718
ノーベル平和賞　461, 736
ノーメンクラトゥーラ　96, 361, 377, 402, 475, 500, 604-605
ノボシビルスク　139, 162, 677
ノルウェー　407

ハ　行

ハイエク　289
バイバコフ　303
パイプス　604-605, 640
ハウ　171-172, 419, 440
ハヴェル　633
パヴロフ　313-314, 531-533, 537, 545, 556-557, 559, 561, 567, 623-624, 652, 655, 668, 736
バカーチン　23, 308, 407, 531, 534, 541, 556, 572, 578, 621, 624, 647, 669
パキスタン　455
バクラーノフ、オレーグ　532-533, 565, 567, 614, 616, 660
バクラーノフ、ゲオルギー　331
ハズブラートフ　657
パチアシヴィリ　512-513
八月クーデター　21-22, 41-42, 48, 51, 55-57, 86, 118, 154, 213, 220, 272, 349, 395, 419, 450, 518, 526, 533, 543, 548, 555, 578, 583, 736　→クーデター
バトゥーリン　23, 618-619
ハニン　280-281, 677
ハフ　714-715
パラシチェンコ　23, 639, 668
バルト　49, 60, 68, 219, 297, 309, 325, 372, 377, 383, 398, 494, 497, 499, 514-515, 519, 537-538, 543, 545, 549-550, 556, 563, 580, 582, 594, 614, 620, 622-623, 627, 629
ハンガリー　48, 118, 214, 281-282, 294, 297, 302, 324, 399, 436, 474, 478, 481, 632, 651, 671, 677, 689, 719
パンキン　23, 579
反コスモポリタン・キャンペーン　81
反スターリン主義　62, 100, 117, 195-197, 212, 691　→スターリン主義
反体制派　42-45, 47, 62, 64, 70, 119-120, 132-133, 144, 248, 251, 261-262, 319, 334, 370, 378, 414, 510, 524, 588, 679, 688, 708, 712, 718
ハンチントン　6, 606
ハンプシャー　683
反ユダヤ主義　81-82

ビアラー　26, 194-195, 691, 719
ＢＢＣ　569, 572, 624, 627-628, 637-638, 653, 656, 663, 673, 689, 699, 708, 715, 720
ヒーリー　41, 718
東ドイツ　→ドイツ
東ヨーロッパ　16, 37-38, 41, 48, 60, 66-67, 105, 172, 214, 225, 237, 282, 289, 324, 363, 369, 382-383, 385-386, 415, 421, 435-437, 445-446, 458, 464-465, 468-469, 471, 477-484, 492, 497, 515, 568, 587-588, 602-603, 607-608, 636, 644, 678, 712　→東欧
ピスコーチン　23, 612, 676, 694, 701
ビッケニン　174, 352, 695
ピツンダ　178-179, 693
ピトハルト　633
ヒューイット　290

政治局，第20回党大会の子ども，中央委員会
——員数　66
『——活動』誌　98, 106, 189, 318, 366
——協議会　68, 217, 256, 304-305, 335, 337, 341, 350-357, 359-360, 364-366, 371, 382, 390, 392, 394, 416, 429, 435, 437, 480, 587, 596, 601, 642, 656-657, 659-660, 662, 682, 686, 697
——綱領　57, 101-102, 217-218, 431, 523, 559-560, 618, 684, 687, 714
——社会科学アカデミー　155
——書記長ポスト　10-11, 31-32, 180, 337, 371, 383-385, 391, 442
——組織活動部（中央委員会の）　149-150, 165
——大会　33, 72, 99-102, 104, 106, 110, 162-163, 174, 197-199, 208, 212, 217-218, 226, 232, 250, 260, 318, 327, 336-337, 354-355, 357, 371, 392, 395, 403-404, 406, 428, 431, 523-524, 527-528, 559, 601, 645, 648, 650, 665, 671, 674, 676, 684, 686
——内の改革派　695
ドゥーマ　628
東欧　24, 26, 483, 632-633, 637, 723, 731, 733-736　→東ヨーロッパ
東西関係　16, 170, 323, 351, 416-418, 426, 430, 445, 458, 460, 467, 469, 636
東中欧　436, 463, 478, 482, 484, 633, 642
東洋学研究所　118, 425
トゥルチン　42
ドール　457
独ソ関係　5, 474
独立国家共同体　→ＣＩＳ
土地
——の私有　298
——法　300
特権階級　60, 77, 475
トビリシ　229, 501, 510-513, 614-615, 626, 671
——事件　511
トピリン　86
ドプチェク　82
ドブルイニン　231, 234-235, 240, 367, 415, 417-419, 426-427, 449, 644, 648
トポルニン　24, 552, 701
トラフキン　400
トリアッティ　258
ドルギフ　156, 183, 188, 371, 507, 615, 663, 686, 692-693, 697, 706
トルクメニスタン　550
トロツキー　86, 205
トワルドフスキー　62, 101, 197, 331

ナ　行

内閣　314, 390, 410, 529, 546, 556, 566, 623, 652
内部からの革命　201-202, 690
内務省　68, 159, 501, 508, 513, 541-543, 546
内務人民委員部　→ＮＫＶＤ
ナゴルノ・カラバフ紛争　505
ナザルバーエフ　314, 503, 554, 557, 561, 580, 582, 617-618, 627, 629
ナジブラ　454
ナショナリズム　49, 622, 630
ナッタ　168
ＮＡＴＯ　431, 440, 462, 475-476
——加盟（ドイツの）　465, 476, 568

ニージニー・ノヴゴロド　44
ニーナ・アンドレーエワ事件　339, 345, 349, 661
ニクソン　421
ニコノフ、アレクサンドル　23, 107-108, 138-139, 220, 296, 298, 671, 690, 700, 705
ニコノフ、ヴィクトル　231, 295-296, 348, 660
ニコリスキー　513
西ドイツ（西独）　→ドイツ
西ヨーロッパ　56, 64, 105-106, 167, 217-218, 242-243, 246, 249-250, 252-253, 286, 288, 318, 422, 427, 437-438, 446, 457, 462, 468, 470-471, 474-475, 477-478, 483, 587, 638, 731　→西欧
日本　1, 4-6, 10, 421, 647, 720-722, 737, 740-741
——人　4-5, 421, 630, 722, 737-738
『ニューヨーク・タイムズ』紙　457

616-617, 620-623, 632, 635-636, 638-639, 644, 647-650, 653, 660, 665, 684, 689, 692, 695-696, 701, 705-706, 726
チェルヌィシェフスキー　262
チェルネンコ　30, 36, 43, 58, 72, 90, 94, 102, 115, 123-124, 127, 131, 140-144, 146, 148, 150-153, 155-168, 170, 173-175, 177, 179-185, 187-188, 195, 200, 209, 224, 239-240, 255-256, 263, 288, 301-302, 306, 392-393, 417, 420, 442-445, 507, 540, 591, 605, 668, 692, 695-698, 714, 734
チェルノブイリ　330, 447, 664-665
地下出版（サムイズダート）　44, 319, 574
知識人（インテリ）　19, 37, 45-46, 49, 63-64, 66, 73, 79, 82, 102, 118, 197, 223, 241-242, 247-248, 262, 268, 282, 287, 333, 346, 348, 350, 361, 373, 378, 396-397, 410, 433, 496-497, 509, 522, 529, 561, 597, 609, 613, 626, 667, 672, 676, 700, 707, 719
千島列島　→クリール諸島
チジャコフ　567
チトフ　628, 632
チトレンコ　80, 86-87, 92
チャイコフスカヤ　608, 613
チャウシェスク　481, 634
チャコフスキー　135
チャゾフ　127, 129, 143-144, 151, 155, 180-181, 183-184, 702, 720
チャヤーノフ　108-109, 705
中央アジア　375, 463, 488, 496, 500, 504, 550, 580, 629, 631
中央委員会（ソ連共産党の）　→イデオロギー委員会，イデオロギー部，学術・教育機関部，行政機関部，国際情報部，国際部，国際問題委員会，社会経済政策委員会，社会経済部，社会主義諸国部，重工業・エネルギー部，宣伝部，総務部，党組織活動部，農業委員会，農業部，文化部
――総会（中央委総会）　33, 37, 104, 123, 142, 153, 160-163, 187, 189, 207, 218, 234, 257-259, 264, 267, 286, 300-304, 333, 335-337, 340, 342, 344, 351, 371, 375, 392-393, 403, 443, 476, 514, 517, 549-550, 559-560, 601, 618, 650, 659, 662, 681, 685, 703
――の再編　366
中央数理経済研究所　147, 237, 306, 669
中央統制委員会（ソ連共産党の）　562
中距離核戦力条約　→ＩＮＦ条約
中距離核ミサイル　455, 649
中　国　6, 118, 195, 281-282, 297, 421, 500, 603, 611, 677
中枢集団　→実力者集団
中道左派連合　404
チュバリャン　220

ツィプコ　24, 609, 685

停滞（ザストイ）　50, 129, 157, 160, 734
――の時代　35, 42, 201, 257
ディン　611
デジェフスキー　627
デメンテイ　616
デモクラチザーツィヤ　316-317, 667
デリューシン　118
テレビ　61, 168, 377
テレホフ　477

土井たか子　4
ド イ ツ　5, 74-75, 77, 106, 173, 213, 243, 249, 286, 347, 417, 446, 465, 471-472, 474-477, 481-483, 489, 543, 568, 632, 634, 647, 673, 710, 718, 735-737　→独ソ関係
東西――　472, 735
――軍　72, 76, 499
――（再）統一　5-6, 246, 428, 469, 471-475, 634, 647
――社会民主党　729
――人　5, 474-475, 630, 634, 647
――問題　417, 465, 473-474
――連邦共和国　286, 417
東――（東独）　347, 474, 476-477, 481-483, 632, 689
西――（西独）　106, 173, 243, 472, 483, 644, 735
二つの――　472-473
党（ソ連共産党）　→書記局，書記長，

ソユーズ（ソ連最高会議の院内会派）　532, 613
ソルジェニーツィン　31, 44-45, 47, 101, 206, 251, 262, 319, 331-332, 718
ソ連
——軍　89, 109, 127, 130, 160, 170, 237, 281, 323, 351, 376, 383, 429, 440, 453, 455, 465, 468, 475, 477, 482, 501, 509-510, 513, 518, 531, 534, 538, 543, 556, 568, 586
——圏　37, 452, 477, 587, 634
——=東欧関係　633
ソロヴィヨフ　375-376
ソローメンツェフ　292, 338, 348, 355, 660, 698

タ　行

ダール　491, 493, 612, 656, 673, 726
タールシュス　671-672
ダーレンドーフ　24
ダイカー　285
対外諜報庁（ロシアの）　236, 396, 425
大韓航空機撃墜事件　440, 443
第三インターナショナル　→コミンテルン
第三世界　235, 323, 416, 426-427, 648, 735
体制転換　55, 204, 273, 320, 325-326, 382, 384, 464, 474, 478
大祖国戦争　602
大統領
——職、——（の）ポスト（ソ連の）　7, 54, 383-386, 396, 400, 402-403, 539, 553, 651
——制（ソ連の）　389-391, 396, 407, 409, 411, 545
——政治諮問会議（ソ連の）　22
——選挙（ソ連の）　399, 401, 554
——選挙（ロシアの）　372, 555-556
——評議会（ソ連の）　236, 393-394, 407-410, 425, 525, 527-530, 558, 602, 650
第二次世界大戦　32, 38, 60, 67, 72, 76, 156, 166, 210, 215, 253, 449-450, 452, 460, 468, 482, 499, 504, 588, 647, 710
第20回党大会の子ども　100, 212
第二書記（事実上の）　128, 151, 153, 156-158, 165, 186, 208, 222
タガンカ劇場　134
多元主義（プルーラリズム）　35, 53-54, 56, 58-59, 65, 68, 94-95, 145, 193, 203, 206-207, 225, 266-269, 319, 361, 369, 383, 400, 412, 465, 587, 594, 596, 604, 612, 655, 679, 713, 728-729, 735　→社会的多元主義
タジキスタン　550
ダシチェフ　473-475
ダニエル　197
タフト　491
タラス　629
ダリン　26, 440, 589
タルボット　462, 636, 641
炭鉱（労働者の）ストライキ　463, 546
弾道弾迎撃ミサイル制限条約　→ＡＢＭ条約
ダンバートン・オークス会議　169
ダンハム　76

地域間代議員グループ　373, 400, 511
チーキン　89, 261, 347
チーホノフ、ウラジーミル　24, 136, 147, 701
チーホノフ、ニコライ　123, 147, 153, 156-157, 160-161, 182, 227, 230, 256, 283, 303, 329, 371, 697, 699
チェーカー　107
チェカーズ　171, 695
チェコスロヴァキア　48, 75, 82, 89, 101, 103-104, 126, 167, 220, 259, 281, 306, 316, 324, 478-480, 579, 622, 633, 638, 667-668, 688, 691, 706, 712, 719, 729, 733
——共産党　82, 103, 109, 667
チェチェン　489, 543, 620, 631
チェブリコフ　143, 227, 333, 348, 369, 454, 511, 513, 567, 569, 626, 655, 698-699
チェルニャーエフ　4-6, 22, 64, 105, 121, 130, 142-143, 187-188, 201, 209-211, 214-215, 223-224, 229, 233, 235, 240, 242, 246-247, 323, 333, 335, 338, 342, 352-354, 382, 385, 395, 401, 411, 415-416, 420, 424-427, 451, 453-454, 470, 472-474, 479, 525, 540-541, 546, 548, 563, 565, 569-570, 574, 605,

196-200, 338, 346, 370, 691, 714 →反スターリン主義
スタロドプツェフ 567
スタンケーヴィッチ 24, 378, 511
ステパン 26, 83, 617, 630, 658, 667, 701
ステパンコフ 617
『ズナーミャ』誌 331, 664
スニー 496
スペイン 210, 243-244, 320, 407, 469, 491, 718
スミルノフ、ヴィリヤム 23, 714
スミルノフ、ゲオルギー 211-212, 251, 695
スムガイト 506
スメルシュ 144
スリュニコフ 369, 517

西欧
——化 346
——志向 90, 480
——派 66
生産手段 145, 297, 321, 594, 598
政治
——改革 37, 50, 65, 175, 204, 214, 224-225, 256, 258, 275, 281, 284-285, 290, 298, 304, 316, 323-324, 326-327, 333, 335-336, 345, 352, 415, 497, 666, 687, 694, 729
——局 7, 17, 22, 33-34, 36, 45, 54, 56, 63, 67, 71-72, 79, 97-99, 104, 115, 121-123, 126-131, 134, 140-142, 146-153, 155-160, 162-164, 172-173, 177-178, 180, 182-190, 194-195, 200, 202, 207-208, 213, 220-222, 224, 226-228, 230-232, 234, 236, 240, 258, 274, 276, 281, 288, 290, 292-293, 296, 303-304, 311, 327-329, 333-334, 336-338, 340-344, 346, 348-350, 353-358, 362, 364, 366, 368-369, 375, 383, 389, 391-396, 399, 408-410, 415, 417-419, 422, 439, 442-444, 449, 453-454, 501, 503-504, 506-507, 511, 513, 517, 525, 527-529, 545, 550, 554, 565, 568, 595, 601, 625, 628, 633, 638-642, 648-652, 659-660, 665-666, 671, 674, 686, 688-689, 692-695, 697-699, 702, 724, 731-732
——言語 247, 266-269
世界経済国際関係研究所 →ＩＭＥＭＯ
世界社会主義体制経済研究所 65, 116, 236
『世界マルクス主義評論』誌 63, 212, 215, 236
節酒運動（キャンペーン） 35, 291-292
セドフ 629
セリューニン 280, 284
先進七カ国首脳会議（Ｇ７） 314
全ソ世論調査センター 19, 47, 671, 717-719
全体主義 58, 204-205, 244, 273, 321, 325, 583, 594, 656, 667, 712-714
宣伝部（ソ連共産党中央委員会の） 166, 211, 242, 330, 645, 680, 695
戦略兵器削減条約 →ＳＴＡＲＴ
戦略防衛構想 →ＳＤＩ
全連邦農学アカデミー 108, 139
全露演劇協会 332
全露世論調査センター 19, 615, 625, 637, 681, 719

ソヴィエト（議会） 316, 327, 353, 364, 381, 391, 506, 653, 658, 667
『ソヴェツカヤ・ロシア』紙 89, 176-177, 261, 346-349, 361, 558, 619, 657
葬儀委員会 184
創設選挙 372, 654
総務部（ソ連共産党中央委員会の） 153, 184, 188, 219, 391, 395, 407, 655
ソコロフ 173, 443
ソビエト
——・アイデンティティ 497-498
——体制 2, 16, 30-34, 39, 45, 47, 50, 52, 58, 62, 72, 94, 118-119, 128, 131-132, 145, 150, 178, 185, 192-195, 197, 199-200, 202-207, 228, 248, 255, 258-260, 268, 273, 277-278, 324, 327, 331, 334, 346, 356, 361, 370, 386, 486, 494, 525, 537, 566, 586, 591-592, 600, 604-605, 607, 679, 687, 693, 701, 721, 724, 728
ソプチャーク 67-68, 137, 400-402, 409, 511-513, 562, 615, 623, 626, 700-701, 717
ソフホーズ →国営農場

296-297, 348, 567
収斂理論　434
粛　清　32, 44, 50, 74, 77, 83, 91, 98, 108, 197, 251, 647
主権国家連合　580
シュシュケーヴィッチ　494, 582
出版　→地下出版，海外での出版
――法　544-545, 619
シュトロマス　43
ジュネーブ協定　351
シュミッター　362-363, 654
ジュルキン　471
シュルツ　171, 422, 447, 449, 453, 455-459, 462, 587, 613, 637, 639-640, 646-647, 695
省庁のネットワーク　33, 71, 275, 410
商品・貨幣関係　176
書記局　32, 36, 126, 128, 134, 142, 149, 151, 153, 157-160, 189, 207-208, 222, 228, 230-231, 304, 327-328, 337, 340, 349-350, 364, 367-369, 391-392, 511-512, 626, 652, 660, 665, 671, 697, 703
書記長（の）ポスト（書記長職）　10, 11, 31-32, 35, 79, 124, 131, 133, 149, 156, 160, 179-180, 193, 224, 337, 356, 371, 383-386, 391, 403, 442, 696　→党書記長ポスト
食糧計画　138, 140, 295, 700
ショック療法　285
シラーエフ　310, 579
シラペントフ　719
ジリノフスキー　555
指令経済　11, 257, 272-274, 277-278, 281, 283, 287, 308, 321, 520-521, 673
新経済政策（ネップ）　60, 251, 279, 433
人口　39, 48, 50, 61, 66, 298, 359, 496, 502, 629, 631, 666
新思考　11, 37, 64, 206, 211, 215, 226, 237, 240, 244, 246-247, 263, 334, 351, 411, 415, 423, 426, 428-429, 431, 433, 435, 437, 445, 464, 468, 471, 476, 482-483, 533, 536, 643-644, 650, 684, 726, 728, 731-733, 735
『新時代』誌　23
人事の力　11, 191-192, 239, 415
『新世界』誌　→『ノーヴィ・ミール』誌
人民代議員大会
――（ソ連の）　7, 38, 46, 219, 263, 286, 355, 359-360, 364, 369, 371, 373, 376-381, 383, 386-387, 390-391, 396, 398, 400, 403, 407, 511, 529, 534, 555, 568, 570, 596-597, 602, 615, 651, 653, 658, 682, 717, 719, 722
――（ロシアの）　372, 673, 687

スイス　407
ズヴェノー制　110, 112, 135-136
スヴェルドロフスク　145, 186, 232-234, 276, 310, 341, 343, 662, 692
――法学研究所　237, 390
スースロフ　96, 120-123, 128-129, 131, 134, 141-143, 152, 157, 159, 350, 652, 702-703
スカンジナビア　249, 499, 673
スコウクロフト　637
スター・ウォーズ　→ＳＤＩ
スターヴロポリ　10, 74-75, 84, 88-89, 93, 96-97, 99, 101-109, 111-112, 114-115, 119-121, 123, 135, 241, 277, 295, 476, 614, 674, 682, 684, 690, 700, 703, 705, 707, 715
――市　88, 93, 98
――地方　32, 72, 74-77, 84, 88, 92-93, 97-99, 105, 109-111, 113, 115, 119-121, 123, 232, 250, 276, 494, 571, 700, 705, 707-708
――農業大学　88, 102, 107, 138
ＳＴＡＲＴ（戦略兵器削減条約）　466, 637
スターリン　32-35, 52, 58-60, 62, 66, 71-74, 76-77, 79-81, 83, 91, 97, 99-102, 110, 114, 122, 161, 168, 184, 196-199, 205, 207, 210, 217, 251, 322, 336, 338-339, 343, 355, 371, 403, 452, 489, 496, 605, 642, 644-645, 656, 659, 661, 663, 680, 686, 691, 708-709, 712-714, 716-717
――時代　40, 60-62, 72, 74, 77, 92, 98, 156, 319, 321, 331, 339, 362, 378, 422-423, 442, 473, 495, 499, 527, 676, 681, 709, 714
――主義　62, 72, 100, 107, 110, 163,

シェニン　565
ジェニングス　491
シェフチェンコ　95, 645-646
シェワルナゼ　81, 96, 114, 130-131, 178-179, 220, 223, 228-231, 240, 263, 275, 288, 292, 328, 341, 349, 393, 407, 415, 417-425, 427-428, 437, 439, 448-449, 451, 454-456, 459, 462-463, 465, 473, 475, 494-495, 502, 511-513, 517, 525, 527-528, 533-537, 562, 579, 590, 605, 615, 623, 626, 629, 634, 638-639, 641-643, 645-649, 666, 672, 693, 726, 732, 736
シェンフィールド　431
シク　119, 306
自主管理　680
市場
——化　21, 283, 285, 288, 290, 299, 302, 306, 310, 312, 314, 321, 324, 408, 492, 526-527, 598, 668-669, 674, 678, 680, 721, 730
——経済　11, 57, 60, 119, 213, 268, 272-273, 278, 285, 287-288, 307-310, 314, 316, 321, 323, 387, 404, 463, 486, 520, 526, 530, 583, 588, 673, 675, 719, 740　→社会主義市場経済
シシリン　118, 333
シチェルビツキー　185, 392, 692, 697
シチョロコフ　143-144, 180, 693, 699
実力者集団（中枢集団）　130-131, 184, 189, 395
シナトラ・ドクトリン　464, 636, 733
シニャフスキー　197
ジノヴィエフ　31, 44, 718
ジフコフ　479-480, 632
死亡率　61
資本主義　106, 145, 243, 277-278, 286, 430, 433-434, 452, 672, 678, 726
ジミャーニン　135, 686, 688-689
市民社会　58-59, 363, 403, 605, 611
シメリョフ　23, 284, 293-294, 375, 400, 653, 661, 671-672, 676, 685
社会科学研究所　65, 237, 685
社会経済政策委員会（ソ連共産党中央委員会の）　369
社会経済部（ソ連共産党中央委員会の）　366, 655
社会主義
——共同体　435, 464, 476
——市場経済　316, 675, 719
——諸国部（ソ連共産党中央委員会の）　63, 105, 116-118, 214-215, 367, 415-416, 418, 480, 553, 648, 678, 686, 688, 699
——体制　65, 116, 236, 248, 270, 693, 728, 737
——的多元主義　206, 266-268
社会民主主義　56, 64, 96, 210, 216-218, 243, 245, 249, 252-253, 263, 286, 288, 326, 354, 402, 404, 408, 427, 434, 469, 523-524, 559-560, 576, 587, 594, 597, 601-602, 644, 683, 687-688, 728-729, 737
社会民主党　243, 253, 377, 685
シャターリン　147, 209, 310-311, 313, 396, 408-409, 526, 650, 668-669, 701
——・グループ　310
——=ヤヴリンスキー部会（グループ）　310, 526, 599
シャトロフ　332
シャピロ　70, 648
シャフナザロフ　22, 105, 117, 134, 195, 214-217, 220, 223-224, 242, 323, 351-355, 358, 364, 379, 385, 388-391, 395, 401, 403, 409, 411, 415, 433, 499, 524-525, 529-530, 538, 541, 543, 545-548, 551-552, 554, 564, 570, 573, 605, 613, 616, 618-621, 623-624, 648, 650-654, 656, 664, 672, 688, 695, 701, 705-706, 726
シャラポフ　214
自由化　302-303, 316-317, 319, 326-327, 337, 362-363, 386-387, 421, 481, 494, 497, 505, 586, 588, 608, 652, 656, 667-668, 720, 734, 736
重機械・輸送機械製作省　145
従業員集団　258, 264, 537
重工業・エネルギー部（ソ連共産党中央委員会の）　366
自由主義　250, 253, 261, 370, 538, 631, 661, 682
集団請負制　136
集団農場　73, 84, 89, 98, 107-108, 110, 113,

ゴスアグロプロム　→国家農工コンプレックス委員会
コスイギン　42, 119, 123, 156, 259, 279, 281-284, 635, 676, 703
コズィレフ　5
ゴスプラン　140, 146, 301, 303, 407, 533, 625
コソラーポフ　331
コチェトフ　513
国家
——価格委員会　291, 307
——計画委員会　→ゴスプラン
——経済改革委員会　305
「——と法研究所」　27, 65, 137, 300, 391, 552, 619, 675-676, 688, 714
——農工コンプレックス委員会　109, 140, 295-296
——非常事態委員会　362, 565-567, 569-571, 574, 578
——保安委員会　→ＫＧＢ
——連合　312, 322, 492-495, 580, 589
500日計画　11, 308-309, 311-314, 404-405, 519, 526-527, 530, 551, 598-599, 668-669, 673
コミッシヤ　367-368
コミンテルン　168, 426
コムソモール（青年共産同盟）　76-77, 81, 85, 93-94, 97-98, 102, 109, 264, 359, 531-532, 552, 604
『コムニスト』誌　161, 163, 174, 212-213, 331, 352, 676
コメコン　468, 482
ゴルジエフスキー　20, 440-441, 641
ゴルダンスキー　400
コルドゥーノフ　173
コルナイ　302
コルニエンコ　130, 426, 428, 449, 454, 638, 644-645
ゴルバチョフ
——財団　3, 21-23, 110, 231, 424, 517, 552, 687, 698, 705-706, 727-728
ゴルバチョワ　→ライサ
コルビン　501-503, 627-628
コルホーズ　→集団農場
コロチッチ　330
コワリョフ　448
コンクェスト　59, 486, 631, 729
混合経済　11, 285-287, 598, 673
ゴンサレス　96, 210, 243-245, 250, 253, 469
コンドラチエフ　108-109

サ　行

サイカル　648
最恵国待遇　465-466
最高会議
——（ソ連の）　42, 56, 67, 111, 117, 148, 183, 302, 313, 335, 339, 349, 357-360, 364-365, 369, 377-381, 383, 388-391, 395, 407, 476, 504, 526-530, 532-533, 537, 541, 549, 556-557, 565, 570, 596, 598, 613, 621, 623-624, 652, 658, 684, 731
——（ロシアの）　5, 180, 182, 309, 339, 372, 465, 545, 550, 573, 614, 618, 657, 685, 687
ザイコフ　231, 345-346
財務省　294, 301
サグデーエフ　23, 375, 438-439, 450, 456, 641, 649, 701
ザグラジン　188, 235-236, 424, 645
ザスラフスカヤ　19, 24, 113, 138-140, 147, 176, 209, 237, 295, 331, 378, 671, 694, 700-701, 717, 719, 724
作家同盟　66, 332, 359, 664
サッチャー　41, 46, 96, 121, 163, 169-172, 181, 244-246, 370, 447, 462, 469-471, 474, 635, 639-640, 649, 695, 717-718, 731
サハロフ　23, 38, 42, 44-47, 95, 118-119, 132, 251, 261-262, 319, 332-335, 373-375, 377-378, 380-381, 414, 433, 460, 613, 663, 707, 716-718, 735
サマゴン　293-294
サムエイ　59
ザルイギン　331
サンクトペテルブルグ　67, 137, 400, 688, 717

ＣＩＡ（米国中央情報局）　280, 440
ＣＩＳ（独立国家共同体）　582, 668
シードマン　615

——産問題委員会　641
——需産業　231, 345, 414, 533, 641, 666　→国防産業
——部　34, 38, 158-159, 277, 283, 312, 351, 475, 513, 515, 528, 586

経済　→指令経済，新経済政策（ネップ）
——改革　11, 27, 35, 37, 42, 49, 60, 119, 144, 147, 175, 195, 204, 212, 214, 217, 225, 231, 259, 271-273, 276-279, 281-285, 288-290, 297, 300, 302, 305-307, 309, 316, 323, 327, 337, 357, 366, 477, 494, 586, 588, 652, 674-678, 680, 685, 714, 719
——学研究所　147
——・工業生産研究所　162, 237
——省（ソ連の）　304, 384
——成長　61, 144, 178, 204, 274, 280, 288
——相互援助会議　→コメコン
ＫＧＢ（ソ連国家保安委員会）　20, 34-35, 45, 47, 68, 71, 81, 93, 104, 107, 115-119, 122, 128, 143-144, 148-150, 159, 200, 206, 214-215, 219-220, 227, 261, 277, 308, 312, 333, 348, 362, 369, 376, 407, 414, 416, 418, 423, 440-441, 454, 460, 465, 480, 495, 519, 522, 526-527, 531, 541, 553, 561, 564, 567-569, 574, 578-579, 591, 614, 616-617, 624, 641, 647-648, 655, 675, 678, 698, 702-703, 722, 736
ケチェキャン　83, 709
結社の自由　321, 736
ケネディ、ジョン　636
ケネディ、ポール　323, 666
ゲネラーロフ　569-570
ゲラシモフ　464, 636
ゲリマン　348
権威主義　1-2, 54, 57-59, 94-95, 192, 195, 199, 203-205, 244, 287, 321-322, 325, 336, 344, 360-363, 372, 386, 399, 484, 488, 490-491, 548, 594, 608, 656, 667-668, 679, 713-714, 740
検閲　60, 103, 205, 209, 238, 306, 332, 544, 569
検察庁（ソ連の）　93
建設部（ソ連共産党中央委員会の）　232-233
ケンドール　689
憲法　56, 67, 254, 262, 316, 319, 343, 359, 365, 381-383, 386, 390, 400, 514-515, 517, 527, 529, 539, 542-543, 545, 557, 568-569, 582, 595, 630, 654, 658, 667, 685
——委員会　400
——監査委員会　390, 558
——第六条　267, 380-383, 386, 392
権力バランス　11, 208, 220

合理的十分性　429
コーエン　196, 691
ゴーリキー市　44, 95, 132, 319, 334
コール　41, 96, 244, 462, 469, 474, 476-477, 483, 634, 718
国営農場　98, 110, 113, 296-297
国際
——経済政治研究所　116, 236
——情報部（ソ連共産党中央委員会の）　333
——部（ソ連共産党中央委員会の）　22, 63-65, 105, 130, 142, 168, 188, 210-211, 229, 234-237, 367, 371, 415-418, 423-424, 426-428, 442, 449, 473, 475, 540, 622, 634, 636, 644-645, 648, 677-678, 686, 702
——問題委員会（ソ連共産党中央委員会の）　368
——労働者運動研究所　237
国防
——会議　565
——産業　144, 156, 159, 283, 323, 520, 676　→軍需産業
——省　418, 513, 534, 678
国民投票　467, 493, 545, 551, 555, 581, 629, 651, 654
国有企業法　147, 302
国連（国際連合）　169, 429, 436-437, 449, 455, 483, 553, 580, 582, 587, 603, 637, 642-643, 646
古参ボリシェヴィキ　107, 339, 663　→ボリシェヴィキ
個人営業法　299-300

基本規定　290-291
キューバ　511
——・ミサイル危機　235, 636
教会　58-59, 132
共産主義体制　10, 12, 55, 57, 101, 128, 192, 198, 203, 220, 269, 282, 316, 318, 324, 361, 363, 383, 463-465, 477-479, 481-482, 486, 490, 492, 515, 520, 547, 576, 587-588, 592-595, 598-600, 602-603, 607, 609, 725, 730
行政機関部（ソ連共産党中央委員会の）　159
競争（的）選挙　6, 19, 38, 54, 56, 71, 180, 199, 205, 225, 261, 275, 321, 340, 356, 358, 360-361, 363, 371-372, 376, 378, 394, 520, 587, 592, 597, 603, 654, 657, 659, 681, 687-688
協同組合　136, 287, 294, 299-300, 387-388, 598, 650, 655
——法　299-300, 598, 670
キリレンコ　123, 141, 232, 699, 703
ギレンコ　625
キングドン　658
銀行　142, 278, 678

クウェート　425
——侵攻　425
クーシネン　63, 712
クーデター　12, 21, 45, 53, 56, 66, 86, 118, 213, 218-220, 272, 308, 314, 325-326, 362, 397, 402, 419, 450, 466, 485, 489, 494, 515, 519, 521, 523, 531-532, 539, 543, 552, 557-558, 561-580, 588-590, 593, 614-617, 647, 660, 664, 725　→八月クーデター
クエール　457
クチマエフ　241, 700, 707
グッディング　202, 204
クドリャフツェフ　300, 552
クナーエフ　155, 185, 501, 503, 627-628, 697
クラーク（富農）　86-87, 642
クラウス　478, 633
クラコフ　98-99, 111-112, 115, 120, 122-123, 134, 703, 707
クラシヴィリ　23, 675-676, 694
クラシン　685
クラスノグヴァルデイスク　78, 92
グラスノスチ　42, 61-62, 175, 256, 262-264, 266, 269, 275, 283-284, 329-330, 350-351, 357, 497, 586, 619, 656, 661, 680-681, 696, 726, 735
クラスノダール　84, 231
グラチョフ　22, 25, 64, 190, 210, 235, 244, 272, 333-334, 424, 559, 581, 618, 621-624, 634, 636-637, 641, 644-645, 647, 651, 661-662, 664, 677, 684, 691, 696, 701-703, 708, 712
グラツィアンスキー　23
クラフチェンコ　544, 569, 620
クラフチューク　494, 500, 549, 554, 582
クリール諸島（千島列島）　5
グリシン　19, 155, 157, 178, 180-181, 185-187, 195, 230, 233, 239, 329, 692, 697, 724, 734
クリスタル　142-143, 699
グリフィス　648
クリミア　178, 504, 561-562, 575
——・タタール人　504
クリモフ　332, 664
クリモワ　633
クリュチコフ　118, 219-220, 407, 441, 454, 527, 541, 546, 553, 561, 563, 567-569, 578, 588, 614-615, 621, 624, 736
グルジア　31, 49, 114, 229, 291-292, 297, 378, 419, 493-495, 502, 510-513, 515, 535, 549, 580, 582, 626-627, 636, 671
——人　494, 498, 512
グルシン　89, 716-717
グレンコ　7
グロース　481, 632
グロムイコ　121, 128-131, 150, 164, 169-170, 187, 189, 239-240, 338-339, 348, 355, 357, 371, 415-420, 422-423, 426-427, 429, 441-442, 504, 647-649, 660, 684-685, 691, 695-696, 703, 724, 731-732, 734
グロモフ　531, 558-559
軍　→ソ連軍
——産複合体　323, 414, 439, 450, 532, 565, 568, 586, 591, 641, 649, 669

692, 715-716, 721-727, 730-731, 733, 737, 740
エレバン 505-507
エレンブルグ 92
エンゲルス 560
エンチン 23, 619

オーウェル 206, 331, 595, 712
OMON（内務省特殊部隊） 542
オークショット 600
『オクチャーブリ』誌 62
小沢一郎 4
オジェレーリエフ 22, 313, 645, 694
汚職 2, 35-36, 119, 144, 150, 152, 179, 328
オスタンキノ 22, 661, 687
オスルント 288, 671, 673
オドンネル 362-363, 654
オボレンスキー 377-378
オランダ 105-106, 673
オリガルヒ 2

カ 行

カーダール 214, 481, 677
ガートン=アッシュ 25, 472, 476, 635
海外での出版 319
海外旅行（ゴルバチョフの） 102, 104, 106, 437, 693, 731
改革共産主義 55, 607
外 交 3-5, 11, 22, 37, 41, 95, 117, 129, 131, 159, 166, 169, 171, 178, 188, 204, 209-211, 215, 223, 229-230, 235, 238-241, 246, 275, 290, 301, 304, 322, 324, 329, 351, 357, 369, 382-383, 413-430, 432-433, 435, 437, 442-445, 448, 458-461, 469, 471-476, 478, 480, 483-484, 486, 492, 507, 533-535, 540, 553, 588, 591, 602-603, 632, 634, 638, 640, 643-645, 647-648, 666, 678, 684-686, 689, 696, 727, 731-735
外国（の）ラジオ放送 60, 205, 574
ガイダール 212, 287, 311, 387, 673, 726
概念の革命 11, 255
海部俊樹 4
外務省
——（ソ連の） 118, 235, 275, 416-418, 420, 423, 425-428, 447, 449, 464, 469, 535, 636, 642, 645-648, 678, 732
——（ロシアの） 424, 722
科学アカデミー 65, 138, 147, 155, 209, 220, 237, 305, 359, 371, 374-375, 391, 425, 478, 496, 552, 648, 669, 674, 701, 704
科学技術 161-162, 257-258, 301, 303, 693
価格の自由化 302, 387
化学兵器 447, 459, 466
カガノヴィッチ 33
学術・教育機関部（ソ連共産党中央委員会の） 155, 188
核戦争 3, 8, 195, 215, 440-441, 447, 461, 640
閣僚会議
——（カザフスタンの） 503
——（ソ連の） 32-33, 42, 147-148, 153, 156, 182, 226-227, 283, 301, 303-304, 308, 341, 349, 383-384, 390, 407-408, 416, 526-527, 529, 555, 604, 641, 652
——（ロシアの） 185, 310
カザフスタン 155, 185, 502-503, 550, 554, 580, 582, 628-629
カザンニク 379
加速化 176, 178, 204, 256-257, 269, 288, 678, 681
カトリック教会 132
カナダ 65, 95, 116, 166, 168, 178, 211, 223, 236, 242, 407, 426, 453, 465, 471, 491, 661, 704, 720, 731
カフカス 68, 309, 463, 513, 620
ガムサフルジア 510-511, 636
カルーギン 23, 578
ガルキン 65, 636, 685
カルポフ 332
カレール=ダンコース 631
ガレオッティ 613
環境汚染 61, 732
韓国 421, 440

キエフ 318, 375, 467, 717
企 業 58, 113, 136-137, 147-148, 238, 282, 287, 290-291, 299-303, 367, 387, 416, 537, 567, 598, 638, 655, 680
飢饉 74
ギダスポフ 687

意見集団　62, 64, 466
『イズヴェスチヤ』紙　90, 117, 365, 661, 680
イスラエル　117, 506, 680
——人　506
イタリア　106, 167-168, 646, 707
——共産党　106, 167-168
——人　630
イデオロギー
——委員会（ソ連共産党中央委員会の）368
——部（ソ連共産党中央委員会の）655
イノゼムツェフ　65
ＩＭＥＭＯ（世界経済国際関係研究所）22, 25, 27, 65, 166, 169, 223, 236, 239, 395, 425, 648, 674
イラク　425, 534, 645
イラリオノフ　631
イワシコ　392, 527
インスチトゥートチキ　237-238, 241
インテリ　→知識人
インフレ　238, 291, 303, 671

ＶＯＡ（ヴォイス・オブ・アメリカ）569
ヴィリニュス　501, 510, 518, 538-539, 541-542, 544, 615, 621-622
——事件　541
上からの革命　77, 201-202
ヴェリホフ　169, 371
ヴォリスキー　153-154, 156, 505, 507-509, 623, 626-627, 647, 698
ヴォルコゴーノフ　24, 433, 641-642
ヴォロトニコフ　185, 338, 348, 628, 660-661, 665, 692, 697-698
ヴォロノフ　332, 664
ヴォロンツォフ　449
ウクライナ　49, 75, 141, 144, 185, 309, 341, 388, 463, 467, 493-494, 497, 499-500, 549-550, 552, 581-582, 636, 697, 711, 725
——共産党　7, 392
——人　86, 109, 295, 392, 498, 552, 581, 625, 636, 711
右傾化（ゴルバチョフの）12, 326, 369, 405, 500, 518-519, 522-523, 722
ウスカレーニエ　176, 256-257, 288, 678, 681-682
ヴズグリャード　620
ウスチーノフ　127-131, 153, 156, 158-159, 172-173, 180, 239, 441-443, 607, 641, 697-698, 703
ウズベキスタン　550
宇宙開発計画　144
ウラルマシュ　145
ウリヤーノフ　332

映画制作者同盟　348
映画労働者同盟　332
影響力のバランス　11, 208, 220
英ソ関係　170
ＡＢＭ条約（弾道弾迎撃ミサイル制限条約）450
エゴロフ　612
ＳＳ20　457
ＳＤＩ（戦略防衛構想）438-439, 442, 447, 449-450, 452, 455-456, 639-640, 734
エストニア　60, 199, 324, 359, 378, 383, 467, 493-494, 517, 537, 625, 717
——人　498
枝村純郎　4
ＮＫＶＤ（内務人民委員部）81, 148
エフィモフ　513
エフトゥシェンコ　92
エフレモフ、オレーグ　134, 332
エフレモフ、レオニード　99, 119, 707
ＭＧＩＭＯ（モスクワ国立国際関係大学）423, 645
エリツィン　2, 5, 39-40, 45-47, 50, 68, 116, 177, 186, 200, 202, 213, 223, 231-234, 236, 242, 248, 276-277, 301, 309-311, 313-314, 328-329, 338, 340-346, 355, 361, 372-375, 379, 396-398, 400, 404, 409, 425, 433, 465-467, 474, 489, 494, 511, 520-522, 526, 535, 539, 543, 545-546, 549-551, 554-559, 561-563, 571-575, 577, 579-583, 588-589, 591-593, 595, 604, 606, 614-620, 624-625, 629, 654, 657, 659, 661-662, 665, 668, 672, 675, 680, 685, 687-688, 690,

索　引

日本語版序文、目次、本文、原注、解説、訳者あとがきに登場する主要な人名・事項を対象とした。

ア　行

ＩＮＦ条約（中距離核戦力全廃条約）　455-457, 637
アイトマートフ　407, 602
『アガニョーク』誌　330
アゼルバイジャン　499, 505-509, 515, 627
——共産党　506
——人民戦線　509
アダミシン　23, 423, 646
アチャロフ　539
アドマイト　477, 632, 642
アハマドゥーリナ　92
アバルキン　147, 305, 310, 312, 526, 623, 668
アファナシエフ、ヴィクトル　213, 261, 685, 688-689
アファナシエフ、ユーリー　23, 373, 378
アフガニスタン　3, 130-131, 237, 351, 428, 452-455, 500, 531, 556, 613, 622, 638, 641, 685, 719, 733, 736
——帰還兵　538
アブハジア　510, 515, 627
アフロメーエフ　448-450, 454, 577, 614, 639
アマルリク　44, 718
アメリカ（米国）　3, 4, 6, 23, 90, 95, 111, 118, 142, 154, 169-171, 207, 229, 234-236, 275, 287, 293, 314, 321, 361, 389-391, 410, 419, 421-422, 425, 427, 429, 438-441, 443, 445-447, 449-451, 453, 455-461, 465-469, 471, 475, 483, 498-499, 534, 562, 587, 613, 615, 634-636, 638-639, 641, 643-646, 649, 658, 665, 673, 677, 692, 696, 704, 719, 726, 729, 731, 734-735, 737　→米ソ関係，米ソ首脳会談
——・カナダ研究所　65, 95, 116, 236, 471, 661, 704, 720
——（米国）人　167, 235, 249, 439, 461, 646, 684, 737
アリエフ　114, 148-149, 627, 697
アルクスニス　534, 613
アルコール中毒　61, 292-294, 601
アルバートフ　65, 95, 116, 120, 147, 163, 177-178, 181, 236, 453, 471, 653, 661, 685, 692, 694, 696, 698, 702-703, 712, 720
アルマ・アタ　185, 501-503, 582
アルマトィ　501
アルメニア　7, 49, 378, 493, 497-499, 501, 505-510, 518, 549-550, 580, 627, 671
アレクサンドロフ=アゲントフ　188, 209-210, 240
アレクサンドロワ　540, 621
アレクセーエフ　390, 685
安全保障会議（ソ連の）　529, 531, 624
アンドレーエワ　339, 345-350, 352, 358, 395, 657, 660-661
アンドロポフ　10, 35-36, 43, 63, 72, 96, 104, 111, 113, 115-124, 128-131, 134, 136, 142-159, 164, 166, 179-181, 183, 185, 188, 209, 214-215, 239, 280, 296, 392, 417, 420, 440, 442, 445, 507, 553, 569, 591, 659, 692, 698, 702-705, 712

ＥＵ（ヨーロッパ連合）　553, 580
イギリス（英国）　3, 20, 24, 27, 81, 87, 168-170, 172-173, 202, 207, 226, 242, 245, 249, 363, 410, 419, 440-441, 444, 447, 469, 475, 491, 498, 511, 630, 635, 637, 640, 649, 657, 665, 673, 683, 690, 696, 708, 710, 723, 729, 731, 737, 739　→英ソ関係
——人　630
イグナテンコ　539-542, 546, 548, 581, 621-622, 661
池田大作　6, 8

著者紹介

アーチー・ブラウン（Archie Brown）
1938年生まれ。イギリスにおけるソ連・ロシア研究の泰斗。ロンドン・スクール・オブ・エコノミクス（ＬＳＥ）に学ぶ。1971年から34年間、英オックスフォード大学のセント・アントニーズ・カレッジで政治学を講じる。現在、同大学の名誉教授。著書に *The Soviet Union Since the Fall of Khrushchev*, 1975, 2nd ed., 1978, Macmillan（共著）; *Political Culture and Political Change in Communist States*, 1977, Macmillan（共著）; *Soviet Policy for the 1980s*, 1982, Macmillan（共著）; *Seven Years that Changed the World: Perestroika in Perspective*, 2007, Oxford University Press などがある。

訳者紹介

小泉直美（こいずみ・なおみ）
1954年生まれ。1983年、米国オハイオ州立マイアミ大学政治科学部大学院修士課程修了。防衛大学校人文社会科学群国際関係学科准教授。専門は国際政治学およびロシア地域研究。共著に、木村汎・佐瀬昌盛編著『プーチンの変貌？　9.11以後のロシア』（勉誠出版、2003）、村井友秀・真山全編著『現代の国際安全保障』（明石書店、2007）。

角田安正（つのだ・やすまさ）
1958年生まれ。1983年、東京外国語大学大学院地域研究研究科修士課程修了。翻訳家。防衛大学校人文社会科学群人間文化学科教授。専攻はロシア地域研究。訳書に、フリーランド『世紀の売却——第二のロシア革命の内幕』（新評論、2005、共訳）、レーニン『帝国主義論』（光文社古典新訳文庫、2006）など。

ゴルバチョフ・ファクター

2008年3月30日　初版第1刷発行 ©

訳　者　小泉直美
　　　　角田安正

発行者　藤原良雄

発行所　藤原書店

〒162-0041　東京都新宿区早稲田鶴巻町523
電　話　03（5272）0301
ＦＡＸ　03（5272）0450
振　替　00160-4-17013
info@fujiwara-shoten.co.jp

印刷・製本　中央精版印刷

落丁本・乱丁本はお取替えいたします　　Printed in Japan
定価はカバーに表示してあります　　ISBN978-4-89434-616-1

移民問題を読み解く鍵を提示

移民の運命

〈同化か隔離か〉

E・トッド　石崎晴己・東松秀雄訳

家族構造からみた人類学的分析で、国ごとに異なる移民政策、国民ごとに異なる移民に対する根深い感情の深層を抉る。フランスの普遍主義的平等主義とアングロサクソンやドイツの差異主義を比較、「開かれた同化主義」を提唱し「多文化主義」の陥穽を暴く。

Ａ５上製　六一六頁　**五八〇〇円**

（一九九九年一一月刊）◇4-89434-154-9

LE DESTIN DES IMMIGRÉS　Emmanuel TODD

エマニュエル・トッド入門

世界像革命

〈家族人類学の挑戦〉

E・トッド

石崎晴己編

『新ヨーロッパ大全』のトッドが示す、「家族構造からみえる全く新しい世界のイメージ」。マルクス主義以降の最も巨視的な「世界像革命」を成し遂げたトッドの魅力のエッセンスを集成し、最新論文も収録。**対談・速水融**

Ａ５並製　二二四頁　**二八〇〇円**

（二〇〇一年九月刊）◇4-89434-247-2

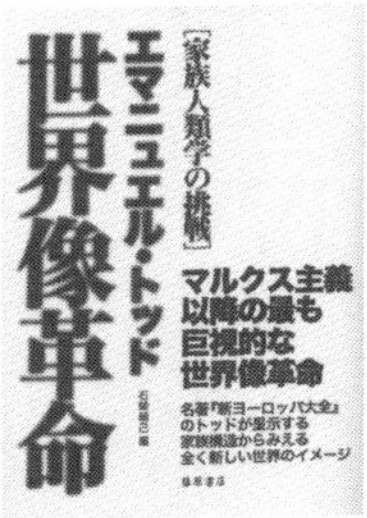

全世界の大ベストセラー

帝国以後

〈アメリカ・システムの崩壊〉

E・トッド

石崎晴己訳

アメリカがもはや「帝国」でないことを独自の手法で実証し、イラク攻撃後の世界秩序を展望する超話題作。世界がアメリカなしでやっていけるようになり、アメリカが世界なしではやっていけなくなった「今」を活写。

四六上製　三〇四頁　**二五〇〇円**

（二〇〇三年四月刊）◇4-89434-332-0

APRÈS L'EMPIRE　Emmanuel TODD

文明の「衝突」か、「接近」か。

文明の接近

「イスラームvs西洋」の虚構

E・トッド＋Y・クルバージュ

石崎晴己訳・解説

「米国は世界を必要としているが、世界は米国を必要としていない」と喝破し、現在のイラク情勢を予見した世界的大ベストセラー『帝国以後』の続編。欧米のイスラーム脅威論の虚構を暴き、独自の人口学的手法により、イスラーム圏の現実と多様性に迫った画期的分析！

四六上製　三〇四頁　**二八〇〇円**